Berthold Auerbach

Sämmtliche schwarzwälder Dorfgeschichten

Berthold Auerbach

Sämmtliche schwarzwälder Dorfgeschichten

ISBN/EAN: 9783742893604

Hergestellt in Europa, USA, Kanada, Australien, Japan

Cover: Foto ©ninafisch / pixelio.de

Manufactured and distributed by brebook publishing software
(www.brebook.com)

Berthold Auerbach

Sämmtliche schwarzwälder Dorfgeschichten

Berthold Auerbach's

Sämmtliche

Schwarzwälder

Dorfgeschichten.

Volksausgabe in acht Bänden.

Siebenter Band.

- - - - - - -

Stuttgart.

Verlag der J. G. Cotta'schen Buchhandlung.

1871.

Inhalt.

Joseph im Schnee.

Auerbach, Dorfgeschichten. VII.

Hier ruht ein Kind, das sich im Wald verirrte,
Wir fanden's nicht, doch fand's der treue Hirte,
Und hat, derweil wir schliefen in der Nacht,
Es in des ew'gen Vaters Haus gebracht.

So steht auf einem kleinen Kreuz im Kirchhofe des Walddorfes. Fast hätte sich die wehmüthige Grabschrift wiederholt, aber ein gütiges Geschick bewahrte den Joseph. Er hat nur den Namen behalten „Joseph im Schnee," und sein Irrweg wurde der Wegweiser aus vielem Elend zu vielem Glück.

Erstes Kapitel.

Ist noch nicht Tag?

„Mutter, ist noch nicht Tag?" fragte das Kind, sich im Bett aufrichtend.

„Nein, noch lang nicht. Was hast du? — Sei ruhig und schlaf'."

Das Kind war eine Weile still, dann fragte es wieder mit halber Stimme: „Mutter, ist noch nicht Tag?"

„Was ist denn das, Joseph? Sei doch ruhig. Laß mich schlafen, und schlaf' auch. Bet' noch einmal, dann wird der Schlaf kommen."

Die Mutter sagte dem Kinde nochmals das Nachtgebet vor, und betete leise mit, dann schloß sie: „Gut Nacht jetzt."

Das Kind war geraume Zeit still. Als aber die Mutter sich in ihrem Bett umwendete, rief es leise: „Mutter!"

Keine Antwort.

„Mutter! Mutter! Mutter!"

„Was giebt's? was willst du denn?"

„Mutter, ist jetzt noch nicht Tag?"

„Du bist ein böser Bub, ein ganz böser. Kannst du mir denn nicht die Nachtruh' lassen? Ich bin müd genug, bin heut dreimal im Wald gewesen. Wenn du mich jetzt noch einmal weckst, wird dir das Christkindle morgen Abend nichts einlegen, als eine Ruthe. Ich geh' zulieb noch einmal in den Wald und hol' dir eine. Gut Nacht! Schlaf wohl. Horch, der Wächter ruft erst Zwölf Uhr an."

Der Knabe seufzte noch einmal tief, sagte: „Gut Nacht bis morgen," und wickelte sich ganz in die Kissen.

Es war eine kleine dunkle Kammer, gerade unter dem Strohdach, wo dieses Gespräch geführt wurde. Die Scheiben an dem

kleinen Fenſterchen waren gefroren, daß helle Mondlicht draußen
konnte nicht durchdringen. Die Mutter ſtand auf und beugte ſich
über das Kind. Es ſchlief ruhig und feſt. Die Mutter aber
konnte nicht mehr ſchlafen, ſo ſchnell ſie auch wieder in's Bett
gehuſcht war und die Augen ſchloß, denn faſt laut ſprach ſie:
„Und wenn er mich noch heimholt, und ich glaub's, troß alle=
dem, daß das noch wird, er kann nicht anders, er muß.....
Und wenn er mich heimholt, was hat er verſäumt an mir und
an unſerm Kind? Die Jahre kommen nicht wieder, man hat ſie
nur Einmal im Leben. O wenn man noch einmal von vorn
anfangen dürfte, wenn man noch einmal aufwachen dürfte und
es iſt nicht wahr, daß man ſo ſchwer.... Wenn man einmal
gefehlt hat, muß man ſein Lebenlang dran tragen. Es nimmt's
einem Keins ab. Iſt es denn wahr, daß ich einmal ſo luſtig
geweſen, wie die Leut' ſagen? Was iſt denn das, daß das Kind
dreimal gerufen hat: iſt noch nicht Tag? Was ſoll aus dem Tag
werden? — O Adam! O Adam! Du weißt nicht, was ich durch=
machen muß; wüßteſt du's, du könnteſt jeßt auch nicht ſchlafen...."

Der Bach, der hinter dem Hauſe floß, war zugefroren, aber
in der Nacht hörte man das Gurgeln des Waſſers unter der
Eisdecke.

Die Gedanken der Schlafloſen folgten dem Laufe des Baches,
ſtromauf weit hinaus, und wie der Bach, nachdem er durch un=
wegſame Thäler und tiefe Schluchten gefloſſen, bei der Heiden=
mühle aufgehalten wird und grollend über's Rad ſtürzt und ſchäumt
und wirbelt, ſo ſchäumten und wirbelten auch die Gedanken der
Wachenden in der Nacht. Da in der Mühle da wohnt ja die
Entſeßliche, auf die die Eltern Adams ihr Auge gerichtet haben.
Des Heidenmüllers Toni hat für ein beſonders braves und gut=
herziges Mädchen gegolten und zeigt ſich jeßt ſo grundſchlecht....
Was willſt du von des Heidenmüllers Toni? Die iſt dir nichts
ſchuldig. Aber er? aber Adam? Die Hände der Schlafloſen
ballten ſich, ſie fühlte einen Stich durch's Herz und ſie knirſchte
vor ſich hin: „Wenn er untreu werden könnte! Nein, er kann's
nicht, aber wenn er's könnte, ich leid's nicht, ich trete in die
Kirche mit meinem Joſeph; nein, das nicht, ich nehme ihn nicht
mit, ich allein, ich ſchreie: ich leid's nicht, und dann will ich
ſehen, ob ein Pfarrer ſie zuſammengiebt."

Der Bach fließt wieder ſtill durch ein Wieſenthal; bald da

bald dort am Uferrand steht ein Laubholzbaum, aber hüben und drüben an den Bergen dichte hochstämmige Tannenwälder; über Felsen stürzt der Bach wieder in unwegsame Schluchten; jetzt geht's schnell. Da ist ein Markstein. „Jetzt sind wir daheim" — hat da einmal der Adam gesagt, und es ist doch noch eine gute Stunde bis zum Röttmannshof, da ist ja schon der Otterswanger Wald, der dazu gehört, und es ist ein stilles Plätzchen am Bach — die Schlaflose fährt sich mit der kalten Hand über die heißen Wangen, dort bei der breiten Buche, dort hat sie Adam zum Erstenmale geküßt. Kein Mensch auf der Welt glaubt's, und sie selber hätte es auch nicht geglaubt, daß er so herzlich und gut und so ge= sprächsam und so lind und so lustig sein kann. Es war ein schöner Sommertag, gestern hat's fürchterlich gewittert, das war ein Sturm und Blitz und Donner, daß man hätte glauben mögen, es bleibt kein Baum mehr aufrecht stehen im Wald. Ja so ist's hier oben, so draußen im Wald und so drin im Hause; da ist auch oft ein Gelärm und Schelten und Poltern, daß man glaubt, Alles wird einander ermorden, und am andern Tag ist Alles nicht da gewesen. Ein schöner Sommertag war's damals, in allen Rinnsen fließen Bäche und thun laut und eilen, wie wenn sie wüßten, daß sie nur einen Tag zu leben hätten, und morgen ist wieder nichts da. Die Vögel singen und die Wäscherin am Bach kann auch nicht anders, sie muß auch singen, und warum soll sie nicht? Sie ist ja noch jung und ohne Sorgen. Sie kann viel Lieder, sie hat sie von ihrem Vater gelernt, der vor Zeiten der lustigste und gesangreichste war. Es kommen Männer den Bach herunter, es ist jetzt wieder Wasser genug zum Flößen, und schau, wie geschickt! Da kommt Adam, der Haussohn, auf einem einzigen Stamm, der Stamm dreht sich immer ringsum, aber der Adam ist geschickt, er hält sich fest und aufrecht, und wie er bei der Wäscherin ist, läßt er den Stamm allein schwimmen, stemmt die Ruderstange in den Bach, hebt sich daran in die Höhe und springt mit einem kecken Satz ans Ufer. Die Wäscherin lacht, wie sie den riesigen jungen Mann mit den hohen Wasserstiefeln in der Luft baumeln sieht; und sie erschrickt ins Herz hinein, wie er plötzlich vor ihr steht.

„Ich hab' dir's schon lang sagen wollen, ich dank' dir" — sagt Adam.

„Warum? Wofür?"

„Daß du es bei meiner Mutter aushältst."

„Ich diene, bekomme meinen Lohn und muß auch was dafür aushalten, und deine Mutter hat's hart genug, sie ist bös
auf unsern Herrgott, weil dein Bruder beim Holzschlagen umge-
kommen ist; sie ist mit Gott und der Welt bös und hat's selber
am bösesten dabei."

Adam schaut sie mit großen Augen an; „du bist ... du
wärst ..." stottert er, „ja du!" Es zuckt in seinen Mienen, er
hält die Hakenstange hoch, und plötzlich schreit er: „Wollt ihr
euch da hinlegen? Fort von da!"

Er springt in den Bach, daß das Wasser hoch aufspritzt
und stößt die Stämme, die sich bei einer Biegung des Ufers auf
einander gelegt hatten, mit gewaltiger Kraft in die Strömung.

Martina sieht ihm staunend nach. Was geht mit dem Adam
vor? Er verschwindet, man hört ihn weiter unten noch mit den
anderen Flößern schreien, dann ist alles still.

Wochenlang redet Adam mit Martina kein Wort, er grüßt
sie kaum. Aber im Herbste — die Kühe weiden auf der Wiese
und auch der Stier. Martina geht an der Wiese vorüber, den
Berg hinab — es ist kein Brunnen am Hause auf der Hochebene,
man muß das Trinkwasser halbwegs des Berges holen — da
sieht Martina, wie der Stier plötzlich den Kopf hoch hebt und
zu rennen beginnt. Es ist schön, wie das schwerfällige Thier so
leicht daher tänzelt, aber der Hirtenjunge ruft: „Rette dich, Martina! Der Stier nimmt dich auf."

Martina thut einen gellenden Schrei, rennt mit zurück-
gewandtem Gesichte davon und stürzt nieder. Schon hört sie das
Schnauben des Stiers sich nahe, aber jetzt brüllt er mächtig am
Boden. Adam ist herbei geeilt, er faßt den Stier an den Hörnern und drückt ihm den Kopf nieder, bis die Knechte herbei-
kommen und ihn bändigen helfen.

Martina ist gerettet und Adam sagt nur: „Ein andermal, wenn
du an der Wiese vorbeigehst, setz' dein rothes Kopftuch nicht auf."

Adam ist voll Blut, und Martina fragt: „Um Gottes
willen! Hat dir der Stier was gethan?"

„Mach' keinen Lärm, es ist gar nichts; der Stier blutet
aus dem Maul, und da hat er mich vollgespritzt. Geh' du jetzt
und hol' Wasser." Er wandte sich und ging nach dem Weiher,
um sich rein zu waschen.

Erst drunten am Brunnen wurde Martina ihres Schrecks recht inne; sie erkannte, in welcher Gefahr sie gewesen und wie Adam sie gerettet hatte. Sie weinte, und in diese Thränen floß auch Bewunderung und herzinniger Dank für den starken, guten Menschen. Am Mittag hört sie, wie die Mutter zu Adam sagt: „Du bist der einfältigste, nichtsnutzigste Gesell von der Welt; gehst in Todesgefahr, um eine dumme Magd zu retten."

„Will's nicht mehr thun," erwiderte Adam.

„Glaub's," sagte der Vater schmunzelnd, „das thust du nicht zum zweitenmal, daß du einen Stier an den Hörnern fest hältst und bleibst am Leben. Nur schade, daß das Niemand gesehen hat. Das ist ein Stück, von dem die ganze Gegend reden müßte."

Adam grüßte von da an Martina freundlich, redete aber kein übriges Wort mit ihr. Er schien sich daran zu genügen, daß sie ihm zu einem rechten Röttmannsstück verholfen hatte.

Wieder wusch Martina am Bach, da stand Adam vor ihr.

„Bist wohl auf?" fragt er.

„Nein, mir liegt noch der Schreck in den Gliedern, aber dir werde ich mein Leben danken, so lang ich —"

„Davon will ich nichts hören. Der Stier ist eigentlich nicht bös. Es ist kein Thier bös, kein Roß und kein Stier, wenn man's nicht durch Hetzen und Stupfen und dummes Aufscheuchen von jung auf bös macht. Dann sind sie's freilich. Jetzt aber, ja, ja wohl... Nicht wahr, du weißt Alles und du... du hast mich auch so grad wie ich dich?"

Er konnte nicht viel reden, aber im Blick seines Auges lag eine gebannte, tiefmächtige Zärtlichkeit, wie er Martina anschaute und seine Hand auf ihre Schulter legte. Und damals hat er den ersten Kuß gegeben, und es hätte kein Mensch geglaubt, daß der Adam so sanft und so gut sein kann; aber weh hat's doch gethan, wie er sie um den Hals nimmt, er hat eben nicht gewußt, daß das stark zugefaßt ist, und er lacht, wie ihm Martina das sagt, und er bittet: „Lehr' mich's, wie man Einen sanfter um den Hals nimmt. Stell' dich da auf den Baumstumpf. So!"

Und da sie ihn umfaßt, trägt er sie herum wie ein kleines Kind, und sie ist doch auch stark und groß.

Sie stehen wieder neben einander unter der Buche, und Martina schaut auf durch die Blätter, worauf die schrägen Sonnenstrahlen fallen.

„Schau', wie schön der Baum!" sagt sie.

„Der ist nichts nutz," erwidert Adam, „der hat lauter Wald (Gezweige) und fast keinen Stamm."

„Ich mein's ja nicht so. Schau' nur, wie grüngolbig er jetzt glitzert und glänzt."

„Hast recht, das ist schön," sagt Adam, und sein Auge ist so mild, und auf seinem derben hochrothen Angesichte spielen zitternde Sonnenstrahlen. Zum Erstenmal schien ihm aufzugehen, daß ein Baum noch anders anzusehen ist, als um seinen Holz= werth zu schätzen.

Und so oft Martina an den Aufblick durch die Buche dachte, da war's, als ob jener Sonnenstrahl ewig leuchtete und nie ver= löschen könne.

Wie zu einer Betheuerung die Hand Martina's fassend, sagte Adam: „Den Baum laß ich stehen, der darf nicht geschlagen werden. Baum, komm zur Hochzeit! Oder nein, bleib' nur stehen, du sollst lustige Musik hören, wenn's zur Hochzeit geht. Martina, schenk' mir was. Hast du nichts, was du mir schenken kannst?"

„Ich bin arm und hab' nichts."

„Ich sehe was, das ich haben möchte. Schenkst du mir's!"

„Ja — was es ist, was du willst."

„Schau', da auf deiner Brust, da ist dein Name eingesetzt; reiß' das Stück aus und gieb mir's."

„Das Herz aus dem Leibe reiße ich mir aus und gebe dir's."

Sie wandte sich ab, riß aus dem Hembe das Stück, wo ihr Name eingesetzt war, und gab's ihm.

„Ich geb' dir nichts," sagte er, „sieh dich um, so weit du siehst, Alles ist dein."

Bei diesem Anruf, wie reich Adam war und wie arm Mar= tina, wollte Trauer über sie kommen, aber Adam hielt ihre Hand, und da hatte nichts eine Macht als er allein.

Es war eine übermächtige, wilde, Alles vergessende Liebe, die die beiden erfaßt hatte, und bald kam Trauer und Elend.

Adam war zum Erstenmal in seinem Leben mit einem Floß rheinabwärts bis nach Holland geschickt worden, und in der Zeit seiner Abwesenheit wurde Martina mit Schimpf und Schande aus dem Hause verstoßen ...

Das waren die Bilder der Vergangenheit, glückselige und

jammervolle, sie zogen jetzt wieder einmal vor Martina in der Dachkammer vorüber . . . .

Sie deckte sich die Augen mit dem Kissen zu. Die Hähne krähten jetzt im Dorfe, da die Mitternacht sich gewendet hatte.

„Das ist des Häspele's Hahn, der so kräht; der Häspele hat sich ja die neumodischen Hühner angeschafft. Wie grob und breit kräht der hochbeinige Hahn; da klingt's bei den Einheimischen viel lustiger. Der Häspele ist doch ein guter Mensch und gegen das Kind ist er so seelensgut; der hat's gut gemeint, wie er einmal gesagt hat: Martina, in meinen Augen bist du eine Wittfrau, und eine brave Wittfrau. — Ja, aber lieber Gott, mein Mann lebt noch — du dauerst mich, aber ich kann nicht. Nein, nein, kein Gedanke . . . .

Ohne Ruhe zu finden, harrte Martina den Tag heran. Oft schien sich der Schlaf ihrer erbarmen zu wollen, aber kaum hatte sie die Augen geschlossen, als sie wieder aufschrak; sie glaubte die Stimme der wilden Rottmännin zu hören, ihr scharfes höhnendes Gesicht zu sehen, und leise sagte Martina vor sich hin: „Ist noch nicht Tag?"

Zweites Kapitel.

Ein Zwiegesang wird unterbrochen und wieder aufgenommen.

Um dieselbe Stunde, als das Kind in der Dachkammer erwachte und so unruhig blieb, brannten neben der Lampe noch zwei Lichter in der Wohnstube des Pfarrhauses, und drei Menschen saßen wohlgemuth um den runden Tisch; es war der Pfarrer, die Pfarrerin und deren Bruder, ein junger Landwirth. Es war behaglich warm in der Stube; in den Pausen des Gesprächs hörte man bald einen Bratapfel auf dem Ofensims zischen, bald sprach der Kessel in der Ofenröhre auch ein Wort darein, als wollte er sagen, es ist noch Stoff genug da zu gutem Grog. Der Pfarrer, der sonst nicht rauchte, besaß die Geschicklichkeit, daß er, wenn ein Gast kam, auch zu rauchen verstand; dabei vergaß er aber doch seine Dose nicht, und so oft er eine Prise nahm, bot er auch dem Schwager eine an, der dann regelmäßig dankte. Der Pfarrer betrachtete mit offenbarem Wohlgefallen seinen Schwager

und die Pfarrerin ſah auch bisweilen von ihrer Stickerei — es
iſt ein Geſchenk für morgige Weihnachten — mit ſtrahlenden
Augen in das Angeſicht ihres Bruders.

„Das haſt du brav gemacht," wiederholte der Pfarrer, und
ſein feines längliches Geſicht mit den feinen ſchmalen Lippen, den
waſſerblauen Augen und der hohen gewölbten Stirne gewann einen
noch ſtärkeren Ausdruck innigen Wohlwollens, als ſonſt immer
darauf ausgebreitet lag. „Das haſt du brav gemacht, daß du
die Feiertage für uns Urlaub genommen haſt, aber," ſetzte er
lächelnd hinzu und ſchaute nach der Flinte, die in der Ecke lehnte,
„dein Jagdgewehr wird dir hier nicht viel einbringen, wenn du
nicht vielleicht das Glück haſt, den Wolf zu treffen, der hier in
der Gegend umgehen ſoll."

„Ich bin nicht bloß zum Beſuch und nicht bloß zur Jagd
gekommen," entgegnete der junge Landwirth mit wohltönender,
tief anſprechender Stimme, „ich ſoll Ihnen, lieber Schwager, auch
die Bitte ans Herz legen, daß Sie Ihre Bewerbung um die Stelle
im Odenwald zurücknehmen und warten mögen, bis eine Stelle
in der Nähe der Hauptſtadt oder in der Hauptſtadt ſelbſt offen
wird. Der Onkel Zettler, der jetzt Conſiſtorialpräſident wird, hat
verſprochen, Ihnen die erſte offene Stelle zu geben."

„Iſt nicht möglich. Es wäre mir erwünſcht, für Lina und
für mich, den Eltern nahe zu ſein, und ich habe auch oft einen
wahren Durſt nach guter Muſik; aber ich tauge nicht in die neue
Orthodoxie und in das Aufpaſſen, ob man auch ſtreng kirchlich
predige. Und da iſt unter meinen Amtsbrüdern ein ewiges Ge-
ſorge für das Seelenheil der Pfarrkinder, ein gegenſeitiges Recepte-
Geben, das viel von Prahlerei hat. Es iſt damit, wie mit der
Erziehung; je weniger von Erziehung Eltern anwenden, um ſo
mehr wiſſen ſie ſehr geſcheidt davon zu ſprechen. Seid brav und
ihr erzieht ohne viel Kunſt und ohne beſtändige Angſt und Für-
ſorge eure eignen Kinder und eure Pfarrkinder. Ich weiß, ich
ſtehe auf dem Boden der reinen Lehre, ſo weit meine Kraft reicht,
und überhaupt bin ich eigentlich ein Gegner aller Verſetzungen.
Man muß mit den Menſchen alt werden, auf die man wirken
ſoll. In einer guten Staatseinrichtung ſollte man auf der Stelle
bleibend in Gehaltserhöhung vorrücken. Ich habe mich um die
Stelle im Odenwald nur gemeldet, weil ich fühle, daß ich für
die Strapazen hier anfange alt zu werden und auch weil ich einer

Rohheit nicht wehren kann, die mir das Herz empört. Doch, laß uns jetzt singen."

Er stand auf, setzte sich an das Klavier und begann das Vorspiel seiner Lieblingsmelodie, und die Pfarrerin und der junge Landwirth sangen mit wohlgeübten Stimmen das Duett aus Titus.

Laß Glück, laß Schmerz uns theilen.

Es war wie ein Sichfassen treuer Hände, ein glückseliges Umschlingen, indem die beiden Stimmen zusammentönten in der warmherzigen Melodie.

Schon während des Singens war es mehrmals, als ob man Peitschenknallen vor dem Hause hörte; man achtete nicht darauf und redete sich auch wiederum ein, daß es Täuschung sein müsse. Jetzt, da der Gesang geendet hatte, hörte man rasches und lautes Peitschenknallen; die Pfarrerin öffnete das Fenster und fragte in die Nacht hinaus: „Ist Jemand da?"

„Ja freilich," antwortete eine grobe Stimme.

Die Pfarrerin schloß schnell das Fenster, denn ein eisiger Luftstrom drang herein und die Wangen der Sängerin glühten. Der junge Landwirth wollte nachschauen, wer es sei; aber die sorgliche Pfarrerin hielt ihn zurück, weil er auch erhitzt sei. Sie schickte die Magd hinab und beklagte unterdeß, daß vielleicht ihr Mann noch heute in solcher Nacht auf den Weg müsse.

Die Magd kam bald wieder und berichtete, es sei ein Fuhrwerk da von der wilden Röttmännin, der Herr Pfarrer solle sogleich zu ihr kommen.

„Ist der Adam da oder ein Knecht?" fragte der Pfarrer.

„Ein Knecht."

„Er soll herauf kommen und einstweilen etwas Warmes zu sich nehmen, bis ich fertig bin."

Die Pfarrerin bat und beschwor ihren Mann, sich doch heute nicht mehr dem bösen Drachen zu lieb in Lebensgefahr zu begeben, es sei ja schon bei Tag in solcher Jahreszeit lebensgefährlich, den weiten Weg nach Röttmannshof zu fahren, wie viel mehr bei Nacht.

„Muß ein Arzt zu einem Kranken und darf nicht nach Wind und Wetter fragen, wie viel mehr ich," erwiderte der Pfarrer.

Der Knecht kam in die Stube, der Pfarrer gab ihm ein Glas Grog und fragte: „Steht's so schlimm mit der Röttmännin?"

„Ho! So ſchlimm juſt nicht. Sie kann noch weiblich ſchimpfen und fluchen.“

Nun beſchwor die Pfarrerin ihren Mann abermals, doch zu warten bis es Tag ſei; ſie wolle es vor Gott verantworten, wenn die wilde Röttmännin ohne geiſtlichen Beiſtand aus der Welt gehe. Die Pfarrerin ſchien aber doch ſchon zu wiſſen, daß ihre Einreden nichts helfen, denn während ſie ſo dringend ab-mahnte, ſchüttete ſie etwas Kirſchengeiſt in ein ſtrohumflochtenes Fläſchchen, holte den großen Schafpelz herbei und ſteckte das Fläſchchen in die Taſche.

Der junge Landwirth wollte den Schwager begleiten, aber dieſer lehnte es ab: „Bleib' du zu Hauſe und geht bald zu Bett,“ ſagte er unter der Thür. „Geht nicht mit, ihr werdet ſonſt heiſer, und ihr ſollt mir während der Feiertage noch viel mit einander vorſingen. Die ſchöne Mozartſche Melodie wird mich auf dem Weg begleiten.“

Bruder und Schweſter gingen dennoch mit einander bis vor das Haus, wo der Pfarrer einſtieg; die Pfarrerin wickelte ihm noch die Füße in eine große wollene Decke und ſagte während deſſen zu dem Knechte: „Warum habt ihr einen Schlitten ge-nommen und nicht einen Wagen?“

„Wir haben bei uns oben viel Schnee.“

„Ja, ſo ſeid ihr da oben; ihr denkt nie, wie es anderswo iſt und ob man ſich die Glieder zerbricht auf dem gefrornen Boden. Fahr' nur langſam bis auf Harzeneck. Gebt recht Acht. Otto, ſteig' auf der Otterswanger Höhe lieber aus. Nein, bleib' ſitzen, du erkälteſt dich ſonſt. Behüt' euch Gott!“

„Gut' Nacht!“ rief noch der Pfarrer; es klang dumpf aus der Vermummung heraus; die Pferde zogen an; der Schlitten ging davon und man hörte ihn noch weit hinaus durch das Dorf poltern und kollern. Bruder und Schweſter gingen ins Haus zurück.

„Ich kann dir nicht ſagen, wie wohl mit's thut, wieder deinen Mann zu ſehen und zu hören,“ ſagte der junge Mann zur Pfarrerin in der Stube, „ich meine, je älter er wird, um ſo deutlicher wird ſeine reine ſchöne Natur, oder iſt es nur an mir, daß ich ihn immer deutlicher ſehe?“

Die Pfarrerin nickte und ſagte: „Ja, du haſt meinen Mann gewiß von Herzen lieb, aber du kannſt dir doch nicht denken, was für eine reine Seele, was für ein heiliges Herz er ist. Mögen die Leute sagen, daß er nicht kirchlich genug; er ist selber eine Kirche. Man wird fromm durch ihn; er braucht weiter gar nichts zu thun, als da zu sein, sein gutes Wesen walten zu lassen; seine Sanftmuth, seine unverwüstliche Liebe und Gerechtigkeit, das macht, daß alle Menschen, wenn sie ihn nur sehen, gut und fromm werden; und so ist's auch in seinen Predigten, da ist jedes Wort Seele, lauter Kern. Eigentlich hat er's gut, die Gemeinheit und Rohheit begegnet ihm nicht. Der Maler Schwarzmann von hier, der einmal acht Tage bei uns gewesen ist und gesehen hat, wie die vierschrötigen Bauern gegen ihn sind, hat ein gutes Wort von ihm gesagt; unser Pfarrer kann Jeden zwingen, daß er in seiner Gegenwart hochdeutsch denken muß. Es hat mir früher oft wehe gethan, daß ein solcher Mann auf dieser Höhe unter Bauern sein Leben verbringen soll, aber ich habe einsehen gelernt, gerade die höchste Bildung, die wieder einfach ist wie die Bibel, ist da am rechten Ort."

Es läßt sich nicht sagen, ob das Entzücken, mit dem die Schwester sprach, oder das, mit dem der Bruder zuhörte, größer war, so wenig sich sagen läßt, ob für ein gutes Herz das Anschauen eines vollen Glückes oder der Besitz desselben größer ist. Und es giebt ja ein Glück, das Niemand zu eigen gehört, sondern Allen, die es zu empfinden verstehen, und das ist die Erkenntniß eines reinen Herzens und die Liebe zu ihm.

„Ich weiß jetzt, wo er ist," fuhr die Pfarrerin fort, und starrte drein, als sähe sie es vor sich; „jetzt ist er an der großen Hagebuche, und jetzt fahren sie um Harzeneck, da geht immer ein böser Wind. Wickle dich nur gut ein. Ich glaub', daß du die wilde Röttmännin noch bekehrst, ich glaub's; du kannst Alles; und ich glaub', daß du noch den Adam mit der Martina traust und dann bleiben wir doch wieder gern hier."

Der Bruder wagte es kaum, die verzückt Dreinschauende anzureden. Endlich fragte er: „Wer ist denn die wilde Röttmännin und Adam und Martina?"

„Gut, setz' dich her, ich will dir erzählen. Ich könnte ohnedies keine Ruhe finden, bis ich weiß, daß Otto unter Dach ist."

Drittes Kapitel.

Von den wilden Röttmännern.

„Es giebt noch wilde Menschen, wahre Unholde hier oben. Von diesen wilden Röttmännern ließe sich viel berichten."

„Erzähle!"

„Es sind große ungeschlachte Menschen, und sie thun sich was darauf zu gut, daß man auf viele Geschlechter zurück Ungeheuerlichkeiten von ihnen erzählt, und da sie reich sind, können sie noch immer derlei ausführen. Der Vater des jetzigen Röttmann, der, zu dessen Frau Otto eben gerufen wurde, soll eine so mächtige Stimme gehabt haben, daß ein Landjäger, den er anschrie, rücklings auf den Boden fiel. Sein Hauptvergnügen bestand darin, in den Wirthshäusern, wo er gegessen hatte, die zinnernen Teller zu Kugeln zusammen zu rollen. Der jetzige Röttmannsbauer soll beim Tanz immer ein Dutzend der schweren eisernen Keile, mit denen man das Holz spaltet — sie nennen sie hier zu Lande Speidel — in den langen Rockschößen gehabt haben, damit ihm Alles ausweichen muß und er Raum genug hat zum Tanzen. Tanzen, das war auch seine größte Lust, vier und zwanzig Stunden ohne Aufhören, das war für ihn ein leichtes Spiel, und in den Pausen wurde unaufhörlich getrunken, ein Schoppen nach dem andern. Um aber zu wissen, wie viel er getrunken und zu bezahlen habe, drehte er sich jedesmal mit großer Geschicklichkeit einen Knopf von seiner rothen Weste und zuletzt von seinem Rock ab und löste sie dann am Schlusse beim Wirth wieder ein. Der Alte mit der starken Stimme verbietet ihm einmal, daß er noch am Tage bei einer Hochzeit drüben in Wengern bleibe, er solle vielmehr eine Wiese drunten im Otterswanger Thal abmähen. Strenge Zucht unter sich haben die Röttmänner immer gehalten. Der gehorsame Sohn folgt also, tanzt die ganze Nacht wie toll; am Morgen kommt der Starkstimmige auf die Wiese und hört Musik. Was ist das? Da mäht Einer und sieht so seltsam aus? Der Starkstimmige kommt näher. Richtig, der Sohn mäht wie befohlen, hat aber eine Traget auf dem Rücken und in der Traget einen Geiger, der ihm beständig vorgeigen muß, und so mäht er Wiese auf und Wiese ab, bis alles darnieder, und dann tanzt er mit seinem

Geiger auf dem Rücken wieder hinüber bis Wengern zur Hochzeit.
— Man sagt sonst im Sprüchwort: Alles kann gestohlen werden,
nur kein Mühlstein und kein glühend Eisen; aber der Speidel=
Röttmann hat doch einmal einen Mühlstein gestohlen, wenigstens
bei Seite geschafft. Dem Heidenmüller zum Possen wälzt er auf
einmal in einer Nacht einen Mühlstein den halben Berg hinauf.
Der Speidel=Röttmann hatte zwei Söhne, Vinzenz und Adam;
der ältere, Vinzenz, war weniger stark, aber tückisch wie ein
Luchs, das hatte er von seiner Mutter, denn bösartig sind die
Röttmänner nicht, nur ungeberdig mild. Vinzenz soll die Holz=
hauer geplagt haben wie ein wahrer Sklavenhalter. Eines Tages
wurde er von einem Baum erschlagen. Man sagt, und der
frühere Pfarrer behauptete es fest, die Holzhauer hätten das mit
Absicht gethan. Seit jener Zeit ist die Röttmännin, die ohne=
dies nicht sehr liebevoller Natur war, zu einem völligen Drachen
geworden, der gerne die ganze Welt vergiftete. Sie ist die
Einzige, die meinen Mann grimmig haßt, denn sie will, daß er
jeden Sterbenden, zu dem er gerufen wird, frage, ob er nichts
zu beichten habe vom Tode ihres Vinzenz. Der Baum, von dem
Vinzenz erschlagen wurde, lag lange unberührt im Walde, da
befahl die Röttmännin eines Tages, daß man ihn abzweige. Sie
war unversehens bei den Holzhauern, um sie zu beobachten und
zu behorchen. Sie muß nichts Sicheres gefunden haben. Der
Speidel=Röttmann wollte den Stamm, der einer der schönsten so=
genannten Holländerbäume war, mit dem Floß rheinabwärts
schicken; er sagte: Baum ist Baum und Geld ist Geld; warum
soll der Baum unnütz verderben, weil er den Vinzenz erschlagen?
Die Röttmännin aber war anders gesinnt. Sie ließ aus dem
Reisig einen großen Haufen machen und verbrannte darin die
Kleider des Erschlagenen. So müssen die in der Hölle verbrennen,
die meinen Vinzenz umgebracht haben, schrie sie immer dabei.
Sechs Pferde und zehn Ochsen wurden angespannt, um den
Stamm nach dem Hof zu führen. Es ging nur eine kurze Strecke,
denn die Wege sind nicht dazu, um einen so großen Stamm
bergauf zu bringen.. Er wurde dreifach zersägt, und nun liegen
die **Klötze** eben im Hof an der Thüre. Die Röttmännin sagt
immer, der Baum wartet, bis man Galgen und Scheiterhaufen
daraus macht, um die Mörder meines Vinzenz zu hängen und
zu verbrennen. Oft sitzt sie am Fenster und spricht auf die Klötze,

wie wenn sie ihnen was sagen müßte, und sie lacht jedesmal glückselig, wenn ein Fremder darüber stolpert. Sie ließ auch, wie sonst nur bei den Katholischen in unserer Nachbarschaft der Brauch ist, dem Erschlagenen einen Bildstock errichten, drunten am Fußwege, der am Abhange des Hohltobel nach der Heiden= mühle führt. Dort, tiefer im Walde, ist der Vinzenz erschlagen worden.

Den einzigen Sohn, der ihr geblieben ist, den Adam, be= handelt die Röttmännin härter als ein Stiefkind; man sagt, sie schlage ihn noch wie einen kleinen Jungen, und er lasse sich alles gefallen, und doch hat er sich schon als ächter Röttmann bewiesen und sich einen stolzen Beinamen erworben, denn er heißt in der ganzen Gegend: der Gaul. Er läßt einmal eben ein Pferd be= schlagen, wie der Schmied von einem Breisgauer Bauern ein Pferd eintauschen will. Das Pferd ist an einen großen zwei räderigen Karren gespannt, der mit Erbsen beladen ist. Der Breisgauer sagt: solch ein Pferd giebt's nicht mehr auf der Welt das zieht, was drei Pferde ziehen.

„Hoho!" schreit der Adam Röttmann, der daneben steht und das mit der gröbsten Stimme, daß der Breisgauer schier über den Haufen fällt und sich noch glücklich an seinem Pferd anlehnt.

„Hoho! Ich wette, daß ich den Wagen mitsammt den Erbsen in drei Trageten bis zu der Krone hinuntertrage. Ist der Handel richtig, wenn ich das fertig bringe?"

„Es gilt," sagt der Breisgauer.

Das Pferd war abgespannt. Adam füllt die Erbsen in einen großen Bettüberzug und trägt sie richtig nach der Krone, dann nimmt er das Wagengestell und trägt es ebenso, und zu letzt nimmt er die zwei großen Räder eines hüben und eins drüben auf die Schulter und geht damit nach der Krone. Wer ist stärker? Dein Gaul oder ich? fragt er den Breisgauer, und davon hat er den Namen Gaul.

Die Art, wie der Speidel=Röttmann die Heldenthat seines Sohnes bekannt machte, zeigt ganz sein ruhmgieriges Wesen, denn eigentlich ist er kein böser Mann, nur eine Großthuer erst Ranges. Am Tage nach der Gaulsthat Adams war Jahrmarkt in der Stadt, der Schmied von hier trifft den Speidel=Röttmann im Wirthshaus und erzählt ihm was vorgegangen. Da sagt der

Speidel-Röttmann: erzähl' mir's nicht hier. Ich zahle dir eine Flasche vom Besten, wenn du da auf die Straße hinunter gehst und mir die ganze Geschichte zum Fenster heraufrufst. Und so geschah es auch. Der Speidel-Röttmann lag breit unterm Fenster und Alles hörte staunend zu, wie der Schmied die Geschichte ausrief. Der Speidel-Röttmann hat eigentlich seine besondere Freude an seinem Sohn, dem Gaul, aber er darf das vor seiner Frau nicht merken lassen, besonders seit sieben Jahren nicht.

Dort überm Bachsteg, wir sehen das Häuschen von unserm Fenster, dort wohnt ein Schilder-Drechsler, der Schilder-David genannt. Er ist ein Ehrenmann, er ist einer der Aermsten im Dorfe, aber er würde eher verhungern, ehe er jemals etwas geschenkt nähme. Dabei ist er ein Schriftgrübler. Bei ihm ist am längsten Licht im Dorfe und das will für einen armen Mann viel heißen. Er hat eine Bibel, die er schon sechzehnmal vom ersten bis zum letzten Buchstaben, altes und neues Testament, durchgelesen hat; ich habe die Bibel einmal gesehen, die Blätter sehen eigenthümlich zerarbeitet aus, denn der David liest immer mit den vier Fingern. Auf dem ersten Blatt der Bibel steht immer der Tag verzeichnet, wann er sie neu begonnen und wann er sie zu Ende gelesen hat. Die längste Zeit ist etwas über zwei Jahre, dreimal hat er sie sogar in weniger als einem Jahre durchgelesen, das war als seine drei Töchter auswanderten, dann, als er eine kranke Hand hatte, daß man glaubte, er würde sie verlieren, und zuletzt das Jahr, in dem ihm sein Enkel, der kleine Joseph, geboren wurde. In seiner Jugend soll er einer der Lustigsten gewesen sein, er kennt alle Lieder und hat sich einmal ein ganzes Klafter Holz ersungen. Er kommt einmal zum Vater des Speidel-Röttmann und will Holz kaufen. Der alte Röttmann ist eben in guter Laune und sagt: David, für jedes Lied, das du mir singst, kriegst du ein Scheit Holz und ich fahre dir's vor's Haus, und richtig! der David singt so viel Lieder, daß er sich ein ganzes Klafter Holz ersang. Davon heißt er auch der Klafter-David. Er hört das aber nicht mehr gern.

Die Frau des Schilder-David ist eine von jenen Naturen, die ihr Lebenlang eigentlich halb schlafen, sie gehen umher, thun ihre Arbeit ordnungsmäßig, aber man hört kein übriges Wort von ihnen, nicht in Freud, nicht in Leid. Wir haben auffallend viele solcher Menschen hier. Dazu ist die Frau des Schilder-

David seit einigen Jahren fast stocktaub. Sie hatten fünf Töchter, lauter große, stattliche Gestalten, und schon als sie noch klein waren, aber stramm und kräftig, sagte der Schilder-David immer: die sind für auf's Wasser, das heißt, für die Auswanderung nach Amerika; und in der That, vier von seinen Töchtern sind nach Amerika, zwei mit ihren Männern und zwei ledig, die sich jetzt auch drüben verheirathet haben; eine ist vor Kurzem gestorben, aber den andern geht es gut, und doch kann der Schilder-David die Sehnsucht nach seinen Kindern nicht verwinden und jetzt sagt er oft: das Amerika, das ist ein neuer Drache, der uns die Kinder wegnimmt. — Es wäre doch das Natürlichste, daß er auch auswanderte, er hat's hier hart, aber er kann nicht fort, und jetzt will er nun gar nicht mehr.

Die jüngste Tochter des Schilder-David, Martina, war immer der besondere Stolz des Vaters, denn sie war die Erste in der Schule. Du glaubst gar nicht, was das einem Kinde auf dem Dorfe für einen Charakter giebt; namentlich ein Mädchen kriegt da einen gewissen Stolz, eine Ehrenhaltung vor sich, und Alles ordnet sich unter, noch bis in die älteren Jahre hinein. Sie war ein braves, feines Kind. Wenn sie zum Confirmandenunterricht kam, hat sie mit äußerster Sorgfalt die Schuhe am Besen abgerieben, und auch die Andern angehalten, sich sauber zu machen, um Treppe und Zimmer rein zu lassen, und sie und ihre Gespielen haben sich's nicht nehmen lassen und haben vor der Confirmation die ganze Kirche gescheuert. Als sie vor dem Altar stand, sie war über die Jahre entwickelt, ich habe nie was Schöneres gesehen, und eine Frömmigkeit lag wie eine Glorie auf ihrem Gesicht. Sie ist oft zu uns ins Haus gekommen. Mein Mann hatte seine besondere Freude an dem Kinde, und er erzählte mir, wie er am Tage nach der Confirmation Martina auf dem Felde getroffen und sie sagte: es sei ihr jetzt, als wäre sie aus der Heimath fortgeschickt worden. Sie wurde auch bald fortgeschickt. Sie war sechzehn Jahre alt, als sie zu dem wilden Röttmann in Dienst trat. Der Röttmann giebt guten Lohn, und er muß, denn es hält's Niemand ein Jahr lang bei seiner Frau aus. Martina war aber zwei Jahre dort.

Plötzlich wurde die Pfarrerin in ihrer Erzählung unterbrochen, ein seltsames Rollengeklingel ging durch das Dorf."

„Was ist das?" fragte Eduard.

Das ist der Eselstrupp aus der Heidenmühle. Der Fahrweg nach der Mühle ist sehr weit, aber die Esel tragen Korn und Mehl bergauf und bergab den schmalen Fußweg. Ich hätte gern der Toni durch den Knecht etwas sagen lassen; aber jetzt ist's zu spät."

Erst nach wiederholter Aufforderung des Bruders fuhr die Pfarrerin in ihrer Erzählung fort:

Viertes Kapitel.
Martinas Heimkehr.

Am Samstag Mittag vor Johanni saß eine Frauengestalt ganz in sich zusammengekauert hinter einem Felsen, der jäh abspringt in den Bach, dort, wo die Schwallung angelegt ist. Da kommt die Näherin Leegart — so sagt man hier für Luitgart — daher, sie will sich auf dem Heimweg von der Heidenmühle den Ort ansehen, von wo sie einmal irre gegangen.

Die Näherin ist voll von Aberglauben, aber Niemand spricht mehr dagegen als sie. Wie sie nun an jenem Samstag an den Felsen kommt und die Gestalt sieht, schreit sie laut auf. Da kauert etwas am hellen Tag wie ein Gespenst. Es ist Martina, sie richtet sich auf und schaut die Leegart an und klagt, sie habe sich tödten wollen, sie müsse aber leben um ihres Kindes willen; wenn das auf der Welt sei, wolle sie sterben. Leegart verspricht ihr schnell, zu Gevatter zu stehen, denn sie haben hier den Glauben, daß ein Kind, dem man vor der Geburt die Gevatterschaft versprochen, glücklich zur Welt komme, und wenn es auch todt zur Welt komme, gleich selig sei. Die Leegart läßt nicht ab, sie tröstet und redet zu und bringt Martina ins Dorf.

Es war am Nachmittag; ich saß mit meinem Mann im Garten, da hören wir drüben über'm Bach ein Jammergeschrei, das durch Mark und Bein schüttert, und kaum sind wir aus der Laube, da kommt die Leegart todtenblaß herbeigestürzt: "Herr Pfarrer, gehen Sie um Gottes willen schnell zum Schilder-David, der Schilder-David will die Martina umbringen."

Ich will mit; mein Mann heißt mich zurückbleiben; er geht schnell. Die Leegart sinkt fast um, ich kann ihr glücklicherweise noch von unserm Kaffee geben, und sie erzählt, daß die Martina zu Fall gekommen. Als der David, der eben vor seinem Hause

Holz spaltete, sie sah, habe er die Axt erhoben und seiner Tochter gerade das Hirn spalten wollen. Herbeigeeilte Nachbarn entwanden ihm die Axt, und jetzt stellte er sich vor die Hausthür und schwur, Martina zu erdrosseln, wenn sie über seine Schwelle käme. Martina fiel vor der Schwelle nieder. Frauen brachten Sie ins Haus, und als sie in die Stube trat und ihren Confirmanden=schein sah, der an der Wand unter Glas und Rahmen hing, da that sie einen Schrei, so laut, so durchdringend, daß wir ihn bis hier herauf hörten; sie fiel in Ohnmacht nieder. Man erweckte sie, der David aber rief immer: „Bringt sie nicht wieder zum Leben, denn ich schaffe sie doch hinaus. Herr Gott! Herr Gott! Mach' mich blind, verflucht seien meine Augen. Der Drache hat mir meine andern Kinder geraubt, und jetzt, jetzt . . . ."

Er stürzte auf Martina los. Es gelang, ihn zu bändigen, und Leegart eilte, meinen Mann zu rufen. Wir warteten lange, bis mein Mann wieder kam. Er brachte den David mit, er führte ihn am Arme und David ging stolpernd wie ein Blinder; er hatte den Hut tief in die Stirn gedrückt und sagte immer: „Herr Pfarrer, ja, ich bitte, sperrt mich ein, ich bin sonst meiner nicht Herr. Mein Kind, mein bestes Kind, mein einziges Kind! Sie ist meine Krone gewesen, wie Sie es ihr in den Confir=mandenspruch gesetzt haben, und so . . . Herr Gott, was willst du mit mir, daß du mich so heimsuchst? Es soll nicht sein, ich soll nicht unbeschwert dahingehen! O, Herr Pfarrer, wenn man einem Kinde zusieht essen, wie's ihm schmeckt, es schmeckt sieben=mal besser, als wenn man selber ißt. O, wie lang pflegt man so ein Kind und freut sich, daß es stark wird und wächst, und das und jenes sagt, was gescheit und gut ist, und freut sich, wenn es aus der Schule kommt und etwas gelernt hat, und freut sich, wenn es drischt, wenn es Holz sammelt und wenn es singt, und da kommt auf Einmal ein Mensch und verwüstet das Alles. Meine andern Kinder sind ausgewandert und sie leben und ich habe nichts davon; meine Martina ist daheim geblieben, sie lebt vor meinen Augen und ist mehr als todt. Wenn ein Kind rechtschaffen ist, ist man doppelt glückselig, aber doppelt und tausendfach unglückselig kann Einen ein schlechtes Kind machen. Ich denke mir das Hirn aus — und kann's nicht finden, wo ich's verseht, und es muß doch sein, und mein guter Name . . ."

Er sah mich jetzt, und laut schluchzend, fast zusammenbrechend rief er: „Frau Pfarrerin, und Sie haben sie auch immer so lieb gehabt! Sie hat mir den Todesstoß gegeben, ich spür's."

Die Füße trugen ihn kaum. Wir brachten ihn in die Stube, und dort saß er gewiß eine Stunde lang wie leblos, er hielt die Hand vor das Gesicht und die Thränen quollen zwischen den Fingern hervor.

Endlich richtete er sich auf, streckte und reckte sich und sagte: „Gott vergelte Ihnen Alles, Herr Pfarrer. Da, meine Hand; ich will kein ehrliches Grab haben, wenn ich meiner Martina — — — —" er wurde wieder von einem Thränenstrom unterbrochen, da er den Namen nannte — „wenn ich meiner Martina irgend ein Leid zufüge, sei es mit Wort oder That. Gott hat mich gestraft durch sie, ich muß ein schwerer Sünder sein. Ich war zu stolz auf meine Kinder und auf sie, ja gerade besonders auf sie, und sie ist jetzt auch armselig genug. Ich will mich nicht weiter versündigen."

Mein Mann wollte ihn wieder heimbegleiten, er lehnte es ab.

„Ich muß lernen, mit diesem Schandfleck allein über die Straße gehen. Ich bin zu stolz gewesen. Mein Haupt ist gebeugt, bis ich in die Grube fahre. Nochmals tausend Dank. Gott vergelt's!"

Der ehemals stolz aufrecht gehende Mann schlich jetzt wie eine Jammergestalt heimwärts. Erst jetzt konnte mir mein Mann erzählen, wie Gräßliches er erlebt.

Die Leute haben mir aber später berichtet, daß mein Mann eine Geduld und Sanftmuth ohne Gleichen gegen den Schilder-David übte. Denn dieser hätte gern Alles zerrissen und schrie immer: „Ich bin Hiob! Strecke deine Hand herunter, Herr Gott, und reiß mir die Zunge aus dem Rachen; ich muß fluchen, fluchen auf die ganze Welt. Es giebt keine Gerechtigkeit; keine im Himmel und keine auf Erden."

Es gelang meinem Mann, ihn zu beruhigen; als aber der Schilder-David fort war — so ermattet, so todtmüde habe ich meinen Mann nie gesehen, wie damals.

Die Leegart hat ihr Wort gehalten und hat Gevatter gestanden bei dem kleinen Joseph, und Vater Adam kam zur Taufe ins Dorf. Er wollte, daß der Schilder-David ihn durchs Dorf begleite, damit die Welt sehe, wie er zu ihm halte. Der Schilder-David ging aber nicht mit ihm. Zu Hause soll es Adam haben

schwer büßen müssen, daß er es wagte, ins Dorf zu gehen, und
er wird seitdem bewacht und gefangen gehalten wie ein Verbrecher,
denn die alte Röttmännin hat willfährige Spione in Lohn und
Brod. Dafür ist sie nicht geizig.

Der Schilder=David war ein fleißiger Kirchgänger, aber
nach der Geburt des unerwünschten Enkelchens ging er gewiß
zwei Monate lang nicht in die Kirche; wenn es zur Kirche läutete,
klagte er immer aufs Neue, daß er vor Schimpf nicht in die
Kirche gehen könne. Wenn's aber Niemand sah, trug er das
Enkelchen gern in der Stube herum.

Der Knabe scheint es ihm wahrhaft angethan zu haben.
Er trug das Kind umher und wartete es wie eine Mutter.
Stundenlang konnte man ihn am Feierabend und des Sonntags
drüben am Gartenzaun stehen sehen, und Großvater und Enkel
starrten in das Feld und in den Bachsturz, der hinter dem
Hause herabfällt, ja der Alte gewöhnte sich dem Kinde zulieb
das beständige Rauchen ab, während er sonst die Pfeife nicht
aus dem Munde brachte, und als der Knabe laufen konnte, war
er sein beständiger Kamerad und führte ihn an der Hand. Wenn
das Kind mit andern Kindern spielt und den Großvater sieht,
läuft es von allen Spielen fort und geht nicht mehr von der
Seite des Großvaters. Ja, wenn ein Kind so leicht zu verderben
wäre, der David hätte es mit seiner Eitelkeit verdorben, denn
er lebt fast ganz von dem Rufe seines Enkelchens; tagtäglich er=
zählt er eine der Klugreden, die der kleine Joseph gethan, und
wie gescheit er dem Knaben die Zunge lösen könne. So ehrlich
der David ist, er weiß nicht mehr, daß er dem Kinde Vieles
andichtet, was nicht aus ihm selber kommt, und dann setzt er
immer gern hinzu: ja, wenn wir nur schon zwanzig Jahre älter
wären, da wird man im ganzen Land davon reden, was mein
Joseph ist. — Ich habe vor Kurzem etwas gehört, das von
eigenthümlichem Nachdenken des Knaben Zeugniß giebt. Es war
am selben Tage in der Nachbarschaft ein Kind gestorben und ein
Kind zur Welt gekommen, und der kleine Joseph sagte: nicht
wahr, Großvater, wenn man geboren wird, da schläft man
im Himmel ein und wacht auf der Erde auf, und wenn man
stirbt, da schläft man auf der Erde ein und wacht im Him=
mel auf?

Der kleine Joseph ist aber auch beständig dabei, wenn sich

der Großvater mit seinen Nachbarn bespricht, und da hört er von allerlei Lebensverhältnissen und Zerwürfnissen und kennt die ganze geheime Geschichte des Dorfes.

„Warum erzählst du nicht von Martina?" unterbrach hier der Zuhörer die Pfarrerin.

„Da ist nicht viel zu berichten, sie lebt still und emsig, hilfreich, wo irgend in einem Hause Noth ist, spricht kein übriges Wort und ist ihrem Vater mit unbeschreiblicher Liebe unterthan u d er vergilt ihr das am besten in der Liebe, die er dem kleinen Joseph widmet."

„Und Vater Adam, der Gaul, was thut denn der?"

„Der lebt auch still für sich, und wie gesagt, er wird von seinen Eltern auf dem Hofe fast wie ein Gefangener gehalten. Er läßt sichs gefallen, und glaubt genug gethan zu haben, daß er beständig dabei bleibt: wenn er die Martina nicht bekäme, heirathe er gar nicht. Natürlich, daß die Eltern Alles aufbieten, ihn von Martina frei zu machen. Es sind ihr schon glänzende Anerbietungen gestellt, sehr annehmbare Freier ins Haus geschickt worden, und der alte Röttmann will sie ausstatten; aber sie hört nicht darauf, und ihre beständige Entgegnung ist: „Ich könnte einen andern Mann kriegen, ja wohl, wenn ich wollte; aber mein Joseph könnte keinen andern Vater kriegen, wenn er auch wollte."

Besonders ein Vetter der Martina, ein wohlhabender Schuh= macher, der als Junggeselle lebt, scheint nicht heirathen zu wollen, bis er gewiß ist, daß die Martina ihn nicht nimmt. Man heißt ihn hier im Dorf den Häspele, und ich weiß jetzt in der That seinen wirklichen Namen nicht. An Feierabenden haspelt er den Mädchen das Garn, das sie gesponnen haben, und darum heißt er Häspele. Er ist ein gutmüthiger Mensch, der jedes Jahr den Fastnachtshansel spielt, von einer Fastnacht zur andern ununter= brochen fort. Wo man ihn sieht, spielt man das ganze Jahr Fastnacht mit ihm, und er geht gleich darauf ein; seine Mienen und seine Reden haben etwas so Komisches, daß man nicht mehr weiß, macht er Spaß oder Ernst, wie er denn meist eine rothe Nase hat, die für geschminkt gelten kann. Er hat die Martina von Herzen lieb, und sie ihn auch, aber eben nicht anders, als alle Mädchen im Dorfe ihn leiden mögen; zum Heirathen wird er nie kommen, es denkt Niemand daran, daß man den Häspele auch heirathen könne . . . .

„Gottlob,“ unterbrach ſich hier die Pfarrerin, „jetzt iſt mein
Mann bald unter Dach, wenn ihm, was Gott verhüte, nicht ein
Unglück paſſirt iſt. Es wäre die ſchönſte Weihnachtsfeier, mir
das liebſte Geſchenk, wenn er die Röttmännin noch bekehren
könnte, der Speidel-Röttmann giebt dann von ſelbſt nach. Dann
bleiben wir, wenn's nicht anders iſt, auch wieder gern hier.
Denn die Geſchichte mit Martina und Adam hat endlich den
Ausſchlag gegeben, daß mein Mann ſich von hier weggemeldet
hat. Die wilden Röttmänner laſſen nicht ab, und eben morgen
ſoll alles fertig werden, daß der Adam ſich mit des Heidenmüllers Toni verlobt. Das Mädchen iſt das einzige aus einer
angeſehenen Familie, das er kriegen kann. Sie hat eine junge
Stiefmutter bekommen, und nun will ſie aus dem Haus und
wenn ſie in die Hölle müßte. Der Heidenmüller und der Röttmann, dieſe beiden Familien ſind die angeſehenſten, oder was
eben ſo viel iſt, die reichſten in unſerer Pfarrgemeinde. Ich muß
ſelber ſagen, ich möchte das nicht mit erleben, den Adam mit
des Heidenmüllers Toni zur Kirche gehen zu ſehen. Es iſt entſetzlich für meinen Mann, da oben ſtehen zu müſſen und ſein
innerſtes Herz vor den Menſchen ausſchütten, Heiligkeit und
Güte und Treue predigen, und zu wiſſen, da unten ſitzen Menſchen und ſie ſitzen in den vorderſten Kirchenſtühlen, du kannſt
das Auge nicht von ihnen wenden, und ihnen iſt Alles, was du
ſagſt, nichts als leere Worte.
Horch, jetzt ruft der Wächter zwölf. Jetzt iſt Otto gewiß
unter Dach und ich weiß, er bewirkt Gutes. Jetzt wollen wir
auch ſchlafen gehen.“

Fünftes Kapitel.
Der Tag iſt trüb.

Martina blieb die ganze Nacht ſo unruhig als ſpürte ſie's,
daß eben jetzt ein rechtſchaffenes Herz ihre ganze Lebensgeſchichte
auferweckt hätte. Sie war ſo voll Ungeduld, daß ſie immer
aufſpringen wollte, hinaus in die Welt, um plötzlich ihr Leben
zu ändern. Als läge es in ihrer Hand, das zu vollführen. Die
Hähne krähten immer lauter, und da und dort hörte man auch
eine Kuh ſchreien, einen Hund bellen. Es muß bald Tag ſein.

Martina stand auf und heizte die Stube, dann zündete sie
noch ein Feuer auf dem Herde an. Man muß heute die Morgensuppe besonders gut kochen, die Näherin Leegart kommt ja heute
früh, der Joseph kriegt eine neue grüne Mancheſterjacke. Auf
dem Tiſch lag noch die Schiefertafel, da hat der kleine Joseph
gestern Abend einen riesig großen Mann hingezeichnet, entsetzlich
anzuschauen, und doch hat das Kind gesagt: „Das ist mein
Vater." Es war Martina gar seltsam, da sie jetzt die Figur
auf der Tafel wegwischte. Könnte sie's nur auch wegwischen,
daß sie dem Kinde vom Vater erzählt, noch gestern Abend beim
Einschlafen, und ihm versprochen hatte, der Vater komme heute;
das ist's ja, darum hat das Kind heute Nacht dreimal gerufen:
ist noch nicht Tag?

Martina starrte lang in das hellloderde Feuer, und ohne
daß sie es wußte, sang sie:

> Treue Liebe brennt von Herzen,
> Treue Liebe brennet heiß,
> O wie muß das Herze lachen,
> Das von keiner Untreu weiß.

> Komm ich Morgens auf die Gassen,
> Sehn mir's alle Leute an,
> Meine Augen stehn voll Wasser,
> Weil ich dich nicht lassen kann.

Als Martina mit dem Kübel unter dem Arm die Thür
öffnete, kam ihr ein heftiger, eisig kalter Windstrom entgegen,
sie heftete das rothe Tuch fester, mit dem sie Kopf und Hals
umwickelt hatte, und ging nach dem Brunnen.

Der Tag ist kalt, die Röhrbrunnen sind zugefroren, nur der
Schöpfbrunnen bei der Kirche hat noch fließendes Wasser. Eine
große Schaar von Mädchen und Frauen umsteht das Brunnen-
geländer, und wenn Eines beim Uebergießen Wasser aus dem
Eimer verschüttet, ist großes Geschrei, denn das Wasser gefriert
alsbald, und man kann auf dem Glatteis kaum mehr stehen.
Die Frühsonne blinzt einen Augenblick ins Thal, es muß ihr
aber nicht gefallen, denn sie versteckt sich schnell wieder hinter
den Wolken. Die Matten und Aecker stehen hellglitzernd im
Morgenreif, das ist ein trauriger Anblick, es erfriert ja Alles

ohne die schützende Schneedecke. Nur auf den Bergen liegen dichte Schneebreiten.

„Gottlob, werdet sehen, die Wolken bringen heute rechtschaffenen Schnee."

„Es wäre dem Feld zu gönnen, es ist ja ein Jammer, wie Alles gelb wird."

„Wir haben Weihnachten noch immer Schnee gehabt und zu Neujahr Schlittenbahn," so hieß es hin und her am Brunnen. Die Worte der Redenden spielten als leise Wölkchen von ihrem Munde.

„Ist's wahr," fragte eine ältere Frau die herzutretende Martina, „ist's wahr, daß der Pfarrer heute Nacht zu deiner Schwiegermutter geholt worden ist?"

„Ich glaub', dein Schwiegervater wird den Baum, der den Vinzenz erschlagen, gern zu Brettern versägen und einen Sarg für seinen Hausteufel draus machen."

„Und gut wär's, wenn sie einmal abzöge, dann kannst du deinen Gaul kriegen."

„Und wirst zahme Röttmännin."

„Ich ließ die Alte zu Tod beten. Der Schneider von Knuslingen weiß ein Gebet, mit dem man einen zu Tod beten kann."

„Nein, die mußt zu Tod fluchen."

So hieß es wieder in lebendiger Wechselrede. Martina, die den vollen Kübel auf den Kopf gehoben hatte, sagte nur: „Redet nicht so gottlos, es ist ja heut' der heilig Abend."

Sie ging langsam heimwärts, als wenn die Worte, die noch hinter ihr fielen, sie noch aufhielten, und es ward ihr heiß, da sie denken mußte, daß der kleine Joseph vielleicht geahnt hat, was in der Ferne vorgeht und darum so unruhig war. Sie hatte Adam vorgeworfen, daß er nicht auch leide, und er machte vielleicht in derselben Stunde das schwerste Leid durch, das einem Menschenkind auferlegt sein kann: was das Liebste auf Erden sein muß, scheiden zu sehen mit quälender Bitterkeit in der Seele.

Die am Brunnen verblieben waren, hatten gar keine Eile mehr, sie standen auf ihre vollen Kübel gelehnt, ja Manche mit dem Kübel auf dem Kopf und sprachen von Martina.

„Martina möchte jetzt gern ins Pfarrhaus."

„Und sie ist nicht gescheit. Der alte Röttmann hat ihr

schon zweitausend Gulden anbieten lassen, wenn sie den Vater von ihrem Kind frei giebt. Aber sie will nicht."

„Und der alte Schilder-David will auch nicht."

„Guten Morgen, Häspele!" hieß es plötzlich, „was machen deine Hühner? Sind sie alle wohl auf?"

„Ist es denn wahr, daß dein Hahn spanisch kräht? Verstehst du denn das?"

So wurde die einzige Männergestalt begrüßt, die mit einem Kübel zum Brunnen kam. Es war Häspele. Er trug ein weißlich-graues gestricktes Wamms, und hatte auf dem Kopfe eine bunte Zipfelmütze, unter der ein spaßbereites, allzeit zum Lächeln erbötiges Gesicht in die Welt hineinschaute.

„Die Martina ist eben dagewesen, sie wird gleich wieder kommen," rief eine Frau im Abgehen.

Häspele lächelte dankend.

Häspele mußte warten, bis Alle vor ihm Wasser hatten; er wartete gern und war noch so gutmüthig, Allen aufzuhelfen. Eben als er auch für sich eingeschöpft hatte, kam auch Martina wieder, sie halfen nun einander gegenseitig auf und gingen eine gute Strecke mit einander, denn Häspele mußte vor dem Hause der Martina vorüber nach dem seinigen. Unterwegs berichtete ihm Martina, daß der Pfarrer heute Nacht zur Röttmännin geholt worden und noch nicht wieder zurück sei. Sie konnte sich nicht enthalten, ihre Hoffnung auszusprechen, daß der Pfarrer vielleicht das harte Herz erweicht; aber Häspele sagte: „O glaub' das nicht! Eher wird der Wolf, der jetzt hier in der Gegend umgeht, in meine Stube kommen und sich von mir anbinden lassen wie meine Geis, ehe die Röttmännin nachgiebt. Ich habe dir ja Alles erzählt wie's gewesen ist, als ich vor acht Tagen deinem Adam die neuen Stiefel gebracht habe, und ich habe dir's ja schon ausgerichtet, er kommt heute ganz gewiß. Ich glaub's aber selbst, wie die Reden gehen, daß du ihn frei giebst."

Martina antwortete nicht, aber vor der Thür ihres Hauses blieb sie plötzlich stehen und sagte: „Schau', da kommt der Pfarrer heim."

Drüben auf dem Fahrweg, denn das Haus der Martina lag jenseits über dem Bachstege, fuhr eben langsam ein offener Schlitten die Straße herauf. Ein Mann, tief in einen Pelz-mantel gehüllt, die Pelzmütze weit über's Gesicht gezogen, saß

neben dem Fuhrmann, der lustig rauchte und jetzt mit der Peitsche
grüßend nach Martina herüber winkte. Es war ein Knecht vom
Röttmannshof, sie kannte ihn. Sie dankte mit der Hand und
ging ins Haus, Häspele ebenfalls heimwärts.

Als Martina die Thür zumachen wollte, rief eine Frauen=
stimme: „Laß auf; ich will auch noch hinein."

„Guten Morgen, Leegart! Ist recht, daß du so bald
kommst," sagte Martina, und die Näherin, die trotz des Winters
in Pantoffeln mit hohen Absätzen ging, half ihr das Wasser
abstellen, wofür sich Martina sehr bedankte. Das thut die Lee=
gart nicht Jedem, man darf sich etwas darauf einbilden, wenn
sie Einem in irgend etwas hilft, was nicht zur Näherei gehört;
es ist schon Gunst genug, daß sie noch vor Weihnachten einen
Tag ins Haus kommt, denn sie ist viel erwünscht von allen
Frauen der ganzen Umgegend, und wo sie auf Arbeit hinkommt,
ist sie eine besonders geehrte Person. Das zeigte sich jetzt auch,
wie ihr Martina die Stubenthür weit öffnete und sie einließ;
hier wurde ihr aber ein schlechter Willkomm, denn der kleine
Joseph rief: „O weh, die Leegart!"

Sechstes Kapitel.

Wie ein Dorfpfarrer zu Hof befohlen wird.

Die Pfarrerin stand schon lang am Fenster und schaute
durch die Scheiben; nur von dem einen Eckfenster konnte man
die Gegend überschauen; die andern Fenster waren durch eine
vorgebaute, spitzgieblige Scheune verdeckt, die ein Bauer, dem
früheren Pfarrer zum Possen, gerade hier hin gebaut und mit unge=
wöhnlich hohem Dach versehen hatte, um dem Pfarrer die Aus=
sicht zu rauben. Jetzt, da man einen braven Pfarrer hatte, konnte
man die Scheune nicht mehr abtragen. Die Pfarrerin konnte
aber auch an dem freien Fenster nicht weit sehen, denn das war
heute ein Tag, der eigentlich nur Dämmerung ist zwischen der
einen Nacht und der andern; die Sonne schimmerte nur wie ein
zerflossener gelber Fleck durch die dichte Wolke, die sich weit über
die ganze Gegend gelagert hatte. Als die Pfarrerin den Schlitten
schon ganz nah herankommen sah, nickte sie nur, öffnete aber

das Fenster nicht, sie blieb wie festgebannt am Fenster stehen. Sie wäre gern hinabgeeilt, um ihren Mann willkommen zu heißen, aber sie wußte, ihrem Manne waren alle heftigen und öffentlichen Gemüthsäußerungen zuwider; er hatte etwas kindlich Verschämtes, und namentlich war ihm jede Empfangs- und Abschiedsfeierlichkeit zuwider.

Die Pfarrerin hatte die Magd schnell hinabgeschickt, und durch einen Tritt auf die Schnalle am Stubenboden öffnete sie die Hausthür. Um doch etwas thun zu können, stellte sie die Tasse und das Brod nochmals zurecht, obgleich es ganz in der Ordnung bereit stand; sie hob die gewärmten Pantoffeln auf, die am Ofen standen, und stellte sie verkehrt wieder hin; sie nahm den Kessel mit siedendem Wasser aus der Ofenröhre und goß noch frisch zu. Es war heimelich warm in der Stube; man wohnt nicht umsonst mitten in den Waldbergen.

„Guten Morgen, Lina!" sagte der Pfarrer, endlich eintretend. „Gottlob, Gottlob, daß ich wieder daheim bin." Er zog den Pelzmantel ab, es ging schwer, die Pfarrerin half nach.

„Schläft Eduard noch?"

„Nein, er ist auf die Jagd. Ich habe ihn dir entgegen geschickt. Hast du ihn nicht getroffen?"

„Nein."

Die Stubenluft schien dem Pfarrer doch zu eng, er öffnete das Fenster, stand eine Weile vor demselben und sagte: „Es ist gut, daß du nicht daran dachtest, daß man in der ganzen Gegend nach dem Wolf fahndet, der sich umhertreibt; du hättest dir gewiß eingeredet, das Ungeheuer verschlingt mich."

„Komm, setz' dich und erwärme dich," entgegnete die Pfarrerin und schenkte den dampfenden Kaffee ein. Komm, ich will dir die Tasse halten, deine Finger sind ja so steif, daß du sie nicht fassen kannst. Nimm nur ein Paar Schluck. Was war's denn, daß du mitten in der Nacht zur wilden Röttmännin geholt wurdest? Nein, nein, trink' nur, es hat Zeit mir zu antworten. Ich kann warten."

„Lina," sagte der Pfarrer und ein seltsames Lächeln stand auf seinem feinen Gesichte, „Lina, sei stolz! Ich muß einer der berühmtesten Unterhaltungsmenschen sein. Ah! der Kaffee thut gut. Denke nur, Lina! Es war gerade ein Uhr, es schlug eben drüben in Wengern, als ich auf dem Röttmannshof ankam.

Der Empfang war ſehr lärmend. Man drängte ſich mit lautem
Willkommsgruß um mich und wollte mich nicht abſteigen laſſen.
Die guten Leute hatten in der Nacht alle Hofhunde losgelaſſen,
es war ja nicht nöthig ſie anzubinden, wenn der Pfarrer kam;
die guten Leute ſind des ſchönen Glaubens, daß das Wort Gottes
auch biſſige Hunde in der Nacht bannen könne. Es dauerte eine
geraume Weile, ehe ich abſteigen konnte, die Hunde mußten alle
vorher an die Ketten gelegt werden. Schenk' mir noch einmal
ein, der Kaffee iſt ſehr gut.“

„Und wie ging's weiter?“ fragte die Pfarrerin.

Der Pfarrer ſah ſie eine Weile lächelnd an, dann fuhr er
fort: „Bis an die Kniee tief liegt oben der Schnee, er hat
wenigſtens das Gute, daß er ſauber iſt, er macht uns nur ſo
heimtückiſch naß. Ich komme glücklich über beſcheiden verhüllte
Sägklötze ins Haus, und es war ſehr freundlich von den Pfützen,
daß ſie zugefroren waren. Wo iſt der Röttmann? frage ich. Er
liegt im Bett. — Iſt er auch ſchwer krank? — Nein, er ſchläft. —
So? Man läßt mich zu der ſterbenskranken Frau rufen und der
Mann legt ſich ſchlafen? Schöne, gemüthliche Welt das! Gut, ich
komme zur Kranken ins Zimmer. Gottlob, daß Ihr da ſeid,
Herr Pfarrer. — Wie? Iſt das die Stimme einer Sterbenden?
Ich frage, warum man mich mitten in der Nacht habe rufen
laſſen. Ach, guter Herr Pfarrer, ſagt die Röttmännin, Sie ſind
ſo gut, ſo ſeelengut, und können ſo getreu mit Einem reden
und berichten, daß Einem ganz wohl dabei wird und man ganz
vergißt, daß man ſo ſchwer krank. Ich liege jetzt ſchon die
ſiebente Nacht und kann faſt kein Auge zuthun, und die Lange=
weile plagt mich, ich kann's gar nicht ſagen. Ich mein', die
Stunden wollen gar nicht herumgehen, und da habe ich nach Euch
geſchickt. Herr Pfarrer, Ihr ſeid ja ſo gut, Ihr ſollet auch ein
bisle mit mir reden. Mein Mann darf gar nichts davon wiſſen,
daß ich nach Euch geſchickt habe, er gönnt mir nichts Gutes, er
geht fort, ſo oft er kann, und wenn er daheim iſt, redet er
kaum ein paar Worte mit mir; es wäre ihm am liebſten, wenn
ich vor langer Zeit ſterben möcht', und mein Einziger, mein
Adam, der thut gar, als ob ich ſchon nicht mehr da wäre. O,
Herr Pfarrer! Wenn man ſo da liegen muß, Tag und Nacht
auf dem einſamen Hof, und kann nichts ſchaffen, jeder Tag iſt
eine Ewigkeit lang und jede Nacht noch dreimal mehr. Wenn

mein Vinzenz noch lebte, der säße Tag und Nacht bei mir, der allein hat mit mir reden können, so kann's kein Mensch mehr. So, guter Herr Pfarrer, jetzt setzt Euch ein bisle her zu mir und redet auch was. Wollt Ihr nicht einen guten Schluck Wacholder-Branntwein? Das erwärmt, das müsset Ihr nehmen, nein, das dürft Ihr mir nicht abschlagen. Kätherle, lang' die grüne Flasche dort herunter, die hinterste, und schenk' dem Herrn Pfarrer ein. — Wie meinst du, Lina, wie mir zu Muthe war, als ich die Frau das Alles in geläufigem Redefluß vorbringen hörte?"

„Ich hätte an mich halten müssen, den frechen Teufel nicht zu verfluchen. Entsetzlich! Zerrt dich in der kalten Decembernacht aus dem Haus über schneeige Berge."

„Und wo noch dazu ein Wolf umgeht," schaltete der Pfarrer ein.

„Laß mich mit deinem Wolf," fuhr die Pfarrerin heftig fort, „diese Röttmännin ist der schändlichste Wolf. Du hast ihr doch deine Meinung gesagt?"

„Allerdings. Und dir gegenüber darf ich doch eitel sein. Ich kann dir sagen, nie in meinem Leben war ich zufriedener mit mir. Ich mußte fast lachen über diese so überaus kindliche Rücksichtslosigkeit. Kinder sind ja auch so, sie denken nur an sich und durchaus nicht an die Opfer, die sie von Andern verlangen. Sage was du willst, es lag eine gewisse Unschuld in dem Thun der Röttmännin, sie denkt nur an sich und weiß nicht, was sie thut. Ich habe ihr natürlich nicht verhehlt, daß das etwas sehr willkürlich über die Nachtruhe Anderer verfügen heißt, und wie ich nicht eben geschmeichelt bin, daß sie meine Unterhaltung so hoch anschlägt und mich zu Hof befiehlt und mir noch einen Hofwagen schickt. Indeß, da ich einmal da war und der Schlaf einmal gebrochen, unterhielt ich sie, so weit meine Unterhaltungsgabe reicht, und sie selber that auch das ihrige, sie erzählte gut oder eigentlich bös, denn das Liebste war ihr, recht schlimme Streiche der Menschen zu erzählen und wie nichtsnutzig die jetzige Welt sei, und immer wieder sagte sie: wenn ich sterbe, bitte ich Gott um die einzige Gnade, er soll mir ein Zeichen geben lassen, wer meinen Vinzenz umgebracht hat, daß man die Mörder und wenn's das halbe Dorf ist, hängen und verbrennen kann. Du weißt, wenn sie auf dieses Thema kommt, ist sie im höchsten Grade erfinderisch. Ich habe aber die Beweise, daß sie auch den Vinzenz nicht liebte, so lange er am Leben war. Jetzt redet sie sich eine

schwärmerische Liebe ein, als ob er alle ihre Liebe mit ins Grab
genommen, denn es ist kein Herz so böse, daß es nicht nach
einem Grunde seiner Bitterkeit sucht und etwas zu lieben glaubt,
um dessenwillen alles Andere vernichtet werden soll. Ich redete
ihr nun ins Gewissen, daß es wohl anstehe, einen Todten zu
lieben, aber für einen Todten könne man nichts mehr thun,
sondern nur für die Lebenden; sie solle nur endlich nachgiebig
sein gegen Adam und Martina. Ich schilderte ihr die Freude,
die sie an dem Enkelchen haben werde. Ich suchte ihr einzu=
reden, daß sie mich nur beßwegen habe kommen lassen, sie habe
sich nur gescheut, mir das offen zu bekennen. Aber — ich glaube
in der That, daß ein Wolf in der Gegend herumschwärmen muß,
— dieses Heulen, in das jetzt die Röttmännin ausbrach, muß
sie von einem Wolf gelernt haben; es schauerte mir durch Mark
und Bein und ich meinte, sie vergeht jetzt, sie kann keinen Athem
mehr finden vor Wuth; sie kratzte mit ihren Nägeln die Wand
und sank zurück, schnell aber erhob sie sich und rief: ich dank'
dir Gott, lieber Gott, ich dank' dir, laß mich nur noch leben,
nur noch lang, meinetwegen so, daß ich nicht aufstehen kann,
aber rufen kann ich, rufen, und bis zu meinem letzten Athem
will ich rufen: ich leid's nicht, ich leid's nicht, daß so eine Bettel=
mannstochter, die meinen Adam verführt hat, Röttmännin wird.
Warum giebt's denn keine Menschen mehr, die so ein nichtsnutziges
Wesen mitsammt ihrem Kind aus der Welt schaffen? So sind die
Pfarrer, so sind sie jetzt, die Faulenzer, die Schwarzröcke; es ist
keine Gottesfurcht mehr, die Pfarrer selber wollen, daß Schlechtig=
keit und Verführung noch mit Gutem belohnt werde. Mit dem
Strohkranz sollte sie vor der Kirche stehen und Buße thun. Aber
da herauf soll sie nie und wenn unser Herrgott vom Himmel
herunterkommt, und wenn er tausend solche, solche .... schein=
heilige Pfarrer schickt, und wenn sie mir den Hals zudrehen,
schreie ich noch: ich leid's nicht, und heute, heute noch muß es
fertig werden. —

Von dem Geschrei der Röttmännin erweckt, war Vater und
Sohn herbeigekommen, und der Alte that eigentlich so, als ob
ich mich ins Haus gedrängt hätte, und gab mir deutlich zu ver=
stehen, er lasse seiner Frau nichts geschehen, der Schilder=David
könne schicken, wen er wolle. Der Adam stand still, faltete die
Hände und sah flehend zu mir auf. Ich hätte es dem Gaul nie

zugetraut, daß er so barmherzig dreinschauen könne. Ich kam mir
vor wie ein Menschenkind, das in Märchenzeiten zu Dämonen
geholt wurde, um ihren Beistand zu leisten. Ist das eine Welt?
Sind das die Menschen, denen ich jetzt bald zehn Jahre das
Evangelium der Liebe predige? Jedes Wort, das ich reden wollte,
erstarrte mir auf der Lippe. Ich befahl nur, daß man sogleich
wieder einspanne, ich wolle heim. Man hörte mich nicht. Adam
sagte endlich: ich fahre Euch heim, Herr Pfarrer. Verzeiht
Allen.

Nein! schrie die Alte, er darf nicht mit. Halt ihn fest,
Christoph. Er ist im Stande, und läßt sich gleich mit seiner
Schilder = Drechslerin trauen. — Der Vater befahl Adam dazu=
bleiben. Und nun schwur er seiner Frau und legte dabei die
Hand auf die Bibel, die ich aufgeschlagen hatte — mir war's
entsetzlich, daß dieser Mensch auf dieses Buch schwören durfte —
er schwur hoch und heilig, daß er noch heute die Verlobung Adams
mit des Heidenmüllers Toni abschließe.

Wie ich aus dem Hause gekommen, ich weiß es kaum mehr,
ich rief dem Knechte, der mich geholt hatte, ich gehe ein Stück
voraus, er solle mit dem Fuhrwerk bald nachkommen. Ich ging
im beginnenden Morgendämmern den Bergwald hinab, mir war's,
als entflöhe ich einer Höhle, drin Dämonen hausen. Ich glaube
nicht, daß ich mich geirrt habe, mir begegnete der Wolf, das
Thier blieb eine Weile stehen, schaute nach mir um, wie sich
besinnend, und ging dann ruhig waldein. Ich kann nicht leugnen,
ich stand zitternd da, und nie in meinem Leben fühlte ich eine
solche Kälte als in diesem Augenblick; es war auch entsetzlich kalt,
und es war unklug von mir, vorauszugehen. Der Knecht mit
dem Fuhrwerk kommt lange nicht. Die Schelme sind es wohl im
Stande und schicken mir gar keins und lassen mich zu Fuß heim=
gehen. Ich kehrte nochmals um, und Zorn und Bitterkeit machten
mir heiß. Nicht weit von dem Hofe begegnete mir der Knecht,
der gemächlich daher fuhr, und glücklicherweise fand ich jetzt den
Kirschengeist, den du mir mitgegeben. Die Stunde, die ich in
halbwachem Zustande hierher fuhr, ich kann dir nicht sagen, was
mir da Alles durch die Seele ging. König Salomo und Jesus
Sirach haben viel berichtet, was ein böses Weib ist; ich kann
ihnen jetzt noch mit einem guten Posten aushelfen. Aber liebes
Herz, was wäre die Güte, die Menschenliebe, die sich nie an

bösen Menschen erprobte? Dennoch bin ich froh, daß ich mich
von hier abgemeldet habe; die fünfziger Jahre, in die ich nun
bald trete, bedürfen einer ruhigern Arbeit, ich habe in meiner
Jugend hartes Holz genug gebohrt; und wenn ich meine Stelle
darüber verliere, dabei bleibe ich fest: ich traue den Adam nur
mit der Martina."

Aufathmend und sich eine Thräne aus dem Auge wischend,
sagte die Pfarrerin: „Ja, es wird gut sein, wenn wir in eine
andere Gegend kommen, zu Menschen milderer Sitten, die auch
mehr erkennen, was du bist."

„Vergiß nicht," entgegnete der Pfarrer, „daß wenn wir
auch hier viel mit Rohheit kämpfen müssen, wir auch gute Menschen haben. In unserm neuen Bestimmungsorte wird es auch
gute und böse Menschen geben und Arbeit genug. Jetzt aber,
ich bin entsetzlich müde. Vor elf Uhr bin ich für Niemand da.
Ich will jetzt schlafen, halte Ruhe. Gute Nacht oder guten Morgen!
Wenn ich wieder aufstehe, ist ein Jahr vorüber seit dieser Rött-
männischen Nacht."

Der Pfarrer ging nach der Kammer, die geschickterweise
durch denselben Stubenofen geheizt wurde, denn der Ofen stand
in der Wand. Bald war's stille wie um Mitternacht im Hause.
Die Pfarrerin ging immer auf den Zehen umher, und über das
Vogelbauer hing sie ein Tuch, damit der Vogel schweige. Den
lärmend zudringlichen Bettlern draußen, den Sperlingen und Goldammern, gab sie heute zum zweitenmale ihr Frühstück. Der Wind
nahm schnell die Brodstückchen mit fort, die sie auf das Fenstersims legte; die Hungrigen schienen aber doch ihre Nahrung zu
finden denn sie flogen still davon, als wüßten sie's, daß der
Pfarrer nicht geweckt werden dürfe. Die Pfarrerin saß mit ihrer
Stickerei am Fenster und ermahnte jeden Daherkommenden mit
bedeutsamen Winken zur Ruhe und Stille; sie sah die willkommenste
Erscheinung auf dem Lande, den Postboten, gegen das Haus
kommen und ging ihm, damit er nicht klingle, rasch vors Haus
entgegen, empfing mehrere Pakete aus der Residenz von Eltern
und Geschwistern; sie öffnete die Pakete nicht, ihr Mann sollte
auch dabei sein und die Freude der Überraschung haben. Von
den Briefen war keiner an sie selbst gerichtet, einer trug das
Siegel des Dekanatamtes.

Siebentes Kapitel.

Beim Schilder-David.

„O weh! die Leegart!" hatte der kleine Joseph gerufen, und der Großvater gab ihm dafür eine Tüchtige hinter's Ohr. Der Knabe schrie, der Großvater zankte, und die Mutter schrie und zankte zugleich, denn der Großvater duldete es nicht, daß sie den Knaben mit einem guten Wort beschwichtigte, und die Leegart sagte mit weisem, allerdings etwas näselndem Tone: „Das ist ja schrecklich, was ich da für einen Empfang bekomme! Ich sollte nur gleich wieder umkehren; man könnte abergläubisch sein. Aber nur um Gotteswillen keinen Aberglauben! Das ist das Schrecklichste auf der Welt: da plagen sich die Menschen mit Sachen herum, die gar nicht da sind, und man hat schon Plage genug mit Sachen, die wirklich da sind. Nein, ich bleib'. Guten Morgen, Joseph! sag' schön guten Morgen! So, so, gieb mir die Hand."

„Der Bub hat heute Nacht nicht geschlafen und weiß nicht, was er redet," suchte Martina zu entschuldigen.

„Braucht keine Entschuldigung, es wird weiter nichts davon geredet," sagte Leegart und legte ihre Scheere mit dem großen und dem kleinen Griff, daneben eine kleine Scheere, Nadelzeug und Wachsstock, alles auf dem Parabelissen, worin ein schwerer Backstein eingehüllt war, auf den Tisch. Hiermit hatte sie Besitz ergriffen vom Hause, und sie regierte es, wie von festem Thron herab, denn sie stand den ganzen Tag nicht mehr auf. Bevor sie sich indeß niederließ, ging sie in die Kammer und kam um einen Rock verschmälert wieder zurück, denn sie ließ sich nur sehr sauber gekleidet auf der Straße sehen, wollte aber ihren guten Rock nicht versitzen. Sie rückte sich beim Wiedereintritt den Tisch bequemlich zurecht, setzte sich, und Martina rückte ihr den Schemel unter die Füße, und nun gab Leegart ihre Befehle kurz und klar und so sagte sie jetzt: „Martina bring' das Essen."

Martina brachte den Haferbrei, stellte ihn auf den Tisch. Joseph betete vor, und aus der Auswahl seiner Gebete heute das kürzeste:

Speis' Gott, tränk' Gott alle armen Kind,
Die auf Erden sind. Amen.

Joſeph hatte ſeine Thränen getrocknet, er ſaß zwiſchen Großvater und Großmutter, und nach dem Gebete war es nun ſtill
und ruhig am Tiſch. Jeder ſchöpfte ſich mit ſeinem Löffel aus
der Pfanne und es gab gar keine Grenzſtreitigkeiten.

In der Stube war Alles ſauber, wenn auch ärmlich und
eng. An der Ofenwand, gerade über dem großen alten Stuhl,
war ein Nagel mit einem meſſingenen Kopfe eingeſchlagen, da
hatte einſt der Confirmandenſpruch der Martina gehangen; jetzt
iſt der Nagel leer, nie wird etwas daran gehängt. Martina
ſchaute nicht gern dort hinauf, und David hatte ſtrengen Befehl
gegeben, daß man den Nagel nicht ausziehe.

Das Haupt des Hauſes, der Schilder=David, iſt ein Mann
in vorgerückten Jahren, es läßt ſich aber nicht gut erkennen, wie
alt er ſein mag. Er hat dichte, ſchneeweiße und kurzgehaltene
Haare auf dem Kopfe, und von den Schläfen rings um das
Geſicht läuft ein ſchneeweißer, etwas flockiger Bart. Das Geſicht
aber hat noch etwas jugendlich Friſches, zumal die tief blauen
Augen, die mit den ſchwarzen Brauen faſt fremd darin erſcheinen.

Die Frau des Schilder=David iſt ebenfalls eine große ſchlanke
Geſtalt, von ihrem Geſicht kann man aber wenig ſehen. Sie hat
beſtändig mit dicken Tüchern das ganze Geſicht verbunden, und
wenn ſie ſpricht, merkt man an ihren mühſam hervorgebrachten
Lauten, daß ſie ſich ſelber nicht hört.

Die Näherin Leegart iſt eine feine, blaſſe, faſt vornehme
Erſcheinung, ſchon bei Jahren, aber man ſieht ihr noch immer
die Spuren ehemaliger beſonderer Schönheit an; dabei trägt ſie
ſich immer leicht und fein. Die ſchwarztuchene Jacke iſt nur oben
am Hals zugeknöpft, von da an iſt ſie frei und offen und zeigt
einen breiten, ſchneeweißen Bruſtlatz. Wer es nicht weiß, merkt
es kaum, daß ſie bisweilen eine kleine Priſe nimmt; man ſieht
ihre Doſe nie, und ſie nimmt die Priſe ſo ſchnell und zierlich,
daß ſie kaum mit den Fingern die feingeſchnitzelte Naſe berührt.

Der kleine Joſeph, man ſollte es nicht glauben, daß er vor
wenig Wochen erſt ſechs Jahre alt geworden iſt; man ſchätzt ihn
leicht drei Jahre älter. Derb und mächtig in Gliedern, was
man hier zu Lande einen vollmaſtigen Jungen nennt, ein wilder
blonder Krauskopf, zu dem ſich aber die dunkeln Augen mit breiten
Brauen — es ſind die Augen der Mutter — ſeltſam ausnehmen.
Der kleine Joſeph iſt der eigentliche Mittelpunkt des Hauſes, und

man merkt's schon daran, daß sein alberner Willkommsgruß fast
Alles aus der Ordnung brachte.

Man schwieg geraume Zeit bei dem Essen. Leegart berichtete
indessen, daß der Pfarrer heute Nacht zur Röttmännin geholt
worden sei.

„Wir reden nicht von der Röttmännin," sagte der Schilder=
David, und warf dabei einen bedeutsamen Blick auf die Leegart
und wieder auf den Joseph.

Man stand vom Tisch auf. Joseph wurde das Maß zur
Jacke genommen, dann wurden mit Kreide die Linien auf den
grünen Manchester gezeichnet, und die große Scheere der Leegart
schnitt mit jenem eigenthümlichen auf dem Tische nachsurrenden
Tone das Zeug zur Jacke zurecht.

„Bleib' du heute daheim, die Mühle ist zugefroren," sagte
der Schilder=David zu Joseph und ging nach seiner Werkstätte.
Diese war auf einem Speicher der untern Sägmühle in einem
kleinen Verschlage. Hier stand eine Drehbank mit einem Riemen
an einer Walze, die an das Triebrad in der untern Mühle be=
festigt war, und die Wasserkraft, die das große Werk trieb, drehte
auch die Welle, an der David die Uhrenschilder verfertigte.

Der kleine Joseph stand wie verstoßen da, als der Groß=
vater ganz gegen seine Gewohnheit so allein fortgegangen war.
Sonst hatte er den Joseph immer bei sich, der ihm den Wind=
ofen mit Spänen heizte, die unfertigen Bretter zutrug und die
fertigen wieder abnahm und schön ordnete. Die Mutter nahm
den Knaben mit in die Küche, und hier fragte sie: „Joseph, was
ist denn mit dir? Warum hast du denn so bös gerufen: o weh,
die Leegart? Sie ist ja so gut, ist deine Gevatterin und macht
dir eine so schöne Jacke?"

Joseph schwieg.

Ein Kind weiß kaum mehr, was es vor wenigen Minuten
gethan hat, und nun gar der Fortsetzungen und Folgerungen in
seinen Gedanken ist es sich nicht bewußt und kann sie darum nicht
darlegen. Seine Aussprüche sind fast wie Vogelsang, ohne Rhyth=
mus, aber doch aus einem verborgenen Leben kommend.

Nach einer Weile begann Joseph von selbst: „Mutter, kommt
denn der Vater heute nicht? Du hast's ja gesagt."

„Er kommt, er kommt gewiß," antwortete Martina und seufzte
tief. Jetzt ward es ihr erst deutlich, warum Joseph, „o weh,

die Leegart" gerufen hatte. Als sie dieser die Thür weit auf=
gemacht, hatte Joseph gewiß geglaubt, der Vater komme, und
darum hatte er den bösen Ausruf gethan, weil es eine andere
Person war als der Vater. Immer weiter sprach Joseph, wie
ihn der Vater aufs Pferd nehmen und wie er ihm ein eigenes
Pferd schenken müsse.

Martina hätte gern das Sinnen des Kindes vom Vater ab=
gelenkt, aber es gelang nicht. Sie hatte in ihrer Herzensbedräng=
niß zu oft von ihm erzählt; was sie sich selber sagen wollte,
hatte sie oft an das Kind hingesprochen, und nun war das halb=
klare Sinnen und Denken des Kindes ganz auf den Vater ge=
richtet. Es hatte sich die abenteuerlichsten Vorstellungen von ihm
gemacht und immer wieder gefragt, warum denn die Großeltern
den Vater so plagen und ihn nicht heimkommen ließen.

"Welchen Weg kommt der Vater heute?" fragte Joseph.

"Ich weiß nicht."

"Ja, du weißt's, sag's, du mußt's sagen," klagte weinend
der kleine Joseph. Und die Mutter erwiderte, ihn an sich ziehend:
"Sei still, ganz still, daß Niemand davon hört. Wenn du ganz
stille bist, sag ich dir's."

Der Knabe schluckte die Thränen gewaltsam hinab, und die
Mutter erzählte ihm nun, was für schöne Sachen er zu Weih=
nachten bekomme, und fragte ihn aus, was er sich noch wünsche.
Der Knabe wünschte sich weiter nichts als ein Pferd. Die Leute
hatten ihm gesagt, daß sein Vater vierzehn Pferde im Stalle habe,
und alle Ablenkung half nichts, da war er mit seinen Gedanken
wieder beim Vater und wiederholte: "Sag', welchen Weg kommt er?"

Leise erwiderte die Mutter: "Du darfst keiner Menschenseele
ein Wort davon sagen, daß der Vater heut' kommt. Gieb mir die
Hand darauf, keiner Menschenseele!" Der Knabe gab der Mutter
die Hand und schaute sie mit den verweinten Augen groß an.

Martina schwieg. Sie glaubte, daß der Knabe beruhigt sei,
aber dieser fragte wieder mit halsstarriger Festigkeit: "Welchen
Weg kommt er denn? Sag's!"

"Es giebt verschiedene Wege, ich mein', er kommt den Hohl=
tobel herauf. Jetzt ist's aber genug. Kein Wort mehr. Geh', hol'
mir Tannzapfen von der Bühne herunter." Der Knabe ging, das Be=
fohlene zu holen, und die Mutter dachte still lächelnd: "Das wird
ein ganzer Mann, wenn der einmal was will, läßt er nicht davon ab."

Sie ging mit dem Knaben in die Stube, aber die Leegart sagte: „Schick' den Joseph fort, man kann ja gar nichts reden vor dem Kind."

„Joseph, geh' zum Häspele, sieh zu, er macht dir neue Stiefel," sagte die Mutter. Joseph wollte nicht gehen, aber er wurde mit Gewalt zum Hause hinausgeschoben. Da stand der Knabe trotzig und sagte: „Wenn der Vater kommt, sag' ich ihm Alles. Ich soll nirgends sein, nicht beim Großvater und nicht daheim." Er ging indeß doch zum Häspele und war dort munter und guter Dinge; denn der Häspele liebte den Knaben, und wenn dieser an dem Spielzeug, das er ihm gab, keine Freude mehr fand, hatte er ein ergiebiges Gespräch.

Seit bald einem Jahre versprach er dem Joseph beständig, daß er ihm einen Hund schenke, und nun war Joseph auch sehr erfinderisch, wie der Hund aussehen und was er für Kunststücke können müsse. Häspele behielt dabei den guten Vorwand, daß er lange zu suchen habe, bis er einen solchen Hund finde, der bald groß und bald klein, bald vier weiße Füße haben, bald ganz braun, bald ein Wolfshund, bald ein Spitz sein sollte.

Unterdessen beredete sich Leegart mit Martina und fand es unbegreiflich, daß Martina sich nicht erkundigte, ob ihre Todfeindin nicht endlich aus der Welt sei. Sie solle im Pfarrhaus fragen, wie's mit der Röttmännin stände.

„Du weißt ja," sagte Martina, „daß mich der Pfarrer vordem gern im Hause gesehen hat, aber seitdem nicht mehr. Ich kann ohne Ausrede nicht hingehen, wenn er da ist."

„Gut, so geh heim in mein Haus, auf meiner Kommode am Spiegel in der porzellanenen Suppenschüssel liegen drei Nachthauben, die gehören der Pfarrerin; bring' sie ihr von mir, und da wirst du dann schon hören, wie es ist."

Martina that, wie ihr geheißen.

Achtes Kapitel.
Warm und wohl im Pfarrhause.

Kann es für solch eine Frau, wie die Röttmännin, auch ein heiliges Fest geben? Kann es eine Menschenseele geben, und sie muß aus der Welt gehen und hat nie jenen Wonneschauer

empfunden, der das eigne Leben und das Leben der Menschheit
zur Glückseligkeit macht? Daß es solche Menschen giebt, das wirft
einen Schatten auf die Welt und läßt Niemand vollkommen froh
werden.

So überlegte die Pfarrerin hin und her, als sie am Fenster
saß. Sie verscheuchte aber bald alle Schatten, und in ihrer Seele
war's wie der helle Morgen eines unendlichen Festtages, der ein
Strahl aus der Ewigkeit ist. Sie stand auf und ging wie ein
glückseliger stiller Geist im Hause umher. Die kommenden Fest=
tage, und dazu der Gedanke, daß sie auch ihren Bruder bei sich
habe, warfen einen Glanz und eine Freudigkeit auf ihr ganzes
Wesen, daß sie Alles anlächelte, und während sie dem Bruder,
der hungrig von der Jagd kommen werde, ein gutes Frühstück
bereit stellte, lächelte sie dem Schinken, der Butter und den Eiern
zu, als müßte sie ihnen danken, daß sie die brave Eigenschaft
haben, die Menschen zu nähren und zu kräftigen. Die Speisen
können nicht Rede und Antwort geben, aber die Magd spürt es,
daß die Pfarrerin gern vom Bruder hört, und sie sagt:

„Der Herr Bruder ist ein schöner feiner Herr. Wie er
gestern Abend gekommen ist, hab' ich gemeint, es wär' der Prinz,
der vorigen Winter hier durch auf die Jagd gefahren ist." Die
Magd wischte sich dabei das Gesicht mit der Schürze ab, um sich
auch schön zu machen. „Ich bin nur froh, daß wir die Gans
geschlachtet haben," setzte sie hinzu, und liebäugelte mit der vor
dem Küchenfenster Hängenden.

Bruder Eduard kam schon gegen zehn Uhr wieder heim. Die
Pfarrerin bedeutete ihm, daß der Pfarrer schliefe, und er stellte
sein Jagdgewehr so leise in die Ecke, als wäre es von Baum=
wolle. Die Pfarrerin freute sich des Jägerappetits, setzte sich mit
ihrer Stickerei zum Bruder und erzählte ihm von den Begegnissen
des Pfarrers. Der Bruder dagegen berichtete, daß er nichts ge=
schossen, denn er sei, wie er fest glaube, dem Wolf auf der
Fährte gewesen; bei einer Schlucht habe er sie indeß verloren,
da er es nicht wagen konnte, allein da hinabzusteigen. Er war
bis zur Heidenmühle gekommen, und er schilderte mit wahrem
Entzücken die großartige und schauerliche Landschaft, wie da die
Wasserstürze gefroren seien und ganze Felsen wie feingeschliffene
Spiegel glitzerten. Je schauerlicher der Bruder die Landschaft
schilderte, um so behaglicher war's jetzt in der Stube, und so

still und wohlig, wie sich die Wärme in der Stube ausbreitete, sprachen Bruder und Schwester mit einander; der Pendelschlag der Uhr und das Knistern des Holzes im Ofen war lauter als ihre Rede. Draußen fielen einige Schneeflocken langsam und gemächlich herab, wie erst zum Spiel sich behaglich wiegend, und in der Stube war's zwiefach heimelich.

„Ich muß dir doch auch noch ein Abenteuer berichten," nahm Eduard wieder auf.

„Willst du nicht warten bis mein Mann aufwacht, damit du nicht zweimal erzählen mußt?"

„Nein, ich erzähl's nur dir, und du mußt mir Verschwiegenheit geloben. — Ich stehe nicht weit von der Heidenmühle hinter einem Busch auf Anstand, ich denke, der Wolf kommt doch noch wieder; da sehe ich zwei Mädchen des Weges daher kommen, sie bleiben nicht weit von meinem Versteckte stehen, und das eine Mädchen sagt: so will ich dir hier Ade sagen, ich danke dir für deine Gutheit, meine Mutter im Himmel wird dir's vergelten, aber es ist vorbei, ich muß. O lieber Gott, warum ist's denn nicht mehr wahr, daß man von einem bösen Weib in einen Raben verzaubert werden kann? Ich wollt', ich wäre der Rabe, der da fliegt, dann könnte ich fortfliegen und brauchte nicht da hinauf in die rothe Hölle. Schau, der Schnee schmilzt von meinen Thränen, die darauf fallen, aber das böse Herz schmilzt nicht, und mein Vater ist ganz verwandelt. — Sie konnte vor Weinen nicht weiter reden, und die Andere ging von dannen. Die Weinende kehrte nach der Mühle zurück; ich hielt mich nicht, ich trat ihr in den Weg, ich bereute es fast, es lag ein großer Schmerz auf dem jugendlich schönen, frischen Antlitze, ich hätte ihr gern einen Trost gesagt, aber ich wußte nicht, was ich vorbringen sollte, ich sagte ihr nur einfach guten Tag; sie sah mich groß an, stand einen Augenblick still verwundert, dann ging sie ihres Weges."

„Das ist des Heidenmüllers Toni," ergänzte die Pfarrerin, „ein herzig gutes Mädchen, sie soll Braut werden mit Adam Röttmann."

„Entsetzlich!" schaltete der junge Landwirth ein.

„Ja wohl entsetzlich. Die Toni ist das einzige Kind des Heidenmüllers. Sie hatte eine brave Mutter; so lang die lebte, war die Heidenmühle das erste Ehrenhaus unserer Gemeinde und

Schutz und Zuflucht aller Armen. Die kleine Toni ging bis vor
vier Jahren täglich den gut anderthalb Stunden weiten Weg in
die Schule, und im Winter kam sie auf einem Esel dahergeritten. Solch ein Kind, das Jahrelang täglich allein den weiten
Weg durch das Felsenthal und den Wald macht, muß sinnig
und reich an Beobachtungen werden; natürlich nur, wenn es
geweckten Geistes ist, denn es gehen auch viele dumpf dahin,
und wissen nichts von sich und nichts von der Welt. Die kleine
Toni aber war ein aufgewecktes Kind, und man hörte sie oft
im Walde ihre Sprüche laut hersagen und ihre Lieder singen.
Sie hat eine wunderbar schöne Stimme. Nun starb vor zwei
Jahren ihre Mutter, und der Vormund, der für das Kind dem
Vater beigegeben wird, ist der Rößlewirth von Wengern, und
bald darauf heirathet dessen Schwester den Heidenmüller; bei der
hat nun das arme Kind keine gute Stunde mehr, und der Vormund ist der Bruder der Stiefmutter, und so wird es kommen,
daß die Toni den Adam Röttmann heirathet."

Plötzlich fuhr die Pfarrerin auf, sich unterbrechend: „Ei,
ei! Da muß die Hausthür offen geblieben sein, ich höre jemand
die Treppe heraufkommen."

„St! Still! Ruhe!" beschwichtigte sie und öffnete die Thür.
„Ei du bist's, Martina? Komm herein, aber ruhig, der Herr
Pfarrer schläft. Was bringst du denn?"

„Einen schönen Gruß von der Leegart und hier schickt sie
die Hauben."

„Warum kommt sie nicht selbst?"

„Sie ist bei uns und macht meinem Joseph heut' eine neue
Jacke."

„Du putzest den Joseph zu sehr auf, du verdirbst ihn,"
sagte die Pfarrerin.

„Die Leegart nimmt keinen Lohn von mir," sagte Martina,
scheu sich wendend, und in diesem Augenblick fiel ihr das rothe
Tuch, mit dem sie den Kopf verhüllt hatte, in den Nacken. Der
junge Mann betrachtete forschenden Blickes das schöne länglichvolle Antlitz mit den großen dunkelbraunen Augen. Martina
spürte den Blick und schlug die Augen nieder, wie gebannt. Sie
tastete an der Thür hin und her nach der Klinke, als wäre sie
im Finstern. Die Pfarrerin folgte ihr indeß aus der Stube
und sagte:

„Du möchtest wohl wissen, wie es der Röttmännin geht? Es geht ihr so, wie sie ist, bös. Sie hat heut' in der Nacht den Herrn rufen lassen, sie ist aber gar nicht schwer krank, im Gegentheil."

„Gott ist mein Zeuge, ich wünsche nicht ihren Tod," betheuerte Martina und legte beide Hände auf die Brust.

„Ich glaub' dir's. Der Herr hat auch einen schweren Streit mit ihr gehabt, er bleibt aber dabei, er traut den Adam mit Niemand anders, als mit dir. Ich will dir Alles ein andermal erzählen," schloß die Pfarrerin und wollte nach der Stube. Martina aber sagte weinend:

„O liebe Frau Pfarrerin, mein Joseph, ich weiß gar nicht, was mit dem Buben seit ein paar Tagen ist; er redet und denkt gar nichts anderes, als vom Vater. Ich muß ihm davon erzählen, bis er einschläft, und Morgens ist wieder sein erstes Wort der Vater. In die Schule, das hat er geschworen, geht er nicht mehr; sie schimpfen ihn dort das Füllen, weil man seinen Vater den Gaul heißt," fügte Martina unter Weinen lachend hinzu, und selbst die Pfarrerin konnte nicht anders als lachen; sie schloß aber schnell:

„Ich kann mich jetzt nicht bei dir aufhalten, das ist mein jüngster Bruder, der zu Besuch gekommen ist. Sei recht stark gegen deinen Joseph, das ganze Dorf hat das Kind verwöhnt. Komm in den Feiertagen einmal herüber. Mach' die Hausthür leise zu."

Martina ging schweren Schrittes heimwärts und in ihr sang es wieder:

> Komm ich Morgens auf die Gassen,
> Sehn mir's alle Leute an,
> Meine Augen stehn voll Wasser,
> Weil ich dich nicht lassen kann.

Die Pfarrerin war indeß wieder in die Stube zurückgekehrt, und Bruder Eduard bekundete, daß er nicht nur für Landschaftsbilder, sondern auch für menschliche Wohlgestalt ein scharfes Auge habe. Er sprach sein herzliches Bedauern aus, daß eine solche Erscheinung in Noth und Elend verkümmern müsse.

„Ja," setzte die Pfarrerin hinzu, „wie du das Märchen jetzt siehst, hättest du sie ein Jahr nach ihrem Fall kaum mehr ge-

kannt, ſie ſah zum Sterben hinfällig aus. Man erzählt, ein
Wort der Leegart habe ſie aufgerichtet, denn dieſe ſagte: gräm'
dich nicht ſo ab, ſonſt ſagen die Leute, er hat Recht, daß er ſo
eine verbuttete ſitzen läßt. Und dieſe Zurede und das Gedeihen
des Joſeph gaben Martina wieder neues Leben."

Während die Pfarrerin mit dem Bruder ſprach und ihm
eifrig zuhörte, horchte ſie dabei doch immer nach der Kammer.
Jetzt vernahm ſie, daß der Pfarrer aufgeſtanden war, er ſummte
die Weiſe, die ſie geſtern Abend mit Eduard geſungen, und
ſchnell ſetzte ſie ſich an das Klavier und ſang mit dem Bruder
abermals:

Laß Glück, laß Schmerz uns theilen.

Der Pfarrer kam freudig lächelnd in die Stube.

Der Pfarrer mußte indeß in ſeinen Schlaf hinein doch
Manches gehört haben, denn er ſagte nach einer Weile:

„Lina, die Martina iſt vorhin da geweſen. Ich muß bitten,
daß es bei meiner Anordnung bleibe, daß ſie nicht in unſerm
Haus aus= und eingeht."

„Sie ſind doch ſonſt ſo mild," wagte Eduard einzuwerfen.

„Mag ſein, aber das ſchließt die Strenge nicht aus, wo
ſie nothwendig iſt. Wer ſich verfehlt hat, mag ſich ſtill beſſern,
aber die Bevorzugung, im Pfarrhauſe heimiſch zu ſein, gehört
ihm nicht mehr. Es iſt der Verderb aller Humanität, wenn man
ſie zur weiblichen Strafloſigkeit werden läßt."

Die ſonſt ſo ſanften Mienen des Pfarrers waren bei dieſen
Worten ſtreng und ſcharf. Bald ſetzte er indeß hinzu:

„Eduard, gieb mir noch eine von deinen Cigarren."

Die Drei ſaßen wieder behaglich beiſammen.

Neuntes Kapitel.
Brautfahrt und Flucht.

Auf Röttmannshof wußte man nichts von Mozartſchen Har=
monien; ja ſeit bald ſieben Jahren, ſeit Martina hier gedient,
hatte man hier kein Lied vernommen. Sonſt aber ging's hoch
her im Hauſe; da war ein ewiges Braten und Schmoren, und
wenn man gegen das Haus kam, bekam man immer einen Fett=

geruch, und wer von Röttmannshof kam, hatte noch immer
einen Schmalzduft an sich. Man sagt, es rieche so schmalzig um
Röttmannshof herum, weil die alte Röttmännin ganze Töpfe
erstickten Schmalzes jedes Jahr auf den Weg gießen lasse. Sie
läßt es lieber ersticken und zur Ungenießbarkeit verderben, ehe
sie es einem Armen schenkt. Gearbeitet wurde eben nicht viel
auf dem Hofe, denn der Holzbauer hat den Vortheil, daß ihm
sein Besitzthum im Schlafe zuwächst, eigentlich ohne Arbeit.

Das Haus nahm sich seltsam aus in der schneeigen Land=
schaft. Es war um und um gegen die Unbilden des Wetters
mit Schindeln verschient, die braunroth angestrichen sind. Es ist
da ein Wohnen, wie im Feuer.

An diesem Morgen ging's wild her auf Röttmannshof, und
nichts ist häßlicher, als wenn ein Morgen mit wüstem Lärm
beginnt. Was müssen das für Menschen sein, die aus dem Schlaf
sich erhebend alsbald in heiliger Frühe in lärmendes Schelten und
Zanken ausbrechen, die darin fortfahren, als gäbe es gar keinen
Schlaf, kein stilles Selbstvergessen des Menschen auf Erden, das
ihn das Leben am Morgen wieder neu beginnen läßt?

War die alte Röttmännin schon damals, als sie noch schlafen
konnte, immer morgens aufgestanden, als ginge es jetzt zum
Vernichtungskrieg, so war jetzt, da sie an Schlaflosigkeit litt, ihre
Unruhe kaum zu ertragen; sie regierte von ihrem Krankenlager
aus mit doppelter Strenge, und unbegreiflich blieb's, wie sie
dieses ewige Hetzen, diese ruhelose wilde Jagd aushielt.

„Ich bin gesund, ich gehe selber mit, und wenn ich sterbe,
meinetwegen, wenn ich nur das noch fertig gebracht habe. Geht
hinaus ihr Männer, ich ziehe mich ordentlich an; jetzt, an diesem
Morgen muß es fertig werden mit des Heidenmüllers Toni. Was
stehst du so lahm da, Adam? Sei froh, daß ich dir helfe, heißt
das, der Vater und ich, du allein kommst dein Lebenlang zu
nichts und bliebst in dem Elend. Wenn Niemand mehr etwas
vermag, ich will den Schilderbrechslern zeigen, wer sie sind."

Die Männer mußten sich sonntäglich ankleiden, und sie
sahen stattlich aus in ihren langen kragenlosen Röcken und den
hohen, bis über's Knie heraufgezogenen Stiefeln. Diese hohen
Stiefel sind das unbestrittene Recht des Großbauern; die Klein=
bauern und Taglöhner gehen noch heutigen Tages in Schuhen
mit kurzen, ledernen oder langen zwillichenen Beinkleidern. Die

Röttmännin, die schon länger als ein Jahr nicht aus dem Hause gekommen, war auf einmal behend wie ein junges Mädchen. Der Kutschenschlitten wurde herausgebracht, Betten darein gesteckt, und die Eltern fuhren mit ihrem Sohn nach der Heidenmühle. Ein Bote war vorausgegangen, der sie ankündigte. Auf der Heidenmühle war des Staunens kein Ende über die Ankunft der Röttmännin; besonders die junge Heidenmüllerin that überaus zärtlich, und die Tochter konnte nicht anders, sie mußte auch freundlich sein und hatte doch rothverweinte Augen, sonst aber sah sie stramm und wohlgestaltet aus, und ein Mann, der sie mit Liebe erwarb, konnte sich dessen freuen. Adam ließ sich in die Stube führen, wie wenn er keinen eigenen Willen hätte, und eben als auch hier im Thal die ersten Flocken des Schnees spielten, wurde der Handschlag gegeben. Adam war Bräutigam. Es war gar nicht, als ob er eine lebendige Hand darreichte und eine lebendige empfing, da Adam seiner Braut den Handschlag gab, aber er wußte sich zu helfen, er trank von dem guten rothen Wein, den der Heidenmüller aufsetzte, in mächtigen Zügen. Man saß schmausend bei einander bis zum Abend. Der Speidel-Röttmann konnte immerfort beharrlich trinken und eben so beharrlich essen, und er wirft immer rechts und links seinen beiden großen Hunden große Brocken ins Maul, das ist ein Schnappen rechts und links und ein Schmatzen in der Mitte, und kein Knochen bleibt unverzehrt; nur Trinken, Wein trinken und viel Wein trinken ist ein Vorzug des Menschen vor dem Thiere. Oft, wenn der Speidel-Röttmann das Glas an den Mund hielt, streichelte er den Kopf des Hundes zur Linken, wie wenn er sagen wollte: das Trinken besorg' ich allein. Man zwang Adam, daß er mit seiner Braut in der Küche blieb, als sie Glühwein bereitete, und die beiden Alten tranken immer lustiger mit einander, während die beiden Mütter allerlei zischelten. Als die Väter darauf zu reden kamen, daß man die Sache mit Martina nun rasch abmachen könne, sagte der Heidenmüller lachend: „Es ist eine nichtsnutzige Jugend heutigen Tags."

„Sie hat kein rechtes Herz mehr," bestätigte der Speidel-Röttmann, „jetzt bald sieben Jahr plagt mein Adam sich und uns wegen so einem dummen Streich. Was haben wir uns in unserer Jugend aus so etwas gemacht?"

„Den Kukuk haben wir uns draus gemacht."

„Haft Recht, den Kukuk; der Kukuk macht's auch so. Stoß an, Kukuk!"

„Haft Recht, Kukuk!"

„Trink' aus, Kukuk!"

„Du auch, Kukuk."

Und die beiden Alten stießen mit einander an, tranken aus und riefen ins Glas hinein einander zu: Kukuk!

Der Würzwein kam, sie schenkten ein, riefen wieder: „Kukuk!" und tranken die hohen Gläser aus bis auf die Neige, füllten wieder frisch ein und lachten und erzählten einander tolle, übermüthige, wie sie es nannten, „herzhafte Schwänke, Schwänke überaus," und der Schluß war immer: die heutige Jugend ist nichts mehr nutz, sie hat keine Courage mehr.

In der Küche draußen stand aber Adam bei seiner Braut; er redete lange nichts und endlich fragte er: „Sag', warum hast du mich denn genommen? Du weißt doch, wie's mit mir ist?" Weinend erwiderte die Braut:

„Es hat gewiß so lang die Welt steht, keiner seine Verlobte so gefragt; aber schau, Adam, das gefällt mir, daß du mich fragst, das ist ehrlich und ist ein guter Anfang, wenn es Gottes Wille ist, daß wir doch mit einander leben sollen, und es scheint, es muß sein. Schau, Adam, du kriegst die Martina nicht, und ich bin elend, elender als du dir denken kannst, und da habe ich gedacht: wir sind beide elend und vielleicht können wir beide einander helfen, und von der Stiefmutter fort muß ich, ich bin ihr überall im Weg, und du kannst dir nicht denken, wie es Einem ist, wenn man eine Fremde über Kisten und Kasten gehen sieht, und sie schimpft auf Alles, was da war, und mag's noch so gut und noch so prächtig sein. Mir blutet das Herz, wenn ich sehe, wie sie lüchelt und mein Vater kriegt nichts davon, und dem Knecht hat sie die Tasse gegeben, die meiner Mutter gehört hat, und die Niemand hat anrühren dürfen, und sie hat's gethan, weil sie weiß, das kränkt mich. Ich werde selber böse und giftig, wenn ich noch länger dabei bin. Mir steht immer die Zunge voll Galle, und Worte sind mir auf den Lippen und Gedanken im Kopf, o schrecklich! Mir wär's am liebsten, wenn ich sechs Schuh unterm Boden läge, und ich läge da schon lange, wenn die gute Pfarrerin nicht wäre."

„Du dauerst mich," sagte Adam, „aber ich? Ich hab' meine

rechte Mutter, und sie ist ärger als eine Stiefmutter. Ich sag's nicht
gern, aber ich muß. Meine Martina hat mir geholfen, daß ich das
ertrage und nicht davon laufe in die weite Welt. Und jetzt erst bin
ich ein schlechter Kerl; früher bin ich bloß leichtsinnig gewesen. Es
wäre mir lieber, du wärest recht herb und hart und giftig, nicht so,
daß ich Mitleid mit dir haben muß, ich wollte dir's dann schon anthun, daß du mich wieder aufgeben müßtest; aber jetzt — ich weiß
nicht, wie ich's anfange, du dauerst mich, ja du dauerst mich im
Grund des Herzens, aber denke nur einmal, wie's mit mir steht."

Es war ein schweres Reden, keinerlei freundliches Kosen,
das die beiden mit einander hatten, als die Braut eben den
Glühwein über dem Herde kochte. Sie trug die volle Schüssel in die
Stube, schenkte aber Adam vorher ein Glas ein. Als sie wieder
herauskam, trank er ihr zu, und als er ausgetrunken hatte und
sie ihm frisch einschenkte und mit ihm anstieß, sagte er: "Du
bist eigentlich .... du bist hübscher als ich gewußt habe. Es ist
doch nicht so bös, daß sie mich zwingen. Wenn nur das Eine
nicht wäre, das Eine dann wäre ich lustig. Wenn ich dich doch vor
sieben Jahren so gesehen hätte wie jetzt, ich wäre der lustigste
Bursch von der Welt. O! Ich spüre plötzlich einen Stich, als
ob mir ein Messer mitten durch's Herz ginge. Hab' Geduld, ich
kann jetzt kein Wort mehr reden."

Adam mußte sich auf einen Küchenstuhl niedersetzen, er hielt
sich die Hand vor die Augen, dann sagte er endlich dumpf vor
sich hin: "Siehst du? So geht mir's. Ich will dir was sagen:
sag' meinen Eltern und den deinigen nichts davon. Gib mir
die Hand, versprich mir, daß du nichts sagst."

Die Braut gab Adam die Hand, die beiden Hände glühten
jetzt, und Adam fuhr fort: "Gerade auf den heutigen Tag habe
ich meiner Martina sagen lassen, daß ich zu ihnen komme,
es ist bald zwei Jahre, daß ich in ein anderes Dorf in
die Kirche gehen muß, und Spione habe ich immer um mich
her, und ich habe meine Martina und ...... meinen Joseph
und die Andern in einem Jahr nicht gesprochen und jetzt muß
ich mein Wort halten, und schau! Ich möchte dir gern einen Kuß
geben, aber ... ich thu's nicht ... nein, ich thu's nicht ...
es wäre Sünde, ich geb' dir keinen, bis ich frei bin."

"Du bist brav, und du kannst ja ganz gut reden," lächelte
die Braut, "und sagen die Leute, du seiest nur halb."

Die Leute kennen mich auch nur halb, es kennt mich Nie=
mand als meine Martina, sie hat's gesehen, und ich habe ihr
kein Wort gesagt und ich hab's ihr angesehen und sie hat mir auch
nichts gesagt, und doch haben wir's beide gewußt; sie merkt's, sie ist
gescheit, sie merkt's, wie ich der reichste Bursch im ganzen Ober=
land bin und doch der ärmste; ja, sie soll dir's erzählen, sie
kann's besser wie ich; o, du kannst dir gar nicht denken, wie
gescheit die ist, und ein gutes Herz hat sie, und dabei ist sie so
lustig und so lieb und . . . und . . ."

Plötzlich starrte Adam drein; wem erzählt er denn das?
Seiner jetzt verlobten Braut! und sie sah ihn eben an als müßte
sie sich besinnen, wo sie denn seien und wer sie denn seien.
Man hörte nichts als drinnen in der Stube die beiden Alten
mit einander lachen und Kuluk rufen, und die beiden Frauen
pieperten miteinander. Endlich sagte Adam: „Also, ich habe
dein Wort, du sagst Niemand etwas davon. Ich gehe jetzt von
dir weg, zu meiner Martina, . . . zur Martina . . . und —
und — zu meinem . . . . . ins Dorf. Bis man den Lichter=
baum angezündet, bin ich wieder da und dann ist's entweder —
oder — Behüt' dich Gott derweil."

Die Braut sah verwundert auf, wie Adam seinen grauen
Mantel überhängte, die Pelzmütze aufsetzte und den starken Knoten=
stock mit der großen scharfen Spitze ergriff und fröhlich schwang.
Adam sah schön und fürchterlich zugleich aus. Er ging rasch
von bannen, und die Braut saß still auf dem Herde. Nach einer
Weile kam der Speibel=Röttmann und fragte: „Was ist denn
hier? die Hunde winseln drinnen in der Stube, wo ist der
Adam?"

„Fort."

„Wohin?"

„Ich darf's nicht sagen. Er kommt aber bald wieder."

„So? Weiß schon wohin er ist. Sag' meiner Frau nichts,
ich meine, sag' deinem Vater nichts. Ist er schon lange fort?"

„Kaum ein paar Minuten."

„Schleich' dich hinein und hol' mir meinen Hut, daß sie
nichts davon merken, gieb Acht, daß die Hunde nicht heraus=
kommen, — oder nein — — — ja, hole mir meinen Hut.
Er ist ein Narr, du bist ja ein prächtiges Mädle."

Die Braut entfernte sich vor dem zutäppischen Wesen des

Speidel-Röttmann, brachte schnell Hut und Stock heraus, und
der Alte gab ihr den Auftrag, sie solle nur sagen, er käme gleich
wieder; und fort ging er und stellte den Stock immer weit voraus,
ehe der Schritt nachkam. Er geht sicher.

Zehntes Kapitel.
Ein Vater, der seinen Sohn sucht.

Als Adam ins Freie kam, war es ihm plötzlich, als wache
er auf: was ist geschehen? Wenn ich nicht will, ist nichts geschehen.
— Es durchschauerte ihn, die Hand, die er zum Verspruch her-
gegeben, war plötzlich kalt und er wärmte sie an seinem heißen
Pfeifenkopfe.

Der Weg von hier nach dem Dorfe war nicht zu verfehlen,
aber aufpassen muß man, denn jäh am Wege geht die Thalschlucht hinab und in dichten Flocken fiel der Schnee und kaum
zwanzig Schritte war Adam gegangen, als er bereits aussah,
wie ein wandelnder Schneemann. Er mußte genau aufmerken,
denn er sah keinen Weg vor sich, aber hier kannte er jeden
Baum, jedes Felsstück am Weg und er fand sich zurecht. Als
er jetzt auf der kleinen Anhöhe, wo es wieder thalwärts geht,
noch einmal zurückschaute und die Lichter in der Heidenmühle
herüberblinken sah, zog es ihn mächtig dorthin zurück: „Es ist
doch ein prächtiges Mädchen und Tausende haben schon das Gleiche
gethan wie du und sind glücklich und sind fröhlich, kehr' um!“ ....

Aber er schritt bei diesen Gedanken doch immer fürbaß den
Weg hinab und die Lichter aus der Heidenmühle verschwanden
hinter ihm. Und jetzt wurde es ihm leichter zu Muth, und in
den Schnee hinaus erhob er die Faust zum Himmel und schwur:
„Ich kehre nicht mehr heim, ich will lieber ein armer Knecht sein
und mein Lebenlang taglöhnern, ehe ich meine Martina verlasse
und mein Kind, meinen Joseph; ich habe seit zwei Jahren seine
Stimme nicht gehört, er muß schon recht gewachsen sein, und
Vater soll er sagen, Vater!“

Plötzlich stand Adam still: Vater! Vater! ruft eine Kindesstimme durch den Wald. Jetzt noch einmal: Vater! Ganz deutlich. — Nein, du mußt dich täuschen; wie kann das sein? Der
Glühwein benebelt dich.

Adam zündete sich seine Pfeife, die ihm ausgegangen war, wieder an, und bei dem kurzen Lichtschein sah er, daß in dem Schnee bald herüber, bald hinüber am Wege Spuren von Hundstatzen liefen. Was ist das? Gewiß hat hier ein Hund seinen Herrn verloren und sucht ihn; aber ein Menschentritt ist nirgends zu sehen. Was geht's dich an? Mach', daß du fortkommst.

Still! Schon wieder! Eine Männerstimme ruft vom Berge: Adam! Adam! — Bist du wieder benebelt oder ist heute Nacht die Welt verhext?

Adam faßte seinen knotigen Stock mächtig in der Hand: sie soll nur kommen, die ganze Hexenwelt, die ganze Hölle, wenn sie will, ich fürchte mich nicht. Aber so ist es ja, ich stecke in der Hölle, weil ich wie ein lahmer, läppischer Gesell die langen Jahre nachgegeben und, verzeih' mir's Gott, geglaubt habe, meine Mutter könnte doch nachgeben, man könne ein Hufeisen weich kochen; und jetzt habe ich noch die Fastnachtsposse mit mir spielen lassen und bin Bräutigam geworden, aber ich thu's nicht, ich will's nicht, und wenn die ganze Welt kommt, meinen Willen muß ich haben; meine Martina und meinen Joseph. Komm nur, du verdammte, verfluchte, verhexte Welt. Was ist das? Da ist der Hund, dessen Fußstapfen du gesehen. Komm her, Hund! — — Da komm her! — Er kommt nicht .... Herr Gott im Himmel! Das ist der Wolf, auf den wir fahnden. Er bellt heißer, er kommt näher ..... Eine Minute stellten sich Adam die Haare zu Berge, dann aber: da hast du dein' Sach', und noch einmal, und noch einmal.

Der Wolf spürte, was für Schläge ein Mensch geben kann, der zur Brautschaft gezwungen ist und noch dazu ein Mensch wie Adam Röttmann; der Wolf bekam die Schläge für die ganze böse Welt, auf die Adam gern losgetrommelt hätte, und als das Thier schon niedergesunken war, Adam traute ihm nicht, sie sind schlimm die Wölfe, er schlug immer fort, unaufhörlich auf ihn los, bis er endlich mit dem Knittel den Wolf umdrehte, daß er die Läufe gegen den Himmel kehrte. Als der Wolf jetzt noch kein Lebenszeichen von sich gab, sagte Adam mit großer Ruhe: gut, du hast dein' Sach! Der Schweiß rann ihm von der Stirn, seine Pfeife hatte er verloren, sie war ihm aus dem Munde gefallen und eben das Feuer, das er dabei verschüttet, hatte den Wolf erschreckt. Adam wühlte überall herum nach seiner Pfeife, sie war nicht zu finden; endlich ließ er ab, faßte den Wolf am Genick und schleppte ihn so neben sich her den ganzen Weg. Als er endlich Lichter aus dem Dorfe blinken sah, da lachte er vor sich hin: sie werden alle staunen im Dorf, wenn ich ihnen den Wolf bringe, den ich mit dem Knüttel todtgeschlagen habe. Und was wird erst mein Joseph sagen! Ja Bürschle, hab' Respekt, du hast einen starken Vater, und ich schneide dem Wolf gleich das Herz aus dem Leib, das mußt du bei dir tragen, daß du auch so stark wirst, wie dein Vater, meintwegen noch stärker.

Adam hatte recht gehört, da er hinter sich drein hatte „Adam!" rufen hören; sein Vater war ihm gefolgt und hatte ihm gerufen. Wer weiß, ob er in dem blendenden Schneegestöber nicht vom Wege abgekommen! Hatte Adam auch recht gehört, da er im Walde von einer Kindesstimme hatte „Vater" rufen hören?....

Auf der Heidenmühle blieb es nicht lange verborgen, daß Vater und Sohn sich so räthselhaft entfernt hatten, und die Rött= männin wußte wohl, wo sie hingegangen waren. Sie schimpfte aber weit mehr auf ihren Mann, der ohne ihr etwas zu sagen dem einfältigen Gesellen nachgelaufen wäre; solche alberne Streiche mache er immer, wenn er sie nicht zu Rathe ziehe; Adam bekam auch seine Titel und sie waren gar nicht von brautwerberischer Natur. Die Heidenmüllerin war klug genug, hinzuzufügen, die Röttmännin wisse sehr schöne Späße zu machen, sie gäbe Mann und Sohn Schimpfnamen, weil sie wohl wisse, daß sie die besten Ehrennamen verdienten, und beide Frauen schauten groß auf, als die Braut hinzusetzte: „Von Adam habe ich nur Liebes, Ge= scheites und Gutes gehört, so lange er draußen bei mir gesessen hat." — Wie auf ein Commando fingen die beiden Frauen laut zu lachen an, und die Röttmännin streichelte die Braut und sagte ihr, sie sei klug; das sei die rechte Manier, wie man die Männer unterkriege, und unterducken müßten sie alle, sie seien alle nichts nutz und erst die Frau mache den Mann. Sie gestatte nur die einzige Ausnahme des Vetter Heidenmüller. Dieser aber merkte nichts von der Ausnahme, die man mit ihm machte. Er lallte nur zu Allem, was man sagte, bis aus dem Lallen ein Husten wurde, daß man meinte, er müsse ersticken. Der Heidenmüller hatte ein schweres Wagstück ausgeführt, er hatte mit dem Speidel= Röttmann um die Wette trinken wollen, und das hat noch keiner ungestraft versucht.

Die Heidenmüllerin war sehr sorglich um ihren Mann und brachte ihn nach der Kammer, dann kam sie in die Stube zurück und sagte: „Gottlob, er schläft ruhig; der kann keinem Röttmann die Stange halten, das sollt' er wissen."

Geschmeichelt über dieses Lob, sagte die Röttmännin: „Sorge dafür, daß er bei dem Husten bald sein Testament macht."

„Da sagen die Leute — Gott verzeih' mir's, daß ich so was nachsage, und ihr auch — da sagen die Leute," klagte die Heidenmüllerin, „die Röttmännin sei eine böse Frau! Giebt es denn eine bessere, die sich so einer verlassenen Wittfrau annimmt?"

Die Heidenmüllerin betrachtete sich jetzt schon als eine solche, und schaute gar erbarmungswürdig drein und rieb sich die Augen; da dies aber nichts nützte, faltete sie die Hände und betrachtete die Röttmännin wie anbetend, indem sie fortfuhr: „Und mir will sie Gutes zuwenden, und will nicht, daß ihr eigener leib= licher Sohn Alles bekommt."

Die Röttmännin dankte lächelnd; sie hatte sich nur vergessen, so war es doch nicht gemeint. Sie gönnte zwar ihrem Sohn nichts Gutes, aber so ein Narr ist sie doch nicht, daß sie einem Fremden Geld und Gut zuhegte, das in ihre Familie kommen kann.

Die Röttmännin drang nun wieder darauf, daß man ihrem Mann und ihrem Sohn Boten nachschicke. Der Oberknecht wurde herbeigerufen, der aber erklärte, er selbst gehe nicht und er wisse, daß auch keiner der Knechte bei diesem Wetter aus dem Hause gehe, und er muthe es ihnen auch nicht zu, und es sei über= haupt nicht nöthig, wenn die wilden Röttmänner in den Wald hinausliefen, sie wieder einzufangen, sie müßten von selber wieder kommen. Die wilde Röttmännin wollte nun, daß man wenig= stens den Schlitten heraußthue und sie beimbringe; zu Haus wolle sie dann schon ihrem Mann und dem Adam den Meister zeigen. Aber es war Niemand da, der sie führen wollte, und die Heiden= müllerin bat mit den süßesten Worten, und die Braut in treu= herziger Ehrlichkeit, daß sie doch über Nacht hier bleibe; am Tag sei die Welt wieder ganz anders und Adam habe versprochen, bis man den Lichterbaum anzünde, wieder da zu sein. Sie setzte hinzu, daß die Kinder der Müllersknechte schon lange darauf warteten, daß man den Baum anzünde und ihnen bescheere. Die Heidenmüllerin und die Röttmännin lobten diesen Vorschlag sehr. Die Röttmännin lobte die Braut noch besonders wegen ihrer Gut=

müthigkeit und gab zu verstehen, sie wisse wohl, die Braut habe
gewiß mit Adam eine schöne Ueberraschung abgekartet. Die Ruthe,
die auch mit an den Baum gehängt werden sollte, zog die Rött=
männin immer, sie mit der rechten haltend, durch die linke Hand
und fuchtelte damit durch die Luft, daß es pfiff. Diese Musik
schien sie sehr zu ergötzen.

Eilftes Kapitel.
Laßt die Kirche im Dorf.

„Wenn ich einen Besuch habe, ist mir's doppelt wohl, und
weißt du warum? Erstlich schmeckt mir's besser. Man sage was
man wolle von der Schlechtigkeit des menschlichen Herzens, das
Wohlgefühl, einen Gast zu bewirthen, das ist ein tiefer Zug all=
verbreiteter menschlicher Güte.“

„Und zweitens?“ fragte der junge Mann.

„Zweitens,“ erwiderte der Pfarrer, „wenn ich einen Gast
habe, dann brauche ich diese Tage nicht auszugehen. Die Welt
ist zu mir gekommen. Ich mache mit dem Angekommenen den
ganzen langen Weg durch, da habe ich das Recht, zu Haus zu
bleiben.“

Es war ein unbeschreibliches Behagen, mit dem der Pfarrer
nach Tische zu seinem Schwager diese Worte sagte. Es war kaum
Nachmittag, aber es begann bereits zu dämmern, und war der
Schwager voll Ehrerbietung gegen den Pfarrer, so war der Pfarrer
voll Glückseligkeit über das schwungvolle, zukunftsfrohe und dabei
doch bedächtige Wesen des jungen Mannes. Es giebt noch junge
Männer auf der Welt, das Elend der Verlebtheit, der öden
Uebersättigung und Reizlosigkeit ist noch nicht in alle Kreise ge=
drungen. Es ist wieder eine frische Jugend in der Welt, anders
als wir waren, aber es steckt eine sichere Zukunft darin, so dachte
der Pfarrer vor sich hin, und alles, was der junge Mann sagte,
nahm der Pfarrer mit einem tiefen Behagen auf. Diese Freude
an der schönen jugendlichen Gestalt, wie überhaupt an Gedanken
und Wesen des jungen Mannes, den der Pfarrer einst selber
unterrichtet hatte, war etwas wie geistige Vaterfreude im besten
Sinne. „Und du hast ein derbes Rückgrat in der Hand, sagte
der Pfarrer, als er die gut ausgearbeitete Hand des Schwagers

faßte, „heirathe aber Keine, die nicht fingen kann, es wäre Schade, wenn ihr nicht zusammenstimmtet."

Die Wechselrede ging leicht hin und her, indem der junge Mann berichtete, wie so viele junge Männer sich aus dem Leben eines Landwirthes ein falsches Ideal machen, und darum geistig und ökonomisch verkommen. Er selber hatte als Sohn eines höheren Justizbeamten ehedem viel an den Folgen falscher Voraussetzungen gelitten, bis er es gelernt hatte, an der unmittelbaren Feldarbeit seine Freude zu finden; er war jetzt Verwalter auf einem adeligen Gute, hatte aber seine Stelle gekündigt, um eine selbständige Pachtung zu übernehmen oder ein hinlängliches Bauerngut käuflich zu erwerben.

Mitten unter dem Gespräche hörte man vor dem Hause das Abtrappen des Schnees von den Füßen. Drei Männer standen unten; sie kamen herauf, es waren die Kirchenältesten.

„Eduard, komm in die andere Stube," sagte die Pfarrerin und setzte hinzu, „das ist mein Bruder, und dieß ist der Schilder-David, das der Harzbauer und das der Wagner."

„Willkommen," sagte der Schilder-David und reichte die Hand; „aber, wir bitten, bleiben Sie da, Frau Pfarrerin. Was wir zu sagen haben, ist gerade gut, wenn Sie dabei sind und auch der Herr Bruder."

„Setzt euch," sagte der Pfarrer.

„Dank' schön, ist nicht nöthig, erwiderte der Schilder-David, der der erwählte Sprecher war; „Herr Pfarrer, mit kurzen Worten, man sagt im ganzen Dorf, wer's hereingebracht hat, wir wissen's nicht, und der Herr Pfarrer hat uns hundertmal in das Herz gepredigt, wenn man von einem Menschen etwas hört, was man nicht von ihm glauben mag, soll man gerades Wegs zu ihm gehen und ihn fragen. Also nichts für ungut, ist das wahr, Herr Pfarrer, daß Sie von uns fort wollen?"

„Ja."

Eine Weile war alles still in der Stube, und der Schilder-David begann endlich wieder: „So, jetzt glaub' ich dran, Herr Pfarrer. Wir haben vor Ihnen einen Pfarrer gehabt, der hat uns nicht leiden mögen, und wir haben ihn nicht leiden mögen. Kann es etwas Schrecklicheres geben? Wie soll Liebe, Güte und Frömmigkeit gedeihen, wo der das Wort spricht und der das Wort hört, nichts zu einander haben? Schrecklich, wenn's wieder ſo werden könnte. Wir wiſſen, daß Einige in der Gemeinde ſind, die das gute Herz von unſerm Herrn Pfarrer kränken, aber Herr Pfarrer, unſer Herrgott hat Sodom verſchonen wollen, wenn zwei Gerechte drinn ſind, und Sie, Herr Pfarrer, wollen uns verdammen und verlaſſen, weil zwei oder drei Schlechte unter uns ſind?" Hier hielt der Schilder-David inne, aber der Pfarrer erwiderte nichts, und der Schilder-David fuhr fort: „Herr Pfarrer, wir brauchen Ihnen nicht zu erzählen, wie Sie uns in das Herz gewachſen ſind. Wenn's beſſer für Sie iſt anderswo, müſſen wir Ihnen dazu Glück wünſchen, aber Jedes im Dorfe, jeder Mann, jede Frau, jedes Kind, wann und wo eins dem Herrn Pfarrer begegnet iſt, da iſt's ihm geweſen, als wenn's ihm was Gutes ſchenken müßte, wie wenn es ihn nicht leer vorüber gehen laſſen könne, und guten Morgen! oder guten Abend! iſt noch gar nicht genug geweſen. Jetzt, Herr Pfarrer, alſo wir wünſchen nur, daß es in dem neuen Orte auch wieder ſo ſei, und daß der Herr Pfarrer dafür Sorge trage, daß wir wieder einen Mann kriegen, nicht wie er, das verlangen wir nicht, aber einen guten."

„Danke, danke," ſagte der Pfarrer, „was ich vermag, ſoll geſchehen."

„Nein, nein," ſagte der Harzbauer, „der David ſagt eigent= lich gar nicht das, was wir haben ſagen wollen. Wir meinen, der Herr Pfarrer ſoll das nicht thun, er ſoll bei uns bleiben, er ſoll, wie man im Sprüchwort ſagt, die Kirche im Dorf laſſen."

„Ich kann meine Bewerbung um die andere Stelle nicht zurücknehmen, wenn ich auch wollte."

„Dann bitten wir den Herrn Pfarrer um Entſchuldigung, daß wir ihn beläſtigt haben," ſagte der Wagner mit einem ge= wiſſen ſtolzen Gefühl, daß er doch nun auch etwas geſagt habe und gewiß nicht das Dümmſte.

Die Männer verließen die Stube; die Pfarrerin aber gab ihnen das Geleite die Treppe hinab und tröſtete die Männer, daß noch nicht Alles verfehlt, und daß ſie nicht ſchuld ſei an dem Entſchluſſe des Pfarrers, der ihm ſchwer geworden; morgen werde ſchon wieder beſſer mit ihm zu reden ſein, er ſei heute nicht ganz friſch auf, er ſei für nichts und wieder nichts heut' Nacht auf Röttmannshof geholt worden.

„Wie ich höre," ſagte der Schilder-David, „ſollen ſie jetzt alle beiſammen ſein auf der Heidenmühle und den Verſpruch halten.

Ich hab's nicht glauben wollen, aber ich glaube jetzt Alles. Der Verspruch soll ihnen aber nichts nützen; wir geben nicht nach."

Die Pfarrerin kehrte wieder in die Stube zurück, wo sie Mann und Bruder still neben einander sitzen sah. Keines redete mehr ein Wort. Die Abendglocken läuteten, heute alle drei Glocken, denn es wurde das Fest eingeläutet, und in den Herzen der drei Menschen, die hier beisammen saßen, klang es auch gar seltsam, wenn auch keinem Ohr vernehmbar. Die Pfarrerin sagte endlich: „Es wird mir doch schwer sein, wenn ich diese Glocken nicht mehr höre. Was haben sie alles in uns wachgerufen!"

Der Pfarrer saß still am Fenster, und endlich sagte er halb für sich: das Schwerste ist der Entschluß, einmal die Gewohnheit zu lassen; nun ich ihn einmal gefaßt, vor mir und vor den andern, wär's nicht gut, wenn's wieder rückgängig würde. Laß Licht in meine Stube bringen. Ich sehe dich bald wieder, Eduard.

Der Pfarrer ging in seine Stube.

Zwölftes Kapitel.
Wo ist der Joseph?

„Wo ist der Joseph?" fragte der Schilder-David, als er beim kam.

„Er ist nicht da."

„Ich hab' ihn doch heim geschickt wie ich zum Pfarrer gegangen bin."

„Er ist nicht heim gekommen."

„Er wird wieder drüben beim Häspele sein. Ich will nach ihm schauen," sagte Martina und machte sich auf. „Gieb ihm gleich eine tüchtige Ohrfeige, weil er so eigenmächtig herum läuft," rief der Schilder-David der Weggehenden nach.

Martina kam bald zurück und sagte: „Joseph sei nicht beim Häspele und auch nicht mehr in der Werkstätte."

„So ist der verdammte Bub wer weiß wohin. Ich will selber nach ihm umschauen."

Der Schilder-David ging fort und fragte von Haus zu Haus nach Joseph. Niemand wußte Bescheid. Der Schilder-David ging wieder heim; der Knabe ist gewiß schon unterdeß nach Hause gekommen.

„Aber wo ist der Joseph?" fragte ihn Martina, als er in die Hausflur eintrat, die als Küche diente.

„Wird gleich kommen," sagte der Großvater, ging aber doch durch's ganze Haus und durchsuchte alles. Er ruft auf den Speicherboden den Namen Joseph, und er erschrickt fast, wie er so ins Leere hinausruft; er rückt Schränke weg, hinter denen sich gar kein Mensch verstecken kann, selbst hinter dem Hause, am Bachsturze öffnete er die verdeckte Kalkgrube und dachte nicht daran, daß sie ja zugefroren war und Niemand hineinfallen konnte, und eben als er ins Haus zurück kam, begegnete er Häsrele, der die neuen Stiefel für Joseph brachte; diesem vertraute er im Geheimen, daß er den Joseph suche, er sei in Aengsten, dem Kinde könne irgend etwas zugestoßen sein, er wisse nicht was, aber er sei in Angst.

„Habt ihr denn schon beim Waldhörnle nachgesehen? Ich höre ihn eben blasen und gar schön, und da ist der Joseph ge= wiß bei ihm. Da sind die Stiefel, ich will ihn suchen."

Der gute Häspele sprang behend das Dorf hinab zu einem Strumpfwirker, der in seiner Stube saß und sich neue schöne Weisen auf dem Waldhorn einübte. Es klang schön durch die stille Nacht, wo man im Schnee seinen eigenen Tritt nicht hört; der Joseph hat Recht, daß er lieber beim Waldhörnle sitzt, als daheim, aber er war auch nicht dort, und unterwegs verkündigte Häspele, daß man den Joseph suche, Niemand hatte ihn gesehen und er war nirgends zu finden. Häspele kam mit der traurigen Botschaft zu David, und dieser sagte: „Sei nur ruhig, sage nichts vor den Weibern, sonst geht gleich das Heulen an. Bleib' ein bißchen da, er hat sich wohl versteckt, vielleicht kommt er gar mit den heiligen drei Königen, die jetzt herumgehen, und bildet sich noch was darauf ein; aber ich will ihm schon was einbilden."

Mit scheinbarer Ruhe setzte sich der David nieder, pfiff vor sich hin und fuchtelte mit der Hand in der Luft, in Gedanken an die zukünftigen Schläge.

„Ich warte ruhig," sagte er, wie sich selbst zuredend, stopfte sich seine Pfeife und rauchte dabei, und führte dabei immer aus, was für ein durchtriebener Schelm der Joseph sei; man dürfe es ihn aber nicht merken lassen, und daß er Einem solche Angst mache, dafür müsse er büßen. David nahm die Bibel und las da weiter, wo er gestern Abend vorgelesen hatte; es war die

Stelle, 2. Buch Samuel Kap. 12, wo König David um das kranke Kind trauert.

Das gab dem Lesenden keine Ruhe, er stand wieder auf, ging aus und ein, hinaushorchend. Es läutete mit allen Glocken das Fest ein. Jetzt wird er kommen. Es kam Niemand. Nun war an Verhehlen nicht mehr zu denken; der David ging rechts ab, Häspele links ab von Haus zu Haus. Nirgends eine Spur von Joseph. Niemand hatte ihn gesehen. Sie trafen beide wieder am Hause zusammen. Die heiligen drei Könige hielten den Um=zug, Joseph war nicht dabei. Jetzt war's nicht mehr zu verbergen.

„Martina, unser Joseph ist verschwunden," sagte der Groß=vater, und Martina that einen entsetzlichen Jammerschrei und rief:

„Darum also hat er mich heute Nacht dreimal geweckt und gefragt: Mutter, ist noch nicht Tag? Joseph! Joseph! Joseph! Wo bist du? schrie sie durch's ganze Haus, den Berg hinauf, durch's ganze Dorf, in die Gärten hinein, in die Felder hinaus.

„O, wenn er verloren ist, dann sterbe ich, ich höre das Jahr nicht mehr ausläuten im Dorf, und der Baum, den ich zu Schildern gekauft habe, den laßt zu Brettern versägen und legt mich drein," so klagte der Schilder=David zu Martina, sie hörte ihn aber nicht mehr, denn sie war schon längst fortgerannt, die Halsbinde wurde David zu eng, er riß sie ab, sein ganzes Gesicht verzog sich schmerzhaft, er wollte das Weinen unterdrücken und konnte doch nicht. „Der Joseph ist gewiß in der Kirche, besann sich der Schilder=David plötzlich. Er eilte nach der Kirche, die offen stand und wo man eben die Vorbereitungen zum Gottes=dienst um Mitternacht machte. Der Schulmeister ging mit einer einzigen Kerze darin umher und steckte viele Lichter auf den Altar.

„Joseph! Joseph! Bist du da?" schrie David in die Kirche hinein; es tönte mächtig. Dem Schulmeister fiel das Licht aus der Hand und er antwortete zitternd: „Es ist Niemand da, als ich. Was giebt's denn?"

„Ihr habt's zugegeben, daß ihn die Kinder in der Schule Füllen heißen, ihr seid auch mit Schuld, daß er davon und ver=loren ist," schrie David und eilte weg. Der Schulmeister fand sich mit diesem Vorwurf eben so im Dunkeln, wie in der Kirche, wo er nach vielem Stolpern endlich die Wachskerze wieder fand.

Das ganze Dorf lief zusammen, und selbst der Waldhörnle kam mit seinem Waldhorn auf die Straße, hielt aber das Wald=

horn ſchnell unter ſeinen alten Soldatenmantel, damit es nicht
naß werde. „Ich will durch das ganze Dorf blaſen,“ ſagte er,
„dann kommt er.“

„Nein,“ hieß es, „die alte Röttmännin hat ihn ſtehlen laſſen,
ſie will dich zwingen, Martina, daß du den Adam frei giebſt,
heute am Nachmittag iſt er Bräutigam geworden mit des Heiden=
müllers Toni; es iſt ein Knecht von der Mühle hier geweſen,
der Alles erzählt hat.“

„Ich laſſe mich nicht närriſch machen,“ ſchrie Martina. „Jo=
ſeph! Joſeph! Komm, deine Mutter ruft!“

Während man ſo bei einander ſtand, kam ein ſeltſam aus=
ſehendes Männchen das Thal herauf, ganz um und um behangen
mit ſpitziger, weit aufgebauſchter Laſt. Es war der Hutmacher
aus der Stadt, der zu den Feiertagen die friſch aufgebügelten,
dreieckigen Hüte in das Dorf brachte.

„Was geht denn hier vor?“ fragte das kleine Männchen.

„Wir ſuchen ein Kind, den Joſeph, er iſt verſchwunden.“

„Wie alt iſt das Kind?“

„Sechs Jahr vorbei.“

„Ein ſtarker Bub mit einem großen Kopf und blond ge=
rollten Haaren iſt mir begegnet.“

„Ja, ja, er iſt’s, um Gottes willen, wo iſt er?“ ſtürzte
Martina auf den Mann zu, daß ihm alle ſeine Hüte in den
Schnee fielen.

„Sei ruhig, ich hab’ ihn nicht im Sack. Drunten im Wald
begegnet mir auf einmal ein Bub. Ich frag’ ihn: was thuſt
du noch da ſo allein und es will Nacht werden? Wohin willſt
du? — Meinem Vater entgegen, er kommt den Weg herauf,
haſt du ihn nicht geſehen? — Wie ſieht denn dein Vater aus?
— Großmächtig ſtark. — Ich habe ihn nicht geſehen. Komm
mit mir heim, Kind. — Nein, ich komme mit meinem Vater
heim. — Ich faſſe den Buben an und will ihn mit Gewalt mit=
nehmen, aber der iſt ſtörriſch und wild, er wiſcht mir aus und
ſpringt davon, wie ein Hirſch, und ich hör’ ihn noch tief im
Walde rufen: Vater! Vater!“

„Das iſt der Joſeph, um Gotteswillen, ihm nach!“

„Wir alle gehen mit, alle!“

„Halt!“ trat Schilder=David vor, „halt! Hutmacher, willſt
du mit uns gehen?“

„Ich kann nicht, ich kann keinen Fuß mehr heben und es nützt auch nichts, es ist schon mehr als eine Stunde, seit ich das Kind gesehen, ich habe mich drüben auf dem Meierhof aufgehalten, wer weiß, wo das Kind jetzt ist; ich kann dir's ganz genau sagen, wo ich ihm begegnet bin, am Otterswanger Wald, bald dort beim Bach, wo die breite Buche steht. Es ist die einzig große, ihr kennt sie ja alle."

„Gut, von dem Baum breche ich ihm einen Zweig ab und er soll an ihn gedenken," sagte der Schilder-David sich fassend.

„Nein, nicht schlagen," schrie Martina; sie konnte es nicht sagen, daß dieses die Stelle war, wo Adam sie zum Erstenmale geküßt; vielleicht liegt jetzt ihr Kind dort todt — erfroren —

„Es ist Nacht und man sieht nichts und der Schnee fällt immer mehr, holt Fackeln, laßt Sturm läuten, das muß der Pfarrer erlauben, kommt zum Pfarrhause!" rief Häspele.

Martina aber wurde nach Hause gebracht, und als sie dort die neuen Stiefel auf dem Tische stehen sah, klagte sie: „O Gott! Da sind seine Stiefel, wie hat er sich darauf gefreut, und deine lieben Füße sind erfroren — sind kalt — sind todt. —"

Die Frauen, die Martina umgaben, suchten sie zu trösten, und eine war sogar so klug, ihr zu sagen, erfrieren sei der leichteste Tod, man schlafe ein und wache nimmer auf.

„Man schläft auf der Erde ein und wacht im Himmel auf. O Gott! Mein Joseph hat's prophezeit; er war zu gescheit, zu gut, und seinem Vater ist er entgegen gegangen. Nein, ich will nicht sterben. Wenn du mit der Andern zur Kirche gehen willst, da wird mein Joseph vom Himmel herunterschreien, nein, und — — Vater! Vater! hat er gerufen, und sein Vater hat ihm nicht geantwortet, er kennt seine Stimme nicht. Du wirst sie kennen bei Tag und Nacht. In die Ohren rufen wir es dir dein Lebenlang: in deinem eigenen Wald ist dein Kind erfroren, geh' hinaus und schlag' ihn um, es nützt nichts mehr! Dein Herz ist Holz, nichts als Holz! O Gott, und da steht das Pferdchen, mit dem mein Joseph gespielt hat! ja du siehst auch traurig aus, du gutes Thierle, so barmherzig, und bist doch von Holz, und er ist auch von Holz, aber er ist nicht barmherzig, er hat sein Kind getödtet. O Gott, wie oft hat er an dein hölzernes Maul Brosamen hingehalten und dir wollen zu fressen geben, o! er war zu gut, o Joseph! Joseph!"

„Es wäre noch gut, wenn er erfroren wäre. Der Wolf geht ja um in der Gegend, wer weiß, ob ihn nicht der Wolf zerrissen hat," sagte eine Frau leise zu der andern; das Ohr der Unglücklichen ist aber wunderbar feinhörig; mitten in ihrem lauten Jammern hörte Martina das Gespräch und sie schrie plötzlich laut auf: „Der Wolf! der Wolf!" Dann ballte sie die Fäuste und knirschte mit den Zähnen: „Ich kriege dich und ich erwürge dich mit meinen Händen." Jetzt sah sie die Leegart und sie klagte: „O Leegart! Leegart! Was nähst du denn immer fort? Um Gottes willen, da näht sie noch immer an der Jacke, und das Kind ist todt."

„Ich hab' nichts gehört, ich laß mich nicht berufen; ich habe nichts gehört, du hast nichts gesagt, ich sag' dreimal, du hast nichts gesagt. Du weißt, ich hab' keinen Aberglauben, nichts ist ärger auf der Welt als Aberglauben. Aber das ist wahr und gewiß, das hat seine Richtigkeit: so lange man für einen Menschen näht und webt, kann er nicht sterben. Da war einmal ein König —" und mitten in dem Durcheinander erzählte Leegart mit seltsamen Veränderungen die Geschichte von Ulysses und Penelope, und wie diese Frau genäht und gewebt habe und was sie bei Tag gewoben, habe sie allemal in der Mitternachtsstunde wieder aufgetrennt und dadurch ihren Mann, der in Amerika gewesen, am Leben erhalten.

Leegart fürchtete nicht mit Unrecht, daß man sie in dem Durcheinander nicht anhöre. Sie machte es daher gescheit. Sie erzählte ununterbrochen und nähte dabei ununterbrochen, ohne aufzuschauen. Wo sie einmal saß, stand sie nicht auf, bis ihre gesetzte Zeit um war, und wenn sie eine Geschichte begonnen hatte, erzählte sie aus; und wenn's im Hause gebrannt hätte, wer weiß, ob sie aufgestanden wäre. Das Feuer wird doch so viel Respekt haben zu warten, bis die Leegart fertig ist.

Während Martina mit den Weibern im Hause klagte, war der ganze Trupp Männer vor dem Pfarrhause angekommen, und Häspele warf sich zum Fürsprech auf.

Auch die Kinder wollten mit ziehen, den Joseph zu suchen, aber die Mütter hielten sie mit Weinen zurück und die Väter schüttelten die Anklammernden ab und schalten weidlich dazu. Die Großväter, die aus dem warmen Winkel am Ofen hervorgekrochen waren, nahmen die Frauen und Kinder mit heim.

Es war als ginge ein Heereszug einem Feinde entgegen. Wo aber ist der Feind?

Es gab jetzt doch wieder Einige, die es für unmöglich hielten, daß man bei dem Schneegestöber ein Kind im Walde suche; das wär' gerade, wie wenn man eine Stecknadel im Heuwagen suchen wolle. Häspele rief indeß: wer nicht mit will, kann heim gehen, aber zum Abspenstigmachen brauchen wir Niemand. Es trennte sich Keiner aus der Versammlung. Häspele ging hinauf und bat den Pfarrer, daß man Sturm läuten dürfe. Der Pfarrer war über das, was er von Joseph hörte, tief erschüttert, dennoch sagte er, er könne das Sturmläuten nicht erlauben, es sei unnützer Allarm, der die Nachbargemeinden erschrecke und sie für künftige Fälle unwillfährig mache.

„Es ist brav von euch und es freut mich, daß so viele den Joseph aufsuchen wollen," schloß er.

„Kein einziger junger gesunder Mann im Dorfe bleibt zurück," schrie Häspele.

„Ich muß zurückbleiben," sagte der Pfarrer lächelnd, „die Röttmännin hat mir die vergangene Nacht geraubt, und um zwölf Uhr muß Kirche gehalten werden. Wir werden aber für euch alle beten, die ihr draußen seid."

„So will ich dein Stellvertreter sein," sagte der junge Landwirth, „wer ist euer Anführer?"

„Wir haben keinen, wollen nicht Sie es sein, Herr Schwager?"

Alles lachte, denn der Häspele, der den Namen Eduards nicht kannte, nannte ihn an Stelle des Pfarrers Schwager.

„Ich heiße Brand," erwiderte der Landwirth, „ich kenne den Weg, ich habe ihn erst heute gemacht."

„Der Bruder der Pfarrerin geht auch mit," wurde bald von einigen Eingedrungenen auf der Straße verkündigt und man war überaus zufrieden. Häspele hatte Recht, es fehlte außer Kranken und Gebrechlichen kein Mann im Dorfe, alle standen sie da mit Fackeln, Steigeisen, Leitern, Aexten und langen Stricken.

„Ist einer da, der ein Signal geben kann?" fragte der Landwirth.

Der Strumpfwirker zog sein Waldhorn unterm Mantel hervor. Das Instrument glänzte nicht heller im Fackellicht, als das Gesicht des Strumpfwirkers, der zu einer so wichtigen Person geworden war.

„Gut, so bleibt bei mir. Meiner Ansicht nach ist dies das
Beste: der Signalist hier bleibt bei mir auf dem Reitersberg, wo
wir ein Feuer anzünden wollen. Und dann gehen immer alle,
zwei und zwei, nie einer allein. Wer den Joseph gefunden hat,
bringt ihn hinauf zu uns auf den Reitersberg oder wenigstens
sichere Kunde von ihm. So lange der Joseph noch nicht gefun=
den ist, geben drei lange Stöße das Zeichen; sobald er aber ge=
funden ist, drei kurze Stöße, die immer fortgesetzt werden, bis
Alles wieder versammelt ist. Und noch besser, ich habe meine
Flinte bei mir; sind nicht noch einige im Dorf?"

„Ja wol."

„So holt noch einige, und wenn der Joseph gefunden ist,
geben wir drei Schuß nach einander. Wenn wir das nicht thun,
kann's leicht kommen, daß ihr guten Leute in Schnee und Kälte
herumlauft, und der Joseph ist längst gefunden."

„Hat Recht, der ist gescheit; das ist der Bruder der Frau
Pfarrerin."

Der junge Landwirth lächelte und fuhr fort. „Noch eins,
Decken und Betten haben wir. Ist kein Hund im Dorf, der den
Joseph kennt?"

Alle kennen ihn, alle haben ihn lieb. Nicht wahr, Blitz,
du kennst den Joseph?" sagte Häspele zu einem großen Hunde,
der neben ihm stand.

Der große gelbe Hund bellte als Antwort.

„Gut," rief der Landwirth, so laßt die Hunde los."

Und wir hängen ihnen Laternen an. Und uns selber hängen
wir die Kuhschellen um und die Rollgeschirre."

Jeder wurde erfinderisch; es war nur gut, daß die verschie=
denen Erfindungen in Eins zusammengehalten waren.

„Jetzt noch einmal das Signal, damit ihr es alle kennt,"
sagte der Landwirth, und der Waldhörnle blies mit aller Macht.
Kaum war der Ton verklungen, als Martina herbeikam und rief:
„Hier habe ich seine Kleider."

„Laßt die Hunde an den Kleidern riechen," befahl der Land=
wirth. Martina wäre fast umgeworfen worden von all den Hun=
den, die auf sie zugebracht wurden, wenn nicht Häspele so ge=
scheit gewesen wäre, ihr die Kleider abzunehmen.

„Ruft den Hunden zu: such Joseph!" befahl der Landwirth,
„und jetzt vorwärts Marsch! Joseph heißt das Feldgeschrei."

„Halt!" rief eine mächtige Stimme von der entgegengesetzten Seite, „was giebt's hier?"

„Adam du?" rief Martina und stürzte auf ihn zu, „was haft du da? Haft du unfern Joseph gefunden?"

„Was? Unfern Joseph? Das ist der Wolf, den ich mit meinem Knittel erschlagen habe."

„Das ist der Wolf, der hat unfer Kind zerriffen!" schrie Martina, ballte die Fäuste und starrte auf das todte Thier nieder. Häspele war so klug, den Adam in kurzen Worten in Kenntniß zu setzen von Allem, was vorgegangen; Adam hielt den Wolf immer noch an der Genickhaut, und jetzt schüttelte er das todte Thier mächtig, dann schleuderte er es mit übermenschlicher Kraft weit hinüber über den Graben in das Feld. „Ich reiße dir das Herz nicht aus," rief er, „du hast mir — und hier schwöre ich's vor Allen: ob unfer Kind gefunden wird oder nicht, meine Martina ist mein, im Leben und im Tod. Verzeih' mir's Gott, daß ich so lang ein lahmer, schwacher, nichtsnutziger Gesell gewesen. Ihr Männer alle hört's! Jeder von euch soll mir ins Gesicht schlagen, wenn ich nicht meine Martina heimführe, und wenn Vater und Mutter und die ganze Welt sich dagegen stellte."

„O Gott! rede jetzt nichts davon!" bat Martina und verbarg ihr Antlitz an der Brust Adams; jetzt erst konnte sie weinen, und Adam legte seine Hand auf ihren Kopf, aber seine Brust erbebte immer von einem mächtigen Stoß nach dem andern. Nie hat Jemand den Adam weinen sehen, als nur damals. Alle Versammelten waren wie auf ein stilles Kommando mit ihren Glocken, Fackeln und Hunden vorausgegangen, nur Häspele war mit einer Fackel bei den unglücklichen Eltern geblieben, und als Adam aufschaute, kugelten große Tropfen, die im Feuerscheine glitzerten, über seine Wangen. Adam aber schüttelte sich wie zornig und sagte endlich: „Komm, Martina, wir finden ihn gewiß. Ich kann nicht glauben, daß er todt ist; ich habe ihn rufen hören im Wald, ich habe nicht glauben wollen, daß es eine wirkliche Stimme ist, und es war meines Kindes Stimme."

„Und wie viel hundertmal hat er dir in die Nacht hinein gerufen und du hast ihn nicht gehört."

„Wenn er noch am Leben ist, es soll mir kein Wort mehr von ihm verloren gehen."

„Gott geb's. Amen!" sagte Häspele ganz leise vor sich hin und schritt voran mit der Fackel; die Beiden gingen hinter ihm drein.

Dreizehntes Kapitel.

Das Muotisheer.

„Laß mich die Kleider tragen; gieb mir seine Kleider," sagte Adam im Weitergehen.

„Nein, ich geb' sie nicht her. Es ist ja das Einzige, was ich noch von ihm habe, und da hab' ich die neuen Stiefel, die er noch nicht angezogen hat, und in der Verwirrung hab' ich auch noch sein kleines hölzernes Pferd mitgenommen."

„So? Hat er die Pferde gern? Dann wird er seinen Vater, den Gaul, auch gern haben."

„Mach' jetzt so keine Späß', denke, du redest von einem Todten."

„Verirrt ist noch nicht todt; und wer weiß, ob er nicht noch in einem Hause untergekommen ist oder ihn nicht doch Jemand heimgenommen hat."

Als Zeichen des Dankes für den Trost, den Adam ihr gab, legte ihm Martina die Kleider auf den Arm: „Da, trag' du sie nur." Als sie an der Trauerweide am Wege vorüber kamen, die jetzt schneebehangen im Fackellicht gar fremdartig erschien, fuhr Martina fort: „Da ist der Baum! Wie unser Joseph noch nicht drei Jahre alt gewesen ist, gehe ich mit ihm da vorbei, und weil da die Blätter so herunterhängen, sagt er: Mutter! der Baum regnet Blätter! Er hat Reden an sich gehabt, man hat gar nicht mehr gewußt, wo man ist, ob auf der Erde oder im Himmel; man hat sich erst wieder besinnen müssen, daß man da ist, und was man thun will und was man zu thun hat. Und dabei ist er so stark gewesen, mächtig stark; ich hab' alle Kraft anwenden müssen, wenn ich ihn habe bändigen wollen. Und jetzt so sterben! Das ist doch schrecklich. Joseph! Joseph! mein guter Joseph! Komm doch, wo bist du denn? Ich bin da, deine Mutter ist da, und dein Vater auch! Komm doch, Joseph! Joseph! Ruf' doch auch, Adam. Kannst du denn nicht auch schreien?"

„Joseph! Joseph!" schrie Adam mit machtvoller Stimme.

„Mein Kind! Komm zu mir! Joseph! Joseph!" Er, der den Namen nur im Geheimen auszusprechen zitterte, rief ihn jetzt laut durch den Wald. Bald aber ließ er ab und sagte: „Das nützt nichts, Martina; beruhige dich, sonst wirst du auch noch krank."

„Wenn mein Joseph todt ist, will ich auch nicht mehr leben; ich hab' nichts mehr auf der Welt."

„So? Das habe ich nicht gewußt. Ich habe gemeint, ich ginge dich auch noch was an."

„Ach Gott, was streitest du jetzt mit mir!" klagte Martina.

Die Beiden redeten lange kein Wort. Häspele war ein guter Vermittler, er kam auf Martina zu und bat sie, doch einen Schluck von dem Kirschengeist zu trinken, den er vorsorglich für Joseph mitgenommen hatte.

„Nein, nein, ich brauche nichts, und ich trinke meinem Joseph nichts weg."

„Trinke nur einen Schluck," bat Adam so zart, als es seine Stimme hergab, „denke, unser Joseph darf ja nicht Alles trinken, wenn wir ihn finden."

„Wenn wir ihn finden? Was hast du da schon wieder? Du weißt Etwas und willst mir's nicht sagen, du weißt gewiß, daß er todt ist."

„Ich weiß nichts; ich weiß so wenig als du. Ich bitte dich, trink' jetzt einen Schluck."

„O wenn mein Joseph den hätte, der könnte ihn jetzt zum Leben bringen; ich brauche nichts, laßt mich in Ruhe." Aber Adam ließ nicht ab, bis Martina trank, und das war eine gute Gelegenheit, daß Adam wieder ihre Hand faßte und dann Hand in Hand mit ihr weiter ging.

Sie sprach nun ganz leise und erzählte, wie auch Joseph so eine heimliche Natur habe; er habe ihr oft Dinge ins Ohr gesagt, die er vor aller Welt laut hätte sagen können; aber das sei seine besondere Art, am liebsten etwas heimlich zu sagen, und gewiß habe er auch dem Vater etwas heimlich sagen wollen, dann hätte er auch spüren können, wie es Einen durchrieselt, wenn Joseph mit seinem warmen Athem etwas ins Ohr sagte. „Sein warmer Hauch ist jetzt hin," schloß sie und rang die Hände.

Plötzlich faßte sie den Arm Adams wieder heftig und sagte: „O Gott, da ist der Felsen, wo ich damals habe sterben wollen mit ihm, bis mich die Leegart gefunden hat. Wären wir damals

mit einander gestorben, bevor du auf die Welt gekommen bist,
es wäre besser. Wo bist du jetzt? Vielleicht liegt er da zwei
Schritte von uns und wir sehen ihn nicht und er hört uns nicht.
Ich springe von Berg zu Berg, auf alle Felsenspitzen, in alle
Thäler. O, warum kann ich nicht da sein und dir rufen: Jo=
seph! Joseph! Joseph! Ich meine, ich sehe ihn da drüben auf
dem Felsen; jetzt steht er noch auf dem Vorsprung, jetzt ist er
noch ganz heil. Wie gut und lieb sieht er aus, wie er lacht,
das Springen gefällt ihm; aber er stürzt, ich sehe ihn nicht mehr,
o wie schnell! Und drunten liegt mein Kind, zerschmettert, todt.
Kann's denn sein! Was hast du, armes Kind, denn gethan?
Du bist ja unschuldig!"

„Laß das Ausdenken, das hilft zu nichts," beschwichtigte
Adam, aber Martina knirschte vor sich hin: „Ihr seid die
Schlimmen! Ein Vater kann sein Kind verleugnen, kann an ihm
vorüber gehen, wie wenn's nicht auf der Welt wäre, aber eine
Mutter nicht. Du bist der Schlimme, du!"

„Was wirfst du mir das jetzt vor?"

„Ich werfe dir nichts vor; warum zankst du mich denn?"

„Ich streite nicht mit dir, ich zanke nicht mit dir; sei nur
ein bischen ruhig, es soll von heute an auch alles Schlimme
vorbei sein."

„Was kannst du von Schlimmem reden?"

„Ich will gar nichts mehr reden, sei jetzt nur ein bischen
still. Halt dich an mich an, so, so."

„Nein, nein, ich kann nicht," schrie Martina plötzlich auf,
nachdem sie sich eine Weile an Adam gehalten, „ich kann nicht.
O, lieber Herr Gott! Thu Alles mit mir, nur laß es mein Kind
nicht entgelten, meinen Joseph; er ist unschuldig, ich allein bin
schuldig, ich und der da." —

Sie ging zwei Schritte von Adam, wie wenn sie seine Nähe
nicht ertragen könnte; sie weinte nicht mehr, sie schluchzte nur
noch trockenen Auges und es stieß ihr fast das Herz ab.

Es war wie das wilde Heer, was jetzt durch den Wald zog:
die Männer mit den Fackeln, mit den Laternen, mit dem wilden
Geschrei, Rufen, Peitschenknallen, Rollengeklingel; und die Hunde,
denen man Laternen angehängt hatte, die bellend die Schluchten
hinab, bellend die Berge hinauf drangen und wieder angerufen
wurden. Es war gut, daß feste Ordnung gehalten wurde. Keiner

lannte den Andern mehr, jeder war nur eine wandelnde Schnee=
masse, und im Fackelscheine sahen die Berge, die Felsen wie ver=
wundert auf die Menschen, die daher kamen und riefen und
schrieen nach einem Menschenkinde.

„Da sieh, wie lieb ihn das ganze Dorf hat," sagte Mar=
tina zu Adam und erzählte ihm, wie in der vergangenen Nacht
Joseph sie dreimal geweckt und wie er schon am frühen Morgen
gefragt habe, welchen Weg der Vater käme, und sie mache sich
schwere Vorwürfe, daß sie der Leegart nachgegeben und ihn allein
aus dem Haus geschickt, sie hätte es ja wissen müssen, daß heute
etwas Entsetzliches geschehe. Adam war ganz rathlos und wußte
nichts zu sagen, und doppelt entsetzlich ward's ihm, wenn er
an die Heidenmühle dachte, wie sie dort beisammen sitzen und
auf ihn warten, und zu welchem Frevel er sich hatte verleiten
lassen. —

Plötzlich ertönte ein Jubelgeschrei. Was ist? Was ist? Gott=
lob, sie haben ihn gefunden? Wo? Wo? Athemlos kam der
Schmied zu Adam und Martina: „Da ist seine Mütze, jetzt fin=
den wir ihn gewiß."

Martina faßte die triefendnasse Mütze und weinte heiße Thrä=
nen darauf: „O Gott! Jetzt ist er ohne Mütze und der Schnee
liegt auf seinem Kopfe, wenn er noch am Leben ist."

Martina fuhr sich mit der Hand über das Gesicht und starrte
den Schmied an, der ungeheuerlich ausschaute. Er hatte sich nicht
Zeit genommen, das rußige Gesicht zu waschen, und nun hatte
der Schnee wunderliche Figuren in sein Gesicht gezeichnet und sein
rother Bart war voll Schnee.

„Bleibt ihr auf dem geraden Weg, daß wir euch gleich
finden," sagte der Schmied, und indem er sich zum Gehen wen=
dete, rief er noch: „Heut' Nacht verdienen wir bei euch, daß wir
an eurer Hochzeit vollauf zu trinken kriegen."

Es war wie das wilde Heer, das durch den Wald wüthete,
und ein Mann war im Walde, der sah das wilde Heer leib=
haftig. Der Speidel=Röttmann, der seinem Sohne gefolgt war,
hatte einen Fehltritt gethan und war in die Schlucht hinunter=
gerollt. Unten wurde er plötzlich nüchtern. Er hatte sich keinen
Schaden gethan. Er ging eine große Strecke auf dem zugefrornen
Bach, und wie entsetzliche Ungeheuer schauten die Felsen und
Bäume auf ihn nieder. Immer mehr Schnee schüttelte es auf

ihn herab und er wußte nicht, ging er stromauf- oder stromab-
wärts. Er versuchte mit einem Stein das Eis einzubrechen, um
gewiß zu werden, wohin der Bach fließe und wohin er des Weges
gehen müsse, aber er konnte keinen Stein lösen. Die ganze Welt
ist gebunden und giebt ihm keine Hülfe. Da, hier ist eine Lich-
tung, hier ist ein Bergweg. — Er steigt aufwärts, oft aus-
gleitend, vom Schnee fast ganz zugedeckt; aber er läßt nicht ab;
der Speidel-Röttmann ist nicht umsonst einer der stärksten. Er
erklimmt die Anhöhe. Richtig! Hier ist ein Weg. Mit dem letzten
Griff auf den Boden faßt er etwas: es ist eine Pfeife. Das ist
Adams Pfeife, da muß er gegangen sein; jetzt holst du ihn noch
ein, aber wohin ist er gegangen? Rechts oder links? Die Fußtapfen sind vom fallenden Schnee schon wieder zugeweht. Der
Speidel-Röttmann geht den Weg rechts, da fällt ihm wieder ein,
nein, links ist gewiß der rechte Weg; er kehrt wieder um und
so immer hin und her, als ob ihn ein Geist in der Irre führe.
Horch! Waldhörnerschall, Peitschengeknall, Hundegebell! Was ist
das? Herr Gott! das ist die wilde Jagd. Es ist der Schimmelreiter mit dem wilden Gejaid, das knallt und bellt und bläst
und mitten drunter schreit's wie tausend und aber tausend kleine
Kinder, und wer aufschaut, dem nimmt es den Kopf weg, wie
man den Deckel von einem Topf thut. Alle Schrecken der Hölle
kamen über den Speidel-Röttmann. Er hat zwar oft geprahlt,
daß all das Gerede von Hexen, Gespenstern und Zauberei eitel
Lug und Trug sei, aber jetzt richtet sich jedes Haar auf seinem
Kopf auf und giebt Zeugniß, daß die vergangenen Zeiten so gescheit waren wie unsere, und sie haben Alles geglaubt. Da ist's
jetzt. Verzeih' mir, daß ich nicht daran geglaubt habe. Ich
will's... Der Speidel-Röttmann springt ab des Weges in den
Wald hinein, wirft sich dort mit dem Angesicht auf den Boden,
daß das wilde Heer über ihn wegziehe und ihn nicht erwürge.
So liegt er und so hört er's an sich vorüber sausen. Er grub
die Hand in das schneeige Moos, und das Moos hielt fest. Es
ist doch noch gut, daß Etwas auf der Welt fest ist; — — Halt
fest! halt fest! Jetzt wirst du in die Luft gehoben, auf einem
Baum, wer weiß wo, wirst du abgesetzt, und du hast das Gesicht nach hinten gedreht und mußt dein Lebtag so herumlaufen.
Und es ist wie wenn ihn Jemand höhnte: nicht wahr, das ist
dein eigener Wald? Aber du mitsammt deinen Waldhütern und

mitsammt deinen Holzwächtern, ihr könnt Alle nicht verbieten, daß das wilde Heer durchzieht; und hörst du eine Kinderstimme? Kennst du sie?".....

Der Speidel-Röttmann weiß nicht, was er soll und was er will. Von seinem Hauch schmilzt der Schnee, in den er das Gesicht gedrückt hat, aber auch in seinem verhärteten Herzen will etwas schmelzen, und im Angesicht des Todes ruft er in das schneeige Moos hinein: „Joseph!" wie wenn ihn das Wort erlösen könnte. „Ich schwör's!" ruft er noch einmal. Es ist ihm doch durch den Sinn gefahren, daß ein Kind auf Erden lebt, dem er großes Unrecht thun will, und das um ihn klagt und weint hoch in den Lüften. Er will seinen Sohn zu sich zurückrufen, und der Sohn will seinen Sohn rufen. Das ist ja auf einmal wie eine Kette, die sich an einander hängt, und immer weiter und ... „ich geb' nach, laßt mich los, behalte du dein Kind!" Mit diesen Worten wagte er's endlich, sich ein wenig aufzurichten. Das Lärmen, Schreien und Rufen tönt weiter aus der Ferne: „Wer bist du? Wer bist du? ruft plötzlich eine Gestalt und faßt ihn an, nicht wie ein Mensch, nein, wie ein Geist; wie ein wildes Thier mit Krallen.

„Ich bin ein schwerer Sünder — ich bin der Röttmann, laß mich los, sei barmherzig."

„So? hab' ich dich?" rief die Gestalt und kniete auf ihn nieder, „du mußt sterben, du hast mein Enkelkind getödtet, verstoßen, ins Elend gestürzt."

„Wie? Was? Du bist?"

„Ja, du sollst wissen, wer dir mit der Axt das Hirn einschlägt. Ich bin's, der Schilder-David. Ja, du verdammter Goliath, ich habe dich am Boden, und sterben mußt du."

Die Kraft kehrte in dem Speidel-Röttmann zurück. Es war nur ein kurzes Besinnen: „Oho! Oho! da ist nichts zu fürchten!" und seine Hand ging schnell seinen Gedanken nach. Er ließ mit der Hand von dem, der auf ihn kniete, und zückte das aufrechtstehende Messer, das er bei sich trug, und jetzt rief er: „Laß los, David, laß los! oder ich stech' dich nieder!"

„Deine Gewaltthaten haben ein Ende!" schrie David und riß ihm mit aller Macht das Messer aus der Hand. Aber während dessen hatte sich der Röttmann rasch aufgerichtet, und nun lag David unter ihm am Boden.

„Siehst du!" rief er triumphirend, „jetzt kann ich dir den Garaus machen."

„Thu's, rotte die ganze Familie aus, meinen Joseph hast du getödtet; erstich mich auch."

„Steh' auf, ich will dir nichts thun," entgegnete der Speidel=Röttmann, „ich weiß nicht, bin ich verrückt, bist du verrückt, oder ist die ganze Welt verrückt. Wie kommst denn du daher? Was ist denn da im Wald?"

David erzählte mit raschem Athem, was vorgefallen war, aber mitten drin sagte er: „Es ist nicht recht, daß ich so mit dir rede; du und dein Sohn, ihr verdient beide den Tod. Ich will nicht gut mit dir reden, Einer von uns muß auf dem Platz bleiben; stich mich nieder, ich will auch hinaus aus dieser schlechten Welt, ich habe nichts mehr drin zu suchen."

Mit diesen Worten warf sich der Schilder=David auf den Speidel=Röttmann, aber dieser hielt ihn bei den Armen fest und die Arme standen so fest, als wären sie in einen Schraubstock gesetzt.

„Du dauerst mich," sagte der Röttmann.

„Ich will dein Bedauern nicht, du bist nicht werth, daß dich ein redlicher Mensch mit einem Wort anredet. Du dreimal genähter Schuft, trag' du nur den Kopf hoch, das Höllenthor ist weit genug, daß du dich nicht zu bücken brauchst."

„Schimpf' was du willst, ich bin stärker als du. Hör' aber zu, was ich dir sage. Du siehst, zwingen kann mich Niemand, kein Mensch auf der Welt kann mich zwingen, aber ich will dir was sagen: ich brauchte es nicht zu halten, es hat's kein Mensch gehört und mit dem Teufel und mit dem wilden Heere, das sieht man ja, es ist alles nur Aberglaube, und wenn ich nicht will, kann mir Niemand nichts thun. Aber paß auf, was ich dir sage. Es geht Niemand was an, und du brauchst nicht zu wissen, warum und was und wo und wem ich's versprochen habe. Das ist mein Wald, und da bin ich Herr, und wenn ich dich in der Nacht hier finde und du hast die Axt bei dir, kann ich dich binden und niederschießen, wenn du davon läufst — wie ich will. Aber das habe ich Alles nicht sagen wollen; ja doch, ich will dir nur sagen, es kann mich Niemand zwingen, aber ich will, und darum ist's jetzt so und da hast du meine Hand: wenn das Kind noch lebt, wenn wir's finden, und meinetwegen lebendig oder todt, da hast du meine Hand, ich hab' nichts dagegen."

„Was?!"

„Meine Einwilligung hat er. Wenn ich's recht überlege, ich bin eigentlich nie so dagegen gewesen. Ich habe nur meiner Frau folgen müssen. Ich laufe hier im Wald, ich weiß nicht wie lang, und da drunten wie ich gemeint habe, die Schneefelsen fallen auf mich nieder, da ist mir's gewesen, wie wenn ich eine Kinderstimme rufen hörte: Vater! Vater! Jetzt weiß ich, was es gewesen ist, und ich kann dir nicht sagen, wie mir die Stimme ins Herz gegangen ist, und ich hab' mir gesagt; wenn's noch zu machen ist, meinetwegen; mag mein Adam seine Martina hei= rathen, ich geb' mein Wort dazu."

„Wenn die Kuh draußen ist, macht man den Stall zu, es ist zu spät. Es giebt jetzt kein Glück und keinen Segen mehr auf der Welt. Wenn du das Kind gekannt hättest! Das war ein Engel vom Himmel. Aber lieber Gott! jetzt ist's todt und wer weiß, wo es ist. Es ist eine Zeit gewesen, wo ich geglaubt habe, ich könne keinem Menschen unter die Augen gehen, und jetzt möchte ich aus der Welt gehen, weil das Kind nicht mehr drin ist. Bin ich's nicht werth gewesen, solch ein Enkelchen zu haben, so bist du's noch weniger. Und ich will keinen Frieden, du oder ich, einer muß sterben. Stich mich nieder, es ist mir recht, dann komm' ich mit meinem Joseph aus der Welt."

In Noth und Weinen stürzte David nochmals auf den Rött= mann los, aber dieser hielt ihm wieder beide Arme steif, daß er sich nicht rühren konnte. Und ja, es mußte ein Wunder im Speidel= Röttmann vorgegangen sein, denn er wußte dem David so einzureden, daß er mit ihm ging und sie gemeinschaftlich den Joseph suchten.

„Joseph! dein Großvater ruft," so schrie David, „Joseph! dein Großvater ruft," so schrie der Speidel-Röttmann. David schaute sich mehrmals um, ob's denn auch wirklich wahr ist, daß der Speidel-Röttmann so ruft. David war der Einzige, der, der Anordnung zuwider, allein gegangen war; jetzt hat er einen Kameraden gefunden und was für einen! —

Das Waldhorn klang vom Berge, die Fackeln und die La= ternen gingen hin und her, die Hunde bellten und rannten auf und nieder, die Rollen klingelten und die beiden Großväter gingen mit einander dahin, wie wenn sie von alten Zeiten her gleichen Schritt gehalten. Endlich sahen sie Licht in der Ferne blinken, das Licht stand fest, das war in einem Hause; sie wanderten dem Lichte zu.

Vierzehntes Kapitel.
Von einem verirrten Menschenkind.

Im Hause des Schilder-David war's unterdeß, als ob das nicht mehr ein kleines Haus wäre, das einer kleinen Familie gehört. Alles ging aus und ein, und Manche ließen sogar die Thür offen, die die Frau des Schilder-David jedesmal leise zumachte, ohne ein Wort zu sagen; ja sie sagte nicht einmal ein Wort, daß Niemand den Schnee von den Füßen abtrappte, und der Stubenboden war wie ein kleiner See; sie legte nur immer wieder frische Laken auf den Boden und wand sie still aus in einen Kübel, den sie vor der Thür ausschüttete.

Die Leegart zog den Schemel, worauf sie ihre Füße gestellt hatte, fester an sich, damit keine von den Frauen, die sich um den Tisch setzten, daran Theil nehmen könnten; denn die Leegart ist's nicht gewohnt, in nasser Stube zu sitzen und dazu noch in solch einer Wachtstube, wie heute die des Schilder-David war.

Die Schilder-Davidin unterhielt dabei beständig ein mächtiges Feuer im Ofen; es war eine Hitze zum Braten, und die Leegart verstand es, eine große Zuhörerschaft, vor Allem sich selber, wach zu halten.

Während Alles hinausstürmte in Nacht und Schneegestöber, in Felsen und Schluchten, und das ganze Dorf aus der Ordnung gekommen war, blieben nur zwei Dinge fest und hielten gleichen Takt: das war die Uhr auf dem Kirchthurm und die Leegart vor ihrem Nähkissen.

Martina hatte mit den Männern die Stube verlassen, es waren aber noch mehrere Frauen da; sie jammerten, daß sich ihre Männer der Lebensgefahr aussetzten, um eines einzigen Kindes willen, und vielleicht ihre eignen Kinder dadurch in Elend und Noth setzten. Die Leegart aber, indem sie ihren Faden wichste, sagte: „Ja, im Walde verirren, das ist schrecklich, ich kann auch davon erzählen, es ist mir Einmal im Leben passirt, aber ich habe genug an Einemmale. Nur um Gottes willen nie, nie sich verleiten lassen, einen nähern Weg durch den Wald zu gehen, wenn man ihn nicht kennt. Der nähere Weg ist des Teufels Weg. Hab' ich Recht oder nicht? Zum Teufel hat man immer am nächsten. Ich denk' noch daran, als wenn's heute wär', und wer weiß, ob nicht der arme Joseph denselben Weg geht; ich

bin auch da hinunter gegangen, und der Hutmacher hat ihn ja
bei der breiten Buche getroffen, dorthin kommt man. Gott verhüte, daß er meinen Weg machen muß, wie ich dorthin gekommen
bin. Es war am Sonntag nach Johanni, nein, am Montag,
aber es war ein Feiertag, Peter und Paul war's, wir feiern
ihn nicht, aber die Katholischen. Ich gehe also bei heiter hellem
Wetter von daheim fort, habe nichts bei mir, als in einem Tüchle
einen sammtnen Mutzen für des Holderbauern Tochter von Wengern,
wißt ihr? die jetzt Wittfrau ist; man sagt, sie heirathet einen
ganz jungen Menschen aus der Gegend von Neustädtle, sie ist
schon zwei Sonntag nach einander im Neustädtle gewesen und
soll mit ihm zusammen gekommen sein. Sie ist nicht gescheit,
daß sie so einen jungen Menschen nimmt. Damals war sie noch
Braut von ihrem ersten Mann, der war ein Brudersſohn vom
Heidenmüller, vom alten mein' ich. Ich geh' also fort, zuerst
dem Thal nach. Es war ein gutes Jahr, wir haben lange kein
solches gehabt; Regen und Sonnenschein, wie man's nur braucht.
Im Wald treffe ich noch des Straßenknechts Kinder an, den Bub
und das Maidli. Der Bub ist Soldat gewesen und ist hernach
bei den Freischärlern erschossen worden. Das Maidli ist im Elsaß, sie soll gut verheirathet sein. Sie hüten da an der Hecke,
wo es die vielen Haselnüsse giebt, eine alte und eine junge Gais.
Und da frage ich die Kinder, ich weiß nicht warum, ob's nicht
einen nähern Weg giebt nach Wengern. Freilich, sagen die Kinder, ich solle nur oben nicht den breiten Weg, ich solle bei den
Wachholdersträuchen links durch den Wald gehen. Ich will nun,
es soll mir eins von den Kindern den Weg zeigen, bis ich nicht
mehr fehlen kann. Ich weiß nicht, es hat mir schon was geahnt. Aber die Kinder sind so dumm, es hat keins allein gehen
wollen und mit einander auch nicht. Ich gehe also fort, und
wie ich oben im Wald bin, da, wo jetzt der Rößleswirth seine
Aecker hat — damals war's noch Wald weit hinein — schreie
ich nochmals zu den Kindern hinab, ob ich auf dem rechten Weg
sei, und sie schreien: ja! So wenigstens, glaub' ich, habe ich
gehört. Ich gehe also fort und es ist recht kühl gewesen im
Wald; es ist grad gut, daß ich jetzt im Wald bin, jetzt fängt
es draußen an heiß zu werden, es war gegen zehn Uhr und hier
ist noch frischer kühler Morgen. Wenn man so viel sitzen muß,
thut einem so ein Gang gar wohl, und damals bin ich noch jung

gewesen und habe springen können wie ein Füllen. An einer
Hagenbuche ist Alles voller Erdbeeren gestanden; ich esse ein paar,
halte mich aber nicht lang auf und mache, daß ich fortkomme.
Ich steig' und steig' und weiß nicht wie lang und sehe nirgends
hinaus und der Weg geht bald bergauf, bald bergab. Was ist
denn das? Bin ich auf einem Holzweg? Man sagt im Sprich=
wort von Einem, der den falschen Weg geht, er ist auf dem Holz=
weg. Und so ist's auch. Der Holzweg führt nicht zu Menschen.
Ich hab's noch nicht gewußt, aber ich hab's erfahren und hab's
theuer bezahlt. Ach was, denk' ich, die Zeit wird dir nur lang
und von dem vielen Sitzen wird dir jeder Weg zuviel. Ich bin
aber doch müde, ich setz' mich nieder. Da huschelt was und
raschelt was, es fällt ein dürrer Zweig vom Baum: schau, schau,
ein Eichkätzchen. Es hängt am Baumstamm und guckt mich mit
seinen wundersitzigen Augen an und macht ein spitzes Maul. Ich
sehe ihm nach, wie es den Baum hinaufträbselt, und jetzt sind
zwei da, sie spielen Fangerles mit einander. Hui, wie schnell!
Bald hüben, bald drüben. Ich muß sagen, ich habe viel Freude
an den Thierchen, und das habe ich meiner Mutter zu danken;
hundertmal hat sie uns gesagt: Kinder, passet auf Alles auf,
dann habt ihr überall Freude, wo ihr geht und steht, und es
kostet nichts, und man weiß nicht, wozu es Einem einmal gut
ist, wenn man auf Alles ordentlich achtet. Aber man soll sich
doch auf dem Weg durch nichts so aufhalten lassen, das macht
leicht irr. Ich gehe weiter und komme durch einen jungen Tannen=
wald. Der steht so dick, da ist es ganz finster drin, aber schön
kühl. Da liegt was. Was ist denn das? Es ist ein Hirsch, der
schläft. Vor Schreck schreie ich, und der Hirsch wacht auf und
guckt mich nur so an mit seinen großen Augen, wie wenn er
sagen wollte: du dummes Ding, was störst du mir meinen Mit=
tagsschlaf? Ich renne, was ich kann, davon; ich mein', der Hirsch
kommt hinter mir drein, und ich meine, ich spüre es schon, wie
er mich auf die Hörner nimmt und den Berg hinunter wirft, und
wenn ein dürrer Ast vom Baum fällt, erschreck' ich, daß mir
alle Glieder zittern. Gottlob, jetzt ist der Wald aus, und so
viel tausend und tausend Schmetterlinge hab' ich mein Lebtag
nicht gesehen, als da gewesen sind, und die Wiese ist ganz roth.
Ich bleib' stehen, ich hab' meine Freude daran. Eine Gabel=
weihe fliegt oben hoch am Himmel und schreit, und ich schau'

dem Vogel zu, wie er fliegt. Schön ist's, das muß man sagen,
es ist, wie wenn er nur schwimmen thät in der Luft. Jetzt aber
fort! halt' dich nicht auf! und jetzt ist's gut, da ist ja ein kleiner
Fußweg. So denk' ich, jetzt ist's gewonnen, jetzt bist du wohl
daran, da sind wieder Menschen. Es liegt ein beinerner Knopf
am Weg, ich heb' ihn auf und steck' ihn in die Tasche und das
war gut, ich hab's ganz vergessen gehabt, daß ich noch ein Stückle
Brod in der Tasche habe; das schmeckt jetzt prächtig, besser hat
mir noch kein Hochzeitsessen geschmeckt. So im wilden Wald
kann man sich's gar nicht mehr vorstellen, daß die Menschen Korn
säen und ernten und dreschen und mahlen und backen. Der Weg
ist so eng, daß ich immer die Zweige wegthun muß, um durch=
zukommen. Und tief geht's da neben hinunter, und jäh wie an
einem Dach. O lieber Gott, wenn jetzt ein schlechter Mensch
käm', und raubt' dich aus und wirft dich da hinunter; da fände
dich Niemand wieder. Nein, nein, ich thät' ihm sagen: da, da
hast du Alles, was ich hab'; da, mein messingener Fingerhut
und fünfzehn Kreuzer, da hast du Alles, jetzt laß mich gehen
und ich schwöre dir einen Eid, daß ich dich nicht verrathe. Muß
ich so einen Eid aber halten? Ich mein', wegen anderer Menschen
muß ich angeben, was mir geschehen ist, daß nicht noch Andere
auch so ausgeraubt werden. In der Angst fange ich an zu
singen, und ich mag mir den Kopf herunter reißen, es fällt mir
kein frommes Lied ein, als nur das einzige: „das Grab ist tief
und stille," und das ist so traurig. Ich singe lustige Lieder,
Schelmenlieder, und doch zittert mir das Herz vor Angst. Gott=
lob, so, jetzt bin ich oben, es geht eine weite, schöne, ebene
Wiese fort. Aber heiß ist mir's gewesen, fürchterlich heiß. Meine
Backen brennen ·und ich bin wie aus dem Wasser gezogen. Es
läßt mir aber keine Ruhe, ich kann nicht ausschnaufen. Und
auf der Wiese ist ein Gesumme von tausend und aber tausend
Bienen. O heiliger Gott! Wenn du jetzt in ein Wespennest trätest
und sie fliegen auf, und auf dich zu und du bist wie betrunken.
Meine Mutter hat mir erzählt, wie das ist: man ist wie be=
trunken, und da giebt's gar keine Hülfe, wenn man nicht ins
Wasser springt. Und hier ist nirgends Wasser. Ja, wenn nur
Wasser da wäre, ich hab' so grausamen Durst. Was ist denn
aber das? Da hört ja der Weg auf? Und da geht's tief hinab.
Und das sind die mächtigen wilden Felsen. Bin ich denn auf

den Felsen im Rockenthal, wo seit Erschaffung der Welt noch
kein Menschenfuß hinaufgekommen ist? Da liegen die schönsten
Baumstämme und verfaulen und kein Mensch kann sie holen.
Nur die Vögel wissen, wie es da oben aussieht. Nein, so weit
bin ich noch nicht, aber da hinab kann doch mein Weg nicht
gehen. Ich rufe: lieber Gott! wo bin ich? — Und so schauer=
lich schön habe ich noch keinen Widerhall gehört: wo bin ich?
Wo bin ich? Wo bin ich? Gewiß siebenmal klingt's wieder, und
so, wie wenn Eines den Ton hinaufziehen thät' in den Himmel,
weit, lang; das kommt von den Felsenwänden und den Schrunden,
das klingt wie lauter Musik, wie wenn Eines die Worte singen
thät', hat aber einen längeren Athem als ein Mensch. Ich rufe
die Namen von allen Menschen, die ich lieb habe und die mich
lieb haben. Ich rufe und rufe, ich habe alle Menschen lieb.
Wenn man so in Todesgefahr ist, da hören alle Händel auf.
Ich rufe und rufe, aber es hört mich Niemand, keine Menschenseele.

Es nutzt nichts. Mach' dich auf! Ich suche. Richtig! Da
geht ein anderer Weg nochmals durch den Wald. Aber wie ich
weiter komme, geht der auch wieder links ab. Ich denk' aber:
jetzt bleibst du drauf, und gehe fort. Aber da komme ich wieder
an eine Bergwand und da ist kein Weg mehr, ich gehe über die
Matte weg und auf einmal stehe ich vor einem Abgrund, da geht
es kerzengrad hinunter. Ich springe, was ich kann, wieder zurück;
es schwindelt mir und ich spüre es noch, wie der Abgrund an
mir reißt und mich hinunter zerren will. Da stehe ich und danke
Gott, daß ich doch noch auf festem Boden bin. Eine Goldammer
sitzt oben auf dem Baum neben mir und singt: 's ist, 's ist,
's ist — so früüüh! Und wie ich zu dem Vogel aufschaue, fliegt
er davon nach dem jenseitigen Berg. Die Goldammern machen
immer einen Katzenbuckel beim Fliegen, sie fliegen höher als der
Ort ist, wo sie hinwollen, und dann lassen sie sich niederfallen.
Ja, so ein Vogel hat's gut, für ihn giebt's kein Berg und Thal.
Wenn ich nur auch so fliegen könnte! — Ich wende mich rechts.
Gottlob, drüben am Berg sind Felder, und das Thal ist wie
eine Mulde, wie ein Kessel. Aber, o mein Gott, bin ich denn
auf dem Todtenhof? Ich mein', ich seh' drüben einen Hollunder=
busch, und der ist doch nur, wo Menschen sind oder gewesen sind.
Ja, der Hollunder am Boden und die Schwalbe in der Luft
zeigen an, daß da Menschenwohnungen sind. Aber ich sehe kein

Haus und Alles hat so einen unheimlichen Schimmer, wie da=
mals bei der Sonnenfinsterniß; es ist nicht Tag und nicht Nacht,
und die Bäume und die Berge zittern vor Angst. O weh! Ich
bin auf dem Todtenhof. Da hat vor hundert und hundert Jahren
ein reicher Bauer gewohnt, so reich und so gottlos, und er und
seine Frau und seine Kinder haben sich alle Tage in Milch ge=
badet und keinem Armen ein Tröpfle gegeben; die waren noch
schlimmer als die Röttmännin. Damals aber hat unser Herrgott
noch drein geschlagen und an einem Sonntag, wie sie auf der
Wiese mit Käslaiben Ball spielen, da hat sich die Erde aufge=
than und den ganzen Hof verschlungen, Mensch und Vieh. Es
soll eine Zeit geben, wo Alles wieder aufwacht und auf eine
einzige Stunde sich zeigt. Es ist nicht recht, man soll den Kin=
dern keine solche Geschichten erzählen; das macht abergläubisch.
Ich bin nicht abergläubisch und es ist ja Tag. Aber die Sonne
ist nicht am Himmel, nichts als schwarze Wolken, und die Haare
sind mir zu Berg gestanden. Und das Schrecklichste ist mir immer
gewesen, nicht die Menschen, wenn sie wieder aufwachen, aber
wenn da die Hunde aus dem Boden herauskommen, und auf
einmal zu bellen anfangen, das ist doch schrecklich. Es ist Alles
nicht wahr! schrei' ich ins Thal hinein, und das hat mir Muth
gemacht. Ich denk' aber doch, das Gescheiteste wäre, du kehrtest
um, du mußt ja heute nicht nach Wengern; ja, aber umkehren
ist gerade so weit, und du weißt eben so wenig einen Weg heim,
als wenn du jetzt weiter gehst. Ich hätte mich geschämt vor den
Leuten, wenn ich hätte sollen zurückgehen und sagen, ich bin ver=
irrt gewesen. Also fort! Kommst du nicht nach Wengern, so
kommst du doch zu Menschen. Laß nur keinen Aberglauben mehr
über dich kommen, und es ist ja heller Tag, und heute Nacht
ist Vollmond, da kannst du heim, wenn du ausgeruht bist, oder
kannst auch in Wengern bleiben. Es wartet ja Niemand auf
dich. Ich stehe ja leider ganz allein da. Und das ist mir jetzt
schwer auf's Herz gefallen, daß ich so allein auf der Welt bin;
Niemand fragt nach mir und Niemand weint, wenn ich verloren
bin. Ich muß sagen, ich hab' selber fast weinen müssen. Aber
nein, das ist Unrecht, ich hab' noch Menschen, die nach mir
fragen, und wie bang wird es ihnen sein, wie werden sie sich
freuen, wenn ich ihnen erzählen kann, wo ich überall gewesen
bin. Ja, ist's denn nicht bald aus? Es ist schon genug; ich habe

schon genug zu erzählen. Und müd, grausam müd bin ich ge=
wesen. Aber das ist jetzt nichts, du mußt fort. Ich höre einen
Bub jobeln, drüben am Berg. Es ist mir gewiß nicht zum
Jobeln gewesen in meiner Herzensangst, aber ich joble auch und
ich kann's gut; in meiner Jugend habe ich Alle überschrieen,
man hat mich auf eine Stunde Wegs gehört."

Die Leegart legte die Hand an die Wange und ließ jenen
gellen Waldruf vernehmen, der wie eine zackige Bergesspitze auf=
steigt und in scharfen Absätzen wieder niederfällt zu Thal. Sie
konnte für ihre Jahre noch mächtig ihre Stimme erheben.

Die Schilder=Davidin, die von der ganzen Erzählung bisher
nichts gehört, sprang von der Ofenbank auf und fragte: „Um's
Himmels willen, was giebt's?" Die zuhörenden Frauen und Leegart
hatten viel Mühe, sie zu beruhigen und ihr zu erklären, warum
Leegart so laut geschrieen habe. Die Alte setzte sich wieder still
auf ihre Bank und murmelte vor sich hin: „Ich bin ausgeruht.
Wenn ich nur meine ausgeruhten Füße meiner Martina leihen
könnte!"

Die Frauen drängten, daß Leegart fortfahre. Sie wichste
einen frischen Faden und übernähte kreuz und quer den Kragen
an der Jacke, die eigentlich schon lange fertig war; aber sie
wollte nicht ablassen, denn es ist ja sicher und gewiß, ein Menschen=
kind kann nicht sterben, so lang man für dasselbe näht. Dazu
hielt das Erzählen der Leegart gut wach, und man wollte nicht
schlafen gehen, bis die Männer wieder heimgekehrt waren, und
zum Mitternachts=Gottesdienst gleich bereit sein.

Nachdem die Leegart ganz heimlich geschnupft hatte, fuhr sie
fort: „Ich joble also und der Bub antwortet mir, wie wenn das
Jobeln zur Lustbarkeit wär'. Ich rufe: wo geht der Weg hin?
Aber er jodelt mir zur Antwort. Geh' zum Teufel mit deinem
Jobeln, sag' ich. Ich fürchte mich, wie ich das gesagt habe,
aber ich hab's doch gesagt. Richtig, da geht wieder ein Weg
in den Wald. Wenn's nur kein Holzweg ist, naß genug ist er
dazu, da wird's das ganze Jahr nicht trocken vor den dichten
Bäumen. Da sind Quellen. Wenn ich nur trinken könnte! Aber
ich kriege nichts davon als nasse Füß'. Ich gehe neben dem
Weg in den Wald, da geht sich's weich wie auf einem Bett;
das Moos ist so tief, da ist so lang die Welt steht keine Hand=
voll ausgerauft worden. Wer sollte es auch von da oben holen?

Jetzt ist der nasse Weg vorbei, da geht's trocken bergab, aber ich sehe keinen Weg mehr. Bei den Tannennadeln sieht man nicht, wo ein Mensch gegangen ist, und meine Schuhe sind so glatt wie geschliffen. Und jetzt reiß' ich mich auch noch an einem Stechapfel, daß ich blute. Schadet nichts! Gottlob, da liegt ein Stück von einem Ziegelstein; ich nehm' ihn auf, ja es ist ein Ziegelstein, das ist gut, da müssen einmal Menschen gewesen sein; der Ziegelstein wächst nicht von selber. Der schönste Diamant wäre mir nicht lieber gewesen als das Stück Ziegelstein. Ich gehe weiter und bin ganz ruhig, und ich erschrecke nicht einmal, wie da eine Otter zusammengeringelt in der Sonne liegt; ich werfe meinen Ziegelstein nach ihr und sie huschelt davon. O, wie viel Erdbeeren sind da! Die holt aber Niemand, es kommt Niemand dahin, wer nicht verirrt ist, und ich einfältiges Ding wage es nicht zu pflücken und meinen Durst zu löschen, weil ich meine, die Otter habe alle Erdbeeren vergiftet. Gut, da ist eine Rinnse, wo sie drüben vom Walde die Baumstämme herunter= schleifen. Da muß es hinuntergehen, ich mein', ich höre den Bach rauschen; das ist gewiß unser Bach, es kann aber auch das Rauschen in den Baumgipfeln sein; wenn man in der Irre ist, da hört man auch nicht recht. Sei's was es will, ins Thal muß ich. Ich nehme meine Röcke auf und halte das Päckchen mit dem Mutzen darin; das Päckchen hat mir viel Mühe ge= macht; wenn man bergaus, und bergein so was unterm Arm tragen muß, und wenn's auch nicht schwer ist, es ist doch, wie wenn die eine Hand festgebunden wäre. Still! Jetzt höre ich einen Wagen unten im Thal, da muß eine gute Straße sein, das ist ein einspänniges Bernerwägele oder auch ein zweispänniges, das so schnell rollt; jetzt geht's um eine Ecke und jetzt hört man's nicht mehr. O weh! hast dich wieder anführen lassen; das ist ja der Wald, der so rauscht, und jetzt ist's über dir. Auf nichts mehr horchen jetzt. Ich helf' mir selber. Ich springe zu, aber es wird so steil, daß man keinen Fuß mehr setzen kann. Und da ist auch der Boden vom Baumschleifen so hart, daß man mit den Hacken nicht mehr einsetzen kann, und ich zerreiße ein Paar Schuhe, die zwei Gulden kosten; nicht die Hälfte habe ich an dem Mutzen verdient. Was thut's? Wenn ich nur mit meinen gesunden Gliedern davon komme! Nur Einmal bin ich gefallen. Man soll sich an nichts halten, wenn man's nicht vorher unter=

sucht hat; Ginster hat einen guten Anhalt, das ist fest im Boden;
ich halte mich aber einmal an einer Baumwurzel, die Wurzel
bleibt mir in der Hand, ich rutsche ein gut Stück hinunter. Ich
drücke die Augen zu: jetzt mußt du sterben, jetzt ist's aus. Ich
bleibe aber an einem Felsen liegen, mitten in einem Ameisen-
haufen. Ich mache, daß ich davon komme. Ich gehe in der
Nähe der Rinnse, ich halte sie im Aug', in den Wald, und springe
von Baum zu Baum; es ist kein Springen mehr, es ist wie
geworfen, wie die Sperlinge fliegen und ihre Flügel zusammen-
klappen und sich in der Luft überstürzen, so ist's. Ich muß fast
lachen, wie ich das denke, aber es ist mir nicht zum Lachen gewesen. Ich denk', davon kannst du dein Lebenlang erzählen, und
da denk' ich wieder: wenn du es nur schon erzählen könntest,
dann wär's vorbei. Es wird schon vorbei gehn, du stirbst nicht
daran, nur immerfort. Und so hab' ich mich immer von einem
Zweig zum andern gegriffen und nur einmal bin ich noch gerutscht, aber gefallen bin ich nicht mehr. Und die Geröllsteine
kugeln vor mir hinunter, hüpfen vor mir in die Höhe und rollen
lang, und ich mein', ich höre sie unten im Bach aufklatschen.
Und ich denk', wenn du fällst, so fällst du auch hinunter. Ich
klammere mich mit den Nägeln in den Boden, und fort und fort
und wieder abseits in das Gebüsch, wo man neben der Rinnse
den Fuß einsetzen kann. Endlich und endlich bin ich unten, aber
halt' dich! Keinen Schritt weiter oder du bist des Todes. Haus-
hoch geht's, wie mit dem Messer abgeschnitten in den Bach. Da
stehe ich, ich kann mit der Hand die Gipfel der Tannen greifen,
die im Thal stehen, aber da ist kein Weg. Ich gehe zwei Schritt
zurück und halte mich an einem Baum, und jetzt ist mir's doch
wohler. Da fließt das Wasser. Gott sei Lob und Dank, da ist
das Thal, und im Thal sein, ist daheim sein. Wie gut rauscht
das Wasser, so heimelich, so getreu und so zufrieden, und das
hat mir meinen Durst halb gelöscht, nur vom Hören und Sehen.
Jetzt habe ich noch das schwerste Kunststück durchgemacht, wie ich
da auf einem weiten Umweg endlich ins Thal herunter klettere.
Und wie ich im Thal bin, da meine ich, jetzt stehe ich erst wieder
aufrecht. Der Schweiß rinnt an mir herunter, immer ein Tropfen
schlägt den andern; ich setze mich auf einen Stamm, der da liegt,
da grad bei der breiten Buche, da wo der Hutmacher den Joseph gefunden hat. O wie heiß ist mir! Ein Pferd, das sieben

Stunden Galopp gelaufen ist, kann nicht stärker dampfen. Ich
möchte mir gerade alle Kleider herunterreißen, es ist aber kühl
im Thal. Die Sonne geht schon hinter die Berge, und es war
noch nicht Mittag gewesen, als ich daheim fort bin. — Ich sehe
Schwalben fliegen, o wie hat mich das gefreut! Und jetzt höre
ich einen Hahn krähen. Keine Nachtigall singt so schön, wie so
ein Hahn, wenn man verirrt gewesen ist. So, jetzt bin ich
wieder in der Welt. Ich höre eine Henne gackern — wo ein
Ei gelegt wird, freut sich eine Frau. Ich höre einen Hund bellen
— wo ein Hund bellt, ist ein Mann um den Weg. Ich bin
wieder in der Welt. Und jetzt hör' ich eine Mühle rauschen.
Wo bin ich denn? — Ich hab', so lange ich in der Irre war,
in der Angst nicht geweint, aber jetzt, da ich gerettet war; jetzt
ist mir's erst deutlich geworden, in welcher Gefahr ich gesteckt
habe, und ich habe geweint, daß ich meine, ich muß vergehen,
und hab' ihm doch nicht Einhalt thun können. Da kommt glücklicherweise ein Holzhauer. Ich frage: wo bin ich? Da droben
ist Röttmannshof, sagt der Holzhauer und will davon gehen.
Ich ruf' ihm noch nach: wieviel Uhr ist? Fünfe vorbei. Also
sieben geschlagene Stunden bin ich so herumgelaufen, das hätte
ich doch nicht geglaubt. Ja sieben Stunden! Wenn ich abergläubisch wäre, könnte ich meinen, es sei der Kohlergeist gewesen,
der mich so umgeführt hat, denn geschlagene sieben Stunden
führen sie einen in der Irre herum, besonders die Taggeister.
Ich gehe nun den Bach aufwärts, da muß ich ja nach der Heidenmühle kommen. Ich gehe den Weg fort der Mühle zu. Aber
kaum bin ich zweihundert Schritte gegangen, da seh' ich, ich hab
mein Päckle liegen lassen auf dem Baumstamm, und es hat mir
so viel Mühe gemacht und ich hab's mit so viel Noth bewahrt.
Lieber Himmel! Auch das noch. Vielleicht hat's der Holzhauer
gestohlen und ich muß das Zeug bezahlen, statt daß ich Lohn
bekomme. Ich renne zurück. Ja, die Menschen sind gut und
ehrlich, wenn sie von was nicht wissen, wo's liegt. Mein Päckle
war hinter den Baumstamm gerutscht, da liegt's noch.

Die Heidenmüllerin war eine gute Frau, ihre Tochter, die
Toni, artet ihr nach. Die Heidenmüllerin hat mir trockene Kleider gegeben und mich gepflegt wie eine Schwester. Aber drei
Tage hab' ich's gespürt, wie wenn mir alle Glieder zerschlagen
wären. Und wie ich wieder heimgekommen bin — ach Gott,

wenn man so verirrt gewesen ist, man glaubt gar nicht mehr,
daß es ein Daheim giebt; einen Ort, wo dein Bett steht, dein
Spiegel, dein Tisch, deine Kommode, dein Gesangbuch. O was
sind das aber für lauter gute Freunde, und wie lieb hat man
sie dann, wenn man heimkommt, und möcht' dem Tisch und
dem Stuhl schön Dank sagen, weil er stillgehalten und gewartet
hat, bis man wieder kommt. Und wißt ihr, was noch das Aergste
ist beim Verirren? Daß man ausgelacht wird, wenn man's her=
nach erzählt. Aber ich wünsche Niemand, nicht einmal der Rött=
männin, daß es so drein kommen sollt'. Und es war ein schöner
Sommertag, den Sonntag nach Johanni; nein, nicht Sonntag,
es war ja Montag Peter und Paul. O wie muß es erst sein,
wenn man im Schnee und in der Nacht und so jung da draußen
ist; da kann man nichts thun, als sich hinlegen und sterben.
Ach Gott! Ich sehe das Kind vor mir, da steckt es im Schnee
oder in einer Felsenspalte und schlägelt mit den Händen, und
die Füße sind fest und es kann nicht fort, und es schreit: Mutter!
und es horcht, und es meint, es käme Jemand und es giebt
Niemand Antwort, als der Rabe auf dem Baum. Und ein
Hase läuft an ihm vorbei, husch! über den Schnee weg. Er
fürchtet sich vor dem Kinde, und das Kind schaut ihm nach und
vergißt sein Elend wieder. Mutter! Mutter! ruft es, und es
ist nur noch ein Glück, daß es bald einschläft zum Nimmer=
wiederaufwachen. Ach Gott! Ich bin doch die unglücklichste
Person, daß ich mir Alles so ausdenken kann und so ausdenken
muß; aber das ist so in unserer Familie, und meiner Mutter
hat man nicht umsonst nachgesagt, daß sie mehr könne als Brod
essen. Und wie ist's dem armen Kind gegangen, das drüben
in Wengern begraben liegt? Man hat's im Wald gefunden am
dritten Tag, ganz mit Schnee bedeckt und nur auf dem Herzen
war der Schnee geschmolzen. Alle Menschen, die's gesehen haben,
haben weinen müssen, daß es ihnen fast das Herz abgestoßen
hat, und die Mutter ist närrisch darüber geworden. Der Pfarrer
hat dem Kind eine schöne Grabschrift gesetzt; ich hab' sie einmal
auswendig gekonnt, aber ich kann sie nicht mehr. Und wie ist's
dem Hutmacher gegangen, der am Neujahrstag die frisch ge=
färbten Hüte nach Knuslingen trägt? Er kommt in die Schröckel=
halde, da wo ich auch gewesen bin, wie ich verirrt war, und
von da aufs Feld, und es ist ein Nebel und man sieht die

Hand vor den Augen nicht. Er lauft gewiß siebenmal ums
Dorf herum und kann nicht hinein kommen. Es läutet, aber
er hört's immer von einer andern Seite und kommt nicht dazu.
Endlich hört er Gänse schreien, er geht auf das Gänsegeschrei zu
und kommt richtig in's Dorf; aber wie hat er ausgesehen! wie
wenn man ihn gerade aus der Erde herausgenommen hätte. Ja,
eins habe ich noch zu sagen vergessen, der Heidenmüller" — hier
wurde aber Leegart von einem großen Geschrei vor dem Hause
unterbrochen.

Fünfzehntes Kapitel.
Ein Kind, das seinen Vater sucht.

Die Leegart beherrschte das Haus des Schilder-David vom
Morgen bis in die Nacht, und so war's natürlich, daß sie auch
am Mittag den kleinen Joseph verbannt hatte; man konnte ja
in seinem Beisein nicht von dem sprechen, was doch nothwendig
besprochen werden mußte.

Die Nachricht, daß der Pfarrer das Dorf verlassen wolle,
kam zuerst zur Leegart. Und jetzt zeigte sich's, daß sie nicht um=
sonst der Geheime Gemeinderath genannt wurde. Sie ließ sofort
zwei Gemeinderäthe holen und schickte sie zum Schilder-David,
damit sie den Pfarrer gemeinsam von seinem Vorsatze abbringen.

Ein Knecht aus der Heidenmühle hatte Wein beim Rößles=
wirth und Zucker und allerlei Gewürz beim Krämer geholt; das
blieb natürlich ebenfalls nicht verborgen im Dorfe, und die Nach=
richt fand den schnellsten Weg zum Hause des Schilder-David,
das ging's ja am nächsten an, und war ja auch dort die Leegart,
die immer die frischesten Nachrichten haben mußte. Jedes suchte
einen Stolz darin, ihr was Neues mitzutheilen, und es ist nicht
mehr als einfache Schuldigkeit, ihr Bericht zu geben; man hat
das schon im Voraus bezahlt. Nun gab's eine wahre Lust den
Würzwein zu brauen, der zur Verlobung von Adam und des
Heidenmüllers Toni bereitet wurde; Leegart that auch Gewürze
dran, aber ganz andere als man beim Kaufmann ausgewogen
bekommt. Sie wünschte stets, wenn sie nur Gift hinein sprechen
könnte, daß alle, die davon trinken, sterben müßten; besonders
aber schwankte sie, wem sie am liebsten den Tod wünschte, der

Röttmännin oder dem verdammten Heidenmüller, der sein einziges Kind zu so einem Frevel verkauft, weil er das Heiraths-
gut spart.

Martina hatte es doch leid gethan, daß der Joseph heute
so aus dem Hause verbannt war. Er sollte aber das, was hier
gesprochen wurde, doch nicht hören, und wenn sie auch nicht in
die Verwünschungen der Leegart einstimmte, sie konnte doch klagen
und weinen. Sie hatte Joseph wieder zu Häspele geschickt, aber
Joseph hatte genug von dem Hunde geredet, den er nicht bekommen sollte; er ging durchs Dorf und bald sagte ihm eine
Frau, die ihm begegnete, mitleidig: o du armes Kind! Heut'
ist ein böser Tag für dich. — Joseph fand das auch, er war
ja aus dem Hause verstoßen. — Bald sagte ein Anderes, die
böse Kunde klug bemäntelnd: Joseph! was macht dein Vater?
hast ihn lange nicht gesehen? Der Knabe merkte, daß etwas im
Dorfe vorgeht und Alles auf ihn gerichtet ist; er hielt aber sein
Wort gegen die Mutter und sagte Niemand, daß der Vater
heute komme.

Es schneite unaufhörlich und Joseph war ganz allein auf
dem Eis am Weiher, er schlitterte auf und ab und schaute immer
nach dem Wege, wo der Vater herkommen sollte. Es war ihm
aber doch zu einsam, er ging zum Großvater. Vor der Thür
der Werkstatt blieb er stehen, denn er hörte drin zwei Männer
reden; er kannte ihre Stimmen, es waren die Gemeindeältesten,
der Wagner und der Harzbauer; sie sprachen davon, daß die
Pfarrköchin verrathen habe, der Pfarrer wolle aus dem Dorfe,
und sie glaube, daß besonders der Röttmann und der Heidenmüller mit daran schuld seien, und dazwischen wurde auf Adam
geschimpft, er heiße nicht umsonst der Gaul, er lasse sich aufzäumen
und mit sich kutschiren, wohin man wolle. Jetzt kamen die
Männer heraus mit dem Großvater, und dieser sagte: „So, du
bist da, Joseph? Geh heim, ich komm' auch bald." Der Großvater nahm ihn nicht an der Hand, wie sonst, sondern ging mit
den Männern nach dem Pfarrhause. Joseph stand still, und
plötzlich, als ob ihm Jemand gepfiffen hätte, wendete er sich
und rannte das Dorf hinaus, ins Feld, dem Vater entgegen.
„Der wird sich freuen! Und er setzt mich zu sich aufs Pferd."
Fort rannte der Knabe durchs Feld und hinab in den Wald mit
fröhlichen Sprüngen. Er strich sich nur bisweilen mit der Hand

den Schnee vom Gesicht und von der Brust, machte kleine Schnee=
ballen daraus, warf sie an die Bäume, die er sich auswählte,
und traf immer gut. Im Walde ging er aber langsamer und
schaute sich oft um. Auf einem Ebereschenbaum am Wege saßen
ein paar Gimpel und zwitscherten nur manchmal wie verschlafen
und pickten dazwischen die rothen Beeren ab, aber noch mehr als
sie aufpickten, fielen auf den Boden in den Schnee. „Ihr seid
ja wahre Gimpel, ihr verderbt mehr Futter als ihr fresset,“
sagte Joseph und ging, die einfältigen Thiere verachtend, weiter.
Drunten im Thal den Bach entlang sang ein Vogel so wunder=
sam, so innig in sich hinein, fast wie eine Drossel. Wer ist
das? Und der Vogel singt und fliegt immer weit voraus, je
weiter man geht, immer voraus den Bach entlang, er lockt, wie
wenn er sagen wollte: komm nach! komm nach, komm daher,
da bin ich, da ist's prächtig, gar prächtig! Und kommt man ihm
nach, ist er immer schon voraus, weiter und weiter. Da wo
der Weg eine scharfe Biegung macht, lag tiefer Schnee; bis an
die Kniee sank Joseph ein beim ersten Schritt, er war aber klug,
kletterte einen steilen Berghang hinauf und jenseits der Schnee=
wehe wieder hinab auf den Weg. Es ist gut, daß hier am
Hang, wo es scharf hinabgeht, Ebereschen angepflanzt sind, da
weiß man den Weg. Gehören die Ebereschen auch meinem Va=
ter? fragte Joseph fast laut. Die Bäume wußten nicht zu ant=
worten, und es war kein Mensch da, der Bescheid geben konnte.
Ein Fuchs stand nicht weit vom Wege im Dickicht und blinzelte
nach dem Knaben; er mochte auch verwundert sein, was das für
eine seltsame Erscheinung sei; er blieb lange stehen unverrückt
und schaute nach dem Knaben, bis dieser rief: „Gehst fort!“
Und fort trollte sich der Fuchs, aber gar nicht eilig, und der
kleine Joseph sagte fast laut vor sich hin: „Ja, Großvater, so
ist's, wie du gesagt, jetzt hab' ich's auch gesehen: der Fuchs
schleift seinen Schwanz auf dem Boden nach und verwischt seine
Fußtapfen, daß man nicht sehen kann, wo er gegangen ist, das
ist gescheit.“ Elstern schnatterten aus den Baumgipfeln und ein
Kreuzschnabel stand unten im Thal am Felsenvorsprung und der
Knabe nickte ihm mehrmals zu und der Vogel nickte auch, er
sprach kein lautes Wort, er that nur seinen Schnabel auf und
zu, wie wenn er sagen wollte: ich hab' Hunger. „Da hast,“
rief der kleine Joseph und warf das einzige Stückchen Brod, das

er noch bei sich hatte, hinab in die Schlucht; der Vogel mochte es für einen Steinwurf halten, denn er flog scheu auf, und das Stückchen Brod war im Schnee vergraben, und Niemand hatte etwas davon.

Ruhig ging Joseph weiter, wartete bald unter einem Baum, bald unter einem vorspringenden Felsen, und sah mit Behagen zu, wie der Schnee in eiligem Gewimmel und doch so still herunterfiel und immer mehr Alles zudeckte. „Morgen muß mich mein Vater Schlitten fahren," sagte er einmal vor sich hin, und in Gedanken an den Vater ging er wieder weiter und immer weiter. Es dämmerte, es begann dem Knaben doch schon etwas bange zu werden, aber er ging doch immer fort, und gut war's, daß ihn der Schilder=David vor allem hierländischen Aberglauben bewahrt hatte, aber der Häspele hat doch gesagt, daß die Seelen der Verstorbenen wie Lichter in der Nacht auf den Kirchhöfen tanzen, und auch manchmal im Wald, und der Schimmelreiter, der durch die Luft reitet, der kann knallen, der hat eine Tanne so hoch wie der Kirchthurm als Geißelstecken. Da ist das steinerne Kreuz am Wege, wo einstmals ein Knecht mit Roß und Wagen den Berg hinunter gefallen ist, dort sitzt ein Rabe auf dem Kreuz. „Du bist doch nichts als ein Rabe," sagte der Joseph und wirft einen Schneeballen nach dem Vogel, der davon fliegt.

Weiter ging Joseph, da stand ein Bildstock, halbverschneite Menschengesichter, sommerlich gekleidet, sahen aus der Vertiefung heraus, in der das Bild angebracht war. Joseph brach einen Tannenzweig und wischte damit allen Schnee von dem Bilde ab. Die Figuren sahen ihn seltsam starr an. Da stehen fünf Männer in der Tiefe unter grünen Bäumen, sie tragen weiße Hemden, grüne Hosenträger und kurze gelbe Lederhosen. Sie stehen in Einer Reihe und Jeder hat eine Axt in der Hand, vorn aber steht Einer mit der Axt allein und neben ihm liegt ein Mensch am Boden, wie eine Schnur verdreht und blutend, er liegt neben einem gefällten Baume.

Joseph las die Aufschrift. Da steht's: Vinzenz Röttmann ist den 17. August unter einen Baum gekommen, hat große Schmerzen ausgestanden, den 23. August gestorben. Gott gebe ihm die ewige Ruhe und treffe alle Schuldigen.

Joseph schauderte; die Figuren sehen ihn so an, wie wenn er auch schuldig wäre. Und was ist das für ein Röttmann?

Zum Zeichen, daß er unschuldig wäre, legte Joseph den grünen Zweig auf den Bildstock und ging weiter, nicht ohne Furcht, weil ihm die Männer dort auf dem Bildstock so nach= schauen.

Was kommt denn dort des Weges? Ist's ein Mensch? Er hat hundert Höcker, das ist ein Geist. Er kommt näher, immer näher. Joseph geht herzhaft auf ihn zu und sagt: „Guten Abend!" Der Mann mit den hundert Höckern — es war der Hutmacher mit den vielen dreieckigen Hüten, die er an sich her= umhängen hatte — will mit gutem Zureden und mit Gewalt den Joseph zurückführen, aber er entwischt ihm und im Weiter= gehen schreit er laut in den Wald hinein: Vater! Vater! Und immer weiter ging's: „Er wird bald kommen, er hört dich." Es wird immer dunklere Nacht, Joseph geht unaufhaltsam seinen Weg und: „Vater! Vater!" ruft er und seine Wangen glühen, daß der Schnee, der darauf fällt, alsbald schmilzt.

Er sagt sein Nachtgebet wohl dreißigmal vor sich hin und: „Lieber Gott, laß meinen Vater gesund!" Das sagt er immer mit besonderer Andacht, und wieder macht er sich auf, er hört unten in der Thalschlucht etwas knattern und ächzen, nein, es ist wieder still. Aber, wo ist jetzt der Weg? — Da ist ja kein Weg mehr. — Weinend rennt der Knabe fort und stellt sich bald an diesen, bald an jenen Baum. „Vater! Mutter! Vater! Lieber Gott, hilf mir!" So ruft er, und Gott hat ihn gehört. Es kommen drei Engel mit Lichtern daher, sie haben weiße Kleider an und güldene Kronen auf dem Kopfe und singen so wunderſam:

> Wachet auf, wachet auf,
> Kommet alle zu mir!
> Die Zeit und die Stunde
> Ist kommen allhier.

Sie kommen immer näher und näher und jetzt sind sie da, und Joseph geht muthig auf sie zu und sagt: „Liebe Engel, nehmt mich mit und bringt mich zu meinem Vater und meiner Mutter."

„Herr Gott, ein Geist! Herr Gott, das Christkindle!" rufen die drei Engel und rennen mit ihren Fackeln davon und so schnell, ja sie haben Flügel, die können gehen und fliegen, wie sie wollen.

Joseph kommt ihnen nicht nach, er stürzt, richtet sich wieder auf. Alles ist verschwunden, er steht wieder verlassen. Aber dort flimmert wieder eine Fackel auf. Nur nach. Joseph hat seine Mütze verloren, aber er merkt es nicht, rennt aus voller Macht und schreit: „Wartet! Wartet! Ich bin ja der Joseph." Aber die Engel warten nicht und sind nicht mehr zu sehen. Die Fußtapfen sind aber zu sehen auf dem Wege und Joseph geht ihnen nach, immer nach, weiter und weiter und endlich auf der Anhöhe — — Gottlob, da blinkt ein Licht, viele Lichter, da ist ja Alles so hell. Das ganze Wohlgefühl, daß dort Menschen geschützt unter Dach sind, kam über das verirrte Kind, und mit neuer Kraft rennt es nach dem Lichte hin und kommt richtig hinab zur Heidenmühle. Eben gingen die drei Engel die Freitreppe hinauf. Sie sangen:

Es singen drei Könige diesen Gesang,
Sie singen wohl oben mit himmlischem Klang:
Wachet auf, wachet auf,
Kommet alle zu mir!
Die Zeit und die Stunde
Ist kommen allhier.

Joseph ging hinter den Singenden drein und wagte kaum zu athmen, geschweige zu rufen. Nur nicht rufen, sonst fliegen die Engel wieder davon. Er ging mit ihnen in die Stube, und die drei Engel sangen das Lied von den heiligen drei Königen zu Ende. Man hörte ihnen ruhig zu, gab ihnen zu essen und zu trinken und noch Geschenke obendrein, und die Engel aßen und tranken und bedankten sich gar schön. Joseph wurde es nun auch klar, daß das nicht Engel, sondern verkleidete Knaben waren, die die heiligen drei Könige spielten, sie gingen fort und Joseph blieb allein. Jetzt erst wurde er von den Anwesenden im Hause bemerkt.

„Wer bist du? Woher kommst du? Was thust du da?" So wurde er jetzt von der Röttmännin und der Heidenmüllerin und deren Tochter bedrängt.

„Iß zuerst was und wärme dich dabei, du bist ja ganz naß und ohne Mütze," sagte die Braut, „da iß und trink, hernach wollen wir schon weiter reden. Komm, ich zieh' dir deine Jacke aus, und will sie an den Ofen hängen, setz' dich nicht gleich da an den Ofen, das ist nicht gut."

„Ein schöner Bub," sagte die Heidenmüllerin, während Joseph einige Schluck Glühwein trank.

„Die Engel haben mich doch gut geführt, solche Getränke bekommt man im Himmel," sagte Joseph.

In den Augen der Röttmännin blitzte es gar seltsam, da sie diese Worte und diese Stimme hörte; sie rückte die Flasche weg, die vor ihr stand, und schaute auf den Knaben fast wie der Fuchs dort im Wald.

„Woher bist du?" fragte die Braut.

„Von Waldhausen."

„Und wer ist dein Vater?"

„Er ist nicht da."

„Und wie heißt deine Mutter?"

„Martina, und mein Großvater ist der Schilder-David."

„So hab' ich dich!" schrie die wilde Röttmännin, „Herr Gott, das ist meines Adams Sohn." Sie sprang behend auf und faßte den Knaben wie mit Geierkrallen.

„Ja, Adam heißt mein Vater. Kennt ihr ihn?"

„Komm, ich bringe dich in die Kammer, ich thue dich ins Bett," rief die Röttmännin.

„Ich geh' aber nicht mit dir," sagte Joseph; „du willst mich kochen wie die Hexe. Laß los oder ich beiß."

„Ich will dich beißen, ich will dich kochen," schrie die Röttmännin lachend. „O das ist ein Glück vom Himmel, daß uns das Kind in die Hand gelaufen ist. Wir halten's verborgen und geben's nicht her. Jetzt können wir den Adam und Alle zwingen, daß er nach unsrer Pfeife tanzen muß."

„Ich geb' Euch aber das Kind nicht," trat die Braut vor; „fürchte dich nicht, fürchte dir gar nicht, komm, setze dich auf meinen Schooß, so. Wart', ich zieh' dir deine Schuhe aus und zieh' dir meine an. So, jetzt wird's dir warm werden. Jetzt sag': weiß denn deine Mutter, daß du von daheim fort bist? Und warum bist du fort? So allein in der bösen Nacht?"

„Ich bin meinem Vater entgegen, und sie schimpfen im ganzen Dorf auf meinen Vater, weil er so stark ist wie ein Gaul, und meine Großmutter, die soll der helle Teufel sein, und ich hab's ihnen Allen sagen wollen. —"

„Wart', ich will dir heller Teufel!" so schrie die wilde Röttmännin und rang mit der Braut um das Kind; diese wehrte

sich aber mit aller Macht, und eben als die beiden Frauen noch
mit einander rangen, traten die beiden Großväter ein.

„Da ist mein Großvater!" jauchzte der kleine Joseph und
rannte auf den Schilder=David zu.

„Ist das das verlorene Enkelchen," fragte der Speidel=Rött=
mann; „komm her, Bursch; da hast du noch einen Großvater.
Das ist ja ein prächtiger Bursch. Wär' Schade gewesen!"

„Und ich sage Nein und dreimal Nein und siebenmal Nein,
und eher lasse ich mir die Zunge ausreißen und dem Hund vor=
werfen, ehe ich Ja sage!" raste die Röttmännin.

„Hast Recht, sag' Nein! Aber es gilt nichts mehr. Ist
das nicht ein Wunder vom Himmel, daß ein Kind so verloren
und wieder gefunden ist? Draußen im Walde rennt das ganze
Dorf hin und her, und sie suchen das Kind; das ist ja ein Kind,
auf das dürfen wir stolz sein, und das ist ja eine Ehre und ein
Ansehen, daß Einem so ein Kind gegeben ist, das alle Menschen
so lieb haben und ihr Leben dafür einsetzen. Unser Herrgott hat
ein Wunder gethan, jetzt soll er auch an dir ein Wunder thun,
Frau. Sei gut, gieb nach. Nachgeben ist keine Sünde. Bist
du's zufrieden, Toni?"

„Wenn's weiter nichts ist, mit meinem Willen werde ich
diesem Kind seinen Vater nicht nehmen."

„Und ich sage Nein und Nein und mit meinem letzten Athem
sage ich Nein, und ich will sehen, ob man über mein Nein hin=
überschreiten kann."

Der Schilder=David hatte während dieser ganzen Hin= und
Widerrede geschwiegen, er hielt den Joseph hoch in den Armen,
fuhr ihm immer mit der Hand übers Gesicht und über den gan=
zen Körper herunter, ob's denn auch wahr ist, daß er ihn wieder
habe; und jetzt schlich er mit Joseph auf dem Arm zur Thür
hinaus. Er wußte nicht, was er wollte; er wollte mit dem Kinde
allein wieder heim, aber erst vor dem Hause merkte er, daß ihm
die Knice wie gebrochen waren; er mußte sich dort auf die Treppen=
stufen setzen und drinnen im Hause hörte er lärmen und ein
Fenster wurde geöffnet und ein scharfer Rauch kam heraus, denn
man hatte die Lichter am Weihnachtsbaum ausgeblasen.

So saß der Schilder=David. Wer kommt da, wer ist das? Es
ist Häspele. Er jauchzte hoch auf, als er den Joseph sah, der
aber schnatterte, daß auch der Schilder=David nur mit Mühe sich hielt.

„Geh' schnell zurück in den Wald, und sage, daß er da ist; sie sollen nicht mehr umsonst herumlaufen," rief David zähne=klappernd.

Häspele eilte mit lautem Gejauchze zurück. „Er ist gefun=den! Er ist gefunden!" schrie er den Berg hinauf, bis er nicht mehr schreien konnte.

Zum Schilder=David aber kam jetzt eine Frauengestalt und sagte: „Gebt das Kind mir."

„Nein, ich geb's nicht her. Was willst du?"

„Ich will es hinauftragen in meine Kammer und in mein Bett legen. Kommt mit."

„Ei, du bist ja die Toni? Deine Mutter war eine brave Frau."

„Und ich möcht' es auch sein. Kommt, schnell, hurtig!"

„Ich kann keine Treppe mehr steigen; ich spür's jetzt, was ich durchgemacht habe."

„So. kommt in den Stall, da ist's auch warm." Toni führte den Schilder=David in den Stall, machte aus trockenem Heu ein gutes Lager zurecht, legte das Kind hinein und deckte es zu.

Der Schilder=David hielt dem Kinde die Hand auf die Stirn, das Kind schlief, und der Großvater blieb bei ihm sitzen und wagte kaum zu athmen. Erst als sie beide ganz ruhig waren, ging des Heidenmüllers Toni leise aus dem Stall.

Sechzehntes Kapitel.
Schlafen und Wachen in der Heidenmühle.

Häspele war von den Eltern auf der Höhe, wo sie das Licht gesehen hatten, fortgeschickt worden, er solle ausspüren, was dort vorgeht. Martina wollte es nicht glauben, als Adam hinzufügte: „Es kann ja sein, wer weiß, vielleicht haben sie unsern Joseph in der Mühle gefunden," und doch wollte sie gleich mit hinab; Adam brachte sie dazu, daß sie wartete, bis Häspele zurückkäme.

Endlich kam er; er rannte nach der Stelle, wo sie auf ihn warten wollten; sie waren nicht da. „Ist denn heute Alles ver=hext?" sagte Häspele. Adam und Martina waren aber eben daran, die drei Engel zu säugen. Adam hielt sie mit seiner

mächtigen Stimme an, als ſie des Weges daher kamen, aber die
Engel ſchienen einmal vor dem Geſchlechte der Röttmänner ſolche
Angſt zu haben, daß ſie davon liefen.

„Du wirſt ſehen, unſer Joſeph iſt mit zum Dreikönig-Sin-
gen gegangen," lebte Martina wieder neu auf.

Adam ſetzt den Engeln nach und bekommt richtig einen bei
ſeinen Flügeln, aber der Flügel bleibt in ſeiner Hand; er folgt
den Engeln, ſie fliehen, aber nicht ſchnell genug für einen Mann
wie Adam. Er hielt einen der Engel in der Hand hoch und
frug ihn nach Joſeph; dann brachte er ihn zu Martina, die
weiter oben wartete; aber der Knabe war ſo voll Zittern, daß
nichts aus ihm herauszubringen war; er wollte um Alles nicht
geſtehen, wer ſeine Kameraden ſeien, und als man ihn fragte,
ob ihnen nicht ein ſtarker Knabe von ſieben Jahren begegnet ſei,
da ſagte der Engel bald nein, bald ja; es war nicht klug daraus
zu werden. Mitten in dieſem Verhöre erſchien Häſpele: „Er iſt
da! Er iſt da!"

„Wer iſt da?"

„Der Joſeph!" ſagte der Häſpele heiſer.

„Wo? Wo? Wo?! ſtürzte Martina auf ihn los.

„Wo iſt er? Um Gottes willen! Iſt er todt oder lebendig?"

„Drunten in der Heidenmühle ſitzt er und trinkt warmen
Wein!"

„Mein Joſeph! mein Joſeph!" ſchrie Martina, daß es im
Thale widerhallte, und rannte mit aller Macht den Berg hinab;
Adam konnte ihr kaum folgen; ſie eilte die Treppe hinauf, riß
die Thüre auf und ſchrie: „Joſeph! Joſeph! Wo iſt mein Joſeph?"

„Geh' zum Teufel mit deinem Joſeph!" antwortete ihr eine
Stimme; ſie kannte ſie, es war die Stimme der Röttmännin.
Kein Schreck, keine Angſt, keine Todesfurcht, keine Himmelsfreude
hatte Martina niederwerfen können; dieſe Stimme warf ſie nieder,
daß ſie mit einem entſetzlichen Schrei leblos zu Boden ſank; ſelbſt
der hinter ihr ſtehende Adam war ſo erſchreckt, daß er ſie fallen
ließ, ohne ſie aufzuhalten. „Mutter! Mutter!" ſchrie er; er konnte
weiter nichts hervorbringen.

„Heiße ſie nicht Mutter," rief die Braut; „geh' weg, Adam,
laß mich; ich will ſie ſchon aufheben. Gieb mir den warmen
Wein dort her, tropfe ihr den Schnee von deinem Mantel auf
die Schläfe. So, ſo! ſie athmet."

„Hahaha!" lachte die alte Röttmännin, „und wenn die ganze
Welt zum Narren wird, ich nicht; und wenn sie alle vor mir
umfallen wie die Maikäfer, ich sage doch Nein."

Der Speidel-Röttmann aber, statt seiner Frau zu antworten, ging auf Martina zu: „Komm, Martina, sei gescheit, erhole
dich. So, ich heb' dich auf, so, da setz' dich her."

„Mein Joseph! Wo ist mein Joseph?"

„Unten im warmen Stall, er schläft; laß ihn ruhig schlafen,
dein Vater ist bei ihm und wacht, wir haben ihn ins warme
Heu gelegt, aber wart' nur, wir tragen ihn jetzt gleich herauf
und legen ihn in mein Bett, es ist gleich nebenan in der Kammer.
Du darfst hinuntergehen, Adam, brauchst nicht zu fürchten, daß
deiner Martina was geschieht, geh' du nur, ich bin bei ihr."

„Und Ich!" sagte der Speidel-Röttmann. Adam ging die
Treppe hinab in den Stall und trug das Kind herauf in das
Bett. Der Schilder-David schlief so fest, daß er ihn nicht zu
wecken wagte. Auch das Kind schlief fort, da er es auf den
Arm nahm und die Treppe hinauftrug; es fuhr dem Vater nur
einmal mit der Hand übers Gesicht, dann ließ es die Hand
wieder schlaff sinken. Leise wurde nun Martina in die Kammer
geführt, sie beugte sich nur still über Joseph und hörte ihn athmen.

„Leg' dich ein bischen zu dem Kind auf mein Bett," sagte
des Heidenmüllers Toni zu Martina; diese schaute sie groß an,
und Toni sagte: „Sei froh, daß es so gekommen ist. Dein
Adam und ich, wir haben uns miteinander verloben müssen; er
ist gezwungen gewesen wie ich, und dein Adam ist brav, kein
ander Wort hat er zu mir geredet als von dir, und wir sind
Brautleute gewesen und haben einander noch keinen Kuß gegeben."

„So geb' Ich dir einen," sagte Martina aufstehend und
umhalste Toni.

„Da möcht' ich meine Backen dazwischen haben," sagte
Häspele zu Adam und fuhr gegen die beiden Frauen fort: „Ihr
seid alle beide gute Bissen. Jetzt, Toni, jetzt wär's geschickt,
nimm mich, willst? Ich sehe schon, du sagst Nein, aber deine
Hochzeitschuhe mache ich dir doch."

„Wo ist mein Vater?" unterbrach Martina.

„Er schläft im Heu."

„Lieber Gott, wenn er erwacht und das Kind ist ihm von
der Seite genommen; der kommt von Sinnen."

„Sei ruhig, ich gehe in den Stall und bleibe bei ihm, bis er aufwacht," entgegnete Toni, aber Häspele hielt sie auf; er wollte etwas zu trinken, denn er mußte schnell auf den Reiters= berg, wo die Wache wartete. Toni brachte ihm schnell ein Glas Würzwein. Der Verlobungswein wurde heute von seltsamen Gästen genossen.

Es war nun wieder still auf der Mühle. Hier schlief Joseph, an dessen Bett Adam und Martina wachten, im Heu schlief der Schilder=David, bei dem Toni wachte, und oben in der Kammer schlief der Heidenmüller. Die Röttmännin suchte ihn zu wecken, sie mußte eines Mannes Hülfe haben, aber der Heidenmüller gab keinen Laut von sich und die Röttmännin fluchte auf den regungs= losen „Mehlsack," der sich jetzt dahin legt, während das ganze Haus auseinander fährt. Eben als die Röttmännin wieder in die Stube kam, schrie sie laut auf: „Was ist denn das? Will denn die Welt untergehen heute?" Denn es krachte von den Bergen, tönte wider aus den Thälern und von den Felsen, daß der kleine Joseph selber drüber erwacht war und in der Kammer schrie: „Vater!"

„Ich bin da," antwortete Adam.

Das Schießen wiederholte sich und jetzt kam's herbei mit Waldhornklang, mit Schellengeklingel, Peitschenknallen und Hunde= gebell.

„Du hast den Teufel gerufen, daß er kommen soll. Hörst du? Er kommt. Gieb nach, so lange es noch Zeit ist!" suchte der Speidel=Röttmann seine Frau zu belehren.

„Wenn der Teufel kommen will, ist's mir recht; möcht' schon einmal ein rechtes Wort mit ihm reden," erwiderte die Rött= männin; „ihr seid alle nichts nutz, ihr könnt alle zu Kreuz kriechen; was eine rechte Frau ist, giebt nie nach, nie, lieber sterb' ich."

Das wilde Heer kam immer näher und jetzt hält es still vor der Mühle. Es kam aber nicht herauf, denn im Stalle hörte man das Jammergeschrei einer Frau und wildes Klagen und Stöhnen einer Männerstimme. Der Schilder=David war erwacht, er fand das Kind nicht und wühlte jetzt im Heu, das Kind suchend, und schrie und stöhnte, und das Zureden der Toni half nichts, ja der Schilder=David drohte, sie zu erwürgen, wenn sie ihm das Kind nicht gebe.

Eduard drang in den Stall, und Toni warf sich ihm entgegen und rief: „Helft, helft!" Im Schein der Laterne sah der Schilder-David entsetzlich aus, wie er im Heu wühlte und sich umwendete und die Halme ihm über das Gesicht und in den Haaren hingen.

„David, es ist ja Alles gut," sagte der junge Landwirth mit seiner wohltönenden Stimme; der Schilder-David sank in das Heu zurück.

„Wer ist der Fremde?" fragte Toni den Häspele.

„Der Bruder unserer Pfarrerin."

„Herr . . . Herr Bruder," begann Toni, „saget doch dem David, daß sein Enkelchen in meiner Kammer ist und der Adam und die Martina bei ihm. Saget Ihr's ihm, mir glaubt er nicht, mich hört er nicht. Um Gotteswillen helfet, Ihr seid ja der Bruder der Pfarrerin und Ihr müßt auch ein guter Mensch sein, und ich hab' es Euch heute schon angesehen. Um Gottes willen haltet auf."

Der Schilder-David, der sich ins Heu gesetzt hatte, streckte Toni die Hand entgegen. „Du hast Recht. Verzeih', hilf mir auf." Toni an der einen und Eduard an der andern Hand hoben den Schilder-David in die Höhe, und er sagte: „Ihr seid zwei gute Menschen." Eduard hielt den Schilder-David im linken Arm, die Rechte reichte er Toni, er wußte nicht, warum er's that, und sie gab ihm die Hand, und sie wußte nicht, warum sie es that, aber sie hielten einander fest. „Ich kann schon jetzt allein gehen," sagte der Schilder-David, und die beiden säuberten ihn von dem Heu und geleiteten ihn die Treppe hinauf.

Das Wiedersehen von Martina und Schilder-David war kurz abgebrochen, sie reichte ihm nur das Kind hin, dann gingen sie alle in die Stube, wo man den Häspele laut lachen hörte. Er wollte den Fastnachtshansel spielen und dabei die Röttmännin zum Jawort bekehren, das sollte ihr in dieser Weise das leichteste sein.

Als Joseph an der Hand des Großvaters in die Stube kam, sagte Toni: „Du hast dabei nichts zu hören," und sie führte ihn wieder zurück in die Kammer jenseits des Hausflurs. „Das ist der Bruder der Pfarrerin," sagte sie noch im Hinausgehen zur Röttmännin, indem sie Eduard vorstellte.

Dieser sprach nun auch eindringlich zur Röttmännin, sie gab

ihm keine Antwort, keinen Laut ließ sie hören und schaute ihn immer funkelnden Auges an.

„Es ist bald Zeit, daß man in die Kirche geht," hieß es nun, und der ganze Trupp verließ die Stube. Als man sich vor dem Hause sammelte, hörte man oben in der Stube rufen: „Die Röttmännin soll leben, sie hat ihr Jawort gegeben!"

Es war die Stimme Häspeles, er kam triumphirend die Treppe herunter, Alles schrie Hoch und abermals Hoch, das Horn schallte drein, die Rollen klingelten, eine Stimme schrie vom Fenster heraus, man hörte sie nicht.

Unter Hörnerklang und Gesang zog man den Wald hinauf, dem Dorf zu. Toni ging neben Martina. Auf der ersten An-höhe sagte sie: „Jetzt muß ich umkehren, ich möcht' gern mit euch in die Kirche und möcht' gern bei dir bleiben, aber ich weiß nicht, was das ist, jetzt überfällt mich eine Angst, daß mein Vater von all dem Lärm nicht aufgewacht ist. Ich bin kein braves Kind, ich hab' nicht nach ihm gesehen. Gut Nacht, Joseph," sagte sie, diesem die Hand reichend, „gut Nacht alle mit einan-der." Sie ging an Eduard vorbei, ihre Hand zuckte und auch die Hand Eduards, aber sie gaben doch einander die Hand nicht vor den Menschen.

„Gut Nacht," sagte Eduard leise und sie erwiderte ebenso leise: „Gut Nacht." Häspele brachte ihr noch ein schallendes Hoch aus, als sie zur Mühle zurückkehrte und Alles stimmte mit ein. Adam trug den Joseph auf dem Arm, er hatte ihm die neuen Kleider angezogen und die neuen Stiefel, und endlich mußte er dem Großvater nachgeben, daß das Kind neben ihm herschritt.

Auf der Anhöhe vor dem Dorfe schrie Häspele mit der letzten Kraft seiner Stimmmittel: „Halt! Halt!"

Hier lag der Wolf noch im Feld, wo ihn Adam hinge-schleudert hatte. Adam führte seinen Sohn zu dem todten Thiere und sagte: „Sieh', den hab' ich todtgeschlagen mit meinem Knittel." Joseph ließ sich aber durch kein Bitten und kein Schelten dazu bewegen, den Wolf zu berühren, er fürchtete sich. „Es ist gut, daß du in Vaters Gewalt kommst," sagte Adam, wenn's noch länger gedauert hätte, du wärst kein Röttmann geworden." An der rechten Hand führte er drauf seinen Sohn, an der linken schleppte er den Wolf. So ging's hinein bis vor des Schilder-Davids Haus.

Siebenzehntes Kapitel.

Großes im kleinen Hause.

„Ja, das habe ich noch zu sagen vergessen, der Heidenmüller," hatte Leegart gesagt, als sie plötzlich durch das Geschrei
vor dem Hause unterbrochen wurde....

„Er ist gefunden! Der Joseph ist da."

Die Weiber rannten vor das Haus und fragten: „Ist Niemand verunglückt?"

„Alles wohl auf. Alles," hieß es zur Antwort.

Leegart blieb unverrückt auf ihrem Platze sitzen, sie stemmte
nur ihre Füße um so fester auf den Schemel, der jetzt so seltsam
zu zittern begann, nahm schnell eine Prise der Beruhigung und
betrachtete die Jacke mit jenem Blicke, der da spricht: dich krieg'
ich nicht mehr in die Hand.

„Der Joseph ist da!" rief der voraus stürmende Häspele
der Leegart zu.

„Und meine Jacke ist fertig!" entgegnete Leegart in der
bescheidenen Zuversicht, daß sie den Joseph durch ihr unausgesetztes
Nähen am Leben erhalten habe. Da indeß der einfältige Häspele
nichts darüber bemerkte, fragte sie: „Wo hat man ihn gefunden?"

„In der Heidenmühle."

„Ich hätt' eigentlich nicht zu fragen brauchen," betheuerte
Leegart, mit stolzer Ruhe um sich blickend, „ich hab's gewußt, wo
er ist, ich hab' den Weg angegeben, den er gegangen ist; eben
in der Minute, wo das Geschrei gekommen ist, habe ich das Wort
gesagt: der Heidenmüller. — Die Weiber müssen mir's alle bezeugen."

Für Leegart war das vor Allem das Wichtigste, daß sie so
weise war, auch dahin sehen zu können, wo sie nicht ist. Als
alle in die Stube kamen und Martina ihr die Hände drückte —
sie zerdrückte dabei eine heimliche Prise — da sagte Leegart wieder:
„Ich hab's gewußt, ich hab's vorhin gesagt, in der Heidenmühle
ist er. In der Minute, wo der Häspele gekommen ist, habe ich
noch das Wort Heidenmüller gesagt, und ich prophezeie dir, Martina, du kriegst deinen Adam."

„Es ist so! Es ist so! Da kommt er!" rief Martina.

Leegart schaute demüthig zu Boden, sie wollte nicht dafür
gelten, daß sie prophezeien könne, wenn nur sie es bei sich weiß.
Sie nickte allen zu, die in die Stube eintraten, wie wenn sie

ſagen wollte: ich hab's gewußt, daß ihr kommen müſſet, ich hab'
Alles voraus geſehen und genau hab' ich's vorher geſehen, wie
der Adam den Joſeph an der Hand hält, und das von dem
Wolf habe ich auch geſehen, bei mir iſt es nur eine Kreuzotter
geweſen, aber ein böſes giftiges Thier iſt das eine wie das an=
dere. Es hat Alles ſo kommen müſſen. Sie war über nichts
verwundert. Mir iſt nichts verborgen, ſagten ihre Mienen, und
ſie ſchnupft dabei ebenſo heimlich als behaglich.

„Ich hab' drei Vater," rief der kleine Joſeph. „Leegart,
da ſind meine drei Vater."

„Gut, aber geh' jetzt ſchlafen," befahl David. „Martina,
bring' den Joſeph ins Bett! Gottlob, daß wieder alle da ſind!"
ſchrie er ſeiner Frau ins Ohr. Die Großmutter nickte fröhlich.
„Hat's Heu geſchneit?" fragte ſie und nahm ihrem Manne noch
einige Halme aus dem Haare. Alles lachte, die taube Groß=
mutter lachte vergnüglich mit, um und umſchauend, ſie ſah von
jedem Geſichte ab, was ſie nicht hören konnte. Sie reichte dem
Speidel=Röttmann die Hand und ſagte: „Setzet Euch, ſetzet Euch nur."

Adam reichte ihr von ſelbſt die Hand und rief mit gewal=
tiger Stimme ihr ins Ohr: „Grüß Gott, Schwiegermutter!"

Die Schilder=Davidin wich einen Schritt zurück, wie wenn
ſie einen Stoß bekommen hätte. „Ich hör' ſchon. Ich bin nicht
ſo taub," ſagte ſie auf der Ofenbank vor ſich hin und betrachtete
ſcheu die großen Männer und die großen Hunde.

Das kleine Haus des Schilder=David war nicht für die Rött=
männer gemacht. Vater und Sohn reichten faſt an die Decke,
wenn ſie aufrecht ſtanden.

Der kleine Joſeph ſaß eine Weile auf dem Schooße des
Speidel=Röttmann. David war eiferſüchtig und faſt bös auf das
Kind, das ſo ſchnell an andere Menſchen ſich gewöhnt.

„Schenk' mir deinen großen Wolfshund," ſagte Joſeph zu
Großvater Röttmann, und dieſer erwiderte:

„Er iſt dein."

„Du biſt mein," ſagte Joſeph zu dem Hunde, aber einſt=
weilen mußte er ihn noch dem Großvater laſſen, denn der Hund
ging nicht mit ihm.

„Bring' Eines den Joſeph ins Bett," befahl David jetzt
wiederholt. Die Großmutter verſtand an den Lippen ihres Mannes
was er ſagte, ſie nahm den kleinen Joſeph und ging mit ihm

nach der Dachkammer. Kaum war die Thüre hinter Großmutter und Enkelchen ins Schloß gefallen, als Leegart vortrat und mit einer Bestimmtheit und Festigkeit, die alle staunen machte, ausrief: „Und jetzt, Martina, jetzt zieh' dich zur Hochzeit an. Ich zieh' dich an, ich habe dir's versprochen. Ihr Männer, wenn ihr rechte Männer seid, so machet, daß heute Nacht noch Adam und Martina getraut werden. Ihr könnet, wenn ihr wollet und nicht nachgebet. Ihr Röttmänner, jetzt giebt's ein Röttmannsstück, wo ihr euch zeigen könnt. Jetzt soll der Speidel einen harten Klotz spalten und du, Gaul, sollst Vorspann sein. Was schaut ihr mich so an? Geht zum Pfarrer und ich sag's euch, ihr bringet's zuweg. Ich sag's euch und weiß was ich sag'. Komm, Martina, ich zieh' dich an. Du sollst nicht am Tag gehen und dein Gesicht verhüllen, du hast dich lange genug gegrämt und geschämt. Komm."

Sie zog Martina mit in die Kammer, alle sahen ihr staunend nach, Niemand redete ein Wort. Bald kam Martina festlich gekleidet in die Stube zurück. Adam ging auf sie zu und zeigte ihr, ohne daß es die Andern sahen, etwas, das eingewickelt und mit einem besondern Band in seinem Geldbeutel befestigt war. Dann wendete er sich in die Stube und sagte: „Vater, Schwiegervater, es ist am besten so. Kommt mit uns zum Pfarrer. Noch heute muß er uns zusammen geben."

„Es wird nicht gehen."

„Wir wollen's probiren."

„Noch eine Hauptsache," hielt jetzt der Schilder-David auf. „Wenn man sich zum Aufgebot meldet, muß man den Katechismus und besonders die Zehngebote kennen. Kannst du mir sie noch hersagen, Adam? Du schweigst? Hier hast du den Katechismus vom Joseph, geh' in die Kammer und wiederhol' es schnell."

„Ich helf' dir," sagte Martina und ging mit Adam in die Kammer.

Das war aber ein schwer Stück Arbeit. Adam standen schwere Tropfen auf der Stirne, aber er brachte dafür die Zehngebote nicht wieder in den Kopf, besonders die Ordnung, wie sie nach einander folgen, verwirrte er immer wieder, und dabei hatte er offenbar eine tiefe Erschütterung im Herzen, wie er jetzt in dieser Stunde diese ewigen Gesetze wieder sich einprägen sollte.

„Kann unser Joseph die Zehngebote auswendig?" fragte er Martina.

„Ja freilich, Wort für Wort.“

Die Leegart erlöſte den verzweifelnden Adam, ſie kam in
die Kammer und ſagte: „Haltet euch jetzt nicht auf. Bei euch
iſt’s anders wie bei anderen Menſchen. Der Pfarrer wird nicht
darnach fragen, und du kannſt ja dem Pfarrer verſprechen, daß
du es nachlernen willſt.“

„So iſt’s,“ beſtätigte Adam glücklich und machte das Buch
zu, ihm war eine ſchwerere Laſt von den Schultern genommen
als damals, da er die beiden Räder trug.

Er ging mit Martina in die Stube.

Die beiden Väter und das Brautpaar wollten mit einander
das Haus verlaſſen. Adam verſuchte der Schwiegermutter zu erklären, was vorgehe, aber ſie wich vor ihm zurück und hielt ſich
die Ohren zu; erſt als David zu ihr redete, nickte ſie.

„Soll ich daheim bleiben und den Joſeph hüten?“ fragte ſie.
„Ich will’s thun, ihr habt alle mehr gethan und ich hab’ daheim
geſeſſen, aber ich möcht’ doch auch dabei ſein, wenn meine Martina getraut wird.“

„Die Leegart iſt ſo gut und bleibt bei dir.“

„Nein, ich bin nicht ſo gut. Ich hab’ gelobt, bei der Trauung
der Martina zu ſein, und ich könnte nicht davon bleiben, wenn
ich auch wollte.“

Glücklicherweiſe kam jetzt der Nothhelfer Häſpele, und obgleich
er ſich ſehr ſchön herausgeputzt hatte und ſich wohl rühmte, was
er gethan, und ſich übermäßig freute, daß heute die Hochzeit ſein
ſolle und natürlich damit vorn ſtehen wollte, ließ er ſich doch
endlich bewegen, bei dem Joſeph zu bleiben, denn Martina ſagte:
„Vetter, du biſt dein Lebtag gut gegen das Kind geweſen und
gegen mich, thu’ auch noch das Gute und bleib’ jetzt bei dem Kind.“

„Ja, ja, ich thu’s ſchon, rede nichts mehr,“ ſagte Häſpele,
ſchluckte die Thränen hinab und ging hinauf in die Dachkammer
und blieb beim Joſeph ſitzen.

Die beiden Väter, die Mutter und das Brautpaar gingen
nach dem Pfarrhauſe, wenige Schritte hinter ihnen drein ging
die Leegart allein, ſie ſchaute um und um nach den Häuſern, wo
überall Licht war, da ahnt Niemand, welch ein Unerwartetes dieſe
Nacht noch vollbringen muß. Leegart hörte Muſik. Das iſt Hochzeits-
muſik, die in den Lüften ſpielt. Freilich hört nur ſie allein dieſe
Muſik, aber ſie weiß und hört eben auch mehr als andere Menſchen.

Als die Hochzeitsleute im Pfarrhause in die Stube eintraten, blieb Leegart bei der Magd in der Küche, sie schickte sie aber alsbald in die Stube, damit sie das Schiebfensterchen öffne, das nach der Küche führte.

Achtzehntes Kapitel.
Um des Kindes willen.

Die Nacht ward zum Tage, der Tag zur Nacht verwandelt, so gestern wie heute. Es bedurfte der ganzen stillen Gelassenheit des Pfarrers, daß er nicht in fiebrische Hast und Unruhe versetzt wurde. Aber so wenig er es duldete, daß man ohne die äußerste Noth mit der Kirchenglocke Sturm läutete, ebenso wußte er sein Inneres vor Sturm zu bewahren. Er schaute lange zum Fenster hinaus, jetzt in der Nacht hörte man den Pendelschlag der Thurm-uhr und gleichmäßig wie der Pendelschlag der Thurmuhr ging der Herzschlag des Pfarrers. Er hatte die schwere Kunst gelernt, mitten in aller Unruhe und allem Herzeleid, das er in voller Seele mit empfand, die Gelassenheit festzuhalten und jegliche Leidenschaft, auch die edelste der Mitempfindung nieder zu halten.

Während Alles, was bei dem Auszuge im Dorfe verblieben war, sich zu einer Arbeit zwang, Unterhaltung und Ansprache suchte, um die Angst zu überwinden, um sich wach zu halten, saß der Pfarrer sinnend und allein in seiner Stube und schaute vor sich hin ohne Regung, ohne irgend etwas vorzunehmen, und doch war's dabei lebendig und bewegt in seiner Seele. Die Dorf-bewohner, die von dieser Gewohnheit wußten, behaupteten, der Pfarrer predige im Stillen vor sich selber, die Pfarrerin aber hatte ihrem Vater vertraut und sonst noch Niemand auf der Welt: der Pfarrer setze in solchen Stunden wundersame Gedichte, so fein, so zart, daß die feste Sprache für sie zu rauh sei, und es genüge ihm, die Worte und Gedanken vor sich zu gewinnen, und er habe weder Lust noch Bedürfniß, sie in geschriebenen Zeichen festzuhalten. So habe er damals, als man im Nachbardorfe Wengern das Kind erfroren gefunden, die Worte, die jetzt auf dem Grabe stehen, wie träumend vor sich hingesprochen, und sie habe viele Mühe gehabt, bis er ihr erlaubte, sie aufzuschreiben und dem Amtsbruder in Wengern zu übergeben. Manchmal aber

war es auch ein Gedicht, ein tiefer Gedanke aus fremder Seele
oder eine Melodie seines Lieblingsmeisters, die der Pfarrer in
solchen stillen Stunden sich selber wiederholte, weiter führte und
neu bildete, und wenn er so still mit sich verkehrt hatte — die
Pfarrerin nannte es sein überirdisches und er nannte es sein
unterirdisches Dasein — da trat er in die Welt hinaus zu den
Menschen mit dem lauten Wort, mit einer Weihe und Verklärung,
mit einer gesättigten Kraft, die jeder empfand. So saß er an
diesem Abend still, in sich lebend. Langsam tönten die Glocken-
schläge vom Thurm, die Stunde auf Stunde verkündigen; sie
tönen gleich, ob es Tag, ob es Nacht, ob sie in Freud oder Leid
hineinklingen; sie tönen und sprechen: wieder ein Zeitraum dahin,
der zur Ewigkeit geworden.

„Wir haben ihn gefunden!" rief es plötzlich auf der Straße,
und Waldhornklang schallte drein.   Der Pfarrer trat ans Fenster
und hieß seinen Schwager willkommen.

In der Stube erzählte Eduard mit haftigen Worten, daß
Joseph in der Heidenmühle bei der vormaligen Braut Adams
gefunden worden sei. Er hielt sich nicht lange dabei auf, das
krallige Wesen der wilden Röttmännin zu schildern; er sagte mit
Begeisterung, wie rechtschaffen heute sich das Herz des ganzen
Dorfes bewährt: „Diese Männer haben nichts als ihr Leben,
ihre gesunden Glieder, mit denen sie sich durchschlagen müssen,
und mit einer Zuversicht und Bestimmtheit, als müßte das so
sein, setzte Jeder sein Alles ein, um ein verlorenes Kind zu retten.
Da hat sich's gezeigt, daß Ihr Herz, lieber Schwager, in allen
diesen Menschen lebt; Sie waren daheim und doch waren Sie bei
uns. Ich kann mir's nun denken, daß es Ihnen schwer, fast
unmöglich sein muß, diese Menschen zu verlassen."

Der Pfarrer erwiderte nichts darauf, kein Wort der Zustim-
mung oder des Widerspruchs, und die Pfarrerin fragte: „Und
des Heidenmüllers Toni hat den Adam aufgegeben? Gottlob!
Sie hat ein feines und reines Herz, der wird es noch gut gehen
in der Welt. Warum habt ihr sie aber nicht mitgenommen ins
Dorf? Hättest du sie mir nur ins Haus gebracht, Eduard. Sie
bedarf jetzt des Schutzes vor ihrem Vater, vor ihrer Stiefmutter
und der wilden Röttmännin."

Eduard antwortete nicht, aber er athmete schwer; der Pfarrer
setzte indeß hinzu: „Sei ruhig wegen der Toni, sie ist stark genug,

sie ist von hartem Kernholz, und man kann Niemand die Folgen
seiner Thaten entziehen; im Guten wie im Bösen. Wer zur That
die Kraft hat, hat auch die Kraft, die Folgen zu tragen, und
muß sie haben."

Eduard schaute beruhigter auf, aber seine Wangen glühten,
und als die Schwester die Hand an die Wange des Bruders legte,
sagte sie: „Du bist im Fieber, geh' nur schnell zu Bett, geh', ich
bring' dir guten Thee ans Bett."

Eduard war nicht Willens', dem zu folgen, und doch fühlte
er, daß es ihm vor den Augen wirbelte; er hatte noch mehr er=
lebt, als er jetzt sagen konnte. Da klopfte es an. „Nur herein!"
rief die Pfarrerin, aber es zögerte vor der Thüre; sie öffnete die=
selbe und herein traten: Speidel=Röttmann, der Schilder=David
und seine Frau, und hinter ihnen Abam und Martina.

„Herr Pfarrer," nahm der Schilder=David das Wort, „Gott
hat uns wunderbar geholfen, jetzt helfen Sie weiter, und rasch,
daß Alles in Ordnung kommt."

„Was soll ich?"

„Red' du," zog sich David zurück und deutete dabei auf den
Speidel=Röttmann.

„Ich habe gemeint," begann dieser und strich sich mit der
flachen Hand nochmals über den glattgeschorenen Kopf, als wollte
er nochmals eine Ehrenbezeugung machen und einen unsichtbaren
Hut abziehen, „ich hab' nichts dagegen, der Herr Pfarrer soll
meinen Abam und die Martina noch heute zusammengeben."

„O, das ist ja prächtig!" rief die Pfarrerin, und Abam
trat vor mit Martina an der Hand und sagte: „Ja, Herr Pfarrer,
wir bitten darum."

„Wir bitten!" wiederholte leise Martina.

„Ruhig, nur ruhig," befahl der Pfarrer. „Ihr beiden
jungen Leute kommt mit mir in mein Zimmer." Er ging voran
und die beiden folgten ihm.

„Setzt euch," sagte der Pfarrer drin in der Stube; die
beiden setzten sich und er fuhr fort: „Abam, du glaubst, weil
du der reichste in der Gegend bist, weil du an den Geldsack
schlagen und ausrufen kannst: was kostet's? da ist's — nun muß
dir auch Alles zu Gefallen sein; weil du hoffärtig auf deine Kraft
bist, weil du ein Pferd umreißen, einen Wolf todtschlagen kannst,
glaubst du, daß es auch kein Gesetz gebe, keine ewigen Satzungen,

die man nicht zwingen kann...." Der Pfarrer hielt inne, und
Adam begann: „Herr Pfarrer! Es kennt mich kein Mensch auf
der Welt, mein Vater nicht, meine Mutter nicht, nur meine
Martina kennt mich, und Sie, Herr Pfarrer, kennen mich wohl
auch, aber doch wieder nicht recht. Es ist wahr, wie Sie mir
das gesagt haben, da eben ist ein wilder Kerl in mir gewesen,
der hätte gern dreingeschlagen, Alles kurz und klein geschlagen.
Es ist wahr, ich habe ihn noch nicht untergekriegt, den wilden
Kerl; aber, Herr Pfarrer, von jetzt an ist er drunten, und Ihr
und meine Martina.... Leget mir eine Buße auf, ich will sie
still tragen, ich hab's verdient. Lasset mir den Finger abhacken,
daß ich so schwach werde wie ein kleines Kind, ich will nicht
zucken...."

Vor Bewegung konnte Adam nicht weiter reden, und der
Pfarrer nahm auf: „Es ist Gesetz, daß man drei Sonntage nach
einander aufgeboten wird."

„Ist es denn noch nicht genug, daß mir um mein Kind das
Mark im Leib gezittert hat? Sagt mir, was ich thun soll, Herr
Pfarrer, ich will's thun."

„O, Herr Pfarrer," bat Martina, „sind wir denn nicht
schon genug gestraft? Haben wir denn nicht lang genug gebüßt?"

„Nein. Du hast dich brav benommen in dieser schweren
Zeit, aber deine Sünde ist auch schwer. Es soll nicht sein, daß
diejenigen, die sich vom Gesetz entbunden haben, nun auch alle
Gesetze aufheben dürfen."

„Wenn's nicht anders ist, in Gottes Namen," sagte Adam.
Martina aber konnte vor Weinen nicht reden. Der Pfarrer ließ
sie geraume Zeit still sitzen, dann sagte er: „Kommt mit in die
Stube."

„Ist's fertig?" fragte die Pfarrerin.

Adam und Martina schüttelten mit dem Kopf; da trat der
Speidel-Röttmann vor und sagte: „Herr Pfarrer, ist es wegen
dem Aufgebot?"

„Ja, ja, entgegnete Adam.

„Wenn's weiter nichts ist," sagte der Speidel-Röttmann
und stellte sich breit hin, „Herr Pfarrer, ich bezahle die Strafe,
die es kostet."

„Ja wohl, wenn die reichen Bauern mit Geld drein fahren
können, dann glauben sie, wäre Alles zu schlichten; aber Meister

Röttmann, es giebt etwas, was Eure zehn Pferde nicht vom Fleck
bringen. Noch eins: hat Eure Frau ihr Jawort gegeben?"

„Der Häspele behauptet es," fiel Eduard ein, „er soll
kommen."

Adam eilte schnell und holte den Häspele herbei; dieser kam
zitternd, und als der Pfarrer ihn auf sein Gewissen fragte, ob
die Röttmännin ihr Jawort gegeben, sagte er, nachdem er sich
die Lippen wund gebissen: „Nein, das hat sie nicht."

„Gut denn," sagte der Pfarrer, ich will es auf mein Ge=
wissen nehmen, ohne das Jawort der Röttmännin euch zu trauen.
Aber nun will ich euch was sagen: nicht deine Kraft, Adam,
und auch nicht deine Demuth — ich glaube daran und ich hoffe,
sie wird bleiben — auch nicht Eure Prahlerei mit Strafe be=
zahlen, Meister Röttmann, sondern —"

„Wegen des kleinen Joseph," konnte sich die Pfarrerin nicht
enthalten einzufallen. „Wegen des kleinen Joseph giebst du nach.
Er ist ein kluges Kind. Was soll daraus werden, wenn er hört,
seine Eltern seien jetzt erst aufgeboten? Wie wird er sich wehren
müssen gegen seine Kameraden; wer weiß, was für ein böser
Tropfen da in seine Seele fällt, und was in späteren Jahren
daraus entquillt."

„So ist's," bestätigte der Pfarrer, „jetzt schläft das Kind
und weiß nichts von all den Wirrnissen und Irrwegen der Welt;
er ist in den Tod und aus dem Tod gegangen, um seinen Vater
zu suchen, der ein Schwächling war, trotz seiner Kraft, und
seinen Großvater, der bisher nur glaubte, Alles ließe sich mit
Geld loskaufen. Um des kleinen Joseph willen traue ich euch
noch heute Nacht."

Martina stürzte vor dem Pfarrer nieder und küßte ihm die
Hände; Adam hätte das auch offenbar gern gethan, aber zum
Knieen, so weit hatte er es doch noch nicht gebracht, er legte
nur die Hand auf das Haupt der Martina, wie wenn sie auch
an seiner Statt da hinkniete.

Alles war still in der Stube, und der Pfarrer schloß: „In
der Kirche sehen wir uns wieder," und ging in das Nebenzimmer.
Im Pfarrhause war es bald wieder still, aber noch bevor die
Hochzeitsleute das Haus verließen, hieß es im ganzen Dorf von
Haus zu Haus: „Adam und Martina werden noch heute Nacht
getraut. Die Leegart hat's gesagt."

Neunzehntes Kapitel.

Eine Stimme um Mitternacht.

Die Glocken klangen in die Nacht hinein; aus der offenen Kirchthür drang ein breiter Lichtstrahl hinaus auf die Gräber, die von Schnee zugedeckt waren. In der Kirche war die ganze Gemeinde versammelt, Jeder hatte ein Licht vor sich; die Orgel tönte, die Gemeinde erhob den vollen Gesang.

Die Orgel verklang, die Stimmen verstummten und auf der Kanzel stand der Pfarrer und begann: „Was ihr der Geringsten Einem thut, das thut ihr unserm Vater im Himmel! Das ist ein Wort, ausgegangen aus fremdem, fernen Lande, es bewährt sich heut hier in unsern Wäldern, hier, wo damals kaum ein Menschentritt der Fährte des wilden Thieres folgte, hier und überall." Er schilderte hierauf, daß der Mensch sich selber nichts Bessers thun kann, als was er einem Andern thue; „und nie," rief er, „nie ist ein Menschenantlitz schöner, als in der Minute, da du eine gute That vollbracht, eine Glorie breitet sich über dich und erlöst dich von der Schwere des Daseins." Dann begann er wieder zu schildern, was es um den Gottesdienst um Mitternacht ist: „Freiwillig seid ihr hier versammelt und habt den Schlaf gebrochen, brechet auch den Schlaf der Seele, da euer Auge wacht. Wie oft weckte dich in der Nacht die Sorge, die Noth und du zucktest zusammen, du kannst den Schlaf nicht mehr finden, und wohl dir, wenn es nur eine Sorge ist, die da im Finstern schleicht und sich nicht fangen läßt. Weh dir, wenn es der Gedanke einer bösen That ist, die dich weckte. Dort weckt ein Kind die Mutter, der Vater ist weit fort, und am Krankenbette stehst du und hoffst den Tag heran und fragst: ist noch nicht Tag . . ."

Als der Pfarrer diese Worte sprach, hielt sich Martina an Adam fest, der neben ihr in der vordersten Reihe saß: „Das ist der Ruf unseres Kindes aus der vergangenen Nacht."

Und der Pfarrer fuhr fort: „O, stöhnest du, wenn es nur Tag wäre, nur das Licht der Sonne am Himmel, und Alles wird sich leichter ertragen. Aber es leuchtete auch ein heller Stern in der Nacht." Der Pfarrer führte aus, wie wohl gethan es sei, einmal aus freien Stücken den Schlaf zu verscheuchen und

ins Auge zu fassen das Sternenlicht in der Nacht; er kehrte
wieder zurück zu den Textesworten und segnete alle, die heute
eine gute That zur Vorhalle gemacht, durch die sie in die Kirche
kamen.

Kein Athemzug, kein Räuspern, kein Husten — was sonst
bei dem nächtlichen Gottesdienste wie Klage der gestörten Lebens=
ordnung die kirchliche Feier unterbricht — war heute vernehmbar;
Jeder hatte den Athem angehalten, und die Mauern erdröhnten,
als der Gesang jetzt wieder einfiel.

In kurzen und einfachen Worten vollzog nun der Pfarrer
die Trauung von Adam und Martina, und still, unter dem aber=
maligen Geläute der Glocken zerstreute sich die Gemeinde. Einige
Burschen hatten Flinten bereit gehalten, um nach der Trauung
zu schießen, aber sie wurden von den aus der Kirche Kommenden
zurückgehalten. Es war einem Jeden so feierlich zu Muthe, jetzt
durfte kein Lärm sein, die stille Andacht, die der Pfarrer erweckt
hatte, durfte durch keinerlei Lärm gestört werden. Und als nach
Ein Uhr der Mond aufging und das Schneegestöber verscheuchte,
da leuchtete er auf ein ruhig schlafendes Dorf hernieder, und
die schlummernden Herzen waren gesättigt und fühlten sich beseligt.

Zwanzigstes Kapitel.
Es ist Tag.

Das war ein fröhliches Erwachen am andern Morgen, jedes
Auge leuchtete hell, und jeder rief mit heiterer Stimme dem andern
zu: Guten Tag! Es ist prächtig Wetter! während doch das präch=
tigste Wetter in der Seele war. Allerdings schien heute auch
draußen die Sonne so hell, und die schneebedeckten Berge und
Bäume glitzerten im Morgenstrahl; das Beste aber ist doch, daß
etwas da ist, was nicht so wandelbar ist, wie das Wetter; ein
Kind ist gerettet und Eltern und Großeltern sind glücklich, und
da ist eine Hochzeitstafel aufgerichtet, wo nicht gekocht und nicht
gebraten wird und keine Teller klappern. Und wie gut und treu
hat der Pfarrer Alles ausgelegt, nur schade, schade, daß er fort
will, den sollten wir ewig behalten.

In der Dachkammer im Hause des Schilder=David standen
Adam und Martina vor dem Bett des kleinen Joseph, der schlief

noch feſt, obgleich ein heller Sonnenſtrahl, ſo breit ihn eben das
kleine Fenſterchen einließ, dem Knaben auf die offene Bruſt ſchien.
Im Angeſicht des Kindes ſprach ſich ein ſcharfer Trotz aus, der
Kopf war zurückgebeugt und die Lippen waren aufgeworfen und
leiſe geöffnet, die geballte Fauſt lag neben der rothglühenden
Wange.

„Ich will ihn wecken, es iſt Zeit,“ ſagte Martina.

„Thu's mir zulieb und laß ihn noch ſchlafen. Ich bin
auch ſo, wenn ich Schweres durchgemacht habe, da könnte ich
drei Tage in einem Trumm fort ſchlafen. Wie prächtig ſieht
doch ein Kind aus im Schlaf! Ich hab' ihn noch nie ſchlafen
geſehen.“ So ſprach Adam und Martina ſchaute ihn groß an.

Für Adam war nicht Raum in der kleinen Kammer. Er
ſetzte ſich auf die Truhe Martina's und bat ſie mit einer leiſen
Stimme, die von einem andern Menſchen zu kommen ſchien, ſie
möge aus dem Lichte treten, daß er den Joſeph auch recht be=
trachten könne.

„Ich will da ſitzen bleiben, bis er aufwacht,“ ſchloß er,
und Martina wiederholte aber= und abermals, wie Joſeph in
der vergangenen Nacht immer gerufen habe: iſt noch nicht Tag?
Bei dieſen Worten drehte ſich der Knabe um, ſchüttelte ſich wie
abwehrend und ſchlief weiter. Jetzt beugte ſich aber die Mutter
über ihn und rief mit heller ſcherzender Stimme: „Mutter, iſt noch
nicht Tag? Es iſt Tag, Joſeph! Wach' auf! Dein Vater iſt da!“

Das war ein Blick voll Staunen und Verwunderung, mit
dem Joſeph jetzt aufſchaute, aber er ſchrie laut weinend, da die
Rieſengeſtalt des Vaters ſich aufrichtete in der kleinen Dachkammer;
er mochte dem Kinde als ungeheuerliche Traumgeſtalt erſcheinen,
und wie eine dunkle Wolke trat die Geſtalt vor das einfallende
Sonnenlicht, es ward dunkel in der Dachkammer. Martina hatte
viel Mühe, den Knaben zu beruhigen, Adam mußte die Kammer
verlaſſen, bis er angekleidet war, und in dieſen Minuten, da
Adam vor der Kammerthür ſtand und drin die Mutter den
Knaben beſchwichtigen hörte, ging ihm nochmals ſein ſchweres
Schuldbewußtſein auf, aber nur flüchtig; er war der Adam
Röttmann, der Alles zwingen konnte; er war ſchwer zornig auf
den Knaben, der ihn nicht liebte, ihm nicht um den Hals fiel;
er wollte ihn mit Strenge lehren, daß er ihn lieben und als
Vater ehren müſſe, und das noch heute.

Als Joseph aus der Kammer kam, sprang er schnell an Adam vorbei, die Treppe hinab.

„Der Bub muß anders gezogen werden, das ist keine Art gegen den Vater," sagte Adam voll Zorn zu Martina. Diese aber erklärte ihm, er solle doch denken, wie lieb ihn das Kind habe, da es ihm in Schnee und Nacht entgegen ging und keine Furcht kannte; jetzt aber sei das Kind noch natürlich scheu und der Vater ihm fremd. Adam solle in Geduld und Güte das Herz des Kindes an sich gewöhnen und nicht glauben, daß sich da etwas zwingen ließe.

„Du hast Recht, hast ganz Recht," sagte Adam und ging die kleine Treppe hinab, so schwer, daß das ganze Häuschen wankte. In der Stube stand Joseph im Schooße des Schilder-David und Adam rief dem Knaben zu: „Du kriegst heute was geschenkt von mir, was möchtest du haben? Sag's nur."

Der Knabe antwortete nicht und schaute den Vater scheuen Blickes mit eingezogenen Brauen an. Er verließ den Großvater, ging aber nicht zum Vater; er betrachtete mit verwundertem Blick den Nagel an der Ofenwand, dort hing jetzt eine eingerahmte Schrift. Schon lange vor Tag hatte der Großvater den Confirmandenspruch der Martina dort wieder aufgehängt. Eben fiel ein breiter Sonnenstrahl auf den Spruch, der da lautete: Halte was du hast, daß Niemand deine Krone nehme. Off. Joh. 3, 11.

„Jetzt nur noch Eins," rief der Schilder-David, „ich habe was vergessen. Der Pfarrer hat Recht, es giebt Satzungen, von denen man nicht abweichen darf, und ich hab' etwas festgestellt und das wird ausgeführt. Komm einmal her, Joseph, komm her." Joseph merkte schon, der Ton ist nicht der gute, aber er ging doch zum Großvater, und dieser sagte: „Hast du heute deine neuen Hosen an? Gut, ich will dir was drein geben. Ich hab' fest gesagt, du kriegst deine tüchtige Tracht Schläge, weil du davon gelaufen bist, und jetzt will ich sie dir gleich baar auszahlen." Er langte hinter den Spiegel, holte die Ruthe herab, und Joseph schrie schon im voraus; Martina wehrte ab und bat, der Großvater solle ihm doch die Strafe schenken; auch Adam bat, aber der Schilder-David sagte: „Diesmal kriegt er sie noch von mir, er hat den Bubenstreich bei mir gemacht, und ich muß ihn bezahlen; was er weiter thut, das ist deine Sach', Adam.

Du sollst nicht mehr eigenmächtig davon laufen, Joseph, du
sollst dran denken!" Und er legte ihn über's Knie und gab
ihm eine tüchtige Tracht Schläge, dann sagte er, die Ruthe,
Adam übergebend: „Da, da hast du die Ruthe, von nun an
ist's an dir, ihn in Zucht zu halten; ich hab' das Meinige gethan. So, jetzt sind wir fertig." Leise setzte er zu Martina
hinzu: „Wenn sie ihn im Dorfe jetzt verhätscheln wollen, wird
er dran denken, und das ist gut."

Joseph weinte laut und wollte sich gar nicht wieder beruhigen, als ihm Martina zusprach.

Aber noch in einem andern Hause wurde an diesem heitern
Morgen geweint, und zwar im ersten des Dorfes. Im Pfarrhause saß die Magd in der Küche und weinte bitterlich: die
schöne fette Gans, die wir heut' haben braten wollen; und sie
war gerad so geschickt, weil wir einen so lieben Gast haben;
das schöne Thier, das so gut ausgefroren war vor dem Fenster,
ist heute Nacht in dem Durcheinander gestohlen worden. Die
Menschen müssen ja jetzt an dem Bissen, den sie dem Pfarrer
stehlen, ersticken, und wie himmlisch gut hat er ihnen zugeredet
und gedankt für das, was sie gethan, und jetzt thun sie ihm
das. Heute sollt' er das auch in der Predigt mit vorbringen
und ihnen den Text lesen, und wer zuerst hustet, der hat die
Gans gestohlen. Der schlechte Kerl, der Fuchs, der Wolf, der
Hund, der Marder, der Rabe, der Alles, der sie gestohlen hat,
und die elende Person, die sie braten wird; ich gehe durch's Dorf
und rieche überall herum, ich muß meine Gans wieder haben.
Wir haben ja nichts zu essen heut' Mittag. . . . So und noch
viel mehr unter bitterm Weinen und Schelten und Fluchen klagte
die Magd in der Küche, so daß der Pfarrer endlich herauskam
und fragte: „Was geht denn vor?" Es wurde ihm getreulich
berichtet, und die Magd zeigte ihm als Wahrzeichen den leeren
Haken, an dem die Gans vor dem Fenster gehangen. „Der
Haken ist noch da, aber die Gans nicht," klagte sie und probirte immer den Haken, wie wenn er gerade geschickt wäre, um den
Dieb daran aufzuhängen. Auch Bruder Eduard kam herbei und
mußte der Magd den Gefallen thun, den leeren Haken zu besehen.
Zu dem Schwager gewendet, sagte der Pfarrer: „Es ist oft so, gerade der schmackhafte letzte Bissen, den man sich wohl aufbewahrt,
fällt oft auf den Boden, wenn man ihn schon an der Gabel hat."

„Und du lachst noch?" klagte die Pfarrerin gegen ihren
Mann, „ja ihr Männer, ihr könnt es nicht wissen, wie schwer
es Einem auf dem Lande wird, ein ordentliches Essen herzurich=
ten, und wie man sich freut, wenn Alles sich macht, und das
war wie bestellt, daß mir die Mutter gestern noch Kastanien
schickte."

„Ich lache nicht, im Gegentheil, mir ist's auch unangenehm —"

„Ihnen ist es gewiß am meisten leid, daß ein Mensch so
schlecht ist zu stehlen. Aus dem Leckerbissen machen Sie sich
nichts," fiel Eduard ein.

„Mit nichten. Ich bin so materiell, daß ich sehr gern so
ein glitzerndes braunes knusperiges Stück Gänsebraten esse. Und
wegen des Diebes? Wenn einem Andern die Gans gestohlen worden
wäre, der Dieb wäre da wie da, aber es würde mich doch
weniger ärgern als jetzt, da es meiner eigenen Gans an den
Kragen ging."

„Den Kragen haben wir noch," beruhigte die Magd. Alles
lachte eben da der Briefbote die Treppe heraufkam. Er brachte
die Landeszeitung. Der Pfarrer überflog rasch sein Gebiet und
richtig — die Stelle im Odenwald, um die er sich beworben
hatte, war einem andern, viel jüngern Geistlichen, aber von
der neumodischen starren Sorte übergeben worden.

„Da ist auch noch ein Haken," sagte der Pfarrer, reichte
seiner Frau das Blatt und deutete auf die betreffende Stelle.
Mit der Zeitung war auch ein Brief vom Oheim Consistorial=
Präsidenten angekommen, der die Verleihung der Stelle an einen
andern dahin erklärte, daß man unsern Pfarrer in die Haupt=
stadt ziehen wolle.

„Ich lehne ab, ich bleibe hier," sagte der Pfarrer kurz.

Die Pfarrköchin, die ins Wirthshaus ging, um dort Fleisch
als Ersatz des gestohlenen Gänsebratens zu holen, hatte zwei
Nachrichten zu verbreiten, die sich gar nicht mit einander ver=
einen wollten, und die sie immer seltsam unter einander mengte;
die gestohlene Gans und das Bleiben des Pfarrers im Dorf.

Die Glocken läuteten in sanften Schwingungen in den
hellen Tag hinaus; nicht umsonst nennt man das Geläute am
Weihnachtsmorgen „Kindlewiegen." Als der Pfarrer wieder zur
Kirche ging, stand das ganze Dorf vorm Pfarrhause bis zur
Kirchthür aufgestellt hüben und drüben, und sie grüßten alle den

Pfarrer als Zeichen des Dankes für die Freude, daß er nun für immer bei ihnen bleibe. — Während in der Kirche die Orgel tönte, schlich eine verhüllte Gestalt vor der Pfarrküche vorüber, und unversehens lag eine fette Gans auf dem Fensterbrett. War es nun die gestohlene oder eine andere, war's der Dieb, der die gestohlene wiederbrachte oder ein gutes Herz, das eine andere dafür hinlegte? Man konnte nie klug daraus werden. Die Pfarrköchin behauptete, sie verstehe auch ein Auge zuzudrücken, sie habe die Gestalt nicht erkannt und· nicht erkennen wollen. Sie war aber so voll Freude, daß sie bis vor die Thür der Sakristei eilte, um dem Pfarrer zu sagen, er solle nicht von der gestoh= lenen Gans predigen, sie sei wieder da; sie wagte es indessen doch nicht, in die Sakristei einzutreten, und ging wieder zurück.

„Er ist ja auch gescheit genug," sagte sie, „und wird nicht über eine Gans predigen," und darin hatte sie vollkommen Recht.

Der kleine Joseph war mit seinen Eltern, hüben und drüben von ihnen geführt, in die Kirche gegangen; er schaute seltsam auf zu allen Begegnenden, er sagte nichts, aber er drückte dem Vater still die Hand. An der Kirchthür entließen die Eltern das Kind zu seinen Schulgenossen, und sie selber trennten sich in die Männer= und Frauenabtheilung. Aber die zwei gehörten doch jetzt zusammen, wie sie jetzt dasselbe Gebäude einschloß und wie ihre Stimmen zusammen klangen. Der Gesang ging aber heute nicht gut von Statten, denn es fehlte der beste Sänger, der dem Schulmeister schon oft mit seiner mächtigen Stimme ausgeholfen hatte, es fehlte heut' Häspele, der so heiser war, daß er kein lautes Wort reden konnte. — Als der kleine Joseph bei seinen Kameraden angekommen war, fragten ihn mehrere: „Weißt du, wie du jetzt heißt?" — „Joseph Röttmann, wie immer." — „Nein, Joseph im Schnee, so heißt du jetzt," und diesen Namen behielt er bis auf den heutigen Tag.

Am Nachmittag wurde im Wirthshause vielfach auf das Wohl des Pfarrers getrunken und auch auf das Wohl des „Joseph im Schnee," und jeder hatte noch ganz besonders zu erzählen, was er diese Nacht vollbracht. Die Schauer waren hundertfältig, wie man nicht wußte, was ein Fels ist, und wo es jäh hinab geht. Es war weit mehr Wunder, daß Niemand verunglückt war, als daß der Joseph sich so gerades Wegs durchgefunden hatte. Zu Hause aber saß der Schilder=David in seinem Sonn=

tagsgewand vor seiner großen Bibel und las mit Fingern den Buchstaben folgend da weiter, wo er vorgestern Abend aufgehört hatte. Der Schilder=David lebte das gewöhnliche Leben und las die Bibel immer wieder durch und jetzt hatte sich's wundersam zusammengefügt und zum Besten.

Am Mittag kam ein Bote in das Dorf und berichtete, daß in der Heidenmühle eine Leiche liege.

„Die Röttmännin!" rief Alles.

„Nein, der Heidenmüller, er ist schon seit gestern Abend todt, man hat es aber erst heute früh gemerkt, er hat sich den Tod angethan, weil er mit dem Speidel=Röttmann um die Wette trinken wollte, und schrecklich ist's gewesen, wie die Röttmännin, die ihn in der Nacht zu ihrem Beistand erwecken wollte, auf ihn hinein fluchte. Sie fluchte über einen Todten hinein."

Alles schauderte, und gewiß, der Tod des Heidenmüllers wurde sehr bedauert, aber er hätte auch zu einer andern Zeit sterben können. Man sprach jetzt weit weniger von der Rettung des Joseph, als vom Tod des Heidenmüllers.

Niemand erschrak mehr über diesen Todesfall als die Leegart. Es zeigt sich ja, sie kann mehr als andere Menschen; sie kann Einen zu Tode wünschen. Sie hatte ja dem Heidenmüller in alle Gewürze, die er beim Krämer, und in den Wein, den man im Rößle geholt, Gift und Opperment hinein gewünscht. Ein Schauer der Wonne und der Angst zugleich ging durch ihr ganzes Wesen, daß sie mit solcher Wunderkraft ausgestattet war.

Sie wagte es nicht, aus dem Hause zu gehen, Jedermann mußte ihr ansehen, was sie gethan, und sie bereute es aufrichtig, sie hat's nicht ernst gemeint. Ich werde mich hüten — gelobte sie sich — künftighin so etwas zu thun; ich wünsche der ganzen Welt nur Gutes, meinetwegen auch der Röttmännin. Endlich wagte sie es, zur Martina zu gehen, und sagte ihr heimlich in der Dachkammer: „Ich bitte dich, sorg' mit geschickter Manier dafür, daß keine von den Weibern ausplaudert, was ich gestern dem Heidenmüller gewünscht habe. Die Menschen sind gar abergläubisch, und könnten am Ende glauben, ich kann mehr als andere Menschen, aber ich mag den Namen nicht dafür haben." Leegart war nur halb zufrieden, als ihr Martina betheuerte, daß Niemand daran denke, und daß die Welt doch nicht so dumm sei, solche Sachen zu glauben.

Die Leegart dachte bei sich: „Du bist dumm, aber Gottlob, wenn nur ich weiß, was in der Welt ist." Sie erschrak vor jedem Gedanken, den sie über einen Menschen gehabt hat oder noch haben wird. Das ist ja entsetzlich schwer, eine solche Gabe zu haben, daß man Jedermann anthun kann, was man will.

Als die Frauen zu Besuch kamen, betheuerte die Leegart fortwährend: „Ich mein' es mit der ganzen Welt gut, besser als ich meint es kein Mensch. Ich wünsche Jedermann, Jedem, ich nehme keinen aus, nur Gutes."

Man verstand nicht, was die Leegart wollte, aber man stimmte ihr bei: „Ja wohl, du bist immer gut gewesen."

„Und wißt ihr, was ich sage?" rief die Leegart mit glänzenden Augen, „ich sage weiter nichts als: das Pfarrhaus und des Heidenmüllers Toni. Denket daran, daß ich's gesagt habe; ich sage weiter nichts."

Bald nach der Todesnachricht war der Pfarrer und die Pfarrerin unter Begleitung Eduards nach der Heidenmühle gefahren und das war gut, denn Toni wollte fast vergehen vor Jammer und Wehe, sie hatte seit gestern so Entsetzliches durchlebt und sie klagte sich schwer an, daß sie in der Fürsorge für Andere den Vater vergessen habe. Toni begrüßte die Pfarrerin wie einen rettenden Engel und sie ward erst beruhigter, als die Pfarrerin versprach, bei ihr zu bleiben.

Eduard bat, man möge ihm doch auch etwas zu thun geben. Toni sah ihn groß an und schmiegte sich an die Pfarrerin.

Die nun so schnell zur Wittwe gewordene Heidenmüllerin klagte und heulte entsetzlich, und wenn der Pfarrer ihr zuredete, hörte sie ihn kaum an, sie starrte nur immer auf Toni, wie wenn sie diese mit ihrem Blicke vergiften wollte. Die Gemarterte ist jetzt frei, und ihre Peinigerin muß als Bettlerin aus dem Hause ziehen.

Man mag sich dagegen sträuben, wie man will, die Leegart hat doch etwas gewußt.

Von Neujahr an wohnte des Heidenmüllers Toni im Pfarrhause, und sie blieb dort während des ganzen Trauerjahres. Allmählig lebte sie wieder auf aus ihrem tiefen Kummer und sah so schön aus wie ehedem, nur viel feiner.

Im Hochsommer wurde auf der Heidenmühle neu gebaut, Eduard kam mehrmals zu Besuch, und nie war er da, ohne auch

nach der Heidenmühle zu schauen und nach Allem, was dort gerüstet und geordnet wurde.

Die Leegart nähte viel im Pfarrhause und hätte viel erzählen können, wie schön und herrlich es war, wie die Pfarrerin
und die Toni mit einander lebten und wie sich diese von der
Pfarrerin in Allem unterweisen ließ. Aber die Leegart hatte
sich vorgenommen, nicht mehr viel zu sprechen; nur bei der
jungen Röttmännin auf Röttmannshof, der jetzt grün angestrichen
ist, schüttete sie ihr Herz aus. Nirgends war Leegart besser
daheim als auf Röttmannshof, und sie sagte oft: Lustigeres
kann man doch gar nicht sehen, als wie der starke breite Adam
sein kleines Töchterchen auf dem Arm herumträgt und mit ihm
spielt. Man hätte es gar nicht geglaubt, daß er so geschickt und
handlich sein kann. Martina dachte lachend an die Zeit, da
Adam das Herumtragen einmal gelernt hatte, dort unter der
breiten Buche.

Als Leegart dem Töchterchen das erste Jahrkleid gemacht
hatte und zwar ein sehr schönes grellrothes, war Adam ganz
glückselig, da er das Kind herumtrug und es lehrte, wenn man
es fragte: „Wo ist dein schönes Kleid?" daß es den Zipfel
desselben aufhob und sein schönes Kleid zeigte.

Nun war Leegart wieder voll Verwunderung und Lob, und
Martina konnte sich nicht enthalten, hinzuzufügen: „Er sagt oft:
ich hab' an meinem Joseph diese erste Kinderzeit versäumt; ich
bring's jetzt ein. Es giebt ja nichts Glückseligeres."

Die wilde Röttmännin war schon lang nicht mehr da. Sie
hatte es nicht bekennen wollen, aber es ging ihr doch nach, daß
sie so entsetzlich auf den todten Heidenmüller hineingeflucht hatte.
Vor der Welt spielte sie noch die Starke. Sie ließ sich einen
Advokaten kommen, er mußte eine Schrift aufsetzen an das Con-
sistorium, daß die Ehe von Martina und Adam für null und
nichtig erklärt werde; sie erlebte das Ende des Processes nicht,
sie starb, bevor der Schnee völlig geschmolzen war, durch den
Joseph seinem Vater entgegen gegangen war. — —

Wenn jetzt der Pfarrer auf der Kanzel steht, hat er vor
sich in der ersten Reihe zwei tapfere Männer, die die besten
Freunde geworden sind, es ist Adam Röttmann und der junge
Heidenmüller, der Schwager Eduard, der Toni geheirathet hat.

Joseph im Schnee ist im Winter im Dorf beim Schilder-

David, um der Schule nahe zu sein; er ist ein starker, wohl-
begabter Knabe.

Häspele behauptete immer: aus dem Knaben, der so Außerordentliches erlebt und so Außerordentliches bewirkt, muß auch
ein ungewöhnlicher Mensch werden.

Die Leegart aber erwidert beständig: nur nicht prophezeien!
Man ladet sich eine schwere Verantwortung auf. Sie weiß, was
aus dem Joseph im Schnee wird, sie sagt es aber nicht.

Brosi und Moni.

(1852.)

Frost und Moni.

Wie Geigen- und Klarinettenton klingt es in der ganzen Umgegend von Haldenbrunn, wenn man diese Namen nennt, und allerorten heißt es: so giebt es keine Menschen mehr, so lustig und so gut und so glücklich.

Es ist eine Freude, solche Menschen gekannt zu haben und eine höhere Freude, sie Andern bekannt zu machen und ihnen damit eine reine Erquickung zu schenken. Aber freilich, das geht schwer. Wer nicht ein Auge mitbringt, in dem die Menschenliebe leuchtet, und wer nicht seine Lust hat an unverwüstlichem Lebensmuth — der wird am Ende weiter nichts sehen als zwei alte knochendürre Gestalten.

Wir gehen ab der Landstraße einen ziemlich schroffen Berg hinan, der Weg ist mehr mit Schlitten als mit Wagen befahren und hüben und drüben stehen dunkle Tannenwälder, drin der Kukuk ruft und die Holzart schallt. In Klaftern aufgeschichtetes Brennholz verbreitet in der Mittagssonne einen eigenthümlichen Harzduft, jetzt haben wir das Dorf erreicht und sehen, daß wir nur einen Vorhügel erstiegen, denn hinter ihm dehnen sich fast unübersehbar weit hinaus hohe Waldberge. O wie erquicklich ist es, wenn man im heißen Mittag über den Berg kommt und aus dem Wald heraustretend ein Dorf in grünen Obstbäumen vor sich sieht; da lernt man verstehen, was es heißt, sich nach dem kühlen Wein sehnen. Es ist Niemand auf der Straße, den wir nach dem besten Wirthshaus fragen können, ist aber auch nicht nöthig; dort gegenüber dem Röhrbrunnen jenes helle Haus mit dem Ziegeldache hat seinen Wegweiser, der blecherne Auerhahn mit ausgespreiztem Schweif, den es im Schilde trägt, schaut vergnüglich auf euch nieder. Er ist Alleinherrscher und kein Anderer neben ihm. Es ist ganz am Platze, daß man dem einzigen Wirthshaus im Walddorfe den Auerhahn zum Schilde

gegeben, der hier noch lebendig nistet; und noch dazu gehört jetzt
das Wirthshaus dem Revierförster, der es erheirathet hat, seitdem die Beamtung aufgab und sich dem einträglichern Holzhandel
widmet.   Wir treten in die geräumige getäfelte Stube, an deren
oberem Ende ein Stück Brett in die Decke neu eingesetzt ist.
Wir werden schon später erfahren, warum.   Es ist Niemand
daheim als das wohl kaum fünfzehnjährige Wirthstöchterlein, das
emsig aus einem Buche abschreibt.   Flink eilt es auf unser Ge-
heiß in den Keller.

Die Welt ist doch schön eingerichtet für den, der Geld im
Sack hat.   Hier oben, wo kaum die Holzäpfel reif werden, be-
herbergen die guten Menschen kräftigen Unterländer Wein, der
nur auf den Ruf aus lechzender Kehle wartet.

Wollt ihr wissen, was das junge Wirthstöchterlein im heißen
Mittag einsam schreibt? Lächelt nur, es sind französische Vokabeln.
Der Herr Revierförster (denn ein Titel stirbt nicht aus) lassen
jede Woche zweimal den geschickten Lehrer von Endringen kommen,
der muß das Töchterlein vorbereiten, bis er es nach dem nahen
Straßburg auf ein Jahr in ein Pensionat thut.

Die geschminkte Vornehmigkeit und der deutsche Bedienten-
geist finden ihren Weg in die entlegensten Walddörfer.

Es hat aber damit doch noch keine Gefahr.   Fragt den
Mann, der jetzt mit seinem schindelnbeladenen Gefährte vor dem
Wirthshaus hält und die Peitsche im Schooß einen Schoppen
Most trinkt, fragt ihm nach dem Brosi, und er wird euch sagen:
„Das war ein alter Deutscher, und darunter versteht man doch
noch immer einen schlichten, gerechten Mann von Treu und Glauben.“

Hier in der Wirthsstube hat der Brosi viele schöne Stunden
verbracht, die gerippten Gläser, die dort auf dem Brette auf den
Kopf gestellt sind, hingen gewiß alle schon an seinen Lippen.

Es ist hier gerade der rechte Platz, seine Lebensgeschichte zu
erzählen.

Erstes Kapitel.

Seht dort den weißen Kirchthurm mit gestaffeltem Giebel,
just so lang als der im Dorfe steht, ist der Brosi auch da; sie
stammen auch Beide aus Einem Ort, denn die großen Quader

find in Endringen ans Tageslicht gebracht und der Brofi auch;
und der Brofi hat geholfen diese Steine einfugen, und als man
zum Erstenmal vom Thurm läutete, ging der Brofi mit seiner
Moni in die Kirche und wurde als Ambrosius Heller mit
Monika Kreitter feierlich getraut.

Damals war der Brofi noch ein frischer Bursch und hatte
Backen fast so roth als wie die Purpurnellen in seinem Hochzeit-
strauß; er that einen Schwur, so lange er ein Bein heben könne,
auf jeder Hochzeit und jeder Kirchweih im Dorfe zu tanzen und
er hat diesen Schwur ein gutes halbes Jahrhundert treulich gehalten.

Der Brofi erzählte immer gern, wie er zu seiner Frau gekommen und sagte dabei immer, er habe sie sich „ermauert.“

Endringen liegt eine gute Stunde entfernt an der jenseitigen
Abdachung des zweiten Vorberges. Von dort her kam der
Brofi jeden Morgen sobald der Tag graute, und wenn er über
den Steg des Forlenbachs ging, der an Haldenbrunn vorbei
thalwärts rollt — es ist ungewiß, ob der Bach seinen Namen
von den Forellen in seinem Wasser oder von den Forlen an
seinen Ufern hat — da schaute Brofi jedesmal nach einem kleinen
ärmlichen Häuschen, das dort neben einem kleinen dicht mit
Zwetschgenbäumen besetzten und mit fuchsig gewordenen Tannenzweigen umzäunten Grasgarten steht. In dem Häuschen war
immer schon so früh am Tage Jemand wach, die offene Stall-
thür zeigte, daß das erste Geschäft des Tages, das Reinigen
des Stalles, vorgenommen wurde; und sei es, daß die Arbeit
bereits so weit gediehen, oder daß das Auftreten des schlanken
jungen Maurergesellen auf dem dröhnenden Stege dazu gemahnte:
in der Regel erschien eine junge Mädchengestalt mit einem Besen
unter der Thüre, vom Steg aus wurde ein heller „Guten Morgen“ gerufen und von der Thür aus mit einem regelmäßigen
„Schön Dank“ erwidert. „Auch schon fleißig?“ setzte dann der
Maurergeselle noch hinzu, „Ein bisle,“ lautete die Antwort.
Der Maurergeselle ging vorüber und schwenkte das bunte Tuch,
das er in der Hand trug und in das er seinen Topf und sein
Brod gewickelt hatte, noch schneller hin und her.

Noch nach Jahrzehnten konnte Brofi seine Frau damit necken,
daß er eben nicht sehr zart sagte: „Ich hab' dich zuerst als
Hexe mit dem Besen und auf dem Mist gefunden.“

Mit dem Morgengruß in der Seele ging Broſi an die
Arbeit und war allzeit wohlgemuth, obgleich er ſich lange nichts
dabei dachte; ja, als dies geſchah, redete er ſich's aus, denn er
war ja eben ſo luſtig, wenn ihn aus dem Schiebfenſterchen
zuerſt die alte Frau mit kahlem Scheitel begrüßte.

Endringen iſt nicht ſo weit von Haldenbrunn entfernt, daß
der Broſi nicht die Verhältniſſe dieſes Hauſes genau kannte. Es
waren gerade zwölf Jahre, Broſi war damals ſiebzehn Jahre
alt, und vom Speisbuben zum Maurer emporgeſtiegen, als der
Maurermichele von Haldenbrunn in Rellingen vom Dach ſtürzte
und auf dem Platze todt blieb. Die Wittwe, Roſine mit ihrem
Taufnamen, die ehedem in der Apotheke der drei Stunden ent=
fernten Amtsſtadt als Magd gedient hatte und darum das Apo=
thekerrösle genannt wurde, nährte ſich nun davon, daß ſie im
Walde und auf den Wieſen allerlei Kräuter und Wurzeln für die
Apotheke ſammelte. Daneben trieb ſie einen Butter= und Eier=
handel und die Bauernfrauen gaben mit innerm Widerſtreben,
aber äußerlich freundlich ihr die verkäuflichen Vorräthe, weil ſie
fürchten müßten, daß das Apothekerrösle ihnen die Kühe und
Hühner verhexe; die Männer dagegen, die ſich auf ihre Auf=
klärung was zu gute thaten, behaupteten, das Apothekerrösle
ſei deshalb allzeit ſo aufgeweckt und habe noch in alten Tagen
ſo flimmerige Augen, weil es bei ſeinen Stadtgängen tief ins
Glas gucke. Ausgemacht war aber jedenfalls, daß das Apotheker=
rösle eine ſcharfe aufgeweckte Frau war, die auf jedes Vorkömmniß
eine Auskunft bereit hatte, ſo ſicher als der Apotheker ſeine
Mittel in Gläſern und Kolben geordnet und leicht zu finden hat.
Die beiden älteren Töchter des Apothekerrösle dienten in der
Schweiz, wohin ſchon damals des größeren Lohnes wegen der
Zug der Dienſtboten ſich lenkte; die jüngſte Tochter war daheim
und konnte jetzt nicht mehr in die Fremde, da die Mutter plötzlich
lahm geworden war. Die Rede ging: in Kronweiler habe ein
Bauer in der Nacht einer ſchwarzen Katze, die im Stalle einen
Rappen ritt, daß er ſchäumte, den Fuß abgeſchlagen, und das
ſei das Apothekerrösle geweſen. Wenn das Apothekerrösle mit
ihrem von jahrelangem Korbtragen ganz kahl gewordenen Vorder=
kopf Jemanden zum Fenſter heraus grüßte, dankte man ſchnell
mit einem frommen Gruß, damit man kein Leid erfahre.

Broſi war nicht frei vom Hexenglauben, ſo gern er ſich das

auch ausredete; jetzt aber empfand er gar keinen Schreck, wenn
ihn das Apothekerrösle am frühen Morgen grüßte, im Gegentheil
es muthete ihn heiter an, und er war oft versucht, das der
Alten zu sagen, die gewiß um die üble Nachrede, die sie ver=
folgte, bekümmert war; aber es war doch besser, sich hier gar
nicht einzulassen, denn Brosi fühlte, daß er nichts von der
Mutter zu gefährden habe, vor der er doch noch eine Scheu hatte:
die Tochter mit der hellen Stimme und dem arglosen und doch
wiederum schelmischen Blicke konnte es ihm weit eher anthun.
Brosi aber wollte noch höher hinaus. Zunächst war er noch jung
und gedachte über die Berge zu wandern und in der Fremde sein
Glück zu suchen; ließ er sich aber von einem Geschick daheim
halten, so mußte es etwas Anderes sein, als ein armes Mädchen
mit der Dreingabe einer Hexenschwieger. Brosi war ein ehrliches
Gemüth, und eben darum hatte er eine Höllenangst vor dem
Verlieben; er war früh verwaist, und darum früh zum Ernst
und darauf hingewiesen, für sich selbst Bedacht zu nehmen. Er
lebte in Endringen bei einer Base, die an einen Holzknecht ver=
heirathet, mit einem Haufen Kinder in Armuth lebte und noch
besonders zänkisch gegen Brosi war, weil er nicht seinen sämmt=
lichen Erwerb in ihr Hauswesen einbrachte.

Brosi war schon lange damit umgegangen, sich in der Ge=
gend eine andere Unterkunft zu suchen, aber es wollte sich nicht
schicken, und jetzt stand sein Vorhaben fest, in die weite Welt
zu ziehen.

So oft er aber am Hause des Apothekerrösle vorüberging, war
es ihm, als zöge ihn etwas da hinein, und er hätte gewiß an
einen Zauber geglaubt, wenn er nicht gewußt hätte, daß ein
Anderes dabei waltete.

Schon drei=, viermal hatte er eine Hinneigung zu dem
allzeit rüstigen Mädchen in sich aufkommen lassen und wieder
bekämpft, noch bevor er, wie man sagt, ein übriges Wort mit
dem Mädchen gesprochen hatte; ja den nöthigen Morgengruß auf
dem Stege sprach er oft verdrossen und fast zornig, immer aber
wurde ihm mit gleicher Freundlichkeit erwidert.

Als der Bauer von der langen Furche, der nachmals ein
so schweres Geschick hatte, das wir ein andermal berichten müssen,
mit des Schmalzgrafen Tochter von Siebenhöfen Hochzeit hielt,
und drei Tage lang das Tanzen und Prassen nicht ausging, da

machte sich der Brosi auch einen arbeitsledigen Tag und war voll übermüthiger Lustigkeit.

Er tanzte mit der Braut den Siebensprung und mit der ersten Brautjungfer, der Schwester des Furchenbauer, den Hoppet=vogel (wobei man nach bestimmter Weisung wie ein Vogel hüpft und nach Futter scharrt) so meisterlich, daß selbst die Alten auf ihn zukamen und ihm als höchstes Lob die Versicherung gaben, daß sie zu ihrer Zeit nicht besser hätten tanzen können. Und immer lustiger ward der Brosi und jeder Bursche, der den Mu=sikanten ein Lied vorsang, das sie als Tanzweise spielen sollten und der damit nicht vom Fleck kam, fand im Brosi eine allezeit bereite Hülfe; er kannte alle Lieder und alle Weisen und hatte eine helle, Alle übertönende nie heisernde Stimme. Die Monika, die Tochter des Apothekerrösle von Halbenbrunn, war auch auf dem Tanz. Sie durfte sich wohl sehen lassen, sie war nett und sauber gekleidet und trug einen Rosmarinstrauß am Busen: von Gestalt untersetzt mit einem apfelrunden Gesicht von wenigem Ausdruck, zeigte sich doch um die festgeschlossenen feinen Lippen, zu welcher Lebendigkeit dieses Mädchen gebracht werden könnte, wenn der Rechte sich einfand. Brosi bedachte, daß die Monika gewiß nur seinetwegen gekommen sei, aber er sah sich kaum nach ihr um und hatte noch im Stillen die Schadenfreude, ihr einen Plan zu Schanden zu machen; sie hatte ihn gewiß seit Monaten allmor=genblich nur so freundlich gegrüßt, um einen sichern Tänzer für den heutigen Tag zu haben; jetzt hatte sie das Zuschen. Brosi tanzte immer nur mit den fürnehmsten Bauerntöchtern, besonders mit der Schwester des Furchenbauern, die er sich endlich just im Angesicht der Monika auf den Schooß setzte und dabei sang und trank, als ob die ganze Welt nur ihm gehörte, und im Tanzen hielt er's, als ob jeder Reigen der erste wäre, aufstampfend, singend, mit den Händen schnalzend that er, als könne er von Müdigkeit und Sättigung der Lust gar nichts wissen.

Einmal saß er, die erste Brautjungfer auf dem Schooß, in in einer Pause am Tisch, mit dem Gesicht nach dem Tanzraum gekehrt, da rief er:

„Heut' tanz' ich meinen Kehraus in der hiesigen Gegend. Wenn die Schwalben davon ziehen, gehe ich in die weite Welt. Wer mich haben will, muß es heut' sagen und heut' noch Hochzeit machen."

Ein guter Schwarm Mädchen kam auf ihn zu und umringte ihn neckend und spottend und wiederum bittend, er möge doch ja nicht fortgehen. Als er aber immer darauf bestand, rief die Brautjungfer: „Dann binden wir dich an. Kommet nur Alle."

Im Nu hatten sich Alle nach dem Beispiele der ersten Braut= jungfer ihre doppelten Zöpfe mit den fliegenden langen rothen Bändern auf die Brust gelegt und nestelten nun die Bänder an Brosi fest. Er ließ es geschehen und mit einem schrillen Juchhe sprang er auf, stampfte auf den Boden und sang:

> Spielleut spielet auf und auf
> Und seid nicht so verzagt,
> I han noch ein Vögeles=
> Groschen im Sack.

Die Musikanten ließen die Weisung ertönen und Brosi sprang an die Decke mit jauchzendem Juchhe und machte allerlei Figuren, während die Mädchen, mit den rothen Zopfbändern an ihn ge= heftet, ihn umtanzten. Plötzlich warf er sich auf den Boden und sang:

> Weil Scheiden bitter ist
> Und 's Lieben süß,
> Jetzt leg i meim alten Schatz
> D' Händ' unter d' Füß.

Die Bänder mußten losgemacht werden, die Brautjungfer mußte sich auf seine Hände stellen und er tanzte eine Weile so mit ihr bis er sie in den Armen auffing und singend mit ihr den Reigen beschloß.

Von dieser Zeit her stammt der Bändelestanz; man nennt ihn auch noch den Brositanz und Niemand konnte ihn meister= licher ausführen als der Urheber.

Mein Mann ischt koaner!"[1] rief der Brosi oft und oft und von jenem Abend an hatte er diese Redensart und wendete sie bei vielen Gelegenheiten an.

Die Monika wäre ohne einen Fuß zum Tanz gesetzt zu haben, nach Hause gegangen, wenn sich nicht die Schneiderin

---

[1] Ist keiner. Mit mir kann sich Niemand vergleichen.

von Halbenbrunn über sie erbarmt und einmal mit ihr herum-
getanzt hätte, wobei sie viel gestoßen und gedrückt wurde, denn
die Burschen haben es darauf abgesehen, Mädchen die allein
tanzen anzurennen. Als Monika über den Bachsteg ihrem Hause
zuging, nahm sie den Rosmarinstrauß von dem Busen und warf
ihn hinab in den Bach; es hatte kein Bursch darnach verlangt
und der von dem sie es gewünscht hätte, war schlecht und stolz
und gab sich doch zum Hansnarren her.

Das dachte aber Brosi nicht, er hätte gern immer aufge-
schrieen vor Lust, aber seine sonst unangreifbare Kehle schien nicht
mehr mitthun zu wollen, so sehr er ihr auch mit kaltem und
warmem Wein zusprach; er ballte jetzt oft still die Faust vor
innerer Seligkeit.

Es war tief in der Nacht, da sagte Brosi, daß er am
Morgen wieder an die Arbeit gehe und sich mit dem Hammer
einen Hopser und mit der Kelle einen Schleifer spiele; da trat
der Hochzeiter auf ihn zu und sagte:

„Was hast denn Taglohn?"

„Zehn Kreuzer," erwiderte Brosi, denn so nieder stand zu
selbigen Zeiten noch der Taglohn.

„Ich geb' dir das Doppelte," rief der Hochzeiter, „da
nimm, du mußt da bleiben und die Lustbarkeit erhalten. Da
nimm."

Die Mädchen kamen wieder und bestimmten Brosi doch ein-
zuwilligen, da sprang er auf und rollte die Augen so wild, daß
die Mädchen scheu vor ihm zurückwichen; er nahm einen sauer
verdienten Kronenthaler aus dem Beutel, warf ihn den Musikanten
zu und rief:

„Aufgespielt! Die Schmalzbauern meinen, sie könnten die
Lustigkeit auch kaufen, sie geben einen guten Taglohn für einen
Lustigmacher. Dreibutzend Juchhe um einen Groschen," schrie
Brosi mit plötzlich wieder hell gewordener Stimme. „Aufgespielt!
hellauf! Weg da, Hochzeiter, weg, oder dein' Hochzeit ist dein
Tod."

Und wieder begann er zu tanzen und zu singen und zu
trinken, aber Alles in Ingrimm und um zu zeigen, daß er sich
um die angethane Schmach nichts kümmere. Er zerschlug nach
einander drei Gläser, aus denen er getrunken und als es dem
Morgen immer näher kam, die Musikanten aufhören wollten

und die Mädchen sich nach einander fortschlichen, ließ sich Brofi noch allein aufspielen und ohne sein Sonntagsgewand auszu= ziehen, ging er im Morgengrauen nach Halbenbrunn an die Arbeit.

Zweites Kapitel.

Auf dem Stege schaute Brofi hin und her, aber Niemand grüßte ihn und hadernd mit sich selber und übernächtig von der tollen Lust that er seine Arbeit, voll Reue, daß er sich dazu hatte verleiten laffen, sein mühsam Erworbenes im Trotze zu verschleudern, worüber ihn die fetten Bauern gewiß noch hinter= drein auslachten.

Viele Tage sah Brofi Nichts an dem Hause des Apotheker= rösle und nur das war ihm erwünscht, daß er an jenem Abende nichts mit Monika angeheftelt hatte; er konnte nun um so freier in die Welt ziehen, aber sparen mußte er mehr als je, denn die Hochzeit hatte den größten Theil des Reisegeldes aufgezehrt.

Wenn Brofi gut aufgeräumt war, freuten sich deß beson= ders die Speisbuben, die den Mörtel auf das hohe Gestelle zu tragen hatten, denn war Brofi's Kübel leer, so trommelte er immer so lustig in die Höhlung, daß es gar nicht wie eine harte Mahnung klang und fast tanzend kletterten die Speisbuben die hohen Leitern hinan und verwechselten den leeren Kübel mit einem vollen. Seit mehreren Tagen aber klopfte der Brofi so wild und so melodielos in seinen Kübel und zankte noch mit den läffigen Speisbuben.

Das Wetter hatte sich gewendet und es goß beständig in Strömen herab, so daß die Arbeit noch überdies eine wenig freu= dige war. Durchnäßt, frierend und hustend (denn seit der Hoch= zeitnacht fühlte er stets einen stechenden Schmerz auf der Brust) ging Brofi am Morgen und am Abend ungegrüßt über den Steg. Der Forlenbach, der sonst in den hohen Sommermonaten oft so trocken war, daß eine Katz hinüberlaufen konnte, schwoll durch den anhaltenden Regen immer mehr an und wälzte seine braunen Wellen wildrauschend über die Felsen. Brofi stand einst auf dem schon schwankenden Steg still und wünschte sich, daß die Wellen den Steg jetzt fortrissen und ihn selbst mit verschlingen möchten. Es kamen Tage, an denen der Regen nachließ, aber weiter im obern Gebirge mußte er noch anhaltend sich ergießen, denn der Bach wurde immer höher und brachte ganze Baumstämme mit, die von den Uferbewohnern mit Hakenstangen, sogenannten Geis= füßen, als gute Beute eingezogen wurden. Eines Morgens kam Brosi an den Steg und schaute verwundert um sich; er kannte die Gegend kaum mehr, da war keine Spur des Steges und weit hinein in die Wiesen floß das Wasser und schwemmte das in Schochen zusammengerechte Grummet mit sich fort. Während Brosi noch umschauend da stand, sah er am jenseitigen Ufer im Grasgarten des Apothekerrösle die Monika. Er öffnete den Mund, aber noch ehe er ein Wort hervorbrachte, rief ihm die Monika so laut zu, daß er es trotz der rauschenden Wellen hören konnte:

„Droben an der Bömle's=Sägmühle kann man noch 'rüber."

Betroffen von diesem Zurufe und mit höchster Anstrengung rief der Brosi hinüber:

„Wir haben in Lustbarkeit nicht zusammen kommen sollen, es scheint, daß es in Traurigkeit sein soll."

„Wir brauchen gar nicht zusammen kommen, gar nicht," lautete die schnippische Antwort der Monika und sie verschwand.

Den ganzen Tag mußte Brosi bei der Arbeit darüber nach= denken, wie so eigen die Monika ihm doch zugerufen und ihn dann so barsch abgewiesen hatte. In der mittäglichen Feierstunde ging er nach dem Hause des Apothekerrösle, er hustete mehrmals und wagte es nicht hinein zu gehen. Endlich fand sich eine schick= liche Ausrede: sich eine Kohle vom Herde holen, um die Pfeife anzuzünden, ist eine unverfängliche Sache.

Brosi ging nach der Küche, Monika stand scheuernd in derselben.

„Ist's erlaubt, eine Pfeife anzuzünden?" fragte Brosi und Monika erwiderte:

„Das kann man Niemand wehren."

Brosi nahm die Kohle und war eben im Begriff zu gehen, als er mächtig husten mußte; da klopfte es dreimal dumpf an die Küchenwand und die Mutter rief aus der Stube: wer draußen sei, solle zu ihr herein kommen. Brosi trat in die Stube, und erschrak heftig, da die Frau ihm aus dem Bett mit gellender Stimme entgegen rief:

„Gleich thust die Pfeif' 'raus, gleich   Jeder Zug, den du draus thust, nimmt dir ein Stück Leben."

Nun fing das Apothekerrösle an, ihn vor Allem tüchtig

auszuzanken, daß er mit der Monika nicht getanzt habe; sie habe
gar nicht zum Tanz gehen wollen, und habe nur auf ihr Zu=
reden nachgegeben, weil ihre Mütter so gut Freund gewesen seien.
Hierauf ging es an ein Klagen, wie schlecht jetzt die Welt sei,
vor Zeiten hätten verlassene Menschen zusammengehalten und
Keines einem Andern eine Unehre geschehen lassen, jetzt aber
hofire Alles den Holzbauern, die groß damit thun, daß sie das
Geld von ihren Wäldern, die von selbst wachsen, verprassen
können. Die Pfeife in der Hand, mit offenem Munde mußte
Brosi zuhören, wie er immer schärfer abgekanzelt wurde; und
dazu hörte er oft kaum die Worte, denn er sah jetzt das Apo=
thekerrösle zum Erstenmal ganz in der Nähe, sie hatte ein Ge=
sicht, das sie mit nie gesehener Behendigkeit bewegte, als wäre
gar kein Knochen darin. Den Unterkiefer bewegte sie mit solcher
Gelenkigkeit, daß man meinte, sie könne ihn über die Nase hin=
aufheben; dazu bildete bei besonders höhnischen Reden und wenn
sie lachen wollte, der linke Mundwinkel ein Pfännchen, mit dem
sie schlürfte als ob sie eine Süßigkeit kostete; die Augen waren
allerdings noch flimmerig, aber schrecklich anzusehen war der kahle
Scheitel. Man konnte den Leuten nicht Unrecht geben, daß sie
hier eine Hexe zu sehen glaubten.

Als das Apothekerrösle sich sattsam ausgelassen hatte, schloß
es damit:

„Ich kann dir deinen Husten heilen, der dich unter den
Boden liefert, wenn du nicht dazu thust. Deine Mutter ist auch
schwach auf der Brust gewesen. O sie war ein' gute Seel' und
hätt's besser verdient. Steig' einmal hinauf und hol' mir den
Sack vom Himmelbett herunter."

Brosi that, wie ihm befohlen, und das Apothekerrösle über=
gab ihm eine Handvoll Thee von seltsamer Mischung, mit der
genauen Anweisung des Gebrauchs, und entwickelte dabei solch
eine mütterliche Sorgfalt, untermischt mit liebevollen Erinne=
rungen an die Verstorbene, daß Brosi ein Brennen in den
Augen verspürte.

„Ich rauch' nicht mehr. Ich laß' mein' Pfeif' gleich da," —
das war Alles, was er hervorbrachte, und mehr stolpernd als
gehend verließ er die Stube und das Haus; aber schon am
Abend kam er wieder und sagte geradezu, wie er sich's ausge=
dacht, daß er eigentlich in Endringen keine Heimath habe, er sei

dort bei ſeiner Mutterſchweſter und könne beſſer hier ſein und erſpare noch den Weg hin und her; wenn daher die Baſe (in der Gegend von Haldenbrunn nennt ſich Alles, was ſich kennt, Vetter und Baſe) Nichts dagegen habe, wolle er, ſo lang der Kirchenbau noch daure, in ihrem Hauſe bleiben, und für das Kochen einer warmen Suppe und die Unterkunft einen billigen Entgelt leiſten.

„Mein' Moni ſchlaft bei mir, und wir haben ſonſt kein Bett," entgegnete das Apothekerrösle, worauf Broſi als des Ein-verſtändniſſes ſicher auseinanderſetzte, daß er ein paar Tage au dem Heu ſchlafe und ſobald man mit einem Karren von Endringen herüber könne, hole er ſein eigen Bett; es ſei ihm ohnedies lieb, dies einzige Erbſtück von ſeiner Mutter in guter Hand zu wiſſen, da er nicht ſicher ſei, daß ihm ſeine Hausleute nicht die Federn ſtehlen, während er auf Arbeit ſei.

Es war während dieſer Verhandlung Nacht geworden und der Regen ſtrömte wieder mächtig herab. Ohne weitere Erörte-rung klopfte das Apothekerrösle wieder mit der Fauſt dreimal an die Wand und rief der Monika, ſie ſolle gleich Waſſer ans Feuer ſtellen und dem Broſi ſeinen Thee bereiten.

„Und ich will nicht," ſchrie Monika, daß es im ganzen Hauſe gellte.

„Geh' 'naus, ſie iſt noch bös," winkte die Mutter dem Broſi und zwinkerte dabei mit den Augen ſo einverſtändlich, daß es Broſi graute vor dem was er begonnen. Er gehorchte zögernd, aber kaum war er in der Küche, als Monika ſie verließ, in die Stube eilte und lauten Zank erhob, daß die Mutter den Broſi ins Haus nehme und betheuerte, daß ſie in finſterer Nacht davon gehe, wenn es dabei bleibe. Eine Weile überſchrieen ſich beide Frauen ſo ſehr, daß man kaum die Stimme der einen von der der anderen abſcheiden konnte; dann trat eine Pauſe ein, in der man nur noch ein Weinen vernahm und jetzt ſagte die Mutter:

„Ich hab' den Broſi ſo feſt wie einen Finger an der Hand. Der geht nicht mehr aus dem Haus, und niemand anders als du kriegt ihn, und du wirſt mir's noch danken, wenn ich ſchon lang verfault bin."

„Und ich geh' davon, ſo weit mich meine Füß' tragen," rief Monika.

„Und kommſt doch wieder," entgegnete die Mutter ruhig

„sei froh, daß du bös auf ihn gewesen bist, eh' du ihn hast, du ersparst's für nachher."

Das wollte dem unwillkürlich lauschenden Brosi doch nicht zu Sinn, er kam sich doch wieder wie verzaubert vor; und hätte er sich nicht geschämt, er wäre noch in der Nacht davon gelaufen. Wer weiß auch welch' ein Trank ihm bereitet wird. Eben hatte es aber die Mutter dahin gebracht, daß ihm Monika die ge= mischten Kräuter in die Küche trug. Durch solche Hand, deffen war Brosi gewiß, geht kein Trank, der Einem Böses anthut, und noch als er die schwankende Treppe hinaufstieg, hörte er Monika klagen:

„Mutter, Ihr habt's verschuldet, wenn ich von dieser Nacht an einen bösen Namen hab', daß ich keinem Menschen mehr frei ins Gesicht sehen kann."

Wo solch' ein Sinn daheim ist, hat keine Hexerei eine Ge= walt — das war der Gedanke, mit dem sich Brosi in das duf= tende Heu niederlegte.

———————

Drittes Kapitel.

Der Speicher war von innen nicht verschließbar, nur von außen befand sich ein Holzriegel an der Treppenthür. Was war aber zu gefährden in solch einem Hause? Brosi legte sich behag= lich in das Heu. Kaum aber lag er eine Weile, als er sich wieder aufrichtete; die Treppenstufen knarrten, es schlich etwas herauf wie eine Katze so leise, aber nur von einer Menschenlast konnten die Treppen so knarren, es mußte Jemand sein, der barfuß herauf kam.

„Wer ist da?" rief Brosi halb in Furcht halb in Zorn.

Niemand antwortete, das Heraufkommende stand offenbar still auf seinem Platz, eine Weile horchte Brosi hinaus, man hörte nichts als das Rauschen des Forlenbaches und das Zirpen der Grillen in der warmen, wieder regenlosen Sommernacht. Schon glaubte Brosi, daß er sich getäuscht habe und wollte sich ruhig wieder ausstrecken, da hörte er es mit den Händen tastend noch einige Treppenstufen heraufkommen und laut wurde der Holzriegel an der Treppenthür in den Kloben gestoßen.

Jetzt war keine Täuschung mehr möglich und „Ins Teufels Namen was ist das?" rief Brosi auffahrend.

„St! Stille! Ich will dir was sagen," erwiderte eine leise Stimme.

„Wer ist denn da?"

„Ich bin's, die Monika. Komm da her an die Thür, aber thu' leise, ich will dir was sagen."

„Mach' die Thür auf, dann kannst besser reden und ich kann sehen wer es ist. Mach' die Thür auf oder ich stampf' sie ein."

„Ich bitt dich, thu leise," bat die Stimme draußen wieder, „ich mach' nicht auf. So kann ich besser mit dir reden, und wenn dir dein Leben lieb ist, hör' mir ruhig zu und polter' nicht und pockel' nicht und sei ganz still."

„Was willst denn, wenn du die Monika bist? Wenn du 'rein willst, mach' auf. Was willst denn vorher ausmachen?"

„Red' nicht so schlecht. Eben deswegen komm' ich ja. Was mein' Mutter vorhat, ich weiß nicht und will's nicht wissen. Es ist mein' Mutter, ich darf nicht schlecht von ihr denken und thu du's auch nicht. Guck, ich lieg' da vor der Thür auf den Knieen und heb' meine Hände zu dir auf und bet' wie man zu Gott betet. Brosi, du bist ein braver Mensch gewesen und ich auch ... und wenn dir deine eigene Ehre lieb ist und die von einem armen Mädchen auch — Brosi, thu mir den einzigen Gefallen und bleib' nicht mehr im Haus, kein' Minut, kein' Stund mehr. Ich bitt' dich, nimm deine Stiefel in die Hand und geh' leise herunter, die Hausthür kannst von innen aufmachen. Brosi, sei barmherzig und geh."

„Wo soll ich denn hin jetzt in so später Nacht und aus dem ersten Schlaf heraus? Ich bin ohnedem krank."

„Geh' noch nach Endringen, oder wenn du nicht willst, drüben beim Jörgtoni schlafen noch drei fremde Maurer, da kannst du auch sein."

„Morgen will ich's thun. Heute geh ich nimmer fort."

„Wenn du nicht heut gehst, bist du verloren auf ewig und ich auch. Brosi, sei barmherzig. Du wirst es sonst in deiner Todesstunde bereuen, der Angstschweiß auf der Stirne wird dich gemahnen, wie du ein armes Mädchen —"

„Ho ho! Thu nicht so arg. Ich geh' ja, aber mach' nur auf und komm ein bißle 'rein."

„Bist du schlecht, Brosi? Willst du schlecht sein?"

„Nein, ich hab' ja schlafen wollen. Ich will ja nichts.
Morgen will ich gehen, oder meinetwegen heut, du Heilige.
Mach' nur auf und gieb mir die Hand."

„Schwörst du, gleich zu gehen?"

„Ja, ich schwöre. Mach' nur auf und gieb mir die Hand."

„Schwörst du, ohne Bedingung zu gehen?"

„Ja, so wahr mir Gott helfe zu einem rechtschaffenen Leben
und zu einem leichten Tod." —

Brofi drückte an die Thür, sie war offen, er hatte sie nicht
entriegeln gehört, er vernahm keinen Tritt die Treppe hinab,
kein Oeffnen und Schließen der Stubenthüre. Alles war wie in
die Luft verschwunden, keine Menschengestalt, keine Stimme, nur
der Forlenbach rauschte, die Heimchen zirpten noch und die einzige
Kuh im Stall brummte wie verschlafen.

Brofi nahm die Stiefel in die Hand und von Angst gejagt
als fliehe er aus einem brennenden Hause, stieg er die Treppe
herab, öffnete das Haus und stand frei athmend draußen in der
stillen Nacht. Er zog seine Stiefel an und eilte nach Endringen.

Den ganzen andern Morgen war Brofi bei der Arbeit immer
selbstvergessen und träumend, er hielt oft den Hammer unbewegt
in der Hand und vergaß den Stein vor sich zu meißeln und als
er ihn einfugte und mit Mörtel befestigte, schöpfte er mehrmals
aus dem leeren Kübel, ohne es zu merken. Der Bauführer, der
das lässige Wesen Brofi's sah, ließ ihn hart darob an und Brofi
hörte ihn mit offenem Munde an, als gelte das gar nicht ihm.
Am Mittag, als Brofi wieder auf dem Boden stand, war es
ihm als ginge die ganze Welt mit ihm im Kreise herum. Er
aß ohne Hunger und als er sich eine Weile niederlegen wollte,
konnte er keine Ruhe finden, denn er lag wie in schaukelnder
Wiege. Er stand auf und ging zuerst nach dem Hause des Jörgtoni und bestellte sich eine Schlafstelle, und wie unwillkürlich ging
er dann nach dem Hause des Apothekerrösle.

Mutter und Tochter thaten gleich verwundert über sein nächt-
liches Entweichen; nur als Brofi bemerkte, daß er sich beim Jörgtoni eingemiethet habe, glaubte er ein kaum merkliches Nicken der
Monika zu beobachten.

Da sich Brofi heute nicht arbeitsfähig fühlte, schenkte er sich
den noch halben Arbeitstag, holte sein Bett in Endringen und
war nun erst ganz in Halbenbrunn daheim.

Das Apothekerrösle hatte seinen Namen nicht umsonst, Brosi fühlte sich bald wieder hergestellt von den Folgen jener tollen Tanznacht.

Brosi kam oft in das Haus des Apothekerrösle, Monika mußte es merken, daß er Etwas auf der Zunge hatte, was er ihr mittheilen wollte, aber Mädchen in Wislingröcken wie in langen Kleidern verstehen es, einen unkecken Burschen nicht zu Wort kommen zu lassen. Kam Brosi in die Stube, verließ Monika dieselbe mit freundlichem Gruß; vertrat er ihr den Weg im Freien, wußte sie immer Jemand anzurufen, der sich zu ihnen gesellte, und dann hatte sie immer so eilige Besorgungen, daß sie sich keine Minute aufhalten konnte. Wenn Brosi meinte, jetzt halte er sie fest, war sie ihm immer unversehens entschlüpft und so ging er in seltsamen Selbstgesprächen lange einher.

Die wilden Wasser im Bache hatten sich rasch wieder ver= laufen, und nun zeigten sich die traurigen Folgen der Ueber= schwemmung; ganze Wiesen waren zerrissen und mit Sand bedeckt und nicht nur der Ertrag des gegenwärtigen Jahres war ver= loren, auch für lange Zeit hinaus war kein Ersatz zu hoffen; das war doppelt betrübend in der Gegend, die keinen andern Feldbau kennt als die Wiesennutzung. Im Hause des Apotheker= rösle war auch Wehklagens genug, die wilden Wasser hatten zwar den hochgelegenen Grasgarten nicht zu überschwemmen ver= mocht, sie hatten aber ein gut Stück davon mit fortgerissen und eine tiefe Höhlung gemacht, daß noch mehr nachstürzen mußte und der Bach immer eigensinniger sich nach dem linken Ufer drängte, um den Garten der Wittwe zu verschlingen. Ohne ein Wort von seinem Vorhaben zu sagen, begann Brosi in den abendlichen Feierstunden Steine aus dem Bett des Baches zu wälzen und zu meißeln, und bald zeigte sich, was werden sollte: eine durch vorgeschobene Reisigbündel gesicherte und ins Halbrund gesetzte Schutzmauer zog sich längs des Gartens hin und ein so= genannter Sporn, ein nur dem Kennerauge sichtbarer Erdaufwurf im Bette des Baches drängte den Strom nach dem jenseitigen Ufer hin. Brosi ärgerte sich oft, daß ihm Monika noch immer kein besonderes freundliches Wort gab; er wußte ja nicht, daß sie fest darauf hielt, man dürfe einen Menschen, der ein gutes Werk thue, nicht dabei berufen. Einmal jedoch konnte sie sich nicht ent= halten, bei ihm stehen zu bleiben und schnell rief Brosi sie festhaltend:

„Jetzt sag, jetzt sag einmal, hab' ich's nicht brav gemacht?"

„Ja, die Mauer ist brav."

„Du weißt wohl, daß ich das nicht mein'. Verdien' ich gar keinen Dank, daß ich so schön gefolgt hab' und bin aus eurem Nonnenklösterle fort, wie du mich geheißen hast?"

„Ich weiß nicht, was du meinst, ich versteh' kein Wort," entgegnete Monika mit so treuherzig unwissender Miene, daß Brofi sie anstarrte, und sie setzte hinzu: „red' deutsch, daß man dich auch verstehen kann. In welchem Kloster bist denn gewesen?"

„O ihr Weibsleut!" rief Brofi, „ich hab' mein Lebtag ge= hört, ihr könnt euch verstellen ärger als der best' Fastnachtshansel, aber so arg hätt' ich's doch nicht glaubt. Weißt denn nichts mehr vom Riegelzu und ich lieg auf den Knieen und bet zu dir wie zu unserm Herrgott? Hab' ich darum den Rechtschaffenen an dir gemacht und allen Respekt vor dir gehabt, daß du jetzt thust wie der Ich=bin=nicht=dabei=gewesen?"

„Ich versteh von all' deinen Reden vom Simri kein Mäßle," beharrte Monika, und hohnlachend entgegnete Brofi:

„Gut, so will ich der Narr sein und will dir Alles noch= mals erzählen," und er berichtete genau von jenem Abend und allen Worten, die er gehört und gesprochen.

Monika hatte die Hände in die zusammengerollte Schürze versteckt und schaute den Sprechenden mit großen Augen an, end= lich sagte sie:

„Ich glaub' dir, aufs Wort hin glaub' ich dir Alles, es ist gewiß so. Aber Brofi, glaub' mir auch, du hast Alles nur ge= träumt und es ist einer von den rechten, von den braven Träu= men gewesen. Guck, jeder Mensch hat seinen guten Engel, der ihm Alles thut; da ist mein guter Engel zu dir kommen und hat dir Alles berichtet, wie ich dir's selber gesagt hätt'; aber ich, glaub' mir, ich bin nicht aus der Stub' kommen. Wo hätt' ich auch so schnell hin verschwinden sollen? Da hast das Wahrzeichen, daß ich's nicht gewesen bin und nur meine Schutzheilige, zu der ich dafür beten und der ich danken will. Und mit dem Riegel? Kannst 'naufgehen und kannst selber sehen, an der Thüre ist so, wie man's angreift, bald ist sie zu, bald auf, es ist nur ein Vortheil [1] dabei. Ich laß' es aber gelten, wie wenn ich's selber

---

[1] Geschickter Handgriff.

gewesen wär' und rechne dir's grad so an; aber geträumt hast, das ist einmal ausgemacht."

Brosi stand eine Weile wie versteinert, dann faßte er sich schnell und machte allerlei Versuche, Monika zum Lachen zu bringen und ihr das Geständniß abzuzwingen, daß sie ihn nur necke; aber keine Miene in ihrem Gesichte zuckte, sie schaute ernsthaft drein und verließ ihn, indem sie ihm noch mehr solche gute Träume wünschte.

Brosi schaute mit verdächtigem Blick auf das Haus des Apothekerrösle, das ganze Haus schien ihm nicht geheuer, da man darin so lebhafte und wunderliche Träume haben könne; und doch wollte er wieder nicht daran glauben, daß all das Erlebte nur ein Traum gewesen, und wiederum dünkte ihn das doch besser; denn wenn Monika jetzt ein falsches Spiel mit ihm triebe, war sie ja falsch wie Galgenholz; drum muß es doch ein Traum gewesen sein.

Am andern Tage machte Brosi einen Versuch an der Treppenthür und fand die Aussage der Monika richtig, es bedurfte nur eines geschickten Griffs an die Thüre, um den Riegel auf oder zu zu machen. Bei dieser Gelegenheit entdeckte aber auch Brosi den baufälligen Zustand des Hauses; und als die Gartenmauer vollendet war, machte er sich an Instandsetzung des Innern. Wo er anklopfte, stäubte es ihm entgegen. Die Umfassungsmauern bestanden aus aufgeschichteten Querbalken, die noch ziemlich Stand hielten, aber die Riegelmauern zerbröckelten fast bei starker Berührung und besonders die Feuerwand, die nach der Küche ging, und so oft von den drei Schlägen erdröhnte, hatte einen wundersamen Bestand, die drei Schläge mußten mit besonderer Kunst geführt werden, da die Wand nicht einstürzte.

Das Apothekerrösle wußte es Brosi wenig Dank, daß er mit Aufopferung all seiner freien Zeit und da diese nur kurz gemessen war, sehr langsam das Häuschen so herstellte, daß es „behäb war wie ein Büchschen." Das Apothekerrösle hatte nur immer zu klagen, daß es diesen Staub und dieses Gehämmer noch erleben müsse. Desto dankbarer aber war Monika und als sie ihm einst sagte:

„Brosi, du baust zwei Kirchen, dort die große und hier eine kleine, die dir Gott lohnen wird," da warf Brosi Hammer und Kelle weg und die lang verhaltene Liebe brach in die Worte aus:

„Und ich will dich von Gott zum Lohn und weiter nichts.“

„Ich hab' auch sonst nichts, denn das Häusle ist verschuldet, und unsere Kuh haben wir nur im Bestand.“

Der Bund war geschlossen, und das Apothekerrösle sagte: es freue sich nur, daß es doch Recht behalte; es thue kein Mensch etwas aus Gutheit, der Brosi habe Haus und Garten nur hergerichtet,. um Alles zu haben. Mit Nachdruck setzte es dann hinzu, wie gerichtlich festgestellt werden müsse, daß die beiden älteren Töchter, die in der Schweiz dienten, ein Heimathsrecht im Hause hätten, das ihnen Niemand verkümmern dürfe. Ueberhaupt hob das Apothekerrösle mit schmatzendem Munde alle die Mißlichkeiten hervor, die dem neuen Hausstande drohten, so daß Brosi oft zaghaft werden mußte, wenn er nicht bedacht hätte, daß seine Schwiegermutter ingrimmig sei, weil sie einen Tochtermann bekam, den sie nicht eingestellt und in der Hand hatte. Moni lobte ihn über diese Auslegung als tiefen Menschenkenner und bestärkte ihn mit heiterm Sinn in froher Zuversicht.

Als erstes Geschenk des nun geschlossenen Bundes wollte Brosi von seiner Moni wissen, ob er an jenem Abend wirklich geträumt habe; aber Moni wich ihm aus, und als er immer dringlicher ward, sagte sie ihm, am Hochzeitstage werde Jemand kommen, der ihm Alles erkläre, er dürfe aber nie mehr vorher darnach fragen.

Viertes Kapitel.

Es giebt ein Bekenntniß der Armuth, das sich unter allen am schwersten bekennen läßt: es ist die Armuth an Freundschaft. Nur ein in ungemessener Selbstherrlichkeit sich erhebendes Wesen vermag dieses Geständniß mit einem gewissen heitern Gleichmuth zu thun, weil sich darin wiederum die große Thatsache offenbart, daß Niemand ihm gleichkomme, sei es an wirklichem Gehalt oder auch nur an Verständniß seiner unerfaßlichen Bedeutsamkeit. Untergeordnete, in sich oder von der Welt sich abhängig fühlende Naturen dagegen, erkennen in ihrem Mangel an Freundschaft nicht nur eine Härte und schiefe Stellung des Geschickes, die oft dabei mitwirkt, sondern auch in der Aufrichtigkeit vor sich selber einen Fehler in der eigenen Natur, die es nicht vermag, Liebe zu gewinnen und festzuhalten.

Mit demuthvoll niedergeschlagenen Augen und zitternder
Stimme sagte eines Tages Moni zu ihrem Bräutigam:

„Horch Brosi, ich muß dir Etwas sagen. Dann bin ich aber
auch ganz fertig und kannst mich aufschneiden und findest keinen
verborgenen Gedanken mehr in mir."

„Was hast? Sag's nur frei heraus."

„Guck, mein' Mutter ist gewiß viel daran schuld, du weißt
ja selbst am besten, wie sie ist; aber ich bin auch schuld, gewiß
ich auch."

„Was hast denn? 'raus mit."

„Guck, ich hab' auf der ganzen weiten Welt keinen Men=
schen, den ich zur Hochzeit laden kann, und ich hab' keine Ge=
spiele, die an unserm Ehrentag mit mir in die Kirche geht. Die
Näherlise, die in Endringen mit mir getanzt hat, wär' die ein=
zige, aber die kann ja jetzt nicht. Ich hab' Niemand auf der
Welt, ich bin wie aus dem Stein gesprungen; wenn ich mein'
linke Hand in die rechte nehm', hab' ich all meine gute Freund'
bei einander. Gelt, ich seh' dir's an, das thut dir auch weh',
aber red' jetzt und sag', wie wir's machen."

Moni hatte recht gesehen. Ein gewisses bräutliches Bangen,
das halb verschleierte Bewußtsein, nun mit dem ganzen Leben
abgeschlossen zu haben, hatte schon manchmal bei aller Zuversicht
das Herz Brosi's erzittern gemacht; jetzt bei dieser Kundgebung
kam es wieder. Er wollte schon losbrechen in der Darlegung
seiner Bekümmerniß, als er noch zeitig genug an sich hielt, denn
jetzt zum Erstenmal kam ihm der Gedanke, daß zwei Menschen,
die sich zu einem vollen Gemeinleben verbinden, wohl in Ehr=
lichkeit und Offenheit zusammen stehen müssen, daß es aber die
Pflicht des Einen sei, dem Andern, das in Leid oder Leidenschaft
versunken ist, nicht durch eigene Zuthat solches noch zu vermehren,
sondern ihm heraus zu helfen.

Ueber das Antlitz Brosi's zog eine eigenthümliche sonnige
Klärung, er faßte die Hand Moni's und sagte:

„Red' nicht so. Freilich ist's hart. Sag' aber nicht, wenn
deine rechte deine linke Hand faßt, habest du alle deine gute Freund'.
Da hast meine zwei Händ' und ich hab' viele Freunde, und die
sind alle dein, und ich hab' Niemand auf der Welt, der was
gegen mich hat, auch der Furchenbauer nicht. Ich schaff' dir
Gespielen so viel du magst und die fürnehmsten aus der ganzen

Gegend. Wenn nur wir Zwei mit Gottes Hülfe gut Freund
ſind, dann wird's die ganze Welt auch ſein."

Moni beugte ihr Haupt nieder und legte ihre brennende
Wange auf die Hand Broſi's, dann richtete ſie ſich auf, ſchüttelte
ſeine beiden Hände mit mächtiger Kraft und ſagte:

„Broſi, das vergeß ich dir nie, nie, wie du jetzt gegen mich
geweſen biſt. Du wirſt ſehen, was du an mir haſt."

Die Verlobten hielten ihre beiden Hände feſt und ſahen ein=
ander tief in die Augen, und dieſer Blick ſprach mehr, als alle
Worte auszudrücken vermögen. Ohne Kirche, ohne Prieſter und
Zeugen kam die Segnung der ewigen Weihe über die beiden Ver=
bundenen.

Moni war ſo aufgelöst und hingegeben, daß ſie ſchon heute
ihrem Verlobten das Räthſel jener Traumnacht löſen wollte, aber
Broſi wollte nichts davon hören.

„Du mußt mich dazu anhalten, daß ich bei meinem Wort
bleib', und ich will's auch ſo halten," erklärte er, worauf Moni
dieſe feſte Männlichkeit hochpries. Broſi ſchmunzelte, dann aber
ſagte er mit der Zunge ſchnalzend:

„Jetzt iſt's genug, ſonſt kommen wir ja in ein Geſtenn,
wie die Katzen auf dem Dach. Luſtig, und wenn der Sack ſieben
Löcher hat."

Zum Erſtenmal mußte Moni mit ihm in den Auerhahn zum
Weine gehen, ſie ſträubte ſich lange dagegen und wollte es auf
Sonntag verſchieben; aber Broſi behauptete, heut' ſei Sonntag
und gab ſeiner Braut als Probe auf, das augenblicklich zu glau=
ben. Lachend ſagte Moni:

„Haſt Recht, heut' iſt Sonntag, aber ich will deßwegen
auch ſchnell meine Sonntagskleider anziehen. Ich bin gleich wie=
der da."

Sie erfüllte dieſes Verſprechen mit überraſchender Schnellig=
keit und noch nie ſchmeckte Broſi ein Schoppen ſo gut als den er
mit ſeiner Moni austrank. Durch die Nacht heimwärts gehend,
ſangen ſie in beweglicher Weiſung:

Es giebt kein' größre Freud
Auf dieſer Erden,
Als wenn zwei junge, junge Leut
Zwei Eheleut' werden.

Da giebt es keine Noth,
Kein Kreuz und kein Leiden,
Nichts als der bittre Tod
Der kann sie scheiden.

Noch nie ging Brosi so wonneselig von seiner Braut, als an diesem Abend. Als er ihr am andern Morgen begegnete, sagte sie:

„Du hast mich ganz narret gemacht, es will mir gar nicht aus dem Sinn, daß gestern Sonntag gewesen ist und die Leut' sagen, heut' sei Freitag."

„Diese Woch' hat halt zwei Sonntäg'," entgegnete Brosi lachend und ein Jedes ging an seine Arbeit. —

Am nächsten wirklichen Sonntag machte sich der Brosi mit seinen beiden Hochzeitlädern auf, um in seiner Heimath die üblichen Einladungen zu machen; er trug einen Rosmarinstrauß mit rothen und blauen Bändern auf dem Hut und im Knopfloch, und ebenso die beiden Gesellen, die noch dazu Säbel an der Seite trugen. Moni schaute ihnen noch lange nach von dem wieder-aufgerichteten Bachstege, und von fernher ertönten ihr noch die hellen Juchhe, die die Berge widerhallten.

Es war für Brosi eine eigenthümliche Buße, daß das erste Haus, in das er mit seinen Gesellen eintreten mußte, der Hof zur langen Furche war. Hier kam er gerade in große Festlich-keiten hinein, denn die Schwester des Furchenbauern verlobte sich mit dem Gipsmüller vom untern Thale; da standen Fuhrwerke von ob und nid der Steige wie eine Wagenburg vor dem Hause, und drinnen in der Stube war Alles gesteckt voll von dicken Ver-wandten beider Seiten. Brosi überkam ein Bangen und ein selt-samer Schreck als er in die übervolle Stube trat. Wie viele Menschen hatten sich hier zusammen gefunden, um den Hand-schlag mit zu feiern, wie wirkte das Ereigniß hinaus über Berg und Thal und eine ganze Reihe von gewichtigen Menschen trat einander nahe; wie armselig dagegen war seine Verlobung ge-wesen und Moni hatte Recht, da sie sagte: „Ich bin wie aus dem Stein gesprungen." Der Furchenbauer, der es wohl be-merkte, wie Brosi so verloren um sich schaute, hielt das für eine Verlegenheit von jenem trotzigen Aufbrausen an seinem Hochzeit-abende her; er trat daher auf Brosi zu, versicherte ihn herablaſſend ſeiner Gunſt, und nun ſprachen die beiden Geſellen den üblichen Einladungsſpruch. Die neue Braut reichte dann nach gewohnter Sitte den Brodlaib, um eine Schnitte abzuſchneiden, brachte aber gleich darauf auch ein groß Stück Kuchen zum Gruß an Moni, äußerte die Freude, daß an ihrem Brautmorgen ein ſo fröhliches Ereigniß bei ihr einkehre und verſprach, ſicher zur Hochzeit zu kommen. Brofi brachte ſeinen Wunſch vor, daß ſie die Brautjungfer ſein möge, und nachdem ſie ihren Bräutigam geholt und dieſem das Verlangen vorgetragen hatte, willigte ſie gern ein. Trotz dieſer Zuſage verließ Brofi mit geſtörtem Ge= müth das Haus; die Verlockungen des Reichthums und das Ver= langen, einer großen hochgeltenden Familie anzugehören, waren in ſeine Seele gedrungen. Er hatte nie darnach getrachtet, ſolch ein Mädchen zu gewinnen, das war ja unmöglich, denn die Standesunterſchiede bei den Bauern ſtehen faſt unerſchütterlich feſt; jetzt aber fühlte er doch etwas wie Neid und Luſt nach geborge= nem Vermögensſtande. Er dachte auf Einmal wie viel Hammer= ſchläge er thun müſſe, bis er ſich nur ein Geringes erobert haben werde; und nachmals hat er noch oft und oft davon erzählt, daß er damals auf der Schwelle des Furchenbauern erfahren, „wie der Teufel in jedem Menſchen wohne und Meiſter werde, wenn man ihn nicht gleich beim Grips faſſe und erwürge.“ Jetzt hatte Brofi nichts in der Hand als das große Stück Kuchen; das gab er ſeinen Geſellen und brachte keinen Biſſen davon über die Lip= pen, für ſich zum Zeichen, daß er von den böſen Gewalten nichts annehme.

Brofi hatte am vergangenen Donnerstag die volle Wahrheit geſprochen: überall wohin er kam, hatte er nichts als gute Freunde und Niemand, der ihm gram war. Ja, die Freundlichkeit ging ſogar ſo weit, daß man da und dort über ſeine Schwiegermutter ſpöttelte und ihn um dieſe Zuwage bedauerte, Andere machten ihm dabei noch freundliche Vorwürfe, daß er ſo früh heirathe und ſich einen ſo harten Anfang aufbürde; Alle aber verſprachen, ſicher zu kommen, zumal da man ja auch zugleich die Einweihung der Kirche mitmache. Es wurde ihm als ein kluger Streich aus= gelegt, daß er ſeine Hochzeit auf dieſen Tag feſtgeſetzt, da es ihm ſo an Zuſpruch und reichlichen Hochzeitgeſchenken nicht fehlen könne. Von Moni ſprach faſt Niemand, es kannten ſie auch nur Wenige; deſto mehr aber ſprach Brofi in ſich: „Und ihr wiſſet

Alle nicht, daß es mein klugster Streich ist, just die Moni zu heirathen."

Als er am Abend auf dem Heimweg wieder an des Furchen=bauern Haus vorüber kam und die Stelle sah, wo so böse Ge=danken ihm in der Seele gewaltet hatten, eilte er seinen Gesellen voraus und wollte schnell heim zu Moni; nur auf das Zureden der Gesellen, wie es sich nicht schicke, daß er allein heimkehre, hielt er gleichen Schritt mit ihnen.

Moni war hocherfreut als sie vernahm, welch eine fürnehme Brautjungfer sie haben werde; als aber Brosi in seiner Offen=herzigkeit auch erzählte, welche böse Gedanken ihm in der Seele aufgesproßt seien, wie er sie aber mit Stumpf und Stiel aus=gerottet habe, da weinte Moni bitterlich und wollte sich nicht be=ruhigen lassen, so sehr auch Brosi versicherte, daß alles wurzweg in ihm ausgejätet sei. Erst nach und nach gelang es ihm, sie zu beruhigen, aber so heiter wie die vergangenen Tage war sie doch nicht.

Auf dem Heimwege nach seiner Schlafstelle fand Brosi mitten in der Nacht eine sehr dienliche Weisheit. „Man muß den Wei=bern nicht Alles berichten," sagte er sich, „absonderlich aber nicht von Dingen, die aus und vorbei sind; sie glauben das doch nicht und meinen es sei immer was übrig. Kannst dich darauf ver=lassen, Moni, du kriegst nichts mehr von dem, was ich einmal 'nunter gedruckt hab'."

Fünftes Kapitel.

Man redet so lang von der Kirchweih bis sie endlich da ist, das ist eines der unbestreitbarsten Sprüchwörter und es bewährte sich auch in Halbenbrunn.

Im dichten undurchdringlichen Morgennebel, den man nach dem Ausspruche Vieler fast mit Löffeln essen könnte, krachten die Böllerschüsse und ertönten zum Erstenmal die Kirchenglocken von Halbenbrunn allesammt und so hell wundersam von unsichtbarer Höhe, daß Alles auf die Straße rannte und Eins dem Andern zurief, doch auch hinzuhorchen wie schön das klinge: solch ein Geläute habe keine Gemeinde landauf und landab; Eines bestärkte das Andere in der zuversichtlichen Hoffnung, daß der Nebel fallen und ein heller Tag darüber erscheinen werde.

Brofi ging beim erften Geläute nach dem Haufe feiner Mo-
nita, er hatte unwillkürlich die Hände gefaltet und feine Lippen
bewegten fich, denn er fprach vor fich:

„Guter Gott, gieb, daß diefe Glocken uns nur Stunden des
Glücks und der Freude ankündigen."

Als das Gefammtgeläute vorüber war, tönten noch drei
einzelne Glockenfchläge nach, als fprächen fie dreimal Amen.

Moni war nicht in der Stube, fie war in der Bühnenkammer, die Brofi wohnlich hergerichtet hatte; die Thüre war
verfchloffen und Brofi bat nicht um Einlaß, es wäre gegen allen
Brauch gewefen, diefes Gemach jetzt zu betreten.

„Haft's auch fo fchön läuten gehört?" fragte Brofi und von
innen antwortete es:

„O freilich! und ich hab' gewußt, daß du kommft und ich
hab' zu Gott gebetet, er foll uns alle Stunden, die uns die
Glock' angiebt, in Zufriedenheit erleben laffen und wenn es Leid-
muth giebt, foll er helfen, daß wir bald wieder drüber 'naus
kommen."

Das war ja ganz daffelbe was in Brofi's Herzen aufge-
ftiegen war, nur noch bedachtfamer auf Leib und Ungemach. Moni
ließ ihn nicht lange hierüber nachdenken, denn fie rief, indem fie
eine Kifte zufchlug:

„Wenn fich nur das Wetter auch aufheitert. Geh 'nunter,
ich komm' fogleich."

Das Apothekerrösle war auch heute noch voll grämlichen
Klagens und fagte immer, die ganze Welt fei darauf zugefpitzt
um es zu ärgern: fich zum Poffen müffe es den Tag noch erleben, wo Alles fich draußen freut und es müffe daheim liegen
wie eine kranke Katz.

Brofi fchauderte bei diefer unzerftörbaren Giftigkeit und der
Erinnerung an die Katze; er bat indeß die Schwiegermutter, doch
wenigftens heute fröhlich zu fein, er wolle ihr Wein und Braten
und Kuchen nach Haus fchicken oder felbft bringen, fie folle min-
deftens heute freundlich zu den ankommenden Gäften fein, fie
habe böfen Namen genug.

„So?" rief das Apothekerrösle mit gellender Stimme, „ich
weiß wohl, die Leut' halten mich für eine Hex, aber wenn ich
machen könnt', daß mich die Leute für des Teufels Großmutter
hielten, ich thät's. Lieber möcht' ich von einem tollen Hund ge-

bissen sein, als von den Menschen gern gehabt. Wenn sie so
recht Furcht vor mir haben, das ist mir recht. Wenn sie nur
so stark Furcht hätten daß sie alle die Gichter kriegten, wenn ich
sie anseh!"

Moni unterbrach diese Herzensergießungen, die noch viel
weiter gehen zu wollen schienen, sie brachte ihrem Bräutigam das
feine flächsene Hemd, das sie selbst gesponnen, gebleicht und genäht und das er heute den ganzen Tag tragen mußte. Das
Apothekerrösle wollte die Geschichte vom Rockertsweible erzählen;
das ein Hemd aus Brennnesseln gesponnen habe, aber Moni befahl ihr in scharfem Tone davon still zu sein und klagte über die
Brautjungfer, die so lang auf sich warten lasse und die Mutter
äußerte schadenfroh, daß sie gewiß gar nicht kommen werde. Da
ertönte das Schellengeläute eines Fuhrwerkes vor dem Hause, die
Brautjungfer war angekommen, ihr vorauf lud man einen großen
Sack ab, es war ein Malter Weißmehl, das als Hochzeitsgeschenk
in den Hausgang gestellt wurde. Ehe die Brautjungfer in die
Stube ging, ließ sie den Sack umdrehen und da war auf demselben deutlich „Ambrosius Heller 1799" in einem Kranze zu
lesen. Die Brautjungfer trug einen Rosenkranz um die Hand
geschlungen, offenbar zum Schutz gegen die Hexerei des Apothekerrösle; sie schickte sogleich den Brosi fort, da es gegen alles Herkommen war, daß er sich jetzt im Hause befand.

Zum Zweitenmal knallten die Böllerschüsse, die Glocken läuteten und Alles jauchzte, da die Sonne hell hervorbrach. Moni
war besonders glücklich, da sie just in dem Augenblicke so hell
erglänzte als ihr die Brautjungfer die Flitterkrone, die sogenannte
Schappel aufsetzte. Die Sonne hatte aber in Halbenbrunn noch
gar viel andere Herrlichkeiten zu bescheinen: vom Thurme flat-
terten Fahnen und an den Häusern hingen überall Kränze von
grünen Tannenreisern und Stechpalmen, aus denen in Ermang-
lung von Blumen aufgereihte Hagebutten und Zweige von Pfaffen-
hütchen und Vogelbeerbüschel hervorschauten. Der Auerhahnwirth
hatte von seinem Hause nach dem gegenüberstehenden Kirschen-
baume am Röhrbrunnen einen mit vielen Bändern verzierten
Kranz gezogen, und auf den Straßen lagen überall Tannenreiser,
Ginster und sogenanntes Schafterheu; der Wald hatte seinen Gruß
gesendet zum Danke dafür, daß ihn nun Glockenschall durch-
hallte.

Die Burschen von Enbringen kamen alle insgesammt unter Pistolenknallen und mit bänderverzierten Rosmarinsträußen auf dem Hute, sie holten Brosi ab, um ihm das Geleite nach der Kirche zu geben. Als es zum Drittenmal läutete, Böller- und Pistolenschüsse knallten, ertönte die Musik, die beiden Hochzeit- läder gingen mit gezücktem Säbel vor und hinter der Braut; zum Erstenmal ertönte zum feierlichen Gottesdienste die Orgel in der Kirche und man sah viele Leute vor Freude und Rührung weinen. Der Geistliche, ein Heimathgenosse Brosi's, aus Enbringen gebürtig, verstand es, die rechten Worte für die Weihestimmung zu treffen und als er die Anrede an Brosi hielt, wünschte er ihm, daß sein Glück so fest und ohne Wanken sein möge wie die Steine des Baues, die er zusammenfügen geholfen.

Beim Ausgang war ein großes Gedränge, abermaliges Läuten, Böllerkrachen und Musikschall und jetzt, nachdem der nöthige Ernst abgethan war, brach die Freude mit verdoppelter Macht hervor.

Die Brautführer geleiteten die Braut und deren Gespiele bis ins Wirthshaus, stießen dort ihre Säbel in die Stubendecke, genau da, wo Braut und Bräutigam sitzen müssen und nun be- gann der Brauttanz. Es war eine Lustbarkeit, wie sie zwischen den dunkeln Wäldern noch selten gefunden war und Brosi nickte zufrieden als ihm einer der Burschen mitten aus dem Tanze zu- rief: „Heut sind wir Alle lauter Brosi's." Er selbst fühlte sich in seiner neuen Würde zu ernstem Maßhalten gestimmt, er hatte auch dafür zu sorgen, daß er mit Jedem der Gäste ein freund- liches Wort sprach und daß Jeder für sein Geld gehörig bedient werde. Auch hatte Brosi Grund genug zu ernstem Nachdenken. Er hatte seiner Schwiegermutter Wein und Essen nach Haus ge- bracht und sie hatte vor seinen Augen den Wein in die Stube geschüttet und dabei so höllisch gelacht, als wäre ihr Wunsch vom Morgen in Erfüllung gegangen und sie wirklich des Teufels Groß- mutter. Er suchte indeß den Gram darüber zu verwinden und in erster Anwendung seines vor der Hochzeit angelobten Verfah- rens unterließ er es, der Moni etwas davon zu sagen. Diese strahlte in harmloser Seligkeit und brachte es eben dadurch auch zuwege, ihn zu erheitern und den Vorsatz in ihm zu befestigen, das Apothekerrösle wie einen Narren zu behandeln, mit Geduld und Gleichgültigkeit.

Als es Abend zu werden begann und manche Gäste sich zur Heimfahrt anschickten, schrie Alles wie aus Einem Munde:

„Bändelestanz! Brositanz!" und Brosi mußte den auf der Hochzeit des Furchenbauern erfundenen Reigen abermals ausführen. Heute aber faßte er nur seine Moni und sang dabei:

> Weil Scheiden bitter ist
> Und 's Lieben süß,
> Jetzt leg i mei'm rechten Schatz
> D' Händ unter d'Füß'.

Trotzdem schon viele Pferde auf der Straße angespannt waren und hell wieherten, versprachen doch alle Gäste noch zu bleiben, wenn Brosi auch noch den Hoppelvogel und den Siebensprung ausführe. Er ließ sich dazu nicht lange bitten und man konnte nicht sagen, wer Alles zierlicher und auf den Ton hin genauer ausführte, er oder Moni. Die volle Lustigkeit brach wieder in Brosi hervor, er jauchzte und sprang und sang, daß Alles auf Tisch und Bänke stieg um ihm genau zuzusehen, und als er geendet hatte, rief er: „Eingehalten! Es kommt was." Er trat mit Moni vor die Brüstung, hinter der die Musikanten saßen, und sagte: „Moni, das ist auch ein Altar und jetzt kommt ein neues Versprechen. Ich nehm' euch Alle zum Zeugen, da schwör' ich's: so lang mir der oberste Musikant da zu allerhöchst oben Leben und Gesundheit schenkt, tanz' ich jede Kirchweih. Schwör' du das auch Moni, thu's, ich bitt' dich drum."

„Ja, ja, ich schwör's auch," rief Moni und reichte ihm die Hand; die Musikanten wirbelten einen Tusch und hefteten gleich einen lustigen Hopser dran. Alle Gäste, denen Brosi und Moni das Geleite geben mußten, um von ihnen das übliche Geldgeschenk zu empfangen, betheuerten, noch nie eine so lustige Hochzeit mitgemacht zu haben und der beste Beweis, daß Alles glücklich und zufrieden war, lag darin, daß Moni im Geheim ihrem Mann ins Ohr sagte, sie hätten jetzt neben dem Sack Mehl und Anderem schon dreißig Gulden baar über die Hochzeitskosten eingenommen.

„Hast's gezählt?" fragte Brosi.

„Ja, ich hab' Alles ungesehen abgezählt, eh ich's in Sack than hab'; da rechts hab' ich achtzehn und da hab' ich sieben und zwanzig Gulden. Wir laufen dem Beständer unser Küh'le ab, es ist gar ein brav Küh'le, das wird das beste sein."

„Ja, ja," sagte Brosi, und rieb sich vergnügt die Hände, er sah schon jetzt wieder deutlich, was für eine „hausliche" Frau er hatte.

Nachdem die Braut gestohlen und dann wieder ausgelöst worden war, ging die Lustbarkeit von Neuem an. Brosi sprach im Geheimen vom Heimgehen, aber Monika hatte noch manche Leute im Auge, die noch kein Geschenk gegeben hatten, deren Weggang mußte abgewartet werden. Endlich nickte Moni still als ihr Brosi wieder winkte, sie schlich sich fort und bald war Brosi bei ihr auf der Straße; aber so verborgen sie sich auch glaubten, sie waren doch entdeckt worden und Musik und Gesang tönte ihnen von den Fenstern heraus nach.

Nicht weit von ihrem Hause sprang Moni davon, er ließ sie gewähren, denn es gilt als Zeichen, daß der die Herrschaft bekommt, der zuerst ins Haus tritt und Brosi sah schon, daß er gut dabei stand, wenn er seine Frau walten ließ. Er sah sie in das Haus treten und die Thüre hinter sich offen lassen, aber so sehr er auch das Haus durchsuchte und sie rief, er fand sie nirgends, auch in der Bühnenkammer war sie nicht und nicht auf dem Heuboden, nicht im Stall und Keller. Endlich rief er: „Soll ich an meinem Hochzeittag fluchen? Und das muß ich, wenn du nicht kommst."

„Such das Geheimniß," rief eine Stimme wie aus der Ferne und auf die Bitten Brosi's rief es endlich deutlicher: „Da bin ich." Unter der Treppe war ein Laden, der in die Raufe nach dem Stalle ging und Moni erklärte, daß sie hier hin verschwunden sei in jener Nacht als sie ihn aus dem Hause bettelte.

Sechstes Kapitel.

Man hatte sich bisher in Haldenbrunn mit einer zerfallenen Kapelle auf dem Gottesacker begnügen müssen, und man muß es wissen, was es heißt, wenn ein Dorf zum Erstenmal eine eigene Kirche hat. Es ist als ob der heilige Geist sich leibhaftig unter den Bewohnern ansässig gemacht hätte und wiederum als ob Alle gemeinsam ein schönes unzerstörbares Sonntagsgewand

bekommen hätten; der wahre heilige Geist, das Gefühl der Ge=
meinsamkeit und Allgehörigkeit, erhebt die Herzen, macht sie froh
in sich und freundlich Eines dem Andern. Verstünde es die
Kirche, diese Weihestimmung, dieses Gefühl der Brüderlichkeit und
Gemeinsamkeit vor Allem in den Herzen wach zu halten, sie wäre
die Heilsanstalt, deren Beruf sie sich zuschreibt.

Fast noch mehr aber als an der Kirche freute sich Alles an
den Kirchenglocken. Wie still und ungezählt waren die Stunden
des Lebens vorübergegangen, wie lief man in des Nachbarn
Haus oder schaute nach dem Schatten, um die Tageszeit zu er=
kunden; jetzt tönt es allezeit vom Thurme und die Berge, solchen
Klanges ungewohnt, sprechen ihn nach, und im Walde legt der
Holzhauer die Axt nieder und spricht: das ist unsere Glocke, die
elfe schlägt — und dieses unsere thut so wohl und würzt das
karge Mahl. Ein feierlicher Hauch wehte noch tagelang über
Haldenbrunn, und die Tannenreiser, die zu festlichen Kränzen und
Bogen verwendet waren, dufteten so würzig; aber der festliche
Hauch vergeht, und die Tannenreiser werden bald abgenommen,
zu Reisigbüscheln für die Heizung zerhackt und gebunden.

Nur bei Brosi war die Festtagssonne noch nicht erloschen.
Zwar gestattete er sich nur noch Tags darauf im Sonntagsgewand
einherzugehen, und wenn ihn die Leute grüßten, meinte er, Alle
müßten es ihm ansehen, wie glücklich er sei und seine feierliche
Stimmung blieb noch lange Zeit. Er begriff oft gar nicht, daß
die Leute so thaten als ob das gar nichts wäre, wenn er auf
ihre Frage Wohin zur Antwort gab: „Ich gehe heim.“ Mußten
denn die Leute nicht, daß er zum Erstenmal in seinem Leben eine
Heimath gefunden, und daß er jetzt ein doppelter Mensch war,
daß er daheim eine wackere nette Frau sein eigen nannte? Ueber
seine frohe Stimmung und das volle Erquicken an derselben ver=
gaß er aber nicht, auf das Erste und Nothwendigste bedacht zu
sein, und das war: eine Winterarbeit, einen Verdienst in der
harten Zeit zu finden. Zwar begann man schon damals hier
und dort Winterwerkstätten für Steinmetzen herzurichten, und da
Brosi Steinmetz und Maurer war, hätte er wohl ein Unterkom=
men finden können; aber gleich den ersten Winter aus der neu
gegründeten Heimath fortzugehen, konnte er sich nicht zumuthen.
Es blieb also nur übrig, Arbeit im Orte zu finden, und da gab
es nur eine einzige: Holz fällen in den umgrenzenden Wäldern,

und wenn der Boden gefroren ist und sich eine Schneebahn dar=
über legt, das Gefällte auf Handschlitten thalwärts führen. Der
Revierförster war nicht abgeneigt, gegen den damals üblichen
Abzug von dem bedungenen Lohne zu seinen eigenen Gunsten
Brosi Arbeit zu geben, und er durfte nicht lange zögern, denn
ein junger Ehemann in seinen Vermögensverhältnissen mußte der
übelsten Nachrede gewärtig sein, wenn er nur einen Tag müßig
umherging. Die Waldarbeit wurde Brosi unsäglich schwer, er
war von seinem Handwerk an ein stetiges und gleichmäßiges Ar=
beiten gewöhnt, aber diese oft plötzlichen Kraftanstrengungen er=
müdeten ihn mehr als man bei seinem starkknochigen Körperbau
vermuthen mochte.

Bald aber gelang es ihm, auch diesem Thun die heitere
Seite abzugewinnen. Er nannte den gefrorenen Wald seinen
überzuckerten Weihnachtsgarten, und wenn er vor Kälte hüpfte
und mit den Händen schlägelte, sagte er immer, er führe jetzt
den Friertanz auf. Er sprach zu den Bäumen, die er fällte, so
entschuldigend freundliche Worte und bat sie unter allerlei Ver=
beugungen, doch gnädigst nicht so zäh zu sein und sich in ihr
Schicksal zu finden, daß alle anderen Holzhauer sich herzudräng=
ten, um mit ihm gemeinsame Arbeit zu machen. Wenn der
Baum schwankte und krachend niederfiel, stieß Brosi immer einen
hellen Juchschrei aus. Am glückseligsten war er aber doch, wenn
er in sich hinein dachte, welch' ein „kugelig Weible," wie er es
stets nannte, er daheim habe, und manchmal verzehrte er ver=
stohlen, um den Neckereien der Anderen zu entgehen, einen guten
Bissen, den ihm Moni „behlings" in die Tasche gesteckt hatte.
Wenn er dann Abends heim kam und die Axt in einen Küchen=
winkel stellte, wischte er sich behaglich Reif und Schnee aus dem
Bart, stellte sich breitspurig, die Hände auf dem Rücken, vor
seine Moni, die am Herde stand und schaute sie so lang an, bis
sie lachte; dann sprach er ganz leise mit ihr, damit es die Mutter
in der Stube nicht höre, und dieses Heimlichthun, das doch seine
traurige Ursache hatte, erschloß wieder seinen besondern Reiz.
Brosi und seine Frau waren immer wie zwei Liebende, die sich
vor einem keifenden Vormunde nur verstohlen und heimlich nähern
dürfen, denn das Apothekerrösle fluchte und schimpfte immer,
wenn Brosi und Moni mit einander scherzten, und sagte, sie
wollten es noch vergiften, um ihre Narretheien ungesehen treiben

zu können. Sprachen ſie einmal leiſe mit einander in der Stube,
ſo heulte und wehklagte das Apothekerrösle, daß man es zehn
Häuſer weit hören konnte, und die Eheleute ihr Alles verſprachen,
wenn ſie nur ſtill ſei. Moni hatte der Mutter einen Theil des
Bettes nehmen müſſen, und nun klagte dieſe ſtets über das hart-
herzige Kind, das ihr die Kiſſen unter dem Kopfe wegzöge, und
das ſie gewiß bald aus der warmen Stube vertreibe; aber ſie
gehe nicht fort und werde noch einen Menſchen finden, der für
ſie den Vogt hole.

Broſi wollte der Mutter die entnommenen Bettſtücke wieder
zurück geben, aber Moni duldete das nicht, man dürfe nicht nachgeben, ſonſt ſei man verloren. Moni ſuchte ihren Mann zu
tröſten über die ſchwere Bürde, die er an ihrer Mutter habe,
aber dieſer ſagte gleichmüthig:

„Wir wären zu glücklich, drum müſſen wir unſer Kreuz
haben, das iſt einmal ſo in der Welt; und ſo ſchwer iſt es nicht,
daß wir nicht noch luſtige Sprünge machen können."

Als ihm aber Moni ein beglückendes Geheimniß mittheilte,
ſagte er doch:

„Lieber Gott, mir iſt nur arg, daß das unſchuldige Kind
die Belferei von deiner Mutter mit anhören muß."

Jetzt aber war Moni geſcheiter, denn ſie entgegnete:

„Das ſchadet nichts. Man wird juſt nicht giftig davon, das
ſiehſt an mir, und in frühen Jahren zu wiſſen, daß nicht alle
Menſchen Lämmer Gottes ſind, hat auch ſein Gutes."

Ganze Abende ſaß Broſi bei ſeiner Frau und ſang mit ihr,
daß die Fenſter zitterten. Weil ſie in Gegenwart der Mutter
nicht viel reden durften, begannen ſie in der Regel bald nach
dem Nachteſſen, das die Hauptmahlzeit war, Liebeslieder und
Schelmenlieder, wie ſie ihnen in den Sinn kamen, und wie geſagt, das häſſige Weſen der Mutter drängte die Eheleute gerade
zu um ſo größerer Luſtigkeit, die freilich in ihnen Beiden ſteckte.
Schien der Liedervorrath erſchöpft oder nicht mehr ergiebig genug,
ſo ging es an die wortloſe Muſik. Hopſer und Walzer und beſonders der Siebenſprung wurden ohne Ende zweiſtimmig geſungen, bis der Uribaſche, der Nachtwächter, neun Uhr anrief. Dabei
waren aber beide Eheleute nie müßig mit den Händen. Moni
hatte von dem Geld, das nach Ankauf der Kuh übrig geblieben
war, Hanf gekauft und ſpann nun denſelben mit nie geſehener

Schnelligkeit; sie war ja überhaupt allzeit lebhaft und fleißig, drehte sich dreimal herum ehe ein Anderes nur aufstand. Brosi hatte auch nie zu den Langsamen und Trägen gehört; er fand aber in den Winterabenden nichts anderes zu thun, als dieselbe Hantierung, die in der ganzen Gegend heimisch war: nämlich Schindeln zu machen. Damals war es noch nicht wie heute, wo die Holzhändler alles Stammholz aufkaufen und den Schindel= machern nichts übrig bleibt als die astvollen Spitzen, die nur im Kerne zu verarbeiten sind; damals ging man noch hinaus in den Wald und bezeichnete sich eine Schindeltanne, die man als Spaltholz zum Revierpreis und manchmal auch nur für einen Küchengruß erhielt; denn damals wurde noch nicht jeder Baum in sieben Bücher eingeschrieben und verrechnet, da hatte man zar= tes, das heißt, astloses Holz genug, und wenn man den Stamm in kleine schuhlange Blöcke gesägt und in Würfel gespalten hatte, durfte man nur das Messer oben einsetzen, um mit leichtem Handgriff die Schindel nach der Faser zu schlitzen. Freilich waren sie damals auch noch billiger, das heißt, das Geld war theurer; wenn man heutigen Tages für hundert Stück gern drei Kreuzer bekommt, war man damals froh sie für einen los zu werden. Brosi machte noch am Abend spielend seine zwei= bis dreihundert fertig, und das gab doch immer etwas für Salz und Oel; denn auch dieses brauchte man, da es die Mutter nicht leiden konnte, daß man Lichtspäne in der Stube brannte. Oft stellte Moni mit ihrem Manne den Wettkampf an, daß sie einen Faden abspinne, bis er zwei Schindeln geschlitzt habe, und sie hielt es richtig inne.

So weit die dunkle Tanne die hohen Berge bedeckt, gab es gewiß kein arbeitsameres und fröhlicheres Haus als das von Brosi und Moni, und noch dazu standen sie am Vorabend eines glücklichen Ereignisses; denn das „brave Küh'le," wie es Moni stets nannte, mußte nun bald ein Kalb bringen, aus dessen Ver= kauf man ein gut Stück Geld in die Hand bekam, und wenn dann die drei Hühner zu legen aufhören, hat man doch wieder Milch im Hause und eine volle reiche Haushaltung.

Bei jedem Begegnenden auf dem Waldgange und in den Gesprächen bei der Arbeit selbst, forschte Brosi stets nach einer andern Tagesbeschäftigung; aber er konnte und mochte keinen Tag aussetzen, um nach einer solchen umzuschauen, und das be= sonders seiner Frau wegen; sie sollte nicht merken, wie mühe=

selig ihm diese ungewohnte Arbeit war und erst davon erfahren, wenn er eine andere ausfindig gemacht. Diese Rücksicht war aber nicht lauter Zartheit, sondern vornehmlich auch Stolz. Ein Mann wie er, sagte sich Brosi, darf sich von seiner Frau nicht darum ansehen lassen, daß er so wenig Erwerbsquellen hat; wenn die Frau da mit berathen hilft, ist aller Respect dahin und diesen zu erhalten war Brosi allezeit sehr eifrig bedacht.

Es begann nun die Zeit, wo das Scheitholz zwei Stunden weit nach dem Thal gebracht werden mußte, von wo es im Frühling verflözt oder auf der Achse befördert wurde. Lange bevor der Tag anbrach, zog die Mannschaft mit Fackeln hinaus in den Wald, ein Jeder trug seinen Schlitten mit den rasselnden Anhebketten den Berg hinauf. Es war ein seltsamer Anblick, diese Schaar in den Wald ziehen zu sehen: voraus gingen die Knaben, die nur beim Aufladen helfen mußten, sie trugen abwechselnd die Fackeln und drangen vor in die Finsterniß, als dränge man stets in eine tiefe Grube; dann kamen die Männer, auf den Schultern die Schlitten, deren Geleise nach vorn hornartig aufgebogen und gespitzt emporstanden, so daß die Männer wie ungeheuerliche Riesen mit seltsamen Umzäunungen erschienen; dazu das Rasseln der Abhebeketten, das Knarren der Tritte im harten Schnee und manchmal ein schlaftrunkenes Taumeln auf dem abschüssigen Wege oder gar ein Hinstürzen bei der Unachtsamkeit auf eine tückische Baumwurzel. Manchmal geschah es auch, daß die Fackeln durch unvorsichtiges Halten oder vergessenes Schwingen ausgingen, wo alsdann Alle nach einander und oft mehrere gemeinsam die glühenden Kohlen zu heller Flamme anzublasen suchten: und dabei nichts zuwege brachten als pausbackige glühende Gesichter, die während des Blasens nur bisweilen sich setzten um grimmig zu fluchen. Nachdem man mühsam ein Schwefelholz entzündet und nach einander alle, die man bei sich hatte, an die Fackel gehalten, bis es auf die Nägel brannte, mußte man oft eine Stunde lang auf dem Fleck stehen bleiben, wo man eben war; man durfte es nicht wagen in Finsterniß und Schneewehen weiter zu gehen, bis der Morgen anbrach. Ist schon das Warten in jeglicher Lage ein die innerste Verstimmung leicht aufreizendes, so war es hier noch weit mehr der Fall, man zankte und stritt sich über das geschehene Ungemach, und da man sich bei diesem Streite nicht sah, gab es oft die lustigsten Stimmenver-

wechslungen, und besonders der Brosi machte oft den Spaß, mit
sich selber einen Streit anzufangen oder mitten im Gezänke die
Stimme eines Unbetheiligten nachzuahmen und in seinem Namen
tüchtig zu schimpfen. Man träppelte auf dem Platze hin und
her, wo Eines einen Knaben unter die Hände kriegte, bekam er
einen Knuff als muthmaßlicher Uebelthäter, und in das Zanken
und Streiten mischte sich klägliches Weinen des Knaben und noch
lauteres Schelten und Fluchen des betreffenden Vaters. Es war
fast immer so finster, daß man einander in die Augen greifen
konnte, und dabei stieß man sich noch gegenseitig mit den Schlitten
auf die Köpfe, theils muthwillig, theils im Hader, wenn Einer
seinen Schlitten abnehmen, und den Andern dadurch von seiner
sichern Stelle verdrängen wollte.

Brosi verhielt sich in solchen Fährlichkeiten auch oft ganz
ruhig, und wenn Alles durcheinander lärmte und schrie, schüt=
telte er sich nur und machte das Rollenhalfter, das er sich um=
gehängt hatte, laut erklingen.

Es bedurfte seines ganzen unverwüstlichen Frohsinns, um
in diesen Zänkereien und den darauf folgenden Mühen nicht bis
zum Uebermaß verdrossen zu werden.

Hatte man dann seinen Schlitten geladen und die Sperre,
die nur aus niederhängenden Scheitern in der Kette bestand, ge=
hörig gerichtet, so galt es, weder der Erste zu sein, der den
Anderen Bahn machte, noch auch einer der Letzten, der schon zu
glatte Geleise vorfand. Es gelang Brosi nicht, weder mit Scherz
noch mit nachdrücklichem Ernste eine feste Reihenfolge herzustellen,
ja er wurde gehänselt und mit seinen Neuerungen barsch abge=
wiesen, weil er von Endringen gebürtig, ein Eindringling und
einer der jüngst Eingetretenen war. Brosi war nun meist der
Bahnmachende, er stellte sich in die Gabel seines Schlittens und
leitete ihn den Berg hinab, bald anziehend, bald sperrend, je
nachdem es der Weg mit sich brachte. Oft war es ihm, als
müßte das Treiben ihm die Arme ausrenken, und das Ziehen
die Brust herausstoßen und noch dazu das allezeit vorsichtige Um=
schauen auf den Weg und das Aufmerken auf die Genossen, die
so unverzüglich hart hinter ihm dreinkamen; aber Brosi war jung
und gesund, und er freute sich dessen doppelt. War er im Thal
angekommen, wo er sich zum Verschnaufen ein wenig ausspannte
und sich den Schweiß von der Stirn wischte, so reckte und bäumte

er sich mit Lust und fühlte die Kraft durch alle Glieder strömen; er sagte dann oft scherzend: „Das Ding ist doch gut, das macht Einem Gaulsknochen.“ Das Ziehen im Thale war dann nur noch ein Kinderspiel, eine halbe Arbeit, und so oft er ausschnaufte, pfiff er einen lustigen Ländler dabei.

Die rechte Freude kam aber doch immer erst, wenn er mit sinkender Nacht heimkehrte und mit seiner Moni die gebackenen Schupfnudeln oder gebrägelten Kartoffeln aus der Pfanne aß, und seltsamer Weise wurde der Sack Mehl, den der Gipsmüller geschenkt hatte, kaum merklich leer. Moni mußte einen Haus= segen haben, der ihr dazu verhalf; wenn sie auch Schwarzmehl oder sogar Kleie unter das geschenkte Mehl schüttete — die Schupf= nudeln waren offenbar dunkel — das Mehl erwies sich doch wunderbar ausgiebig. Moni hatte während des Essens immer sehr viel zu erzählen, und ließ ihren Mann fast gar nicht zu Wort kommen. Dieser merkte wohl, daß sie darum so viel sprach, um ihm Gelegenheit zu geben, den größeren Theil des Essens zu verzehren, denn sie hielt oft die Gabel leer oder gefüllt lange unbewegt vor dem Munde; Brosi hörte ihr ruhig zu und that ihr den Willen, sich ihrer Gutherzigkeit freuend, er nickte meist nur mit dem Kopfe, aber wenn er merkte, daß er seinen gebüh= renden Antheil hatte, legte er die Gabel nieder und sagte:

„So, Gottlob; jetzt iß du voll aus,“ und da half keine Widerrede mehr; Moni durfte nicht aufstehen, bis sie rein auf= gegessen hatte und unter steten Betheuerungen, daß sie nicht mehr weiter könne und unter vielem Lachen mußte sie ihm doch willfahren.

Mit dem Schindelmachen ging es seit Beginn der Holz= fuhren nur lässig, denn Brosi war in der That jetzt am Abend „müde wie ein Gaul,“ er schlief meist schon auf der Bank hinter dem Tisch ein, nachdem er sich die Würfelscheiter hergerichtet hatte. Wenn ihn dann endlich seine Frau weckte, so verführte sie dabei allerlei Scherze, namentlich kitzelte sie ihn mit einem gedrehten Papierchen auf der Nase und im Gesicht; er wehrte dann stets die vermeintliche Fliege ab und sie mußte ihn zuletzt noch rütteln und rief oft dabei: „guten Morgen Brosi;“ dieser aber erhob sich dann in die Hände klatschend und dankte Gott, daß er ihm für jeden Tag zwei Nächte zum Schlafen gebe und auf der Treppe nach der Bühnenkammer gab es dann meist helles Lachen und Scherzen.

Siebentes Kapitel.

Wochenlang sah Brosi während der Werktage kein Haus in Halbenbrunn, so lange die Sonne schien, denn vor Tag ging es in den Wald und erst mit sinkender Sonne wieder heimwärts. Dafür war aber auch der Sonntag ein wahrer Sonnentag, und wenn's auch schneite, daß man kaum die Augen aufmachen konnte; da hatte jede Stunde, ja jede Minute ihre Ruheseligkeit. Wie behaglich wurde am Morgen getröbelt und gezögert, Moni hatte noch, bevor ihr Mann die Augen aufschlug, das Sonntagsgewand hergerichtet so ordentlich und so pünktlich, daß es eine Lust war, sie mußte aber oft drei, viermal die Treppe hinaufrufen und sogar selbst hinaufkommen, um ihn zur Morgensuppe zu entbieten, und manchmal hatte Brosi schon die Kleider im Arm, er setzte sich aber wieder auf den Stuhl und rief durch die verschlossene Thür: „Laß mich noch ein bißle da sitzen, es thut gar so wohl. Sag der Supp' einen schönen Gruß und sie soll warm bleiben, ich versprech' ihr auch dafür eine gute Versorgung." Erst wenn Moni klagte, daß sie nun schon so lange mit leerem Magen herumgehe, beeilte er sich und sagte dann der Schwiegermutter einen so treuherzigen, sonntagsfreudigen „guten Morgen," daß selbst diese verboste Hexe freundlich sein und mit ihrer Unterlippe ein Pfännchen machen mußte. Hemdärmlig wurde die Morgensuppe verzehrt und so gewiß als die Glocke tönt, mußte ihm jedesmal während des dritten Geläutes Moni helfen den langen blauen Rock anziehen und ihm den dreispitzigen Hut nebst Gebetbuch darreichen. Brosi ging in der Regel Morgens in die Kirche und Moni Nachmittags. Nur in seltenen Fällen und bei besonderen Feierlichkeiten gingen sie mit einander. Brosi ging doppelt gern in die Kirche, weil ein Endringer hier Pfarrer war, und wenn Eines den Pfarrer lobte, vergaß er gewiß nie hinzuzusetzen: „Ja er ist eben von Endringen. Wir sind aus einem Ort." Brosi war ein frommes, gläubiges Gemüth und hatte eben darum wenig damit zu schaffen; er that seine Pflicht, glaubte was vorgeschrieben ist und war sicher, einst eine selige Urständ zu finden. Er stand in einem unausgesprochenen Einverständniß mit dem Schullehrer, und so oft dieser die Intonation vollendet hatte, stimmte Brosi mit mächtiger Stimme den Gesang an; er war in den Kirchenliedern nicht minder bewandert, wie in Liebes- und

Schelmenliedern und war im Stande einen ganzen wankenden
Chor aufrecht zu erhalten. „Mir nach!" sprach dann seine auf=
rechte Haltung, wenn er sich erhob, und die Leute ließen es darob
nicht an wirklichem und übertriebenem Lob fehlen, worauf er oft
seinen Spruch hervorbrachte: „Mein Mann ischt kounr." Mit
seligen Hoffnungen und Verheißungen gespeist, ging Brosi nach
Hause, blieb unterwegs bald bei Diesem bald bei Jenem stehen
und sprach über Allerlei. Je näher er aber seinem Hause kam
und den Rauch von der Lucke des Strohdaches aus dem weißen
Schnee aufsteigen sah, um so mehr schmunzelte er in der Zuver=
sicht eines besondern Genusses, der auch nie fehlte. So oft er
auch sein gutes Dutzend faustgroße Leberspatzen verzehrte, jedes=
mal rühmte er, daß gewiß, so weit man kocht, Niemand solche
Leberspatzen bereiten könne wie seine Moni. Ueberhaupt war es
ausgemacht, daß die beiden Ehegatten einander sehr viel lobten;
aber Brosi erhielt auch hier den größern Theil und wer es noch
nicht gemerkt hat, dem sei es jetzt ausdrücklich gesagt, daß Brosi.
eigentlich von Grund des Herzens eitel und lobsüchtig war, und
zwar sehr eitel und sehr lobsüchtig.

Während der Mittagskirche saß Brosi vor einem durchschosse=
nen Kalender und schrieb — er war ja von Endringen und hatte
Schreiben, Tafelrechnen und Lesen gelernt und das konnte damals
unter Zehn kaum Einer — mit harter Hand verzeichnete er den
Arbeitslohn der Woche, was er davon erhalten und noch gut
hatte und wie viel Klafter er überhaupt zu Thal geliefert; da=
neben wurde der Schindelverkauf genau berechnet und jede beson=
dere Ausgabe, wie etwa die Herrichtung einer zerrissenen Sperr=
tette verzeichnet. Brosi hätte das Alles wohl im Kopf behalten
können, aber erstlich erschien er sich in einer besondern haus=
väterlichen Würde bei solcher Buchführung — und Moni vergaß
es nicht, ihn gebührlich darob zu loben, — und dann war es
ihm in der That, als ob er sich eine Last abnehme, wenn er
diese Sachen aus dem Gedächtniß schaffte; da auf dem Papier
stand es sicher und fest, und wenn es eintönig aus der Kirche
läutete, hing er den Kalender mit besonderem Behagen an den Nagel.

Junge Männer, die zu einer selbständigen Wirthschaftlichkeit
gelangen, beginnen leicht eine übermäßig genaue Buchführung,
lassen aber eben so leicht bald ganz davon ab, im stillen Ver=
trauen, daß sie nichts Unnöthiges verausgaben. Wir werden

aber im Verfolge unserer Erzählung sehen, daß Brosi seinem
Vorsatze durch länger als ein halbes Jahrhundert getreu blieb
und eben diese wohlgeordnete Sammlung von Kalendern, unter
denen die leider nur wenigen Jahrgänge des unübertrefflichen
Rheinländischen Hausfreundes sehr verlesen sind, diente uns viel=
fach als Stützpunkt zu den Ereignissen im Leben Brosi's und
erweckten ihn zu ausführlichen Berichten; denn wenn er nur in
diese Blätter hineinsah, stand wieder Alles so lebendig vor ihm,
als wäre es erst heute geschehen.

Oft war auch Brosi rascher fertig mit seinen Aufzeichnungen
und fand dann noch Zeit, bei einem Nachbar einzusprechen. Das
hatte aber Moni nie gern, sie sprach es nur Einmal aus und
als das nicht gut wirkte, so arbeitete sie fortan im Geheimen
mit allerlei Künsten daran, daß ihr Mann sich nicht daran ge=
wöhne, seine Unterhaltung außer dem Hause zu suchen und kaum
den Löffel aus dem Mund fortrenne, sondern daß er am liebsten
daheim bleibe.

Damals war noch allgemein Sitte auf dem Walde, daß all=
sonntäglich nach dem Nachtessen die Eheleute, wenn sie gut mit
einander lebten, gemeinsam ins Wirthshaus gingen. Es war
nicht wie heute, wo der Mann sich allein einen frischen Trunk
vom Fasse holt und die Frau mit versäuertem Gemüthe daheim
läßt. In der Regel gingen die Frauen aber, besonders solche
die Kinder und ein großes Hauswesen hatten, wenn sie vom
Glase genippt hatten, bald wieder fort und dieser Wirthshaus=
gang war mehr eine Musterung über das Eheleben.

So ging auch Brosi das Dorf hinein und seine Frau hinter
ihm, sie that das nicht anders, sie ging nie voraus.

Im Wirthshaus war strenge Rangordnung und Niemand
dachte sie zu durchbrechen. Die Großbauern hatten ihren beson=
dern Tisch und bekamen Flaschen und Gläser dazu, die Halb=
bauern saßen wieder gesondert und hatten glatte Schoppengläser,
die Häusler, zu denen Brosi gehörte, saßen ebenfalls für sich
und hatten gerippte Gläser. Dem Eintretenden brachte es indeß
Dieser und Jener zu und er mußte aus jedem Glase trinken mit
einem „Gesundheit" beim Ansetzen, und „Groß Dank" beim Ab=
setzen. Wenn Brosi eintrat, war Keiner in der Stube, der es
ihm nicht zubrachte, denn er war von Allen wohl gelitten und
daran hatte besonders Moni ihre Freude; sie strahlte vor Glück=

seligkeit, sie, die Vereinsamte, Verstoßene, die nun durch ihren
Mann in die Gemeinschaft der Menschen aufgenommen war.
Solche, die früher kaum nach ihr umgeschaut und kein gutes
Wort für sie hatten, thaten jetzt als ob sie von je her die besten
Freunde zu ihr gewesen wären und die Großbauern sprachen mit
ihr und sagten, man sehe es erst jetzt, daß sie eigentlich ein
„sauber Mädle" gewesen sei. Das Alles verdankte sie ihrem
Brosi, der sie nicht mit den anderen Frauen fortgehen ließ, sondern bei sich behielt, bis sie sich unversehens zu der Wirthin in
die Schenke machte, denn sie war oft bald die einzige Frau unter
den vielen Männern.

Halbenbrunn gehörte zu Vorderösterreich und der Krieg mit
den Franzosen, in dem viele Söhne aus dem Dorfe sich befan-
den, bildete natürlich das erste Gespräch; der Sieg Erzherzog
Karls bei Stockach, der Rückzug der Franzosen über den Rhein,
Bonaparte's Rückkehr nach Frankreich, die Gefangennehmung des
Papstes, nachträgliche Berichte über den Gesandtenmord in Ra-
statt, das Alles lief wirr durcheinander mit Vermuthungen über
die Zukunft. Bald aber verließ man die hohe Politik, bei der
nur die Großbauern das Wort führten, und kam auf Näher-
liegendes.

Es ist allezeit wohlgethan, daß gesunde Menschen die Kraft
in sich erwecken, mitten unter Drangsal und Bangen einen Scherz
zu erhaschen, daß Einem das Wasser in die Augen tritt. Das
dachten die Halbenbrunner nicht, aber sie thaten es, und das ist
am Ende gleichviel. Der Sohn des Nachtwächters, auch ein jung
verheiratheter Mann, des Uribasche's Kalter genannt, weil er
die Eigenschaft hatte, daß er nichts Warmes genießen konnte,
war das Stichblatt des eben nicht wählerischen Scherzes; besonders am Tische der Großbauern gab es darob oft ein Lachen,
daß der Tisch wackelte und Gläser und Flaschen an einander
klirrten. Brosi war dabei der erfindungsreichste Urheber neuer
Scherze und Neckereien, und unversehens war er selber der Gegenstand des Hänselns geworden; er merkte das wohl, aber es erheiterte ihn Andere zu erheitern und er gab sich selber zum Besten
so viel man wollte.

An dem Abend, an dem dies zum Erstenmale geschah, ging
Moni still hinter ihrem Manne drein nach Hause und so behut-
sam sie auch im stillen Kämmerlein sagte, daß er sich nicht zum

Narren hergeben dürfe, sonst könne er künftig allein gehen und sie wolle diese Ehre nicht mehr mit genießen. Hierüber schmollte Brosi zum Erstenmal mit seiner Frau, er sagte, daß er nicht ins Ehejoch gegangen sei, um alle Lustbarkeit in sich ertödten und beschimpfen zu lassen und er gab seiner Frau keine Antwort, als sie ihm gute Nacht sagte.

In dieser Woche ward Brosi die Arbeit doppelt schwer, er pfiff keine Ländler beim Ausschnaufen im Thale. Moni war stets gleich freundlich, er wartete indeß stets, daß sie ihn um Verzeihung bitte; sie aber that es nicht, und Brosi ging immer zu Bette, ohne zuvor seinen ersten Schlaf auf der Tischbank zu halten.

Am Sonntag Morgen, als ihm Moni den Rock anziehen half, ihm Hut und Gesangbuch darreichte, sagte Brosi endlich:

„Moni, kannst du mich so in die Kirch' gehen lassen? Hast dich noch nicht besonnen? Bittst mich nicht um Verzeihung, daß du mich einen Narren geheißen hast?"

„Das hab' ich dich nicht geheißen, ich sag' blos, du läß'st dich dazu machen."

„Das ist gehupft wie gesprungen, das ist eben so viel."

„Nein, das ist nicht eben so viel, aber geh' nur jetzt."

„Nein, ich geh' nicht, und wenn alle Leute fragen, warum ich nicht in die Kirch' kommen bin, ich geh' nicht," rief Brosi und versuchte den Rock wieder auszuziehen.

„Denk' nach, ich hab' dir nichts Böses than, geh' jetzt," bat Moni.

„Denk' du nach," schalt Brosi, „es ist an dir."

„Wenn du meinst, ich hätt' dich beleidigt, bitt' ich dich um Verzeihung," beschwichtigte Moni.

„Ich mein's nicht, es ist so, da soll man die ganze Welt fragen, ob's nicht so ist."

„Und ich bin auf dem Glauben, daß ich nichts Böses than hab'," beharrte Moni.

„Da soll doch ein Millionendonnerwetter," schrie Brosi, und zerrte den Rock vom Leib.

„So ist's recht. Kommt's jetzt schon? Ich hab's gewußt, daß es mit dem Gepätschel und Getätschel bald aus sein wird," kicherte eine Stimme aus dem Hintergrunde und wie versteinert stand Brosi und hielt den Rock in der Hand. Das Apotheker=

röšle lachte noch frohlockend. Moni zog ihren Mann aus der
Stube und draußen sagte sie:

„Brosi, du bist ja der bravste Mann von der Welt und
deine Ehr' ist's ja nur, worauf ich bedacht bin; wenn ich's un=
geschickt gemacht hab', denk' ich bin nicht gescheiter; ich kann nicht
lügen, das willst du gewiß auch nicht. Jetzt geh' in die Kirch'
und bitt' Gott, daß er mich gescheiter macht und dich — und
dich läßt, wie du bist."

Sie half ihm nochmals den Rock anziehen und mit großen
Schritten eilte er nach der Kirche, ging aber, um kein Aufsehen
zu erregen, zu dem Lehrer auf die Orgel. Heute sang er nicht
vor, er betete überhaupt Nichts von dem was im Buche stand,
er betete immerdar inbrünstig zu Gott, daß dies der erste und
letzte dumme Streit mit seiner Frau gewesen sein möge. Auf
dem Heimwege hielt er sich bei Niemand auf, sondern eilte zu
seiner Frau in die Küche und „du hast Recht, du hast Recht,"
sagte er stets, wenn Moni ihm erklärte, daß sie ja seine Lustig=
keit nicht unterdrücken wolle; im Gegentheil, ein Mann, der das
ganze Jahr eine Ehrenhaltung bewahre, der dürfe schon einmal
das Garn auf dem Boden laufen lassen, und seine jungen Jahre
genießen: wenn man aber allzeit den Lustigmacher spiele, sei man
bald der Garnichts, sie selber sei auch noch gern lustig und hoffe,
daß ihr noch lange die Musikanten die liebsten Handwerksleute seien.

„Ich brauch' Gott nicht bitten, daß er dich gescheit macht,"
sagte Brosi schmunzelnd. Der Friede war geschlossen und wie
das immer geht: ein Friedensschluß zwischen Liebenden erweicht
die Gemüther gar sehr, Eines will dem Andern sein Gutsein
darthun und in besonders eindringlicher Weise, wie solches der
ungestörte Fortgang nicht hervorgebracht hätte. Moni lehnte in=
deß jede Auswägung des Schuldantheils an der Mißhelligkeit
klüglich ab, obgleich Brosi auch hier den größern Theil auf sich
nehmen wollte; sie sagte immer: „Das Wasser ist den Bach 'nab
und vorbei."

Beim Essen, wo es wieder munter herging, mußte Moni
ihrem Manne viel zureden, aber beim besten Willen brachte er
es heute nicht zu seiner gesetzten Zahl Leberspatzen; der Zank am
Morgen hatte ihm doch die Eßlust etwas verdorben. Moni ver=
sprach den Ueberrest auf den nachkommenden Hunger aufzubewahren.

Als sie am Mittag nach der Kirche ging, erschloß es ihr

plötzlich wie eine Offenbarung; ſie konnte bei ihrem Manne Alles
zuwege bringen, wenn ſie bei einer Zurechtweiſung ein Lob vor-
ſpannte. Voll Dank und Freude ſaß ſie in der Kirche und ſang
laut mit.

Broſi war unterdeß daheim mit der Aufzeichnung ſeiner
Wochenarbeit bald fertig, aber noch lang ſaß er über das Blatt
gebeugt und hielt die Feder feſt, er wollte ſich's zur Warnung
aufzeichnen, daß er eine Woche Fröhlichkeit verloren und heute
den erſten unnöthigen Zank mit ſeiner Frau gehabt habe: aber
wozu das aufſchreiben? und noch dazu da wo es Jedermann leſen
kann? Er konnte es aber nicht unterlaſſen zur Erinnerung drei ein-
geringelte Kreuze zu machen, und wie geſagt, ſo oft er ſolch ein Blatt
wieder ſah, ſtand Alles wieder deutlich vor ihm und bei den drei
eingeringelten Kreuzen erzählte er dieſe Geſchichte auf's Genaueſte.

Am Abend als zur Suppe die rückſtändigen Leberſpatzen ein-
geheimst waren, ging Broſi wiederum mit ſeiner Frau nach dem
Auerhahn. Er hatte ihr vorausgeſagt, daß er nicht mit Einemmal abſetze, und hielt es auch ſo, er ließ ſich nur maßhaltend
zu Scherzen herbei.

Es giebt Menſchen, die, wenn ſie in Geſellſchaft mit Andern
ſind, theils aus Langeweile theils aus Gefälligkeit gerne Lachen
erregen, und dabei leicht ihre natürliche Laune überſchrauben und
ſich ſelbſt zum Beſten geben; ſie ſpinnen ſich in ein Netz von
Späßen, aus dem ſie gar nicht mehr heraus können, auch wenn
ſie ſehen, daß die Gutmüthigkeit mißbraucht wird und man dieſe
Opferung noch dazu für Eitelkeit hält.

Und noch Eins: in vielen Kreiſen der geſelligen Luſt hat
man weit eher und länger ſeine Freude an lächerlichen und ſogar
an ſpottſüchtigen, als an eigentlich luſtigen Menſchen. Wer über
das menſchliche Leben nachdenken mag, der wird ſich das leicht
erklären, und es hat mehr als Einen Grund.

Man findet Beiſpiele hiefür an albumbedeckten Tiſchen, wie
in tabaksdampferfüllten Dorfſchenken.

Heute, da ſich Broſi ruhiger verhielt, merkte er, in welcher
Gefahr er geſtanden hatte; denn Einmal in die Rolle des Luſtig-
machers gekommen, iſt es unſäglich ſchwer, ſich ihrer wieder zu
erledigen.

Jetzt war es noch Zeit, die Vorausſetzung zu zerſtören, daß
er ſich zu dem gnädigen Spaß der Großbauern hergebe.

Als er mit seiner Frau heimging, lobte er wiederholt ihre Klugheit und es lag ein tiefer Schmerz um die verlorene Harmlosigkeit darin, als er hinzusetzte: „So geht es Einem, wenn man in fremdem Ort ist, wo man Einen nicht von Jugend auf kennt; da sind die Menschen wie Räuber auf Einen hinein. So getreue Menschen, wie in Endringen, die giebt's nicht mehr in der ganzen Welt."

Das war das Erstemal, daß sich ein seltsames Heimweh in Brosi festsetzte und dies behielt er, wie wir sehen werden, sein Leben lang.

Achtes Kapitel.

Was ist aber alle Menschengeltung und alles Sinnen und Grübeln, wenn's wieder an die Arbeit geht? Dahin wie der Schatten einer fliegenden Wolke. Das ist der Segen aller Arbeit, zumal der lieblichen Hanthierung, daß sie den Menschen wieder auf sich stellt: vergessen und nicht da gewesen ist alle kleinliche Verstimmung, die in der Müßigkeit der Mensch über sich kommen läßt, oder die Andere ihm einflößen.

Wenn Brosi in seine Werktagskleider schlüpfte und seinen Schlitten auf die Schultern nahm, wußte und wollte er nichts mehr davon, ob man ihn für einen närrischen Spaßmacher hielt oder nicht; er hatte eine brave Frau, verdiente sein Brod und noch eine Ersparniß dazu, und nun mögen Andere auch treiben und denken was sie wollen; er pfiff seine Ländler so lustig wie je und blieb dabei, daß er sich seinen Frohmuth von Niemand nehmen lasse.

Es hatte nach einem Thauwetter tüchtig gefroren und mit den Steigeisen sich scharf einhakend, marschirte der Trupp nach der Spitze des Kappelberges. Brosi mußte wiederum zuerst auf die Bahn. Er hatte ein halb Klafter auf den Schlitten und die Sperren geladen, aber kaum ist er damit am Bergeshang, da treibt es ihn so gewaltig, daß es ihn vom Boden hebt, und er zappelnd sich mit beiden Händen noch an der Gabel festhält und durch einen glücklichen Schwung treibt er den Schlitten seitwärts und gewinnt wieder den Boden unter den Füßen, er steift sich mächtig zurück, sich fast ganz zurücklegend und schaut hin und her, um nirgends anzurennen, oder eine Stelle zu erkundigen, wo er einen Widerhalt finde, um festzustehen. Die Kameraden oben schreien und pfeifen, aber er versteht nicht, was sie schreien, und was sie mit dem Pfeifen meinen; er sucht aus dem Gurte zu schlüpfen, den er über die Brust gespannt hat, und der ihn an den Schlitten heftet, er will dann eine rasche Wendung versuchen um sich hinter den Schlitten zu bringen und ihn allein den Berg hinabstürzen zu lassen; aber er kann hüben und drüben keine Hand loslassen; der Gurt reicht ihm vom Rücken schon bis ans Kinn, doch er kann mit dem Kopf nicht durchschlüpfen, und jetzt stößt es ihn plötzlich wieder vorwärts, als ob der ganze Berg hinter ihm dreinschiebe. Er sieht und hört nichts mehr, und fortgeschleudert und mit dem Schlitten über einen Hang hinab durch die Luft fliegend, befiehlt er Gott seine Seele; da kracht und poltert es, er liegt zur Seite geschleudert, er lebt, er hebt den Kopf empor, und dort überstürzt sich der Schlitten zwei= drei= mal und liegt endlich an einen mächtigen Felsen angerannt. Brosi erhebt sich auf die Kniee, die zitternden Hände in einander faltend betet er ein Vaterunser, und inbrünstiger wurden diese Worte gewiß nie gesprochen, als hier in der erstarrenden Bergschlucht. Wäre Brosi nicht auf fast wunderbare Weise aus dem Gurte geschlüpft, er läge jetzt dort am Felsen zerschmettert. Das Herz im Leibe zitterte ihm, als er jetzt aufstehend an Moni und das traurige Geschick des vor der Geburt Verwaisten gedachte; er begann nochmals ein Vaterunser, als er es jenseits des Felsens krachen und splittern hörte, und dann war Alles still. Er konnte nicht weiter und setzte sich wie zerschlagen auf den umgestürzten Schlitten; da vernahm er wieder Schreien und Pfeifen, sie suchten ihn gewiß, und mit angestrengter Kraft rief er laut zwischen die beiderseits vorgehaltenen Hände: Halloh! Von allen Seiten antwortete es ihm, und der Jörgtoni, bei dem Brosi früher als Schlafgänger gewesen war, stand zuerst vor ihm.

„Hast den Uribasche nicht gesehen? Er ist hinter dir drein," fragte der Jörgtoni, ohne die glückliche Rettung Brosi's mit Einem Worte zu erwähnen.

„Ich weiß von Niemand was, ich dank' Gott tausendmal, daß ich noch von mir weiß," antwortete Brosi, und bald standen die Anderen mit leeren Schlitten bei ihm; des Uribasche's Kalter jammerte kläglich nach seinem Vater.

Man umging den Felſen, Broſi ſchlich mühſam hinter drein und der Jörgtoni, der wieder der Erſte war, rief laut:

„Daß Gott erbarm, da liegt er todt."

Alle ſtanden feſtgebannt, lautlos, nur des Uribaſche's Kalter wimmerte und jammerte und die Zähne klapperten ihm.

„Das iſt rack aus geweſen," ſagte der Jörgtoni, der den Zerſchmetterten unterſuchte. Man lud ihn auf zwei zuſammen= gebundene leere Schlitten, deckte ihm mit dem Kittel, den man ihm auszog, das Geſicht zu, drei Mann ſpannten ſich vor, und auf mühſamen Umwegen auf dem eingefrorenen Bache führte man die Leiche nach dem Dorfe. Der Sohn des Uribaſche ging hinterdrein, in der einen Hand trug er die Mütze des entſeelten Vaters und wiſchte ſich damit die Thränen ab, die alsbald ge= froren, in der andern Hand trug er ein Stück Brod, das dem Vater aus der Taſche gefallen war; er ſah wehmüthig darauf, man wußte nicht ob aus Kummer, oder weil er nicht wußte, ob er dreinbeißen ſolle.

Broſi folgte ſtill und matt, es fror ihn mächtig, als aber die Ziehenden abwechſelten, ſpannte er ſich ſelbſt auch vor, und die Anſtrengung brachte ihn zu neuer Kraft.

Im ganzen Dorſe war Jammer und Wehklage über den ſo jähen Tod des Uribaſche, ein Jedes wollte ſein beſter Freund geweſen ſein und hatte ſchöne Thaten von ihm zu erzählen, be= ſonders die Frauen, die ſich auch hier am zahlreichſten einfanden, ſtimmten darin überein, daß man ſolch einen braven Nachtwächter nie mehr bekomme. Dieſe hatte er immer pünktlich geweckt, wenn ſie große Wäſche hatte, jener hatte er eine verlaufene Gans heim= gebracht und einer andern ein vergeſſenes Stück Tuch von der Bleiche geholt. Auch der Kalte, der ſonſt meiſt nur Spottreden erfuhr, lernte zum Erſtenmal die guten Worte der Menſchen kennen; er ſtand aber noch immer wie vergeſſen da, rührte nicht Hand noch Mund und hielt die Mütze in der einen und das Stück Brod in der andern Hand. Von der wunderbaren Rettung Broſi's ſprach Niemand eine Silbe. Als er heimwärts ging und ihm Moni entgegeneilte, ihn auf offener Straße umarmte und weinend rief: „Gott Lob und Dank, daß du geſund biſt." da ſagte er: „Ja, ich dank' Gott, daß ich dich hab'; ich hab' doch Einen Menſchen, der ſich freut, daß ich noch da bin, die Anderen, die thun, wie wenn ich gar kein Menſch wär', weil ich von

Endringen bin. Das Neſt iſt's aber nicht werth, daß einer von Endringen hier Burger iſt."

Moni hatte viel zu thun, ihm dieſen Aerger auszureden, ſie verſchluckte den Kummer, daß er immer Endringen wie ein Paradies lobte und ihren Geburtsort ſo herabſetzte; nach echter Frauenart ſagte ſie:

„Dank Gott, daß er uns nicht härter geſtraft hat, weil wir in Unfriede gelebt haben; er hat uns gezeigt, was wir verdienen. Gott Lob und Dank, daß die Warnung ſo an uns vorbeigegangen iſt."

Dem Uribaſche galt das erſte Läuten der Todtenglocke von Halbenbrunn, und ſeitdem heißt dieſe Glocke der Uribaſche. Dieſes Andenken iſt länger geblieben als das andere das ihm errichtet ward; das hölzerne Kreuz draußen am Felſen des Kappelberges, wo er den Tod fand, iſt längſt verſunken und verſchwunden.

Am nächſten Sonntag ſchrieb indeß Broſi in ſeinen Kalender: „Der Herr über Leben und Tod hat mich vor einem frühzeitigen Ende bewahrt; ihm ſei allezeit Preis und Dank. Ulrich Sebaſtian genannt Uribaſche †."

Des Uribaſches Kalter übernahm die Bedienſtung ſeines Vaters als ein Erbamt; man überließ es ihm ohne Widerrede ſo lang das Mitgefühl um den Tod des Vaters noch friſch war; gegen Neujahr aber mehrten ſich die Klagen, daß man dem halben Stempel die Bewachung des Dorfes überlaſſe, zumal in ſo gefahrvollen Zeiten, und der Bewerber fanden ſich Viele.

Broſi ging ſeiner Arbeit nach; aber auf Allen, die ſie vollzogen, lag eine Bangigkeit: der Tod des Uribaſche machte ſie beklommen und vor der Abfahrt wurde jetzt oft ſtill gebetet.

Moni erzählte ihrem Manne, daß der Kalte nicht mehr lange Nachtwächter bleibe und Broſi ſagte ſcherzend, das wäre ihm für den Winter ein fröhliches Amt und er würde die Holzfuhren dann aufgeben.

Am andern Tage ſah man Moni ungewöhnlich viel im Dorfe umherlaufen, ſie ging bei den Großbauern umher, die im Auerhahn ſo freundlich mit ihr geſprochen hatten.

Als es am Neujahrstage zur Wahl kam, erhielt Broſi die gewichtigſten Stimmen; er that aber noch ein Uebriges, theilte das Amt mit dem Kalten, der auch in den kurzen Sommernächten den Dienſt allein verſehen konnte und im Winter nur die Stunden vor Mitternacht anzurufen hatte: die nach Mitternacht behielt ſich Broſi.

Neuntes Kapitel.

Der Uribaſche hatte den Tod erleiden müſſen, der auch Broſi bedrohte, jetzt erbte dieſer noch gar das Amt des Verſtorbenen und juſt mit dem Jahrhunderte trat Broſi ſein Amt an. Haldenbrunn hatte die ſchönſten Glocken in der Umgegend und den gewecteſten, hellgeſtimmteſten Nachtwächter dazu. Mit einer Andacht und einer Fröhlichkeit, die Jedem der es hörte, das Herz erfreuen mußte, ſang Broſi die Stunden an. Es war ihm eine Luſt, in den als Gemeindeeigenthum ererbten Schafpelz und in die Ohrentappe verſteckt mit der Hellebarde in der Hand oft zum wandelnden Schneemann geworden, durch das Dorf zu ſchreiten und mit heller Stimme mahnend und tröſtend die Stunden zu verkünden; da ging er hin in ſtiller Nacht und Niemand hörte ihn als ſein eigen Ohr und der Gott über ihm und er ſang ſo ſchön und aus voller Seele, er ſchenkte ſich keinen Vorſchlagton ſo oft er auch die Weiſung wiederholte, die Töne kehrten wieder in ſeine Seele zurück wie eine Botſchaft vom Himmel und ſein Geiſt wurde größer und allezeit fröhlicher in der einſamen Nacht. Es ſchlafen die Menſchen, Leid und Freud iſt dahin, draußen ſtehen die Sterne und ſchauen glitzernd hernieder und warten bis der Tag erwacht.

> Zwölf, das iſt das Ziel der Zeit,
> Menſch, bedenk' die Ewigkeit,

ſang Broſi und ſchritt dahin, ſo wünſchelos, ſo in ſich geſättigt, als wäre er allein auf der Welt und wiederum ſchon in der Ewigkeit.

Und in einſam ſtiller Nacht legte Broſi einen großen Theil ſeiner Eitelkeit ab, er ſang ſeinen Spruch ſo voll, ſo ganz, mochte ihn ein Menſch hören oder nicht. Fröhlich und fromm, in jedem Tone glückſelige Zuverſicht klang es, wenn er den Tag anrief:

> Hört ihr Herrn und laßt euch ſagen:
> Unſre Glock hat vier geſchlagen.
> Vierfach iſt das Ackerfeld,
> Menſch, wie iſt dein Herz beſtellt?

> Alle Sternlein müſſen ſchwinden,
> Und der Tag wird ſich einfinden;
> Danket Gott, der uns die Nacht
> Hat ſo väterlich bewacht.

Einſt in ſtiller Winternacht hatte ein menſchenfreundlicher
Herr ſeine Herberge im Dorfe genommen, es war ein Mann von
wohlwollendem und fröhlichem Herzen, das die Gedanken der
Menſchen in ſich trug, die nur dürftige Kunde geben können von
dem was ſie bewegt. Der Mann erwachte in dunkler Nacht, er
hörte den Wächter draußen rufen, ein Heimweh bemächtigte ſich
ſeiner nach dem ſchlichten Reden und Denken der Volksgenoſſen,
unter denen er einſt gelebt, und er hieß die Sprache feſtſtehen,
die bisher nur die Luft getragen und faßte das klanglos verbor-
gene Leben in melodiſch gebundene Worte.

Der Mann, der nachmals Broſi ſo viel heitere und erquickende
Geſchichten erzählte, der Allemanniſche Dichter, wurde von ihm
in ſtiller Nacht zum Innewerden ſeines Heilthums erweckt.

Der Wächter und der Dichter haben nie von einander den
Namen erfahren und doch wurden Beide einander zum Heile.

Broſi erfuhr nur von minder bedeutenden Zuhörern das Lob
über ſein Taganrufen, und er konnte ſich nicht enthalten auf
ſolchen Ruhm hinzu zu ſetzen: „Mein Mann iſcht koanr,“ aber
er ſagte dieſen Spruch doch nicht mehr ſo ungemeſſen ſelbſtzu-
frieden wie ſonſt.

Ein Nachtwächter hat aber nicht immer gottſelige und fromme
Gedanken, ſein Gemüth iſt weit weniger allzeit empfänglich als
ſeine Kehle, und wo nächtige Geſellen beiſammen ſitzen und ſich
am kühlen Wein laben, da kann man ſich darauf verlaſſen, daß
der Nachtwächter unter ſie tritt, nicht als nachgeborner Cherub
der Polizei, der die Seligen aus dem Paradieſe vertreibt mit
roſtiger Hellebarde; nein, er ſetzt ſich ruhig an den Seitentiſch
beim wärmenden Ofen und täuſcht ſich nicht in der Hoffnung,
daß die Seligen gern ſpenden, und auf die Frage, welche Zeit
es ſei, hat er die troſtreiche Antwort: „Noch früh am Tag. Erſt
Ein Uhr.“ Wie manchen guten Trunk hätte Broſi verſchlafen,
wenn er nicht Nachtwächter geworden wäre, und er hatte oft die
Genugthuung, daß ihn luſtige Zechbrüder zu ſich riefen, wenn
er die Stunde anſang. Ein Amt, und ſei es auch das geringſte,
giebt doch alsbald auch eine Würde. Broſi ließ ſich durch kein
Zureden und Verſprechen dazu herbei, ſelber mit zu jubeln und
tolle Streiche zu machen; er ſtörte die Luſtbarkeit der Anderen
nicht, aber er ſelber blieb in Amt und Würde.

Oft hatte er noch die beſondere Sendung, den Kappelbauer

heim zu geleiten. Dieſer zechte und kartelte oft Nächte hindurch mit dem Auerhahnwirth und die leichten Karten ſpielten nach und nach ganze Morgen Hochwald in die Hände des Wirths. Der Karpelbauer war kinderlos, hatte aber dafür eine Frau, die mehr Lärm machen konnte als zehn Kinder in der Abenddämme= rung. Wenn nun der Kappelbauer ſeinen richtigen „polniſchen Rauſch" hatte, wie er es nannte, ſtützte er ſich auf die befreun= dete Macht Broſi und begann in mehr als liebevoller Hingebung zu klagen, welch eine böſe Frau er habe und wie ſie ihn die wenigen Stunden nicht werde ſchlafen laſſen. Er konnte dabei untereinander fluchen und weinen, bis Broſi einſt ein kluges Mittel fand:

„Weißt was?" ſagte er, „wenn deine Frau zankt, daß ſchon ſo ſpät ſei, ſagſt, es ſei ja erſt zehne und ich ſteh' vor deinem Haus und ruf' zehne an."

Der Kappelbauer weckte ſogar ſeine Frau und als Broſi den Zank losgehen hörte, rief er mit verſtellter Stimme, als wenn des Urbaſches Kalter ſänge, zehn Uhr an, und nur noch ein lautes Lachen erſcholl, dann ward es ſtill im Hauſe des Kappel= bauern.

Einen ganzen Winter lang ging dieſer Betrug vor ſich und außer den beiden Betheiligten wußte Niemand davon als der Auerhahnwirth. Broſi machte ſich nicht im Geringſten ein Ge= wiſſen daraus, die ganze Wahrhaftigkeit ſeines Berufes zu miß= brauchen, und doch war es derſelbe Mann, der zu Zeiten von den heiligſten Gedanken getragen dahin ſchritt; der Uebermuth des Scherzes deckte Alles zu und die Trinkgelder des Kappelbauern waren reichlich. Gemahnte ihn doch bisweilen eine innere Stimme, ſo beſchwichtigte er ſie mit dem Einwande, daß der Kappelbauer auch ohne dieſe Beihülfe ſein Leben nicht ließe und nur Zank dadurch verhütet werde, daß der Kappelbauer nicht mehr lange lebe und die Wittwe noch immer reich genug bleibe; im nächſten Winter aber, wenn der Kappelbauer doch noch leben ſollte, ge= lobte er ſich dieſen Betrug nicht mehr mit zu machen.

Auf Diebe hatte Broſi wenig zu achten, denn es gab da= mals in Haldenbrunn nichts zu ſtehlen als etwas Holz, und deſſen konnte man bei Tag genug habhaft werden; aber manchem Burſchen, der aus einem Fenſter ſprang und durch die Schatten an den Häuſern dahin huſchte, winkte er mit der Hellebarde und rief ihm auch einige Spottworte nach. Oft klopfte er auch an ein Haus und weckte die Leute, wenn er hörte, daß eine Kuh kalben wollte, ein Pferd sich losgerissen hatte, und das trug immer ein paar Töpfe Milch oder einige Kocheten Kartoffeln ein.

Von den Holzfuhren hatte sich Brosi nicht losmachen können, denn der Revierförster, der anfangs Winter gethan hatte, als ob er ihm eine überschwängliche Gnade angedeihen ließe, hielt ihn jetzt aus Mangel an Holzknechten fest. Brosi war damit zufrieden, er ging immer bei Tag in den Wald, sah mit unnennbarer Er- quickung, daß sich sein Besitzthum täglich vermehrte und Brosi war der lustigste Schlittengaul, wie er sich oft nannte.

Nun kam noch das glückliche längstersehnte Ereigniß, daß das „brave Küh'le" endlich kalbte. Der Sprößling war so stark- knochig, daß nur zu bedauern war, daß man seine fernere Ent- wicklung nicht mit erleben durfte; dafür legte aber auch schon nach acht Tagen der Metzger zwei harte gediegene Kronenthaler auf den Tisch und noch zwölf Kreuzer Trinkgeld für die Moni; diese war schon ohnedies im gelobten Lande, denn eine neumelkige Kuh im Stall ist für eine wirthliche Frau eine Wonnezeit und noch dazu begannen die Hühner schon wieder zu legen. Fülle und Reichthum war im Haus und baar Geld dazu. Moni sang wie ein junges Mädchen im Haus umher und Brosi sang mit.

„Jetzt sind wir reich. Jetzt haben wir zwei frischmelkige Küh'," sagte er eines Tages und Moni erwiderte:

„Ich dank' Gott für die eine."

„Und wir haben doch zwei."

„Ich hoff' auch, wir kommen mit Gottes Hülfe noch dazu."

„Nein, wir haben's jetzt schon."

„Mach' mich nicht zum Narren," schalt Moni verdrossen, und schelmisch erwiderte Brosi:

„Wir haben doch zwei frischmelkige Küh'. Du mußt noch lang wachsen, bis du da 'rauf reichst," sagte er auf die Stirn deutend, „dein brav Thierle im Stall ist die eine und mein Amt ist die zweite Milchkuh. Jetzt sag, bin ich ein Narr?"

„Ich wollt', die ganz' Welt wär so närrisch wie du."

„Und ich wollt's nicht. Ich will was Apartes haben."

Es giebt eine Fröhlichkeit, eine innere Durchleuchtung, die sich in gar nichts Besonderem, ja nicht einmal in Worten aus- spricht: eines der Ehegatten oft fern von dem andern hat die vergnügtesten Stunden mit ihm, sei es im Alleinreden oder im inneren Gedenken, und wenn sie sich begegnen, lachen sie einander aus, sie wissen nicht warum und wollen es nicht wissen. So lebten Brosi und Moni seelenvergnügt, während draußen die beginnenden Frühlingsstürme rasten, und wenn das Apotheker-rösle noch immer keifen wollte, verstand Brosi oft, es lachen zu machen.

Wenn Brosi um zwölf Uhr sein Amt antrat, stand Moni mit ihm auf und spann bis der Tag anbrach, so sehr auch das Apothekerrösle schalt, daß man ihm auch noch die Nachtruhe raube. Moni hängte einen Rock an das Himmelbett und spann hinter demselben, und wenn Brosi in der Zwischenzeit des An-rufens nach Hause kam, sprach sie leise mit ihm oder ließ ihn einschlafen und weckte ihn mit dem Glockenschlag. Es waren für ihn jetzt manchmal böse Zeiten, der Sturm raste, daß Brosi nur mit höchster Gewalt seine Hausthüre öffnen konnte, die ihm als-bald wieder aus der Hand geschlagen wurde, so daß das Apotheker-rösle in der Stube immer laut aufschrie; draußen auf der Straße heulte und toste es, als wollte der Wind alle Wälder zusammen-brechen und die Wohnungen der Menschen in die Luft davon-tragen; und damit keine Stimme ertöne als das Brausen des Sturmes, riß dieser dem Wächter das Wort von den Lippen, daß er es selber kaum hörte; drehte sich Brosi um und sang nach der andern Seite, so kam der Wind auch hier herangesaust und benahm ihm fast den Athem. Sturmentgegen wie durch reißende Wogen mußte sich Brosi fortarbeiten und nur eines war gut; es fiel kein Ziegel von einem Dache, denn alle Häuser des Dorfes, ausgenommen die Kirche, das Pfarrhaus und der Auerhahn, waren mit Stroh gedeckt.

Brosi tröstete seine Frau, die über solches Unwetter klagte und immer behauptete, so sei es noch nie gewesen; er betheuerte stets, er freue sich dieses Sturmes, der bringe den Frühling und mit ihm die lohnreiche Bauzeit.

Noch lag tiefer Schnee in den Schluchten, als sich Brosi auf die Wanderschaft begab, er wußte noch nicht, wo er Arbeit finden werde. Moni ließ es sich nicht nehmen, ihm ein gut Stück das Geleite zu geben, sie nahm aber auch gleich ein Beil und einen Strick mit, um auf dem Heimwege dürres Holz zu sammeln. Die Wolken standen noch fest auf dem Berge, über den die beiden

Eheleute hinschritten, sie sprachen nichts vom Abschied, und Moni sagte:

„Wenn ich ein geschickt's Wiesle kaufen kann, thu' ich's. Ich mach' hundert Ellen Tuch, daraus lös ich ein Ordentliches und etwas Baar haben wir auch noch. Hätt'st dir doch noch einen Gulden mitnehmen sollen."

„Ich komm' schon fort," beruhigte Brofi, „aber was ich dir noch einmal sag', versprich mir, daß du dir nichts abgehen läßst, das Näherlisle soll dir warten und neun Tag bleibst im Wochenbett."

„Das versprech' ich nicht, aber drei Tag, da hast mein' Hand drauf." Brofi hielt die Hand fest und stand still indem er sagte:

„Ich schreib' wo ich bin und der Lehrer soll mir gleich anzeigen was es ist, ein Bub oder ein Mädle ist mir gleich, wenn's nur wuselt. Wenn ich dem Terkel nur auch gleich in die Augen sehen könnt' — aber es ist schon so recht, der Gypsmüller und sein' Frau wollen Gevatter sein und die Namen weißt auch. Ich hab' dir nichts mehr zu sagen. Jetzt weiter darfst nicht mit. Ich geh' da links 'nauf. Was ich vergessen hab', kannst dir selber sagen. Was du thust ist mir recht, das weißt. Jetzt b'hüt dich Gott, Moni. B'hüt dich Gott alter Schatz und grüß mir den Terkel und laß ihn nur recht schreien, daß er auch gut singen lernt. Jetzt heul' nicht, du thust dem Kind Schaden. Es ist nichts zu heulen. Geh', sing, ich halt dir zu, so lang ich dich hör'."

Er schüttelte Moni die Hand und schritt davon. Moni setzte sich an den Wegrain, nach einer Weile aber rief Brofi aus dem Walde:

„Ich bitt dich, sing'."

Und Moni begann:

> Es wollt' ein Steinhauer wandern,
> Auf die Wanderschaft wollt' er gehn.
> Was begegnet ihm auf der Reise?
> Ein Mädchen schneeweiß bekleidet:
> „Wo 'naus, wo wollt Ihr hin?"
> „Ich such' ein Schatz auf Erden,
> Oder willst du mein Schatz werden,
> So komm und bleib' bei mir."

Brosi stand still und begleitete den Gesang, dann schrie er Juchhu, daß es vom Berg und Thal widerhallte, und weiter schritt er singend und Moni ging tiefer in den Wald, sammelte Holz und trug es heim; sie sang aber nicht weiter.

Das Haus war so leer, beim Essen war's so einsam, und hätte Brosi nicht gebeten, es dem Kinde zulieb zu unterlassen, sie hätte viel geweint; sie bewältigte sich und trug ihr Garn zum Weber, der aufrichtig betheuerte, kein so schönes noch auf seinem Webstuhl gehabt zu haben. Moni wünschte nur, daß auch ihr Mann dies Lob gehört hätte.

Zehntes Kapitel.

Das Erdreich wird aufgegraben und Stein an Stein zur Grundmauer gefügt, langsam schreitet der Bau fort, bis sich der Bau über der Erde erhebt, und in Einem Tage thürmt sich das Gebälke darüber, prangt die Maientanne auf dem Giebel und läßt die hellen Bänder im Winde flattern. Die Menschen, die des Weges kamen, schauten allzeit um nach dem Bau, still ahnend oder hell bewußt, daß wieder ein Fleck Erde der Heimath von Baum und Pflanze entzogen ist, um der Gemeinsamkeit eines Menschenlebens Raum zu gönnen. Wenn der Bauspruch ertönt, stehen sie lauschend versammelt, dann aber zieht ein Jedes dahin und hat noch kaum einen Blick dafür, wie sich der Bau ausfüllt und im Innern vollendet.

Wir haben die Gemeinsamkeit des Lebens von Brosi und Moni sich erbauen sehen, wir kennen das Grundwesen desselben und wollen nun auch im Auge behalten, wie das Schicksal es wendet und wie sie seine Fügungen aufnehmen.

Moni war so glücklich, noch ihr Heu einzuthun und zwar auch das von der neu erworbenen Wiese im untern Thale, die sie von der Wittwe des wirklich verstorbenen Kappelbauern kaufte, und noch stand ein Handkarren voll unabgeladen im Schuppen, als Moni rasch und gesund eines derben Knaben genas, der seine Befähigung zum Sänger mit tüchtigem Schreien bekundete.

Die Tage, die Moni wiederum mit der Mutter allein gewesen, waren voll Hader und Verhetzung; die Mutter hatte eine teuflische Lust daran, der Tochter immer vorzusagen, daß der

Broſi gewiß nicht wieder käme, und wußte viele derartige Bei=
ſpiele zu erzählen. Endlich kam ein zufriedener Brief von Broſi,
worin er erzählte, daß er nach mühſeligem Suchen zuletzt im
Elſaß Arbeit gefunden. Moni hatte nicht das Glück, den Brief
leſen zu können, aber ſie trug ihn doch ſtets bei ſich und war
nicht mehr allein, und als ſie das Kind in den Armen hielt,
war ſie eine glückſelige Mutter und Frau.

Unterlieferanten waren in das Dorf gekommen und·hatten
zur Ausrüſtung des Heeres alles Leinenzeug aufgekauft. Moni
erhielt für ihren Vorrath ein ſchön Stück Geld und in dieſem
Sommer baute ſie ſelbſt etwas Hanf, ſie hatte einen Theil der
neuerworbenen Wieſe verſuchsweiſe dazu verwendet und den Gras=
garten am Hauſe zu einem Kartoffel= und Krautacker verwandelt;
dabei lebte ſie ſo ſparſam, daß ſie noch Milch verkaufte. Die
ſchwarze Henne, die immer am ſpäteſten zu legen aufhörte und
am früheſten wieder anfing, hatte gebrütet und elf Junge glück=
lich erzogen, deren Verkauf nun auch eine gute Beiſteuer gab.
Der kleine Knabe, den die Mutter immer in einem Korbe mit
ſich auf's Feld nahm, gedieh zuſehends.

Der Sommer ging raſch vorüber. Broſi hatte Einmal ge=
ſchrieben und nicht wieder, man hatte ihm die Geburt ſeines
Sohnes angezeigt und dabei blieb es; bei ſparſamen Landleuten iſt
das Poſtgeld das überflüſſigſte von allen. Moni hatte ihre Grum=
met eingethan und damit das ganze Haus vollgeſtopft, daß es
ganz von ſüßem Duft erfüllt war; ſie hatte ihren Hanf gejätet,
gedörrt und gebrochen, die Kartoffeln eingethan und das Kraut
eingeſchnitten, ſo ſegenerfüllt, ſo ſpickvoll war das Haus noch nie
geweſen. So oft Moni nach dem Walde ging, um Holz zu raffen,
hielt ſie ſich möglichſt in der Nähe des Waldweges, ſie hoffte täg=
lich, daß Broſi daherkommen müſſe. Der Nebel ſtand ſchon wie=
der tagelang auf den Bergen und endlich ſchneite es ſogar;
aber Broſi kam noch nicht und Moni tröſtete ſich, daß drunten
im Lande wohl noch heller Herbſt ſei und die Bauarbeit noch
fortgehe.

Eines Abends als der kleine Nachtwächter, wie ihn die Groß=
mutter ſtets hieß, mächtig ſchrie, hörte man es vor der Thüre
plötzlich quickſen wie von einem jungen Schweine; der kleine Nacht=
wächter horchte auf dieſen Laut und war einen Augenblick ſtill,
da öffnete ſich die Thüre und —

„Wart' ich will dich," rief eine starke Männerstimme. Der kleine Knabe schrie wieder, aber noch lauter als er rief Moni:

„Lieber Gott, lieber Gott! Mein Brosi," sie faßte seine beiden Hände, er drückte sie rasch und beugte sich dann zu dem Knaben nieder, der den fremden Mann mit dem bereiften Gesichte, der ihn küßte, mit großen Augen anstarrte, dann aber wieder laut schrie.

„Der hat einen guten Brustkasten," sagte Brosi und reichte nun auch der Schwiegermutter die Hand, die ihm aber kaum die ihrige reichte und sich nach der Wand umwendete.

„Hast der Mutter nichts mitgebracht?" fragte Moni leise.

„Zuerst bin Ich da, das ist die Hauptsach'. Mit dem Andern hat's Zeit," sagte Brosi tiefaufathmend sich auf die Bank setzend. „Gottlob, daß ich wieder da bin. Es sieht wüst aus in der Welt, die Menschen sind auf einander, wie wenn Eins das Andere auffressen möcht'! Du bist aber schöner geworden, Moni, ich hab's gar nicht mehr gewußt, daß ich so eine nette Frau hab'."

Er strich ihr mit der Hand über die erglühende Wange, dann hob er den Säugling sehr unbeholfen aus der Wiege und nahm ihn noch ungeschickter auf den Arm. Moni that ihm das Häubchen ab und zeigte wie viel Haare er schon habe, aber das Kind verlangte nach der Mutter und Brosi ging vor die Thüre und schleppte einen großen Quersack in die Stube, in dem es wieder quickste. Er öffnete den Sack und sagte:

„Ich hab' noch was Lebiges mit ins Haus gebracht." Er zeigte ein schönes junges Schwein mit vielversprechenden langen Ohren; da aber der Säugling die Freude der Mutter nicht theilte, sondern erbärmlich schrie, wurde der neue Mitbewohner wieder in sein vorläufiges Zelt gebracht und aus der andern Seite des Sackes dem jungen Weltbürger ein rothbackiger Apfel gereicht, den er alsbald zum Munde führen wollte, was die Mutter indeß abwehrte; aber der kleine Schelm verstand es schon, den Apfel auf den Boden fallen zu lassen, und lachte herzlich, da die Mutter mit liebkosendem Schelten ihm den Apfel stets wieder aufhob.

„Wie er so herzlich lacht," jauchzte Brosi und die Mutter behauptete, er könne noch viele Kunststücke, aber sie brachte ihn nicht dazu, daß er jetzt eines davon preisgab.

Brosi legte der Großmutter ein Täfelchen Schokolade auf

das Bett und bemerkte frohlockend, er habe es in Erinnerung
behalten, daß ſie einſt dieſes Getränk gelobt; aber das Apotheker=
rösle kehrte ſich nicht um und ſagte nur: „Ich mag keinen, trink'
du ihn, ich nehm's für genoſſen an." Broſi biß auf die Lippen,
aber Moni winkte ihm beſchwichtigend und ſtaunte nun über das
ſchöne Obſt, das er auf dem Tiſch ausſchüttete, wobei ſie nicht
vergaß, hinzuzuſetzen, daß ſie ihm die ſchönſten Zwetſchgen aus
dem Garten aufgehoben habe. Zuletzt gab es noch großen Jubel,
als Broſi Wollzeug zu einem Sonntagskittel aus einem verſchnürten
Papiere auspackte.

„Es wär' nicht nöthig geweſen, aber es freut mich doch und
doppelt, und daß du ſo an mich denkſt freut mich," äußerte Moni.

Da die Mutter ſich noch immer theilnahmlos abwendete, zeigte
ſie die „Mitbring" dem Kinde und ſagte:

„Guck, das hat dein Vater mitgebracht, dein Vater iſt ein
braver Mann, werde nur auch ſo. Streichel' ihm zum Dank,"
ſie nahm das Händchen des Kleinen und ſtrich damit Broſi über
die Wangen. Sie mußte ihm das Kind gehörig auf den Arm
geben und er tanzte und ſang damit in der Stube umher, während
Moni ſchnell das Eſſen bereitete und aus der Küche mitſang.

Moni hatte viel zu erzählen, und wie natürlich Alles kunter=
bunt durcheinander, ſchließlich aber kamen ſie doch immer wieder
beide darauf zurück, daß ſie glückliche Menſchen ſeien, nicht durch
die Liebe, davon ſprachen ſie nicht, ſondern durch die Vermehrung
ihres Beſitzthums; ſie hatten es in dieſem Jahre weit gebracht,
hatte eine faſt ganz bezahlte Wieſe, und Broſi breitete au' ſein
erworbenes Geld ein Stück neben dem andern auf dem Tiſch aus;
er gab dem kleinen Knaben einen nagelneuen Fünflivresthaler als
ſein Eigenthum, daß er damit zu hauſen anfange.]

War Broſi in Gedanken auch immer daheim geweſen, und
ſagte er oft, ein verheiratheter Mann ſollte eigentlich nicht mehr
in die Fremde gehen, denn er habe ſich faſt vor ſich ſelbſt ge=
ſchämt, welch' ein Heimweh er anfangs hatte, ſo war ihm doch
wiederum jetzt ſein eigenes Leben neu; er empfand das Glück
deſſelben, aber auch das Ungemach, das ihm beſchieden war und
faſt unerträglich erſchien. Das Apothekerrösle ließ nicht ab von
ſeiner unbegreiflichen Verboſtheit, und jedes gute Wort, das man
ihm gab, war ebenſo an ihm verſchwendet, wie es am Hochzeits=
tage den Wein ausgeſchüttet hatte. Broſi war indeß Manns genug,

um diesen Kummer in sich zu verwinden, und das schlafende Kind betrachtend, sagte er zu sich: „Du mußt dir's verdienen, daß deine Kinder auch einmal Geduld mit dir haben, wenn du bettlägerig und krittlich bist."

Obgleich er von der Reise, er war heute zwölf Stunden gelaufen, müde war, wollte er doch noch heute sein Nachtwächteramt, das des Uribasche's Kalter im Sommer allein versehen hatte, wieder antreten, aber Moni, der ihr kleiner Sohn mehr als die Stunden anrief, ließ ihren Mann ruhig die Zeit verschlafen, und als dieser erwachte, war es ihm nur noch gegeben, des Uribasche's Kalten darin abzulösen, daß er für ihn den Tag anrief. Ungesehen von seinen Mitbürgern und ohne daß sie wußten, daß er da war, schritt er durch die Nacht dahin und ließ den Morgensang erschallen, so hell, so von ganzer Seele, daß ihm selber immer froher dadurch zu Muthe ward, und Mancher, der in stiller Nacht erwachte, dachte vor sich hin, oder sprach es laut: „Der Brosi ist wieder da." Zuletzt sang er noch vor seinem eigenen Hause, und es war ihm, als tönte ihm, als tönte jedes Wort wie ein Segen vom Himmel darauf nieder, und Alles ist geweiht und beschirmt . . . .

Am Sonntag mußte Brosi im Auerhahn viel erzählen, wie es „draußen in der Welt" aussieht, und er verstand es meisterlich. Der Zug Bonaparte's nach Italien bildete das Hauptgespräch, bald aber fand sich eine näher liegende Verhandlung: die Jahresfeier der Kirchweihe fiel in so unruhige Zeit, daß man sie lieber aussetzen wollte. Brosi gewann aber mit seiner Meinung die Oberhand, daß man gar nicht absehen könne, wann die Welt wieder ruhig werde, darum müsse man lustig sein, so lang es noch tagt.

Zur damaligen Zeit brauchte man noch nicht ein Hin- und Herschreiben vom Amte, um einen Schweinestall bauen zu dürfen. Brosi war damit gerade am Abend vor der Kirchweih fertig und konnte am andern Tage seinen Gästen den Neubau und dessen Bewohner zeigen. Ueberhaupt war es für Brosi ein großes Fest, zum Erstenmal in seinem Hause Gäste zu bewirthen, und zwar so vornehme, wie den Gipsmüller und seine Frau, die zur Kirchweih gekommen waren. Moni verstand es, ihre geringe „Aufwartung," den Zwetschgenkuchen und den Kirschengeist so nett auf ein schönes weißes Tischtuch herzurichten, und hatte dabei Alles

ſo zur Hand, als ob ein dienender Geiſt ihr Alles darreiche, ſo
daß Broſi das Lob der Gevatterleute mit innerſtem Behagen be=
ſtätigte. Dabei war der kleine Kilian, der ſchon aufrecht auf
dem Arm der Mutter ſaß, „angethan wie ein Graf.“ Die Ge=
vatterleute lobten ihren Pathen gar ſehr, und wie die Menſchen
in der höchſten Freude der Gegenwart immer auch leicht die Zu=
kunft mit herein ziehen und die ganzen beglückenden Folgen des
Gegenwärtigen genießen wollen, ſo ſagte Broſi immer: „Und ich
freu' mich, wie das erſt ſchön ſein wird, wenn ich den Kerl erſt
mit in die Fremde nehm', ins Geſchäft. Wenn's nur ſchon gleich
morgen wär'.“

Broſi war, wie wir wiſſen, ein Mann von ſtarkem Selbſt=
gefühl, aber er hatte doch ſeine beſondere Freude daran, an einem
ſo angeſehenen Manne, wie der reiche Gipsmüller war, eine An=
lehnung zu haben, das konnte ihm und ſeinen Kindern zu gute
kommen. Er ging zwar auf das Anerbieten des Gipsmüllers
nicht ein, ihm bei einem geſchickten Häuſertauſche (da das jetzige
doch gar zu eng ſchien), beizuſtehen, behielt ſich indeß die Bei=
hülfe des Gevatters für den Ankauf einer neuen Kuh bevor und
erklärte ſich ſchließlich gern bereit, ſtatt der Holzfuhren dem Ge=
vatter dreſchen und in der Gipsmühle arbeiten zu helfen.

Schön iſt's, im eigenen Hauſe die ganze Fülle ſeines Glücks
zu haben, aber ſchöner iſt's, auch draußen hülfreiche und herz=
getreue Menſchen zu wiſſen, bei denen man in Leid und Freud
eine Heimath findet, und nicht als Einzelner, ſondern Familie
zu Familie: die eigene Heimath iſt erweitert und vergrößert, und
von Haus zu Haus weht ſichtbar und unſichtbar eine belebende
Gemeinſchaft.

Mit ſtrahlenden Angeſichtern geleiteten Broſi und Moni ihre
Gevatterleute durch das Dorf nach dem Auerhahn. In allen
Häuſern hatte man heute Gäſte, die man freundlich bewirthete,
aber gewiß war man nirgends glückſeliger und auch ſtolzer mit
ſeinem Beſuche, als Broſi und Moni mit dem ihrigen.

Im Auerhahn waren auch viele Endringer, die Broſi zu=
tranken, er freute ſich ihrer und verſprach auch nach Endringen
zur Kirchweih zu kommen. Der Kirchweihtag war der einzige,
an dem die gewohnte Tiſchordnung aufgehoben war, Broſi und
Moni ſaßen vergnügt bei ihren Gevattern, die Gipsmüllerin
durfte nur einen Schleifer tanzen, um ſo höher ſprang aber Broſi

mit seiner Frau, nicht zur Erfüllung seines gethanen Gelübbes, sondern in frischer Erregung des Augenblicks; und doch war seine Lustigkeit eine andere als da er noch ledig war, er war nicht minder voll innersten Jubels und doch war es anders, es ließ sich nicht bestimmen, wie und worin.

Als die Gevatterleute abgereist waren und wiederum einen Sack Mehl zurückgelassen hatten, ging Brosi nochmals allein in den Auerhahn, er sang lustig mit, machte sich aber doch frühzeitig heim und sang mit seiner Moni die Tanzweisen, die man vom Auerhahn herunter vernahm; der kleine Kilian schlief ruhig dabei.

Elftes Kapitel.

Mit Dreschen, Gipsmahlen und dem Nachtwächterrufen ging der Winter vorüber, das glückliche Ereigniß des vorigen Jahres stellte sich wiederum ein und Niemand war dessen froher, als der grunzende Mitbewohner hinter dem Hause. Fröhlicher als im vergangenen Jahre trat Brosi wieder seine Wanderschaft an, denn er hatte es nun deutlich erfahren, daß alle Sorge um die Heimath unnöthig war; als er im Spätherbst wieder heim kam, lief ihm der kleine Kilian schon entgegen und der Vater lernte dessen unbeholfene Sprache bald verstehen. Moni hatte viel zu erzählen, man hatte Einquartirung gehabt von allerlei Nationen, Bayern, Russen, Hessen und Franzosen, die aber bisher immer gute Mannszucht gehalten hatten. Dazu kamen noch viele Neuigkeiten aus dem Dorf und der Umgegend. Die Kirchweih in Haldenbrunn und Endringen wurde regelmäßig mitgefeiert und so verging ein zweiter und ein dritter Winter und die Trennungszeit im Sommer. Brosi und Moni standen fest in Glück und Heiterkeit, aber doch empfanden auch sie das Bangen, das damals alle Menschen über allen hatte; die Erschütterung, die damals ganz Europa ergriffen hatte, wurde in jedem Hause des entlegensten Dorfes verspürt. Bonaparte war Kaiser Napoleon geworden und wir müssen es sagen, Brosi, der viel im Elsaß arbeitete, hatte eine große Verehrung für ihn. Die Gewalt des Kaisers änderte Vieles, aber die Tischordnung im Auerhahn zu Haldenbrunn, die Brosi oft ein Gräuel war, konnte er doch noch nicht umstürzen.

Brosi hatte seine Wiese vollständig bezahlt, und acht Tage
bevor ihm sein erstes Töchterchen geboren ward, noch eine zweite
Kuh baar bezahlt; dazu kam noch ein neues Bett, das aber
Moni ganz allein aus der Kunkel herausspann, ein Schwein
wurde alljährlich ins Haus geschlachtet, und es war Alles heiter,
nur das Apothekerrösle blieb sich gleich. Da kam eines Tages,
Brosi war gerade in der abgelegenen Girsmühle, russische Einquartirung, die arg in der engen Wohnung hauste. Das Apothekerrösle saß immer aufrecht im Bette und schimpfte und schalt,
je mehr der Russe mit dem Säbel auf den Tisch schlug, und die
Kinder heulten dazu. Moni hatte Niemand, den sie nach ihrem
Mann schicken konnte, sie wußte sich kaum zu helfen mit der
Beschwichtigung der Mutter, der Kinder und des Russen. Als
sie diesem das Essen brachte, warf er es zum Fenster hinaus,
durchstöberte das ganze Haus und entdeckte endlich die wohlver-
steckten Hühner. Das Apothekerrösle schrie jämmerlich, als es
draußen die so gut legenden Hühner krähen hörte, und als der
Russe mit den Erwürgten in die Stube kam, hatte sein Schelten
kein Ende. Als ihm der Russe mit dem Säbel drohend Schweigen gebot, spie es ihm den Geifer ins Gesicht, der Russe faßte
es mit beiden Händen am Halse, noch einmal schnappte es auf
nach Luft und sank in die Kissen zurück. Der Russe, der jetzt
sah, was er gethan hatte, schaute wild umher, raffte Alles zusammen, vergaß aber die Hühner nicht, und entfloh aus dem
Hause, als jagte man mit Peitschen hinter ihm dr in.

Moni kniete noch am Bett der Mutter, da trat Brosi ein
und erfuhr schaudernd Alles, was geschehen war. Es war keine
Rettung mehr. Brosi eilte sogleich zu dem Befehlshaber, die
Lärmtrommel tönte durch das Dorf, vor dem Auerhahn wurde
Musterung gehalten, aber der Mörder fand sich nicht und die
Leute sagten, es sei gar kein Russe gewesen, der Teufel habe
das Apothekerrösle erwürgt. Noch am selben Abend marschirte
die Einquartirung ab.

Brosi und Moni konnten sich nicht leugnen, daß der Tod
des Apothekerrösle gerade kein Unglück war; aber als hätte
wirklich ein böser Geist die Hand dabei im Spiele, mußte noch
die Art des Todes den Ueberlebenden schweren Kummer bereiten.

Von den sogenannten Todtenfrauen wollte keine die Leiche
des Apothekerrösle einkleiden helfen, Brosi und Moni mußten

dies allein thun. Da fühlte Broſi um den Leib der Entſeelten
einen Gürtel, Moni hieß ihn hinaus gehen und nach einer Weile
kam ſie und hielt in zitternder Hand einen Gürtel, in den Geld
eingenäht war; ſchnell trennte Broſi die Naht und enthülste nach
einander zwanzig Ducaten. Broſi fühlte das Gold ſchwer in der
Hand, er legte es auf die Treppe und machte dreimal ein Kreuz
darüber, es blinkte hell in der Dunkelheit.

„Sie iſt bei allebem doch eine gute Frau geweſen,“ ſagte
Moni, ihr Mann antwortete nicht.

Wäre nicht der Gipsmüller zum Leichenbegängniſſe gekommen,
es hätten ſich nur Wenige demſelben angeſchloſſen, man ſah es
aber doch allen Menſchen an, wie froh ſie waren, daß das Apo=
thekerrösle nun unter die Erde kam.

Dem Gipsmüller theilte Broſi auch das Geheimniß von dem
aufgefundenen Schatze mit und überließ ihm auf Zureden Moni's
die Entſcheidung, ob er ſolchen mit den Schwägerinnen in der
Schweiz theilen ſolle. Der Gipsmüller entſchied vor der Hand,
bis man ſpäter den Schwägerinnen es offen erkläre, für den
Alleinbeſitz Broſi's, da die in der Fremde ja nichts für die
Mutter gethan hatten, ſondern die Eheleute ſie allein erhalten
mußten. Er übernahm hierauf ohne Scheu das Gold und ver=
ſprach Broſi Silbergeld dafür, das gar nichts Unheimliches hatte.

Man vermuthete, daß der Gürtel, der zweimal kürzer genäht
war, etwa bei einem Falle im Walde dem Apothekerrösle die
Lähmung gebracht habe. Gewiſſes ließ ſich natürlich darüber
nicht herausbringen, aber ein Theil von dem trotzigen, aufbe=
gehreriſchen Weſen der Verſtorbenen ließ ſich allerdings dadurch
erklären, daß ſie ſich im Beſitz eines geheimen Schatzes wußte.

Das Haus war nun in doppelter Beziehung frei, das Apo=
thekerrösle war nicht mehr da, und die Schuld, die wie ein
Geſpenſt darauf gehaftet hatte, wurde abgetragen; aber ein
anderes Geſpenſt zeigte ſich. Broſi machte mehrere Verſuche zu
einem Häuſertauſch, aber Niemand wollte ſein Haus übernehmen,
in dem das Apothekerrösle nächtens als Geiſt umgehen ſollte.

Noch lange nach ſeinem Tode plagte es die Inſaſſen durch
dieſen Aberglauben.

Broſi und Moni fanden ſich aber doch nur wenig davon
beunruhigt. Zwar kam Broſi immer früher aus der Gipsmühle
nach Hauſe, um ſeine Frau nicht allein zu laſſen, und wenn er die

Stunden anrief, begann er vor ſeinem Hauſe den frommen Sang,
um es damit zu beſchirmen und bald fanden die beiden Eheleute,
daß ſie für ihre ganze Lebenszeit Raum genug im Hauſe hatten;
gehörte ihnen ja jetzt erſt die Stube zu eigen, und die wohn=
liche Bühnenkammer war faſt überflüſſig.

Friedlich aber ſtill war's dieſen Winter im Hauſe. Der Tod
des Apothekerrösle brachte doch auch für die ganze Kriegszeit einen
Segen über das Haus: es wurde theils aus Aberglaube, theils
aus Rückſicht, ferner mit Einquartirung übergangen.

Zwölftes Kapitel.

Napoleons Continentalſperre gegen England brachte dem
Broſi reichlichen Verdienſt, nicht als Fabrikant oder Schmuggler,
ſondern einfach als Maurer bei den vielen Fabrikgebäuden, die
beſonders im Elſaß errichtet wurden. Wir dürfen aber auch
nicht vergeſſen, daß Broſi durch ein Weltereigniß ſehr viel Kum=
mer hatte, denn Broſi wurde plötzlich ein Ausländer. Bei der
Theilung Vorderöſtreichs durch den Reichsdeputationshauptſchluß
wurde Endringen badiſch und Halbenbrunn württembergiſch. Dieſer
Schnitt ging Broſi ins Herz; er wußte nichts von deutſcher Ein=
heit, er war trotz ſeiner Verehrung für Napoleon doch gut kaiſer=
lich und merkte nichts von dieſem Widerſpruche; das aber fühlte
er doch, was es iſt, Länder zu zerſchneiden, und jedesmal, wenn
er an dem Grenzpfahl im Walde vorüber kam, machte er ihm
ein grimmiges Geſicht. Beſonders mit ſeinem Gevatter, dem
Gipsmüller, der nun auch ein Badiſcher geworden war, ſprach
er viel über die verkehrte Welt, und als es im Laufe der Jahre
hart gegen Napoleon herging, war ſeine erſte Hoffnung, daß
Endringen und Halbenbrunn wieder zu Einem Lande gehören
würden.

Es iſt aber wunderbar, wie bald die aufgepfropften Begriffe
ſelbſtändig ausſchlagen. Es vergingen kaum einige Jahre, als
die Endringer und Halbenbrunner als Badiſche und Württem=
bergiſche einander vielfach neckten.

In dieſer Zeit hatte aber Broſi von der Welt doch alljähr=
lich eine beſondere Freude. Obgleich der Rheinländiſche Haus=
freund ein badiſcher Kalender war, brachte ihn doch Broſi jeden

Herbst mit nach Hause; aber er las keine Silbe darin, bis das Neujahr wirklich da war, und auf manchem Gang in der Nacht schmunzelte er vor sich hin, wenn er an die lustigen Geschichten dachte, die er gelesen hatte. Von der ganzen Sammlung seiner Kalender waren diese die zerlesensten und in keinem ist mehr eingetragen. Es geschahen aber auch zu ihrer Zeit die wichtigsten Ereignisse.

Der Kilian hatte noch einen Bruder Namens Franz und außer seiner Schwester Rösle noch eine Namens Mariann erhalten, ein zweites Brüderchen lag neben dem Apothekerrösle auf dem Gottesacker. Es gab keine zweite Mutter in Haldenbrunn, die ihre Kinder mehr in Zucht und zur Schule anhielt als Moni; ja sie ging selber noch in die Schule und zwar bei ihrem Kilian, denn sie lernte bei diesem Geschriebenes lesen und selbst die Feder führen. Spielend und ohne daß die Kinder die Unwissenheit der Mutter merkten, lernte sie die Schreibkunst; sie hatte erfahren, wie nachtheilig ihr deren Mangel gegenüber den Kindern war und freute sich auch kindisch darauf, an Brosi selber einen Brief schreiben zu können. Es war ein seltsamer Anblick, wenn die Mutter mit den Kindern um den Tisch saß und wettete, wer zuerst mit seiner „Gschrift" fertig werde. Jener erste Brief Brosi's aus ihren ersten Ehejahren diente Moni als Vorschrift; sie hat dabei freilich nicht orthographisch schreiben gelernt, aber besser als Brosi brauchte sie es auch nicht zu verstehen und ihre Fehler waren gerade die, die Brosi auch machte. Dieser war ganz glückselig, als ihm seine Moni so unverhofft einen eigenhändigen Brief in die Fremde schrieb. Die Kinder durften auch oft Briefe an den Vater schreiben, von denen aber natürlich höchstens einer abgeschickt wurde. Der wissenschaftliche Betrieb im Hause war aber doch weit geringer als der praktische in Wald und Feld. Kilian mußte die Kühe in den Wald zur Weide führen, denn die Grasnutzung im Walde war damals noch allgemein, die Anderen mußten Streu einthun, Erdbeeren, Himbeeren, Heidelbeeren und Wachholder sammeln, und theils selbst nach der Stadt zum Verkauf bringen, theils übernahm dies die Mutter. Ein besonderes Handelsgebiet war den Kindern aber auch darin eröffnet, daß sie im Herbste Lichtspäne — lange zugespitzte dünne Scheiben aus dem Kernholz von Kiefern, die man zur Beleuchtung in der Küche benützt — stundenweit in kleinen

Körben auf dem Kopf nach dem Getreidelande tragen mußten, um dafür Mehl, Kleie, Schmalz oder auch Aepfel einzutauschen, und manchmal gab es sogar baares Geld, das die Kinder ge= treulich ablieferten. So kam es, daß Moni mit einem Häuflein Kinder nicht mehr brauchte, als da sie noch allein war, und die Kinder wurden gewißigt und selbständig und früh auf ein sparliches Umtreiben hingewiesen.

Wenn Brosi im Frühling auf die Wanderschaft zog, be= gleitete ihn die Mutter mit den Kindern, die beiden Eheleute sangen nicht mehr, aber Brosi rief noch laut in der Ferne die Namen seiner Kinder nach einander, und das war doch noch herzerfrischender als aller Gesang.

Jedesmal wenn Brosi von der Wanderschaft nach Hause kam, kaufte er in der Stadt ein Weißbrod, und je mehr Kinder im Hause waren, je mehr Theile wurden daraus gemacht.

Das Heimweh Brosi's wurde oft wieder stärker, in den letzten Herbstwochen war er immer ein verdrossener Arbeiter, ohne rechte Eßlust und ohne rechten Schlaf. Um sich zu zwingen, setzte er sich daher jedesmal noch eine Woche weiter zum Aufenthalt in der Fremde fest, aber jedesmal wenn diese Woche kam, schenkte er sich dieselbe und eilte heim zu seiner Moni und zu seinen Kindern.

Brosi hatte noch eine zweite Wiese von anderthalb Morgen, die sogenannte Bömleswiese gekauft, es war dieß der Boden eines abgetriebenen Waldes im untern Forlenthale, da wo der Bach eine so starke Biegung macht, daß er die Wiese mehr als im Halbkreise umzieht. Moni hatte auch eine erkleckliche Beisteuer dazu gegeben, denn trotzdem sie vier Kinder hatte, gewann sie immer noch so viel Zeit zum Spinnen, daß sie neben dem Haus= bedarf an Leinen fünfzig Ellen jährlich verkaufen konnte; daneben legte sie noch manches zurück zur künftigen Aussteuer für ihre Töchter, und dazu hatte noch jedes Kind einen baaren Fünf= frankenthaler, denn Brosi hatte Jedem das Gleiche geschenkt wie seinem Erstgeborenen, und ganz allein von ihrer Ersparniß hatte Moni nicht nur eine vermehrte Kopfzahl für die im Kriege ver= lorenen angestammten Hühner erobert, sie vermehrte auch noch ihre Hausmacht durch fünf stattliche Gänse.

So schmerzvoll und niederdrückend es ist, wenn ein Familien= vater sich trotz aller Mühen von Jahr zu Jahr verarmen und verkommen sieht, und das noch ein glückliches Jahr nennen muß,

in dem er ſich ſo durchſchlug, daß er nichts einbüßte, eben ſo
erquickend iſt das Gefühl, ſich wachſen zu ſehen.

Es kommt ſo ſelten vor, daß Jemand von Grund des Her=
zens und jahrelang ſagt: ich bin ein glücklicher Menſch. Broſi
ſagte dieß und er war es auch; dabei pflegte er hinzuzuſetzen:
„Ich hab' Gottlob in ſiebzehn Jahren dem Apotheker nicht mehr
bezahlt als einen Batzen, und den — für Rattenpulver.“

Das innere Wohlgefühl Broſi's wurde aber auch zum Wohl=
wollen für andere Menſchen; nie hörte man ihn ein böſes Wort
über Jemand reden, und wenn man im Auerhahn oder ſonſtwo
über Einen loszog, duldete er das nicht und nahm ſich des Be=
ſchimpften in jeglicher Weiſe an. Es konnte nicht fehlen, daß
Broſi bei ſeiner immerwährenden Heiterkeit für einen halben
Narren galt; aber die Rechtſchaffenheit und Gutmüthigkeit hat
doch ſo viel Bewältigendes, daß er in Ehre und Anſehen ſtand,
und beſonders das, daß er Niemand Böſes nachredete, machte
ihn in vielen Dingen zum Rathgeber und Schiedsrichter und Broſi
konnte bei mancher glücklichen Auskunft hinzuſetzen: „Ja der Broſi.
Mein Mann iſcht koanr.“

Die Kinder Broſi's wurden mit dieſem Eitelkeitsſpruche ihres
Vaters frühzeitig geneckt und wo ſie hinkamen, hieß es oft: „Wie
ſagt der Broſi? Mein Mann iſcht koanr.“ Sie klagten das oft
der Mutter, aber dieſe wagte es nicht, gegen eine Grundeigen=
ſchaft ihres Mannes und deren Ausdruck anzukämpfen; ſie hatte
es einmal verſucht und jene Trutzwoche hätte ſich faſt wiederholt,
ſie beſchwichtigte nun die Kinder ſo gut ſie konnte und beſonders
damit, daß man Jedem was nachſpotten müſſe und ihr Vater
dürfe das auch ſchon ſagen, es gäbe auch keinen ſolchen Mann
mehr auf der Welt wie er ſei. Das merkte ſich der kleine Kilian
und als er wieder damit geneckt wurde, ſagte er ſtolz: „Und es
iſt erſt noch wahr, ſo wie mein Vater giebt's Keinen mehr.“

Als man Broſi dieſe Rede ſeines Erſtgeborenen erzählte,
hatte er dieſen, der ohnedieß ſein Liebling war, nochmal ſo gern;
er nahm ihn oft des Sonntags mit in den Auerhahn und am
Werktag in die Gipsmühle. Der Kilian war überhaupt ein ge=
ſcheiter Bub, er hatte einſt das einzige Leidweſen Broſi's in der
Frage ausgedrückt: „Vater, biſt du nur im Winter unſer Vater?“
Broſi verſprach, ihn bei der Entlaſſung aus der Schule mitzu=
nehmen, dann habe er auch einen Sommervater.

An der Kirchweih tanzte Brofi allzeit regelmäßig mit seiner Moni, und die Kinder, die auf dem Hausflur waren, tanzten dort ebenfalls. Mit des Kappelbauern Lisle (die Wittwe hatte schon lange wieder geheirathet) tanzte der Kilian den Hoppetvogel und den Siebensprung gerade wie der Vater mit der Mutter.

In dem Jahre als die Verbündeten in Paris einzogen, hatte auch Brofi einen Verbündeten. Er nahm seinen Kilian mit auf die Wanderschaft und sagte zu seiner Moni: „Weißt noch wie ich mir die Zeit herbeigewünscht hab'? Und jetzt ist sie da. Es kommt Alles. Drum lustig so lang es tagt."

In dem Jahr, als Württemberg einen neuen König erhielt, wurde Brofi noch ein Sohn geboren. Der Revierförster, der jetzige Auerbahnwirth, der zu Gevatter stand, gab ihm den Namen Wilhelm: Brofi aber rief ihn bei seinem zweiten Taufnamen Severin. Er hatte seine besondere Freude an dem kleinen Severin und sagte oft:

„Ich freu' mich nur, daß wir auch wieder ein klein Kind haben, wenn sie nur auch länger so klein und lieb bleiben thäten; wenn sie einmal größer sind, sind's keine Kinder mehr und machen Einem nur noch die halbe Freude."

Das erste Lebensjahr Severins war das schwerste für die ganze Familie, es war das Hungerjahr Siebzehn. Brofi war vor Allem darauf bedacht, daß die Mutter und das Kind die rechte Nahrung hätten; aber der Unsegen, der damals auf Allem ruhte, daß man ganze Schüsseln aufessen und doch nicht satt sein konnte, schien sich auch auf die Muttermilch zu erstrecken: der kleine Severin schrie immer, mehr als je ein anderes Kind.

Brofi wäre in seinem ganzen Hausstande zurückgekommen, wenn sich nicht jetzt der Gevatter Gipsmüller bewährt hätte; er verkaufte kein Korn an Brofi, er lieh es ihm nur mit der Bedingung, daß er ihm solches im andern Jahre wieder als Korn zurückerstatten müsse.

Wenn Brofi später den Jahrgang 17 seiner Kalender in die Hand nahm, sagte er: da steht gar nichts darin, ich vergeß das Jahr aber doch nie.

Dreizehntes Kapitel.

Je mehr die Kinder heranwachſen, um ſo mehr hören die Eltern auf, für ſich ſelber ein Leben zu haben und auch zu wollen; das Schickſal der Kinder wird immer mehr das der Eltern.

Nicht nur am erſten Tage von des Vaters Ankunft, wie dies immer iſt, waren die Kinder brav; ſie blieben es auch.

Die Kinderzucht im Hauſe war eine muſterhafte, das heißt ſtrenge, es wurde wenig an den Kindern erzogen, aber unbedingter Gehorſam war oberſtes Geſetz. Broſi rühmte ſich deß oft, indem er hinzuſetzte: „Es kann eines meiner Kinder auf dem Dach in Lebensgefahr ſein, ich pfeif' ihm nur, huit! und bin ſicher, daß es feſtſteht wie eine Mauer und nicht zuckt, bis ich komm' und es herunter hol'. Das hat mein' Moni zuweg bracht. O die, die könnt' General ſein." In der That war dieſe ſtrenge Zucht das Werk Moni's, denn ihr Mann war ja den größten Theil des Jahres in der Fremde; war er aber daheim, ſo konnte man gewiß ſein, daß nie eines der Eltern dem andern in einer Zurechtweiſung der Kinder widerſprach oder nur durch eine Miene einen Widerſpruch verrieth, wenn es auch mit der Anordnung innerlich nicht übereinſtimmte. Der Vater ſtand vor den Kindern wie ein höheres, faſt unnahbares Weſen, eine Patſchhand von ihm war eine hohe ſeltene Gunſt, und half er gar im Frühling ein Mühlrad im nahen Bach bauen, ſo war das eine Seligkeit. Nie ſahen oder hörten die Kinder einen Zank zwiſchen den Eltern; gab es eine Zurechtſetzung, ſo wurde ein Alleinſein abgewartet, und Frohſinn und Heiterkeit herrſchten allezeit; nur wollte Moni manchmal der Kinder wegen in der Wahl der Lieder wähleriſch ſein, aber Broſi duldete das nicht und behauptete ſtets, er habe dieſe Lieder ſchon gekannt ehe er zehn Jahre alt war und ſei doch geworden, der er ſei. Monika war geſcheit und ließ ohne ein Wort zu ſagen, die „Geſätzle" weg, die ihr nicht gefielen, und Broſi war's auch recht; er nahm's mit dem Inhalt juſt nicht ſo genau, wenn's nur geſungen war und recht luſtig, die Worte konnten ſich legen wie ſie wollten, und wenn Moni fortfuhr und immer wieder anſchlug, konnte er eine Strophe zehnmal ſingen und immer ſo vrllauf, als wär's das Erſtemal. Nie ließ Eines das Andere beim Singen im Stich.

Der kleine Severin zeigte ſich ſchon früh als ein eigenſinniger hartköpfiger Burſche und es war oft nahe daran, daß der Ehefriede ſeinethalb geſtört wurde, wenn nicht Moni ſtets darauf hingewieſen hätte, wie das unſchuldige Kind nichts dafür könne, daß ſein Vater verſtimmt und maßleidig ſei. Broſi war dies aber oft in hohem Grade, denn von außen war ihm der Friede und die Ruhe ſeines Hauſes geſtört worden. In dem Sommer, als der Severin geboren wurde, hatte der Maurerjochem, dem der Garten an der Fenſterſeite von Broſi's Hauſe gehörte, ſich auf dem jenſeitigen verſandeten Ufer ein Haus gebaut, und um einen näheren Weg ins Dorf zu haben ein Stück ſeines diesſeitigen Gartens dazu verwendet; der Fußweg ging hart an den Fenſtern Broſi's vorbei. Noch in der erſten Nacht ſeiner Heimkehr zäunte Broſi dieſen Weg zu, aber ſchon am andern Tage mußte er auf ſchultheißenamtlichen Befehl den Zaun ſelbſt wieder abtragen; Broſi wetterte und fluchte in ſeinem Hauſe ſo oft Jemand an ſeinen Fenſtern vorüber ging und die Leute machten ſich den Spaß und gingen des Weges auch ohne Noth. Broſi lief zu Amt und verzettelte viel Zeit und Geld mit dieſem Rechtshandel, der mehrmals zu ſeinen Ungunſten entſchieden, immer wieder von ihm aufgenommen wurde, ſo daß er volle vier Jahre dauerte. Broſi behauptete, daß vier Schuh Platz rings um das Haus ihm gehören, daß er das oft von ſeiner Schwieger gehört habe und nicht davon ablaſſe.

Er ſprach oft davon, daß wenn er den Prozeß verliere, ſo wandre er aus nach Endringen, wohin er ohnedieß gehöre und wo er eigentlich am liebſten ſei.

Moni war vollkommen mit ihrem Manne einig, daß man dieſes Gäßchen nicht dulden dürfe; aber endlich mußten ſie ſich doch den Entſcheid gefallen laſſen, daß es blieb, zumal dieſer Weg von Pfarrer und Schullehrer als Kirchen- und Schulweg bezeichnet wurde. Mit dem Auswandern nach Endringen ſchien es nicht recht Ernſt geweſen zu ſein und wäre dies nun auch ſchwierig geworden, da Endringen jetzt Ausland war. Broſi hatte zu dem Schaden noch den Spott, daß er fortan der Gäßles-Broſi hieß; man hatte ſchon lange nach einem Unnamen für ihn geſucht, jetzt hatte man einen, mit dem man ihn aufziehen konnte. Anfangs that er den Leuten den Gefallen, ſich darob zu ärgern, nach und nach aber lachte er dazu und ſeine alte Luſtigkeit brach aufs Neue hervor. Wer aber ſeine beſondere Gunſt haben wollte,

durfte nicht durch das Gäßchen gehen und vor Allem ſeine Kinder
durften nie dieſen Weg betreten; wie er und ſeine Monika ihr
Lebenlang keinen Fuß darauf ſeßten. Es wurde Broſi nicht ver=
wehrt, eine Art Verhau am Eingang des Gäßchens anzubringen,
um auch ſeine Hühner und Gänſe abzuhalten, daß ſie den Weg
nicht gingen. Broſi rammte aber ſcharfgeſpißte Pfähle ein, daß
ſich Manche daran verwundeten, und wenn man Kies auf das
Gäßchen ſchüttete, um es trocken zu legen, war er am andern
Morgen verſchwunden; den größten Theil des Jahres gab es
keinen naſſeren Weg, als eben dieſes Gäßchen.

Die Gäßlesgeſchichte war noch lange der geheime Kummer
Broſi's; er klagte beſonders dem Gevatter Gipsmüller oft, daß
dies das einzige Leid ſei, das er mit ſich herumtrage und empfing
die Tröſtung, er ſolle zufrieden ſein, daß er ſonſt keines habe.

Im Jahr Achtzehn erließ die Regierung die folgenreiche Ver=
ordnung, die den Beamten jegliche Geſchenkannahme verbot; dies
traf beſonders auch die Forſtbeamten, und der Revierförſter, der
ſeinem Pathen den Namen des Königs gegeben, ſchien es doch
gerathen zu finden, dem Kuhhirt von Ulm zu folgen und von
ſelbſt abzudanken; er widmete ſich fortan dem Holzhandel und
machte ſchon damals Broſi den Antrag, als Kürer, der die
Stämme im Wald ausſuchen hilft und eine Art Aufſicht über
die Holzknechte hat, bei ihm einzutreten; Broſi aber lehnte es ab,
er wollte bei ſeinem Handwerke bleiben, zumal er dieſes Jahr,
wie er ſagte „zweiſpännig ausfuhr,“ denn er nahm nun auch
ſeinen Franz mit in die Fremde. Broſi wäre gern daheim ge=
blieben und ſah ſich deßhalb nach Beſchäftigung bei einem nahe
gelegenen Brückenbau um, aber ſchon jetzt zeigte ſich, daß er ein
Württemberger war, die badiſchen Arbeiter erhielten den Vorzug
und Broſi wanderte wieder ins Elſaß.

In dem Jahre, als Kilian Soldat werden mußte, und der
Gäßleshandel ſich entſchied, gab Broſi das Nachtwächteramt auf,
er hatte es durch zwanzig Winter verſehen und ſagte, auch im
Gefühle ſeines Beſitzthums, daß es genug ſei, wenn er fortan
am Tage tüchtig arbeite. Es war aber, ohne daß er ſich's ge=
ſtand, auch Aerger über die Gäßlesgeſchichte dabei; das Dorf,
das ihm das angethan hatte, war eines ſolchen treuen und hellen
Wächters nicht werth. Dennoch erwachte er noch wochenlang zu
jeder Stunde und manchmal ſang er leiſe vor ſich hin.

Der kleine Severin machte viel Aergerniß und bekam viel
Schläge, er war das einzige Kind, das es nicht laſſen wollte,
auf dem Gäßchen hin und her zu gehen. Es gehörte in der
That eine Selbſtüberwindung dazu, das Gäßchen zu vermeiden,
man mußte nicht nur immer einen Umweg machen; wenn man
aus der Thüre tritt, führt das Gäßchen gerade links an dem
Hauſe vorbei und es iſt eine ſeltſame Eigenheit, daß man beim
Austritt aus einem Hauſe ohne zu wiſſen wohin links wendet,
wie man beim Antleiden den linken Stiefel zuerſt anzieht. Broſi
ſelber mußte ſich noch oft hemmen, daß er nicht unwillkürlich den
verbotenen Weg ging. Der Severin war das einzige Kind, das
von dem Vater viel Schläge und wenig gute Worte erhielt und
gerade der Severin war, wie ſich ſchon früh zeigte, das ehr-
geizigſte ſeiner Kinder und hätte ſich eher todtſchlagen laſſen, als
daß er um Erbarmen ſchrie oder um Verzeihung bat. Wenn der
neue Lehrer, der ein tüchtiger Mann war, den Severin lobte,
zuckte Broſi die Achſeln und ſagte: „Es iſt eben ein knützer [1]
Bub. Wenn ihm meine Frau einmal ein Käsbrod giebt, frißt
er den Käs oben 'runter und erſt wenn ich ihm mit Schlägen
droh', bißelt er am Brod, und ich ſollt' ihm Hoſen von Eiſen
machen laſſen, er hat eine beſondere Kunſt ſeine ledernen zu zerreißen. Das beſt' an ihm iſt, daß er ſingen kann wie ein
Kanarienvogel, aber wenn man's ihn heißt, da thut er's nicht
und wenn ich aus der Haut fahr'. Ich will ihn aber ſchon ein-
geſchirren, wenn ich ihn einmal mit mir nehm' und ihn ferm
in meine Finger faſſ'.“
Die erwachſenen Söhne und Töchter Broſi's gingen nun
auch ſchon zum Tanz, das Rösle, das neben Kilian der Liebling
Broſi's war und das er oft „mein ſchön Mädle“ nannte, hatte
bereits eine entſchiedene Bekanntſchaft mit des Jörgtoni's Kaspar;
aber Broſi und Moni waren noch immer regelmäßig auf dem
Kirchweihtanze und ſo luſtig wie je. Und wieder hatte dieſe Luſtigkeit einen andern Charakter. Es war nicht mehr wie in ledigen
Tagen, noch wie in der erſten Ehezeit: man war jetzt mitten
unter den erwachſenen Kindern und eine gewiſſe Scheu vor ihnen
begrenzte den Uebermuth; aber Broſi und Moni hatten ihre
Freude an der Luſtbarkeit der Kinder faſt noch mehr als an der

[1] Knütz — zu böſen Streichen aufgelegt, nichtsnutz.

eigenen und die Kinder konnten neuaufgekommene Tänze, beson=
ders den Galopp, den die Alten nicht mehr verstanden und hätten
sie das auch, sich nicht mehr dazu geeignet fühlten. Brosi war
aber Keiner von denen, die über diese Neuerungen schimpften,
im Gegentheil, er sagte zu seiner Frau:

„Die junge Welt hat eben ihre neuen Sprüng'. Wir bleiben
bei unseren alten."

Es war jedesmal eine feierliche Freude, wenn Brosi und
Moni ihre Tänze aufführten; ihre eigenen Kinder betrachteten es
als eine Art öffentlicher Kundgebung des Hausfriedens, denn
glücklicher als Brosi und Moni lebten keine Eheleute, sie standen
noch allezeit zu einander wie Braut und Bräutigam in zuvor=
kommender Freundlichkeit und heiterem Scherz, und man konnte
nicht sagen, ob Brosi seine Moni mehr ehrte und lobte, oder sie ihn.

Brosi war der erste, der das neue Gesetz mit übertreten
half, da vermöge allerhöchster Fürsorge in den Bestimmungen
des Decrets der Oberregierung vom 17. bis 22. Juni 1811 der
Tanz mit dem Schlage zwölf Uhr enden sollte. Schon die polizei=
liche Ueberwachung des Tanzes war Brosi ein Greuel, aber er
setzte sich darüber weg und Haldenbrunn lag auch so weit an
der Grenze, daß die Strenge des Gesetzes doch etwas nachließ.
Das Verbot aber, daß die Schulkinder dem Tanze zusehen und
ihn auf dem Hausflur nachahmen durften, wurde unnachsichtlich
aufrecht erhalten.

Brosi wollte seinen Severin zwingen, mit ihm zum Tanze
zu gehen, aber dieser blieb widerspenstig und flüchtete sich zum
Lehrer, der dem, wie er glaubte, mißhandelten Knaben besonders
zugethan war. Severin konnte überhaupt schon frühe die Späße
seines Vaters nicht leiden und dieser sagte oft: „In dem Buben
steckt etwas vom Apothekerrösle, aber ich treib's ihm aus und
wenn er mir unter der Hand bleibt." Wenn man den Severin
mit dem Spruche seines Vaters neckte, schlug er um sich und die
Mutter hatte viel zu vertuschen und wieder schien ihm nichts
heilig: keines der Kinder hätte eine der oberen Zwetschgen im
Garten angerührt, denn diese ließ die Mutter stets stehen bis
sie runzlig wurden, und bewahrte sie für den heimkehrenden
Vater; der Severin aber war unversehens auf einem der Bäume
und ging oft nicht herunter, bis man mit Steinen nach ihm warf.

Severin brachte immer am wenigsten mit, wenn er mit

anderen Kindern in den Wald geschickt wurde, um Waldbeeren zu sammeln, denn man hörte, daß er meist in den Himmel schauend unter einem Baume lag; und sollte er im Herbste Licht=späne ins Getreideland tragen, mußte man ihn jedesmal mit Schlägen dazu zwingen; einmal kam er acht Tage lang nicht nach Hause und keine Gewalt der Welt hätte aus ihm heraus=gebracht, wo er gewesen.

Die Landesvermessung kam auch nach Halbenbrunn, der Lehrer empfahl den Geometern den Severin, der noch die Schule besuchte, aber schon ein hochaufgeschossener Knabe war. Brofi wollte es nicht gestatten, daß Severin mit den Geometern ging, aber Moni ließ nicht nach, bis er es zugab, und als er das Lob seines Sohnes hörte, der sehr anstellig war, that ihm das wohl, aber freundlicher ward er nicht gegen ihn; er getröstete sich der Zeit, wo er ihn ganz allein in seine Hand bekommen und ihn schon zurecht setzen werde.

Hatte man vom Severin vielen Kummer, so machten die anderen Kinder um so mehr Freude. Der Kilian war auf Urlaub gekommen und arbeitete wieder fleißig mit dem Vater und dem Franz. Das Rösle war Braut mit des Jörgtoni's Kaspar. Brofi und Moni erfuhren nichts davon, daß diese Brautwerbung der Mutter einen bösen Ruf gemacht hatte. Der Kaspar hatte näm=lich eine Zeitlang das Rösle verlassen und war der reichern Tochter des Kappelbauern nachgegangen, da wurde des Kappelbauern Tochter plötzlich von einem Blutsturz befallen und starb, der Kas=par kam wieder zu dem Rösle und wurde auch wieder angenom=men; die Leute aber sagten, die Moni habe das Hexen von ihrer Mutter geerbt und habe des Kappelbauern Tochter verhext. Da Brofi und Moni hievon nichts erfuhren, war ihre Freude an der glücklichen Versorgung der Tochter eine ungetrübte.

Brofi hatte sich, theils um die Heirath zu ermöglichen, theils aber auch aus Stolz, bei der versprochenen Aussteuer über seine Kräfte angestrengt und arbeitete nun doppelt emsig mit seinen beiden Söhnen, um den Ausfall bald wieder einzubringen. Er hatte für zwei Jahre eine glückliche Arbeit gefunden, nur vier Stunden entfernt wurde eine neue Straße mit mehreren Brücken angelegt und diesmal auf württembergischem Grunde, und Brofi war nun mit den Seinigen jeden Sonntag zu Haus.

Eine lustigere Hochzeit als die von Rösle und Kaspar war

lange nicht in Haldenbrunn gewesen. Brosi konnte sich zwar An=
fangs nicht damit zufrieden geben, daß die fürsorgliche Regierung
den alten Brauch verboten hatte, daß die Hochzeitläder mit ge=
zücktem Säbel die Braut geleiteten und die Säbel in die Decke
steckten, darunter Braut und Bräutigam sitzen mußten. Dieses
Eingreifen in die alten Gewohnheiten verbitterte ihm fast den
glückseligen Tag, er sprach oft davon und ließ es an derben
Schimpfworten nicht fehlen; aber er lernte allmälig, sich einen
Freudentag weder durch einen Regierungserlaß noch durch ein
sonstiges Ereigniß verderben zu lassen und Moni verstand es,
ihm darüber hinweg zu helfen. Die Eltern waren die Lustigsten
auf dem Tanzboden und Brosi rief oft: „Moni, jetzt sind wir hier
zweimal daheim." Er hatte sich einst so glücklich geschätzt, beim
Gipsmüller eine freundliche Stätte zu haben außer dem Hause, jetzt
ging er zu seinem eigenen Kinde und war dort hochgeehrt und
geliebt.

Vierzehntes Kapitel.

Als Severin aus der Schule entlassen wurde, sprach er
seinen Wunsch aus, Geometer zu werden, aber Brosi wies ihn
barsch ab: es dürfe keines seiner Kinder für sich allein sorgen,
es müsse Jedes mit beitragen, den Hausstand zu erhöhen. Es
war ein fröhlicher Tag, als Brosi dreispännig ausfuhr, der Vor=
spanngaul war und blieb aber widerspenstig. Brosi suchte seinen
Jüngsten durch gute Worte zu zähmen, aber es schien zu spät dazu,
und wenn der Vater in Gesellschaft der Genossen allerlei Späße
machte, biß Severin auf die Lippen, während die Anderen lachten.

Im Winter, wenn die Söhne Schindeln schlitzten, war
Severin verdrossen dabei; seine Hauptfreude war, wenn er die
Schindeln im Schuppen zum Trocknen aufbauen durfte. Brosi
selber lobte ihn über die schönen Häuser, Brücken und Schlösser,
die er aus den Schindelnbüscheln aufbaute und nannte ihn stets
seinen Boßler.

Manchmal schien sich ein besseres Verhältniß zwischen Vater
und Sohn herzustellen und Beide strebten sichtbar darnach; Severin
hatte dem Vater schon oft darum angelegen, er möge doch die
Bömleswiese verbessern, dadurch, daß man dem Bache eine andere
Richtung gebe. Brosi hatte ihn damit abgewiesen, auf immer

wiederholtes Drängen aber ihm endlich geſtattet, beim Forſtamte
die Erlaubniß dazu nachzuſuchen und die Sache ſelber auszuführen.
Nach vielen vergeblichen Gängen erhielt Severin die Genehmigung,
und mit theils ſelbſt gefertigtem, theils entlehntem Handwerkszeug
ſteckte er die Wieſe ab und leitete den Bach gerade durch, wobei
er noch Vorrichtungen zur bequemen Wäſſerung anbrachte, daß
die Wieſe um die Hälfte mehr werth war und das Lob Severins
im ganzen Dorfe ſich ausbreitete. Dies ſchien ihm aber nicht zu
genügen, er blieb verdroſſen und einſilbig.

An der Kirchweih ging er wohl zum Tanz, aber er ſaß ſtill
bei ſeinem Schoppen und ſchaute nicht auf, wenn Vater und
Mutter zur Bewunderung Aller ihre Tänze ausführten; ja, er
ſagte der Mutter, es ſchicke ſich nicht mehr für ſie, die Junge
zu ſpielen, und Moni, der das ſelber ſchon nicht mehr genehm
war, ging das Jahr darauf gerade an dem Tage in die Mühle
zum Mahlen. Alt und Jung wollte ſich die gewohnte Freude
nicht nehmen laſſen und man entbot eine Geſandtſchaft mit einem
vorausgehenden Klarinettiſten als Herold zu Moni in die Mühle,
ſie wies aber jede Einladung entſchieden ab und ſagte zuletzt:
„Nicht zehn Gäule bringen mich zum Tanz.“ Der Jörgtoni
wußte hierauf einen geſcheiten Ausweg, der mit Halloh ausgeführt
wurde: man ſpannte elf Gäule an einen Schlitten, und Moni
mußte wider Willen lächelnd nachgeben und wurde im Triumph
mit dem ſeltenen Geſpann in den Auerhahn gebracht.

Seitdem iſt das Sprüchwort in Haldenbrunn. Wenn einer
ſagt: „Zehn Gäule bringen mich nicht zu Dem und Dem,“ ſo
antwortet man: „aber elf Gäule wie die Moni aus der Mühle
zum Tanz,“ und Fremde, die das nicht verſtehen, erhalten will-
fährigen und genauen Bericht über die Entſtehung dieſer Redeweiſe.

Das Jahr darauf klagte Moni über Unwohlſein und Broſi
blieb bei ihr daheim. Eine Geſandtſchaft aus dem Auerhahn erhielt abſchlägigen Beſcheid. Die Kinder waren Alle auf dem Tanz
und ſelbſt Severin war heute mit unter den Jubelnden.

Es war eine helle Herbſtnacht, der Mond ſtand glänzend
am Himmel und warf ſein ſchräges Licht vielfach gebrochen in
die Stube. Broſi hatte die Ampel gelöſcht und ſaß noch lange
ſtill und horchte auf die Muſik, die vom Auerhahn herübertönte;
er ſchnupfte viel, denn das hatte er ſich ſeit geraumer Zeit angewöhnt, es wollte ihm gar nicht in den Sinn, daß er zum

Erstenmal nicht zum Kirchweihtanze sollte. Mehrmals sagte er in sich hinein: „Sei nicht so närrisch, du bist kein junger Bursch mehr, die Schlappen sind jetzt deine Tanzstiefel. Du bist Großvater;" aber er konnte sich das in allen möglichen Wendungen wiederholen, es half nichts, er meinte immer, er müsse entfliehen. Endlich legte er sich doch still seufzend in das Bett, aber den Schlaf fand er nicht.

Mitternacht war vorüber, da regte sich Moni und er sagte leise: „Moni, Moni."

„Was? Was willst?"

„Ich hab' gemeint, du schlafst."

„Ich hab' nicht geschlafen. Was willst denn?"

„Ich kann auch nicht schlafen. Hörst die Musik?"

„Freilich, die läßt ja Einem kein Aug' zuthun."

„Jetzt spielen sie den Bändelestanz. Ich möcht' nur auch wissen, wer den tanzt?"

„Geh' 'nauf und sieh' zu, ich hab' dir schon gesagt, geh' du allein. Es ist mir lieber, wenn du gehst."

„Ich geh' nicht allein. Aber weißt was? Wir haben doch eigentlich geschworen, daß wir, wenn wir gesund sind, jede Kirchweih tanzen wollen."

„Ich bin aber nicht wohl."

„Wird nicht so arg sein. Weißt was? Steh' hurtig auf und zieh' dich an. Oder sag' mir ehrlich, tanzst du nicht auch gern?"

„Freilich wohl, rechtschaffen gern, aber was willst?"

„Komm, wir tanzen daheim."

Mit einem lustigen Juchhe sprang Brosi aus dem Bett, gab Moni ihre Kleider auf dasselbe und zog sich rasch an. Vom Auerhahn tönte die Musik, der Mond schaute gerade voll in die Stube, und Brosi und Moni tanzten mit einander, und Brosi jauchzte und stampfte auf und schnalzte mit den Händen, er warf seine Moni in die Luft und fing sie wieder auf: da öffnete sich die Stube und die Kinder standen beifallrufend und jauchzend unter der Thür, sie waren vom Tanze zurückgekehrt und Niemand hatte ihren Eintritt vernommen.

„Wo ist der Severin?" fragte Brosi.

„Er ist mit uns, er ist grad verschwunden," berichteten die Kinder.

„Wer hat den Bändelestanz ausgeführt?"

„Des Rösles Kaspar, und prächtig," berichtete Mariann', und Franz, der nach Severin ausgeschaut hatte, sagte, daß er schon oben auf der Bühne in seinem Bett liege.

Der Severin war also der einzige, der sich über die Fröh= lichkeit seiner Eltern nicht gefreut hatte und still davon geschlichen war. Er war und blieb ein seltsamer nicht zu bewältigender Trozkopf.

Das Ende des vortrefflichen Vierunddreißiger Weinjahres brachte unserm Brosi eine große Freude: er hatte das Glück seine zweite Tochter Mariann' nach Endringen zu verheirathen und zwar an den Petersepp, der jahraus jahrein in der Gipsmühle des Gevatters arbeitete und ein weitläufiger Vetter von des Jörg= toni's Kaspar war. Die Wurzeln eines ausgebreiteten Familien= anhangs erstreckten sich immer weiter hinaus, aber diese, die seinen Geburtsort berührte, war für Brosi besonders nahrungs= frisch.

Am Hochzeittage war es, als ob der Boden seiner Heimath ihn verjünge und oft rief er: „Jetzt hab' ich wieder einen Ab= leger in meinem Endringen, und wenn's uns in Haldenbrunn überleidet wird, gehen wir nach Endringen. Nicht wahr, Moni?"

„Ja, wo du hingehst, geh' ich mit."

Manchmal aber war es Brosi doch, als ob das nicht mehr das alte Endringen wäre. Die Leute hatten ein anderes Wesen, er konnte nicht recht fassen, worin das bestand und glaubte, daß es darin liegen müsse, daß Endringen badisch geworden sei; aber mit alten Kameraden sang er unaufhörlich Lieder, die nicht ba= disch und nicht württembergisch waren.

Wie die Flüsse und Ströme auf der Erde ihren Weg ziehen, unbekümmert um die Gränzpfähle an ihrem Ufer, so fluthet über der Erde ein unsichtbarer Strom des Geistes, der nicht zu fassen und nicht zu bannen ist durch willkürliche Scheidungen.

Brosi überschritt jetzt auch oft die Grenzen vieler deutschen Länder. Die Eisenbahnen, deren Vollendung über alle Trennung hinweg eint, hatten schon bei ihrer Erbauung die Arbeitskräfte der verschiedenen Länder vereinigt und den Unterschied der Fremd= heit wenig gelten lassen. Brosi zog mit seinem Dreigespann nach dem Niederrhein und brachte reichlichen Verdienst zurück. Im Auerhahn hatte er dann viel zu erzählen von den fremden Landen und besonders von einem Dunkelnel, den er auswölben half und der viele Stunden weit durch einen Berg führte. Severin ließ es sich nie nehmen, den Vater zu berichtigen, daß es Tunnel und nicht Dunkelnel heiße.

Ueberhaupt muß man sagen, daß Severin nicht dem Beispiele Sems des Sohnes Noah folgte; wo sich sein Vater eine Blöße gab und etwas falsch erzählte oder unrichtig erklärte, konnte man sicher sein, daß Severin einfiel: das ist ganz anders, das ist so und so. Er hatte in der Regel Recht und zeichnete mit Kreide Alles zum besseren Verständniß auf den Tisch. Brosi kämpfte immer mit sich, ob er stolz darauf sein solle, einen so gescheiten Malefizbuben zu haben, oder, wie er berechtigt war, sich ärgern sollte, so hingestellt zu werden. Er wurde nicht darüber einig, aber so viel zeigte sich doch: daß er im Grund des Herzens keinen Haß auf den Severin hatte, denn er sagte stets: „Mein Kilian und mein Franz müssen aus heirathen und mein Kleiner kriegt des Vaters Gut." Seitdem Brosi noch mehr Wiesen und sogar einen Morgen Wald gekauft hatte, nannte er sein Besitzthum stets halb spöttisch, halb ruhmredig sein Gut.

In dem Jahre, als Franz, der ebenfalls Soldat und zwar Kanonier geworden war, den Abschied erhielt, mußte Severin zur Loosung und in diesem Herbste kam der Vater in voller Entzweiung mit dem jüngsten Sohne nach Hause. Keiner von Beiden hat je genaue Auskunft darüber gegeben, wie weit ihr Streit gediehen war, ja Severin schwieg ganz darüber; nur Brosi erzählte, sein Sohn habe gesagt, daß er lieber vorher desertire, wenn er wüßte, daß er Soldat werden müsse, und darauf habe Brosi ihm gesagt und bewiesen, daß er ihn eher erwürge, ehe er sich durch ihn die Schande anthun lasse, seinen ehrlichen Namen in die Zeitung und sogar in einen Steckbrief zu bringen.

Brosi geleitete seinen Severin selber in die Stadt zur Loosung und als dieser jubelnd berichtete, daß er sich frei geloost habe, schüttelte der Vater den Kopf und sagte: „Ist mir nicht recht. Es wäre dir gesund gewesen, wenn sie dich unterm Militär ein bisle gezwiebelt hätten."

Von nun an hatte Severin keine Ruhe mehr im Hause, er konnte nicht mehr auf einem Stuhle still sitzen, sondern lief immer aus und ein und wenn er mit dem Vater und den Brüdern beim Gipsmüller dreschte, traf er oft im Selbstvergessen die Dresch=

flegel seiner Genossen und in dem Hause, wo nie ein Zank gewesen war, gab es jetzt täglich einen Lärm, daß die Leute auf
dem Gäßchen stehen blieben; denn der Brosi schalt seinen Severin
und war doppelt böse, weil dieser ihm meist gar keine Antwort gab.

Endlich brachte es Moni mit vieler Mühe dahin, daß Severin sich ein Wanderbuch holen und ein paar Jahre in die
Fremde ziehen durfte. Ein neuer Ranzen wurde gekauft und ein
dauerhafter Inhalt von Kleidern und Wäsche dafür hergerichtet;
der Severin aber gab dem Vater noch immer kein gutes Wort.

Am Sonntag Morgen, als die ganze Familie beisammen
war, die kaum die Stube fassen konnte, der Kaspar und das
Rösle mit drei Kindern, die Mariann' und der Petersepp aus
Endringen und Kilian und Franz mit den Eltern, da packte
Severin alles Hergerichtete ein, und als er die letzte Schnalle
zugezogen hatte und den Stechpalmenstock, den er sich auf dem
Kappelberge geschnitten, in die Hand nahm, schnupfte Brosi
schnell eine Prise, die er zwischen den Fingern hatte und sagte,
die Hand auf den Ranzen legend:

„Schad', Schad' um das schöne gute Sach. Wie bald wirst
du das verlumpen."

„Ich will gar nichts von Euch, gar nichts!" schrie Severin
zornroth und warf dem Vater den Ranzen vor die Füße, „be-
haltet Alles. B'hüt Gott, Mutter, b'hüt Gott, Geschwister."

Und hinaus rannte er aus der Stube und über den Steg
und nahm nichts mit, als den Stechpalmenstock in der Hand und
das Wanderbuch in der Tasche.

Die Mutter und Geschwister schauten ihm nach und riefen
ihm, aber er kehrte sich nicht um und Brosi stand wie festgebannt
und schaute immer auf den Ranzen vor seinen Füßen. Die
Mutter wollte den Kilian und den Franz und ihre Schwiegersöhne dem Flüchtigen nachschicken, aber Brosi rief mit starker
Stimme:

„Da bleibet ihr, keiner, kein Mensch sag' ich, darf ihm
nach. Er muß allein wieder kommen und kommt er nicht, so
soll er zum Teufel gehen; aber er kommt, sei ruhig Moni, heul'
nicht, er kommt schon wieder."

Man harrte still, keines sprach ein Wort, es läutete zur
Mittagskirche, aber Niemand ging dahin und Brosi that, als ob

er nicht merkte, daß der Petersepp mit einem verständigenden Blicke auf die Mutter sich davon schlich und bald über den Steg rannte.

Die Mittagskirche war schon zu Ende, aber weder Petersepp noch Severin waren zurückgekommen. Brosi zog seinen Rock an und ging nach dem Auerhahn, er wollte seine Frau walten lassen und diese schickte den Kilian und bald nach ihm den Franz fort. Es wurde Nacht als alle Ausgesandten wieder kamen, aber ohne den Severin, ja, sie hatten ihn nicht einmal gesehen; nur der Petersepp brachte die Kunde, die er von einem Endringer erfahren: dieser hatte den Severin bei der Bömleswiese getroffen, er sei ganz heiter gewesen und habe gesagt, er gehe in die Fremde, zuerst in die Schweiz zu seinen Basen.

Fünfzehntes Kapitel.

Es war nun wieder Ruhe und Stille im Haus, aber der Friede und die Freude wollten lange nicht in dasselbe einkehren. Moni merkte wohl, daß ihr Mann im Stillen auch traurig über den so feindseligen Weggang ihres jüngsten Sohnes war, und er mußte es um so mehr sein, da er doch eigentlich schuld daran war; sie suchte daher nach den ersten jammervollen Tagen ihren lauten Schmerz zu bewältigen, aber den zurückgelassenen Ranzen konnte sie nie ohne Thränen ansehen, da war noch Alles gepackt, und die neuen nägelbeschlagenen Stiefelsohlen kamen ihr so traurig vor, als läge ihr Sohn zu Boden geworfen und sie stehe vor seinen Füßen.

Am dritten Sonntag, während Brosi in der Morgenkirche war, packte sie endlich aus und legte es zu oberst in ihren Kasten; sie weinte viel dabei, war aber als dies abgethan war, wieder heiterer. Sie hatte nach Basel an ihre Verwandten geschrieben, aber diese antworteten, daß sie Nichts vom Severin gesehen hätten. Im Dorfe hieß es nur im Allgemeinen, der Severin sei im Zorn von seinem Vater davongegangen; die Geschwister und die Tochtermänner hüteten sich wohl, etwas von der Familienstreitigkeit unter fremde Leute zu bringen. Man hörte lange nichts von Severin. Erst als Brosi selber wieder in die Fremde zog, sagte ihm der Revierförster, der jetzt schon Auerhahnwirth war:

„Ich hab' sechs Wochen, nachdem dein Severin fort gewesen ist, Briefe von ihm gehabt aus Mainz."

„So? und was schreibt er?"

„Er bittet mich als seinen Gevatter, ich soll bei dir anhalten, du mögest ihm doch was Geld schicken."

„Hast ihm Antwort geschrieben?"

„Ja."

„Ohne mein Wissen? Und was denn?"

„Was ich gewollt hab'. Ich hab' ihm geschrieben: wenn ein Mensch wie er sich nicht allein fortbringen kann, soll er heimkommen und seinem Vater helfen Kartoffeln schälen."

Es nützte nichts, daß Brofi den Gevatter über seine eigenmächtige Handlungsweise hart anließ, und er getröstete sich endlich, daß er seinen Sohn gewiß in Mainz oder beim Bau des „Dunkelnels" finden werde. Er machte sich schon im Voraus das Verfahren zurecht, das er gegen ihn beobachten wolle, und war nur zweifelhaft, ob er den Ranzen gleich mitnehmen solle; aber es war besser, dies zu unterlassen, denn man konnte doch einander verfehlen, und Moni war wieder auf's Neue aus ihrem eingeschlummerten Leidwesen geweckt.

Frohen Muthes zog Brofi mit seinen beiden Söhnen aus, er fand in Mainz richtig die Spur seines Severin, aber von da an war nichts mehr zu erkunden.

Der Schmerz um den verlorenen Sohn lebte noch in beiden Eltern fort, in Moni allerdings noch stärker, aber die Alles heilende Zeit und noch mehr die lebendige Erfüllung der Tagespflicht, sowie die Sorge um Kinder und Enkel hüllte Alles bald in einen sanften Dämmer. Am Namenstage des Severin sagte Moni einmal:

„Es ist mir wie vorbedeutend, mein Severin ist das einzige Kind gewesen, das an der Muttermilch nicht genug gehabt hat, ich hab' ihm schon mit zehn Tagen noch was dazu geben müssen, und so mein' ich wär' sein Wandern auch; er hat eben an der Muttermilch nicht genug gehabt. Aber hart ist's doch, daß er seine alten Eltern so in Jammer läßt und uns so ganz vergißt. Der Lehrer sagt auch, er begreife das nicht und der hat ihm immer die Stang' gehalten."

„Das versteh' ich so gut als der Lehrer und als der Pfarrer," erwiderte Brofi. „Es ist schon so. Gott hat uns eben eine Anfechtung schicken müssen, daß wir zeigen, ob wir brav und lustig bleiben; auf ebenem Weg wär' das kein Kunst gewesen. Drum müssen wir das haben, weil wir Gottlob sonst nichts zu klagen hätten."

Brosi bewies es, daß er nicht nur brav, sondern auch lustig geblieben war. Bei der Hochzeit seines Erstgeborenen, der die Großmagd des Furchenbauern bei Endringen heirathete, die sich ein Erkleckliches verdient hatte, tanzte Brosi trotz des nicht vergessenen Kummers um seinen Severin wiederum so, daß er mit vollem Nachdruck sagen konnte: „Mein Mann ischt koanr." Und dies zeigte er nicht nur in der Heiterkeit, sondern auch in der Arbeit; er zog im härtesten Winter beim Dreschen nie eine Jacke noch Handschuhe an, und wenn man ihn darob rühmte, konnte er ausrufen: „Ja der Brosi, es ist nicht wahr, daß ich schon hinten in den Sechzig bin, ich bin erst siebzehn Jahr alt und sei es wie es will, ich bleib' dabei, die schönsten Jahre sind die von sechzig bis neunzig. Ich bin Anno Siebzig geboren, drüben wie man noch siebzehn geschrieben hat, ich muß es hüben auch schreiben, da wird nichts abgehandelt, ich will wenigstens noch vier Jahr Trinkgeld." Wenn er so redete, hielt er immer seine Dose fest in der linken Hand, knickte ein wenig in die Kniee und hob sich als wollte er in die Höhe springen.

Die Auswanderung nach Amerika, die sich immer mehr auf dem Schwarzwalde ausbreitete, hatte auch Halbenbrunn ergriffen, und Keiner ging fort, der nicht einen besondern Abschied bei Brosi und Moni nahm und Brosi trug getreulich alle ihre Namen in seinen Kalender ein. Diese Auswanderungen, so manchen Schmerz sie auch brachten, waren doch für Brosi und Moni trostreich: sie sagten jedem Davonziehenden, er solle sich nach dem Severin umschauen und von ihm berichten. In alle Weltgegenden gingen nun lebendige Botschaften, die doch Etwas von dem verlorenen Sohne erkunden mußten, und die beiden Eheleute bestärkten sich dann darin, daß sie sich bedünken lassen mußten, ihr Sohn sei über's Meer gewandert, er lebe noch und sie wüßten nur nicht wo und wie und dürften hoffen, ihn einst wieder zu sehen.

„Aber weißt," setzte dann Brosi hinzu, „ich möcht' ihn doch noch da auf der Bank sitzen sehen; droben auf dem Himmelsstuhl ist mir's doch ein bisle zu spät, und ich möcht' ihm doch auch noch sagen, daß ich ganz gut mit ihm bin und er auch mit mir und wir könnten Beide ruhiger sterben."

Moni seufzte still, sie konnte ihrem Mann nicht sagen, wie ihr zu Muthe ward, wenn von Severin die Rede kam; daß er noch lebte, sagte ihr eine innerste Zuversicht und sie zweifelte gar nicht an deren Wahrheit.

Die Ausgewanderten schrieben in ihren Briefen, daß sie nichts von dem Severin erfahren hätten; aber Jedes schrieb einen besondern Gruß an Brosi und Moni, und die Neuverheiratheten setzten oft hinzu, daß sie weiter nichts wünschen, als sie möchten auch eine so gute Ehe haben wie Brosi und Moni.

„Siehst," sagte dann Brosi, „in Amerika reden sie von uns. Moni, wie meinst? Wenn wir's erleben, halten wir goldene Hochzeit und lassen uns noch einmal zusammen geben, oder willst mich nimmer und soll ich mir eine Andere holen? Darfst's nur sagen, du hast das Jawort."

Jedem Begegnenden erzählte Brosi, was die Ausgewanderten an ihn geschrieben hätten und war allezeit wohlgemuth. Wer ihn von fern sah, lächelte im Voraus, denn er wußte, daß der Brosi ihm etwas Erheiterndes sagen würde und er verrechnete sich nie, und Brosi ward dadurch selber immer heiterer; denn wie das Lied den fremden Hörer erfreut, so strömt es auch die Lust wieder auf den Singenden zurück. Im Erheitern Anderer, in dieser allzeitigen Gewißheit eines Jeglichen, daß der Brosi nicht anders als lustig sein könne, war er es auch und hob sich selber über jeden innern Verdruß hinweg.

In Folge der Auswanderung hätte Brosi jetzt leicht ein anderes Haus bekommen können, aber er sagte stets: „Ich bleib jetzt einmal auf meinem Gut," und Moni setzte hinzu: „da haben wir zu leben angefangen und da wollen wir's auch beschließen."

„Aber noch lang nicht, die ander Welt lauft mir nicht davon," schloß dann Brosi, „und das sag' ich dir Moni: wenn du mir das anthust, daß du vor mir davon gehst, bin ich dir mein Lebtag bös und wenn ich 'nüber komm', red' ich nichts mit dir."

Es gab in der That keine glücklicheren Menschen als Brosi und Moni, und dazu waren sie allzeit gesund. Wäre der Kummer um Severin nicht gewesen, sie hätten gar nicht gewußt, was Leid ist.

Im Jahre 41 vollführte Brosi seine letzte Maurerarbeit und zwar am Forlenbache. Dieser wurde von der Regierung zur sogenannten Wildflößerei eingerichtet; das Brennholz, das hier auf dem Walde fast ganz werthlos war und wofür man kaum die Aufbereitungskosten erlöste, wurde durch Schwellungen thalwärts geschwemmt und von dort auf der Achse nach dem holzarmen Unterlande gebracht. Als der Flußbau vollendet war, erhielt Brosi eine ihm genehme Anstellung: er wurde beeidigter Holzmesser. Der gelernte Maßstab, den er nun immer bei sich führte, war ihm auch als Stock willkommen, denn er hatte sich immer dagegen gewehrt, sich einen andern beizulegen.

Die großen Holzbeugen, die wir beim Eingang in das Dorf gesehen haben, sind noch von Brosi aufgerichtet. Dieses Aufschichten des Holzes betrieb er mit wahrer Kunstliebhaberei. Wenn er eine lange Gasse aufgestellt und Thüren und Durchgänge darin gelassen, konnte er sich davor hinstellen und allein für sich oder zu Anderen sagen: „Ja der Brosi! Mein Mann ischt koanr." Beim Ausmessen in Klafter war er äußerst gewissenhaft und von seinem Handwerk her hatte er ein großes Geschick, die Scheite so zu legen, daß gerade das Rechte herauskam; denn man berechnet ein Klafter auf hundert vier und vierzig Kubikfuß, davon werden vier und vierzig als Zwischenraum abgerechnet, so daß für die wirkliche Holzmasse, das was man Derbraum nennt, gerade aus hundert Kubikfuß verbleiben.

Diese Arbeit war Brosi um so willkommener, weil er nun auch im Sommer jeden Abend daheim seyn konnte, und weil ihm Moni jeden Mittag das Essen in den Wald brachte. Wenn er sie so daherkommen sah, so strack aufrecht und in weißen Hemdärmeln wie ein junges Mädchen, jauchzte er ihr zu wie ein junger Bursche. Moni hatte nie vorher gegessen und wußte im Walde immer einen hübschen Platz auszufinden, wo sie sich mit ihrem Manne niedersetzte, mit ihm gemeinschaftlich aß und dann das Ruhestündchen mit ihm verplauderte, das aber immer sie zuerst abbrach. Oft sagte Brosi: „Weible, wir sollten eigentlich jetzt erst siebzehn Jahr alt sein. Jetzt sollten wir erst anfangen, und wenn ich's recht berechne, hab' ich eigentlich nur das halbe Leben mit dir gehabt."

„Wir können Gott danken für das, was wir gehabt haben," beschwichtigte Moni.

„Freilich, freilich," stimmte Brosi bei, „aber weißt, ich kann eben gar nicht genug kriegen."

„Jetzt ist's aber genug," schloß Moni aufstehend und ging heimwärts, aber noch aus der Ferne rief sie: „überschaff' dich nicht."

Das that Brosi nicht, er vollführte seine Arbeit genau, aber auch gemächlich und hielt streng darauf, daß Alles gut ver= scheitert sei, denn das Heben und öftere Hin= und Herwenden der großen Scheite war ihm doch beschwerlich.

Sechzehntes Kapitel.

Im Winter auf 47, in dem Brosi sechsundsiebenzig Jahr alt wurde, fühlte er sich zum Erstenmal in seinem Leben nicht geheuer; er behauptete es habe ihn „ein Frost gestoßen," er gönnte sich aber doch keine Ruhe, er war eben was man einen Schaffmann nennt: so lange er fort konnte, entzog er sich keiner Arbeit; aber bald ließ er die Dose stehen und schnupfte nicht mehr, das war für Moni das sicherste Zeichen, daß es etwas Ernstliches war. Er mußte zu Bett und bald zeigte sich, daß er einen mächtig geschwollenen Fuß bekam und zum Erstenmal kam ihm der Arzt über die Schwelle, aber noch jetzt erlustigte er sich an seiner Krankheit und sagte oft: „Es ist nicht mehr als billig, ich muß auf dem Kubikfuß leben, es geschieht mir recht. Ver= bind' mir meinen Kubikfuß," rief er dann seiner Moni.

Alles hatte bei ihm ein heiteres Gepräge und er lachte noch jetzt oft, daß man es die ganze Gasse hinab hörte. Er mußte wochenlang liegen, aber seine Heiterkeit schwand nicht, nur manch= mal sagte er: „Der Severin muß doch auch wissen, daß ich jetzt ein guter Siebziger bin; wenn er kommen will, hat er nichts mehr zu versäumen."

Eine große Freude hatte Brosi durch einen Gruß, den ihm die Gipsmüllerin sagen ließ; sie war auch krank und ließ Brosi sagen, in stillen schmerzlosen Stunden müsse sie immer daran denken, wie lustig sie auf der Hochzeit ihres Bruders, des Furchen= bauern, den Bändelestanz mit ihm getanzt habe und sie höre noch immer die Musik aufspielen.

Jedem, der ihm einen Krankenbesuch machte, erzählte Brosi

dieſe freudige Botſchaft und als er wieder geſund war, wollte er ſeinen erſten Gang nach der Gipsmühle zu ſeiner Tänzerin machen; aber man hielt ihn davon ab und ins Herz hinein fühlte Broſi die Nachricht, daß ſie bereits geſtorben und begraben ſei. Eine Jugendfreundin und langjährige Genoſſin war ihm plötzlich entrückt, es waren ihm ſchon viele langgewohnte Geſtalten dahingerafft worden, er hatte es leicht verwunden; aber jetzt mit einer gewiſſen Feinfühligkeit des Geneſenden empfand er den Schmerz doppelt, es gemahnte ihn, daß der Tod doch immer näher rücke und ihm ſchon unentbehrlich ſcheinende Stücke aus dem Leben reiße. Er ging tagelang ſtill den Kopf ſchüttelnd umher, und als er zum Erſtenmal nach der Gipsmühle kam, weinte er mit dem verlaſſenen Gevatter.

Er hatte die Freude eines andern Hauſes mit genoſſen, er nahm auch deſſen Leid auf ſich.

Aber wieder und wieder erwachte der helle Frohſinn in Broſi, und als er einmal mit ſeiner Moni im Walde zu Mittag aß, ſagte er:

„Du wirſt nichts dagegen haben. Wenn ich 'nüber komm, bitt' ich mir's aus, daß mir die Poſaunen=Engel einen Vortanz für mich und die Gipsmüllerin aufſpielen.“

Die Luſtigkeit ſchien in Broſi gar nicht abzutödten.

Der März 48 brachte dem abgelegenen Haldenbrunn ſeine Revolution ſo gut wie Berlin und Wien. Schultheiß und Gemeinderath wurden geſtürzt und ein neuer gewählt, Broſi wurde einſtimmig zum Gemeinderath erwählt, er wäre Schultheiß geworden, wenn er dies nicht abgelehnt und die Stimmen auf ſeinen verſchwägerten Jörgtoni gelenkt hätte. Die verkümmerte Nutzung des Gemeindewaldes, den der Gemeinderath für ſich ausbeutete, war weſentlicher Grund der Revolution, und auf Broſi, der allzeit ein gerechter Mann und Niemand zulieb und Niemand zuleid redete, ſetzten beſonders die armen Häusler ihre Hoffnung. Er war mit Einem Worte der Märzminiſter von Haldenbrunn und hörte es gern, wenn man ihn „Herr Gemeinderath“ anredete. Auch Moni war dieſe neue Würde nicht ungenehm, ſie ging am erſten Sonntag mit ihrem Mann in die Kirche und hatte ſich noch dazu vom Näherlisle eine neue Jacke machen laſſen, wozu ſie das Zeug längſt bereit hielt, es aber für die Hochzeit ihres Franz aufbewahren wollte. Vor der Kirche grüßte Moni alle Leute doppelt freundlich, und in derselben schaute sie oft nach den vorderen Bänken. Da, wo der Gemeinderath sitzt, dort saß ja ihr Brosi; die arme verstoßene Tochter des Apothekerrösle hatte einen Mann, der auf der ersten Kirchenbank saß. Als man sich zu Tische setzte, sagte Brosi in sehr verbindlichem Ton, einen Kratzfuß machend:

„Frau Gemeinderäthin, wollen Sie nicht auch gefälligst Platz nehmen?" und trieb noch allerlei muthwilligen Scherz mit ihr.

Moni sagte, ihr Mann müsse sich einen neuen Rock machen lassen, es schicke sich nicht mehr, daß er in dem alten Rock einhergehe, den er sich schon zur Taufe ihres jüngsten Sohnes (sie vermied, wie es schien, mitten in der Freude den Namen Severins) hatte machen lassen. Brosi schüttelte den Kopf und sagte: „Wenn nur meine Knochen so lang halten als der Rock noch hält; und man hat den Brosi im alten Rock gewählt, nicht den im neuen."

Der noch immer unerklärte blinde Franzosenlärm brachte auch in Haldenbrunn eine Bürgerwehr zu Stande, die sich vorerst mit gestreckten Sensen bewaffnete. Der Revierförster Auerhahnwirth wurde natürlicherweise Leitmann und Brosi's Kilian wurde zum Obmann und Uebungsmeister gewählt, er hielt seine Uebungen auf der Straße, die nach Endringen führt.

Im Auerhahn war jetzt täglich große Zusammenkunft; die Tischordnung galt hier noch mitten in allen Wirrnissen, nur saß Brosi als Gemeinderath bei den Großbauern. Wenn Manche erschracken über die wilden Reden, die geführt wurden, beschwichtigte er mit der klugen Einrede, daß man ja einander kenne und noch immer wisse, daß es nicht beim ersten Anbot bleibt, man ließe noch etwas abhandeln. Wenn die jüngeren Leute von deutscher Einheit sprachen, sagte er oft:

„Was wisset Ihr davon? Da können Wir mit reden, Uns gedenkt es noch, daß Endringen und Haldenbrunn zusammen gehört haben."

Im Gemeinderath war Brosi ein eifriges und bedachtsames Mitglied, und er war es auch, der sich dem Andringen Vieler entgegenstemmte, daß man den Gemeindewald verkaufe und den Erlös vertheile. Er mußte sich deßhalb manche üble Nachrede gefallen lassen und es hieß, er sei eben auch wie die Anderen, seitdem er da oben sitze; aber er ließ sich's nicht verdrießen,

jedem Einzelnen ſeine Gründe darzulegen, und die ſich einer
beſſeren Einſicht nicht verſchloſſen — und deren war doch die
Mehrzahl — gaben ihm Recht.

Broſi vollführte ſeine Arbeit nach wie vor. Er war kein
großer Politiker und rühmte ſich auch deſſen nicht, aber er ſagte
doch immer: „Von der Freiheit kann man nicht eſſen, man muß
arbeiten, ſei die Regierung, welche ſie woll'; das Holz ſpaltet
ſich in einer Republik auch nicht allein auf; aber freilich, ſchaffen
und ſchaffen iſt ein Unterſchied, und der rechte Lohn gehört einem
Jeden.“

Die Revolution im Badiſchen brachte Broſi vielen Kummer,
denn die Reibereien zwiſchen den Endringern und Haldenbrun-
nern gediehen auf's Höchſte, die Haldenbrunner wurden immer
„faule Schwaben“ geſchimpft. Dazu lebte noch Broſi's Schwiegerſohn, der Peterſepp, bei ſeinem Schwäher verborgen im Walde.

Die Reaction brachte aber Broſi nicht mindern und noch
weit tiefer gehenden Kummer. Es war nicht der Schmerz um
die vereitelten Hoffnungen des Vaterlandes, die ihm zu Herzen
gingen, er hatte ſie nie recht begriffen und nur immer gedacht,
Haldenbrunn und Endringen ſollten wieder Eins werden. Es war
ein ganz Anderes, was Broſi tief betrübte: die Verordnung, daß
am Sonntag nicht mehr auf der Straße geſungen werden durfte,
die Einſetzung des Sittengerichtes der Pfarrgemeinderäthe, wozu
man ihn auch wählen wollte, was er aber entſchieden ablehnte,
vor Allem aber jene hochweiſe fürſorgliche Verordnung, daß
fortan alle Kirchweihen im ganzen Lande auf Einen Sonntag
feſtgeſetzt wurden, ſo daß aller nachbarliche Beſuch abgeſchnitten
war. Zwar lag Haldenbrunn ſo an der Grenze, daß man meiſt
badiſchen Beſuch erwartete und dieſer kam auch reichlich, da
jenſeits im glückſeligen Belagerungszuſtande keine Muſik gehalten
werden durfte; aber man ſtand doch auch mit Landesangehörigen
in Verbindung, und wenn man auch das Verbot umging, daß
man doch noch eine ſtille Feier veranſtaltete und der hohen Für-
ſorge nun eine doppelte Kirchweih verdankte, es war und blieb
doch mißlich.

Vom Gemeinderath in Haldenbrunn, in dem Broſi noch
ſaß, ging eine Eingabe an die hohe Regierung um Aufhebung
der Kirchweihordnung; aber ſie ging nur bis in die Amtsſtadt
und iſt dort ſelig entſchlafen.

Siebenzehntes Kapitel.

An der nächsten Kirchweih war Brofi's fünfzigjähriger Hoch=
zeittag. Man redete ihm viel zu, daß er seine goldene Hochzeit
feiere, aber besonders Moni hatte eine Scheu und einen Aber=
glauben davor und ängstliche Freundinnen vermehrten dies noch
mit der Erwähnung, daß man nach einem solchen Fest gewöhn=
lich nicht mehr lange lebe und Brofi, dem eigentlich doch das
Herz daran hing, wollte ihr nicht zureden.

So kam der Frühling des vorletzten Jahres heran, die
beiden alten Leute hielten immer fester zusammen und Moni
war oft ganze Tage bei ihrem Mann und kochte im Walde.
Einst sagte Brofi zu ihr:

„Wenn unser Severin käm', sag, thätest du da die goldene
Hochzeit feiern?"

„Ja, wenn mein Severin käm', ja, da thu ich's, da hab'
ich genug gelebt."

„Ich mein' auch," sagte Brofi wieder, „ich mein' ich hab's
einmal in einem Lied gehört: mit dem Blumenstrauß auf der
Brust darf das Herz zu schlagen aufhören. So geht mir's auch.
Ich möcht' lustig sterben."

Und als er das sagte, war's ihm, als hörte er die Stimme
seines Severin.

Moni ging heim, er schaute ihr lange unwillkürlich nach.
Da kam ein Landjäger durch den Wald. Oft, wenn der Schult=
heiß und kein anderer Gemeinderath zu Hause war, kamen die
Landjäger, die das Dorf paſſirten, zum Brofi, um ſich die
Stunde ihrer Anweſenheit in ihrem Dienſtbuche beſcheinigen zu
laſſen. Brofi war an ihren Anblick gewöhnt und doch erſchrack
er heute als er den Landjäger von fern ſah. Als er näher
kam, erkannte er den Stationscommandanten, der ihn freundlich
grüßte. Brofi ſchrieb ihm mit Bleiſtift die gewünſchte Beſcheini=
gung ein und ſprach noch über allerlei, da ſagte der Landjäger:

„Habt Ihr nicht einen Sohn gehabt, der Wilhelm Severin
heißt?"

„Ja, ja, warum? was iſt?"

„Im Verordnungsblatt, das ich wegen der Steckbriefe hal=
ten muß —"

„Was? was? Was ſteht da?"

„Nichts Böses, da ist ein Wilhelm Severin Heller von Haldenbrunn zum Oberbaurath ernannt."

„Ihr habt mich zum Narren, das ist nicht recht. Wenn Ihr
einen Narren wollt, lasset Euch einen drechseln."

„Thut mir leid, daß ich das Verordnungsblatt nicht bei
mir hab', es steht deutlich darin."

„Aber er wird nicht von Haldenbrunn sein, es giebt viele
mit Namen Heller und es kann noch ein anderer Wilhelm Severin heißen."

„Auf mein Wort, es steht deutlich: von Haldenbrunn. Ich
bin nicht der Mann, der Spaß macht," sagte der Stations-
commandant etwas bitter.

Brosi stand da und hielt die leeren Hände vor sich hinge-
streckt, als ob er noch ein Scheit holte; er starrte wie verloren
drein und als ihm der Landjäger die Hand auf die Schulter
legte, zuckte er zusammen und fuhr sich in die weißen Haare,
die sich emporsträubten. Der Landjäger wollte weggehen, aber
Brosi bat ihn, bei ihm zu bleiben und ihn nach Haus zu geleiten. Als sie gegen das Dorf kamen, hörten sie ein lautes
Schreien und Brosi sah, wie seine Moni ihm entgegensprang,
aber ihr vorauf eilte ein großer Mann und warf sich Brosi an
den Hals, küßte ihn und weinte; Brosi küßte ihn wieder und
weinte mit ihm — es war sein Severin.

Brosi mußte sich auf einen Steinhaufen am Wege setzen,
die Knie wollten ihm brechen, Moni kam langsam des Weges,
geführt von einer Dame mit wehendem Schleier:

„Agy, that is my father," sagte Severin, und die Dame
warf sich Brosi an den Hals, und es war ihm, als ob ein
Engel ihn in die Arme nehme, der ihn selig aus der Welt mit
fortnehmen wolle. Es kam wirklich eine leichte Ohnmacht über
ihn, aber bald erholte er sich wieder, und er faßte seine Moni
und so breit als die Straße war, gingen Moni und Brosi und
Severin und seine Agnes Hand in Hand das Dorf hinein.
Brosi schaute immer wie verwirrt umher, wenn die schöne Frau
ihm und seiner Moni die rauhen Hände küßte.

„Gott hat es doch gut gemeint zu mir, daß ich euch noch
im Leben finde, wie often habe ich daran gedacht," sagte Severin und übersetzte das seiner Frau ins Englische, seine Eltern
bedeutend, daß seine Frau fast gar kein Deutsch verstehe.

„Wo haſt denn du ihn zuerſt geſehen?" fragte Broſi ſeine Frau.

„O lieber Gott, denk' nur, wie ich heimkomm', iſt die Haus: thür offen, ich geh' in die Stub', da ſitzt er mit dem goldigen Engel da auf der Bank; ich hab' nicht gewußt, wo ich bin, ob noch auf dem Boden oder im Himmel, da ruft er: Mutter! Und weiter kann ich dir nichts berichten."

„Der Severin hätt' uns doch vorher Nachricht geben ſollen," ſagte Broſi halb zu ſeiner Frau, halb zu ſeinem Sohne; „ſo ein Ueberfall kann ja Einen auf dem Platz tödten."

Severin erklärte, daß er ſchon vor mehreren Tagen geſchrieben habe, ſich aber, wie er ſehe, im deutſchen Poſtgang verrechnet hätte.

Als man am elterlichen Hauſe angelangt war, ſagte die junge Frau auf das Gäßchen deutend:

„Gässle not go."

„Haſt ihr das ſchon geſagt?" ſchmunzelte Broſi und rief mit ſtarker Stimme zu ſeiner Schwiegertochter: „Iſt recht, iſt brav," er meinte, wenn er recht ſchreie, müſſe ſie ihn gewiß verſtehen.

Um das Haus verſammelte ſich Alles, was im Dorfe war, und ſelbſt in die Stube und in die Hausflur drangen ſie, und die draußen ſtanden, ſchauten zu den Fenſtern herein und theilten ſich ihre Bemerkungen über Severin und ſeine Frau mit. Das Rösle, das mit ſeinen Kindern laut ſchreiend und weinend daher kam, hatte Mühe, ſich zu dem Bruder hindurch zu arbeiten, um ihm an den Hals zu fallen. Es ſchickte ſogleich ſeinen älteſten Sohn zu dem Vater, der draußen auf der Bömleswieſe mähte, und Moni bat die Verſammelten um einen Boten nach Endringen, um die Mariann' und den Peterſepp zu holen. Drei Boten ſtellten einen Wettlauf an. Die junge Engländerin äußerte gegen ihren Mann ihre Freude, daß das ganze Dorf ſo umherſtehe und Alles die Freude des Einen Hauſes theile. Severin ſchien aber nicht dieſer Meinung, er bat die Leute zuerſt in freundlichem Ton, ſich zu entfernen und als dies nicht geſchah, drückte er die Thüre zu und ſchob einige Widerwillige nicht eben ſanft hinaus.

„Mit welcher Gelegenheit ſeid ihr ankommen?" fragte Broſi, als ob das das Wichtigſte wäre.

„Mit einem Hauderer," antwortete Severin kurz.

„Du biſt nicht verſteckt, ſie iſt ſauber," ſagte Broſi auf die junge Frau winkend, die die Hand der Mutter nicht losließ, „ihre Haare glänzen ja wie Gold, und was ſie ein paar Augen im

Kopf hat und das helle Gesicht, die ist gewiß gut. Hat sie auch brav Batzen?"

„Nicht viel, ich bin überhaupt nicht reich, hab' aber mein gutes Auskommen."

„Wie so hast die Anstellung kriegt? Du bist doch der im Blättle?"

„Freilich. Ich hab' einen besondern Vortheil im Brückenbau erfunden, habe ein Modell in die große Ausstellung in London gegeben; der anwesende Landescommissär erkundigte sich nach mir, und darauf bin ich angestellt worden."

Im Reden mit seinem Vater im Dialekte sprach Severin ganz geläufig, während er im Hochdeutschen, in dem er seine ersten Worte anbrachte, etwas Anfremdendes hatte und aus dem Englischen übertrug.

Moni holte sich ihre Sonntagsjacke und mahnte auch ihren Mann, doch einen ordentlichen Rock anzuziehen; als aber Agy das merkte, bat sie ihren Mann, solches zu verhindern; es muthe sie so sehr an, daß die Eltern in Hemdärmeln seien. Severin dolmetschte das lächelnd, und Brosi willfahrte zu bleiben wie er war. Wir dürfen überhaupt nicht verschweigen, daß er sich seiner vornehmen Schwiegertochter recht freute, aber minder befangen war und weniger Umstände machte, seitdem er erfahren hatte, daß sie nicht reich sei.

„Wie lang bleibet ihr bei uns?" fragte Brosi.

„Bis nächsten Montag. Ich habe viel zu thun. Ich komme aber zum Herbst wieder."

Die Mutter jammerte über diese kurze Zeit, aber Brosi sagte: „Geschäft geht vor Allem."

„Du logirst mit deiner Frau im Auerhahn bei deinem Gevatter."

„Nicht gern. Er hat mir den bösen Brief von Euch geschrieben."

„Von mir? Ich hab' nichts davon gewußt, kein Sterbens=wörtle."

Und nun stellte sich heraus, daß der Auerhahnwirth die Antwort so gestellt hatte, als ob der Vater dem Severin die harten Worte sagen ließ, und das Verhältniß zwischen Vater und Sohn, das trotz aller Freude des Wiedersehns ein unausgeglichenes war, ebnete sich erst jetzt, denn Severin erkannte die Unschuld seines Vaters, und trotzdem Severin noch mehr als sonst etwas Gehaltenes und Herbes hatte, ließ er sich doch herbei, seinen

Vater förmlich um Verzeihung zu bitten und reichte ihm zuletzt
eine ſilberne Doſe, darauf die Worte eingegraben waren: „Mein
Mann iſcht koanr.“

Anfangs ſtuzig, freute ſich Broſi dann kindiſch mit dieſer
Doſe und ſagte immer: „In England drüben haben ſie mein'
Red in Silber gegraben.“

Nun wendete ſich der Zorn von Vater und Sohn gegen den
hinterhaltigen Auerhahnwirth. Severin wollte ihm gar nicht mehr
über die Schwelle gehen; aber Broſi ſagte:

„Laß aus ſein. Ein Mann wie du, was kann Dem am
Auerhahnwirth liegen? Aber man kann ſich nicht mit ihm ver-
feinden, er hat das einzige Wirthshaus im Ort.“

Bald kam auch des Jörgtoni's Kaspar, die Mariann' und
der Peterſepp. Moni wollte einen Boten an Kilian und Franz
ſchicken, die ſechs Stunden von Halbenbrunn arbeiteten und erſt
Sonntags heimkamen, aber Severin verhinderte dies, man könne
nun ſchon warten, da es einmal ſo lange gedauert habe und der
Vater habe es ja auch geſagt, Geſchäft geht vor Allem. Moni
drückte es auf der Bruſt, ihr Severin hatte ſich doch ſehr verändert ſeit den vierzehn Jahren ſeiner Wanderſchaft, er war freundlich und gut, aber er hatte doch etwas Schroffes, und als ſie
mit ihrem Manne allein war, ſagte ſie:

„Ich mein', der Severin hat ſich doch ganz ausgeartet (ſich
verändert), er iſt doch nie Soldat geweſen und er hat doch ſo
was von einem alten Soldaten, weißt? ſo kurz angebunden. Er
iſt ſo ſteif wie ſein Hemdkragen, der ihm faſt das Ohrläpple
abſägt.“

„Das macht ſein großer Titel und du wirſt's nicht übel
nehmen, das Stück Apothekerröſle was in ihm iſt, ich hab's ja
immer geſagt,“ bedeutete Broſi.

„Aber ein gar prächtig Weible hat er, die iſt ja wie aus
einem Büchsle 'raus. Wenn ſie nur auch recht mit Einem reden
könnt'!“

„Ja das Weible iſt nicht unrecht, 's iſt ein gattigs (paſſen-
des) Weible, ſie iſt gewiß viel braver weder er. Die Kinder von
ſeinen Schweſtern hat er ja faſt gar nicht angeſehen. Nun es
iſt mir ein Troſt, daß ich ihn gut verſorgt und in Ehren weiß,
und weiter brauchen wir einander nicht.“

„Eine Verfremdung und Bitterkeit, die viele Jahre lang ſich

im Gemüth eingewurzelt hat, scheint nicht mit Einemmal und plötzlich ausgestockt werden zu können; wenigstens war dies bei Brosi und Severin der Fall.

Achtzehntes Kapitel.

Severin hatte nie die kleinen gemüthlichen Anhänglichkeiten an die Menschen und Umgebungen seiner Heimath in sich empfunden; er zeigte andern Morgens seiner Frau die Bömleswiese und den Busch, woraus er sich den Stechpalmenstock geschnitten und gab den Begegnenden nur kurze Antworten. Die junge Frau entwarf schnell eine Slizze von dem Waldgrunde bei der Bömleswiese und nahm sich vor, dieselbe in den kommenden Tagen weiter auszuführen.

Wenn Severin mit seiner Frau durch das Dorf ging, liefen oft viele Kinder hinter ihm drein, andere stellten sich in Haufen zusammen und wenn die Beiden vorüber waren, riefen sie lecklich: Grüß' Gott! Andere bildeten eine Kette, faßten sich an der Hand und rannten ihnen vorauf mit jener eigenen barfüßigen Behendigkeit, und warteten immer bis sie in ihrer Nähe waren, um zu wiederholen. Agy wehrte ihrem Mann ab, der diese kindische Freudenbezeugung nicht dulden wollte.

Ein Zwischenfall, der selbst den Severin lächeln machte, ereignete sich mit der Tochter des Auerhahnwirths. In langen Kleidern und am Sonntag mit dem aufgespannten Sonnendach ging das Mädchen oft im Dorfe umher mit dem stolzen Selbstgefühle einer für diese Umgebung zu hoch gebildeten Seele. Der Gevatter Auerhahnwirth hatte seinen Pathen gefragt, ob seine Frau französisch könne und mit der bejahenden Antwort eilte er zu seinem Töchterchen und befahl ihm, sich an die Engländerin anzuschließen und dem Dorfe zu zeigen, was sie könne. Das Mädchen mochte endlich weinend gestehen, daß es ja noch gar keine Uebung habe, der Vater ließ nicht ab und sagte immer, dann üb' dich, jetzt hast du die beste Gelegenheit dazu. Du mußt, üb' dich jetzt." Zur Verlegenheit Aller zeigte sich aber, daß das Mädchen weder ein Wort französisch verstand noch sprechen konnte; der Revierförster fluchte über den Lehrer von Endringen, dem man noch jedesmal, wenn er Stunde gab, ein Glas Wein einschenkte, aber das half nichts mehr und Brosi war nicht wenig

ſtolz, als er eines ungeahnten Reichthums inne wurde: er kannte
vom Elſaß her einige franzöſiſche Brocken und ſeine Söhnerin
klatſchte darüber vor Freude in die Hände.

Am Nachmittag war große Gaſterei bei der Schweſter Rösle,
es wurde ſehr ſaßiger Kaffee aus kleinen Taſſen getrunken und
dazu „Sträuble“ (Spritzkrapfen) gegeſſen; das Rösle, das von
der Hiße und der Bereitung des Schmalzgebäckes glänzte, ließ
ſich nicht bewegen, mit an den Tiſch zu ſeinen Gäſten zu ſitzen,
es lief mit ſeiner älteſten Tochter immer ab und zu und bediente
mit Kilians Frau die Eltern, den Bruder und die Schwägerin.
Severin hatte ſich bald entfernt, da er einen Bauriß zu vollenden
habe und beſtimmte ſeine Frau, nur unter den Angehörigen zu
verbleiben. Er verrechnete ſich nicht. Agnes wagte es, wenn
Severin nicht dabei war, ihr weniges Deutſch zum Beſten zu
geben und lernte noch Manches dazu von den Eltern und der
Schwägerin, und die Art, wie ſie das bereits Gekannte ausſprach
und das Neuerlernte nachbuchſtabirte, und dabei ſo treuherzig
vertrauend lächelte und Alles nachmachte, erregte große Heiterkeit
und oft lautes Lachen. Mit Beihülfe vieler Pantomimen erklärte
ihr Broſi, ſie ſei ihm wie ein kleines liebes Kind, das erſt
ſprechen lerne, und das ſei ja die ſchönſte Zeit der Kinder, das
ſei die Zeit der Apfelblüthe. Das Letzte verſtand die junge Frau
nicht, aber das Erſte begriff ſie und mit einer das tiefſte Herz
anſprechenden Innigkeit ahmte ſie nun die Weiſe eines kleinen
Kindes nach, ſo daß Broſi oft mit beiden Händen auf die Leder=
hoſen ſchlug und hoch betheuerte:

„Sie iſt mir tauſendmal lieber als der Severin, das iſt ja
was Herziges, er iſt ſie gar nicht werth.“

Die Hühner Rösle’s waren auch zu Gaſte in die Stube ge=
kommen, man wollte ſie ſchnell hinaus ſcheuchen, aber Agy ver=
ſtand ihre Bitte deutlich zu machen, daß man ſie da ließe. Ihren
Zuſatz: daß dieſes Gemeinleben der Menſchen mit den Thieren
ſie freue, begriffen die Hörer nicht; aber Broſi hatte eine Ahnung
davon, denn er ſagte:

„Sie hat ein gutes Herz, ſie iſt auch gegen die Thiere gut.
Der Severin muß doch das Herz auf dem rechten Fleck haben,
daß er ſo ein Fräule genommen hat.“

Als ſie ihm zuletzt noch den Rock auszog und theils mit
Worten, theils mit Zeichen ihm ſagte: es ſei viel ſchöner, wenn

er in Hemdärmeln ſei und er brauche ſich vor ihr nicht einen
Zwang anthun, da rief Broſi:

„Moni, wenn du nicht mit mir goldene Hochzeit machſt, da
geh' ich nach England und hol' mir auch ſo Eine." Er ſprang
in die Höhe, ſeine Hand, die ſich wie Tannenrinde anfühlte,
faßte die Hand der jungen Frau, und mit großer Beſchwerde
erklärte er ihr, daß ſie auf ſeine goldene Hochzeit kommen und
mit ihm tanzen müſſe. Die junge Frau, die von dieſer bevor-
ſtehenden Feier ſchon wußte, ahmte zur Bekundung ihres Ver-
ſtändniſſes den Geiſtlichen und den Bräutigam und die Braut
und die Muſikanten nach. Broſi ſchnupfte nochmal ſo viel vor
Freude, aber putzte ſich die Hand ſchnell ab, und faßte immer
wieder die Hand ſeiner Söhnerin und ſagte zu den Umſtehenden:

„Das Händle iſt wie lauter Seide und Baumwoll', o wie
muß das Einen ſtreicheln," er führte ſich die Hand über ſeine
Backen und machte die Geberden des höchſten Entzückens.

Am Abend konnte der Broſi ſeinem Severin gar nicht genug
erzählen, welch eine liebe Frau er habe und er ſchaute den Sohn
viel freundlicher an. In ihrem Hauſe ſang Broſi für ſeine
Söhnerin, die um einen Sang gebeten hatte, mit ſeiner Frau,
dem Rösle, der Schwiegertochter und dem Kaspar allerlei Lieder.
Severin ſaß ſtill dabei und ſpaltete den Mund nicht, die junge
Frau aber verſuchte mitzuſingen und Broſi nickte ihr ermunternd zu.

Als man endlich ſpät endigte, ging Agnes auf Broſi zu,
legte die Hand auf deſſen Schulter und ſagte mit fremdelnder
Betonung aber ganz deutlich: „Mein Mann iſcht koanr."

„Es iſt ein' Blitzher," rief Broſi und jauchzte hellauf Juhu,
daß die junge Frau doch zuſammenſchrak.

Am zweiten Tage ging es nach Endringen zur Gaſterei,
denn Kilians Frau wollte die Heimkunft ihres Mannes abwarten.
Broſi und Moni fuhren zum erſtenmal in ihrem Leben in einer
Kutſche nach Endringen. Moni ſaß neben ihrer Söhnerin und
Broſi ihr gegenüber. Broſi lupfte gnädig den Hut vor allen Begegnenden, welche die Inſaſſen auf dieſe Art begrüßten und Manche, die
es vor Staunen vergaßen, lehrte er es durch zuvorkommenden Gruß.

Als man gegen das Haus des Peterſepp kam, ſagte Broſi:

„Da drüben in den Garten hinein hab' ich immer ein nett's
Häusle gewünſcht, das iſt der höchſte Wunſch geweſen, den ich
in meinem ganzen Leben gehabt hab'."

Das Auge Brosi's leuchtete bei diesen Worten und doch sprach Severin kein Wort und nickte nur still vor sich hin. Nur Agy sagte durch den Mund ihres Mannes, daß ihr Endringen noch besser gefiele als Halbenbrunn, und Brosi war darob überaus glücklich.

Beim Peterseyp und der Mariann' war's nicht minder gast= freundlich als gestern beim Rösle. Alle Endringer, die kamen, ließ Brosi eine Prise nehmen und seine Spruchdose bewundern.

So lang der Severin da war, machte Agy viel weniger Späße und war stiller; aber auch heute ging Severin fort und als man heimkehren wollte, mußte man ihn vom Bürgermeister, wie man im Badischen den Schultheiß nennt, holen.

Am dritten Tage ging Brosi an seine Arbeit, er sagte: er halte diese Gastereien nicht aus, er hatte einst den Ausspruch gethan, man könne nicht von der Freiheit essen und jetzt sagte er: „Ich kann von der Freud' allein nicht leben."

Agy vollendete ihre Zeichnung vom Bömlesgrund und Brosi arbeitete unweit davon. Severin war allein nach Endringen gegangen.

In den folgenden Tagen vollführte Agy zum Staunen aller Halbenbrunner noch eine weitere Zeichnung; sie saß jenseits des Baches und nahm das elterliche Haus Severins auf. Das Haus mit dem Strohdache und den Pflanzen, die sich darauf festge= wurzelt hatten, nahm sich auf dem Papiere sehr gut aus und als Agy gegen Severin die Einfachheit und Ursprünglichkeit dieser Bauart lobte, war dieser strenge Fachmann genug, um ihr zu beweisen, daß in dieser Bauart gar kein Stil liege und gar keiner anzuwenden sei, es sei eben nichts als die rohe Nothdürf= tigkeit. Agy biß bei dieser Darlegung auf ihren Bleistift; aber sie schaute bald wieder hell auf, sie kannte ihren Mann, bei dem die strenge rücksichtslose Wahrhaftigkeit Alles beherrschte und der deßhalb keinen liebgewordenen oder anmuthenden Schein verschonte.

Von der kleinen, vor fünfzig Jahren aufgeführten Ufer= mauer sah man wenig mehr. Weiden und Erlen bedeckten das Ufer und bildeten einen ansprechenden Vordergrund mit dem Bachstege. An der Stelle des ehemaligen Zaunes von fuchsig gewordenen Tannenzweigen, grünte ein lebendiger und kurz ge= haltener Buchenhag.

Moni hatte trotz der Abwehr doch ihren Söhnen Kunde von der Ankunft des Bruders zukommen lassen und diese hatten solche zu gleicher Zeit auch von anderer Seite erhalten; sie kamen nun auch schon am Samstag Morgen und Severin schüttelte ihnen wacker die Hände und gab Jedem einen silberbeschlagenen Ulmer-topf, die sie nur nach vieler Einsprache mit lautem Dank an-nahmen, denn sie hatten Größeres erwartet.

Mit Kilian, der ihm immer der Liebste gewesen war, hatte Severin viel zu geheimnissen und man sah diesen oft zufrieden lächeln, während Kilian sich vor Lachen bog. Einmal indeß hörte man Kilian auch rufen:

„Du wirst aber sehen, er thut's nicht. Denk' an mich. Es ist nur so gered't. Er kann's nicht, und wenn er auch möcht'."

Severin winkte ihm hierauf mit Heftigkeit Schweigen zu.

Mit Franz verkehrte Severin nur sehr wenig.

„Hast dir ein' Saubere 'rausgelesen," sagte Franz einmal zu seinem Bruder, mit seiner neuen Pfeife auf Agy deutend.

„Warum bist denn du noch ledig?"

„Weiß nicht, ich hab's versäumt und jetzt ist's fast gar zu spät. Wenn du mir eine geschickte Wittfrau wüßtest, ich ließ mich noch überreden. Aber ich denk' wohl, ich bleib' ledig. Wir haben so ein' große Familie, und es soll auch einmal was zu erben geben."

Franz war eine zufriedene stille Natur, die sich mit Denken nicht viel zu plagen hatte. Dabei war er äußerst karg und hatte seine Hauptfreude an baarem Gelde.

Am Sonntag Morgen saß Alles schön geschmückt und zum Kirchgange bereit lange vor Beginn desselben im elterlichen Hause. Brosi schnitt von den Stockscherben, die ein unberühr-bares Heiligthum waren, die schönsten Nelken ab und schenkte sie seiner englischen Söhnerin. Es läutete zum Erstenmal zur Kirche, und man wollte sich auf den Weg machen, um sich noch vorher gehörig bewundern und begaffen zu lassen. Brosi freute sich besonders darauf, seiner Söhnerin auch zu zeigen, daß er in der Gemeinderathsbank sitze; da sagte Severin:

„Meine Frau geht nicht mit uns."

„Warum?"

„Sie ist evangelisch."

Alles zuckte zusammen, und eine Weile war es so still in der Stube, daß man nichts hörte, als das Picken der Wanduhr und ein schnelles Athmen Brosi's.

Endlich sagte er aufstehend und sich vor Frost die Hände reibend:

„Kommet in Gottes Namen. So gehen wir allein. Oder hast du auch deinen Glauben abthan?"

Nein," sagte Severin und ging mit dem Vater, der nach der Söhnerin, die er so sehr geliebt hatte, nicht mehr umschaute.

In das seligste Glück riß die Spaltung über Glaubensmeinungen, die der ganzen Menschheit schon so viel Unheil bereitet, einen tiefen Riß.

Brosi, der allen Menschen triumphirend ins Auge hatte sehen wollen, ging mit niedergeschlagenem Blick nach der Kirche. „Nicht katholisch und nicht einmal reich," sprach es in ihm und er zuckte zusammen.

In der Kirche sang er wiederum laut mit, als müßte er seinen eigenen Glauben doppelt festhalten und verkünden, dann saß er still niederschauend und drückte manchmal mit der Hand fest die Augen zu.

Er mußte aber doch eine Beruhigung gefunden haben, denn als er neben dem nachdenklichen Severin aus der Kirche ging, sagte er:

„Das hast nicht recht gemacht, du hättest nicht über den Sonntag bei uns bleiben sollen. Es hätten's nicht alle Leute zu wissen brauchen."

Als er heimkam, sah er Agy aus einem schwarz eingebundenen Buche lesen, er schaute hinein und erblickte schöne heilige Bilder. Agy las nur noch wenige Zeilen, dann stand sie auf und machte eine tiefe Verbeugung. Brosi reichte ihr die Hand und fühlte den warmen Druck von der Hand seiner Söhnerin. Seine Finger waren kalt und sie erwärmten sich.

In dieser stillen Handreichung lag in diesem Augenblicke eine Verständigung und ein Religionsfriede, der der ganzen Welt zu wünschen wäre.

Am Mittag nahm Brosi alle seine Kinder mit nach der Gipsmühle. Er stand einmal am Wege und ließ Kinder und Enkel an sich vorbeiziehen, um zu überschauen, wie reich sich sein Leben ausgezweigt hatte. Wie oft war er diesen Weg einsam gewandert. Auf den Wunsch Agy's wurden helle Lieder angestimmt, die im Walde widerhallten. Noch fühlte Brosi eine leichte Bedrückung von dem überwundenen Schmerz, den er heute empfunden, und auch laut nun das Letzte abschließend, sagte er:

„Es ist doch nur Ein Gott, der die Sonne scheinen und die Bäume wachsen läßt, und er weiß doch wie es gemeint ist, ob man so oder so zu ihm betet."

Er sang dann so laut mit, daß seine Stimme Alle übertönte.

Severin sah allein bis auf den Grund der mächtigen Bewegung, die in seinem Vater vorgegangen war; er freute sich dessen, aber ihm solches kund zu geben, fand er die rechten Worte nicht und hielt es schließlich auch nicht für nöthig.

Der Gipsmüller, der krank in einem großen Armsessel saß, freute sich hoch über die Ankömmlinge. Severin und Agy mußten sich zu ihm setzen, daß er sie genau sehe, denn er litt auch an schwachen Augen.

Beim Gipsmüller traf man zufällig „die geschickte Wittwe," die sich Franz schon längst gewünscht, die ihm aber einen förmlichen Korb gegeben hatte. War es das eifrige Zureden des Gipsmüllers, oder war es die stolze Anwartschaft, einen Oberbaurath zum Schwager zu haben: die Wittwe, die zwei Kinder hatte und ein schönes Vermögen besaß, gab ihr Jawort und Franz wurde unversehens Bräutigam.

Brosi war darob ganz glückselig und er sagte einmal:

„Jetzt sind alle meine Kinder versorgt, mein Altbackener auch. Gott giebt mir Recht, er zeigt mir's, daß ich die rechten Gedanken hab', sonst hätt' er mich heut das nicht erleben lassen."

Es wurde ausgemacht, daß die Hochzeit des Franz an der Kirchweih sein solle, an welchem auch Brosi seinen goldenen Ehrentag feiern wollte. Dabei blieb er, wenn auch Moni noch schüchtern Einsprache that; er sagte stets, er habe es seiner englischen Söhnerin versprochen und faßte oft deren Hand.

Als man gegen Abend heimkehrte, wartete man nicht erst die Aufforderung der Agy ab, und singend zog man in das elterliche Haus.

Im Auerhahn war heute große Versammlung, Alles erwartete die Ankunft Severins, aber dieser sagte, daß er nicht hingehe und wunderbarer Weise — Brosi gab ihm Recht und sagte, er bleibe auch daheim. Es schien indeß nur wunderbar, es hatte Alles seinen guten, wenn auch geheimen natürlichen Grund. Brosi wußte, daß die Menschen, immerdar neidisch auf ein unantaſtbares Glück, faſt eine Genugthuung darin empfinden werden, daß der andere Glaube der Söhnerin einen Schatten darauf werfe; er wollte ſie das in gemeinſamer Verſammlung auskoſten laſſen und hoffte, daß ſie dann damit fertig ſeien.

Mit den Seinen ſaß er in ſeiner Stube, ſchnupfte vergnüglich und plauderte allerlei; Severin erzählte viel von ſeinem Leben und wie er ſo ſchnell zu der Berufung und der raſchen Heirath gekommen ſei, daß er nicht vorher ſchreiben gekonnt. Man holte den ſehr ſteif gewordenen Ranzen, den Severin ehemals ſo trotzig zurückgelaſſen hatte, er beſtimmte ihn jetzt für den älteſten Sohn ſeiner Schweſter Rösle; der als Schuſter in der Lehre ſtand und bald auf die Wanderſchaft ziehen wollte. Der Franz, der ſpäter in den Familienrath nachgekommen war, wollte auch ein Wort dazu thun und ſagte:

„Severin, du biſt jetzt Oberbaurath, was kannſt denn jetzt auch noch werden? Kannſt auch noch höher 'nauf?"

„Freilich, ich kann Oberbaudirector werden."

„Und dann?"

„Weiter nichts mehr als — Engel," antwortete Brofi. Ein ſchallendes Gelächter erfüllte die Stube und Brofi lachte nochmal mit, als Severin ſeiner Frau Alles verbolmetſcht hatte und dieſe herzlich lachte.

Franz ließ ſich aber nicht ſo bald von ſeinen Erforſchungen abbringen, ſie waren nicht bloß Neugier; er bat ſeinen Bruder, ihm auch eine feſte Anſtellung zu verſchaffen, das Amt eines Weginſpektors ſei jetzt frei und das könne er wohl verſehen. Severin erklärte ihm, daß er keine Stellen zu vergeben habe und auch Kilian fragte jetzt:

„Sollen wir denn bloß noch die alten Maurer ſein, wenn du unſer Oberbaurath biſt?"

Severin erklärte, daß das nichts ändere, und wie das leicht geht: nach großer, anhaltender Freude thut ſich plötzlich unver= ſehens eine Verſtimmung auf; ſo geſchah es auch hier. Die Brüder fühlten ſich zurückgeſetzt; aber Brofi verſtand es, ihnen die Sache deutlich zu machen, und ſchloß damit:

„Es bleibt ein Jedes was es iſt. Im geraden Weg braucht Eines das Andere nicht und im ungeraden wird euch der Severin ſchon beiſtehen. Haltet nur getreulich zuſammen, wenn eure El= tern auch nimmer da ſind."

Diese Mahnung verfehlte ihre Wirkung nicht und wenn auch nicht in heller Freude, so doch in stiller gesättigter Beruhigung ging man auseinander, zumal da Severin noch kurz versprach, stets der Seinigen eingedenk zu bleiben. Am andern Morgen, als Severin und Agy nach der Residenz abgereist waren, sagte Brosi immer:

„Ich weiß nicht wie mir ist, mir fehlen die Kinder in allen Ecken, ich kann mir's gar nimmer denken, wie's einmal gewesen ist, wo wir noch gar nichts von ihnen gewußt haben."

Jetzt, da Severin fort war, hatte Brosi im Gedenken an ihn fast noch mehr Freude von ihm, als während seiner Anwesenheit. Er gab Moni Recht als sie sagte:

„Er ist doch ein prächtiger Mensch, er redt nicht viel, aber jedes Wort von ihm ist wie ein Eid, da kann man Häuser drauf bauen."

Nennzehntes Kapitel.

Severin kam während des Sommers mehrmals, aber er hielt sich meist in Endringen auf, wo er, wie er sagte, mit dem Bürgermeister Geschäfte habe. Als Severin seinem Vater eine frohe Hoffnung mittheilte, erwiderte dieser kein Wort, er wollte lieber nichts wissen als daß er durch eine Frage Auskunft darüber erhielt, in welcher Religion die Kinder erzogen werden.

Es verging kein Tag, an dem nicht Brosi seine „gesetzte Arbeit," wie er sie selbst scherzweise nannte, vollführte. Moni schien sich wahrhaft zu verjüngen, seitdem ihr Severin und ihre Agy da gewesen, und sie war es auch, die zu jeder Zeit schöne Geschenke von ihrer Söhnerin, der Oberbauräthin, erhielt; besonders ein handfester Armsessel, der auf Rollen ging, machte großes Aufsehen im Ort und schon nach zwei Monaten empfing sie einen saubern, deutsch geschriebenen Brief von der englischen Söhnerin. Wie lohnte sich's ihr jetzt auf ihre alten Tage, daß sie selber noch so spät deutsch schreiben und lesen gelernt hatte. Die beiden alten Leute, die nie viel über Religion nachgedacht hatten, sprachen jetzt im Walde viel über die Unterschiede derselben, die Nähe des Grabes mochte Einiges dazu beitragen, aber erweckt zu solchen Erörterungen wurden sie doch nur durch Agy; die Agy war so lieb und gut, die konnte doch nicht auf ewig verdammt sein. Moni hatte großes Zutrauen zu dem Geistlichen; sie wünschte, daß man sich seines Rathes erhole, aber Brosi wehrte ab, indem er sagte:

„Was kann er für Auskunft geben? Er ist geistlich und darf sei' Sach' nicht verunehren. Und was könnt' am Ende dabei herauskommen? Daß wir Unfriede machen in unseres Severins guter Ehe? Nein, das will unser Herrgott nicht und seit jenem Sonntag ist mir's so, daß kein Mensch den andern verdammen darf, wenn nur jeder aufrichtig und wahrhaftig bei dem seinigen ist. Wenn die Agy einmal 'rüber in Himmel zu uns kommt, muß sie unser Herrgott zu uns lassen, ich will's schon sagen und unser Herrgott weiß es ja auch, daß sie nichts dafür kann; sie ist so geboren und erzogen, sie kann nichts dafür."

„Die Vögel im Wald da pfeift ein Jedes anders und es heißt doch, daß Alle Gott lobsingen," bestätigte Moni.

„Das ist ein gescheites Wort, so muß des Brosi's Frau reden," schloß der Eheherr. „Das hat sein Mäß," setzte er hinzu und hob die obere Querstange aus einem geschichteten Klafter. Es war unklar, ob er die letzten Worte buchstäblich auf das Holz oder bildlich auf das Religionsgespräch bezog.

Die Tage wurden bald immer kürzer und es ist eine alte Erfahrung, daß man deren Abnehmen viel mehr merkt als das Zunehmen. Je weiter es dem Herbste zuging, je mehr empfand Moni ein eigenthümliches bräutliches Bangen, während Brosi mit Jubel seiner goldenen Hochzeit entgegensah. Mehrmals äußerte Moni ihre Beklommenheit, aber ihr Bräutigam, wie sich Brosi nannte, redete ihr solche aus und suchte sie mit seiner eigenen Freudigkeit zu erfüllen; sie gab sich um Brosi's willen Mühe, Allem heiter entgegen zu sehen und in dieser Bemühung ward sie von selbst freudig.

Endlich waren es nur noch wenige Tage bis zur Kirchweih, da kam Severin und dießmal ging er nicht allein nach Endringen, Vater und Mutter mußten ihn begleiten. Brosi fuhr sich mehr= mals rechts und links über die Augenbrauen, als er unweit des Petersepp Haus in dem Grasgarten, dort wo er sich's gewünscht hatte, ein Haus stehen sah, zierlicher und feiner als er sich's je wünschen konnte, und Severin darauf deutend sagte:

„Vater das ist Euer. Da sollet Ihr mit der Mutter woh=

nen, so lang Euch Gott das Leben erhält und ich wünsch' nur, daß es recht lang sei. Das schenkt Euch mein Agy als Hochzeitsgeschenk."

Starr mit offenem Munde betrachtete Brosi bald seinen Sohn, bald das Haus und endlich sagte er mit unvermuthetem Lachen:

„Das Haus da? Das ist mir viel zu schlecht. Nicht geschenkt nehm' ich's."

„Ich bitt' Euch Vater, macht keinen Spaß," entgegnete Severin in seltsamer Gereiztheit.

„So? Meinst du, du darfst allein Spaß machen und noch dazu mit deinem Vater?"

„Ich mache nie Spaß. Ich meine es im völligen Ernst. Das Haus ist Euer. Mutter, saget Ihr, wie gefällt's Euch?"

„Wohl, ganz wohl, aber das ist nichts für uns."

„Ich gebe Euch mein Wort. Es ist für Euch. Es ist auf Euern Namen hier beim Bürgermeisteramt eingetragen."

„Das ist zu vornehm. Das ist für dein Weible, für die paßt's."

„Dafür ist es allerdings auch hergerichtet. Meine Frau wünscht nichts sehnlicher als die Sommermonate hier oben zu wohnen. Sie will bei Euch sein."

„Wir wollen all' Woch zu ihr auf Besuch kommen, sie soll nur allein hier wohnen und will's Gott mit dem Kind."

Der Bürgermeister, zu dem Severin geschickt hatte, kam aus dem Dorfe und übergab Brosi die Schlüssel und einen neuen Bürgerbrief. Brosi nahm Beides unwillkürlich in die Hand, schaute nach dem Hause und schüttelte unwillkürlich mit dem Kopf.

Das Landhaus war schön, im Stil der englischen Cottages und doch in freier Umbildung nach dem landschaftlichen Charakter und Bedürfniß.

Nur mit Mühe brachten es Severin und der Bürgermeister dahin, daß die Eltern in das Haus eintraten.

Die Räume waren hell und bequem. Brosi fühlte oft an die Wände und nickte, da er sie trocken gewahrte.

„Du bist ein Hexenmeister," sagte er zu seinem Sohne, als dieser erzählte, wie er den Bau so geheim hatte ausführen lassen und wie ihm Alle darin beigestanden, das Geheimniß zu bewahren.

„Aber für uns ist's nicht," beharrte Brofi.

Fast zornig erklärte Severin, daß der Vater ihm seinen lieb=
sten Lebenswunsch ausgesprochen habe, daß er als Sohn ihn nach
Kräften erfüllte, daß ein Mann von Ehre nicht spiele und auch
ausführe, was er sich im Wunsche vorgesetzt habe. Auch der
Bürgermeister redete eifrig zu, dem Sohne seine Freude nicht zu
verderben.

„Ich erkenn' die Gutheit, ich erkenn' sie rechtschaffen," stot=
terte Brofi. „Was meinst Moni? Red' auch du, dich geht's so
viel an wie mich."

„Ich hab' den Wunsch nicht gehabt."

„So? Alles soll auf mir liegen? Und wenn ich nun sag:
wir ziehen da her?"

„Dann zieh ich mit dir, das weißt ungefragt."

„Aber diesen Winter nicht mehr, Severin," wendete sich
Brofi an diesen, „den Winter dürfen wir noch in Haldenbrunn
in unserm alten Nest bleiben?"

„Vater, ich will Euch nicht zwingen."

„Beim Teufel! in so ein Schlößle einzuziehen, braucht man
Einen nicht zwingen," polterte der Bürgermeister, „der Herr
Oberbaurath haben sich's eben ausgedacht gehabt, daß ihr auf
eure goldene Hochzeit einziehen solltet und die Endringer holen
euch ein wie ein junges Paar. Das ist Alles schon ausgemacht."

„So? Nun ja, ja," schloß Brofi und rieb sich den Mund.

Er ließ sich nicht bewegen in Endringen einzukehren, er eilte
gleich heim nach Haldenbrunn als entfliehe er einer Gefangen=
schaft, und zum Erstenmal in seinem Leben freute er sich als er
den württembergischen Grenzpfahl sah, und schnaufte erst jetzt aus
als er ihn im Rücken hatte.

Das Jahresfest der Kirchweih kam und mit ihm die Feier
einer Doppelhochzeit, denn auch Franz sollte heute mit seiner ge=
schickten Wittwe getraut werden. Von allen Ecken und Enden
kamen Gäste und Schaulustige herbei und manche Landesangehörige
ließen ihre eigene Kirchweih, die ja auch durch oberamtliche Be=
kanntmachung auf denselben Tag festgesetzt war, dem zu lieb im Stich.

Als es zum Zweitenmal in die Kirche läutete, kam eine
große Menschenmenge mit Musik herangezogen und holte das alte
Brautpaar ab. Brofi trug wiederum wie vor fünfzig Jahren
einen Rosmarinstrauß mit flatternden Bändern auf dem Hute

und im Knopfloch und schaute frei umher, während Moni sich unter der Schappel demüthig beugte. Brosi lächelte als er sah, daß die Hochzeitläder, um das Verbot der Regierung zu umgehen, hölzerne mit Kränzen umwundene Säbel trugen. In langer Reihe gingen schön geschmückt die Kinder und Enkel des alten Paares hinter drein. Hierauf holte man das junge Brautpaar ab und es war eine erhebende Feier als der Geistliche das Doppel= paar einsegnete, er konnte nichts Besseres thun als den Neuver= mählten den Segen der Eltern wünschen.

Im Auerhahn ging es heute hoch her. Brosi bedauerte nur oft, daß seine englische Söhnerin nicht da sein könne, das sei das Einzige, was ihm auf der glückseligen Welt fehle, und er habe ihr versprochen, mit ihr zu tanzen und sie sollte doch auch sehen, welch' ein junger Bursch er sei und seine Moni sei erst siebzehn Jahr alt.

Wirklich konnte man das fast glauben, wenn man nun die beiden alten Leute den Hoppetvogel, den Siebensprung und den Bändelestanz ausführen sah. Ja Brosi tanzte noch außerdem mit seinen Töchtern und Schwiegertöchtern und zweimal mit der erwachsenen Tochter Rösle's, die auch Monika hieß. Er befahl ihr, recht bald zu heirathen, damit er auch noch Urenkel erlebe, und der jüngste Sohn des Gipsmüllers schien diese Mahnung gern zu hören.

Es ging wild her auf dem Tanze, und Severin staunte, als sein Vater ihm sagte:

„Jetzt ist mir's eigentlich lieb, daß dein Weible nicht hat kommen können, so ein englisch Frauele paßt nicht in das Ge= trampel und in den Tuback hinein."

Man sprach auf der Hochzeit viel davon, daß Brosi seinem Severin versprochen habe, morgenden Tages nach Endringen zu ziehen; Brosi that meist, als ob er das nicht hörte, und wenn man ihn geradezu darum befragte, sagte er „Ja ja," aber das in einem Tone, der unentschieden ließ, ob er damit sagen wollte, ich denk' nicht daran, oder ob er einfach bejahte.

In Einem merkte es Brosi doch, daß er seine fünfzigjährige Hochzeit feierte, er schlief mitten unter der Musik auf der Bank hinter dem Tisch ein. Er wurde geweckt und die halbe Musik, denn Viele tanzten noch während dessen, gab ihm und Moni das Geleite bis an ihr Haus.

Brosi und Moni schliefen lange nicht, und noch im Bett sagte Brosi:

„Ich fürcht' mich so vor dem neuen Haus, ich kann's gar nicht sagen."

„Aber wir müssen's thun, wenn nur auf eine Weile, du hast's dem Severin versprochen."

„Ich bin ja gezwungen gewesen, mehr als gezwungen, ich hab' ihm sein Freud' nicht verderben wollen. Und lieber Gott, das ist ja so ein kalt's Haus, das ist nichts für alte Leut'."

„Da hast Unrecht. Es ist gut warm und hat prächtige Oefen, da kann man mit einem Schwefelhölzle einheizen."

„Ja, das kann Alles sein, aber weißt? Es ist mit Ziegel gedeckt, das hält gar nicht warm, so ein Strohdach ist wie ein' gute Pelzkapp, und die Stubendecken sind so hoch und nach Endringen mag ich auch nicht mehr. Ich sterb', wenn ich da 'nein muß. Lieber Gott! Man wünscht' viel, was Einem nicht recht wär', wenn's nachher in Erfüllung ging'."

„Ja, was aber machen?" erwiderte Moni dem in die Kissen hinein Schluchzenden. „Sag's ihm frei, er wird das nicht wollen, wenn dich's so hart ankommt. Du hast ihm das nie so gesagt."

„Weil ich nicht kann; wenn er mich ansieht, bleibt mir's immer im Hals stecken. Aber halt! Juchhe! Ich hab' was." Er sprang aus dem Bett, machte Licht und holte die Nagel= schachtel mit dem Hammer vom Himmelbett.

„Was willst? Was willst machen?" fragte Moni.

„Was ich von dir gelernt hab'," sagte Brosi lachend. „Es hat einmal ein Mädle geben, das hat einem jungen Burschen einen Riegel vorgeschoben und hat ihn zum Haus 'nausgeschwätzt. Jetzt wird einem draußen ein Riegel vorgeschoben und der darf nicht herein."

Während vom Auerhahn die Musik herabtönte, erschollen laute Hammerschläge im Hause Brosi's, denn er nagelte die Hausthüre, die Stallthüre und die Schuppenthüre zu und legte sich dann fröhlich ins Bette, im Voraus lange ausmalend, was das morgen früh für ein Spaß sein werde.

Die Kinder und Enkel, die am Morgen nach dem Hause Brosi's kamen, fanden dasselbe verschlossen und auch auf Klopfen wurde nicht geantwortet.

Endlich kam Severin, auch er klopfte, aber Niemand ant=

wortete. Die Endringer kamen mit Schießen und Musik, um
das Brautpaar zu holen. Brosi und Moni hörten, wie draußen
viele Leute standen, die auf Allerlei riethen und Einige sagten
sogar, Brosi und Moni seien gewiß an der Freude gestorben,
das käme davon, wenn alte Leute solche Feste mitmachten.

Drinnen drang Moni in ihren Mann, er solle doch Antwort
geben, das sei ja sündlich, die Leute so hinzuhalten, Brosi aber
sagte, er möchte gern hören, was die Leute nach seinem Tode
ihm nachsagten. Moni wollte auf wiederholtes Klopfen schreien,
da hielt ihr Brosi den Mund zu.

Jetzt hörte man den Schlosser mit dem Dietrich an den
Schlössern arbeiten, sie gingen auf und zu, aber keine Thüre
öffnete sich, und Brosi lachte in sich hinein. Da rief Severin:
„Wenn wir keine Antwort erhalten, schlagen wir die Thüre mit
dem Beil ein. Vater, hört Ihr nicht?"

„Ja, ich höre," antwortete Brosi, der sich an die Thüre
gestellt hatte und nun erklärte, daß er nicht aufmache, wenn ihm
Severin nicht sein Wort zurückgebe, und daß er in seinem alten
Hause bleiben dürfe, lieber bliebe er ewig mit seiner Moni eingeschlossen.

Ein Jubel erscholl von der Straße, und Brosi öffnete endlich
und reichte seinem Severin die Hand.

Zwanzigstes Kapitel.

Mancher Aberglaube ist nur eine Erfahrungswahrheit, die
zu sicherer Ueberlieferung von Geschlecht zu Geschlecht in feste
Form gebunden ist, und die Furcht regiert viele Gemüther leichter
als die Einsicht. Man hält es für gefahrbringend vor den allzeit
lauernden bösen Schicksalsmächten, solch ein Fest zu feiern wie
Brosi und Moni gethan, das den langen stillen Fortgang des
Lebens in mächtigem Zusammenfassen spannt und höher hebt, und
in der That erschließt sich leicht hinter solch einem Hochpunkte die
Kahlheit des Alltagslebens und der unterbrochene stille Fortgang
verwandelt sich nun in Oedigkeit und Abspannung. Es ist etwas
anderes, zur Zeit der aufstrebenden Kraft einen Jubeltag sich zu
setzen als da, wo die Ruhe und das stille Walten allein Erquickung bietet. Wie sich Moni unter der Schappel demüthig

gebeugt hatte, so war sie den ganzen Tag in sich still und rubig
geblieben, Brosi aber hatte im jauchzenden Austoben sich erlustigt
und schon am andern Tage, nachdem Severin abgereist war,
schlief Brosi nach dem Essen unwillkürlich auf der Bank ein.

Das Gäßchen war heute besonders widerwärtig, denn die
Vorübergehenden sprachen da draußen so laut, man hörte jedes
Wort, als ob sie in der Stube wären. Moni wollte hinausgehen und die Leute zur Ruhe gemahnen, aber als sie sich erhob,
merkte es Brosi und erwachte, sich verwundernd, daß er am Tage
schlafe; er fühlte sich ganz gestärkt, da er das Versäumte von
gestern Nacht nachgeholt habe. Brosi war wie immerdar heiter
und aufgeräumt; nur als Moni bemerkte, der Franz mit seiner
Frau sei da gewesen und habe nachsehen wollen, wie es dem
Vater gehe, da sagte dieser:

„Jetzt sind alle unsere Kinder fort, jetzt sind wir doch wie
ein entlaubter Baum," als aber während dieser Worte des Rösles
Monika eintrat, die nun bei den Großeltern wohnen wollte, sagte
er: „Richtig, da kommt ja unsere Wurzelbrut. Weißt Alte? Es
giebt Bäum', die wieder an der Wurzel ausschlagen. Recht so,
bleib du bei deiner Ahne und gieb Acht, daß du so wirst wie
sie und leid's nicht, daß sie zu viel schafft."

Brosi hatte nun drei eigene Familien im Orte, die er besuchen konnte und war nun auch mit dem größten Theile des
Dorfes verwandt, und wenn sich hier auf dem Walde Alles Vetter
nennt, so hatte das bei Brosi noch eine besondere Berechtigung.
Er ließ sich's aber auch nicht nehmen, noch diesen Winter regelmäßig zu dreschen und wenn ihm auch weh dabei geschah, gestand
er es weder sich noch seinen Genossen. Wenn ihm die Leute
sagten, er solle sich doch zur Ruhe setzen, er sei ja vermöglich,
habe seine Kinder alle versorgt und wenn er etwas Uebriges
brauche, werde sich der Oberbaurath eine Freude daraus machen,
ihm solches zu geben, da sagte er:

„Mein' größte Freud' ist, daß ich's haben könnt' und nicht
brauch'!"

Um Neujahr zeigte Severin die Geburt eines Töchterchens
an und der Winter ging still und heiter vorüber, nur war es
eine traurige Botschaft, daß um Lichtmeß der Gipsmüller starb.
Brosi ließ es sich nicht nehmen, seinem Leichenbegängnisse sich
anzuschließen, aber er ging, wie er sagte, des schlüpfrigen Weges

halber am Stocke über Feld und stand oft still und verschnaufte.
Als er von Endringen, wo der Gipsmüller begraben wurde,
zurückkam, sagte er:

„Das Sterben sollt' nicht sein, aber es ist einmal so Gottes
Ordnung. Aber Moni, unser Haus da drüben ist doch schön,
es müßt' sich doch gut drin wohnen."

Noch oft kam Brosi auf sein Gelüste, in dem schönen Hause
zu wohnen, aber es war doch nie weiter, als eine gewisse flüch=
tige Unbefriedigtheit des Alters, das leicht in allerlei Planen
und Wünschen sich ergeht und dem es schließlich doch am liebsten
ist, wenn es beim Altgewohnten sein Verbleiben hat.

Im Frühling ging Brosi wieder in den Wald an seine
Arbeit, des Jörgtoni's Kaspar half ihm und Brosi sah es gern,
daß dieser sich in seine Stelle setzte, für den Fall, daß er sie
nicht mehr versehen könne. Beim Ausgehen und bei der Heim=
kehr verweilte Brosi da und dort bei Altersgenossen, die in Leib=
gedingstuben wohnten und ließ sich von ihnen lang und breit
ihre Gebresten erzählen, er selber klagte nicht und sagte nur oft:

„Wenn ich's in meiner Jugend besser gehabt hätt' und mich
nicht so hätt' schinden und plagen müssen, ich wär' hundert Jahr
alt geworden."

Auch daheim kam er oft hierauf zu reden. Das Gehen
wurde ihm immer schwerer, aber so lange er nur fortkriechen
konnte, ging er seiner Arbeit nach, und man sah es, wie er sich
gewaltsam aufrecht hielt und für Jeden noch immer eine Scherz=
rede hätte.

Es war am Tage nach Jakobi — noch gestern war Brosi
im Auerhahn gewesen und hatte viel davon gesprochen, wie leid
es ihm thue, daß seine Söhnerin in ein Bad gemußt habe und
nicht nach Endringen käme, er wäre ihr zu lieb doch dahin ge=
zogen — heute konnte Brosi nicht mehr gehen, sein Kubikfuß
stellte sich wieder ein, er mußte zu Bette bleiben oder in dem
großen Armstuhl sitzen, den Agy geschickt hatte.

Die beiden älteren Söhne waren weit in der Fremde, aber
Severin kam einmal und besuchte seinen Vater, und zum Ersten=
male hatten seine starren Züge etwas Lindes. Brosi behauptete,
daß es gar keine Gefahr habe und des Rösle's Monika mußte
ihm oft stundenlang die Geschichten aus den alten zerlesenen
Kalendern vorlesen, durfte aber nicht in die Einzeichnungen von

feiner Hand fehen. Die Frau faß schon jetzt im Sommer an
der Kunkel und spann; Brofi that einmal die feltsame Frage:
„Was spinnst?"

„Tuch zur Ausfteuer für unsere Monika."

„So? Das ist recht," sagte Brofi und war lange still; er
mußte an fein Todtenhemd gedacht haben.

Die Hühner kamen jeden Mittag vor den Stuhl Brofi's,
und er bröckelte ihnen Brod; aber auch viele befreundete Menfchen kamen, ihn aufzuheitern, deffen bedurfte es aber nicht,
denn er war noch immer der Luftigste von Allen.

Schon als Brofi das Bett nicht mehr verlaffen konnte, war
er noch immer ein fäuberlicher Kranker. Der Baber mußte jeden
Samstag kommen und ihm den Bart abnehmen, und war es
schon an fich schwer, aus den vielen Falten des eingefallenen
Gefichtes die Bartstoppeln heraus zu kriegen, fo erschwerte es
noch Brofi durch die vielen Späße, die er machte, fo daß der
Baber oft vor Lachen abfetzen mußte.

Eines Tages fagte Brofi mitten im Gespräche zu feiner Frau:
„Ja, daß ich's nicht vergeß. Ich dank' dir tausend und
tausendmal für all' die Liebe und Güte, die du mir angethan,
und wenn ich jetzt oft krittlich bin, denk nur, das bin ich nicht,
ich kann nicht anders. Es wird schon wieder beffer, wenn ich
wieder gesund bin. Und wenn ich sterb', laß mich nicht zu lang
auf dich warten, aber diesmal nimmt's mich noch nicht. Wart'
nur, bis es wieder Winter ift, ich bin im Winter immer befon-
ders wohlauf."

Moni fetzte fich an die Kunkel, daß es ihr Mann nicht
fehen konnte und die Thränen fielen ihr auf die Hand, und fie
benetzte den Faden damit, den fie spann. Sie fagte es nicht,
aber fie beftimmte diefes Tuch zu ihrem eigenen Todtengewand.

Brofi verlangte felbft nach dem Geistlichen und feiner letzten
Wegzehrung; er konnte es doch nicht laffen, wegen Agy's zu
beichten, aber der Geistliche war mild genug, ihn zu tröften.

Auch den Gemeinderath ließ Brofi zu fich kommen und befahl, daß man bei feinem Begräbniffe luftige Tanzmufik aufspielen folle, er fei luftig in der Welt gewesen und wolle auch
luftig hinaus. Man versprach nach feinem Willen zu thun.

Des Rösle's Monika war eine rüftige Pflegerin, denn die
Großmutter mußte fich vor Herzbrechen gar nicht zu helfen.

Es kamen Tage, in denen Brosi überaus lustig war, seine Enkelin mußte singen und er sang mit und ermahnte auch Moni dazu.

Einmal in der Nacht als die junge Monika bei ihm wachte, rief er mit starker Stimme:

„O lieber guter Gott! Laß mich doch noch leben. Ich will noch alles Holz messen bis an den Rhein, ich will den Kappelberg ganz allein durch und durch graben, laß mich leben, oder wie du willst, aber nur nicht lang leiden. Mach's kurz."

Als man in der Ferne den Nachtwächterruf hörte, summte er gegen die Wand gelehnt vor sich hin:

Alle Sternlein müssen schwinden
Und der Tag wird sich einfinden ...

Der jungen Monika wurde es schwer angst, aber sie wagte es nicht, nach Jemand zu rufen und jetzt den Kranken zu verlassen und einmal wendete er sich wieder um und sang mit geschlossenen Augen:

„Weil Scheiden bitter ist
Und 's Lieben süß ...."

Gegen Morgen that er einen mächtigen Schrei, die Frau sprang von dem Stuhl, auf dem sie eingeschlafen war, und in den Armen seiner Moni starb Brosi. —

Es war am Freitagmorgen, am Tage Himmelfahrt Mariä, als Brosi starb und als der Uribasche — die Todtenglocke — läutete, betete ein Jedes still im Dorfe, Jedes wußte, wer verschieden war.

Erst am Montag Morgen wurde Brosi begraben, man hatte nach den Söhnen geschrieben und sie kamen und gingen hinter seiner Leiche. Auf dem Sarge lag Hammer und Kelle und der Maßstab, der Brosi als Stütze gedient. Die polizeiliche Ordnung duldete es nicht, daß man den Wunsch des Verstorbenen erfüllte, und ihm Tanzmusik zu seinem Leichenbegängnisse aufspielte, aber weil Brosi Gemeinderath gewesen war, wurde eine Stunde lang in dreimaligen Absätzen alle Glocken geläutet. Es war ein heller Sommermorgen voll Lerchensang und Sonnenschein und so weit man die Glocken in den Bergen vernahm, standen die Waldarbeiter ſtill, legten die Aexte hin und beteten für Den, den man begrub, ein Vaterunſer; und wer mit Genoſſen arbeitete, ſprach mit ihnen davon, wie gern ein Jedes dem Broſi die letzte Ehre erwieſen hätte, daß man aber keines Taglohnes ermangeln könne.

Nur noch dreimal war Moni in der Kirche als man ihrem Manne die Todtenmeſſen las; ſie lebte ruhig aber faſt wortlos, dazu war ſie noch faſt ſtocktaub geworden. Und als das Tuch von der Bleiche kam, das ſie in dieſem Sommer geſponnen, entſchlummerte auch ſie.

Als die erſte Trauer vorüber war, lebten Broſi und Moni in der Erinnerung aller Menſchen wie der Nachhall einer Tanzweiſe, die ſich von ſelber fortſingt, nachdem man den Ort der Luſtbarkeit weit hinter ſich hat.

Das Jahr darauf heirathete der jüngſte Sohn des Gipsmüllers wirklich des Rösle's Monika, und als die ganze Familie im Auerhahn beiſammen war und zum Erſtenmal wieder der Bändelestanz aufgeſpielt wurde, ſtand Alles ſtill und Eines ſagte dem Andern: „Ach Gott, das war ſein Leibſtück." Aber des Jörgtoni's Kaspar ſprang mit beiden Füßen in die Mitte des Saals und rief: „Jetzt bin ich der Broſi!" und zeigte ſich als deſſen gelehriger Schüler. Noch lange wenn der Hoppetvogel, der Siebenſprung und der Bändelestanz ausgeführt wird, wird man den Namen Broſi's nennen und „Mein Mann iſcht kcanr, ſagt der Broſi" iſt noch immerdar Sprüchwort.

Berthold Auerbach's

Sämmtliche

Schwarzwälder

Dorfgeschichten.

Volksausgabe in acht Bänden.

Achter Band.

Stuttgart.

Verlag der J. G. Cotta'schen Buchhandlung.

1871.

Erſte Auflage der Geſammtreihe.
(17. Auflage der Einzelbände.)

Buchdruckerei der J. G. Cotta'ſchen Buchhandlung in Stuttgart.

Edelweiß.

Es steht ein Haus an der Bergeshalde, die Morgensonne ruht lange darauf, und wer auf das Haus schaut, dessen Auge erglänzt in Freude; denn der Blick sagt: hier wohnen glückliche Menschen, Menschen eigener Art, sie haben lange, haben schwer ringen müssen, bis sie das Glück aus sich gefunden; sie haben im Vorhofe des Todes gestanden und sind neu auferstanden....

Da kommt die Frau, sie hat ein jugendlich schönes, hellfarbiges Antlitz, aber ihr Haar ist schneeweiß; sie lächelt einer Alten zu, die im Garten arbeitet und den Kindern zuruft, nicht so zu tollen.

„Komm noch herein, Franzl, und ihr Kinder auch. Der Wilhelm geht jetzt in die Fremde," sagt die junge Frau mit den weißen Haaren; die Alte begleitet sie, sie ist tief gekrümmt und nimmt schon jetzt die Schürze in die Hand für die kommenden Thränen.

Nach einer Weile tritt aus dem Hause der Mann mit einem jungen Burschen, der ein Ränzchen auf dem Rücken trägt, und er sagt: „Wilhelm, hier sag' der Mutter Ade, und halt dich so, daß du nichts thust, wobei du nicht denken kannst: mein Vater und meine Mutter dürfen's wissen. Dann kannst du, will's Gott, wieder froh über diese Schwelle treten."

Die junge Frau mit dem schneeweißen Haare umhalst den frischen Jüngling und ruft schluchzend: „Ich habe dir nichts mehr zu sagen, der Vater hat dir Alles gesagt. Und wenn du ein Pflänzchen Edelweiß. auf den Schweizer Bergen findest, bring's heim."

Der Wanderbursche zieht von dannen, die Geschwister rufen ihm nach: „Ade, Wilhelm! Ade! Ade!" Sie spielen mit dem Worte Ade und wollen gar nicht aufhören.

Der Vater ruft zurück: „Mutter, ich begleite den Wilhelm und den Lorenz nur bis zur Gemarkung, der Pilgrim geht mit ihnen bis zum erſten Nachtlager. Ich bin bald wieder da."

„Iſt recht, aber übereil' dich nicht und laß dir den Abſchied nicht ſo zu Herzen gehen. Und ſag' der Fallerin, ſie ſoll zu uns zu Mittag kommen und das Lisle auch mitbringen."

Der Vater geht mit dem Sohne davon, und die junge Frau ſagt zu der Alten: „Mir iſt es ein Troſt, daß der Faller-Lorenz mit unſerm Wilhelm auf die Wanderſchaft geht...."

———

Wir können erzählen, warum die junge Mutter mit dem Greiſenhaare von ihrem in die Fremde ziehenden Sohne ein Pflänzchen Edelweiß wünſcht.

Es iſt eine ſchwere, herbe, ja, faſt unbarmherzige Geſchichte, aber die Sonne der Liebe dringt endlich hellleuchtend durch.

Erstes Kapitel.

Gute Nachrede.

„Sie war eine Biederfrau."

„So giebt's wenig mehr."

„Sie war noch von der alten Welt."

„Man hat kommen können, wann man gewollt hat, man hat Hülfe und Rath bei ihr gehabt."

„Und wie viel hat sie erlebt, hat vier Kinder begraben und ihren Mann, und ist doch immer so fröhlich und fromm gewesen!"

„Ja, der Lenz wird sie schwer vermissen. Er wird jetzt erst spüren, was er an solch einer Mutter gehabt hat."

„Nein, der hat das bei Lebzeiten gewußt, er hat sie auf Händen getragen."

„Er wird jetzt bald heirathen müssen."

„Er kann wählen, wen er will; er kann an jedem Haus anklopfen, man macht ihm auf, so geschickt und so brav wie er ist."

„Und ein schönes Vermögen muß auch da sein."

„Und er erbt seinen reichen Ohm, den Petrowitsch."

„Wie schön hat der Liederfranz gesungen. Das geht Einem durch Mark und Bein!"

„Und wie muß das erst den Lenz angegriffen haben! Er hat ja sonst auch immer mitgesungen, er ist einer der Besten."

„Ja, bei der Predigt hat er nicht geweint, aber wie die Kameraden gesungen haben, da hat er geweint und geschluchzt, daß man meint, es stößt ihm das Herz ab."

„Das ist das erste Leichenbegängniß, bei dem der Petrowitsch nicht aus dem Ort gegangen ist. Es wäre auch schändlich, wenn er seiner einzigen Schwägerin nicht die letzte Ehre erwiesen hätte." —

So redeten die Menschen auf allen Wegen, das Thal entlang, die Berge hinan. Sie gingen alle in dunkeln Kleidern, denn sie kamen von einem Leichenbegängniß. Drunten an der Kirche, wo wenige Häuser stehen — das Löwenwirthshaus breit und groß in der Mitte — dort hatte man die Wittwe des Uhrmachers Lenz von der Morgenhalde begraben, und überall hörte man gute Nachrede; es war Allen etwas genommen, da die brave Frau von der Erde genommen war. Die Menschen waren tief bewegt, die Trauer war noch in jedem Angesicht zu lesen; denn wie ein neuer Schmerz alle alten aufweckt, so hatten die Menschen, nachdem das frische Grab zugeschüttet war, die Gräber der eigenen Angehörigen aufgesucht und dort den Abgeschiedenen still nachgetrauert und still gebetet. —

Wir sind im heimischen Uhrmacherbezirk, in jenem waldigen Gebirgsstock, wo von der einen Seite die Wasser nach dem Rheine abfließen, von der andern der nicht weit davon entspringenden Donau zu. Die Menschen haben etwas Gelassenes, still Bedächtiges, die Zahl der Frauen ist viel größer als die der Männer, denn von diesen ist ein großer Theil in alle Weltgegenden zerstreut beim Uhrenhandel. Die daheim verbliebenen Männer sehen meist blaß aus, man merkt die Stubenarbeit; die Frauen dagegen, die das Feldgeschäft versehen, sind hellfarbig, und das Angesicht erhält noch eine schöne Geschlossenheit durch die breiten schwarzen Knüpfbänder, die um das Kinn gebunden sind.

Der Feldbau ist indeß gering; er besteht, einige große Bauerngüter ausgenommen, nur in Spatenwirthschaft und Wiesenbau. An manchen Stellen läuft noch ein schmaler Waldstreif bis zur Thalsohle, bis zum Bache, und da und dort steht noch an Wiesenrändern eine hohe, bis zur Krone abgezweigte Tanne, wie zum Zeichen, daß hier Mattenland und Ackerland dem Walde abgerungen ist. Die Eschen gleichen langgestreckten Kopfweiden, denn man entzweigt sie alljährlich zu Ziegenfutter. Das Dorf, oder eigentlich die Gemeinde, erstreckt sich weit über eine Stunde lang; die Häuser liegen zerstreut im Thal und an den Bergen, und sind aus ganzen, quer in einander gefugten Stämmen erbaut; an der Vorderseite sind die Fenster in ununterbrochener Reihe ohne Zwischenräume angebracht, denn man braucht viel Licht; die Einfahrt in die Scheune, wo sich eine solche findet, geht vom Berge hinter dem Hause geradezu unter das Dach, das schwere

Strohdach ragt von der Vorderseite weit vor wie ein Wetterschild. Wie der Bau sich an Berg und Wald anlehnt, stimmt er auch im Farbenton gut damit zusammen, und helle schmale Fußpfade leiten durch die grünen Wiesen zu den Menschenwohnungen.

Bald da, bald dort trennt sich eine Frau aus der großen Gruppe, die thalaufwärts gemeinsam schreitet; die Frau winkt mit ihrem Gesangbuch nach ihrem Hause, nach den Kindern, die aus den eng an einander gereihten Fenstern schauen oder übermüthig schnell den Wiesenweg herab der Heimkehrenden entgegen rennen. Und wenn man zu Hause die Sonntagskleider auszieht, seufzt man tief auf im Gedanken der Trauer und im Gedenken, wie gut es doch ist, daß man noch beisammen am Leben ist und noch einander zu Liebe leben kann. Die Arbeit will aber doch heute nicht recht von Statten gehen. Man ist außerhalb der Welt gewesen und kann nicht so leicht wieder zurück.

Der Gewichtles-Mann von Knuslingen (er machte die genauesten bleiernen und messingenen Gewichte), der bis zum nächsten Scheideweg mit der Gruppe ging, sagte in bedächtigem Tone: „Es ist doch eine dumme Sache um das Sterben! Da hat die Lenzin so viel Weisheit und Erfahrung angesammelt gehabt, und jetzt legt man's in den Boden hinein, und Alles das ist für diese Welt nicht mehr da."

„Ihr Sohn hat Ihre Gutheit wenigstens geerbt," erwiderte eine junge Frau.

„Und Gescheitheit und Erfahrung muß man sich selber holen," sagte ein alter kleiner Mann, der immer wie fragend dreinschaute; er wurde der Pröbler genannt, obgleich er eigentlich Bacherer hieß, denn der alte Mann war verkommen, weil er nicht auf dem geraden Weg der Uhrmacherei geblieben war, immer Neues entdecken wollte und daher immer allerlei probirte oder pröbelte, daher hieß er der Pröbler.

„Da waren die alten Zeiten viel besser und gescheidter," sagte ein alter Schilderdrechsler vom jenseitigen Thale, der Schilder-David genannt, „in alten Zeiten hat man ein gutes Todtenmahl aufgesetzt, da hat man sich doch auch wieder gestärkt von dem langen Weg und dem Herzangreifenden — denn Kummer macht hungrig und durstig, — und der Lehrer hat da erst die richtige Nachrede gehalten. Und wenn's auch manchmal ein Bisle drüber hinein zugegangen ist, das hat nichts geschadet. Jetzt hat man das Alles verboten, und ich bin ſo hungrig und ſo matt, ich kann ſchier nicht mehr vom Fleck."

„Ich auch, und ich auch," hieß es von vielen Seiten, und der Schilder-David fuhr fort: „Was ſoll man jetzt anfangen, wenn man heim kommt? Der Tag iſt hin. Man giebt ihn gern einem Menſchen, den man gern gehabt hat. Aber früher war's beſſer, da iſt man erſt Nachts heimgekommen, da hat man ſich nicht mehr zu beſinnen brauchen —"

„Und nicht mehr beſinnen können," warf der junge Uhr- macher Faller mit kräftiger Stimme ein; er war zweiter Baß beim Liederkranz und trug ſein Liederheft unterm Arm — Gang und Haltung zeigten, daß er Soldat geweſen. — „Ein Todten- mahl," fuhr er fort, „das hätte die alte Meiſterin ſelber nicht zugegeben. Alles zu ſeiner Zeit, Luſtigkeit und Traurigkeit, Alles hat ſeine Zeit, das war ihr Sprüchwort. Ich war fünf und drei Viertel Jahr beim alten Lenz in der Arbeit. Ich bin mit dem jungen Lenz in die Lehre eingeſchrieben und auch mit ihm Geſelle geworden."

„So könnteſt du den Schulmeiſter machen und die Nachrede halten," ſagte der Schilder-David ärgerlich und brummte dazu etwas von eingebildeten Liederkränzlern, die da meinen, die Welt fange jetzt erſt an, ſeitdem ſie nach Noten ſingen können.

„Ja, das könnte ich auch," ſagte der junge Mann, der die letzten Worte überhörte oder überhören zu wollen ſchien. „Ich könnte die Nachrede halten, und es verlohnt ſich, daß, wenn man ein ſo grundbraves Herz in die Erde gelegt, man nicht ſo bald von anderen Sachen und allerlei Gelüſten redet. Der alte Meiſter war ein Mann, wenn alle Menſchen ſo wären, wie er, brauchte man keinen Richter und keine Soldaten und kein Gefängniß und keine Kaſerne auf der Welt. Unſer alter Meiſter war ſtreng, es hat kein Lehrjung vom Feilen weggedurft zum Drehen, bis er ein richtiges Achteck aus freier Hand hat feilen können, daß es ausgeſehen hat wie gedreht, und wir haben Kleinuhren machen lernen müſſen, denn ein Kleinarbeiter iſt auch ein richtiger Groß- arbeiter. Aus ſeinem Haus iſt kein Gehwerk und kein Schlag- werk fortgegeben worden, an dem das Geringſte gefehlt hat. Es iſt für mich und für unſere Gegend, hat er geſagt, unſer gute Name ſoll bleiben. — Ich will euch nur eine einzige Sache er- zählen, und da werdet ihr ſehen, was er über uns junge Leute

vermocht hat. Der junge Lenz und ich, wie wir Gesellen ge=
worden sind, da haben wir angefangen zu rauchen. Da sagt
der Alte: „Gut, wenn ihr rauchen wollt, ich kann's euch nicht
wehren und will nicht, daß ihr's heimlich thut, ich habe ja leider
Gottes selber die üble Gewohnheit, daß ich rauchen muß; aber
das sage ich euch, wenn ihr rauchet, gewöhne Ich mir's ab, so
schwer mir's auch wird. Es erträgt sich nicht, daß wir alle
rauchen." Natürlich haben wir es uns nicht angewöhnt; lieber
hätten wir uns den Mund auf einen Stein aufgeschlagen, als
dem Meister das angethan.

Und die Meisterin, sie steht jetzt in der Minute vor Gott,
und Gott wird ihr selber sagen: du bist eine rechtschaffene Frau
gewesen, wie es wenige giebt auf der Welt. Freilich, deinen
Fehler hast du auch gehabt, du hast deinen Sohn ein Bischen
verwöhnt und hast ihn nicht in die Fremde gelassen, und das
wäre ihm doch gut gewesen, er wäre etwas herber geworden;
aber deine tausend und tausend Gutthaten, die Niemand gesehen
hat, als ich, und wie du nie zugegeben hast, daß man Einem
Böses nachredet, wie du Alles zum Besten ausgelegt und sogar
dem Petrowitsch das Wort geredet hast — das ist nicht vergessen.
Komm her, du sollst deinen Lohn haben. Und wisset ihr, was
sie sagen wird, wenn ihr Gott was Gutes thun will? — Thu's
meinem Sohn, wird sie sagen, und wenn was übrig ist, schau,
da ist Der und Der, die in Noth verbittern, hilf ihnen; ich bin
vom Zusehen satt. — Ihr könnt's nicht glauben, wie wenig sie
gegessen hat, der Meister hat sie oft darüber ausgespottet; aber
es ist wahr und gewiß so gewesen, sie ist satt davon geworden,
wenn sie gesehen hat, wie es Andern schmeckt. Und so seelengut,
wie die Mutter war, so ist ihr Sohn. Das ist ein Herz! Für
den ginge ich gern in den Tod."

So erzählte der Uhrmacher Faller, und seine tiefe Baßstimme
war oft zitternd bewegt. Die Anderen ließen ihm aber nicht
allein das Lob des jungen Lenz. Der Pröbler behauptete, Lenz
sei der Einzige in der ganzen Gegend, der etwas mehr verstände,
als was man von Alters her gewohnt sei. „Und wenn die
Menschen nicht so hirnvernagelt und so neidisch auf einander
wären, hätten sie schon lang die Normaluhr angenommen, die
wir mit einander hergerichtet haben, das heißt, ich muß ehrlich
sagen, er hat das Beste dazu gethan."

Die Menſchen achteten nicht ſehr auf das was der Pröbler ſagte, dafür ſprach er auch ſo unverſtändlich und bloß murmelnd, daß man faſt nur das Wort „Normaluhr" deutlich heraus hörte.

Um ſo aufmerkſamer hörte man dagegen dem Schilder-David zu, der jetzt ſagte: „Der Lenz geht an keinem Menſchen vorüber, dem er nicht was Gutes thun möchte. Dem blinden Leiermann von Fuchsberg richtet er jedes Jahr ſeine Orgel wieder her und nimmt nichts dafür; er verwendet ſeine freien Sonntage darauf. Das iſt gewiß ein Gottesdienſt, an dem der da droben ſeine Freude hat. Und mir hat er auch geholfen. Er iſt einmal bei mir und ſieht, wie ich mich abplage, um die Welle zu treten. Er geht gleich zu dem Müller und ſpricht mit ihm und macht Alles aus, dann kommt er und holt mich und richtet mir meine Werkſtatt auf der Bühnenkammer ein und ſetzt die Welle mit der am Mühlrad in Verbindung, und jetzt arbeite ich mit halber Mühe das Dreifache."

Ein Jeder drängte ſich herzu, wie zu einem Opferſtocke, um dem jungen Lenz irgend ein Lob nachzuſagen.

Der Gewichtles-Mann ſchwieg und nickte nur beiſtimmend. Er iſt der Geſcheiteſte von der Gruppe, er weiß, daß Alles, was geſagt wurde, wahr iſt, aber es iſt doch nicht genug, er weiß noch etwas mehr: „Es giebt keinen Arbeitsmann, für den beſſer zu arbeiten iſt, wie für den Lenz; freilich, genau muß Alles ſein, wie ſich's gehört, aber dann kriegt man nicht nur ſeinen Lohn baar ohne Abzug, ſondern auch noch gute, getreue Worte drein, und das thut am wohlſten."

Faller verließ jetzt die Gruppe und ging bergein ſeinem Hauſe zu, auch die Anderen zerſtreuten ſich da- und dorthin, nachdem Jeder noch eine Priſe aus der birkenrindenen Doſe des Pröbler genommen. Der Schilder-David ſchritt allein mit ſeinem Zollſtocke noch weiter thalaufwärts; denn er wohnte drüben im andern Thale und war der Einzige aus ſeiner Gemeinde, der herüber gekommen war.

Zweites Kapitel.
Der Leidtragende und ſein Gefährte.

Vom Dorf aus führt ein ſchmaler Fußweg nach einem „ein-zecht" ſtehenden ſtrohgedeckten Hauſe, nur ein kleines Stück des

Daches, da wo der Schornstein angebracht ist, ist mit Ziegeln gedeckt. Man sieht das Haus erst, wenn man eine gute Viertelstunde aufwärts geschritten ist. Der Weg führt hinter der Kirche vorbei, zuerst zwischen Hecken, dann frei durch die Matten, wo man das Rauschen des Fichtenwaldes hört, der den ganzen steilen Berg bedeckt. Hinter diesem Berge — Spannreute genannt — thürmen sich wieder andere empor; der Vorberg ist aber so steil, daß man eben jetzt die Garben von den Feldern auf der Hochebene nur auf Schlitten thalwärts bringen kann.

Auf dem Fußweg zwischen den Hecken gingen jetzt zwei Männer hinter einander; der Vorausschreitende war ein kleiner alter Mann, äußerst wohlhäbig gekleidet. Er trug einen Krückstock in der Hand, zur Vorsicht hatte er noch die Troddel an dem Stocke um das Handgelenke geschlungen. Der Alte hatte aber noch einen festen Schritt, er bewegte sein Gesicht, das aus lauter Runzeln zu bestehen schien, auf und nieder, denn er schmatzte an einem Stückchen weißen Zuckers und nahm von Zeit zu Zeit immer wieder ein Stück aus der Tasche. Die röthlich blonden Brauen des Alten standen aufgeborstet, fast wagrecht, und kluge, hellblaue Augen lugten darunter hervor. Der junge Mann, der hinter dem Alten dreinschritt, war groß und schlank, er trug einen langschoßigen blauen Rock und hatte den Trauerflor um Hut und Arm. Er hatte das Gesicht zur Erde gekehrt und schüttelte bisweilen den Kopf. Jetzt richtete er sich auf, ein hellfarbiges Gesicht mit blondem Barte zeigte sich, die Augenlider über den blauen Augen waren geröthet.

„Ohm,“ sagte er jetzt stehenbleibend, seine Stimme klang heiser.

Der Zuckerschmatzende wandte sich um.

„Ohm, es ist genug. Ich danke Euch vielmal, der Weg ist weit, und ich möcht' allein heim.“

„Warum?“

„Ich weiß nicht, aber es ist mir so —“

„Nein, kehr' lieber mit mir um.“

„Ohm, es thut mir leid, daß ich Euch nicht folgen kann, aber ich kann nicht, ich kann jetzt nicht ins Wirthshaus gehen; ich habe keinen Hunger und keinen Durst. Ich kann mir's auch nicht denken, wann ich je wieder essen oder trinken soll. Es thut mir leid, daß Ihr jetzt wegen meiner den weiten Weg macht.“

„Nein, nein, ich gehe mit dir, ich bin nicht ſo hartherzig, wie dir deine Mutter eingeredet hat.“

„Meine Mutter hat mir gar nichts eingeredet von Euch, ſie hat ihr Leben lang nur Gutes von den Menſchen geſprochen und beſonders von Verwandten, da hat ſie's gar nicht hören können, wenn Eines Das oder Das hätte ſagen wollen. Sie hat's ſo im Sprüchwort gehabt: ſchind' ich meine Naſe, ſchänd' ich mein Angeſicht.“

„Ja, ja, ſie hat viel Sprüchwörter gehabt; in der ganzen Gegend heißt's ja immer: ſo und ſo hat die Lenz-Marie geſagt. Man ſoll Todten nur Gutes nachſagen, und ihr kann man ja auch nichts Böſes nachſagen.“

Der junge Mann ſah den Alten von der Seite traurig an. Wenn der auch was Gutes ſagte, war's doch immer ſo, daß er einem dabei einen Druck ins Genick gab.

„Ja, Ohm,“ fuhr der junge Mann fort, „wie oft hat ſie's in den letzten Tagen noch geſagt, und das hat mir im Herzen ſo weh gethan: Lenz, hat ſie geſagt, ich ſterb' dir ſechs Jahre zu ſpät. Mit fünfundzwanzig Jahren hätteſt du heirathen müſſen, und jetzt wird's dir immer ſchwerer, und du haſt dich ſo an mich gewöhnt, und das kann nicht ſo bleiben... Ich hab' ihr das nicht ausreden können, und das iſt das Einzige, was ihr den Tod ſchwer gemacht hat.“

„Und ſie hat Recht gehabt,“ ſagte der Zuckerſchmatzende, „ſie iſt gutmüthig geweſen, freilich auch eigenwillig, aber das geht Niemand was an. Aber mit ihrer Gutmüthigkeit hat ſie dich verdorben. Du biſt verwöhnt. Ich hab's dir eigentlich jetzt nicht ſagen wollen, es hat Zeit, wenn ich dir das ein ander mal vorſtelle. Jetzt aber folge mir und thue nicht ſo kindiſch. Du thuſt ja, wie wenn du nicht mehr wüßteſt, wo aus noch ein. Das iſt der Lauf der Welt, daß deine Mutter vor dir ſterben muß, und Vorwürfe, daß du ſie nicht gut behandelt haſt, haſt du dir ja auch keine zu machen.“

„Nein, Gottlob nicht!“

„Gut, ſo zeig' dich jetzt als Mann und laß das Heulen und Weinen. Du haſt ja da auf dem Kirchhof geweint, ſo habe ich mein Leben lang nicht weinen geſehen.“

„Ja, Ohm, ich kann's nicht ſagen, wie mir's war. Ich habe um meine Mutter geweint, aber auch um mich. Wie da

unser Liederkranz gesungen hat, unsere Lieder, die ich selber mit=
singe, und ich bin dabei, stumm und todt, da war mir's wie
wenn ich schon selber todt wäre, und sie singen mir ins Grab,
und ich kann nicht einstimmen —"

„Du bist" — sagte der Alte, er wollte etwas hinzusetzen,
aber er verschluckte es und schritt fürbaß, nur der kleine Hund,
der vorausging, schaute in das Gesicht des Alten, und der Hund
schüttelte den Kopf; solche Mienen hatte er an seinem Herrn noch
nie gesehen.

Nach einer Weile hielt der Alte von selbst an und sagte:
„Ich kehr' meinetwegen da um. Nur noch Eins. Nimm dir jetzt
Niemand ins Haus von Anverwandten deiner Mutter, das du
nachher fortschicken mußt. Sie vergessen dir alles Gute, was du
ihnen gethan, und sind bös, weil das nicht ewig so fortgehen
kann. Und schenk' jetzt auch nichts weg, mag kommen, wer will.
Wenn du was wegschenken willst, laß zuerst ein paar Wochen
ins Land gehen. Nimm die Schlüssel zu dir, wenn du heim=
kommst. So, jetzt behüt' dich Gott, und sei ein Mann!"

„Behüt's Gott, Ohm!" sagte der junge Mann und schritt
voran, seinem Hause zu. Er hielt den Blick noch immer zur
Erde geheftet, aber er wußte doch bei jedem Schritt, wo er war;
er kannte jeden Stein am Wege. Als er vor dem Hause stand,
war's ihm, als könne er nicht über die Schwelle.

Was ist da schon Alles aus= und eingegangen, und was
wird da noch werden?! Man muß es tragen. —

Die alte Magd saß in der Küche auf dem feuerlosen Herde, sie
hielt sich die Schürze vor das Gesicht, und als der junge Mann
vorüberging, sagte sie schluchzend: „Bist du's, Lenz? Grüß' Gott!"

In der Stube war es so leer, und doch war Alles noch
da: die Werkbank mit den fünf Einschnitten für die gleiche Zahl
Arbeiter an den ununterbrochen an einander gereihten Fenstern,
das Werkzeug hing in Riemen und Haken die Wände entlang,
die Uhren tickten, die Turteltauben girrten, und doch ist Alles
so leer, so ausgestorben und öde; der Armstuhl stand da wie mit
geöffneten Armen und wartete ... Lenz stützte sich auf die Lehne
und weinte bitterlich. Jetzt richtete er sich auf und wollte nach
der Kammer. „Es ist nicht wahr, daß du nicht mehr da bist,"
sagte er fast laut — er erschrak vor seiner eigenen Stimme und
setzte sich ermattet in den Stuhl, wo die Mutter so oft gesessen.

Endlich faßte er Muth und ging in die verlaſſene Kammer.

„Ich meine, ich müßte dir noch etwas nachſchicken können, du hätteſt was vergeſſen!“ ſagte er wieder, und mit einem ſtillen Schauer öffnete er den Schrank der Mutter, in den er nie geſehen; es war ihm faſt wie ein Frevel, daß er es wagte, und doch that er's. Vielleicht hat ſie dir noch ein Zeichen, ein Wort hinterlaſſen. Er fand die Einbünde (Pathengeſchenke) ſeiner verſtorbenen Geſchwiſter, jedes mit Namen genannt, und auch ſeine eigenen Einbünde; daneben einige alte Denkmünzen, den Confirmandenſchein der Mutter, ihren Brautkranz, verdorrt, aber wohl eingewickelt, ihre Granatenſchnur, und in einem beſondern Käſtchen, fünffach in feines Papier gewickelt, ein ſammetartiges, weißes Pflänzchen und dabei ein Papier, beſchrieben von der Mutter Hand. Der Sohn las zuerſt leiſe, dann, als wollte er die Worte der Mutter auch hören, las er halb laut: „Das iſt ein Pflänzchen Edelweiß —“

„Es iſt Eſſen da!“ rief plötzlich eine Stimme durch die geöffnete Kammerthür.

Lenz ſchrak zuſammen, als hörte er eine Geiſterſtimme, und doch hatte nur die alte Franzl gerufen.

„Ich komme gleich,“ antwortete Lenz, drückte die Kammerthür ſchnell zu, verriegelte ſie, wickelte Alles wieder behutſam ein und kam endlich in die Stube. Er ſah nichts mehr davon, wie Franzl den Kopf ſchüttelte über die Geheimthuerei.

Drittes Kapitel.
Arbeit und Wohlthat.

Der nächſte Nachbar — er war aber eine gute Strecke entfernt, — der Vogtsbauer, hatte Eſſen geſchickt; denn es iſt hier zu Lande Brauch, daß der nächſte Nachbar, in der Vorausſicht, daß man bei einem Todesfall nicht daran denkt, Eſſen zu bereiten, ſolches nach einem Begräbniß den Trauernden ſchickt. Auch darf man ja während eines Leichenbegängniſſes und die nächſten drei Stunden darauf kein Feuer auf dem Herde anzünden.

Des Vogtsbauern Tochter brachte ſelber das Eſſen in die Stube.

„Ich dank' dir, Kathrine, und ſag' auch deinen Eltern

schönen Dank. Stell' ab. Wenn ich wieder Hunger kriege, werde ich essen; jetzt kann ich noch nicht," betheuerte Lenz.

„Nein, versuchen mußt du's, das ist der Brauch," sagte Franzl, „man muß es dem Mund anbieten. Setz' dich, Kathrine, bei einem Trauernden muß man sitzen, da darf man nicht stehen bleiben. Die junge Welt weiß doch gar nicht mehr, was der Brauch ist. Und reden mußt auch was, Kathrine. Bei einem Trauernden muß man reden, da darf man nicht still sein. Sag' doch was."

Das stämmige, vollwangige Mädchen wurde flammroth im Gesichte, stieß die Worte hervor: „Ich kann nicht!" und brach in heftiges Weinen aus.

Lenz sah sie starr an, sie mochte das spüren und verhüllte sich das Gesicht mit der Schürze.

„Sei nur ruhig," tröstete er, „Dank Gott jeden Tag, daß du beine Eltern noch hast. So, jetzt habe ich die Suppe versucht."

„Du mußt vom Andern auch versuchen," drängte Franzl.

Auch das that Lenz, es ward ihm schwer; er stand auf, auch das Mädchen erhob sich und sagte: „Nimm mir's nicht für ungut, Lenz, ich hätt' dich trösten sollen, aber ich … ich …"

„Ich weiß schon, ich danke dir. Ich kann jetzt auch nicht viel reden."

„Behüt' dich Gott! Und der Vater läßt dir sagen, du sollest zu uns kommen; er kann nicht zu dir, er hat einen bösen Fuß."

„Will sehen, wenn ich kann, komme ich."

Das Mädchen verließ die Stube, und Lenz wandelte in derselben auf und ab und streckte die Hände aus, als müßte sie Jemand fassen. Es faßte sie Niemand. Da blieb sein Blick starr auf dem Handwerkszeug haften und vornehmlich auf einer Feile, die abgesondert hing. Es überrieselte ihn heiß, indem er die Hand darnach ausstreckte; jetzt faßte ihn etwas.

Diese Feile war das edelste Erbstück, das er besaß. Hier im Ahorngriff war eine Vertiefung, die hatte des Vaters Daumen eingedrückt; siebenundvierzig volle Jahre hat der Vater damit gearbeitet, und er hatte selbst seine Freude dran und sagte oft: „Man sollte es kaum glauben, daß durch die langen Jahre der Holzgriff mit der Hand zusammengedrückt werden kann." Wenn ein Fremder auf Besuch kam, zeigte die Mutter das Wunderwerk.

Der Doktor drunten im Thal, der eine Sammlung von

heimischen Wanduhren und Werkzeugen aus alter Zeit hat, wollte die Feile oft haben, um sie auch in sein Cabinet zu hängen, aber der Vater gab sie nicht her, und die Mutter und der Sohn hielten nach seinem Tode das Erbstück hoch. Damals, als man den Vater begrub und der Sohn mit der Mutter wieder still daheim saß, sagte sie: „Lenz, jetzt ist genug geklagt; wir müssen's still tragen. Nimm die Feile des Vaters und arbeite. Betet und arbeitet, so lang es Tag ist, heißt es. Sei froh, daß du dein ehrliches Handwerk hast und dich nicht zu hintersinnen brauchst. Tausendmal hat's dein Vater gesagt: so Morgens aufstehen und da ist eine Arbeit, die wartet, das thut wohl und hilft auf, und wenn ich feile, da feile ich mir alle nichtsnutzigen Späne aus dem Kopf, und wenn ich hämmere, gebe ich allen schweren Gedanken einen Schlag, und — fort sind sie.“

„So hat damals die Mutter gesagt, und jetzt sind ihre Worte noch einmal auferweckt, sie sagt's wieder. Wenn ich nur immer so bei Allem ihre Worte noch wüßte!“ . . . .

Lenz begann emsig zu arbeiten.

Draußen stand Franzl bei des Vogtsbauern Kathrine und betheuerte ihr: „Das ist mir lieb, daß du zuerst das Essen gebracht hast, das hat Gutes zu bedeuten. Von wem man nach so einem Fall den ersten Bissen genießt, dem — ich will nichts gesagt haben, man darf das nicht berufen. Komm du nur Abends, und du mußt es sein, die ihm heut Gut Nacht sagt, und dreimal mußt du Gut Nacht sagen, da wird noch mehr draus. — Was ist das? Still! Ja, himmlischer Vater im siebenten Himmel! Es ist so, er arbeitet, jetzt, an dem Tag! Das ist ein Mensch, den kennt Niemand aus, und ich kenne ihn doch von Kindheit an, der hat Sachen, auf die gar kein Andrer kommt, aber herzensgut ist er. Sag' aber Niemand was davon, daß er arbeitet; es könnt' ihm üble Nachrede bringen. Hörst du? Auf den Abend holst du das Geschirr, und dann saß dich, daß du auch ordentlich reden kannst; du kannst's doch sonst.“

Franzl unterbrach sich, denn Lenz rief unter der Thür: „Franzl, wenn Besuch kommt, ich kann jetzt mit Niemand sprechen, außer wenn der Pilgrim kommt. So? Du bist noch da, Kathrine?“

„Ich geh' schon,“ sagte diese, und rannte schnell den Berg hinab.

Lenz ging wieder in die Stube, arbeitete unausgesetzt, und

Franzl zerbrach sich draußen unausgesetzt den Kopf über den selt=
samen Menschen, der just vergehen wollte vor Weinen und jetzt
arbeitet. Es kann doch nicht Hartherzigkeit sein und nicht Geiz,
aber was ist es denn?

„Mein alter Kopf ist nicht gescheit genug," sagte Franzl
und wandte sich nach der Thür, um die alte Lenzin zu fragen,
was sie davon denken solle; aber sie schlug sich an die Stirn,
da sie sich besann, daß die Mutter ja todt sei.

Franzl erschrak ins Herz hinein, da jetzt Besuche kamen, der
Lehrer und Andere vom Liederkranz, und auch ältere Leute. Sie
wies mit bekümmerter Miene Alle ab, und redete dabei so laut,
als ob alle Menschen taub wären; sie hätte allen gern die Ohren
verstopft, daß sie Lenz nicht arbeiten hörten. Sie wartete immer
auf Pilgrim, der vermag Alles über ihn, der wird ihm die Feile
aus der Hand nehmen. Aber Pilgrim kam nicht; und jetzt hatte
Franzl einen glücklichen Gedanken: sie braucht ja nicht daheim
zu bleiben. Sie stellte sich auf den Weg, so weit, daß man
Feilen und Hämmern nicht hören konnte, und wer nun des
Weges kam, den wies sie ab.

Lenz aber fand in der That Fassung und Beruhigung bei
der Arbeit, und erst gegen Abend hörte er auf. Er ging ins
Thal hinab, hinter den Häusern vorbei zu seinem Kameraden,
dem Schildmaler Pilgrim, aber halbwegs kehrte er wieder um,
so plötzlich, als hätte ihn Jemand gerufen, und doch war Alles
still ringsum. Nur die Bachamsel — hier zu Lande Heckegecks
genannt — zwitscherte unaufhörlich im Gebüsch, und die Gold=
ammer, auf dem frischen Jahresschoß des Tannenwipfels sitzend,
pfiff ihre wenigen Töne und schaute hin und her. Lerchen giebt
es hier im Thale und an den Wiesengeländen nicht, sie schwirren
nur oben über der Hochebene, wo sich die Kornfelder ausbreiten.

Die Wiesen dampften, aber immer nur vorwärts und rück=
wärts sieht man den leichten Nebel und nie in dem nächsten Um=
kreis, in dem man steht und geht.

Lenz ging thalaufwärts in raschem Schritt, nur als die
Sonne hinter der Spannreute unterging und die Nebel im Thale
wie feurige Wolken durchglüht standen, hielt er an und sagte:
„Sie geht zum erstenmal unter über ihrem Grabe." Die Abend=
glocke läutete, er zog den Hut ab und schritt fürbaß. An einer
Biegung des Thales stand er still und schaute, von einem Strauche

verdeckt, hinauf nach einem einſamen Häuschen. Auf der Bank
vor dem Hauſe ſaß ein Mann — wir kennen ihn ſchon, es iſt
der Uhrmacher Faller — er hielt ein Kind auf dem Schooß und
ließ es tanzen, und neben ihm ſaß ſeine Schweſter, deren Mann
in der Fremde iſt, und hielt den Säugling an der Bruſt, ihm
das Händchen küſſend.

„Guten Abend, Faller!" rief Lenz jetzt wieder mit ſeiner
hellen Tenorſtimme hinauf.

„Ei, du biſt's?" tönte es im Baß zurück. „Gerade eben
reden wir von dir. Die Liſabeth meint, du wirſt jetzt in deiner
Trauer uns vergeſſen, und ich ſag': im Gegentheil, er denkt gewiß daran."

„Ja, ich komme eben deßwegen. Es iſt mir eingefallen,
daß ja morgen des Hurgels Haus verkauft wird. Ich will für
dich Bürge ſein, wenn du es kaufen willſt. Ich hab' dich dann
auch beſſer in der Nähe."

„Das iſt gut, das iſt prächtig! Alſo du bleibſt da?"

„Warum nicht?"

„Sagen ja die Leute, du gingeſt jetzt noch auf ein Jahr
oder wie lang in die Fremde."

„Wer hat das geſagt?"

„Ich glaub', dein Ohm hat's geſagt; ich weiß es aber nicht
gewiß."

„So? Kann ſein. Wenn ich fortgehe, mußt du in mein
Haus ziehen."

„Bleib' lieber daheim. Es iſt zu ſpät."

„Und heirath' bald," ſetzte die junge Frau hinzu.

„Ja, dann vergeht einem das Wandern, da iſt man an-
gebunden. Schau, Lenz, dir muß es noch gut gehen auf der
Welt. Daß du jetzt in deinem Kummer an mich denkſt; deine
Mutter im Himmel wird dich dafür ſegnen. Es vergeht keine
Minute, wo ich nicht an ſie denke. Das haſt du von ihr, ſie
hat auch in Allem nur an Andere gedacht. Das lohnt Gott!"

„Er lohnt's ſchon. Der Gang zu dir und was wir mit
einander vorhaben, hat mich viel erleichtert. Liſabeth, haſt
du nichts zu eſſen? Ich ſpüre jetzt heut zum erſtenmal
Hunger."

„Ich will dir ein paar Eier einſchlagen."

„Auch recht."

Lenz aß mit großem Appetit, und die Gastfreunde waren ganz glückselig, daß es ihm so schmecte.

Die Mutter Fallers bat, so sehr auch der Sohn abwehrte, Lenz möge ihr etwas Kleider von seiner Mutter schenken.

Lenz versprach's.

Faller ließ sich's nicht nehmen, er gab ihm ein gut Stück Weges heimwärts das Geleite; aber kaum waren sie zwanzig Schritte vom Hause, als er einen gellenden Pfiff that. Die Schwester fragte, was es gäbe. Er rief ihr zu, daß er diese Nacht nicht heim käme.

„Wo willst du bleiben?" fragte Lenz.

„Bei dir."

Die beiden Freunde schritten wortlos die Straße dahin, der Mond schien hell, die Eulen im Walde krächzten, aber aus dem Dorf herauf drang fröhlicher Gesang.

„Es wäre nicht gut, wenn Alles um Einen trauerte," sagte Lenz. „Gottlob, daß Jeder für sich lustig und traurig ist."

„Das hat wieder deine Mutter aus dir gesagt," entgegnete Faller.

„Aber halt," rief jetzt Lenz, „willst du nicht deiner Braut Bescheid sagen, daß du das Häusle kaufen kannst?"

„Ja, das möcht' ich. Komm mit. Du wirst eine Freude sehen, wie sie nicht schöner auf der Welt ist."

„Spring' du nur allein den Berg hinauf, ich passe jetzt nicht zur Freude, und ich bin grausam müde. Ich warte hier. Jetzt geh' schnell und komm schnell wieder."

Faller eilte den Berg hinan, und Lenz saß am Wege auf einem Steinhaufen, und wie sich der Thau jetzt niedersenkte auf Baum und Strauch und Halm, daß Alles wieder frisch auflebe, so senkte sich etwas wie reiner Himmelsthau auf die Seele des Einsamen. Dort in jenem Berghäuschen, wo es dunkel war, blinkt jetzt ein Licht auf, und Licht und Freude geht auf in den Herzen der Menschen, sie haben so lange gezagt, nun geht die Freude auf.

Es giebt keine größere Seligkeit auf Erden als Wohlthun.

Faller kam hochathmend wieder und berichtete, wie Alles aufgejubelt habe; der alte Vater der Braut habe das Fenster aufgerissen und ins Thal hinausgerufen: „Sei tausendmal gesegnet, du guter Mensch!" und die Braut habe bald geweint, bald hellauf gejauchzt.

Die beiden Freunde schritten nun geraume Zeit, jeder still seinen Gedanken folgend, des Weges dahin. Faller hatte einen festen Schritt, in seinem ganzen Behaben war etwas Strammes, Geschlossenes, und indem jetzt Lenz den Gleichschritt mit ihm hielt, richtete er sich unwillkürlich straffer auf.

Da, wo es den Berg wieder hinangeht, schaute Lenz einmal um nach dem Kirchhof und seufzte tief.

„Mein Vater liegt auch dort, und ich hab' ihn nicht so lang gehabt wie du," sagte Faller.

Lenz ging voraus, den Berg hinan. Was ist denn das Weiße, das sich da oben am Berge bewegt? Wer ist denn noch da? Ist's denn möglich? ... Es ist nicht wahr, daß die Mutter todt ist! Ja, sie hält's nicht aus, sie kommt gewiß wieder ...

Innerlich bebend starrte der Trauernde drein.

„Guten Abend, Lenz!" rief eine Stimme; es ist des Vogts=bauern Kathrine.

„Was thust denn du noch da?"

„Ich bin bei der Franzl gewesen, sie hat sich unsere Magd geholt, damit sie nicht so allein ist. Sie ist eben alt und fürchtet sich. Ich thät' mich aber gar nicht fürchten, wenn deine Mutter wieder käme. Gut Nacht, Lenz! Gut Nacht! Gut Nacht!"

Dreimal sagte Kathrine Gut Nacht, so hatte es Franzl be=fohlen, denn das hat was zu bedeuten; wer weiß, was daraus wird!

Viertes Kapitel.
Jeder vor seiner Thür.

Der milde Abend nach heißem Tage erlabte die Menschen, die Familien saßen beisammen auf der Bank vor dem Hause, die meisten aber auf dem steinernen Geländer am Brückle; denn wo eine Brücke in einem Orte oder ihm nahe ist, da bildet sich auf ihr der Sammelpunkt für Abendruhe und Abendgespräche. Hier muß nicht nur alles vorbei, was von diesseits und jenseits kommt, das Gemurmel des Baches drunten hilft auch zu fortgesetztem Gespräch. Drunten im Bach lagen verschiedene Hölzer zum Aus=laugen, damit die Pflanzensäfte zwischen den Holzfasern heraus=kommen und dann das Holz beim Verarbeiten zu Uhrengestellen nicht schwinde oder sich werfe; die Menschen oben auf dem Brückle

verstanden aber auch das Auslaugen, und zwar in mannigfachster
Weise. Man sprach — und das ist viel — noch am Abend von
der verstorbenen Lenzin, aber noch mehr davon, daß der Lenz
bald heirathen müsse. Die Frauen lobten den Lenz gar sehr,
und manches Lob galt auch den Männern zur Mahnung, daß
sie sich auch so rühmenswerth benehmen sollten; denn wo man
das Rechte finde, verstehe man recht wohl, es zu erkennen. Die
Männer aber sagten: ja wohl, er ist ein braver Mensch, aber —
zu weichmüthig ist er doch. Die Mädchen — diejenigen ausgenommen, die bereits erklärte Geliebte hatten — schwiegen, zumal
da allgemein die Vermuthung aufgestellt wurde, Lenz werde eine
von des Doktors Töchtern heirathen; ja, einige behaupteten sogar,
die Sache sei schon abgemacht und werde alsbald nach der Trauer
öffentlich verkündet werden. Plötzlich, man wußte nicht, woher
es kam, verbreitete sich von Thür zu Thür und besonders auf
dem Brückle das Gerücht, Lenz habe heut, am Begräbnißtag
seiner Mutter, unausgesetzt gearbeitet. Die Frauen jammerten
über den Geiz, der in einem so guten Menschen sein könne; die
Männer dagegen suchten ihn zu vertheidigen. Bald aber ging
das Gespräch auf Wetter und Weldhändel über, und das ist ergiebig, denn man weiß weder vom Einen noch vom Andern, was
daraus wird. Es plaudert sich indeß behaglich, bis man einander
eine ruhsame Nacht wünscht und die Sterne am Himmel und die
Händel auf der Welt laufen läßt, wie es ihnen eben gesetzt ist.

Am besten ruht sich's doch thalabwärts vor dem schönen,
im oberdeutschen Bahnhäuschen-Styl gebauten Hause, in dem
schönen Garten, wo es jetzt in der Nacht wunderbar duftet. Es
ist aber kein Wunder dabei, denn hier blühen und wachsen allerlei
Apothekerpflanzen. Wir sind im Garten des Doktors, der zugleich auch eine Noth-Apotheke hat. Der Doktor ist ein Kind des
Dorfes, Sohn eines Uhrmachers; seine Frau ist aus der Residenz,
aber sie ist mit ihrem Manne, der wieder ganz eingewurzelt ist
im heimischen Thale, auch hier in vollster Weise daheim geworden
und die alte Mutter des Doktors — man nennt sie die alte
Schultheißin — die noch im Hause lebt, sagt oft, sie meine,
ihre Schwiegertochter müsse schon einmal auf der Welt gewesen
sein, und zwar als Schwarzwälder Kind, so gut und genau wisse
sie Alles und sei mit Allem daheim, und es sei besonders gut
von ihr, daß sie lieber Frau Schultheißin heiße als Frau Dok-

torin. Denn der Doktor ist auch zugleich Schultheiß. Er hat
vier Kinder. Der einzige Sohn hat durchaus nicht, wie man
sonst meint, wiederum studiren müssen; er hat vielmehr die Uhr=
macherei erlernt und ist in der Fremde in der französischen Schweiz.
Die drei Töchter sind wohl die vornehmsten im Orte, stehen aber
an Fleiß Niemand nach. Amanda, die älteste, ist eigentlich
Apothekergehülfe des Vaters, und ihr Amt ist es zugleich, den
Garten, in dem man viele Heilkräuter zieht, in Ordnung zu
halten. Bertha und Minna sind thätig in der Wirthschaft, aber
auch emsig, die feinsten Strohgeflechte zu fertigen, die nach Italien
wandern und von dort wieder als Florentiner Hüte zurückkommen.

Heute Abend ist noch ein Fremder bei der Familie, die im
Garten sitzt, es ist ein junger Maschinenbauer, — im Dorfe nur
kurzweg der Techniker genannt, — ein Bruder von den beiden
Schwiegersöhnen des Löwenwirths, von denen der eine ein reicher
Holzhändler in der nahen Amtsstadt, der andere, im untern
Schwarzwald, Besitzer einer aus der Nachbarschaft viel besuchten
Badeanstalt und eines ansehnlichen Landgutes ist. Man sagt,
daß der Techniker die noch einzig übrige Tochter des Löwenwirths,
Annele, heirathen werde.

„Das ist brav, das gefällt mir, Herr Storr,“ sagte der
Doktor zu dem Techniker — man hört an der Stimme des Doktors,
daß er ein wohlbeleibter Mann sein muß. — „Man muß sich
nicht an Berg und Thal erfreuen, unbekümmert um Leben und
Treiben der Menschen, die darin wohnen. Die heutige Welt hat
viel zu viel von der oberflächlichen unruhigen Reisestimmung. Ich
meinestheils spüre gar keine Lust, mich draußen herum zu treiben;
ich fühle mich wohl und vollauf begnügt in meinem engen Kreise.
Ich habe sogar meine alte Liebhaberei, das Pflanzensammeln,
aufgeben müssen oder eigentlich gern aufgegeben, ich bin seitdem
den Menschen viel näher. Jeder muß sich in seiner Art in die
Theilung der Arbeit fügen; meine Landsleute wollen sich noch
nicht drein finden, und das ist der Punkt, woran unsere heimische
Industrie krankt.“

„Darf ich bitten, daß Sie mir das näher erklären.“

„Die Sache ist einfach. Unsere Uhrmacherei ist wie alle
Haus=Industrie ein natürliches Ergebniß von der geringen Er=
tragsfähigkeit unseres Landstriches und der Untheilbarkeit der ge=
schlossenen Bauerngüter; die jüngeren Söhne und überhaupt alles,

was nur sein Arbeitskapital besitzt, muß einen neuen Werth schaffen, um dafür Brod zu gewinnen. Dazu kommt eine natür= liche Begabung, eine genaue und stetige Achtsamkeit, die sich unter uns findet. Unsere Wälder liefern das beste Holz zu Gebäus und Getrieb, und so lange noch die alten sogenannten Jockeles= Uhren guten Absatz fanden, machte ein Uhrmacher — in Gemein= schaft mit der Frau und den Kindern, die das Zifferblatt an= malten — eine Uhr in seinem Hause ganz fertig. Je mehr sich nun aber die Metall=Uhren einbürgerten und den alten Meister Jockele verdrängten, um so mehr bereitete sich eine Theilung der Arbeit vor. Auch macht man uns in Frankreich, in Amerika und besonders in Sachsen bereits starke Concurrenz. Wir müssen mehr zu den Stockuhren übergehen, die, wie Sie wissen, nicht durch Gewichte, sondern durch Federkraft bewegt werden. Zu allem dem wäre ein fester Zusammenhalt vonnöthen. Die alten Hauen= steiner da drüben hatten vor Zeiten einen Einungsmeister, und solch eine Art Einungsmeister thut wiederum noth; was da zer= streut auf den Bergen lebt, muß sich in eine feste Genossenschaft zusammen finden, einander in die Hände arbeiten. Das bringt aber bei uns schwer durch. In der Schweiz geht eine Taschen= uhr, bis sie fertig ist, durch hundertundzwanzig Hände. Eben die Stetigkeit, die gewiß eine Tugend ist, läßt meine lieben Lands= leute schwer zu etwas Anderem kommen. Nur durch Genügsam= keit und eine Arbeitslust ohne Gleichen ist unsere Industrie bis jetzt möglich gewesen. Es läßt sich da schwer eingreifen; das Stubenhockerische hat bei Manchem eine eigene Art feinfühliger Empfindlichkeit erzeugt; sie müssen vorsichtig behandelt werden, ein ungeschickter Griff kann ihr Inneres verletzen wie ein Uhr= werk verletzt wird, und schlimm ist's, wenn die Kette reißt."

„Ich meine," entgegnete der junge Mann, „man müßte zu= nächst auch darauf bedacht sein, den hieländischen Uhren eine gefälligere Form zu geben, so daß sie zugleich auch mehr Zimmer= schmuck würden."

„Das wäre gut," sagte Bertha, die zweite Tochter. „Ich war ein Jahr lang bei der Tante in der Hauptstadt, und wo ich hinkam, traf ich meine Landsmännin, eine Schwarzwälder Uhr, als Aschenbrödel in der Küche. In der guten Stube prang= ten immer die französischen Pendulen mit allerlei Gold und Ala= baster, und sie waren meist unaufgezogen, oder man sagte, sie

gingen ſchlecht; meine Landsmännin aber in der Küche war fleißig
und ordentlich."

„Und das Aſchenbrödel müßte erlöſt werden," ſagte der
junge Mann, „aber ſie müßte im Prunkgemach ihre Tugend be=
halten und richtig gehen."

Der Doktor ſchien auf das Manöver der beiden jungen
Leute nicht eingehen zu wollen, denn er begann nun dem Tech=
niker immer mehr mit den Sonderheiten der hieländiſchen Ein=
wohnerſchaft zu erzählen; er war lange genug in der Fremde
geweſen, um freien Blick dafür zu haben, und war doch wieder
eingelebt genug in die Heimath, um die verborgenen Eigenſchaften
ſeiner Landsleute zu kennen und zu würdigen; er ſprach Hoch=
deutſch, aber ganz in der Dialektbetonung des Landes.

„Guten Abend beiſammen," wurde die Geſellſchaft von einem
Vorübergehenden angeſprochen.

„Ah, du biſt's, Pilgrim? Wart' ein Bischen," rief der
Doktor. Der Grüßende blieb am Zaune ſtehen, und der Doktor
fragte: „Wie geht's dem Lenz?"

„Ich weiß nicht. Hab' ihn heute ſeit dem Begräbniß nicht
geſehen. Ich komme aus dem Löwen, wo ich mich dummer Weiſe
wegen ſeiner erzürnt habe."

„So? was giebt's denn?"

„Da erzählen ſie, der Lenz habe heute den ganzen Mittag
gearbeitet und ſchimpfen auf ihn und ſchelten ihn geizig. Der
Lenz geizig? Es iſt zum Närriſchwerden!"

„Laß dich's nicht verdrießen, du und ich und noch Viele
wiſſen, daß der Lenz ein rechtſchaffener untadeliger Menſch iſt.
War der Petrowitſch nicht heute beim Lenz?"

„Nein. Ich hab's auch geglaubt und bin deßwegen nicht
zu ihm gegangen. Herr Doktor, ich wollte Sie bitten, wenn
Sie morgen Zeit haben, kommen Sie auf einen Sprung zu mir.
Ich möchte Ihnen was zeigen, was ich gemacht habe."

„Gut, ich komme."

„Gut Nacht beiſammen."

„Gut Nacht, Pilgrim. Schlaf wohl."

Der Wanderer ging davon.

„Schick mir morgen meine Lieder zurück," rief ihm Bertha nach.

„Ich bringe ſie," antwortete Pilgrim, und bald hörte man
ihn in der Ferne ſchön und kunſtreich pfeifen.

„Da haben Sie gleich einen besondern Menschen," sagte der Doktor zu dem Techniker. „Das ist ein Schildermaler, und ist der beste Freund des Lenz, dessen Mutter man heute begraben hat. Dieser Pilgrim ist ein stecken gebliebenes Talent und hat eine merkwürdige Lebensgeschichte."

„Bitte, erzählen Sie."

„Ein andermal, wenn wir allein sind."

„Nein, wir hören's nochmal gern," riefen Frau und Kinder, und der Doktor begann:

Fünftes Kapitel.
Pilgrims Fahrten.

„Dieser Pilgrim ist der Sohn eines Schildermalers; früh verwais't, wurde er auf Gemeindekosten beim alten Schullehrer erzogen. Er war aber weit mehr oben auf der Morgenhalde beim Uhrmacher Lenz, als beim Schullehrer. Die Frau, die man heute begraben hat, war wie eine Mutter an ihm. Das einzige Kind, das den Leuten verblieben ist, eben der Lenz, der heute gearbeitet hat, ist wie sein Bruder geworden. Der Pilgrim war immer anstelliger und gewandter, der Lenz hat bei aller Tüchtigkeit in seinem Beruf etwas Träumerisches, und wer weiß, ob nicht im Lenz ein Musikgenie, und im Pilgrim ein Malergenie steckt! Es ist bei Beiden nicht herausgekommen. Sie müssen einmal den Lenz singen hören, er singt den ersten Tenor in dem Liederkranz, und ihm besonders hat es der hiesige Liederkranz zu verdanken, daß er schon zweimal den Quartettpreis beim Musikfest, einmal in Constanz und einmal in Freiburg, gewonnen hat. Wie nun die beiden halbwüchsigen Burschen sind, kommt der Lenz zu seinem Vater in die Lehre und Pilgrim zu einem Schildermaler, aber sie halten doch treu zusammen. An Sommerabenden konnte man die Beiden so sicher wie die beiden Brüdersterne am Himmel da oben beisammen sehen; singend und pfeifend wandelten sie mit einander durchs Thal und über die Berge, und an Winterabenden wandelte Pilgrim durch Schnee und Sturm zu Lenz — denn dieser mußte daheim bleiben, er wurde von seiner Mutter etwas verwöhnt, er ist, wie gesagt, das einzige Kind von fünfen — und da lasen sie mit einander halbe Nächte lang, besonders Reisebeschreibungen. Ich habe ihnen manche Bücher geliehen, es war ein großer Wissenstrieb in den beiden Jünglingen. Als Pilgrim sich vom Militär freiloos'te — Lenz war als einziges Kind von selbst frei — traten sie nun mit ihrem Plan hervor, in die weite Welt mit einander zu ziehen; denn bei aller heimischen Eingesessenheit ist eine große Wanderlust in unserm Volke. Da zeigte sich zum erstenmal ein zäher Eigensinn in dem jungen Lenz, den man gar nicht in ihm vermuthet hätte; er wollte durchaus nicht von der Reise abstehen, der Vater wollte ihn auch ziehen lassen, die Mutter aber verzweifelte, und da selbst das Zureden des Pfarrers fruchtlos war, wurde ich angerufen, ich sollte, wenn's nicht anders ginge, dem Lenz ein ganzes Lazareth einreden. Ich suchte natürlich einen andern Weg. Ich hatte von jeher das Vertrauen der beiden Unzertrennlichen, und sie weihten mich willig in alle ihre Plane ein; Pilgrim war der eigentliche Anstifter. Lenz ist bei aller Zartheit der Empfindung eine gesunde praktische Natur, natürlich innerhalb seines Kreises, und er darf nicht wirr gemacht werden, dann trifft er das Richtige mit scharfem Verstand und hat eine Ausdauer bei allem, was er thut, die wie eine Art Andacht ist. Ich werde Ihnen morgen eine Normal=Uhr zeigen, die er aufgestellt, und deren allgemeine Annahme ein Glück für unsere ganze Landschaft wäre. Lenz war eigentlich noch nicht so fest entschlossen, als er seinen Eltern gegenüber Pilgrim darstellen ließ. Lenz wollte, daß Pilgrim vorher ordentlich die Uhrmacherei erlerne, bevor er auf die Handelschaft gehe, denn die Händler müssen natürlich überall Reparaturen machen können an Uhren, die sie vorfinden, und an solchen, die sie mit sich führen; und in der That ging jetzt Pilgrim in die Lehre. Als er aber das Nothdürftigste gelernt hatte, war der Reiseplan wieder fix und fertig. In diesem Pilgrim ging gar Verschiedenes vor: bald wollte er die Reise machen, um sich so viel zu erwerben, daß er eine Akademie besuchen könne, bald wollte er auf der Reise selbst ein Künstler werden, bald wieder nur recht viel Geld gewinnen, um mit einem großen Sack voll Geld heimzukommen und den Geldprotzen aufzutrumpfen. Er verachtete eigentlich das Geld, und eben darum wollte er recht viel haben. Daneben, glaube ich, steckte ihm damals eine Liebe im Kopf. Griechenland, Athen, das war das Ziel seiner Reise, und wenn er Athen nur nannte, da glänzten seine Augen und die Röthe seiner Wangen wurde flammend. Athen! sagte er oft, ist es einem nicht, wenn man das sagt, als ob man in einer hohen Halle eine leicht gangbare Marmortreppe hinanstiege? Er stellte sich so etwas vor, wie wenn er durch Einathmen der classi= schen Luft ein anderer Mensch, vor Allem aber ein großer Künstler werden müßte. Ich suchte ihn natürlich von diesen falschen Vor= stellungen zu heilen, und es gelang mir auch so weit, daß er mir versprach, sich auf den Gelderwerb allein zu beschränken, alles Andere werde sich dann später finden. Der alte Lenz und ich, wir verbürgten uns für die Waaren, die er mitnehmen wollte. Er zog nun allein von dannen, Lenz blieb auf unser Zureden daheim. Ich ziehe wie die Welle vom Schwarzwald zum schwarzen Meere, sagte Pilgrim oft. Er wollte den Versuch machen, die heimischen Uhren im Orient und in Griechenland einzubürgern, was bisher noch immer nicht so gelungen ist, wie in den nordischen Ländern und in der neuen Welt. Es ist lustig, wenn Pilgrim erzählt, wie er durch die Länder zog, durch Städte und Dörfer, ringsum behangen mit Schwarzwälder Uhren, die er auf den Straßen erklingen ließ, um und um schauend; aber eben das war's, er hatte zu viel Auge für ganz andere Dinge: auf Sitten und Gebräuche, auf schöne Gebäude und Landschaften. Das ist vom Uebel für einen Handelsmann. So wenig sich das Werk in der Uhr verändert, mag es durch Länder oder über Meere getragen werden, so wenig verändern sich eigentlich unsere Landsleute, die in allen Zonen umherstreifen. Sparen und er= werben, karg leben und sich's erst wieder wohl sein lassen, wenn man mit einem Sack voll Geld daheim ist, darauf geht ihr ein= ziges Sinnen, mag derweil die Welt da ringsum sein, wie sie wolle. Und das ist gut und nöthig. Man kann nicht verschie= dene Dinge auf einmal im Kopfe haben. Aber jetzt ist es mit dem Sparen und Hausiren auch vorbei. Wir müssen den Markt immer weiter in der Ferne suchen und der Absatz unserer In= dustrie muß mit ständigen Lagern und auf kaufmännische Weise vertrieben werden."

„Kam Pilgrim in der That nach Athen?"

„Natürlich, und er hat mir oft gesagt: als die Kreuzfahrer Jerusalem erblickten, hätten sie nicht andächtiger und glückseliger sein können, als er war, da er Athen zum erstenmal erschaute; er rieb sich die Augen, ob's denn auch wahr ist, daß das Athen

ſei. Die marmornen Statuen ſollten ihm winken und ihn grüßen.
Er ging klingend durch die Straßen, aber auch nicht eine einzige
Uhr verkaufte er in Athen, er litt bittere Noth und war endlich
glücklich, als er eine Arbeit bekam, aber was für eine! Vierzehn Tage
lang konnte er unter dem blauen griechiſchen Himmel den Latten-
zaun eines Biergartens grün anſtreichen, im Angeſichte der Akropolis.“

„Was iſt Akropolis?“ fragte Bertha.

„Erklären Sie ihr das, Herr Storr,“ bedeutete der Doktor.

Der Techniker ſchilderte in raſchen Umriſſen die vormalige
Schönheit der Burg von Athen und die nur ſpärlich verbliebenen
Ueberreſte; er verſprach, wenn er wiederkomme, eine Abbildung
zu bringen, dann bat er den Doktor weiter zu erzählen.

„Es iſt nicht mehr viel zu berichten,“ nahm dieſer wieder
auf. „Pilgrim brachte es mit genauer Noth dahin, die Uhren
ſo zu verwerthen, daß er unſerer Bürgſchaft nicht zur Laſt fiel.
Es gehörte kein kleiner Muth dazu, wieder in die alten Verhältniſſe und noch viel ärmlicher zurückzukehren und ſich verſpotten
zu laſſen; aber eben weil er in ſeinem ſchwungvollen Künſtlerſinn
die Geldprotzen — das iſt ein Lieblingswort von ihm — von
oben herab verachtet, zeigte er ſich frei und unbefangen und
forderte den Spott heraus. Natürlich kam er zuerſt auf die
Morgenhalde. Man ſtand dort eben um den Mittagstiſch, und
alles faltete die Hände, da that der junge Lenz einen Schrei,
die Mutter hat oft geſagt, wenn ſie ihn noch einmal höre, ſo
ſterbe ſie. Die beiden Freunde lagen einander in den Armen.
Pilgrim war indeß ſchnell wohlgemuth und ſagte: daheim habe
er doch am meiſten Glück, da käme er zum gedeckten Tiſch; und
Niemand auf der Welt gönnte es ihm mehr, als die Eltern und
der Sohn auf der Morgenhalde. Der alte Lenz wollte Pilgrim
ganz ins Haus nehmen, aber dieſer lehnte es entſchieden ab; er
iſt ungemein eiferſüchtig auf ſeine Selbſtändigkeit. Er richtete ſich
hier in unſerer Nachbarſchaft beim Don Baſtian eine hübſche
Werkſtätte ein. Anfangs gab er ſich viel Mühe, neue Muſter
von Uhrenſchildern einzuführen — er hat viel Farbe, aber ſeine
Zeichnung iſt ſehr mangelhaft — er hat es aber beſonders darin
verfehlt, daß er die Grundform unſeres Schwarzwälder Uhren-
ſchildes — das Viereck mit dem aufgeſetzten Bogen — verändern
wollte. Als er nun ſah, daß er mit ſeinen Neuerungen nicht
durchdrang, machte er das Altgewohnte auf Beſtellung und iſt

nun dabei immer heiter und guter Dinge. Sie müssen nämlich
wissen, daß die verschiedenen Länder einen ganz besondern Ge=
schmack in Uhrenschildern haben, Frankreich liebt grelle Farbe und
das Schild voll bemalt, Norddeutschland, Standinavien und Eng=
land mehr ganz einfache Linien, etwas Architektonisches, Giebel,
Säulen, höchstens eine Guirlande; die Schilde mit Schäfereien
gehen nach dem Vorarlbergischen. Nach dem Orient darf man
keine Uhren schicken mit menschlichen Figuren auf den Ziffer=
blättern, nichts als die türkischen Zahlen, erst in neuerer Zeit
lassen sie sich auch die römischen Zahlen gefallen. Amerika will
gar keine Farbenverzierung, sondern nur Wandkästen mit mehr
oder minder Schnitzwerk, hier liegen die Gewichte über Flaschen=
zügen auf den Seiten des Uhrwerks. Man nennt diese Uhren
auch nur Amerikaner=Uhren. Ungarn und Rußland haben gern
Fruchtstücke oder etwas Landschaftliches. Das, was die Kunst
schön findet, hat nicht immer Aufnahme, im Gegentheil ist das
Verschnirkelte oft am beliebtesten. Wenn Sie das mit der Ver=
schönerung der hieländischen Uhren einmal ausführen wollen,
kann Ihnen Pilgrim viel dabei an die Hand gehen, und Sie
können ihm vielleicht zu einem Aufschwung in seinem Leben ver=
helfen, obgleich er dessen kaum bedarf, denn er versteht die seltene
Kunst, glücklich zu sein ohne Glück zu haben."

„Ich bitte Sie, mich mit dem Manne bekannt zu machen."

„Gut, Sie können morgen mit mir gehen, Sie haben ge=
hört, daß er mich einlud; aber kommen Sie recht früh, da können
Sie auch noch mit mir über die Berge gehen, ich kann Ihnen
schöne Punkte zeigen und viele rechtschaffene Menschen."

Der Techniker sagte herzlich Gute Nacht, der Doktor ging
mit den Seinen ins Haus.

Der Mond stand hell am Himmel, die Blumen dufteten allein
für sich in der Nacht, und die Sterne schauten zu ihnen nieder;
stille war's überall, nur da und dort, wenn man einem Hause vor=
über kam, hörte man eine Uhr schlagen.

Sechstes Kapitel.
Die Welt meldet sich.

„Guten Morgen, Lenzl Du hast gut geschlafen. Du bist
doch noch wie ein Kind; das schlaft gut, wenn es sich ausgeweint

hat." So tönte der Grundbaß Fallers am Morgen, und Lenz
ſagte: „O Camerad, aufwachen, ſo wieder aufwachen und ſich
erinnern, was am geſtrigen Tag geſchehen iſt — das Elend iſt
neu. Aber ich muß mich jetzt faſſen. Ich will dir gleich die
Bürgſchaft ſchreiben. Geh' damit zum Schultheiß, eh' er davon
reitet, und ſag' ihm auch einen Gruß von mir. Jetzt fällt mir's
eben ein, ich habe von ihm geträumt. Wenn du kannſt, geb'
auch zum Pilgrim und ſag', ich warte daheim auf ihn. Glück
zu deinem Haus. Es thut mir wohl, daß du jetzt einen eigenen
Unterſchlupf haſt."

Faller ging mit der Bürgſchaft ins Thal, und Lenz ſetzte
ſich zur Arbeit, vorher aber zog er noch eine der Spieluhren auf
und ließ den Choral ſpielen. Er nickte mehrmals, während er
an einem Rade feilte: das Stück geht gut, es war auch ihr —
der Mutter — Lieblingsſtück, dachte er vor ſich hin. Die große
Spieluhr mit zierlich geſchnitztem Nußbaumgehäuſe, ſo groß wie
ein mäßiger Kleiderſchrank, hieß „die Zauberflöte," denn die
Ouverture dieſer Oper war neben fünf anderen Stücken, die drein
geſetzt waren, ihr Hauptſtück. Sie war bereits verkauft in ein
großes Theehaus nach Odeſſa. Ein kleineres Werk ſtand daneben,
und an einem dritten arbeitete Lenz. Er arbeitete unabläſſig bis
Mittag. Er war ſehr hungrig. Als er ſich aber jetzt allein zu
Tiſch ſetzen ſollte, ſchien ihm aller Hunger zu vergehen.

Er bat die alte Magd, daß ſie ſich wie zu Lebzeiten der
Mutter zu ihm ſetze. Sie that ſehr zimperlich und verſchämt,
mit einem jungen Manne ſo allein. Sie ließ ſich aber doch endlich dazu bewegen, und ſchon nach der Suppe ſagte ſie: „Eigentlich ſollteſt du gar nicht heirathen."

„Wer ſagt denn, daß ich heirathen will?"

„Ich meine, wenn du heiratheſt, ſollteſt du des Vogtsbauern
Kathrine heirathen, die iſt aus einem rechtſchaffenen Haus, und
ſie ehrt dich, ſie ſchwört nicht höher als bei dir. So eine Frau
wäre recht. Es wäre ſchrecklich, wenn du eine bekämſt, bei der
du den Schuhputzer machen müßteſt. Die Mädle ſind ja heutigen
Tags ſo ... ſo bräuchig und wollen nichts als prächteln und ſich
anputzen."

„Ich denke nicht ans Heirathen und am wenigſten jetzt."

„Haſt auch recht. Es iſt nicht nöthig. Beſſer triegſt du's
nicht, glaub' mir. Und ich weiß, wie du's gewöhnt biſt von

jeher, und ich will dir Alles so verrichten und halten, daß du
meinen sollst, deine Mutter wäre noch auf der Welt. Nicht wahr,
die Bohnen schmecken dir gut? Ich hab's von deiner Mutter ge=
lernt, sie so zu machen, ganz so. Sie hat Alles verstanden, vom
Größten bis zum Kleinsten. Wirst sehen, du wirst vergnügt sein,
seelenvergnügt, wenn wir beieinander sind."

„Ja Franzl," sagte Lenz, „ich glaube nicht, daß es so
bleiben wird."

„So? Hast du schon eine auf dem Korn? Schau' einmal an!
Meint man, der Lenz habe nichts im Kopf, als seine Uhren und
seine Mutter! Wenn's nur eine aus einem rechten Haus ist. Wie
gesagt, des Vogtsbauern Kathrine, das giebt eine Frau für Sonn=
tag und Werktag, die kann in Haus und Feld schaffen und kann
spinnen, man meint, sie müsse das Stroh vom Dach herunter
spinnen. Sie schwört nicht höher als bei dir, und alles, was
du thust, und alles, was du sagst, ist für sie ein Heiligthum.
Sie sagt immer: vom Lenz kommt nur Gutes, und wenn's auch
den Anschein hat, daß es anders ist, wie dein Arbeiten gestern.
Und sie hat ein schönes Vermögen und noch ein besonderes Mutter=
gut, da kann man einmal ein Kind drauf setzen, und das kann
sich ganz gut nähren."

„Franzl, vom Heirathen ist ja gar keine Rede. Ich hab'
im Sinn — ich weiß noch nicht, es ist möglich — vielleicht ver=
kaufe oder verpachte ich mein ganzes Anwesen und gehe noch in
die Fremde."

Franzl sah starr auf Lenz und brachte den Löffel nicht mehr
aus dem Teller nach dem Munde. Lenz fuhr fort: „Ich werde
dich versorgen, Franzl, du sollst keine Noth leiden; aber ich meine,
ich bin noch nie in der Welt draußen gewesen, und ich möcht'
einmal hinaus und auch was sehen und erleben, und vielleicht
bringe ich's in meiner Kunst noch weiter, und wer weiß — — —"

„Ich will da nichts drein reden," sagte Franzl, „ich bin ein
dummes Mädle, wenn auch sonst wir Knuslinger dafür bekannt
sind, daß wir nicht auf den Kopf gefallen sind. Was weiß ich
viel von der Welt! Aber so viel weiß ich doch, ich hab' nicht
umsonst siebenundzwanzig Jahre da gedient. Ich bin ins Haus
gekommen, wie du vier Jahre alt gewesen bist. Und du bist das
jüngste und auch das liebste Kind im Hause gewesen. Und deine
Geschwister unterm Boden — jetzt aber, das habe ich dir nicht

sagen wollen. Ich bin siebenundzwanzig Jahre bei deiner Mutter
gewesen. Ich kann nicht sagen, daß ich so gescheidt bin, wie sie;
wo giebt's eine weit und breit, von der man das sagen kann?
Das steht nimmermehr auf, so lang die Welt steht. Aber ich
weiß doch viel von ihr. Und wie oft hat sie gesagt: Franzl, hat
sie gesagt, da rennen die Menschen in die Welt hinaus, wie wenn
da draußen, da drüben über dem Rhein oder gar überm Meer
das Glück auf der Gasse herumliefe und: ei schönen guten Morgen,
Hans und Michel und Christoph, freut mich, daß du kommst,
sagt er zum Hans und zum Michel und zum Christoph. Franzl,
hat deine Mutter gesagt, wer's daheim zu nichts bringt, bringt's
auch draußen zu nichts, und überall, wo man hin kommt, sind
auch schon Menschen, und wenn's Geld regnen thät', thäten sie's
schon aufheben und nicht warten, bis die Fremden kommen. Und
was für ein Glück kann man machen in der Welt? Mehr als
essen, trinken und schlafen kann man nicht. Franzl, hat sie ge=
sagt, mein Lenz der hat auch — verzeih' mir's, deine Mutter
hat's gesagt, ich sag's nicht aus mir selber — mein Lenz der
hat auch die Narrenspossen mit dem Wandern im Kopf, aber
wo kann er's besser kriegen? Und er ist kein Mensch für die wilde
Welt. Da muß man ein Ausrauber sein, wie der Petrowitsch,
ein ausgeschämter, knickriger, habgieriger, unbarmherziger Mensch,
heißt das, wenn ich ehrlich sein soll, sie hat das nicht gesagt,
sie hat auf Niemand was gesagt; aber ich denk's und ich sag's.
Und dann hat sie mir oft ans Herz gelegt: schau, wenn mein
Lenz hinaus käm', der schenkte das Hemd vom Leib weg, wenn
er einen Bedürftigen sieht, er ist gar leidmüthig, und wer nur
will, kann ihn betrügen. Franzl, hat sie gesagt, wenn ich nicht
mehr auf der Welt bin und die Wandersucht kommt wieder über
ihn, Franzl, hat sie gesagt, häng' dich an seinen Rock und laß
ihn nicht fort; heißt das, lieber Gott, das thu' ich nicht, wie
kann ich das? Aber sagen darf ich's dir, ich muß es, sie hat
mir's auf die Seele gebunden. Sieh dich einmal um, da hast
du ein eingerichtetes Haus, hast deine gute Nahrung, bist geehrt
und bist geliebt, und wenn du hinaus kommst in die fremde
Welt, wer kennt dich? Wer weiß, daß das Lenz von der Morgen=
halde ist? Und wenn du keine Herberge hast, und mußt im Wald
übernachten, wie oft wirst du denken: O lieber Gott! und ich
habe ein Haus gehabt und sieben aufgerichtete Betten und Ge=

schirr genug und ein Fäßchen Wein im Keller ... Soll ich dir nicht ein Schöpple holen? Wart' ich hol'! wenn man traurig ist, muß man Wein trinken. Tausendmal hat's deine Mutter gesagt: das heitert auf, und da kriegt man andere Gedanken."

Schnell eilte Franzl zur Thür hinaus und in den Keller und kam bald mit einem Schoppen Wein. Lenz that es nicht anders, sie mußte auch für sich ein Glas holen. Er schenkte ihr ein und stieß mit ihr an, sie nippte nur verschämt, nahm aber beim Abräumen doch das Glas Wein in die Küche.

Lenz arbeitete wieder fleißig, bis es Abend wurde. War's der Wein oder sonst was, er war unruhig bei der Arbeit und mehrmals nahe daran, das Handwerkszeug wegzulegen und irgend wohin auf Besuch zu gehen. Aber er dachte wieder, er dürfe nicht ausgehen, es kämen gewiß gute Freunde, die ihn in seiner Einsamkeit trösteten; sie sollten ihn zu Hause finden. Es kam aber Niemand als der Pröbler. Er war dem Lenz besonders gut, weil er einer der Wenigen war, die ihn nicht verspotteten und ihn nicht darüber auslachten, daß er sich nicht dazu bringen konnte, eines seiner Kunstwerke zu verkaufen, er verpfändete sie nur, bis er sie nicht mehr einlösen konnte, und man sagte: der Löwenwirth, der als Packer — wie man die eigentlichen Commissionäre und Großhändler nennt — große Geschäfte machte, verdiene ein schön Stück am Pröbler, der seine Hauptwerke bei ihm verpfändet hatte.

Lenz hörte dem alten Pröbler sogar immer ganz aufmerksam und ernst zu, wenn er ihm darthat, daß er nichts Geringeres herstellen könne, als das perpetuum mobile, es fehlte ihm weiter nichts dazu, als die zweiundvierzig Diamanten, auf denen das Werk gehen muß. Dafür hatte ihm der Pröbler auch gern geholfen, die Normaluhr herzustellen, nach der die ganze Gegend arbeiten sollte, und Lenz erzählte überall offen, daß der Pröbler ein Gutes dazu gethan habe, denn er drang darauf, die Normaluhr in fünferlei Kaliber vorzurichten.

Heute kam aber der Pröbler nicht wegen einer neuen Entdeckung und nicht wegen des perpetuum mobile, er bot sich vielmehr Lenz — nachdem dieser die pflichtgemäße Prise genommen — als Unterhändler an, wenn er heirathen wolle. Er führte ihm eine ganze Reihe heirathsfähiger Mädchen vor, darunter auch die des Doktors, und schloß: „Alle Häuser stehen dir offen, du

bist nur zu scheu. Sag' mir nur ehrlich, wo deine Gedanken
hingehen, ich will schon machen, daß man dir halbwegs entgegen
kommt."

Lenz gab kaum eine Antwort, und der Pröbler ging davon.
Daß er auch eine von des Doktors Töchtern bekommen könne,
beschäftigte Lenz doch eine Weile. Es waren drei prächtige Kern-
mädchen. Die älteste hat etwas gar Bedächtiges, fast mütterlich
Sorgliches, und die zweite konnte so vortrefflich Clavier spielen
und singen. Wie oft hatte Lenz vor dem Hause gestanden und
ihr zugehört! Die Musik war eigentlich seine einzige Leidenschaft,
und er hatte eine wahre Sehnsucht nach Musik, wie ein Durstiger
nach einer Wasserquelle. Wie wär's, wenn er eine Frau bekommen könnte, die gut Clavier spielte? Sie müßte ihm alle Stücke
vorspielen, die er in seine Uhren setzt, und die sollten dann noch
einen ganz andern Klang bekommen. Aber nein, aus einem so
vornehmen Haus kannst du keine Frau brauchen, und eine, die
gut Clavier spielt, kann nicht Haus und Feld und Stall besorgen,
wie die Uhrmachersfrauen müssen. Und überhaupt, du wartest
noch ruhig. —

Als es zu dämmern begann, zog sich Lenz an und ging
ins Thal.

Alle Häuser stehen dir offen, hat der Pröbler gesagt. Alle
Häuser? Das ist sehr viel, just so viel, wie gar keins. Wenn
man nicht in ein Haus treten kann und die Menschen bleiben in
ihrer Ordnung; du gehörst dazu, kein Blick, keine Miene fragt:
was kommst du daher? Was magst du wollen? Was geht vor?
Wenn du nicht heimisch bist, dann hast du eben gar kein Haus.
Und wie jetzt Lenz das ganze Dorf hinauf und hinab, eine Stunde
weit, in Gedanken von Haus zu Haus ging, man wird ihm
überall mit Freuden die Hand reichen, aber er ist eben nirgend
daheim. Doch, doch, er hat einen Freund, da ist er daheim,
gerad' so viel wie in seiner eigenen Stube. Der Schildermaler
Pilgrim hat ihn gestern vom Leichenbegängniß heim begleiten
wollen, aber als sich ihm der Ohm Petrowitsch anschloß, blieb
Pilgrim zurück, denn Petrowitsch verachtet den Pilgrim, weil er
ein armer Teufel, und Pilgrim verachtete den Petrowitsch, weil
er ein reicher Teufel war. Also zum Pilgrim gehst du.

Pilgrim wohnte thalabwärts beim Don Bastian, so nannte
ihn Pilgrim. Es war dies ein ehemaliger Uhrenhändler, der sich

durch einen zwölfjährigen Aufenthalt in Spanien ein beträchtliches
Vermögen erworben hatte. Nach seiner Heimkunft kaufte er sich
ein Bauerngut, zog wieder Bauernkleider an und hatte außer
dem Gelde nichts von seiner spanischen Reise behalten, als ein
paar spanische Worte, die er zu Zeiten gern verwerthete, beson=
ders im Hochsommer, wenn die Weltläufer aus allen Gegenden
heimkehrten.

Siebentes Kapitel.
Wirthstöchterlein schenkt ein.

In der großen Gaststube zum Löwen saß ein junger Mann
ganz allein vor dem wohlgedeckten Erkertisch und aß mit dem
guten Behagen, wie es eben einem stattlichen jungen Manne in
der Mitte der zwanziger Jahre nach einer vollen Tageswanderung
über Berg und Thal zusteht. Nur manchmal betrachtete er wie
träumend das überaus schwere silberne Besteck. Das ist noch aus
guter alter Zeit, wo man noch nicht Alles zinstragend ausnützte.
Jetzt steckt sich der junge Mann — es ist der Techniker, mit dem
wir gestern Abend beim Doktor gesessen — eine Cigarre an und
bürstet mit einem Taschenbürstchen seinen hellbraunen, vollen Bart;
sein Antlitz ist markig, eine große, stark vorgewölbte Stirn schaut
hell aus dem braunen Haare heraus; die blauen Augen liegen
etwas tief und haben einen Ausdruck herzlicher Innigkeit, die
Wangen sind voll und frisch.

Ein kühles Abendlüftchen zieht durch das geöffnete Erker=
fenster und nimmt die blauen Tabakswölkchen schnell mit fort.

„So, Sie rauchen schon, Herr Kurt? Also wollen Sie nichts
mehr essen?" sagte ein eintretendes, äußerst säuberlich gekleidetes
Mädchen, das eine weiße Schürze mit Brustlatz trug; die Gestalt
war schlank und biegsam, leicht beweglich, das längliche und da=
bei vollwangige Gesicht hellfarbig, braune Rehaugen schauten klug
drein, und auf dem Haupte saß eine Krone von dreifachen schweren
braunen Flechten.

Mit leichtem Redefluß fuhr das Mädchen fort: „Sie müssen
fürlieb nehmen. Wir haben nicht mehr geglaubt, daß Sie so spät
noch zu Mittag essen."

„Es war Alles vortrefflich. Setzen Sie sich ein wenig zu
mir, Jungfer Schwägerin."

„Gleich, wenn ich abgeräumt habe. Ich kann mich nicht setzen, wenn Alles so herumsteht."

„Ja, bei Ihnen muß Alles nett und aufgeräumt sein, wie Sie selber."

„Danke fürs Compliment. Freut mich, daß Sie nicht Alles verausgabt haben bei des Doktors."

„Kommen Sie ja gleich wieder, ich hab' Ihnen viel zu erzählen."

Der junge Mann saß wieder eine Weile allein, dann kam das Wirthstöchterlein, setzte sich ihm gegenüber mit einem Strickzeug und sagte: „Nun, so erzählen Sie."

Der junge Mann berichtete, daß er heute den Doktor auf seinen ärztlichen Besuchen über Berg und Thal begleitet habe, und wußte nicht genug zu rühmen, welche tiefe Einblicke er in das Leben der Menschen hier gethan; da lebe man noch, wie der Doktor gesagt habe, aus dem ff, fleißig und fromm, und das letztere ohne alle Bigotterie. Wir waren auch heute in drei vier Wirthshäusern," sagte er; „sonst, wenn man an einem Sommermittag in ein Dorfwirthshaus kommt, trifft man in der Regel einen verkommenen Menschen, der sich nun den Garaus giebt auf der Bank hinter einem Tische, im Halbschlaf bei seinem welken Bier oder Schnaps, und der Elende glotzt die Ankommenden an und prahlt und schimpft in irgend einer Weise auf die Welt halb verständlich. Das habe ich anderwärts oft gesehen, hier aber nirgends."

„Ja," sagte Annele, „unser Schultheiß, der Doktor, ist streng gegen Trunkenbolde, und wir geben von selber hier im Hause nie einem etwas."

Mit wahrer Ueberschwänglichkeit schilderte nun der Techniker das Wesen des Doktors; wo er hinkam, da war's, als ob der Tag noch heller würde, und selbst in die Hütten der Armuth brachte seine treuherzige Natur etwas wie Sättigung, und die Zuversicht, die in seinem Wesen wie in jedem Worte lag, gab überall frischen Muth.

Die Zuhörerin schien etwas in Verlegenheit bei dieser begeisterten Schilderung, und sie sagte nur, indem sie eine Stricknadel an die Lippen preßte: „Ja wohl, der Doktor ist ein wahrer Menschenfreund."

„Er ist auch Ihr Freund, er hat gut von Ihnen gesprochen."

„So? Hat er das? Das darf er aber nur draußen auf Feld=
wegen; daheim darf er nicht gut von mir reden. Das leiden seine
fünf Weibsleute nicht. Nein, die alte Schultheißin muß ich aus=
nehmen, die ist seelengut."

„Die andern nicht? Ich hätte geglaubt —"

„Ich will nichts gegen die Leute sagen. Ich sag' gegen
Niemand was. Ich hab's gottlob nicht nöthig, daß ich mir aus
Schimpf über Andere mein Lob holen muß, aus fremder Haut
Riemen schneide, wie die alte Lenzin ein Sprüchwort gehabt hat.
Es geben tausend Menschen bei uns aus und ein, die können
auf allen Straßen berichten, wer man ist, und ein Wirthshaus
ist ein offenes Haus, da kann man nicht wie andere Leute jetzt
auf zwei Tage, so lang ein Besuch da ist, ein Haus säuberlich
herrichten und friedlich mit einander thun, und nachher ist wieder
eine Hudelwirthschaft und Eines möchte dem Andern die Augen
auskratzen, und wenn man weiß, daß Jemand vorbeigeht, singt
man wieder oder setzt sich mit der Arbeit an den Weg und thut
schön. Ich will aber gegen Niemand was gesagt haben, ich will
nur ermahnen, du solltest nicht so obenauf — Verzeih, wenn ich
so bei Ihnen bin, da meine ich immer, es wäre der Bruder,
mein Schwager, und da kommt mir das Du heraus."

„Ich habe nichts dagegen, wir wollen Du zu einander
sagen."

„Nein, um Gotteswillen nicht. Wenn noch so was gesagt
wird, bleib' ich nicht da sitzen. Wo nur der Vater bleibt?" sagte
das Wirthstöchterlein erröthend.

„Ja, wo ist denn der Vater?"

„Er ist in Geschäften aus, er kann jede Minute kommen.
Wenn er nur einmal das Geschäft aufgäbe! Wozu braucht er
sich noch so anzustrengen? Aber er kann nicht leben ohne das,
und er sagt immer: Geschäft aufgeben, da stirbt man bald; das
Sorgen und Wachen und Denken und Schaffen, das hält frisch.
Und wahr ist's, ich kann mir's nicht denken, wie man mit ge=
funden Gliedern am Morgen hinsitzen und Clavier spielen oder
für nichts und wieder nichts im Haus herum trällern kann; etwas
thun und flink aus der Hand, das hält frisch. Freilich, wenn
man's in Geld rechnet, ist's nicht viel, was wir Weibsleut' ver=
dienen, aber erhalten und hausen ist auch was werth."

„Ja wohl," sagte der Techniker, „es ist hier zu Land eine

schöne Arbeitsausdauer; die meisten Uhrmacher arbeiten vierzehn Stunden täglich. Das ist doch ehrenwerth."

Das Mädchen sah ihn betroffen an; was soll denn das immer mit den einfältigen Uhrmachern? Hat er nicht verstanden oder nicht verstehen wollen, wohin man abzielt?

Es trat eine Pause ein, bis der Techniker wieder fragte: "Wo ist Ihre Mutter?"

"Sie ist im Garten beim Bohnenbrechen, da läßt sie sich nicht abrufen. Kommen Sie, wir wollen zu ihr."

"Nein, wir wollen hier bleiben. Nun, Jungfer Schwägerin, so darf ich doch sagen: ist nicht die älteste Tochter des Doktors, die Amanda, ein braves, feines Mädchen?"

"Die? Warum soll sie nicht brav sein? Alt genug ist sie dazu, und wenn sie sich nicht so ein geschicktes Mieder aus der Stadt verschriebe, könnte man ihren hohen Rücken sehen."

Das Wirthstöchterlein biß sich auf die Lippen: das war dumm, was du da gesagt; weil er nach Amanda fragt, hat ihm die Bertha in die Augen gestochen. So ist's. Sich zusammen- nehmend, setzte sie daher hinzu: "Die Bertha aber, das ist ein lustiges —"

"Ja wohl, ein prächtiges Mädchen," fiel der Techniker ein; dem Wirthstöchterlein fiel eine Nadel unter den Tisch, er hob sie auf. Dem jungen Mann schien es auch unlieb, daß er so her- ausgeplatzt war, er sagte daher jetzt: "Gestern Abend hat mir der Doktor viel von dem Pilgrim erzählt."

"Was ist da viel zu erzählen? Der Doktor kann nur aus Allem was machen."

"Wer ist denn der Petrowitsch? Sie sagten mir, Ihr wüßtet Alles von ihm."

"Nicht mehr, als was Jeder weiß. Er ißt jeden Mittag bei uns und bezahlt jeden Mittag. Es ist ein eigensinniger alter Kracher, steinreich, aber auch steinhart. Er ist viele, viele Jahre in der Fremde gewesen und nimmt sich um gar keinen Menschen an. Nur ein Einziges hat er, woran er Freude hat, das ist die Kirschenallee, die da thalab nach der Stadt zu führt; früher sind da verbutzelte Bäume gestanden, und der Petrowitsch —"

"Warum heißt er Petrowitsch?"

"Er heißt eigentlich Peter, aber weil er da drunten, ich glaub' bei den Serben, gewesen ist, heißt man ihn hier den Petrowitsch."

„Erzählt weiter, was ist das mit der Allee?"

„Ja, der Petrowitsch ist immer mit einem Messer in der Hand spazieren gegangen und hat den Bäumen am Weg die überschüssigen Triebe abgeschnitten, und da hat ihn einmal der Wegknecht als Baumfrevler verhaftet, und da hat er eine ganz neue Kirschenallee pflanzen lassen auf seine Kosten, und schon sechs Jahre läßt er jetzt die Kirschen unreif herunter thun, damit die Bäume von den Dieben nicht beschädigt werden, und die Bäume sind auch schön gewachsen. Um Menschen nimmt er sich aber gar nichts an. Schaut, da geht sein einziges Bruderkind, der Lenz von der Morgenhalde; er kann sich nicht rühmen, daß er von seinem Ohm hat, was man in einem Aug' leiden kann."

„So, das ist der Lenz? Ein hübscher Mensch, ein feines Gesicht, ich hab' mir ihn so gedacht. Geht er immer so gebückt?"

„Nein, nur jetzt, er ist in Trauer um seine Mutter. Er ist ein guter Mensch, freilich ein Bisle gar zu weichmüthig. Wenn es jetzt da hinaus geht, weiß ich, daß zwei Augen aus einem Haus mit wilden Reben nach ihm ausschauen und ihm herein winken möchten, und die Augen gehören der Bertha."

„So? Haben die ein Verhältniß mit einander?" sagte der Techniker und seine weiße Stirn wurde roth.

„Nein, das hab' ich ja nicht gesagt. Sie möcht' ihn freilich gern haben, er hat ein schönes Vermögen, und sie hat nichts als einen schönen Strohhut und zerrissene Strümpfe."

Das Wirthstöchterlein, oder, wie es eigentlich heißt, das Löwen-Annele, frohlockte innerlich: So, euch ist doch wenigstens die Supp' versalzen! Ueber diesen Gedanken vergaß sie ihren eigenen Aerger.

Der Techniker sagte, daß er noch einen Gang ins Freie machen wolle.

„Wohin denn?"

„Da hinauf nach der Spannreute."

„Da ist's schön, aber jäh wie an einem Dach." ·

Der Techniker ging weg. Annele eilte in den Berggarten hinter dem Hause und sah ihm von dort aus nach. Er ging in der That eine Strecke bergauf, bald aber kehrte er um und ging schnellen Schritts thalabwärts, nach dem Hause des Doktors.

„Geh' zum Teufel," sagte sie vor sich hin, „von mir kriegst du kein gutes Wort mehr!"

Achtes Kapitel.

Die Selige zeigt ſich und eine neue Mutter ſpricht.

„Er iſt nicht daheim," rief die Frau des Don Baſtian dem Lenz zu, als er die Bergwieſe herauf kam. „Er iſt wahrſcheinlich zu dir. Biſt du ihm nicht begegnet?"

„Nein. Iſt ſein Zimmer offen?"

„Ja wohl."

„Ich geh' ein Bischen hinauf."

Lenz ging nach der wohlbekannten Stube; als er die Thür öffnete, ſank er faſt zu Boden. Seine Mutter ſtand da und lächelte ihn an. Schnell aber beſann er ſich und dankte im Herzen dem Freunde, der, noch ehe die Erinnerung verwiſcht, die lieben, guten, innigen Züge feſthielt. Ja, ja, ſo hat ſie drein geſehen. Er iſt und bleibt meine gute Seele. Weil er nicht hat bei mir ſein können, hat er mir derweil etwas Gutes gethan. Ja, und das Beſte, das Beſte, was du mir hätteſt thun können.

Lange und unverrückt ſchaute Lenz in das geliebte Antlitz. Die Augen gingen ihm über, aber er ſchaute immer wieder hin. So lang' mir ein Aug' offen ſteht, werde ich dich nun ſehen, aber hören — wenn ich dich nur hören könnte! O, wenn man nur auch die Stimme eines Todten ſich zurückrufen könnte! ... Er konnte ſich nur ſchwer von dem Zimmer trennen. Es war ihm ſo wunderbar, ſeine Mutter ſo allein zu laſſen, und ſie ſieht immer drein, und Niemand ſieht ſie an ...

Erſt als es Nacht wurde, nichts mehr zu ſehen war, ging er fort, und unterwegs ſagte er ſich: So, jetzt muß das Trübſelige aufhören. Still in mir behalt' ich's, was ich habe, aber die Welt ſoll nicht ſagen, daß ich nicht feſt ſtehe. — Am Hauſe des Doktors hörte er Muſik; die Fenſter waren offen, und eine Männerſtimme ſang in kräftigem Bariton fremde Lieder. Die Stimme iſt nicht aus dem Thal. Wer mag das ſein? Wer's auch ſei, ſchön iſt's.

Jetzt ſagte der Fremde: „Nun, Fräulein Bertha, nun ſingen Sie mir aber auch."

„Nein, Herr Storr, ich kann jetzt nicht. Wir müſſen jetzt zum Abendeſſen. Später ſingen wir noch zuſammen. Sehen Sie derweil das durch."

Die Erinnerung an das Abendeſſen und der Vorſatz, friſch

zu leben, schien auf einmal Hunger und Durst in Lenz geweckt zu haben, und er faßte sogleich einen muthigen Gedanken. Du gehst in den Löwen, sagte er sich und schritt sicher und hoch aufgerichtet in das Dorf hinein.

„Ei, guten Abend, Lenz, das ist schön, daß du in deiner Trauer an die guten Freunde denkst! Es ist noch keine Minute, daß ich deinen Namen ausgesprochen hab', und wenn du heute da gewesen wärst, den ganzen Tag ist von dir gesprochen worden, von allen Menschen, die aus- und eingegangen sind. Hast nichts gespürt im rechten Ohr? Ja, guter Lenz, dir wird sich's im Leben bezahlen, was du an deiner Mutter selig gethan hast. Und deine Mutter, du weißt's ja, wir sind die besten Freundinnen gewesen, leider Gottes haben wir uns nur wenig gesehen, sie ist nicht gern fort vom Haus und ich auch nicht — — — Willst ein Schöpple neuen oder alten trinken? Trink du neuen, er ist gar gut und geht nicht so ins Geblüt. Du siehst so erhitzt aus, so roth. Ja, natürlich, wenn man so eine Mutter verloren hat. Ich will nichts sagen, aber.....“ Die Löwenwirthin, die so auf Lenz hineinsprach, winkte mit der Hand, anzeigend, sie könne vor Rührung nicht weiter reden.

Endlich fuhr sie fort, indem sie Glas und Flasche auf den Tisch stellte: „Was wollen wir machen? Wir sind sterbliche Menschen; deine Mutter ist einundsiebenzig Jahre alt geworden, das ist ein volles Jahr als Zuwage, und morgen kann ich fort müssen, wie deine Mutter. Mit Gottes Hülfe werde ich meinen Kindern auch einen guten Namen hinterlassen. Freilich, mit deiner Mutter kann sich Keins vergleichen. Aber darf ich dir jetzt etwas rathen? Ich mein's gewiß gut mit dir.“

„Ja, ja, ich höre gern einen guten Rath.“

„Ich hab' dir nur sagen wollen, du hast so ein weiches Gemüth, laß dich nicht von der Trauer übermannen. Gelt, du nimmst mir's nicht übel?“

„Nein, nein, was kann ich denn da übel nehmen? Im Gegentheil, ich sehe jetzt erst, wie viel gute Freunde meine Mutter gehabt hat und wie ich sie von ihr erbe.“

„O, du verdienst's schon allein; du bist ja — “

„Ei, Grüß' Gott, Lenz!“ wurde die Löwenwirthin plötzlich von einer hellen, jugendlichen Stimme unterbrochen, und eine volle runde Hand bot sich Lenz dar, und das Gesicht, zu dem die Hand gehörte, war eben so voll. Es war das Löwen-Annele, das mit Licht in die Stube kam, es wurde auf einmal hell, und zur Wirthin gewendet sagte sie: „Mutter, warum habt Ihr mir's nicht sagen lassen, daß der Lenz da ist?"

„Ich darf auch noch mit einem jungen Mann in der Däm-merung reden, du bist's nicht allein..." erwiderte die Mutter, eigenthümlich lachend. Der Spaß schien Lenz gar nicht zu ge-fallen, und Annele fuhr fort: „O guter Lenz, du mußt mir's ansehen, wie ich heute und gestern geweint hab' um deine Mutter. Es liegt mir noch in den Knieen. Solche Menschen sollten gar nicht sterben, und wenn man denkt, daß so viel Gutes, wie sie geschafft, auf einmal nicht mehr da — man könnte sich hinter-sinnen. Ich kann mir's denken, wie's dir in deiner Stube ist. Du schaust in alle Ecken, du meinst, die Thür müsse aufgehen; es kann gar nicht sein, daß sie dir das anthun kann, daß sie nicht mehr da ist; sie muß herein kommen. O lieber Gott! Lenz, den ganzen Tag habe ich mir denken müssen: der gute Lenz, wenn ich's ihm nur abnehmen könnte! Ich möchte ihm gern ein Stück abnehmen können davon. Du bist heute Mittag ganz sicher hier erwartet worden zum Mittagessen. Dein Ohm hat dich er-wartet. Und wenn man ihm sonst auf den Glockenschlag anrichten muß, hat er heute gesagt: Annele, wart' nur, stell's noch ein wenig hin; mein Lenz wird kommen, er wird doch nicht allein da oben sitzen bleiben. Und der Pilgrim hat wieder gesagt, du kämst zu ihm, du würdest mit ihm essen; du weißt, der Pilgrim ißt mit uns, er ist mir wie ein Bruder. Und an dem hast du einen Freund, o, einen ganz echten. Deinem Ohm, dem muß man allein decken an seinem Tischchen, ich muß mich zu ihm setzen und mit ihm plaudern. Er ist ein gespaßiger Mann, aber gescheit, gescheit wie der helle Satan. Jetzt, morgen mußt du zum Essen kommen. Sag', was ißt du denn gern?"

„Ich hab' zu gar nichts rechten Appetit. Mir wär's am liebsten, wenn ich jetzt acht Tage immer schlafen könnte, immer nur schlafen und nichts von mir wissen."

„Das wird sich schon ändern. — Ja, ich komme gleich!" rief Annele nach einem andern Tisch, wo eben Fuhrleute ange-kommen waren. Sie brachte den Fuhrleuten schnell Essen und Trinken und stellte sich wieder zu Lenz hinter dessen Stuhl. Während sie den andern Gästen Antwort gab, hielt sie die Hand

auf die Stuhllehne des Lenz, und diesen durchzuckte es gar wunder=
sam, als ob ein elektrischer Strom durch den ganzen Körper ginge.
Jetzt aber brachte ihm das Essen der Andern wieder seinen eigenen
Hunger ins Gedächtniß, und flink wie der Blitz war Annele in
der Küche und wieder da und breitete seines Linnen vor Lenz aus
und stellte ihm das Essen und legte ihm das Besteck so appetit=
lich hin und sagte mit so herzlicher Stimme: „Gesegn' dir's Gott!"
daß es Lenz gar wohl mundete.

Ja, so flink und nett wie Annele giebt's doch nicht leicht
mehr ein Mädchen. Schade, daß sie die ganze Welt am Narren=
seil herumführt, sie weiß Schlag auf Schlag zu antworten und
versteht Gespräche aufzubringen und in Gang zu halten, das
bricht nicht ab.

Lenz hatte den ersten Schoppen ausgetrunken, sie brachte
schnell einen neuen und schenkte ihm ein.

„Nicht wahr, du rauchst nicht?"

„Ich muß es grad' nicht, aber ich kann's."

„Ja, ich hol' dir eine von den Cigarren, die mein Vater
raucht. Die Gäste kriegen sonst keine davon." Sie brachte eine
Cigarre, zündete ein Papierchen am Lichte an und hielt es
Lenz hin.

Indeß trat der Löwenwirth ein; eine große, breite, massige
Gestalt, ehrwürdig anzuschauen, denn er hatte schneeweißes, spär=
liches Haar und drauf ein kleines, schwarzes Sammetkäppchen,
fast wie ein Geistlicher. Dabei trug er eine silberne Brille mit
großen, runden Gläsern; er brauchte die Brille nur zum Lesen
und hatte sie meist auf die Stirn geschoben, und es war, als ob
sein ruhiger Verstand aus der Stirn schaute, und ruhig war er,
bis zum Majestätischen ruhig, und für sehr verständig galt er.
Er sprach zwar sehr wenig, aber muß ein Mann nicht sehr ver=
ständig sein, der es so weit gebracht hat, wie der Löwenwirth?
Das Gesicht war röthlich und, wie gesagt, ehrfurchtgebietend.
Nur der Mund, der sich meist so verzog, als wenn er etwas
behaglich schlürfte, war nicht ganz mit der Ehrfurcht zu verein=
baren. Er war ein ernster und schweigsamer Mann, als müßte
er die Redseligkeit seiner Frau und theilweise auch seiner Tochter
durch sein Schweigen ins Gleichgewicht bringen. Wenn die Frau
gar viel Worte machte und übermäßig schön that, schüttelte er
bisweilen den Kopf, wie wenn er sagen wollte: Ein Ehrenmann

mag das nicht. Und ein Ehrenmann war der Löwenwirth, weit
und breit bekannt und der erſte Geſchäftsmann, ein ſogenannter
Packer, denn er kaufte den Uhrmachern die Uhren ab und ver-
ſandte ſie nach allen Weltgegenden.

„Guten Abend, Lenz,“ ſagte der Löwenwirth mit breiter
Stimme, als ob darin eine ganze lange Rede wäre; und als
Lenz ehrerbietig aufſtand, gab er ihm die Hand und ſagte: „Bleib'
nur ſitzen und mach' keine Umſtänd', du biſt im Wirthshaus.
Dann nickte er ſtill, das ſollte ſo viel heißen: Ich habe Reſpekt
vor dir, und das nöthige Beileid, weißt du, iſt bei mir ſicher
wie eine dreifache Hypothek. Dann ging er an ſeinen Tiſch und
las die Zeitungen. Annele holte ſich ihren Strickſtrumpf und
ſetzte ſich zu Lenz, indem ſie dabei höflich ſagte: „mit Erlaubniß.“
Sie ſprach viel und gewandt; und es ließ ſich nicht ſagen, ob
ſie mehr geſcheit oder mehr gut iſt. Sie iſt eigentlich Beides
zuſammen und gewürfelt wie nur Eine. Als Lenz endlich bezahlte, ſagte ſie: „Siehſt du, das thut mir leid, daß ich Geld
von dir nehmen muß. Es wär' mir viel lieber geweſen, du
wärſt unſer Gaſt geweſen. Nun gut' Nacht! Und gräm' dir dein
Herz nicht ab. Ich wollt', ich könnt' dir beiſtehen. Ei, da hätt'
ich faſt vergeſſen: bis wann geht denn dein ſchönes, großes Orgelwerk, von dem ſo viel die Rede iſt — das ſoll ja das Schönſte
ſein, was hier zu Lande gemacht iſt — bis wann geht's denn
nach Rußland?“

„Es kann jeden Tag Nachricht kommen, daß es abgeholt
wird.“

„Darf ich auch noch mit meiner Mutter hinaufkommen und
es ſehen und hören?“

„Es wird mir eine Ehre ſein. Komm' du nur, wann du
willſt.“

„Nun gut' Nacht! Und ſchlaf' recht wohl und grüß' mir auch
die Franzl, und wenn ſie was braucht, ſoll ſie nur zu uns kommen.“

„Dank' ſchön, will's ausrichten.“ — —

Es iſt doch eine ſtarke Viertelſtunde bis zum Hauſe des Lenz
und geht ſteil bergan; heute war er ſchnell daheim, er wußte
nicht, wie. Als er aber wieder allein war in ſeiner Stube, ward
er traurig. Er ſchaute noch lange hinaus in die Sommernacht,
er wußte nicht, was er dachte. Man ſieht und hört nichts von
der Menſchenwelt, nur weit in der Ferne am jenſeitigen Berge

steht ein einsames Haus, dort wohnt ein Kettenschmied, jetzt blinkt ein Licht auf, verschwindet aber bald. Die Menschen, die kein Leid im Herzen haben, können schlafen.

Die Sägmühle, die nicht weit vom Hause des Kettenschmiedes ist, hört man jetzt in der Stille der Nacht bei einer Luftströmung hastig arbeiten. Die Sterne über dem dunkeln Waldrande des Berges glänzen hell; dort, wo der Mond hinter dem Bergwalde hinabgegangen, ist noch ein bläulich lichter Kreis, und die kleinen Wolken am Himmel sind sanft durchleuchtet.

Lenz hielt sich die brennende Stirn, und da klopften die Pulse. Die ganze Welt geht mit ihm herum. Das thut gewiß der junge Wein. Du darfst Abends keinen Wein trinken. Aber ein gescheites und herzliches Mädchen ist das Annele. — Sei doch kein Narr, was willst du davon? — Gut' Nacht! Schlaf' recht wohl! wiederholte er sich, und fand in der That heute einen festen Schlaf.

Neuntes Kapitel.

Freundesbesprechungen.

Der Gesell und der Lehrjunge, die Lenz über die Tage der häuslichen Störung zu ihren Eltern heim geschickt hatte, arbeiteten bereits in der Werkstatt, als Lenz am andern Morgen erwachte. Das war noch nie vorgekommen, daß sie vor dem Meister an der Arbeit waren. Ja, als Lenz das Fenster öffnete, stand die Sonne schon hoch am Himmel, und auf fünf oder sechs Uhren, die in der Stube waren, schlug es zu gleicher Zeit Sieben. Es war Lenz, als ob sein Wunsch in Erfüllung gegangen wäre, daß er wochenlang schlafen könne. Zwischen gestern und heute schienen Wochen zu liegen, so lange kam es ihm vor, so Vieles war mit ihm vorgegangen.

Franzl brachte ihm das Frühstück, setzte sich ungeheißen zu ihm und fragte: „Was soll ich dir heut Mittag kochen?"

„Mir? Gar nichts, ich esse heute nicht daheim. Koch' du für euch, wie du's gewohnt bist. Denk' nur, Franzl, der gute Pilgrim ..."

„Ja, er ist gestern Abend da gewesen," unterbrach Franzl, „und hat lang auf dich gewartet."

„So? Und ich bin bei ihm gewesen. Denk' nur, der gute Kerl hat gestern in Geheim meine Mutter abgemalt. Du wirst dich wundern, wie lebendig sie drein sieht. Man meint, sie muß zu reden anfangen."

„Ich hab's gewußt, daß er's macht, ich hab' ihm ja heimlich die Sonntagsjacke, das rothe Mieder, das feingefaltete Goller, das Halstuch und die Haube deiner Mutter geben müssen; die Granatenschnur hast du ja dort eingeschlossen bei den andern Sachen, die ich nicht weiß. Es geht mich nichts an. Ich brauche nicht Alles zu wissen. Aber was ich weiß, wenn's geheim gehalten werden soll, da könnt' man mir alle Adern schlagen, ich red' kein Wort. Hab' ich mit einem Schnauferle verrathen, daß ich das von dem Pilgrim weiß? Habe ich dir ein Wort gesagt, warum er nicht kommt? Mir kannst du Alles anvertrauen."

Da Lenz ihr indeß nichts anvertraute, fragte sie: „Wo gehst du denn heute hin? Wo bist du denn gestern Abend gewesen?"

Lenz sah sie staunend an und gab keine Antwort.

„Du wirst bei deinem Ohm Petrowitsch gewesen sein?" fragte Franzl.

Lenz schüttelte verneinend mit dem Kopf, gab aber immer noch keine andere Antwort, und Franzl half ihm und sich aus der Verlegenheit, indem sie sagte: „Ich hab' keine Zeit mehr, ich muß im Garten Bohnen schneiden für heut' Mittag. Ich hab' eine Taglöhnerin bestellt, die mir hilft; wir müssen heute unsere Kartoffeln häufeln. Es ist dir doch recht?"

„Ja, ja, mach' du nur das, wie sich's gehört."

Lenz ging auch an die Arbeit, aber der Kopf war ihm heute seltsam eingenommen. Er irrte sich mehrmals in der Wahl der Feilen, und die Feile des Vaters, die doch ein Heiligthum war, warf er unwillig bei Seite.

Die Zauberflöte spielte. „Wer hat das Werk wieder in Gang gebracht?" fragte Lenz rasch und verwundert.

„Ich," sagte der Lehrjunge. Lenz schwieg.

Es muß Alles wieder in Gang kommen. Die Welt steht nicht still, wenn ein Herz auf ewig ausgeschlagen und wenn ein trauerndes freiwillig ewig still stehen möchte. Lenz arbeitete ruhig weiter.

Der Gesell berichtete, daß in Triberg ein junger Meisterssohn aus der Fremde heimgekommen, der nun selbständig eine

Spieluhren-Werkstatt errichten und sich in der hiesigen Gegend setzen wollte.

Dem könntest du dein ganzes Anwesen verkaufen, dachte Lenz, und dann könntest du einmal selber sehen, wie die Welt ausschaut. Aber dieser Gedanke des Fortgehens tauchte nur in ihm auf, wie eine Erinnerung an etwas, was er einmal vor Zeiten gewollt. Ein eigentlicher Trieb war nicht mehr darin, und gerade, daß der Ohm das Gerücht von seiner Wanderung verbreitet hatte und ihn dadurch zwingen wollte, machte ihn widerspänstig. Er nahm die Feile des Vaters nochmals zur Hand und betrachtete sie eine Weile, wie wenn er sagen wollte: Sein Leben lang hat der Mann, der diese Feile geführt — eine kurze, frühe Wanderzeit ausgenommen — hier auf der Stelle gesessen und ist glücklich gewesen; freilich — er hat jung geheirathet, das ist was Anderes.

Sonst schickte Lenz den Lehrjungen zum Gießer, der drüben jenseits am Berge wohnte, heute ging er selbst. Und als er wiederkam, saß er auch nur kurze Zeit an der Arbeit. Es ist unrecht, daß du nicht zum Pilgrim gehst. Mitten im halben Tage ging er den Berg hinab durch das Dorf, die Matte hinauf zu Pilgrim. Der brave Kamerad saß an der Staffelei und malte. Er stand auf, fuhr sich mit beiden Händen durch seine langen, schlichten, röthlich blonden Haare und reichte Lenz die Rechte. Dieser sagte nun, welch eine Freude ihm diese Ueberraschung mache und wie herzlich und treu es vom Freunde sei. „Paß," lehnte Pilgrim ab, und steckte beide Hände in seine weiten Pump-Hosen, „puh, ich thu' mir selber ein Bene damit. Es ist zum Verzweifeln, jahraus jahrein das liebe Dorf zu malen, die Kirche mit der Bischofsmütze als Kirchthurm, der hat ein großes Loch, daß man das Zifferblatt hereinsetzen kann, und der Mäher da mit der Sense steht immer da und kommt nicht vom Fleck, und die Frau mit dem Kinde, die ihm entgegen geht, kommt nie zu ihm; das Kind streckt seine Händchen aus, aber es kriegt den Vater nie. Und der verfluchte Kerl steht immer mit dem Rücken da, ich weiß gar nicht, was er für ein Gesicht hat. Aber hundert und hundert Mal muß ich dieses verdammte giftgrüne Zeug malen. Es ist einmal so, die Welt will immer dasselbe. Ich mein', ich könnte mit verbundenen Augen das Ding malen, und muß immer wieder dran. Nun hab' ich mir ein Bene gethan,

und deine Mutter gemalt. Ich male sonst keine Portraits mehr,
ich mag die Gesichter hier herum nicht und will künftigen Jahr-
hunderten nicht den Possen spielen, daß sie sie auch noch ansehen
müssen. Dein Ohm hat Recht, daß er sich nicht will malen
lassen. Wie vorlängst ein Durchreisender ihn drum angeht, sagt
er: Nein, sonst sehe ich mich noch in künftigen Zeiten in einer
Tröbelbude hangen beim Napoleon und beim alten Fritz. — Der
Kerl hat doch Gedanken, man möcht' ein Rad schlagen."

„Was willst du jetzt vom Ohm? Nicht wahr, das Bild meiner
Mutter hast du doch für mich gemalt?"

„Wenn du's haben willst, ja. Komm', stell' dich gleich daher. Mit den Augen bin ich noch am wenigsten zufrieden, die
krieg' ich noch nicht weg. Der Doktor war heut früh da, der
sagt's auch. Er hat mir einen Fremden bringen wollen, der was
von der Kunst versteht, er ist aber zu spät aufgestanden. Du
hast ganz die Augen deiner Mutter. Komm', stell dich da her,
so, da her. Jetzt halt' dich ruhig, denk' dir was Gutes von
mir, oder wie du einem was schenken möchtest. Das ist brav,
daß du dich für den Faller verbürgt hast. Daran denk', dann
hast du den Blick deiner Mutter, der Einem einheizt. Nicht
lächeln. Aber so gut, so getreu, so . . so . . jetzt, jetzt ist's
recht. Blinzle nicht. Nein, so kann ich nicht malen, wenn du
weinst!"

„Es sind mir nur die Augen übergegangen," beschwichtigte
Lenz, „ich hab' mir denken müssen, daß die Augen meiner
Mutter . . ."

„Nun gut, so lassen wir's sein. Ich weiß jetzt schon. Komm,
wir wollen Schicht machen. Es ist ohnedies bald Mittag. Du
ißt doch heut Mittag mit mir?"

„Nein, nimm mir's nicht übel, ich muß mit meinem Ohm
Petrowitsch essen."

„Ich nehm' dir nie was übel. Jetzt sag', wie geht dir's?"

Lenz legte nun den Plan dar, daß er halb und halb Willens sei, noch ein paar Jahre auf die Wanderschaft zu gehen,
und er beschwor den Freund, jetzt den damals verdorbenen Plan
auszuführen und mit ihm gemeinschaftlich zu ziehen. Vielleicht
könnten sie nun das Glück erringen, das sie damals erhofft.

„Thut's nicht, geht nicht," widersprach Pilgrim. „Schau,
Lenz, du und ich, wir sind nicht zu großen Reichthümern ge-

boren, und es ist auch recht so. Mein Don Bastian, das war
der rechte Weltmann, der zu Geld kommt; lauft der Kerl durch
die halbe Welt und weiß so wenig davon, als die Kuh von der
Kirchenlehr'. Wo er hinkommt, wo er geht und steht, ist sein
einziges Denken: wie kriegt man hier Batzen? Wie spart man,
und wie betrügt man? Und da versteht er sich mit der ganzen
Welt. Der spanische Bauer ist grad' so pfiffig dumm wie der
deutsche, und ihr Hauptgaudium ist, einen Andern über's Ohr
hauen. Wie mein Don Bastian heimgekommen ist, hat er nichts
abzulegen gehabt als sein Geld, und nur zu sehen, wie er's gut
anlegt. Wer so ist, bringt's zu was."

„Und wir?"

„Wer Vergnügen an Sachen hat, die man nicht für Geld
haben kann, der braucht kein Geld. Schau, alles überzählige
Klingende was ich hab', ist meine Guitarre, und das ist genug.
Ich hab' in diesen Tagen einmal dem Jüngsten von meinem Don
Bastian die zehn Gebote abgehört, und da ist mir auf einmal
ein gescheiter Gedanke gekommen. Wie heißt's im ersten Gebot?
Ich bin der Herr dein Gott, du sollst keinen andern Gott neben
mir haben. — Das ist viel. Jeder Mensch kann nur Einen
Gott haben. Du und ich, wir haben Freude an unserer Kunst.
Du bist glücklich, wenn du ein Werk gemacht hast, das gut zusammen stimmt, und ich auch, wenn mir's auch oftmals zuwider
ist, daß ich das ewige Dörflein mit dem ewigen Mähderlein und
dem ewigen Weiblein und Kindelein malen muß. Aber es freut
mich doch, wenn's fertig ist, und wenn ich's mach', bin ich lustig
wie ein Vogel, siehst du? wie der Fink, der da auf dem Kirchen-
dach sitzt. Und wer an dem, was er thut, Freude hat, wer
drauf sein ganzes Dichten und Trachten richtet, der kann nicht
auch noch seine Gedanken drauf stellen, wie er reich wird, wie
er speculirt und die Welt hinterlistet. Und wer Freuden hat, die
man nicht kaufen kann, was fragt der viel nach Geld und Gut.
Ich sättige mich am Anblick einer schönen Baumgruppe, wie da
die Lichter durch die Gezweige spielen, wie sie sich wiegen und
in einander huscheln, gar so heimelig und glückselig. Was braucht
der Wald mein eigen sein? Du sollst keinen andern Gott neben
mir haben. Das ist ein gutes Wort. Freilich, der andere Gott
ist meistentheils der Teufel, das kannst du an deinem Ohm Petrowitsch sehen. Und richtig heißt es auch in der Parallelstelle,

die ich dazu gefunden im Evangelium: du kannſt nicht den Kelch des Herrn und den des Teufels auf Einmal trinken."

„Zieh zu mir ins Haus," war die ganze Antwort, die Lenz dem Freunde gab, „ich laſſ' dir unſer Oberſtüble ausbauen und noch eine Kammer daneben."

„Du meinſt's gut, aber es wär' nicht gut. Lenz, du biſt ein Wunder. Du biſt der geborne Ehemann und Hausvater. Du mußt heirathen, und ich freue mich ſchon darauf, wie ich deinen Kindern Geſchichten von meinen Reiſen erzähle. Und wenn ich alt bin und nichts mehr verdienen kann, da kannſt du mich meinet= wegen ins Haus nehmen und zu Tode füttern. Aber jetzt halt' die Augen auf. Und ich nehm' dir's nicht übel, im Gegentheil, ich rathe dir's, ſetz' mich ein Bischen hinten an, damit dich dein Ohm Petrowitſch ins Teſtament ſetzt. Erben, das können wir. Ich habe das größte Talent zum Erben, ich habe aber leider Gottes lauter arme Verwandte, ſie ſind alle nur reich an Kindern. Ich bin der Einzige, von dem's einmal was zu erben giebt. Ich bin auch ein Erbonkel, ſo gut wie der Petrowitſch."

Der Freund erheiterte Lenz, wie ein eben ſchnell vorüber= ziehender Sonnenregen draußen die Natur erfriſchte. Sie war= teten, bis es ausgeregnet hatte, dann gingen ſie mit einander nach dem Wirthshauſe; aber ſchon vor demſelben trennten ſie ſich, denn Pilgrim ſagte, er ſolle nicht mit ihm gemeinſchaftlich beim Petrowitſch ankommen. Vor dem Wirthshauſe ſtand ein Fuhrwerk, der Löwenwirth begleitete einen jungen Mann bis vor das Haus und reichte ihm zwei Finger zum Abſchied und ſchob dabei das Käppchen etwas in den Nacken.

Der junge Mann gab nochmals Grüße an Frau und Tochter auf und befahl dem Fuhrmann, voraus zu fahren und am Hauſe des Doktors zu warten.

Als er an den beiden Freunden vorüberging, grüßte er ſie, indem er die Mütze abzog.

„Kennſt du den jungen Mann?" fragte Lenz.

„Nein."

„Und ich auch nicht," ſagte Pilgrim. „Sonderbar! Wer iſt der Fremde?" fragte er den Löwenwirth.

„Der Bruder von meinem Schwiegerſohn."

„Oho!" raunte Pilgrim leiſe zu Lenz, „jetzt erinnere ich mich. Ich habe von ihm gehört, er iſt ein Freier vom Annele."

Lenz stieg schnell voraus die Treppe hinauf. Pilgrim sah nicht, was in seinem Gesichte vorging.

Zehntes Kapitel.

Ein Mittagessen bei Petrowitsch und Warten auf den Magenschluß.

Petrowitsch war noch nicht in der Stube. Lenz setzte sich einstweilen an dessen Tisch und unterhielt sich von da aus mit den Wirthsleuten und Pilgrim.

Annele war heute seltsam wortkarg; ja, als Lenz ihr nach dem Eintreten die Hand darreichte, machte sie sich etwas zu schaffen. Ihre Hand ist wohl versagt, sie kann sie jetzt Niemand, auch nur zum Gruße, geben. Und doch, sie sieht nicht aus wie eine Braut. Jetzt kam der Ohm Petrowitsch, das heißt, sein Hund, ein Bastard von Dachs und Rattenfänger, als Läufer ihm voran.

„Guten Tag, Lenz!" sagte der Ohm hinter drein kommend, etwas brummig. „Hab' dich schon gestern erwartet. Hast du's denn vergessen, daß ich dich eingeladen hatte?"

„Ja wohl, das muß ich sagen, das hab' ich rein vergessen."

„In solchen Zeiten kann man vergessen, aber sonst ist Vergessen nicht gut für einen Geschäftsmann. Ich hab' in meinem ganzen Leben nichts vergessen und nichts verloren; keine Stecknadel verloren und kein Sacktüchle vergessen. Man muß immer seine sieben Sinne bei einander haben. So, jetzt wollen wir essen."

Annele brachte die Suppe; der Ohm schöpfte für sich heraus und noch auf einen Nebenteller. Dann sagte er zu Lenz: „Nimm du das Uebrige." Hierauf zog Petrowitsch die Zeitung aus der Tasche, die er sich täglich von der Post holte, schnitt sie auf, bis die Suppe verkühlte, legte Tabaksbeutel und Meerschaumpfeife darauf, und jetzt erst begann er zu essen.

„Siehst du," sagte er nach der Suppe, während er in den Teller für den Unbekannten Brod einbrockte, „siehst du, so lebe ich gern; im Wirthshause essen, da muß mir jeden Tag frisches Weißzeug gegeben werden. Ich werf' tagtäglich die Zeche in Winkel hin und bin immer mein freier Herr." —

Beim Fleische legte Petrowitsch dem Lenz hocheigenhändig ein Stück vor, das andere nahm er für sich und schnitt wieder ein Stück in den Teller des Unbekannten. Es mußte ein sehr Vertrauter sein, denn Petrowitsch steckte den kleinen Finger in das Gericht, schüttelte den Kopf und schüttete etwas Wasser in das Hergerichtete. Jetzt wurde es offenbar: „Komm, Büble," rief Petrowitsch dem Hunde zu: „sachte, sachte, nicht hitzig sein, Büble, so, so, ruhig!"

Er stellte den Teller auf den Boden, und der Hund schmatzte behaglich seine Speise, bis er zuletzt die Mundwinkel ausleckte und seinen Herrn dankbar und zufrieden anschaute.

Von nun an bekam der Büble — in der ganzen Gegend war man Petrowitsch bös, daß er dem Hunde diesen Namen gegeben hatte — nur noch kleine Bissen. Petrowitsch sprach wenig während des Essens, und als er nach Tisch seine Pfeife angezündet hatte und die Zeitung aufnahm, kannte Büble das als Zeichen, daß er nun auf den Schooß seines Herrn springen konnte. Dort ruhte er halb sitzend halb stehend und Petrowitsch las über dem Kopfe des Hundes weg die Zeitung.

Lenz saß verlegen da, der Ohm war nicht aus seiner Gewohnheit zu bringen. Endlich fragte Lenz: „Ohm, warum habt Ihr das Gerücht verbreitet, daß ich auf die Wanderschaft gehe?"

Petrowitsch rauchte dreimal behaglich und blies noch den Rauch an, dann streichelte er den Büble, schob ihn sanft vom Schooße, legte die Zeitung wieder zusammen, steckte sie in die Tasche und sagte endlich: „Ja, Lenz, wie kommst du mir vor? Du hast mir ja selber gesagt, daß du deine Jugend einholen und noch in die Fremde willst."

„Ich kann mich nicht erinnern."

„Ich nehm' dir auch das nicht übel, du bist nicht dein eigen gewesen; aber gescheit wär's, wenn du noch in die Fremde gingest, du kämest aus Manchem heraus. Zwingen will ich dich nicht, und ich kann ja auch nicht."

Lenz ließ sich von der Zuversicht des Ohms einreden, daß er ihm das mitgetheilt, und bat, ihm auch nicht übel zu nehmen, daß er das vergessen.

„Lenz, rück' ein Bißchen näher," lispelte Petrowitsch vertraulich, „es braucht's Niemand zu hören, was wir reden. Horch, wenn du mir folgst, heirathest du nicht."

„Aber Ohm, wo werde ich denn jetzt an so etwas denken?"

„Bei euch jungen Leuten kann man nichts sagen. Das ist sicher. Schau, Lenz, nimm dir ein Exempel an mir. Ich bin dir einer der glücklichsten Menschen auf der Welt; ich bin jetzt sechs Wochen in Baden=Baden gewesen, und jetzt ist's hier auch wieder schön, und wo ich hinkomme, bin ich mein eigener Herr, und die Welt muß mich bedienen. Und es giebt jetzt gar keine Mädchen mehr, die zu etwas taugen. Die Einfältigen und Gut=müthigen, bei denen stirbt man vor langer Weile; und die Ge=witzigten und Gescheiten, denen soll man täglich dreimal, zu jeder Mahlzeit, Feuerwerk machen, damit sie sich auch amüsiren. Dann heißt's fortwährend: Ach Gott, wie ist das Haushaltführen so langweilig! Ihr Männer wißt's gar nicht. — Und dabei das Kindergeschrei und die Verwandten und das Schulgeld und die Steuern."

„Wenn aber die ganze Welt Eure Gedanken hätte, da wär' ja die Welt in hundert Jahren ausgestorben!"

„Pah, sie stirbt nicht aus!" lachte der alte Petrowitsch und drückte den Tabak in seiner Pfeife mit einem porcellanenen Drücker nieder, den er stets bei sich trug. „Schau, da geht das Annele." — Lenz erschrak ins Herz hinein, er wußte nicht, warum; aber der Ohm fuhr ruhig fort: „Schau, das ist ein kugeliges Weibsbild, immer aufgezäumt, und sie ist mein Hof=narr. Ja, die alten Könige waren gescheit, die haben sich Hof=narren gehalten, die haben sie beim Essen müssen zum Lachen bringen, das ist gesund, das hilft verdauen. Das Annele ist mein Hofnarr, ich muß tagtäglich über sie lachen."

Als sich Lenz umsah, war Pilgrim bereits verschwunden. Er schien es in der That darauf angelegt zu haben, daß der Freund ihn vor Petrowitsch verläugne. Lenz hielt es aber für seine Pflicht, zu sagen, daß er ein getreuer Freund des Pilgrim sei und bleibe.

Der Ohm fand das recht und lobte den Neffen darüber, und Lenz war ganz erstaunt, da Petrowitsch den Pilgrim lobte, indem er hinzusetzte: er sei auf eine andere Manier ganz so, wie er selbst; er wolle auch nichts vom Heirathen wissen und mache sich auch nichts aus dem Weibsvolk.

Der Büble ward unruhig und winselte.

„Ruhig!" drohte Petrowitsch, „sei geduldig, wir gehen jetzt

schon heim und schlafen; sei geduldig. Komm, Büble. Gehst
du mit, Lenz?"

Lenz begleitete den Ohm bis zu dessen Hause, das groß
und stattlich war und von ihm allein bewohnt wurde. Die Thür
öffnete sich von selbst wie durch einen Zauber, denn die Magd
mußte aufpassen und ihm öffnen, ohne daß er anklopfte. Ein
Frembes, das sich nicht über sein Begehren auswies, durfte
nicht ins Haus, und im Dorfe sagte man: da muß eine Fliege
einen Paß haben, wenn sie ins Haus will.

Lenz sagte Lebewohl, und der Ohm dankte ihm gähnend. — —

Lenz war froh, als er am Nachmittag wieder bei seiner
Arbeit saß.

Das Haus, das so veröbet war, daß er es nicht mehr
darin aushalten zu können glaubte, wurde ihm wieder aufs Neue
heimisch. Man findet draußen in der Zerstreuung keine rechte
Ruhe, die wohnt allein daheim. Er suchte einen Platz für das
Bild der Mutter: der beste war gerade über der Feile des Va=
ters, sie sieht ihm dann zu, wie er arbeitet, und er kann oft
zu ihr aufschauen.

Halte die Stuben ein bischen sauber, hatte Lenz zu Franzl
gesagt, und mit gerechtem Zorneseifer erwiderte sie: es ist immer
sauber! Lenz wollte es nicht sagen, daß er eine besondere Sau=
berkeit wünschte, denn er wartete jede Stunde, daß Annele mit
ihrer Mutter käme, um das Orgelwerk zu sehen und zu hören,
ehe es in die weite Welt ging. Dann wollte er sie auch geradezu
fragen — der gerade Weg ist der beste — was denn an dem
Gerede sei mit dem Techniker. Er weiß zwar nicht, was ihm
das Recht giebt, sie zu fragen, aber er meint, er muß es; er
kann dann ganz anders mit ihr reden, so oder so.

Es verstrich Tag auf Tag, Annele kam nicht, und Lenz ging
oftmals am Löwen vorüber, ohne hinauf zu gehen, ja zuletzt ohne
hinauf zu schauen.

Eilftes Kapitel.

Das große Werk spielt seine Stücke, und neue Stücke werden gesetzt.

Es war ein Ereigniß für das ganze Thal, als sich die Nach=
richt verbreitete, das schöne große Uhrwerk des Lenz von der

Morgenhalde, die Zauberflöte, gehe in den nächsten Tagen an
ihren Bestimmungsort nach Rußland. Eine wahre Wallfahrt zog
nach dem Hause des Lenz; Jeder wollte das schöne Werk noch
bewundern, ehe es auf ewig verschwände. Die Franzl hatte
viel zu thun, all den Leuten Willkomm zu sagen, die Hand zu
reichen und immer vorher die Hände an der Schürze abzuwischen
und ihnen das Geleite zu geben. Es waren gar nicht Stühle genug
im Hause, um die vielen Leute auf einmal sich setzen zu heißen.

Selbst der Ohm Petrowitsch kam ins Haus und mit ihm
nicht nur Büble — das versteht sich von selbst — auch Ibrahim,
der Spielkamerad Petrowitschs, dem man nachsagte, er sei in
seinen fünfzig Jahren Abwesenheit von der Heimath ein Türke
geworden, kam mit ihm. Die beiden Alten sprachen wenig:
Ibrahim saß still da und rauchte seine lange türkische Pfeife und
zwinkte nur manchmal mit den Augbrauen; Petrowitsch war
beweglich um ihn her, fast so beweglich, wie Büble um Petrowitsch; denn Ibrahim war eigentlich der einzige Mensch, der
eine gewisse Macht über Petrowitsch besaß, und er besaß sie nur,
weil er sie nicht übte. Er wies alle Menschen ab, die durch
ihn etwas bei Petrowitsch erreichen wollten. Sie karteten ganze
Abende mit einander und bezahlten gegenseitig baar aus, und
eben die stetige, unbewegliche Ruhe Ibrahims machte Petrowitsch
um so lebendiger und dienstwilliger, und hier in seinem elterlichen Hause schien Petrowitsch gewissermaßen den Wirth machen
zu wollen.

Während ein großes Stück gespielt wurde, stand Petrowitsch
an der Werkbank und betrachtete Alles, was dalag und an
Wand und Decke hing; endlich nahm er die wohlbekannte Feile
mit dem eingedrückten Griff herunter. Als das Stück ausge-
spielt hatte, sagte er zu Lenz: „Nicht wahr, das ist seine Feile
gewesen?"

„Ja, meines Vaters selig."

„Ich will sie dir abkaufen."

„Ohm, das ist nicht Euer Ernst, das kann man ja nicht
verkaufen."

„Mir wohl."

„Auch Euch nicht, nehmt mir's nicht übel."

„Gut, so schenk' mir's. Ich werde dir auch einmal was
schenken."

„Ohm, ich weiß nicht — ich weiß nicht, was ich da sagen soll. Aber ich meine, ich darf das nicht aus dem Haus geben."

„Gut, so bleib' da," sagte Petrowitsch zu dem todten Handwerkszeug und steckte es an seine Stelle.

Er ging mit Ibrahim bald wieder thalwärts.

Auch von stundenweit und aus dem jenseitigen Thale kamen sie daher, um das Werk zu bewundern, und Franzl war besonders glücklich, als der erste Mann aus ihrem Dorfe, der Gewichtlesmann, kam und offen sagte: „So etwas ist in hundert Jahren nicht aus unserer Gegend gekommen. Schade, daß das so stumm dahin fährt und nicht spielt von hier bis Odessa und überall sagt: „Ich komm' vom Schwarzwald, da wohnen kunstfertige Menschen, die so was zuweg bringen." Franzl lächelte glückselig. So sprechen die Knuslinger, so kann's doch Niemand von anders woher. Sie berichtete, wie lang und eifrig Lenz an dem Werk gearbeitet und wie er oft in der Nacht aufgestanden sei, um etwas vorzurichten, was ihm in den Sinn gekommen: da seien Geheimnisse darin, die Keiner auskunde; sie natürlich war in Alles eingeweiht, und stärkeres Herzklopfen hat ein Mädchen nicht, das die erste Liebeserklärung hört, als Franzl empfand, da der erste Mann ihres Dorfes sagte: „Ja, Franzl, und ein Haus, aus dem so ein Werk hervorgeht, so accurat und so fein — so ein Haus muß ordentlich sein; du hast auch Theil."

Es nehme mir's Keiner übel, ich will Niemand damit beleidigen, aber das muß man doch sagen, so gescheit wie bei uns daheim sind sie nirgends in der Welt. Der Mann ist doch der Einzige, der Alles richtig ausgelegt hat. Wie sind die Anderen da gestanden? Wie die Kuh vor einem neuen Scheunenthor. Muh! Muh! Ja, die Knuslinger! Gottlob, daß ich von Knuslingen bin! — So sagten die Mienen der Franzl, so sagte ihre Hand, die sie auf das klopfende Herz legte, so sagte ihr Blick, der dabei zum Himmel aufschaute.

Lenz mußte immer lachen, wenn sie ihm in jedes Essen einbrockte, wie berühmt er nun in Knuslingen sei, und Knuslingen ist kein kleiner Ort, es hat noch zwei Filiale: Fuchsberg und Knebringen.

„Morgen Abend schlage ich den Deckel zu, morgen Abend geht die Zauberflöte fort," sagte Lenz.

„Schon?" klagte Franzl und sah den Kasten an, als wollte sie ihn bitten, doch noch länger zu bleiben: er ist so gut daheim und bringt so viel Ehre.

„Ich wundere mich nur," fuhr Lenz fort, „warum des Doktors nicht kommen und . . . und . . . da des Löwenwirths haben mir's sogar versprochen."

Franzl rieb sich die Stirn und zuckte die Achseln, ihre Unwissenheit bedauernd; sie konnte allerdings nicht wissen, was in den großen Häusern vorgeht.

Das Löwen-Annele hatte die Mutter schon lang ermahnt, aber diese wollte nicht ohne den Vater gehen, es fehlt die Majestät, wo er nicht dabei ist; aber die Majestät ging den Dingen nicht nach, wer beachtet sein wollte, mußte zu ihr kommen.

Jetzt aber, am letzten Tage, hatte Annele erfahren — sie hatte ihre guten Kundschafter — daß des Doktors zu Lenz gehen; nun mußte die Majestät sich erbitten lassen, und so ist's recht: heute, am letzten Tage kommen die Vornehmsten. Mutter und Tochter beschlossen, daß man erst auf die Morgenhalde gehe, wenn des Doktors vorausgegangen waren; der Majestät sagte man nichts von der Diplomatie, die dabei spielte, ihre Accuratesse und Würde vertrug das nicht.

„Der Duzlehrer kommt!" rief Franzl am frühen Morgen, als sie zu ihrem Küchenfenster hinaus schaute. Im Dorfe bei den alten Leuten hieß nämlich der jugendlich frische Schullehrer der Duzlehrer, weil er sich mit der ganzen ledigen Mannschaft im Dorfe duzte, was man ihm theilweise sehr übel aufnahm; dafür hieß er aber auch bei seinen Kameraden Liedermeister, und diesen Titel liebte er sehr. Er war der eigentliche Gründer und der feste Mittelpunkt des Liederkranzes und noch dazu mit Lenz und Pilgrim und Faller das erlesenste Quartett. Lenz hieß ihn herzlich willkommen, und Franzl bat ihn zugleich, doch ein paar Stunden zu bleiben, um ihr zu helfen, die vielen Besuche, die heute noch kommen werden, zu empfangen.

„Ja, bleib da," bat Lenz, „du kannst dir nicht vorstellen, wie bang mir ist, da das Werk fortgeht. So muß es einem sein, wenn ein Bruder, ein Kind aus dem Hause in die Fremde zieht."

„Du gehst zu weit," ermahnte der Lehrer, „du hängst an Alles ein Stück Herz. Wo nimmst du nur immer wieder frisches her? Du weißt, ich mag eigentlich das Georgel nicht . . ." Franzl

machte ein böſes Geſicht, aber der Duzlehrer fuhr fort: das
Georgel iſt für Kinder und kindiſche Völker. Ich mag ſchon das
Clavier nicht, weil die Töne darin fertig ſind; eine Muſik auf
dem Claviere iſt nicht viel mehr, als wenn man ein geſungenes
Lied pfeift, und eure Orgelwerke haben Zungen und Lungen,
aber kein Herz.“

Franzl verließ unwillig das Zimmer. Gottlob, daß noch
Knuslinger auf der Welt ſind, die Alles beſſer verſtehen. Sie
hörte jetzt drin in der Stube ſingen das rührſame Lied: „Morgen
muß ich fort von hier.“ Lenz ſang einen hellen, wenn auch
eben nicht volltönenden Tenor, und der Schulmeiſter durfte nicht
die Vollkraft ſeines Baſſes drauf ſetzen, um ihn nicht zu ver=
decken. Franzl unterbrach den Geſang, indem ſie durch die ge=
öffnete Thür rief: „des Doktors kommen!“

Der Schulmeiſter ging ihnen als Ceremonienmeiſter bis vor
das Haus entgegen.

Der Doktor kam mit Frau und drei Töchtern und ſagte
alsbald in ſeiner behaglichen Weiſe, die nichts Befehleriſches
hatte und gegen die es doch kein Ausweichen gab, daß Lenz
durch Plaudern ſich keine Arbeitszeit rauben ſolle, er möge nur
das Werk in Gang ſetzen.

Das geſchah, und Alle waren voll ſichtbarer Freude. Als
das erſte Stück geendet, ſchlug Lenz die Augen nieder, da er ſo
viel Lob hören mußte, und Alles war ſo geſagt, daß man
keinen Höflichkeitsrabatt abzuziehen hatte.

„Die Großmutter läßt Ihnen gratuliren,“ ſagte die älteſte
Tochter, und Bertha rief: „O, wie viel Stimmen hat ſo ein
Schrank!“

„Möchteſt wohl auch ſo viel haben?“ neckte der Vater.

Die älteſte ſagte aber wieder zu Lenz, und ihr braunes
Auge war dabei voll Glanz: „Sie haben einen ſehr feinen
Muſikſinn.“

„Ja,“ ſagte Lenz, wenn mir nur mein Vater ſelig in
meiner Kindheit ein kleines Geigle gekauft hätt', daß ich drauf
ſpielen könnt', ich glaub', ich hätt's in der Muſik zu was gebracht.“

„Du haſt's zu was gebracht,“ ſagte der dicke Doktor, und
legte dabei ſeine breite Hand auf die Schulter des Lenz.

Der Duzlehrer, der ſeine beſondere Freude daran hatte, den
inneren Bau des Werkes zu verſtehen, überhob Lenz der Mühe,

solches den Frauen zu erklären, und Lenz hätte es auch nicht so sagen können, wie hier namentlich die Feinheiten beim Crescendo und Decrescendo angebracht waren, und welch ein feiner Sinn dazu gehört, unbeschadet der Zartheit die Kraft hervorzubringen, die geschleiften und die gestoßenen Töne gehörig abzuschatten. Er erklärte wiederholt, wie Musiksinn und mechanische Fertigkeit sich bei solchem Werke vereinigen müssen, und wie besonders die schwermüthigen Partieen so wohl thuend gelungen seien; und die Seele eines Musikstückes herausbringen, während man nach dem Metronom arbeite, das sei doppelt schwer; denn der frei spielende Musiker spiele nie nach dem Metronom, und sei dadurch unbehinderter im Ausdrucke der Empfindung. Er war eben daran, das massive Laufwerk, die Hauptstimmen und Beistimmen und besonders die Beschaffenheit der Walzen zu erklären, wie sie fest zusammengefügt werden müssen, daß sie nicht schwinden, äußerlich das weiche Erlenholz liege, während innerlich verschiedene Hölzer, deren Fasern verschieden gelegt sind, — da wurde seine Erklärung unterbrochen, denn man hörte draußen die Franzl besonders freundlich und herzlich Willkomm sagen. Lenz ging hinaus. Da war der Löwenwirth mit seiner Frau und Annele. Der Löwenwirth gab ihm die Hand und nickte dabei mit dem Bewußtsein, daß es darüber hinaus nichts mehr gebe, wenn ein anerkannter stolzer Ehrenmann einem jungen Mann die Ehre anthue, ein Werk, an das er jahrelangen Fleiß gewendet hat, auch eine Viertelstunde zu mustern.

„Kommst doch auch endlich noch?" begrüßte Lenz das Annele.

„Warum endlich?" fragte diese.

„So? Hast's denn vergessen, daß du mir schon vor sechs Wochen gesagt hast, du kämst?"

„Wann denn? Ich kann mich nicht erinnern."

„Am Tage nach dem Tode meiner Mutter hast du gesagt, du kämst bald."

„Ja, ja, es wird so sein, ja, ja, es ist so. Es ist mir immer gewesen, wie wenn mir was auf dem Herzen läge, ich habe nicht gewußt, was; jetzt das ist's, ja wohl. Aber, lieber Gott, in unserm Haus, du kannst es gar nicht glauben, was einem da alles durch den Kopf geht," so sagte Annele, und Lenz spürte etwas wie einen Stich durchs Herz.

Er hatte aber eigentlich nicht Zeit, sich zu besinnen, was

ihn dran verdroß oder erfreute, denn nun ging es an ein Be-
willkommen von Seiten des Löwenwirths und des Doktors. Es
fehlte nicht viel, daß Annele nach der Stadtmode die Töchter
des Doktors geküßt hätte, die Freundinnen, die sie doch tief
haßte, denn sie thaten immer etwas zurückhaltend gegen Annele.

Amanda, die Kräutlesmamsell, hatte ihren breiten Hut abgenommen, wie wenn sie daheim wäre; nun that's Annele auch,
und sie hatte ein reicheres Haar als alle die drei mit einander,
sie konnte auf ihr langes Haar sitzen; so lang und voll war's;
sie richtete ihre Krone von dreifachen schweren Flechten auf und
schaute wohlgemuth drein.

Lenz setzte nun eine frische Walze ein und ließ die lustige
Weise aus der Zauberflöte spielen, die noch besonders gesetzt
war, das Lied des Mohren: „Das klinget so herrlich, das klinget so schön."

Der Löwenwirth brummte: hm! hm! Das war eine große
Rede, denn er nickte dabei und schlürfte mit der Unterlippe, wie
wenn er einen guten Wein kostete.

„Ganz ordentlich," entschied er endlich und öffnete dabei
beide Hände, wie wenn er das Lob buchstäblich mit vollen Händen austheilte, „recht ordentlich." Das sind in der That ge-
wichtige Worte, wenn das der Löwenwirth sagt.

Die Löwenwirthin faltete die Hände auf der Brust und sah
mit einer Andacht ohne Gleichen auf Lenz: „Nein, daß ein
Mensch so was machen kann, und so ein junger Mann! Und
er thut so, wie wenn er wär' wie die Anderen alle. Bleib' du
nur so, das ist der schönste Schmuck für einen großen Künstler,
wenn er bescheiden ist; fahr' nur so fort, mach' nur mehr so,
du bist gut dran, das sag' ich."

Nach dieser Anrede sah sie vergnügt auf die Doktorin, innerlich frohlockend: so kann die leibarme Person, die Hopfen-
stange, doch nicht reden. Und wenn sie auch redet, was ist's?
Es ist etwas ganz Anderes wenn ich was sage.

Auch Annele faßte sich und sagte: „Ja, Lenz, das schöne
Werk hast du noch gemacht, wie deine gute Mutter gelebt hat,
da liegt ihr Segen drauf. Ich kann mir denken, wie hart es
dir sein muß, daß es jetzt so fort geht in die weite Welt. Weißt
du was? Du mußt mir das Stück bringen, ich will mir's ein-
lernen auf dem Clavier."

„Ich kann dir das Stück leihen," sagte die älteste Tochter des Doktors. Sie hatte die letzten Worte der Annele gehört.

„Aber wir haben's nur vierhändig," sagte die zweite Tochter.

„Und ich bin nur zweihändig," sagte Annele schnippisch. Die Mädchen hätten noch lange geplaudert, wenn der Doktor ihnen nicht mit ernster Miene gewinkt hätte: sie sollten doch still sein, denn eine neue Walze war eingesetzt und das zweite Stück begann.

Als dieses zu Ende gespielt war und man in die andere Stube ging — Franzl hatte Wein, Butterbrod und Käse aufgestellt — da sagte der Löwenwirth: „Lenz, mir kannst du's ehrlich sagen, du kannst's, ich will keinen Vortheil daraus ziehen; wie viel bekommst du für das Musikwerk?"

„Rund und grad zweiundzwanzighundert Gulden. Ich verdiene nicht viel dabei. Ich hab' mich lang dabei aufgehalten und hab' große Ausgaben gehabt. Aber wenn ich wieder eins mache, weiß ich den Vortheil besser."

„Machst du wieder eins?"

„Nein, es ist keins bestellt."

„Ich kann keins bestellen, ich handle eigentlich nicht mit Spieluhren. Wie gesagt, ich bestelle nicht, aber wenn du wieder eins machst, ich glaub', daß ich dir's ablaufe; ich hab' eine Spur, wo ich's anbringe."

„Wenn ich das weiß, gehe ich wieder frisch an ein neues, und es soll noch besser werden. Jetzt wird mir's fast leicht, daß das da fortgeht und die Jahre mitnimmt, die ich dran gearbeitet habe."

„Wie gesagt, ich sag' kein Wort mehr und kein Wort weniger. Bei mir geht alles accurat und sauber. Ich bestelle nicht, aber — es ist möglich."

„Das ist mir schon genug, das macht mich ganz glücklich. Das Annele hat mir vorhin dasselbe Wort gesagt, was ich gestern dem Pilgrim sagte: mir thut's so weh, ich sollt's eigentlich nicht sagen, mir thut's so weh, daß ich das Werk hergeben muß, an dem meine Mutter auch so große Freude gehabt hat."

Annele schaute bescheiden zu Boden. „Und ich werd' Freude dran haben, gerad' so wie deine Mutter," sagte die Löwenwirthin. Die Doktorin und ihre Töchter schauten bei diesen Worten betroffen auf die Löwenwirthin. Der Löwenwirth zog die Brauen tief ein und schaute strafend nach seiner Frau; aber eben durch

dieſe Pauſe, die jetzt entſtand, wurde das Wort der Löwenwir=
thin noch verfänglicher. Franzl war indeß eine gute Aushülfe;
ſie nöthigte Jedes, zu eſſen und zu trinken, und ſie war ganz
glücklich, da Annele ſagte, ſie könne ſtolz ſein, daß ſie das
Haus ſo nett halte, daß man die Hausfrau gar nicht vermiſſe.

Franzl wiſchte ſich mit ihrer neugewaſchenen Schürze die
Augen ab.

Die Löwenwirthin fand indeß bald eine geſchickte Frage:
„Lenz, iſt dein Ohm nicht auch da geweſen, und freut er ſich
nicht auch über das ſchöne Werk?"

„Er war da, hat aber weiter nichts geſagt, als ich hätte
zu billig verkauft und verſtünde meinen Vortheil nicht genug."

Nun giebt es nichts Geſchickteres, als eine abweſende Perſon
vorzunehmen und gar eine ſolche, die ſo viel zu ſprechen giebt
wie Petrowitſch. Es kam nur darauf an, welche Tonart man
anſchlug. Annele und die Löwenwirthin hatten ſchon den Mund
gewetzt, ſie mußten aber unter dem bannenden Blicke des Löwen=
wirths ſtill halten, und der Schultheiß=Doktor begann den Petro=
witſch zu loben: er thue nur ſo rauh, weil er ſich vor ſeinem
weichen Herzen fürchte; gegen den Schullehrer und Lenz gewandt
ſagte er: „Der Petrowitſch iſt wie Steinkohle, das ſind Bäume,
die einſt bei der ſogenannten Sündfluth verkohlt ſind, ſie haben
aber reichen Wärmeſtoff in ſich; ſo auch der Petrowitſch." Der
Schulmeiſter lächelte einverſtändlich, Lenz ſah verdutzt drein und
der Löwenwirth brummte. Die älteſte Tochter des Doktors ſagte:
Petrowitſch habe Freude an der Muſik, und wer Freude an der
Muſik finde, habe auch ein gutes Herz. Lenz nickte einverſtänd=
lich, und Annele lächelte holdſelig. Die Löwenwirthin durfte
ſich's nicht nehmen laſſen; ſie hatte das Geſpräch auf einen ſo
ergiebigen Gegenſtand gebracht, es durften nicht Andere ſich
ſeiner bemächtigen; ſie lobte die Geſcheitheit des Petrowitſch und
gab zu verſtehen, daß ſie deſſen innigſte Vertraute ſei; wobei
nicht undeutlich durchſchimmerte, daß ſie auch geſcheit ſei und
einen ſolchen Weiſen richtig zu würdigen verſtehe, was natürlich
nicht Jedermanns Sache iſt. Auch Annele hatte etwas Gutes
anzubringen, ſie lobte die Säuberlichkeit des Petrowitſch und wie
er immer ſo ſeine Wäſche trage und ſo unterhaltſame Späße
machen könne; ja, ſelbſt für den Buble fiel ein guter Biſſen ab
von der reichen Lobestafel. Annele ſchilderte Petrowitſch als den

vollkommenſten Hausfreund, ja, er wurde zuletzt heilig, es fehl=
ten ihm weiter nichts als ein paar Flügel, um ein reiner Engel
zu ſein. Endlich ging der Beſuch; der Schulmeiſter begleitete
die Familie des Doktors. Als der Doktor hinter drein ging,
gab ihm Lenz das Geleite und ſagte: „Herr Doktor, ich habe
eine Bitte, aber Sie müſſen mich nicht fragen, warum ich frage.“

„Was iſt's denn?“

„Ich möchte nur wiſſen, was iſt das für eine Pflanze:
Edelweiß?“

„Weißt du es nicht, Amanda?“ fragte der Doktor.

Erröthend erwiderte Amanda: „Das iſt doch die Alpen=
pflanze, die nahe an der Schneegrenze, ja, ſogar unterm Schnee
wachſen ſoll; ich habe ſie aber nie lebendig geſehen.“

„Das glaube ich, Kind,“ erwiderte der Doktor lächelnd;
„nur kecke Alpenjäger und Alpenhirten wagen es, die eigenſin=
nige Pflanze an ihrem Standorte zu pflücken, und es gilt als
Zeichen glücklichen Muthes, wer ſie gewinnt. Es iſt eine eigen=
thümliche, fein und zart gebaute Pflanze, wenig ſaftig und
darum leicht lang aufzubewahren, wie unſere heimiſche Immor=
telle; die Blüthe iſt mit weißſammetnen Blättern eingerändert,
und auch der Stengel iſt mit wolligem Flaum bedeckt. Wenn
du einmal zu mir kommſt, Lenz, kann ich dir das Pflänzchen
zeigen. Der lateiniſche Name der Pflanze iſt: Leontopodium
alpinum, was zu Deutſch Löwenfuß von den Alpen hieße; woher
der deutſche Name kommt, weiß ich nicht, wenn ich's nicht in
einem Buche finde; aber ſchöner iſt er jedenfalls als der lateiniſche.“

Lenz dankte.

Der Doktor und die Seinigen gingen den Berg hinab.

Als Alle ſchon weg gegangen waren, hielt ſich die Löwen=
wirthin noch bei Franzl in der Küche auf und wußte nicht genug
zu loben, wie ſauber und fein da Alles ſei. „Du biſt aber
auch wie die Mutter im Haus,“ ſagte ſie und hatte dabei ihr
Elſterngelächter, wie es Pilgrim nannte, „du verdienſt, daß er
dich in Ehren hält und dir Kiſten und Kaſten anvertraut und
kein Geheimniß vor dir hat.“

„Das hat er auch nicht, nur ein einziges.“

„So? Doch? Darf man's wiſſen?“

„Ich weiß es ja ſelber nicht. Wie er vom Begräbniß heim=
gekommen iſt, da hat er in der Kammer in dem Schränkchen

gekramt, zu dem die Meisterin nie Einem den Schlüssel gegeben hat, und wie ich ihn rufe, drückt er die Kammerthür zu und kramt lang und schließt wieder Alles fest zu, und wenn er aus dem Haus geht, drückt er noch jedesmal an dem Schränkchen, ob es auch gut verschlossen ist. Er ist aber sonst nicht mißtreu."

Die Löwenwirthin schluckte behaglich und stieß nur ein kurzes Elsterngelächter aus. Das ist gut, die Alte hat gewiß einen Strumpf voll Gold gespart, wer weiß, wie viel! — „Besuch' mich auch einmal," sagte die Löwenwirthin herablassend, „komm du nur, wann du willst, und wenn du was brauchst, ich verzeih dir's mein Lebtag nicht, wenn du in ein ander Haus gehst, als in meines. Dein Bruder kommt oft zu uns mit seinem Schindelnfuhrwerk. Soll ich ihm nichts ausrichten?"

„Ja, er könnte sich doch auch einmal nach mir umsehen!"

„Kannst dich drauf verlassen, daß ich ihm das ausrichte, und wenn er nicht Zeit hat, schicke ich nach dir. Es kommen viel Knußlinger zu uns, sie sind gescheit, wenigstens Ich einmal unterhalte mich am liebsten mit ihnen. Wenn die Knußlinger reich wären, sie wären die Berühmtesten landaus und landein. Es ist auch oft die Rede von dir, und die Knußlinger hören's gern, wenn man ihnen sagt, wie du in Ehren stehst und was du bist."

Die Löwenwirthin holte Athem, die Franzl schaute sie voll dienstbeflissener Glückseligkeit an, sie hätte ihr gern mit ihrem Athem ausgeholfen, aber sie hatte selbst keinen mehr; sie legte die Hand aufs Herz, um das zu betheuern, reden konnte sie nicht. Wie ist es denn auf einmal in der Küche? Da ist es ja, wie wenn aus allen Töpfen lauter fröhliche Knußlinger Gesichter lachen, und die schönen, blanken, kupfernen Kessel und Pfannen werden zu Pauken und spielen auf, und die blechernen Trichter blasen, und die schöne weiße Kaffeekanne stemmt den Arm in die Seite und tanzt just wie die alte Bürgermeisterin, die Pathe der Franzl; o weh, sie stürzt! Franzl faßte noch glücklich die übermüthige Kaffeekanne. Die Löwenwirthin erhob sich und schloß: „Jetzt behüt' dich Gott, Franzl! Es thut einem doch wohl, wenn man wieder einmal mit einer alten guten Freundin spricht. Es ist mir da bei dir viel wohler, als drin in der Stube bei dem Doktor mit seinen verdorbenen Fräulein, die nichts können als Clavier spielen und Mäulchen machen. Behüt' dich Gott, Franzl!"

Das Musikwerk drin in der Stube spielte nicht mehr und
nicht schönere Melodieen, als sich jetzt in dem Herzen der Franzl
spielten; sie hätte tanzen und singen mögen vor Freude, sie lachte
ins Feuer hinein, und dann schaute sie wieder durch das Küchenfenster der Löwenwirthin nach. Was ist doch das für eine
prächtige Frau, und sie ist doch die Erste in der Gegend, und
sie hat's ja selber gesagt, sie ist deine gute alte Freundin! Als
Franzl in der Stube den Tisch deckte, schaute sie einmal rasch
in den Spiegel, wie ein Mädchen, das vom Tanz heim kommt:
so sieht die Franzl aus, die die beste Freundin der Löwenwirthin ist. Sie konnte keinen Bissen über den Mund bringen
von dem guten Essen, das sie bereitet hatte, sie war satt, übersatt.

Zwölftes Kapitel.

Gutes Geleite und Gedanken in die Weite.

Fertig ist's jetzt! sagte Lenz in der Stube vor sich allein,
behüt' dich Gott! — Er ging nun daran, das Werk aus einander zu schrauben. Es wurde in einzelnen Stücken nach dem
Thale gebracht und der große schöne Kasten auf einer Bahre
hinab getragen, denn es ging kein Fahrweg nach dem Hause
des Lenz.

Die beiden Feinde Petrowitsch und Pilgrim trafen zusammen
bei dem Wagen, auf dem Lenz stand und die einzelnen, wohl
verwickelten Theile einpackte. Auf der einen Seite des Wagens
sagte Petrowitsch: „Ich kenne den Mann und das Haus, wo
das Werk hinkommt, gerade in Odessa ist einer meiner liebsten
Freunde. Der das Werk kriegt, ist ein grundbraver Mensch.
Wenn du gescheit wärest, gingst du mit und stelltest das Werk
in Odessa auf: dann kriegst du sieben neue Bestellungen."

„Ich hab' schon wieder eine neue Bestellung," beschwichtigte Lenz.

Auf der andern Seite des Wagens sagte Pilgrim: „Lenz,
wir geben der Zauberflöte ein Stück Wegs das Geleite, und
heute Abend sind wir bei guter Zeit wieder daheim."

„Ich bin's zufrieden, ich kann ohnedies heute nichts mehr
arbeiten."

Als die beiden Freunde, hinter dem Wagen dreingehend,

an dem Löwenwirthshaus vorüber kamen, ſchaute Annele zum
Fenſter hinaus und rief: „Glück zu!"

Die beiden Freunde dankten.

Am Hauſe des Doktors war's aber doch noch ſchöner. Da
kam die Magd heraus und legte ſchnell einen Kranz auf den
Wagen.

„Wer ſchickt den?" fragte Pilgrim, denn Lenz war ſtarr
von Staunen.

„Meine Haustöchter," ſagte die Magd und ging ins Haus
zurück.

Die beiden Freunde nickten hinauf ans Fenſter; es zeigte
ſich Niemand; nur als ſie · ein Stück weiter gegangen waren,
hörten ſie aus dem Hauſe des Doktors die Zauberflöte ſpielen.

„Es ſind doch prächtige Menſchen, des Doktors," ſagte
Pilgrim. „Ich bin nie dummer, als wenn ich mich frage: wer
von ihnen iſt die Beſte? Mir die liebſte iſt die alte Schultheißin.
Die ganze Gegend ſollte eine Bittſchrift bei Gott eingeben, daß
er die nicht ſterben läßt; jetzt iſt deine Mutter todt, und wenn
die noch ſtirbt, dann iſt die ganz alte Welt todt, die noch in
ehrlichem, hausmachenem Zeug lebte. Aber die Enkel ſind auch
brav, die Amanda wird einmal eine Großmutter wie die alte
Schultheißin."

Lenz ſchwieg, und den ganzen Weg nach der Stadt war er
ſtill. Dort aber, als das Fuhrwerk weiter gezogen war und die
Freunde beim Weine ſaßen, wurde Lenz wohlgemuth und red‐
ſelig und ſagte, daß es ihm ſei, als ob er jetzt noch einmal zu
leben anfange.

„Und heirathen mußt du!" das war wieder der Ausſpruch
oes Pilgrim. „Du kannſt nur zweierlei wählen: entweder eine
rechtſchaffene Gebildete, eine von des Doktors Töchtern, du kriegſt
eine, wenn du willſt, und ich rathe dir zur Amanda. Es iſt
nur ſchade, daß ſie nicht ſo ſingen kann, wie die Bertha, aber
ſie iſt ſeelenbrav, ſie wird dich ehren, wenn du ſie ehrſt, und
wird deine Kunſt hoch halten."

Lenz ſchaute in das Glas, und Pilgrim fuhr fort: „Oder
aber, du machſt dir's bequem und heiratheſt eine rechtſchaffene
Bauerntochter, des Voglsbauern Kathrine; die Franzl hat Recht,
ſie ſpringt dir nach über ſieben Zäune; die wird dir ſparen und
hauſen, und du wirſt geſunde Kinder kriegen, ſieben Söhne, die

die alten Tannen in des Löwenwirths Wald hinter deinem Hause
umreißen, und ein vermögender Mann wirst du auch. Aber für
beine Kunst und von dem, was du da sonst noch im Kopf hast,
kannst du dann von deiner Frau nichts verlangen. Du hast die
Wahl, aber wählen mußt du. Wenn du entschieden bist, schicke
nur mich, da oder dort hin. Ich freue mich schon auf meine
Würde als Brautwerber, ich ziehe ein Halstuch um, wenn's
nöthig ist. Kann ich mehr für dich thun auf der Welt?"

Lenz schaute noch immer in das Glas. Mit diesem Entweder=
Oder des Pilgrim war Annele ausgeschlossen. Erst nach geraumer
Zeit sagte Lenz: „Ich möcht' nur einmal in einer großen Stadt
sein. Ich möcht' einmal von einem ganzen Orchester so ein Musik=
stück hören, aber dasselbe Stück fünf, sechsmal. Da, mein'
ich, könnt' ich's noch ganz anders setzen. Es ist mir immer, wie
wenn noch ein Ton da wäre, den ich nicht herauskriege. Schau,
sie mögen mich loben, wie sie wollen, ich weiß doch, daß die
Stücke, die ich gesetzt habe, nicht den rechten Ton haben, es ist
nicht der rechte Ton; ich weiß es und kann ihn doch nicht anders
machen, es ist so was Quielsendes, so was Herbes, Trockenes
darin, wie wenn ein Taubstummer spricht: das klingt fast so, wie
wenn wir reden, aber es ist doch nicht so. Wenn ich nur den Ton
herauskriegte! Ich kenne ihn, ich höre ihn, aber ich krieg' ihn
nicht."

„Ja, ja, es geht mir auch so. Ich meine, es giebt eine
Farbe und ein Bild, das ich noch machen könnte. Ich mein',
ich müßt's herausreißen und festhalten, aber ich sterbe weg von
der Welt und krieg's nicht heraus. Das ist einmal so unser
Schicksal, das deinige und das meinige. Da kommst du nicht darüber
hinaus. Das muß so sein. Blasbalg und Uhrenrad werden nie
das machen können, was ein lebendiger Menschenathem und eine
lebendige Menschenhand ausrichten kann; die bringen auf Geigen
und Flöten Töne heraus, die ihr nie herauskriegt. Und das
muß so sein. Komm, trink' aus, wir wollen heim."

Sie tranken aus und gingen wohlgemuth heim durch die
Herbstnacht und sangen mit einander allerlei Lieder, und als sie
des Singens müde waren, pfiffen sie zweistimmig. An seinem
Hause nahm Pilgrim Abschied. Als aber Lenz im Löwenwirths=
haus noch viel Licht sah und laut sprechen hörte, ging er hinauf.

„Das freut mich, daß du noch kommst," sagte Annele und

ſtreckte ihm die Hand entgegen. „Ich hab' mir's gedacht, es
muß dir einſam ſein daheim, jetzt wo das Werk fort iſt, gerad
wie damals, wo deine Mutter geſtorben iſt.“

„Juſt gerad nicht ſo, aber doch von der Art. Ja, Annele,
ſie mögen mir das Muſikwerk loben, wie ſie wollen, ich weiß
doch, es ſollte noch ganz anders ſein. Schau, ich will mich
nicht loben, aber das darf ich doch ſagen, ich verſtehe, Muſik zu
hören, und Muſik recht hören können, das iſt was!“

Annele ſah ihn groß an. Muſik hören können, was iſt
denn das für eine Kunſt! Das kann ja jeder, der Ohren hat und
ſie nicht verſtopft! Sie ahnte aber doch, daß Lenz etwas Anderes
damit meine: ſie kennt das, ſie weiß aus vielfacher Erfahrung,
daß die Menſchen oft verkehrt anfangen, wenn ſie etwas zu berichten haben, wovon ſie ganz voll ſind. Sie warf daher nochmals einen großen Blick auf Lenz und ſagte: „Ja wohl, das
iſt was.“

„Du verſtehſt, wie ich's meine,“ rief Lenz begeiſtert.

„Ja, aber ich weiß es nicht zu ſagen.“

„Das iſt's ja, das kann ich ja auch nicht. So wie ich an
dieſen Punkt komme, bin ich gleich ein Stotterer. Ich habe nicht
eigentlich regelrecht Muſik gelernt, ich kann nicht geigen und
nicht Clavier ſpielen; aber ich höre doch ganz genau, wenn ich
die Noten ſehe, was der Muſiker hat ſagen wollen. Ich kann
nicht Muſik ſprechen, aber ich kann Muſik hören.“

„Das iſt ein gutes Wort!“ frohlockte Annele. „Das Wort
behalt' ich mein Leben lang: Muſik ſprechen und Muſik hören,
ſind zweierlei. Ja, von dir lernt man gut, wie es Einem ſo
innen iſt, aber man kann es nicht ſo geben.“

Lenz trank den guten Wein, die guten Worte und den
guten Blick des Annele auf einmal hinunter, dann fuhr er fort:
„Beſonders meinen Mozart, den höre ich ganz, und ich meine,
ich höre ihn recht. Wenn ich dem nur einmal im Leben hätte
die Hand geben können! Aber ich meine, ich wäre geſtorben vor
Wehmuth, wie er geſtorben iſt, wenn er zu meiner Zeit gelebt
hätte; aber in den Himmel hinein möchte ich ihm was Gutes
thun. Oftmals denke ich auch wieder: es iſt beſſer, daß ich kein
Inſtrument ſpielen kann: ich hätte doch nie ſo ſprechen gelernt,
wie ich hören kann. Das Hören iſt eine Naturgabe. für die ich
Gott zu danken habe, und mein Großvater ſoll auch beſonders

gut Mufit verstanden haben. Wenn ich spielen müßte, anders
als ich's hören mag und wie ich's meine, es thäte mir die Ohren
zerreißen."

„So geht mir's auch," setzte Annele ein, „ich höre es gar
gern, aber ich bin zu ungeschickt; und wenn man noch dazu im
Haus schaffen muß und nicht dabei bleiben kann, da wird nichts
Rechtes draus. Ich habe das Clavierspielen aufgegeben. Mein
Vater ist bös darüber, er hat nichts gespart, er hat uns Kinder
Alles lernen lassen; aber ich meine, was man nicht recht aus
dem ff kann, muß man ganz bleiben lassen, und eben für
Menschen, wie ich, die auch Musit hören, aber nicht sprechen
können, eben für solche bist du da und machst deine Musikwerte.
Wenn ich Meister im Haus wäre, ich thäte dir dein bestes Musit-
wert abtaufen, ich ließe es nicht nach Rußland; da in der
Wirthsstube müßte es sein, das wäre unterhaltsam für alle Gäste,
und du bekämest auch dadurch Bestellungen genug. Seitdem ich
bei dir da oben gewesen bin, spielt's mir immer, wo ich stehe
und gehe, die schöne Weise mit dem Glockenspiel: das klinget so
herrlich, das klinget so schön!"

Es klang auch in Lenz herrlich und schön. Er suchte Annele
zu erklären, daß, wer nicht das rechte Musikgefühl habe, die
Stifte wohl vorzeichne und einsetze, wie es die Noten vorschrei-
ben, aber damit sei es nicht gethan und auch nicht mit Verände-
rung des Tempo's, wie es vorgeschrieben ist; wo das Gefühl
nicht ist, da wird nichts als ein Leierkasten. Er nehme daher
das Piano noch langsamer und das Forte noch schneller; der
spielende Mufiter thue das von selbst, er wird von selbst beim
Piano sanfter und beim Forte hitziger. Das müßte man eben
in die Stifte zu bringen suchen, aber es darf nur ganz gering
sein, was man nachgiebt und vorschlägt, und beim Forte müsse
man besonders drauf setzen, weil das Wert da ohnedies viel
zu thun hat und von selbst anhält, da müsse man Vorspann
geben. „Schau Annele," schloß er, „ich tann dir gar nicht
sagen, wie glücklich mich meine Kunst, mein Geschäft macht. Der
Pilgrim hat Recht: da sitze ich da droben und setze heitere und
ernste Stüde, die sich dann allein spielen und hundert und hundert Menschen in weiter Ferne glücklich machen."

Annele hörte sehr einverständlich zu und sagte schließlich:
„Du verdienst es auch glücklich zu sein. Und du legst es so

ſchön aus, wie ſchön das iſt was du thuſt. Ich danke dir viel=
mal, daß du mir Alles ſo auslegſt. Wenn das Manches wüßte,
daß du mir Alles ſo ſagſt, könnte es eiferſüchtig ſein."

Bei dieſen Worten fuhr ſich Lenz mit der Hand über die
Stirn und ſagte: „Ja, Annele, darf ich dich was fragen?"

„Ja, dir ſag' ich Alles."

„Nimm mir's nicht übel: iſt es denn wahr, daß du ſo viel
als Braut biſt mit dem Techniker?"

„Ich danke dir, daß du mich das geradeswegs fragſt. Da
haſt du meine Hand drauf, es iſt kein wahres Wort dran, wir
haben nichts mit einander."

Lenz hielt die Hand feſt und ſagte: „Jetzt erlaube ich mir
noch eine Frage."

„Frag' du nur, was du willſt, du ſollſt ehrlich bedient
ſein."

„Sag', warum biſt du immer ſo anders gegen mich, wenn
der Pilgrim da iſt? Habt ihr je was mit einander gehabt?"

„Schau, da will ich Gift mit hinein trinken, wenn ich dir
nicht die Wahrheit ſage," entgegnete Annele und faßte nach dem
Glaſe des Lenz und nippte, ſo viel Lenz auch betheuerte: „Du
brauchſt nicht zu ſchwören, ich kann Schwören nicht leiden." Sie
fuhr fort: „Ja, wenn alle Menſchen ſo wären wie du, brauchte
man nicht zu ſchwören auf der Welt. Der Pilgrim und ich,
wir foppen und hänſeln uns immerfort. Aber er kennt mich
doch nicht ganz. Und wenn du da biſt, da kann ich das Spaß=
machen und die Faſtnachtspoſſen nicht leiden. Jetzt mußt du
mir aber auch etwas thun. Bleib' dabei! So wie du über
mich was zu fragen haſt, was es auch ſei, frag' Niemand, als
mich ſelber; verſprich mir das, gieb mir die Hand drauf."

Sie reichten einander die Hände, und Annele fuhr mit weh=
müthigem Tone fort: „Ich bin eine Wirthstochter, ich hab's
nicht ſo gut wie andere Haustöchter, bei denen darf nicht Jeder
da hereinkommen, und man muß ihm Rede und Antwort geben.
Darum ſchlag' ich oft aus, wo ich kann, aber ich bin nicht
immer ſo, wie ich mich ſtelle. Dir darf ich das ſagen, und dir
ſag' ich's. Ich könnt' wohl auch manchmal betrübt ſein, aber
mit luſtig drüber wegſpringen jagt man die Traurigkeit fort."

„Das hätte ich jetzt nie geglaubt, ich hätte nie geglaubt,
daß dir je ein trüber Gedanke durch die Seele gegangen. Ich

habe immer gemeint, du bist den ganzen Tag wie ein lustiger Vogel."

„Ja, die Lustigkeit ist mir auch lieber," erwiderte Annele und bekam plötzlich ein ganz anderes Gesicht. „Ich mag auch die traurige Musik nicht. Das klinget so herrlich, das klinget so schön! Das ist eine Weise, die ist lustig, da möchte man dazu hüpfen und tanzen."

Das Gespräch war wieder auf die Musik und auf das heute abgesandte Werk zurückgelenkt. Lenz sprach gern und viel davon, wie er die Zauberflöte auf ihrem langen Wege begleite. Er hätte gern allen Packknechten, allen Fuhrleuten und allen Matrosen zugerufen: habt Acht! Schade, daß ihr nicht hören könnt, was da eingewickelt ist!

Noch nie in seinem Leben war Lenz, wie heute, der letzte Gast im Wirthshause gewesen, und er fühlte gar keine Lust, aufzustehen und heim zu gehen; die große Schlaguhr in der Stube schlug laut und mahnend, und die Gewichte rollten dabei wie zornig, Lenz hörte sie nicht. Der Löwenwirth war in der Stube verblieben, da sich die Frau zu Bette gelegt hatte. Er las seine Zeitung am andern Tisch, stand auf, gab Annele einen Wink, Feierabend zu machen; sie mußte es nicht verstanden haben, sie sprach eifrig weiter. Er löschte mit Geräusch sein Licht aus, auch das merkten die Beiden nicht. Er ging mit schwer knarrenden Stiefeln die Stube auf und ab, Lenz achtete nicht darauf. Das war noch nie geschehen, daß Jemand that, als ob der Löwenwirth nicht in der Stube war. Der Löwenwirth ließ seine Repetiruhr schlagen, auch darauf merkte Lenz nicht. Endlich — der Löwenwirth hat's nicht nöthig, sich vor Jemand einen Zwang anzuthun — endlich ließ er sich vernehmen: „Lenz, wenn du hier über Nacht bleiben willst, will ich dir ein Zimmer anweisen."

Lenz erwachte, er gab Annele die Hand, er hätte sie auch dem Löwenwirth gern gereicht, aber das darf man nicht wagen, wenn er nicht selber dazu auffordert. Still, allerlei in Gedanken überlegend, ging Lenz heimwärts.

———————

Dreizehntes Kapitel.
Löwe, Fuchs und Elster.

In den ersten Wintermonaten wie in den ersten Frühlings-
monaten war's auf der Morgenhalde am schönsten in der ganzen
Gegend. Der alte Lenz hatte Recht gehabt, als er sagte: auf
meinem Haus und meiner Wiese da liegt den ganzen Tag die
Morgensonne. Man brauchte den halben Tag nur wenig zu
heizen. In dem kleinen Gärtchen hinter dem Hause blühten noch
Blumen, wenn anderwärts schon lang keine mehr zu sehen, und
da sproßten sie wieder auf, wenn sonst noch Alles kahl war.
Dieses Gärtchen ist aber auch geschützt wie eine Stube, und —
was in der Gegend selten ist — es stand hier ein zahmer
Kastanienbaum, dem aber die Eichhörnchen und Nußhäher aus
dem nahen Walde manchen unliebsamen Besuch abstatteten. Das
Haus schützte das Gärtchen von der einen Seite, ohne ihm doch
von zehn Uhr ab die Sonne zu entziehen. Und der mächtige
Wald, der den steil aufsteigenden Berg hinter dem Hause be-
deckte, schien seine besondere Freude an dem Gärtchen hinter dem
Hause zu haben. Er hatte zwei seiner mächtigsten Tannen als
Wache an den Eingang desselben gestellt.

Wenn es viele Spaziergänger im Dorf gegeben hätte, in
den unfreundlichen ersten Wintermonaten hätten sie den Weg,
die Bergmatte hinauf, am Hause des Lenz vorüber in den Wald
hinein und oben über den Bergkamm zurück, gewiß oft besucht.
Es gab aber nur einen Spaziergänger im Dorfe oder eigentlich
zwei, nämlich den Petrowitsch und seinen Hund, den Büble.
Jeden Tag vor dem Mittagsmahl holte sich Petrowitsch einen
guten Appetit, indem er eben den Weg durch die Matte, am
Hause vorbei über den Bergkamm ging. Der Büble machte sich
dabei doppelte und dreifache Bewegung, denn er sprang immer
den Habichtstobel (wie man die ausgehöhlte Rinnse im Berge
nennt, die rechts vom Hause des Lenz thalwärts lief) hinab und
hinauf. Diese Rinnse war jetzt trocken und diente nur dazu, im
Frühling und Sommer die wilden Wasser aufzunehmen. Petrowitsch war äußerst freundlich mit seinem Hunde, und in verliebten
Stunden nannte er ihn auch „Söhnele." Petrowitsch war reich
aus der Fremde zurückgekehrt; man schätzte sein Vermögen natürlich in der Gegend dreifach höher, aber es war immer noch

erkleckliches, was er in Wahrheit heimgebracht. Die Sehnsucht,
die den Oberdeutschen und den Sohn der Berge nie verläßt und
ihn drängt, wieder nach der Heimath zurück zu kehren, hatte
auch Petrowitsch auf seine alten Tage wieder in die Heimath
zurück geführt, und er lebte hier in seiner Art ein vergnügtes
Leben. Seine fröhlichste Zeit aber war der Hochsommer, denn
da kamen aus allen Weltgegenden die Händler hier zusammen,
und man hörte im Löwen Spanisch, Italienisch, Englisch, Russisch
und Holländisch, überhaupt alle Sprachen der Welt, und dazwischen wieder ganz gesundes Schwarzwälder Deutsch von denselben
Menschen, die eben in allen Zungen redeten. Da war Petrowitsch eine gesuchte Person, und er lebte ganz stolz auf, da er
wieder einmal Gelegenheit hatte, spanisch und russisch zu sprechen.
Während er sonst immer zur gesetzten Zeit das Löwenwirthshaus verließ, hielt er sich da oft ganze Tage, ja, bis in die
Nacht hinein auf. Und wenn der Markt verlaufen war, blieb
er allein übrig und that sich viel darauf zu gut, namentlich den-
jenigen, die nach der untern Donau gingen, nachrechnen zu
können, wo sie jetzt und jetzt seien.

Petrowitsch hielt die ganze Gegend in Spannung. Er sagte
es zwar nicht selbst, aber es war doch bekannt geworden, daß
er eine große milde Stiftung für die ganze Gegend machen wolle.
In jedem Zimmer des großen Hauses, das er sich erbaut hatte,
war ein Ofen, das deutete an — und er sagte nicht Ja und
nicht Nein, wenn man's ihm vorhielt — daß er eine Stiftung
für invalide Arbeiter machen wolle. Lenz, sein einziger Erbe,
wurde dabei nicht minder in Spannung erhalten; denn es galt
natürlich als ausgemacht, daß er ihm auch einen erklecklichen
Theil hinterlassen werde, Lenz rechnete aber nicht darauf. Er
erwies dem Ohm alle Ehre, die ihm gebührte; im Uebrigen war
er Manns genug, für sich selber zu sorgen. Er ließ für den
Lieblingsspaziergang des Ohms den Weg durch den Lehrling
immer gut im Stand erhalten, aber nie sagte weder er noch
Petrowitsch ein Wort darüber. Jeden Mittag, wenn die Gänse
und Hühner des Lenz lärmten und ein Hund bellte, war's die
Anzeige, daß der Ohm Petrowitsch daher kam. Lenz grüßte durch
das Fenster, an dem er arbeitete; der Ohm dankte und ging
seines Weges. Lenz kam nicht zu Besuch in das Haus des Ohms,
und dieser nicht in das seine.

Eines Tages blieb der Ohm vor dem Fenster stehen, und der Büble schien auch die Gedanken seines Herrn zu errathen; denn während er sonst die Hühner des Lenz nur bis an den Gartenzaun verfolgte und sich's genügen ließ, wenn sie gackernd hinter den Zaun flogen, und dann zufrieden zu seinem Herrn zurückkehrte, verfolgte er heute die Hühner in den Garten hinein bis ins Haus, wo sie indeß an Franzl Schutz genug fanden. Petrowitsch zankte heute ernstlich mit dem Hunde und ging vorüber, indem er dabei vor sich hin dachte: der Lenz muß dir selber kommen, und es ist besser, du kümmerst dich gar nicht um ihn; sobald man sich um irgend einen Menschen kümmert, hört die Ruhe auf. Man hat dann zu denken: wird er Das thun? Wird er Jenes thun? Nichts da! Mich geht Gottlob Niemand auf der Welt etwas an. — Dennoch konnte er das Denken nicht abwehren: was ist das mit dem Walde! Denn gestern am Mittag hatte sich die Löwenwirthin zu ihm gesetzt, und nachdem sie von allerlei gesprochen, lobte sie es zuletzt, aber ganz unversehens, daß Petrowitsch täglich seinen ruhigen Gang mache; das erhalte ihn gesund, und dabei könne er hundert Jahre alt werden, er habe ganz das Ansehen dazu. Sie gönne es ihm auch von Herzen, er habe sich's sauer werden lassen, er verdiene es nun auch, daß es ihm wohlgehe. Petrowitsch war klug genug, zu wissen, dahinter steckt etwas; er dachte vielleicht nicht mit Unrecht, daß die Löwenwirthin so besonders freundlich mit ihm sei, weil sie Absichten auf seinen Neffen habe. Sie redete aber davon gar nichts. Sie kam nochmals auf seinen Spaziergang und sagte, wie es ein kluger Schick wäre, wenn Petrowitsch ihrem Mann den schönen Spannreuter-Wald an der Morgenhalde ablaufe; er gebe ihn zwar nicht gern her, und sie wisse überhaupt nicht, ob er ihn hergebe, aber sie möchte dem Petrowitsch das Gute gönnen, daß er täglich in seinem eigenen Wald spazieren gehen könne, das müßte doch vergnüglicher sein. Petrowitsch dankte für die überaus zartsinnige Aufmerksamkeit und sagte schließlich, er gehe in fremdem Wald eben so gern spazieren; im Gegentheil, er habe sich dann gar nicht zu ärgern, wenn er Holzdiebe anträfe, und solcher Aerger sei vor Tische gar nicht gut.

Die Löwenwirthin lächelte überaus klug und meinte: wenn man sich schon etwas Gescheites ausgedacht habe, so sei der Petrowitsch immer noch gescheiter. Wiederum dankte er, und Beide

waren gar süß mit einander, noch viel süßer als das Stück Zucker,
das sich Petrowitsch von seiner Nachtischtasse einsteckte.

Nun ging's Petrowitsch durch den Kopf, daß der Wald für
Lenz ein schicklicher Kauf wäre, wenn er ihn durch dritte Hand
kaufen ließe, denn ihm selber werde der Löwenwirth einen zu
hohen Preis stellen. Das war's nun, was er ihm sagen wollte,
wovon er aber doch wieder abließ, weil er den edeln Grundsatz
hatte, sich um keinen Menschen zu kümmern. Und schon das war
zu viel, daß er sich mit der Sache beschäftigte. Er merkte es,
das Bergsteigen wurde ihm heute viel schwerer; denn man soll
nichts denken beim Bergsteigen, gar nichts denken, nur gut athmen.
Petrowitsch befahl dem Büble, der nach einem Maulwurf kratzte,
während ihm doch ruhiges, gekochtes Essen bevorstand: hieher!
dummer Kerl! Was geht dich der Maulwurf an? Laß ihn graben.
Und als der Hund hart neben ihm ging, befahl er nun: zurück!
Der Hund ging hinter ihm, und so wies er auch alle unnützen
Gedanken hinter sich; er mochte nichts davon wissen, das ruhige
Leben darf nicht gestört werden.

Im Löwenwirthshaus traf Petrowitsch die Familie verstimmt.
Die Frau hatte ihrem Manne gesagt, daß sie Petrowitsch den
Wald an der Morgenhalde angeboten habe, daß er ihn aber
nicht wolle. Der Mann war äußerst ergrimmt über diese vor-
eilige Zutraulichkeit und schloß: „Jetzt wird der Petrowitsch gewiß aussprengen, ich brauche Geld."

„Du hast ja gesagt, du brauchtest Geld," erwiderte die Frau
schmollend.

„Und ich brauche dich nicht zum Unterhändler. Ich mag
nur bei dem jetzigen Course keine Papiere verkaufen!" schrie der
Löwenwirth ungewöhnlich laut, eben als Petrowitsch eintrat.
Dieser schmunzelte behaglich und dachte in sich hinein: weil du
so schreist und prahlst, brauchst du Geld. Als man sich zu Tische
setzen wollte, brachte der Briefbote mehrere Briefe, darunter auch
recommandirte; der Löwenwirth bescheinigte den Empfang, öffnete
aber die Briefe nicht und setzte sich zu Tische, indem er laut
wiederholte, was er schon oft gesagt hatte: „Ich lese keine Briefe
vor Tisch; sind sie gut oder sind sie nicht gut, sie verderben
einem das Essen. Ich lasse mich nicht aus meiner Ruhe bringen
durch die Eisenbahnen."

Es saß ein böser Spötter am andern Tische, der dieser

Weisheit das gebührende Staunen entzog und in sich hinein dachte: dir geht doch eine Locomotive im Leib herum, du magst noch so gemächlich thun. — Und dieser Spötter war natürlich Petrowitsch.

Nach dem Essen ging Pilgrim mehrmals am Tische des Petrowitsch vorüber und wollte sichtlich vor demselben stehen bleiben; vier Augen betrachteten ihn mit Verwunderung; der Büble, der auf dem Schooße seines Herrn saß, starrte ihn an und knurrte, er spürte, daß man was von seinem Herrn will, und Petrowitsch blinzelte manchmal von seiner Zeitung auf: Was will denn der? Der hat doch nicht auch einen Wald zu verkaufen? Höchstens den auf seinem Kopf, wenn er ihn nicht schuldig ist.

Pilgrim fuhr sich allerdings oftmals mit der Hand durch seine langen, schlichten Haare, er fand aber damit keinen Weg zu Petrowitsch, vielmehr stand dieser jetzt auf, bezahlte und ging. Pilgrim eilte ihm nach, und auf der Straße sagte er: „Herr Lenz, ich bitte um ein paar Worte."

„Guten Tag, das sind just ein paar Worte."

„Herr Lenz, ich will nichts für mich, aber ich halte es für meine Pflicht —"

„Ihre Pflichten gehen mich nichts an."

„Doch, Herr Lenz, nehmen Sie an, es sagt ein Anderer, was ich sage; es ist nur, damit Sie's wissen."

„Ich bin nicht neugierig."

„Kurz und gut, es betrifft Ihren Neffen Lenz."

„Das hab' ich gewußt."

„Es ist noch mehr. Sie können sein Lebensglück machen."

„Das muß Jeder selber machen."

„Es kostet Ihnen nur einen Gang zum Doktor."

„Ist der Lenz krank?"

„Nein. Die Sache ist kurz die: er muß heirathen, und er will auch, und die beste Frau für ihn ist des Doktors Amanda. Ich hab's nach allen Seiten hin überlegt. Er ist aber nicht dazu zu bringen, daß er selber den Muth hat; er meint auch — er hat's nicht gesagt, aber ich weiß es —, er wäre nicht reich genug dazu. Jetzt wenn der Ohm anhält und dabei verspricht —"

„So? Hab's gewußt, daß darauf Alles abgespitzt ist. Wenn mein Brudersohn eine Frau braucht und eine will, soll er sie

selber holen; ich bin ein alter Junggeselle, ich verstehe das
nicht."

„Wenn nicht seine Freunde dazu thun, verheirathet sich die
Amanda; es hält ein Apotheker um sie an, ich weiß das."

„Gut, dazu paßt sie. Aber ich bin nicht der Versorger
der Welt."

„Und wenn Euer Neffe anderswo ungeschickt hineintappt?"

„Soll er sehen, wie er herauskommt."

„Herr Lenz, Sie sind nicht so hart, wie Sie sich stellen."

„Ich stell' mich gar nicht, ich geh'. Guten Tag, Herr
Pilgrim."

Er ging davon und Pilgrim stand tief aufathmend und ging
endlich heimwärts, um bei dem trüben Wetter, wo es kaum tagte,
wenigstens Farben zu reiben für helle Tage.

Vierzehntes Kapitel.
Schränke und Augen werden aufgemacht.

„Grüß' Gott, Franzl! Ei, du läßt dich auch einmal sehen?
Das ist schön, das freut mich." So wurde Franzl von der Löwen=
wirthin angeredet, als sie in die Wirthsstube trat.

„Mit Verlaub, habt Ihr nicht nach mir geschickt? Mein
Bruder soll ja da sein," brachte Franzl stotternd hervor.

Die Löwenwirthin wußte von nichts. Der Bruder war aller=
dings da gewesen, war aber schon lange wieder fort. Die Löwen=
wirthin hatte dem Hausknecht nur Auftrag gegeben, bei Gelegen=
heit einmal der Franzl Botschaft zu bringen; von heute wußte
sie nichts.

Franzl bat um Verzeihung, wollte gleich wieder umkehren,
sie kam sich unendlich überflüssig vor hier: das schien der Löwen=
wirthin zu genügen. Die einfältige Magd durfte nichts merken,
mußte glückselig sein, daß man ein paar Minuten sich mit ihr
abgab. So war's am besten, sie zu tausend Dank zu verpflichten,
statt ihr einen schuldig zu werden. Franzl wurde nun, da sie
einmal da war, genöthigt, in das Familienstüble zu treten; dort
ein wenig zu warten, bis die Vielbeschäftigte zu ihr käme. Franzl
wagte es nicht, sich hier auf einen Stuhl zu setzen und blieb an

der Thür stehen und starrte nur immer die großen Schränke an, die bis zur Decke hinaufreichten.

Endlich kam die Löwenwirthin und sagte, sich die Kleider glatt streichend: „So, jetzt hab' ich Alles abgeschüttelt, jetzt will ich auch einmal eine gute Stunde mit einer alten Freundin haben. Was hat man denn sonst auf der Welt, wenn man auch noch so viel hat?"

Franzl fühlte sich hochbegnadigt. Sie mußte sich zur Löwenwirthin setzen, ganz nahe, aufs Sopha, und eine Magd brachte Kaffee mit Backwerk.

Franzl zierte sich, wie sich's gebührt, und noch etwas mehr, und wollte mit aller Gewalt den Rahm, den ihr die Löwenwirthin ganz eingeschenkt hatte, in die Tasse der Löwenwirthin schütten, bis diese sagte: „Ich werde bös, wenn du mit mir Umstände machst."

Bei der zweiten Tasse mußte Franzl erzählen, wie es denn oben aussehe, und sie berichtete, daß Lenz so fleißig sei, wie wenn er kein Brod im Haus hätte, und es sei doch Alles gespickt voll. Er gehe fast gar nicht aus dem Haus, nur manchmal zum Faller, dem er sein Haus einrichten helfe, für dessen Ankauf er sich verbürgt habe, und er habe dem Faller ein aufgerichtetes Bett und der alten Fallerin das Sonntagsgewand seiner Mutter geschenkt. Wenn der nicht bald Jemand bekäme, der ihm die Schlüssel abnehme, der schenke Alles weg; aber für sich selber spare und geize er überaus. Er raucht nicht, er schnupft nicht, er trinkt nicht und spielt nicht, er braucht für sich gar nichts, belobigte Franzl.

Nachdem die Löwenwirthin wieder die Knuslinger, die Alles verstehen, sattsam gerühmt hatte, fügte sie beiläufig an: „Denk' einmal, gute Franzl, sagt man, dein Herr — was, dein Herr? dein Haussohn will des Doktors Kräutles-Mamsell heirathen. Ist etwas an dem?"

„Ja wohl."

„So?"

„Heißt das, es ist nichts, mein' ich. Der Pilgrim hat ihm freilich zugeredet, er soll, aber er will nicht, und ich glaub', sie sind bös deßwegen."

„So? Das ist anders. Ich sag's immer: der Lenz weiß, was er will. Da ist viel besser, er thut, was du meinst, er heirathet des Vogtsbauern Kathrine."

„Siehst du?" triumphirte Franzl und lächelte in die Luft hinein und nickte, wie wenn Lenz vor ihr stände. „Siehst du?" sagt's die gescheite Löwenwirthin auch, daß ich Recht habe. Siehst du? Und meinst du immer, sie wäre zu stoßig für dich, und man brächte nichts aus ihr heraus. „Ich will's ihm sagen, daß Ihr auch dazu rathet. Das wird mir helfen. Ich hab' mich schon lang nach einer Hülfe umgesehen."

„Nein, Franzl, Gott behüte! Von mir redest du kein Wort, wenn du heimkommst; aber Recht hat er, des Vogtsbauern Kathrine paßt nicht für so einen feinen Menschen, da muß es was ganz Apartes sein."

„Ja, lieber Gott, wo findet sich das?"

„Ei, guten Tag, Franzl!" sagte das plötzlich eintretende Annele. „Das ist schön, daß du auch einmal da bist. Bleib' nur sitzen. Wenn man dich so sieht, meint man, du wärst eine Bäurin von einem großen Hof, und verstehen thätest du Alles so gut wie Eine. Trink' nur, dein Kaffee wird dir kalt. Ist er auch süß genug?"

„O, mehr als genug!" und die Worte Annele's thaten ganze Zuckerhüte hinein.

„Ich möchte auch gern da bleiben und ein gescheit Wort von dir hören, aber ich muß in die Wirthsstube. Eins muß da sein. Komm nur bald wieder. Dann bleibst du aber bei mir."

„O, was ist das ein liebs, liebs Mädle!" lobpreiste Franzl hinter dem weggegangenen Annele. „Ihr habt doch das Himmelreich auf Erden!"

„Man hat auch seine Sorgen. Es ist unser letztes Kind, aber doch denkt man: wenn sie nur schon versorgt wäre!"

Franzl machte große Augen, dann lächelte sie blöd erstaunt, sie wagte aber kein Wort zu sprechen.

Die Löwenwirthin zupfte sich mehrmals an der Nase und lachte ganz elstermäßig; Franzl hielt es für ihre Pflicht, auch zu lachen. Sie weiß auch, was sich schickt auf einem Kaffeebesuch; ja, Eines von Knuslingen kann man hinstellen, wo man will, es weiß sich zu helfen. Die Löwenwirthin wußte sich aber nicht zu helfen, so gescheit sie auch war, oder doch, das ist gut.

„Sag', Franzl, bist du Liebhaber, schönes Weißzeug zu sehen?"

„O lieber Gott! das ist ja meine einzige Freude. Wenn

ich reich wäre, sieben Kasten voll schönster Leinen müßte ich haben.
Die Gewichtlesfrau von Knuslingen, die hat —"

„Da schau einmal," sagte die Löwenwirthin, die Flügel-
thüren eines großen Schrankes öffnend, wo in blauen, rothen
und grünen Seidenbändern Alles zu Dutzenden aufgeschichtet war
bis zur Decke hinauf.

„Ist das für die Wirthschaft?" fragte Franzl, als sie sich
von Ausrufungen der Bewunderung erholt hatte.

„Gott bewahre! Das ist die Aussteuer von meinem Annele.
Von ihrem siebenten Jahr an habe ich so zurückgelegt, bei allen
meinen drei Töchtern. Man kann bei so einem Mädle nicht
wissen, wie's plötzlich kommt, da brauch' ich nicht mehr zum
Weber und nicht mehr zur Näherin. Ich möcht' nur, daß auch
einmal eine Aussteuer von einem Kind im Ort bliebe und daß
wir auch ein Kind bei uns behielten. Es geht meinen Kindern
draußen Gottlob gut, mehr als gut, aber gut sehen ist besser
als gut hören."

Ueber Franzl kam's wie eine Offenbarung, der Schrank mit
all dem Leinenzeug tanzte vor ihr, und die blauen und rothen
und grünen und gelben Bänder schmolzen in einen Regenbogen
zusammen. „Frau Löwenwirthin, darf ich was sagen? Wenn's
unverschämt ist, bitt' ich tausendmal um Verzeihung. O lieber
Gott, wo das ist, was muß da sonst noch sein! Wie wär's?
Darf ich's sagen ... Wenn mein Lenz ...?"

„Ich sag' nichts, ich bin die Mutter, und mein Kind ist
so, daß man ihm nachfragen kann. Verstehst du? Ich mein' ...
ich weiß nicht —"

„O, das ist genug, himmelgenug! O lieber Gott! Ich flieg'
heim, ich hab' ihn auf den Armen getragen, ich trag' ihn wieder,
daher; aber er wird springen, über sieben Hecken, über alle
Häuser. Frau Löwenwirthin, ich bin dumm, ganz einfältig,
nehmt mir's nicht übel."

„Was? Du einfältig? Du kannst ja einem den hintersten
Gedanken aus der Seele ziehen. Du kannst sieben Rathsherren
in die Tasche stecken! Aber schau, Franzl, wir sind da ganz allein
bei einander, zwei gute Freunde, vor Gott; ich hab' dir nichts
gesagt, du hast das selber ausfindig gemacht. Mein Mann will
natürlich höher hinaus. Ich will aber auch ein Kind im Ort
haben, wenn's Gottes Wille ist. Ich sag' dir ehrlich, ich kann

nicht falsch sein und nichts verläugnen, ich werfe deinen Antrag nicht weg."

„Das ist genug. Ich will zeigen, daß wir Knuslinger nicht umsonst den Namen haben!"

„Ja, wie willst du's denn nun machen?"

„Hoho!" rief Franzl sehr entschieden und that dabei sehr pfiffig. „Das wird schnell gehen. All sein Handwerkszeug reiß' ich ihm aus der Hand und jag' ihn fort. Noch heut muß er da sein. Stehet ihm aber auch bei, er ist unter Fremden ein Bisle scheuch —"

Die Löwenwirthin beruhigte die entflammte Franzl, die bald aufstand, bald sich niedersetzte, bald die Hände zum Himmel erhob, bald sie still faltete. Sie empfahl ihr, ja ihre Klugheit zu beweisen und nichts zu verrathen, daß die Mutter Annele's ihm hold sei. Sie gab ihr noch die weise Lehre, hauptsächlich auf die Anderen bös zu reden, das heißt, Lenz vor ihnen zu warnen und das Annele kaum zu erwähnen; „denn," schloß die Löwenwirthin, „so etwas muß man zimpfer anfassen, und man hat im Sprichwort: man darf auf einen Blitz nicht mit Fingern deuten."

Franzl wollte immer gehen und ging doch nicht. Endlich hatte sie die Thür in der Hand, sie grüßte noch den großen Schrank, und ihr Blick sagte: du bist bald bei uns. Sie nickte zu jedem Stück Hausrath: das ist jetzt alles unser, und ich bin's, die's bringt. Und heimwärts ging's, als ob all das Weißzeug zu Segeln geworden wäre und sie im scharfen Herbstwinde den Berg hinauftrüge.

Annele sagte aber hinter dem Schenktisch zur Mutter: „Mutter, warum zeiselt ihr die alte dumme Kuh so ins Haus? Wenn ja etwas daraus wird, soll man der dann den Hof machen, und thut man's nicht, schreit sie über Undank. Und was preßirt es denn so?"

„Stell' dich nicht so, wie wenn du von nichts wüßtest. Es ist gut und nöthig, daß du bald versorgt bist."

„Ich stell' mich nicht und weiß nichts. Ihr habt ja früher nichts vom Lenz wissen wollen; warum wollet Ihr jetzt?"

Die Mutter sah Annele groß an. Sollte die Schnabelschnelle wirklich nichts wissen? Sie sagte nur: „Jetzt ist's anders, jetzt ist der Lenz allein und hat ein volles Haus. Zu einer Schwieger-

mutter hätte ich dich nicht gegeben " Sie verließ die Stube und
dachte: thuſt du falſch gegen mich, thu' ich's auch gegen dich.

Auf der Morgenhalde ging Franzl immer umher und lächelte,
und mit lächelndem Mund ſchimpfte ſie auf alle Mädchen, auf
des Doktors, auf des Vogtsbauern Kathrine, Annele erwähnte
ſie nicht, ſprach aber geheimnißvoll von Weißzeugbergen und
rechten Leuten. Lenz glaubte, daß die Alte in ihrer Einſamkeit
verwirrt zu werden beginne; ſie that aber ruhig ihre Arbeit und
war luſtiger als je, und eben ſo in ſich begnügt war er ſelbſt
bei der Arbeit und kam lange nicht ins Dorf.

Fünfzehntes Kapitel.
Junge Herzen nach einer Trauung.

Lenz ſaß zu Hauſe und arbeitete unabläſſig. Er hatte das
Glück, daß ſein kleineres, faſt vollendetes Werk durch Vermitt-
lung des Knuslinger Gewichtles-Manns verkauft war. Mit wahrer
Luſt arbeitete er an der Vollendung und rüſtete daneben zu dem
neuen, das der Löwenwirth ſo viel als beſtellt hatte; er war ſo
glückſelig in der Arbeit, daß er oftmals daran dachte: du brauchſt
nicht zu heirathen, und du kannſt nicht. Wo ſollſt du noch Gedanken hernehmen für Frau und Kind, wenn dir deine Kunſt
Kopf und Herz ſo voll einnimmt?

Pilgrim hatte ſeine alten Plane und Entwürfe zu neuen
Uhrenmodellen wieder vorgenommen und arbeitete in den Abend-
ſtunden — er konnte keine Arbeitszeit darauf verwenden — unabläſſig daran. So ſahen die Freunde einander ſeltener, und
Lenz kam jetzt nicht zu den Uebungsabenden des Liederkranzes.

Die Hochzeit des Faller brachte Lenz doch wieder ins Dorf.
Der gute Kamerad ließ nicht ab, bis der Gründer ſeines Glückes
ihm willfahrte, trotz der Trauer mit ihm zur Kirche zu gehen.

Die Hochzeit war nur klein, ohne Gäſte und ohne Muſik,
denn Faller erklärte: „Wenn ich einmal was Uebriges habe, lade
ich mir Gäſte ein, und Muſik mache ich mir ſelber."

Lenz mußte im Hochzeithauſe viel Lob hören, was er da
Alles gethan, und die alte Fallerin ſagte: „Wenn du, will's Gott,
bald heiratheſt, trage ich auch die Kleider deiner Mutter in die

Kirche. Ich schäme mich nicht, daß ich ihre Kleider trage; im Gegentheil, Jeder sagt's, ich hab' Ehre mit angethan."

„Und ich bin gut gebettet," sagte Faller, und seine starke Stimme klang fast komisch in der Rührung. „O Lenz, ich bete heute fast gar nicht für mich, ich bete für dich zu unserm Herr= gott. Gott soll dich davor bewahren, aber ich wünsche mir doch, wenn du nur einmal in einer schweren Gefahr wärest, daß ich dich herausholen könnte. Ich möchte mich in der Kirche zur Ge= meinde umwenden und rufen: schaut, Gott hat mir geholfen, daß ich da stehe, aber er hat mir geholfen durch meinen Freund, und lieber Gott, segne du ihn dafür und seine Eltern im Himmel. Lenz, du mußt glücklich sein, denn du hast ein ganzes Haus glücklich gemacht."

Der starke, feste Faller konnte nicht weiter reden und zwir= belte seinen soldatischen Schnurrbart.

Lenz war im Hochzeithause fast mehr Gegenstand der Ehren= bezeigung, als das junge Ehepaar, und er war froh, als es endlich in die Kirche ging.

Der Liederkranz sang schön in der Kirche, man merkte aber doch, daß zwei Hauptstimmen fehlten, die des Faller und die des Lenz.

Das ganze Dorf, vor Allem aber die Frauen und Mädchen, waren bei der Trauung; die Verheiratheten hörten wieder einmal gern die Ehe=Ermahnungen, und die Ledigen wollten einstweilen Fassung gewinnen, wie sie sich, hoffentlich bald, dabei benehmen werden. Die Frauen weinten und die Mädchen schauten neugierig umher in der Kirche, und wenn Lenz aufgeschaut hätte, er hätte vielen Blicken begegnen können.

Nach der Trauung trennte sich Lenz von den Hochzeitleuten und ging allein heimwärts. Schon am Kirchhofszaun wurde er begrüßt, es war des Vogtsbauern Kathrine, die mit einem schönen Burschen — der Tracht nach ein Bauernsohn aus einem benach= barten Thale — dort stand; sie ward roth, als sie Lenz starr ansah und weiter ging. Jetzt grüßte er zuvorkommend und lüpfte den Hut; die beiden ältesten Töchter des Doktors gingen des Weges, und sie hatten schöne Schnürstiefelchen an, die sie bei dem nassen Wetter nicht verbergen konnten.

„Wir haben gemeint, Sie seien verreist," sagte Bertha, die Muthigere.

„Nein, ich bin immer daheim," erwiderte Lenz.

„Wir auch," setzte Bertha fort. Lenz schwieg.

„Sind Sie wieder an einer neuen großen Arbeit?" fragte Amanda.

„An neuer und an alter. Bei unser einem hört die Arbeit nicht auf."

„Ist das nicht sehr anstrengend, so beständig?" fragte Amanda wieder.

„O nein, ich wüßte nicht, was ich sonst machen sollte."

„Ja, die Uhrmacher," neckte Bertha, „die sind wie die Uhren selber, immer aufgezogen."

„Und Sie sind so ein Schlüssel, der einen aufzieht," entgegnete Lenz rasch. Er hatte eigentlich etwas Anderes sagen wollen, aber er fand es nicht.

„Das ist gut, Herr Lenz, daß Sie ihr beim bezahlen," schloß Amanda. „Hier scheidet unser Weg, hier müssen wir Adje sagen."

„Vielleicht geht der Herr Lenz noch mit," nahm Bertha auf, „vielleicht geht er zum Pilgrim?"

In Lenz pochte das Herz; er wollte Ja sagen, er wollte sagen, er gehe zum Pilgrim, aber unwillkürlich, wie in Angst, wie zitternd sagte er: „Nein, ich gehe heim. Adje wohl."

„Adje!"

Lenz ging tief athmend den Berg hinan; er wollte umkehren, wer weiß, was wird! jetzt trifft er sie noch, jetzt sind sie am Löwen, jetzt an der Kirchhofsmauer . . . aber im Denken ging er immer weiter, und mit hochklopfendem Herzen kam er daheim an, und es war ihm, als flüchtete er in sein Haus. Er flüchtete, aber vor was denn? Er weiß es selbst nicht. Nur unruhig war er heute, unruhig und unzufrieden wie noch nie.

Am Abend zog er sich frisch an und ging ins Dorf; er wollte zu Pilgrim oder auch zum Doktor, er hat ja schon lange gesagt, er solle einmal kommen. Pilgrim war nicht zu Hause, und am Hause des Doktors stand Lenz lange und wagte es nicht, die Klingel zu ziehen. Er ging mehrmals auf und ab, vielleicht kommt der Doktor, spricht ihr an und nimmt ihn mit, aber es kam Niemand. Der Don Bastian ging vorüber. Lenz flüchtete wie ein Dieb, dem die Verfolger auf dem Fuße sind, ins Dorf hinein; da war's doch besser, und da stand ein Haus offen, das ist gut. Wir sind im Löwen, da ist man geborgen.

Lenz war froh, daß es doch noch einen ruhigen Platz auf
der Welt giebt, Stühle wo man sich setzen, Tische, worauf man
etwas stellen kann, und da sind Menschen, denen nicht vor Unruhe das Herz klopft, daß die Brust zerspringen will, sie sind
ruhig und gelassen, und da kommt der Gelassenste und Gleich-
müthigste von Allen und grüßt wohlwollend.

Sechzehntes Kapitel.
Das Herz geht auf.

Der Löwenwirth setzte sich zu Lenz und war sehr väterlich: „Du
hast das Geld für dein Musikwerk bekommen?“ fragte er beiläufig.

„Ja,“ antwortete Lenz.

„Du thust gescheit daran,“ begann der Löwenwirth wieder,
„wenn du Actien von der neuen Eisenbahnanleihe kaufst, die
werden gut. Du hast doch das Geld noch baar?“

„Nein, ich hab’ noch acht Hundert Gulden gehabt, und da
hab’ ich meinem Nachbar, dem Vogtsbauer, in runder Summe
drei Tausend Gulden geliehen. Er braucht’s, um die Ablösungs-
gelder zu bezahlen.“

„So? Hast du eine Hypothek, und wie viel Zinsen bezahlt er?“

„Ich hab’ eine bloße Handschrift, und er giebt fünf Procent.“

„Der Vogtsbauer ist gut, und fünf Procent ist auch gut!
aber wie gesagt, wenn du einmal was machen willst, ich stehe
dir gern mit Rath zu Diensten.“

„Ich bleib’ gerne bei dem, was ich verstehe; natürlich Euch
thät ich blindlings folgen. Ich bin mit dem neuen Werk, das
Ihr mir ablauft, schon weit, und ich glaub’, es wird besser.“

„Lenz, vergiß nicht, daß ich dir nichts Gewisses gesagt habe.
Ein Ehrenmann geht nicht weiter …“

„Redet doch kein Wort, ich werde Euer Wort nie …“

„Wie gesagt, mit dem besten Freund muß man glatt und
accurat sein. Da liegt ein accurater Mann, soll man mir einmal aufs Grab schreiben.“

Lenz war überaus begeistert von dem festen, charaktervollen
Manne. Der ist doch wie pures Gold.

Annele kam, sagte: „Mit Verlaub,“ und setzte sich auch
mit an den Tisch zum Vater und zu Lenz. Es dauerte nicht

lange, da erhob sich der Löwenwirth, und Lenz sagte: „Annele, du darfst stolz sein, so einen Vater zu haben. Das ist ein Mann! Es thut einem wohl, wenn man mit ihm redet. Gerad' weil er wenig redet, da ist jedes Wort — wie soll ich doch sagen? lauter Kern, lauter Mark."

„Ja," sagte Annele. „Es giebt nichts Besseres für ein Kind, als so von seinem Vater reden zu hören, und er verdient's auch. Freilich, brummig und überzwerch ist er auch, wie alle Männer."

„Alle Männer?" fragte Lenz.

„Ja, alle. Ich darf dir's ins Gesicht sagen, du bist doch einer der besten, aber du hast gewiß auch deine Launen. Man muß eben Geduld mit euch haben."

„Das ist brav, Annele. Siehst du, das freut mich am meisten; nicht, daß du mir solches Lob nachsagst — ich verdien's nicht —. Ich kann dir nicht sagen, wie oft ich auf mich selber bös bin. Ich verunschicke viel, und die Musik, die mir immer im Kopf herumgeht, macht, daß ich Manches nur halb höre und halb thue; ich bin viel ungeschickter, als viele Andere, und bin's doch nicht, und bin auch hitzig, und Dinge liegen schwer auf mir, die ein Anderer auf die leichte Achsel nimmt. Weiß der Teufel, ich krieg' das nicht weg. Meine Mutter hat mir's tausend= mal gesagt: Lenz, bei aller deiner Gutheit hat's Eine doch manch= mal nicht gut mit dir, wenn sie nicht gescheit ist und dich von Herzen gern hat. Und das ist es eben, siehst du, die rechte Geduld und die rechte Liebe, daß man weiß, jetzt ist er einmal ein Hitzenblitz, aber ich kenn' ihn doch und weiß, was an ihm ist. Laß mir deine Hand, Annele, warum ziehst du mir deine Hand weg?"

In der Hitze der Darlegung hatte Lenz die Hand der Annele ergriffen, und er merkte es erst, als sie ihm dieselbe entzog.

Mit einem scheu verschämten Blicke, die Stricknadel an die Lippe drückend, sagte Annele: „Wir sind nicht allein in der Stube, es sind noch mehr Menschen da."

Plötzlich überlief es Lenz siedend heiß und eiskalt, und er sagte: „Nimm mir's nicht übel, ich bin nicht so, und du kennst mich ja, Annele. Ich hab' nicht aufdringlich sein wollen. Gelt, du bist mir nicht bös?"

„O, davon ist kein' Red.' Bös? Bös? Wie kannst du nur so was sagen?"

„Aber gut?" fragte Lenz, und sein ganzes Gesicht leuchtete.

„Um Gottes willen," sagte Annele, sich an der Stuhllehne des Lenz anhaltend, „red' jetzt nichts mehr so. Wie kommst du du denn dazu? Was ist denn das? Ich hab' gemeint, mit dir darf man reden wie mit einem Bruder, ich hab' leider Gottes keinen."

„Und ich hab' keine Schwester und gar Niemand."

„Dich haben alle Menschen gern."

„Wenn ich aber einen brauch', hab' ich doch Niemand."

Es trat eine lange Pause ein, und Annele fragte: „Weißt du auch schon, daß des Vogtsbauern Kathrine Braut wird mit Einem vom Thal drüben, man heißt ihn den Holdersepp? Sie haben just vorhin den Verlobungswein holen lassen."

„So?" sagte Lenz, „ich hab' sie heute bei Einem stehen sehen, wie ich aus der Kirche gegangen bin. Das giebt eine brave Bäuerin, ich wünsch' ihr Glück. Sag', Annele, bist du heut auch bei der Trauung in der Kirche gewesen?"

„Ja wohl, ich habe dich gesehen. An dem Faller verdienst du dir das Himmelreich."

„Das wäre leicht verdient. Der Pfarrer hat doch prächtig gepredigt! Da hat sich Jedes was herausnehmen können, sei es ledig oder verheirathet. Das heilige Wort hat's doch gerade wie die Musik. Hunderte und Hunderte, die es hören, es nimmt Keiner dem Andern dadurch etwas, Jeder hat's ganz für sich."

„Und ich kann dir sagen, ich höre dir fast noch lieber zu wie dem Pfarrer; bei dir kommt Alles so aus einem klaren Grund, ich kann's gar nicht sagen, wie ich's meine. Ich denke manchmal, es ist schade, daß du nur Uhrmacher bist."

„Nur Uhrmacher? Ich bin's ganz gern, das ist was Schönes; da drüber könnte Ich predigen. Die ganze Welt ist ein Uhrwerk, von Ewigkeit zu Ewigkeit von Gott aufgezogen, da laufen die Sterne um einander, und einer dreht sich durch den andern. Der Pilgrim hat einmal gesagt, im Paradies hat's keine Uhr gegeben; freilich nicht, aber von der Stunde an, wo die Menschen haben arbeiten müssen, haben sie sich die Zeit eintheilen müssen und denk' dir einmal, daß wir keine Stunde mehr wüßten, wir wären wie die Kinder und wie die Verrückten."

„Du kannst Einem Alles gut auslegen, daran hab' ich jetzt noch nie gedacht."

Diese Zwischenrede machte den Lenz neu beredt.

„Ich halte an der Uhrmacherei feſt, und wenn's nicht anders geht, mache ich auch Jockeles-Uhren; das iſt ein ſicheres Brod, da gehe ich nicht davon ab. Ich verdiene freilich bei den Muſik-werken viel mehr, aber der Sache iſt nicht zu trauen, da kann man nichts machen, was nicht beſtellt iſt, und da ſäße man auf einmal da und hätte nichts, und Liebhaber von Muſikwerken giebt's nicht alle Tage. Und mein höchſtes Glück wäre, wenn ich noch die Einung zu Stande bringen könnte, daß alle Uhrmacher ſich zuſammenthun und Jeder ſeinen Vortheil davon hat. Wenn ich das zuweg bringen könnte, ich wollte verſprechen, ſieben Jahre lang und wenn's ſein muß, mein ganzes Leben lang nichts als Normal-Uhren zu machen."

„Du meinſt es gut," entgegnete Annele, „aber die Muſik-werke, die ſind doch dein Eigentliches."

„Ja, wenn ich von den Uhren wieder zum Muſikwerk komme, da bin ich ſo glückſelig, ſo . . ."

„Da geht dein Herz zum Tanz, da haſt du Kirchweih in dir."

„O Annele, was biſt du ſo geſcheit und lieb! Wenn ich nur wüßte —"

„Was? Was denn?"

Es lag ein warmer, ſchmelzender Ton in dieſem einfachen: was denn? Glühenden Antlitzes ſtotterte Lenz: „Ich kann's nicht ſagen. Wenn du's nicht weißt, kann ich's nicht ſagen. Ich bin . . . Schau, Annele . . ."

„Kinder, die ganze Stube guckt auf euch, was machet ihr denn da?" ſagte plötzlich die herzutretende Löwenwirthin. „Lenz, wenn du ſo ins Annele hinein zu reden haſt, ich vertraue dir, du biſt brav, ich ſtelle Licht ins Stüble, da könnt ihr mit ein-ander reden."

„O Mutter, nein," rief Annele zitternd, aber die Löwen-wirthin entfernte ſich raſch, Annele flog ihr nach. Lenz ſaß ſtill, die ganze Stube ging mit ihm herum. Endlich ſtand er auf, ſchlich hinaus, das Stüble war offen; er war mit Annele allein. Sie verhüllte ihr Geſicht.

„Sieh mich an," bat er, „ſo, ſo. Jetzt darf ich dir doch was ſagen? Schau, Annele, ich bin ein einfältiger Menſch, ein ganz einfältiger, aber" — er klopfte mit der Hand aufs Herz, er konnte faſt nicht weiter reden — „wenn du glaubſt, daß ich's werth bin, du thäteſt mich glücklich machen."

„Du bift mehr werth als die ganze Welt, du bift zu gut, du weißt gar nicht, wie schlecht die Welt ist."

„Die Welt ist nicht schlecht, du bist ja auch drin. Jetzt sag', ist dir's recht, ist dir's rechtschaffen recht? Willst du mir beistehen und mir helfen gut und fleißig sein, und willst du meine Mutter und meine Frau und mein Alles sein? Sag' Ja und ich will dir mein Leben lang die Hände unter die Füße legen."

„Ja, tausend= und tausendmal ja!"

Sie sank in seine Arme und er hielt sie fest.

„Mutter! o liebe Mutter!" rief Lenz; die Löwenwirthin kam herbei. „Und, o Löwenwirthin verzeiht," sagte er plötzlich.

„Von mir hast du nur Gutes zu erwarten," sagte die Löwenwirthin. Kinder, jetzt bitt' ich aber um Eins. Das Annele kann dir's sagen, wer's gewesen ist, der immer so gut von dir geredet und immer gesagt hat: dem Lenz muß es noch gut geben, der Segen seiner Mutter ruht auf ihm. — Aber ich bitt' euch, haltet euch ruhig. Du kennst meinen Mann nicht. Jedes Kind ist ihm ans Herz gewachsen, und er ist allemal bös, wenn ihm Jemand eins weg nimmt. Gottlob, wenn's Gottes Willen ist, behalten wir jetzt doch auch ein Kind im Ort, und sie werden nicht alle so verfremdet." Die Löwenwirthin weinte bei diesen letzten Worten bitterlich, fuhr aber, nachdem sie sich sehr stark geschneuzt hatte, fort: „Der Vater darf jetzt noch nichts merken. Kinder, laßt mich ihm das zuerst beibringen, und ich will dir's schon zu wissen thun, wann du ordnungsmäßig bei ihm anhalten sollst; komm bis dahin nicht mehr ins Haus, es geht nicht; und wenn du bei ihm anhältst, bring' auch deinen Ohm mit, das gehört sich, du mußt ihm die Ehre anthun, Vaterstelle zu vertreten. Meine Kinder sind bis jetzt immer noch in große Familien ge= kommen. Wir sind gewohnt, daß es bei uns hergeht wie bei Ehrenleuten. Lenz, Gott hat mir keinen Sohn gegeben, aber ich will dir's nur ehrlich sagen, das freut mich, daß du mein Sohn werden sollst. Ich hab' meine anderen Schwiegersöhne gewiß lieb, aber sie sind mir zu vornehm und zu hochdeutsch. Jetzt geh', Lenz; er kann ja jede Minute da herein kommen, und wer weiß, was dann wird! Nein, halt, da nimm noch das; gieb ihm das, Annele." Sie öffnete beide Doppelthüren des großen Schrankes und gab Annele eine Goldmünze mit den Worten: „Schau, die hat dir dein Pathe, unser seliger Pfarrer, als Ein=

bund in die Wiege gelegt, ſo, die iſt paßlich, es iſt eine alte
Denkmünze. Aber nein, du mußt ihr zuerſt eine Trau geben."

„Ich habe nichts, ja wohl, doch. Da, Annele, da haſt du
meine Uhr, die hat mein ſeliger Vater ſelber gemacht in der
Schweiz, und hat ſie meiner Mutter gegeben. Und zur Hochzeit,
will's Gott, gebe ich dir auch was von meiner Mutter, was dich
freuen wird. Da, nimm die Uhr. Horch, wie ſie pickt! Die
hat an meinem Herzen gelegen! ich wollte, ich könnte auch mein
Herz ſo herausnehmen und in deine getreue Hand legen."

Sie tauſchten gegenſeitig die Trau aus; die Löwenwirthin,
die doch auch etwas ſagen mußte, erklärte: „Ja, ein Herz und
eine Uhr, die ſind gleich, und die Liebe iſt der Uhrſchlüſſel."
Sie lächelte über ihre eigene Geſcheitheit, da es Niemand Anderes
that. Sie kramte im Schranke und ſagte: „Schau, das war
das erſte Kleidchen, das mein Annele getragen hat, und das
ſind ihre Jahresſchuhe." Lenz betrachtete mit Entzücken dieſe
Zeichen aus der Kindheit und bat: „Schenkt mir das." Es
wurde ihm willfahrt, und die Löwenwirthin begann wieder:
„Aber jetzt mußt du gehen, Lenz, ich kann dir's nicht erſparen.
Geh' da durch die Küche. So, da haſt du meine Hand. Gute
Nacht, Lenz!"

„Darf mich das Annele nicht ein bißchen begleiten?"

„Nein, das kann ich nicht erlauben, du wirſt mir's nicht
übel nehmen; ich bin einmal ſo, ich bin ein bisle ſtreng; ich
habe drei Töchter groß gezogen, und es ſoll einmal eines kommen und ihnen was nachſagen — das iſt mein Stolz. Ihr
könnt Euch, wenn's Gottes Willen iſt, mit Ehren und mit
Wiſſen der Eltern noch genug haben."

„Gut Nacht, Lenz!"

„Gut Nacht, Annele!"

„Nochmals gut Nacht!"

„Gut Nacht, herztauſiger Schatz!"

„Gut Nacht, lieber Lenz! Schlaf wohl!"

„Und du auch, tauſendmal."

„Jetzt iſt's genug," ſchalt die Löwenwirthin lachend.

Lenz ſtand auf der Straße, die ganze Welt ging mit ihm
herum, die Sterne am Himmel tanzten. Das Annele, des
Löwenwirths Annele iſt dein! Er eilte heimwärts, er muß es
der Franzl ſagen, die hat ja auch das Annele ſo gelobt. O

Gott, wie wird die ſich freuen! Wenn du's nur gleich ausrufen
dürfteſt von Haus zu Haus ... Aber als er faſt ſchon oben
vor ſeinem Hauſe ſtand, hielt er ein: nein, der Franzl darfſt
du's nicht ſagen; erſt wenn's ſicher iſt, ſonſt bleibts nicht geheim.
Aber du mußt's doch einem Menſchen ſagen. Er kehrte wieder
um, ſtand lange vor dem Löwenwirthshaus: jetzt mußt du noch
fremd da ſtehen, morgen biſt du hier daheim. Endlich riß er
ſich los und ging hinaus zu Pilgrim.

Siebzehntes Kapitel.

Freundeseinſpruch.

Gottlob, er iſt daheim! Es iſt Licht in ſeinem Zimmer und
er ſpielt Guitarre. O, du guter Pilgrim! O, du guter Pilgrim!
Gott, erhalte mich nur geſund und laß mich nicht ſterben vor
Freude! O, wenn nur meine gute Mutter das noch erlebt hätte!"

Pilgrim ſpielte und ſang laut. Er hörte den die Treppe
Heraufkommenden nicht. Lenz öffnete die Thür und rief, die
Arme ausbreitend: jauchze laut auf, Herzbruder! Ich bin
glücklich!"

„Was iſt?"

„Ich bin verlobt!"

„So? Mit wem?"

„Wie kannſt du fragen?! Mit ihr, mit der beſten Seele.
Und ſo geſcheit und klug wie der Tag. O, Annele!"

„Was? Annele? Das Löwen-Annele?"

„So? Du wunderſt dich auch, daß ſie mich nimmt! Ich
weiß, ich bin's nicht werth, aber ich will's verdienen, Gott iſt
mein Zeuge, ich will's verdienen, ich will ihr die Hände unter
die Füße legen, und ſie ſoll ..."

Lenz ſah jetzt das Bild ſeiner Mutter und rief: „Gute
Mutter! Herzliebe Mutter! Freue dich im ſiebenten Himmel, dein
Sohn iſt glückſelig!"

Er konnte vor Weinen nicht weiter reden und ſank in die
Kniee. Pilgrim ging auf ihn zu und legte ihm die Hand auf
die Schulter. „Verzeih' mir, lieber Pilgrim, verzeih' mir!" bat
Lenz aufſtehend. „Ich möchte die ganze Welt um Verzeihung

bitten. Ich hab' mir's feſt vorgenommen, ich will jetzt ein ſtarker, feſter Mann ſein! Ich krieg' jetzt eine Frau, die's verdient, daß ſie einen ſtarken Mann hat. Aber heute, heute noch übermannt mich's. Unterwegs habe ich mir immer nur gewünſcht: wenn nur jetzt Jemand käm' und mir was Schweres auferlegte, ich weiß nicht was, aber etwas, etwas, wozu man ſein ganzes Herz hergeben muß und was ganz ſchwer iſt, ich will's thun. Ich will's verdienen, daß mir Gott das Glück geſchenkt hat."

"Ruhig, ſei doch ruhig! Es haben andere Männlein auch ſchon Weiblein bekommen, und man braucht da nicht die Welt um und um zu reißen dafür."

"O, wenn meine Mutter nur das noch erlebt hätte!"

"Wenn deine Mutter noch lebte, nähm' dich das Annele nicht, der biſt du erſt gut ohne Anhang, ohne Mutter."

"Sag' das nicht. Wie ehrt ſie meine Mutter!"

"Das hat ſie jetzt leicht, weil ſie nicht mehr auf der Welt iſt. Und ich ſag' dir, du biſt für das Annele erſt auf der Welt, ſeitdem du keine Mutter mehr haſt."

"Und du haſt mir noch nicht einmal Glück gewünſcht."

"Ich wünſch' dir Glück! Ich wünſch' dir Glück!"

"Warum ſagſt du das zweimal? Warum zweimal?"

"Es iſt mir nur ſo herausgefahren."

"Nein, du haſt was dabei."

"Ja, das iſt wahr. Ich will dir's morgen ſagen, nicht heute."

"Warum morgen? Nein, jetzt, du darfſt mir nichts verſchweigen."

"Denk', du biſt jetzt berauſcht, wie kann man da nüchtern mit dir reden?"

"Ich bin nicht berauſcht, ich bin ganz nüchtern."

"Nun gut, ſo ſag' mir, wie iſt denn das ſo ſchnell gekommen?"

"Ich weiß ſelbſt nicht, es iſt wie vom Himmel herunter auf mich gekommen, und jetzt iſt mir's deutlich, daß ich ſchon lange nichts Anderes gedacht habe."

"Ich hab's auch geglaubt, aber ich hab' auch geglaubt, du thuſt nichts ohne mich."

"Nein, das thu' ich auch nicht, du gehſt morgen mit mir als Brautwerber. Ich muß beim Vater noch um ſie anhalten."

"So? Das iſt mir lieb, dann hoff' ich, wird nichts aus der Sache."

„Was! du willst mich verrückt machen?"

„Ist nicht nöthig. — Lenz, jetzt ist sie noch nicht deine Braut, jetzt ist sie noch nicht deine Frau, jetzt darf ich noch frei reden. Lenz, es ist ein Unrecht, wenn du jetzt noch zurücktrittst, aber es ist nur Ein Unrecht; und wenn du Annele heirathest, thust du tausendmal Unrecht, dein Leben lang. Lenz, das ist keine Frau für dich, die am allerwenigsten."

„Du kennst sie nicht. Ihr foppt immer einander. Ich hab' sie aber kennen gelernt, so aus der Seele heraus. So grundgut und so grundgescheit."

„Ich kenne sie nicht? sagst du! Und hab' doch einen Scheffel Salz mit den Leuten gegessen. Ich will dir sagen, was an denen Allen ist. Das Annele und die Mutter sind sich eigentlich gleich, und eben deßwegen können sie einander nicht leiden, wenn sie vor der Welt auch noch so schön mit einander thun. Alles was sie reden, ist nichts als Schwätzmusik. Man ißt und trinkt besser, wenn man dabei Tafelmusik macht. Es kommt ihnen gar nichts aus der Seele, sie sind gemüthlos. Ich hätte nie geglaubt, daß es solche Menschen giebt, aber es ist so; sie reden dir von Güte, von Liebe, von Mitleid, ja, wenn's dazu kommt, auch von Religion, sogar von Vaterland, und alles das sind bloße Worte, sie denken nichts dabei, wollen nichts davon und glauben fest, alle Menschen haben's so ausgemacht, solche Worte mit einander auszuwechseln, aber was an der Sache ist, da will Niemand was davon. Das Annele hat nicht einen Funken Herz, und ich bleibe dabei: wer kein Herz hat, hat auch keinen Verstand; er versteht nie, wie es einem Andern zu Muthe ist, und weiß nicht einzutheilen und nachzugeben. Das Annele kann, wie seine Mutter, Andern abhorchen, was sie sagen, und das sagt's dann geschickt nach, und eine besondere Kunst versteht es darin, es kann Einen tadeln, ja sogar auszanken, aber in einer Art, daß man nicht klug daraus wird, ist das eine Liebes- oder eine Kriegs-Erklärung. Vater, Mutter und Tochter machen mit einander gute Schwätzmusik: das Annele spielt die erste Geige, die Alte die zweite, und der Löwenwirth den Brummbaß. Das muß ich sagen, er ist der einzige Ehrliche im Haus. Es ist und bleibt wahr, nur die weiblichen Bienen können stechen, und wie! Der Löwenwirth spricht von jedem nur Gutes und kann's nicht leiden, daß die Weibsleute ein Anderes ausmachen. Denn das ist ihnen ein besonders gutes Gericht, wenn sie den guten Namen von einem Mädchen oder einer Frau ins Haus metzgen können. Die Frau thut's noch mit einem gewissen scheinheiligen Mitleid, das Annele aber spielt gern mit der Welt, wie die Katze mit der Maus. Und das Ende vom Lied soll immer sein: Du bist die Schönste, die Gesündeste und die Gescheiteste und — wenn das ein Lob ist — auch die Bravste. Ich habe mich lang in der Welt besonnen, worin die eigentliche tiefste Rohheit besteht, und die ist gerade oft recht manierlich. Die eigentliche Rohheit ist — die Schadenfreude. O Lenz, du kennst die Tonart nicht, da hilft dir alle deine Musik nichts, du kennst die Tonart nicht, auf die dieses Haus gestimmt ist. Da ist nichts als Spott und Lüge. Diese Menschen werden dich und was du willst und was dir Freude macht, nie verstehen. Ich sag's auch. Nur wer aus der Wahrheit ist, kann die Wahrheit fassen und lieben. Du wirst da ewig fremd sein."

„Pilgrim, was bist du für ein Mensch! Bei den Leuten, von denen du so redest, gehst du jetzt acht Jahre täglich aus und ein, issest mit ihnen am selben Tisch und bist heiter und gut mit ihnen. Was soll ich von dir denken?"

„Daß ich ins Wirthshaus gehe und esse und trinke und baar bezahle. Ich zahle täglich und bin täglich mit ihnen fertig."

„Ich versteh' das nicht, wie man so sein kann."

„Glaub' dir's. Hab's auch schwer bezahlen müssen; wäre mir auch lieber, ich könnte so sein wie du. Es macht nicht froh, die Menschen zu kennen, wie sie sind. Heißt das, es giebt noch immer Einige . . . ."

„Und du meinst, einer von den Guten bist du?"

„Ich halte mich nicht ganz dafür. Hab' mir's aber gedacht, daß du gegen mich losfahren wirst. Ich muß es tragen. Schimpf' auf mich, mach' mit mir, was du willst, hack' mir da die Hand ab, ich will betteln gehen und will dabei wissen, ich hab' einen Menschen gerettet, wie du. Laß vom Annele! Ich bitt' dich! Du hast beim Löwenwirth noch nicht angehalten, du hast noch keine Verpflichtung."

„Das sind deine weltklugen Hinterthüren. Ich bin nicht so gescheit wie du, ich war nicht in der Fremde, wie du, aber ich weiß, was recht ist. Ich hab' mich mit dem Annele verlobt vor ihrer Mutter, und ich halte mein Wort. Gott gebe nur, daß ich's vom Vater auch kriege. Und jetzt sag' ich dir zum letzten male: ich hab' dich nicht um Rath gefragt, und ich weiß selber, was ich thu."

„In Gottes Namen, es soll mich freuen, wenn ich im Irrthum gewesen bin. Nein! Schau, Lenz, um Gottes willen, laß dich anrufen, es ist noch Zeit. Du kannst nicht sagen, daß ich dir je abgerathen habe, zu heirathen."

„Nein."

„Du bist der geborene Ehemann, aber ich bin ein Narr gewesen, daß ich dir's nicht stärker gesagt habe; von des Doktors Töchtern mußt du eine heirathen."

„Und du meinst, ich wäre hingegangen und hätte gesagt: einen schönen Gruß von meinem Vormund, dem Pilgrim, er läßt euch sagen, es soll mich eine von euch heirathen, und die Amanda besonders. Nein, die sind mir zu vornehm."

„Freilich, die sind vornehm, und das Annele thut nur vornehm. Weil du zu des Doktors Töchtern Sie sagst, hast du nicht gewußt, wie du zum Du kommen sollst. Beim Annele ist dir's leichter geworden. Du hast in den Löwen gehen können, und es hat dich Niemand gefragt: warum kommst du daher? O, ich sehe Alles vor mir. Das Annele hat mit dir über deine Trauer geschwatzt, es kann über Alles schwatzen, und das hat dir das Herz weich gemacht. Das Annele hat eine Ledertasche in jedem Rock, und sein Herz ist auch nichts als eine Ledertasche, und da wie dort hat es immer klein Geld und kann jedem Gast wechseln und herausgeben."

„Pilgrim, du versündigst dich, du versündigst dich schwer!" sagte Lenz, seine Lippe bebte vor Zorn und Wehmuth, und er erzählte, um Pilgrim zu zeigen, wie innig und herzgetreu Annele war, was sie ihm nach dem Tode der Mutter, was sie ihm nach dem Abgang des großen Werkes gesagt; er hatte jedes Wort behalten wie eine Offenbarung.

„Meine Groschen! Meine Pfennige!" schrie Pilgrim darauf. „Meine armen Groschen! Sie hat einen Bettelmann ausgeraubt, da hat man Pfennige. O, ich einfältiger, verdammter Narr! Alles, was sie da gesagt hat, ja, jedes Wort hat sie von mir aufgeschnappt. Sie hat Redensarten an sich wie Pfropfenzieher; sie kann Alles herauskriegen. Ich bin so einfältig gewesen und habe ihr damals und damals das gesagt. Geschieht mir recht!

Habe ich aber ahnen können, daß sie dich mit meinen Worten fangen wird? O meine Bettelgroschen!

Die beiden Freunde saßen lange still; Pilgrim biß sich die Lippen wund, und Lenz schüttelte den Kopf ungläubig; da fuhr Pilgrim wieder auf: „Und weißt du, warum das Annele dich hauptsächlich nimmt? Nicht wegen deiner langen Gestalt, nicht wegen deinem guten Herz, auch nicht wegen deinem Vermögen! Nein, das ist Alles Nebensache. Es freut sich hauptsächlich, daß dich des Doktors Tochter nicht kriegt. Etsch! Gelt, du kriegst ihn nicht; aber ich! Glaub' mir, das Annele ist ein Wesen, das du gar nicht beurtheilen kannst; du glaubst nicht, daß es Menschen giebt, die keine Freude, kein Glück kennen, als wenn sie darin einem Andern wehe thun oder über ein anderes bös werden können und sich ausdenken, wie ein Anderes sich darüber ärgert, weil sie so schön, so reich, so lustig sind. Ich hab's auch nicht geglaubt, daß es solche Menschen giebt, bis ich das Annele kennen gelernt hab'. Bruder, lern' du es nicht weiter kennen, es ist dein Unglück! Was siehst mich so an und bist so stumm. Fahr' los, thu', was du willst, thu' mit mir, was du willst, nur laß vom Annele, das ist Gift! Ich bitt' dich, laß vom Annele. Und ja, die Hauptsache habe ich vergessen, denk' daran, Gott gebe nur, daß du nicht zu spät daran denkst, ich will kein böser Prophet sein — denk' daran, das Annele kann nicht alt werden."

„Ha, ha! Jetzt soll sie auch noch krank sein, und sie ist kerngesund. Sie hat ja ein Gesicht wie Milch und Blut."

„Ich mein's ja nicht so, ich mein's ja ganz anders. Schau, deine Mutter; hat's eine Frau gegeben, bei der es einem wohler gewesen ist? Und warum? Weil ihr das gute Herz aus dem Gesicht gesehen hat, die Freundlichkeit für alle Menschen, die Freude und die Sorge, daß es ihnen gut geht; das macht ein altes Gesicht schön, das macht einen fromm, wenn man da hineinsieht. Und das Annele? Wenn es seine Haare nicht mehr in eine Krone flechten kann, wenn es keine rothen Backen mehr hat, wenn es beim Lachen nicht mehr seine weißen Zähne zeigen kann, was bleibt? Es hat nichts zum Altwerden, es hat keine Seele im Leib, es hat nur Redensarten, es hat kein gutes Herz, es hat keinen braven Verstand, es kann nur spötteln; wenn es alt wird, da ist es nichts als des Teufels Großmutter!"

Lenz preßte die Lippen scharf zwischen die Zähne, endlich

fagte er: „Jetzt ift's genug, übergenug! Kein Wort mehr! Aber
Eins kann ich von dir verlangen, fo darffft du nur zu mir reden,
und auch zu mir heut fo zum letztenmale und zu Niemand
anders, zu Niemand! Ich hab' mein Annele lieb und ... und
... dich auch; kannft machen, was du willft, in deiner Eifer=
fucht. Ich verlange nicht mehr, daß du mit mir zur Braut=
werbung gehft. Nur die vier Wände hier haben das von dir
gehört. Gut Nacht, Pilgrim!"
„Gut Nacht, Lenz!"

Achtzehntes Kapitel.
Heimlich ftille Liebe, Verfpruch ohne Anhang und Einungskampf.

Als Lenz weggegangen war, faß Pilgrim lange allein, ftarrte
in das Licht und zwirbelte heftig an feinem röthlichen Kinnbart.
Er war ärgerlich, er hatte zwar Alles gefagt, aber er hatte zu
viel gefagt und feinen Zweck verfehlt; zurücknehmen konnte er
nichts, es war ihm ja Alles wahr, aber was half's? Er ging
unruhig in feinem Zimmer umher, dann faß er wieder ftill und
ftarrte in das Licht. Wie ift doch das Leben fo feltfam! Wie
weniger Menfchen Schickfal kommt zu feinem geraden Ziele! Man
will's nicht glauben, fo lang man jung ift; man fchilt die Alten
griesgrämig, und am Ende wird man felber fo und findet fich
in die Flickfchneiderei. Nein, luftig ift's. Man muß nur nicht
Alles haben wollen.

Ein tief verborgenes Leben zog an Pilgrim vorüber. Es
war vor zehn Jahren, als er mit dem Muthe, die ganze Welt
zu erobern, in die Fremde zog, und ein ftilles Glück befeelte ihn.
Er hatte nicht Wort, nicht Zeichen gegeben und erhalten, und
doch war's ficher in ihm. Er liebte die fchöne, fchlanke Tochter
des Doktors, Amanda, und fie, fie hatte fich zu ihm geneigt wie
eine Prinzeffin, wie eine Göttin, ja, fie hatte fich zu ihm ge=
neigt; er half ihr in Feierftunden die Stäbe zu den fremden
Pflanzen einfetzen, darauf er felbft aus einem Buche die Namen
gar zierlich abgefchrieben hatte. Sie behandelte den armen, ver=
laffenen Knaben wie ein milder Geift, und felbft als er zum

Jüngling heranwuchs, durfte er ihr noch manchmal beistehen; sie war immer gleich liebreich und jeder Blick wie gesegnet. Als er allein in die Fremde zog und noch einmal an dem Garten vor=über kam, da reichte sie ihm über den Gartenzaun nochmals die Hand und sagte: „Ich habe ein ganzes Stammbuch von dir; die Täfelchen, worauf du die fremden Namen geschrieben. Wenn du jetzt draußen in der Welt die fremden Pflanzen findest, da wo sie daheim sind, wirst du auch manchmal an unsern Garten ge=denken und an das Haus, wo dir alle Menschen gut sind. Leb' wohl und komm' auch wieder!"

„Leb' wohl und komm' auch wieder!" Das war ein Wort, das den Wandersmann über Berg und Thal, über Meere und durch fremde Länder begleitete, und manches Echo hat den Namen Amanda, der sich unwillkürlich jubelnd in die Welt hineinrief, zurückgegeben.

Pilgrim wollte reich werden, ein großer Künstler werden, und sich Amanda erwerben. Er kam arm und zersetzt wieder heim. Als Viele ihn mit wohlfeilem Spott empfingen, sagte Amanda — sie war größer und stärker geworden, und ihr braunes Auge leuchtete —: „Pilgrim, seien Sie froh, daß Sie wenigstens gesund sind, und erhalten Sie sich Ihren heiteren Muth."

Und er bewahrte sich seinen frohen Muth. Er gewöhnte sich daran, sie zu lieben, wie drüben die schöne Linde in Nach=bars Garten, wie die Sterne am Himmel. Niemand hörte je ein Wort, sah je ein Zeichen seiner Liebe, selbst Amanda nicht. Und wie die Sage von Edelsteinen erzählt, die in der Nacht leuchten gleich der Sonne, so durchleuchtete die innige Neigung zu Amanda das Leben Pilgrims. Er sah sie oft wochenlang nicht, und wenn er sie sah, blieb sein Benehmen so ruhig, als wenn ihm ein Fremdes begegnete. Nur der Gedanke beschäftigte ihn oft, wer sie heimführen werde. Er wollte aus der Welt gehen, ohne daß sie je ahnte, was sie ihm war, aber sie sollte glücklich sein. Lenz war der Einzige, der sie heimführen sollte, ihm gönnte er sie, sie waren einander werth, und er wollte ihre Kinder auf den Armen wiegen und sie erlustigen mit dem ganzen Vorrath seiner Lieder und Scherze. Jetzt war auch das anders geworden, und Lenz stand dazu noch an einem Abgrund, das glaubte Pilgrim fest.

So starrte er lang in das Licht und schüttelte bisweilen den

Kopf, bis er das Licht löschte und sich sagte: „Ich habe mir selber nicht helfen können, ich kann auch Anderen nicht helfen."

Unterdeß war Lenz heimwärts gegangen. Er ging langsam. Er war so müde, daß er sich auf einen Steinhaufen am Wege setzen mußte. Als er ans Löwenwirthshaus kam, war Alles dunkel, kein Stern blinkte mehr, der Himmel hatte sich mit Wolken überzogen. Lenz war stehen geblieben, und es war ihm, als müßte das ganze Wirthshaus auf ihn niederstürzen.

Er ging heim. Franzl schlief schon. Er weckte sie, er mußte einen Menschen haben, der sich mit ihm freute; Pilgrim hatte ihm Alles wie mit Asche bestreut.

Franzl war glückselig über die Nachricht, die sie erhielt, und Lenz lächelte, da Franzl zum Beweis, daß sie auch wisse, was Liebe sei, ja, nur zu gut, zum hundertstenmale ihre „gefehlte Liebe," wie sie es beständig nannte, erzählte. Sie begann stets mit Weinen und hörte mit Zanken auf, und sie hatte zu Beidem Recht.

„Wie schön war's damals daheim, drüben im Thal! Er war der Nachbarssohn und brav und fleißig und schön, so schön giebt's keinen mehr; das soll mir Niemand übel nehmen, aber es ist so. Aber er — ich will seinen Namen nur nennen, es weiß doch Jedermann, daß er Anton Striegler geheißen hat — er hat hoch hinaus gewollt und ist auch in die Fremde auf die Handelschaft, und dort am Bach hat er noch zum Abschied gesagt: Franzl, hat er gesagt, so lang der Bach da fließt, bin ich dir getreu im Herzen, und bleib' du es auch. Er hat schön reden und auch im Schreiben die Worte schön setzen können, ja, so sind die falschen Menschen, ich hätt's nie geglaubt. — Durch vier Jahre lang habe ich siebzehn Briefe von ihm bekommen, aus Frankreich, aus England und aus Spanien. Der Brief aus England hat allemal einen Kronenthaler gekostet, denn der Napoleon hat damals keinen Kaffee und keinen Brief zu uns herein lassen wollen, und da ist der Brief wie unser Pfarrer gesagt hat, über Konstantinopel und durch Oesterreich hieher und hat allemal einen ganzen Kronenthaler gekostet. Nachher nichts mehr, ist lang keiner mehr gekommen. Vierzehn Jahre hab' ich gewartet, da höre ich, daß er sich in Spanien mit einer Schwarzen verheirathet hat. Ich habe nichts mehr wissen wollen von dem schlechten Menschen, schlechter giebt es doch keinen, und da habe ich die schönen Briefe, die Lügenbriefe, die er mir geschrieben hat, verbrannt; die Liebe ist in Rauch aufgegangen zum Schornstein hinaus."

„Mit diesen feststehenden Worten schloß Franzl immer. Heute hatte sie einen guten Zuhörer gehabt, den besten, er hatte nur den einzigen Fehler, daß er eigentlich gar nicht hörte, was sie sagte; er starrte sie nur immer an und dachte an Annele. Jetzt kam Franzl aus Dankbarkeit auch auf diese zu reden. „Ja, ich will's dem Annele sagen, wie du bist, ich kenne dich ja am besten. Du hast dein Lebelang kein Kind beleidigt, und wie gut bist du immer gegen mich gewesen! Mach' nur kein so finsteres Gesicht. Sei lustig! Ich weiß wohl, ach Gott, ich weiß ja, wenn man ein so großes Glück erfährt, meint man, man müsse darunter zusammenbrechen. Gottlob, ihr habt's gut, ihr bleibt ruhig bei einander daheim und könnt euch jeden Tag, den Gott giebt, guten Morgen und gute Nacht sagen. Jetzt sag' ich auch gut Nacht! Es ist spät."

Mitternacht war vorüber, als Lenz endlich die Ruhe suchte, und mit einem „Gut Nacht, Annele! Gut Nacht, du gutes Herz!" schlief er ein.

Am Morgen war's ihm seltsam zu Muthe. Er erinnerte sich, daß er geträumt hatte: er stand hoch oben auf dem Bergeskamm hinter seinem Hause dort auf hohem Felsen, und er hatte immer einen Fuß gehoben und wollte hinaussteigen in die Luft — — — —

Das fehlte noch, daß ich mich noch von Träumen ängstigen lasse, sagte er und wischte den Traum von der Seele weg und betrachtete die Denkmünze. Noch mehr aber erlustigte er sich an den kleinen Schuhen und an dem ersten Kleidchen Annele's, bis er diese Heiligthümer zu der Hinterlassenschaft seiner Mutter einschloß.

Es kam ein Bote von der Löwenwirthin: Lenz solle um elf Uhr kommen. Lenz zog sich sonntäglich an und eilte zum Ohm Petrowitsch.

Nachdem er mehreremale an der Klingel gezogen und endlich eingelassen wurde, kam ihm der Ohm etwas unwirsch entgegen: „Was giebt's denn schon so früh?"

„Ohm, Ihr seid meines Vaters Bruder —"

„Ja, und wie ich in die Fremde gegangen bin, habe ich deinem Vater Alles gelassen. Alles, was ich habe, habe ich mir selber erworben."

„Ich will kein Geld von Euch, Ihr sollt nur Vaterstelle bei
mir vertreten."

„Was? Wie?"

„Ohm, des Löwenwirths Annele und ich, wir haben einander
gern, rechtschaffen gern, und die Mutter des Annele weiß es und
hat eingewilligt, und jetzt in dieser Stunde soll ich beim Vater
anhalten, wie's der Brauch ist, und da sollt Ihr mit mir gehen,
weil Ihr meines Vaters Bruder seid."

„So?" sagte Petrowitsch, nachdem er ein Stück weißen Zucker
in den Mund gesteckt, die teppichbelegte Stube auf= und abgehend.

„So?" sagte er bei der Wendung noch einmal. „Eine alerte
Frau kriegst du, und ich muß sagen, du hast Courage. Ich
hätte dir's nicht zugetraut, daß du die Courage hättest, solch eine
Frau zu nehmen."

„Warum Courage? Was ist denn dabei?"

„Nichts Schlechtes, aber ich hätt's nur nicht geglaubt, daß
du so hoffährtig bist, so eine Frau zu nehmen."

„Hoffährtig? Was ist da für Hoffahrt dabei?"

Petrowitsch lächelte und gab keine Antwort. Lenz fuhr fort:
„Ohm, Ihr kennt sie ja, sie ist ordentlich und genügsam und
kommt aus einem braven Haus."

„Ich mein's nicht so. Es ist Hoffahrt von dir, daß du
dir einbildest, einem Mädchen, das in einem Wirthshaus zwei-
undzwanzig Jahre alt geworden ist, auf der einsamen Morgenhalde eine ganze Wirthsstube voll schmeichelnder Gäste ersetzen zu
können. Es ist Hoffahrt von dir, daß du eine Frau, die einem
großen Wirthshaus vorstehen kann, für dich allein haben willst.
Ein ganzer Mann nimmt keine Frau, die ihm das halbe Leben
auffrißt, wenn er ihr zu Gefallen leben will. Und so eine Frau
zu regieren, ist keine Kleinigkeit; das ist schwerer, als vom Bock
herunter vier Steppenpferde zu regieren."

„Ich will sie nicht regieren."

„Glaub's. Aber Eines muß sein: regieren oder regiert werden. Das muß ich sagen, gutmüthig ist sie. Freilich nur gegen
den, der sie lobt oder ihr unterthänig ist; sie ist die einzige Gute
im Haus. Die beiden Alten, da ist Jedes auf seine Art schein-
heilig; die Frau mit vielem Schwätzen, der Mann mit wenig
Schwätzen. Wenn er ein Wort sagt, giebt er dabei zu verstehen:
bei mir wiegt jedes Wort ein Pfund, kannst's nachwägen, es

wird richtig sein, wird kein Quintchen fehlen. Und wie er einen Fuß setzt, heißt jeder Schritt: da kommt der Ehrenmann; wie er die Gabel in die Hand nimmt: so ißt der Ehrenmann und wenn er zum Fenster hinausschaut, soll ihm Gott vom Himmel herunter sagen: guten Morgen, Ehrenmann! Und ich wette meinen Kopf, er ist die Gabel in der Hand und die knackenden Stiefel am Fuße schuldig."

„Ohm, das hab' ich nicht hören wollen."

„Glaub's."

„Ich hab' Euch nur in allem Respect fragen wollen, ob Ihr an Vaterstatt mit mir gehen wollet zur Brautwerbung."

„Fällt mir nicht ein. Du bist volljährig, du hast mich ja nicht vorher gefragt!"

„Nehmt mir's nicht übel, daß ich Euch jetzt gefragt habe."

„Gar nicht. — Halt!" rief Petrowitsch, als Lenz eben weggehen wollte, „noch ein Wort, nur noch ein einziges Wort."

Lenz kehrte um, und Petrowitsch legte zum erstenmal in seinem Leben die Hand auf die Schulter des Neffen, und diesen durchzuckte es wunderbar von der Berührung, noch mehr aber von den Worten, da Petrowitsch mit bewegter Stimme sagte: „Ich möchte doch nicht umsonst gelebt haben für die Meinigen. Ich will dir was geben, viele Menschen gäben ihr Leben drum, wenn sie's zur Zeit bekommen hätten. Lenz! Wenn ein Mensch in Hitze und Hast ist, darf er nicht trinken; er kann sich den Tod hineintrinken, und der thut ihm gut, der ihm das Glas aus der Hand schlägt. Man kann aber auch anders erhitzt sein, und da darf man nichts trinken, will sagen, nichts thun, was fürs ganze Leben gilt, man kann sich auch den Tod mit anthun, ein lang= sames Siechthum. Du darfst jetzt zu keiner Heirath dich ent= schließen, auch wenn es eine Andere wäre als das Annele; du bist erhitzt, schnaufe zuerst ruhig aus, und in einem halben Jahre frage wieder bei dir an. Laß mir's, ich will bei dem Löwen= wirth für dich aufkündigen; laß sie dann auf mich schimpfen, schadet mir nichts. Willst du mir folgen und absetzen? Du trinkst ein Siechthum in dich hinein, daß kein Doktor dir mehr helfen kann."

„Ich bin verlobt, da hilft kein Reden mehr," erwiderte Lenz.

Der kalte Schweiß stand ihm auf der Stirn als er das

ihnen. Der Pilgrim und der Ohm, es ist eigentlich kein Unter=
schied. Und prächtig ist's! Der Pilgrim hält den Alten allein
für brav und der Ohm das Annele allein für brav; jetzt wird
noch ein Dritter kommen, der wird die Alte allein für brav
halten. Geht mir Alle mit einander! Wir brauchen keinen Zeugen,
ich bin Manns genug für mich. Das muß aufhören, daß es
sich jeder herausnimmt, in meine Sachen drein zu reden. Und
jetzt in einer Stunde werde ich fest in einer stammhaften Familie.

Es dauerte keine Stunde und Lenz war fest darin. Die
Einreden Pilgrims und des Ohms hatten keinen Einfluß auf ihn;
das aber hatten sie doch bewirkt: wie er so unbeirrt um Annele
beim Vater warb, so stolz und fest, sprach etwas in ihm: sie
wird es einsehen und mir danken, daß ich mich an keine Ein=
reden gekehrt habe.

Das war bös.

Annele hielt mit der einen Hand die Schürze vor die Augen,
mit der andern hielt sie die des Lenz fest, als die Handreichung
gethan war; der Löwenwirth ging im Stüble auf und ab, seine
neuen Stiefel knarrten laut, die Löwenwirthin weinte, sie weinte
wirkliche Thränen und rief: „O lieber Gott, so das letzte Kind
aus dem Haus geben! Wenn ich mich niederleg' und wenn ich
aufsteh', werd' ich mir nicht zu helfen wissen: wo ist mein Annele?
Aber das sag' ich: vor einem Jahr leid' ich die Hochzeit nicht.
Daß du uns lieb bist, Lenz, brauchen wir dir das zu sagen,
wenn man einem sein letztes Kind giebt? O Gott! Wenn das
deine Mutter nur noch erlebt hätte! Aber sie wird sich im Himmel
oben freuen und an Gottes Thron für Euch stehen.“ — Beim
Anschlag dieses Tones mußte Lenz laut auf weinen. — Hatten
schon bei den Reden der Frau die Stiefel des Löwenwirths un=
willig geknarrt, so knarrten sie jetzt noch viel rascher. Endlich
schwiegen die Stiefel des Löwenwirths und sein Mund begann:
„Jetzt genug, wir sind da Männer. Lenz! Schau ruhig auf;
so, so ist's recht. Jetzt sag', wie hast du's mit dem Weibergut?“

„Ich habe ja nicht nach der Ehesteuer gefragt; es ist Euer
Kind, und Ihr werdet es nicht verkürzen.“

„Da hast du recht. Bei uns gilt der alte Spruch: so viel
Mund, so viel Pfund,“ schaltete der Löwenwirth ein, dann schwieg
er; er hat nicht nöthig, viel Worte zu machen.

Lenz fuhr fort: „Reich bin ich nicht, meine Kunst ist mein

Hauptvermögen, aber ich danke meinen Eltern, daß ſie für alle
Noth geſorgt haben. Da fehlt's nicht. Wir haben unſer ehrlich Brod und auch noch ein Bisle Butter dazu."

„Das iſt gut geſagt, accurat, ſo hab' ich's gern. Jetzt
aber wegen dem Ehevertrag, wie meinſt du da?"

„Da habe ich keine Meinung, dafür ſind die Landesgeſetze da."

„Ja, man darf aber einen beſondern Vertrag machen. Schau,
du weißt, eine Wittfrau iſt nur noch das Halbe werth, da muß
Geld nachhelfen. Jetzt, wenn du ohne eheleibliche Erben vor
der Frau ſtirbſt —"

„Vater!" ſchrie Annele, „wenn Ihr ſo was reden wollet,
da laſſet mich fort; ich kann's nicht hören."

Auch Lenz war erblaßt. Der Löwenwirth aber fuhr gleichmäßig fort: „Thu' nicht ſo zimpfer. So ſeid ihr Frauenzimmer!
Nur nicht von Geld reden! Pfui! Aeh! Bäh! Es ſchüttelt euch,
wie wenn euch ein Froſch an den Füßen krabbelte; wenn aber
kein Geld da iſt, da könnt ihr ſchön aufbegehren. Du haſt es
Gottlob dein Lebtag nicht erfahren und ſollſt es auch dein Lebtag nicht, drum wegen Leben und Sterben —"

„Ich will nichts davon hören! Iſt das die Freude beim
Verſpruch, daß man von ſo was redet?" widerſtritt Annele.

„Der Vater hat recht," beſchwichtigte die Mutter. „Sei
geſcheit, es iſt bald vorbei, nachher kann man noch luſtiger ſein."

„Mein Annele hat recht," ſagte Lenz mit ſtarkem unge-
wohntem Tone. „Wir heirathen nach Landesgeſetz, und damit
Punctum, und weiter kein Wort mehr. Komm, Annele. Was!
Leben und Sterben! Es giebt jetzt nur Leben. Nichts für ungut,
Vater und Mutter, wir ſind ja einig; jetzt iſt jede Minute eine
Million werth. Weißt Annele, wie's im Lied heißt?

> Großer Reichthum bringt mir kein' Ehr',
> Große Armuth keine Schand',
> Und ſo wollt' ich, daß ich tauſend Thaler reicher wär'
> Und hätt' mein Schätzlein an der Hand."

So wollte er ſingend mit Annele zur Stube hinaustanzen,
aber der Löwenwirth legte ihm die Hand auf die Schulter und
ſagte mit gewichtiger Stimme:

„Halt! Noch ein Wort."

Lenz ſtand, wie verwirrt, ihm war's als hätte ſich ein Dolch zwischen die Lippen gelegt, die sich eben küssen wollten. „Wir haben uns das Wort gegeben, es braucht jetzt nichts mehr," rief Annele trotzig.

„Wir Männer haben noch mit einander zu reden," entgegnete der Löwenwirth mit starker Stimme und Lenz bestätigte: „Ja, laß deinen Vater reden." Der Löwenwirth zog sein schwarzes Sammetkäppchen ab, schaute hinein, setzte es wieder auf und begann: „Du hast es ehrlich und getreu gemeint, und wenn dich die Leute hinterrücks verspotten, kann dir das gleich sein, und wenn du darüber zu Grunde gingest, du hast dich vor Niemand zu verantworten, du bist bis daher allein für dich gewesen."

Der Löwenwirth machte hier eine längere Pause, Lenz sah ihn wie irrsinnig an und fragte endlich: „Was habe ich denn gethan und was will ich denn so Schreckliches?"

„Wie gesagt, du meinst es ehrlich und getreu, das habe ich immer behauptet," ließ sich der Löwenwirth vernehmen, die Frauen sahen ihn staunend an, „du hast mit dem Pröbler eine Normaluhr, heißt man's nicht so? Ich kümmere mich eigentlich um die Sache nicht — so ein Werk für Alle aufgestellt. Mit dem Pröbler kannst du natürlich jetzt keine Gemeinschaft mehr haben, der Name von meinem Schwiegersohn und von dem Pröbler können nicht mit einander genannt werden. Das ist jetzt punctum aus und vorbei. Aber das andere, das ist noch die Hauptsache. Du willst da eine Einung stiften, heißt es nicht so? heiß' es wie es wolle, das muß auch punctum aus und vorbei sein." Die Löwenwirthin wollte hier dreinreden, aber der Löwenwirth stieß heftig mit dem Fuß auf und rief: „Laß mich ausreden, Frau! Ich sage dir, Lenz, diese Sache darf dir nicht mehr in den Sinn kommen. Du wirst nicht glauben, daß ich so rede, weil es gegen meinen Vortheil sein könnte; ich fürchte mich vor keiner Einung, und wenn's auch wäre, mein Vortheil ist jetzt auch dein Vortheil. Aber dabei kommt nichts heraus als Spott und Undank. Ich kenne die Menschen besser. Wenn's ja zur Ausführung käme, du brockst dein Vermögen ein und wirst ein Bettelmann. Also — da giebst mir die Hand: von dieser Stunde an denkst du nicht mehr an die Sache und willst nichts mehr von der Einung."

Lenz stand zögernd und schaute zur Erde, und die Löwenwirthin rief: „Ja, gieb ihm die Hand, er meint's gut, er meint's

recht, er meint's wie ein Vater, er ist dein Vater," und sie
nickte lobpreisend ihrem Manne zu.

Lenz richtete sich auf, sein Gesicht war flammroth und mit
scharfer Entschiedenheit rief er:

„Ich gebe die Hand nicht! Eh soll sie mir erlahmen, daß
ich mein Lebenlang kein Werkzeug mehr fassen kann."

„Schwör' nicht, du hast gesagt, man soll nicht schwören,"
warf Annele dazwischen, sie faßte seine Hand und wollte sie dem
Vater reichen, er aber wehrte ab und sagte mit scharfem Tone:
„Laß sein. Laß das. Ich schwöre meinen Glauben nicht ab,
und wenn ich das versprechen müßte, hätte ich meinen Glauben
abgeschworen. Und wenn Ihr mich da hinausjagt, da, wo ich
daheim hab' sein wollen, ich thu's nicht, Löwenwirth! Ich glaub's
Euch, Ihr meint's gut, aber es meint's ein Jeder wie er's versteht. Meine Gemeinschaft mit dem Pröbler ist gar keine, und
wenn sie auch wäre, ich bin der Lenz, ich kann umgehen mit
wem ich will, ich bleib' wer ich bin. Ich sag's nicht gern, aber
ich muß es sagen: ich verunehre mich mit nichts, im Gegentheil,
ich bringe Anderen Ehre und ich danke Gott, daß ich so stehe.
Was aber die Einung betrifft — ja Einung heißt's, Ihr habt
das Wort richtig behalten — so habe ich Tag und Nacht seit
Jahren darüber nachgesonnen und muß besser wissen, was daran
ist. Weiß wohl, da habt Ihr Recht, es giebt Schelme und Einfältige genug, die mich darüber ausspotten; aber wer hat, so
lang die Welt steht, was Gutes für die Welt gewollt und hat
sich nicht dafür ausspotten lassen müssen? Das ficht mich nichts
an. Daß Ihr fürchtet, ich möchte mein Vermögen dabei ein-
brocken; es ist recht und ich erkenne die Gutheit an, daß Ihr
daran denket. Aber es sind jetzt volle zehn Jahre, daß ich ganz
allein unser Geschäft und unser Haus in der Hand habe: ich will
Euch mein Buch aufschlagen, sehet nach, ob ich was verunschickt,
und es ist nicht so, daß man selber dabei zu Grunde gehen muß,
wenn man etwas ins Werk setzen will, das Allen zugute kömmt.
Und kurzum, morgen am Tage, wenn ich die Einung zu Stande
bringen kann, thue ich von dem Meinigen dazu, was ich vor
mir verantworten kann. Ich sage Euch das gerade heraus, wie
Ihr gerade heraus zu mir gesprochen habt. Ich gebe meine
Hand nicht, ich nehme guten Rath an, aber ich muß selber auch
wissen, was ich zu thun habe. Auf das, was Ihr von mir

wollt, gebe ich meine Hand nicht, und wenn jetzt mein höchstes Glück darüber zu Boden fällt."

Lenz spürte, wie das Herz sich in ihm zusammenpreßte und erzitterte während er sprach, aber er sprach scharf und fest, und jetzt hielt er inne.

„Mach deine Faust auf! Mir giebst du doch die Hand? Du bist ein ganzer Mann, du bist mein guter Mann, mein stolzer Mann!" So rief Annele und warf sich an den Hals des Lenz und weinte und lachte durch einander in krampfhaften Zuckungen.

„Ich hab' dir's sagen müssen, jetzt geht's mich weiter nichts an," beruhigte der Löwenwirth etwas kleinlaut, und die Löwen=wirthin sagte, während sie sich sehr stark schneuzte: „Mann, das hast du ganz gut gemacht, ganz gut. Wir haben jetzt erst recht gesehen, was unser Lenz für ein fester Mann ist. Ich muß sagen, ich hätte das nie geglaubt, aber es freut mich jetzt doppelt."

Lenz hatte viel zu thun, Annele zu beruhigen, sie lag wie hingegossen an ihn und richtete sich erst wieder straff auf, als er ihr Wein zu trinken gab.

„Jetzt gehet mit einander in den Garten, ich stelle euch den Wein in die Laube," schloß die Löwenwirthin, ging mit Flasche und Gläser voraus, die Brautleute fest umschlungen hintendrein.

„Ein seltsamer Mensch!" sagte der Löwenwirth vor sich hin, als Lenz die Stube verlassen, „aber so ist's, alle Musikanten haben einen Spritzer; da heult er sobald man seine Mutter nennt, wie ein Kind, nachher will er singen wie eine Lerche und zuletzt pre=digt er wie ein alter Wiedertäufer. Aber eine gute Haut ist er, und wenn ich meinen brasilianischen Proceß gewinne oder das große Loos, ich schwör's, er kriegt zuerst seine Ehesteuer und in Gold zahle ich sie ihm auf den Tisch. Das wird oben abge=schöpft, vorher kriegt Niemand was."

Mit diesem beruhigenden Vorsatz ging der Löwenwirth in die Wirthsstube, erholte sich dort von dem ungewohnten vielen Reden und nahm mit Würde die Glückwünsche von Fremden und Angehörigen in Empfang. Er redete wenig und gab nur zu verstehen, daß es sich für ihn wohl thun lasse, nicht auf großen Reichthum zu sehen. Wenn der Mensch nur gesund und ehrlich ist — lautete sein Hauptspruch, und Jedes nickte; da steckt in wenig Worten alle Weisheit. —

Lenz und Annele saßen indeß bei einander voll Wonne im

Garten und aus der innigsten Umarmung heraus sagte Lenz: „Ich meine, ich wäre gar nicht mehr in unserm Heimathsort, ich meine, ich wäre in der Fremde und käme von einer langen Reise."

„Du bist daheim und bleibst daheim," entgegnete Annele: „du hast dich nur stark verausgabt mit meinem Vater. Ich kann dir nicht sagen, wie mich's freut, daß ich dich so habe reden hören, ich wünschte nur, die ganze Welt hätte es gehört, dann müßten sie auch Alle Respekt vor dir haben, aber glaub' mir, es war eigentlich unnöthig, daß du dich wegen meinem Vater so ins Geschirr gelegt hast."

„Wie meinst du das?"

„Glaub' mir, ich weiß es ganz gewiß, es ist meinem Vater gar nicht so ernst gewesen mit seinen Anweisungen und Ermahnungen. Er spielt nur gern den Grundgescheiten, der durch sieben Bretter sieht. Wenn's ihm ja Ernst gewesen wäre, hätte er die Sache vor dem Verspruch vorgebracht und nicht erst nachher. Er hat nur den Gescheiten vor dir machen wollen, aber du bist noch gescheiter gewesen und das freut mich."

Lenz schaute bei diesen Worten um und um, als suche er etwas; und wie ein Volk Tauben jetzt in raschem Flug über die beiden Liebenden dahinschwebte und schnellschwindende Schatten auf den Boden warf, so kam jetzt ein Schwarm von Gedanken, die Pilgrim ausgesprochen, noch schneller daher und warf Schatten, die aber noch schneller schwanden.

„Mögen meinetwegen Andere gescheiter, weltkluger und respectirter sein," schloß Lenz, „lieb haben, seine Frau lieb haben, soll kein Mann auf der Welt mehr und getreuer können, als ich."

Neunzehntes Kapitel.

Heimsuchungen unten und oben.

Der erste Glückwünschende, der zu Annele kam, war Faller. Sie sah zwar sehr von oben herab auf den armen Teufel, aber seine Unterwürfigkeit that ihr doch wohl, und Faller wußte gar nicht Entschuldigungen genug vorzubringen, daß er schon so früh komme, es habe ihm keine Ruhe gelassen, der Lenz sei ihm ans Herz gewachsen; für den ließe er sich alle Adern aufschneiden.

„Freut mich, daß mein Bräutigam so gute Freunde hat; es kann Einem Jeder helfen in der Welt, wer er sei."

Faller verstand den letzten Stich nicht, oder wollte ihn nicht verstehen, und nun begann er mit begeisterten Worten zu schildern, welch ein heiliges Herz in Lenz sei. Die Thränen standen ihm in den Augen, als er schloß: „Annele, er hat ein Herz wie ein Engel, wie ein neugeborenes Kind; sei um Gottes willen nie herb gegen ihn, du thätest dich an Gott versündigen; denk' nur immer, du hast einen Menschen, dem jedes scharfe Wort wie ein Messer in den Leib fährt. Er ist nicht anfechtig (schnell zornig), aber er nimmt sich Alles zu arg zu Herzen. Nimm mir's ja recht nicht übel; daß ich dir das sage, ich thu's ja zu eurem Guten; ich möchte was für ihn thun, und ich weiß nicht, was. Du bist auserwählt von Gott, daß du so einen Menschen haben sollst; das ist ein Mensch, der darf überall frei hinstehen und darf dreinreden, es kann ihm Niemand auch nur das Geringste vorwerfen, der hat sein Lebenlang keinen Mißtritt gethan. Geh nur recht lind mit ihm um, recht lind und gut."

„Bist du fertig?" fragte Annele — aus ihrem Auge zuckten Blitze — „oder hast du noch was zu sagen?"

„Nein."

„So will Ich dir was sagen. Du hast dich so leck benommen, daß ich dich gleich hinauswerfen lassen könnte. Was ist das? Was erlaubst du dir? Wer hat dich zum Fürsprech gemacht? Wie kannst du mir zumuthen, daß ich herb sei? Aber gut, gut, daß ich das jetzt schon erfahre; ich sehe, was für Bettelvolk sich an meinen Lenz gehängt hat. Ich will schon den Kehrbesen nehmen und auskehren. Es ist vorbei, daß ihr ihn aussaugt mit Schönthun. So, den Schoppen, den du verzehrt hast, schenk' ich dir. Jetzt kannst du gehen. Ich will aber meinem Lenz sagen, was du dir erlaubt hast; das wird dir aufgetrieben! Adje!"

Faller konnte beschwören und betheuern, bitten und betteln, es nützte nichts. Annele wies ihm die Thür. Er ging endlich davon. Annele würdigte ihn nicht des Nachschauens.

Bald nach Faller kam Franzl strahlend von Glück. Die Mutter nahm sie schnell ins Stüble. Die Franzl pries sich glücklich, daß sie das fertig gebracht habe; sie betheuerte, nun ruhig sterben zu können. Aber es schlug ihr schlecht aus, daß sie sich mehr zuschrieb, als sie verdiente; nun bekam sie gar nichts. Die Löwenwirthin belehrte sie: „Franzl, was denkst? Du hast nichts gethan bei der Sache, und ich auch nicht. Ja, wir sind der jungen Welt nicht mehr gescheit genug! Wir reden da noch vor ein paar Tagen, wie es werden könnte, und derweil sind die schon lang' hinter unserm Rücken fertig. Meinem Annele hätte ich so was zugetraut, aber dem Lenz nicht. Aber es ist besser so, das hat Gott gemacht, dem wollen wir danken."

Franzl stand Mund und Augen auf, aber sie bekam nicht so viel in den Mund, als man im Auge leiden kann; sie mußte leer wieder heim, und Annele redete kaum ein Wort mit ihr; denn eben kam Pilgrim.

Ganz anders als gegen Faller mußte sich Annele gegen Pilgrim benehmen. Sie wußte, daß er ihr nicht hold war; aber noch ehe er ein Wort geredet hatte, dankte sie ihm für die herzliche Theilnahme, die er habe, und Pilgrim behandelte die ganze Sache äußerst scherzhaft und wohlgemuth, wobei er jedoch einfließen ließ, daß Niemand zu trauen sei, Lenz habe ihm kein Wort vorher gesagt. Damit hatte er sein Gewissen geborgen und doch nichts gestört, was einmal feststand.

Es gab noch einen harten Ast zu sägen, das war Petrowitsch; die Hauptsäge, der Vater, mußte da herbei. Petrowitsch, der zum Mittagstisch sich einstellte, that, als ob er von nichts wüßte. Der Löwenwirth theilte ihm nun die Sache officiell mit und sagte, Lenz werde gleich kommen, er komme zum Essen. Annele war überaus kindlich und unterwürfig gegen den Alten, es fehlte nicht viel, daß sie niederkniete und um seinen Segen bat. Er reichte ihr wohlwollend die Hand. Auch die Löwenwirthin wollte eine Hand haben, sie erhielt aber nur zwei Finger der Linken. Lenz war froh, als er kam und Alles bereits in guter Ordnung fand. Nur that es ihm weh, daß Pilgrim, der so über Alle gesprochen, mit am Tische saß. Aber Pilgrim war unbefangen, und so wurde es Lenz auch.

Der Himmel machte ein finsteres Gesicht zur Verlobung des Lenz. Es regnete mehrere Tage unaufhörlich. Es rieselte immer so fort, wie ein unleidlicher Schwätzer, der gar kein Punctum finden kann in seiner Rede. Lenz war natürlich viel im Löwenwirthshaus, und da ist's so geschickt, da ist man bald für sich wie in einem andern Hause, bald auf einem gewärmten „Marktplatz," wie Lenz einmal gegen Annele die große Wirthsstube mit den sechzehn Tischen nannte.

„Du bist witzig," sagte diese, „das muß ich meinem Vater sagen, der hat solche Worte gern."

„Ist nicht nöthig, es ist genug, wenn ich dir's gesagt habe; sag's nicht weiter."

Lenz ging den langen, jetzt fast grundlosen Weg von der Morgenhalde auf und ab, als ging's von einer Stube in die andere. Auf dem Wege wurde ihm oft Glück gewünscht von Männern und Frauen, und Viele sagten: „Du siehst aus, wie wenn du seit deiner Verlobung gewachsen wärest."

In der That ging Lenz seit dieser Zeit stolz aufgerichtet wie noch nie; und dann lächelte er, wenn man ihm vorhielt: „Du stehst hoch im Preis, denn was einer für eine Frau kriegt, das ist der Preis, den er gilt. Ohne dir zu nahe treten zu wollen, ich hätte es nie geglaubt, daß das Annele im Dorf bleiben würde. Man hat ja immer gesagt, sie heirathet einen Wirth in Baden-Baden, oder den Techniker ... Du kannst lachen, dir ist dein Brod in den Honig gefallen."

Lenz war gar nicht beleidigt, daß man ihn für geringer hielt; im Gegentheil, er war stolz, daß Annele so bescheiden war und ihn auswählte. Wenn er bei Annele und der Mutter im Stüble saß, und der Alte bisweilen kam und ein gewichtiges Wort brummte, da sagte Lenz: „O lieber Gott! wie dank' ich dir, daß du mir wieder Eltern gegeben hast! Und was für Eltern! Ich bin zum zweitenmal auf die Welt gekommen. Ich kann mir's gar nicht glauben, daß ich da im Löwen daheim sein soll. Wenn ich bedenke, wie mir's als Kind gewesen ist, wie man da den obern Stock aufgesetzt hat und Spiegelglasscheiben in alle Fenster! In Karlsruhe ist gewiß das Schloß nicht schöner — haben wir Kinder zu einander gesagt. Und ich bin dabei gewesen, wie der goldene Löwe aufgehängt worden ist. Wenn ich mir damals hätte denken können, daß ich in dem Schloß einmal daheim sein könnte. Es ist doch hart, daß das meine Mutter nicht noch erlebt hat."

Die beiden Frauen wurden gerührt von diesen Worten, wenn gleich Annele dabei die Stiche an ihrer Stickerei zählte, denn sie hatte sofort begonnen, für Lenz ein Paar Pantoffeln zu sticken. Sie sprachen Beide lange nichts, bis die Mutter sagte: „Ja, und was für eine schöne Familie kriegst du noch außerdem an den

andern beiden Schwiegersöhnen! Ich hab' dir's schon gesagt, sie
sind mir werth und lieb, aber ganz anders wie du; dich kenn'
ich von Jugend auf, du bist mir, wie wenn ich dich unter dem
Herzen getragen hätte. Aber du kennst sie ja, was das für feine,
adelige Menschen sind. Und Geschäftsleute oben 'raus. Es wär'
ein Anderes froh, wenn es so viel Vermögen hätte, als die in
einem Jahr verdienen."

Annele aber sagte nach geraumer Weile: „Wenn nur der
dumme Regen einmal aufhören möchte! Weißt du, Lenz? Dann
lassen wir gleich anspannen und fahren einmal mit einander
hinaus."

„Ja, ich freue mich auch darauf, mit dir einmal unter
Gottes weiten Himmel zu kommen. Mir ist's für mein Glück
fast zu eng hier im Haus."

„Und nach der Stadt fahren wir."

„Ja, wohin du willst."

Und wieder sagte Lenz: „Ich bin nur froh, daß meine
Zauberflöte so gut verpackt ist; es thät' mir im Herzen weh',
wenn etwas dran geschähe."

„Das ist übertrieben," berichtigte die Mutter. „Die Sach' ist
nun einmal verkauft. Es geht jetzt auf Gefahr des Käufers."

„Mutter, nein, das ist nicht so. Ich verstehe meinen Lenz
besser. Er hat recht, ihm ist's ans Herz gewachsen, was er gemacht hat, und er möcht' immer die Hand darüber halten. Denn
wenn man Monate lang Tag und Nacht auf eine Sache Obacht
gehabt hat, da thut's einem weh, wenn's verdorben wird."

„Ja, lieb Annele, du bist mein!" rief Lenz im Entzücken,
wie tief und gut ihn das herrliche Mädchen verstand und ihm
Alles so gut und getreu auslegte!

Die Mutter schalt mit süßsaurer Freundlichkeit: „Mit euch
Liebesleuten kann man nicht reden; wer nicht verliebt ist, der
sagt euch nichts recht." — Sie ging ab und zu, denn Lenz hatte
gebeten, daß Annele wenigstens in der ersten Zeit von den Pflichten in der Wirthsstube enthoben werde. „Ich bin nicht eifer-
süchtig," betheuerte er, „kein Gedanke, aber ich möchte Jedem
den Blick wegnehmen, den du auf ihn richtest; es gehört Alles
nur mir!"

Eines Mittags hörte es eine Stunde zu regnen auf. Lenz
ließ nicht ab, bis Annele ihm willfahrte und mit ihm nach seinem

Hauſe ging. „Es iſt mir, wie wenn Alles auf dich wartete. Alle Töpfe, alle Schränke und auch ſonſtige Sachen, über die du dich freuen wirſt."

Annele widerſtrebte lang und ſagte endlich: „Die Mutter muß aber mitgehen."

Dieſe war wider Erwarten ſchnell bereit. Man ging durch das Dorf. Alles grüßte. Man war kaum hundert Schritte ge= gangen, da klagte Annele: „Lenz, das iſt ein böſer Weg, da verſinkt man ja faſt. Den Weg mußt du beſſer herrichten laſſen, und weißt du was? Du mußt einen Fahrweg machen laſſen, daß man auch bis vor unſer Haus fahren kann. Meiner Babet ihr Mann hat ſich auch eine eigene Straße durchs Feld brechen laſſen bis vor ſein Haus."

„Das geht bei mir ſchwer," erwiderte Lenz, „das koſtet viel Geld, und ich müßte das Feld kaufen. Siehſt du? Erſt von dort an, von der Haſelhecke an, iſt die Matte mein eigen, und zu meinem Geſchäft brauche ich keinen Fahrweg. Nicht wahr, Annele? du weißt, ich thät' dir gerne Alles zulieb, aber das kann ich nicht."

Annele ſchwieg und ging voraus. Die Mutter aber flüſterte Lenz zu: „Was brauchſt du ſo viel zu reden? Hätteſt du geſagt: Ja, lieb's Annele, wollen ſehen, oder ſo und ſo. Nachher kannſt du ja immer noch thun, was du willſt. Sie iſt ein Kind, und ein Kind muß man mit ſchönen Reden abſpeiſen. Du kannſt Alles mit ihr machen, wenn du geſcheit biſt. Nur nicht viel von einer Sache wichtig machen und jedes Wort aufheben, kurzab bei einander, und dann laß es ein paar Tage ruhen und fang' nicht gleich wieder davon an; mach's nicht auf Einmal aus, wenn du glaubſt, daß es noch nicht fertig iſt, ſie beſinnt ſich ſchon allein darüber, oder vergißt es, ſie iſt ein Kind."

Lenz widerſprach, die Mutter groß anſehend: „Annele iſt kein Kind, mit der kann man Alles reden, und ſie verſteht Alles."

„Wie du meinſt," ſchmollte die Mutter achſelzuckend.

Man war erſt halben Wegs auf der Matte, da rief Annele von Neuem: „O lieber Gott, das iſt ja ſo weit! Ich hab' mir's nicht ſo weit vorgeſtellt. Das dauert ja eine Ewigkeit, bis man da herauf kommt."

„Ich kann den Weg nicht kürzer machen," ſagte Lenz barſch und trotzig. Annele drehte ſich um und ſah ihn durchbringend an. Er ſetzte ſtotternd hinzu: „Ich weiß, du wirſt dich noch

freuen, daß der Weg ſo weit iſt. Denk', dafür haben wir ja
auch eine ſo große Matte. Ich könnte drei Kühe halten, wenn
mir's nicht zu viel Ueberlaſt wäre."

Annele lachte gezwungen. Man war endlich am Hauſe angekommen. Annele athmete tief auf und klagte, daß ihr ſo heiß
geworden ſei.

„In Gottes Namen willkommen daheim!" ſagte Lenz und
faßte auf der Schwelle ihre Hand. Sie betrachtete ihn als ſpräche
er eine fremde Sprache, aber plötzlich ſagte ſie: „Du biſt doch
ein lieber, guter Menſch. Du machſt aus Allem ſo was Gutes."

Lenz war zufrieden, und welch' eine Freude hatte erſt Franzl!
Die Mutter gab ihr zuerſt eine Hand, dann aber auch Annele.
Und beide lobten, wie ſauber und nett Hausgang, Küche und
Wohnſtube ſei.

„Ich werde mir Mühe geben müſſen, mich an die niederen
Stuben zu gewöhnen," ſagte Annele und reichte mit der Hand
faſt an die Decke.

„Ich kann die Stuben nicht höher machen und ſie halten
auch ſo beſſer warm."

„Ja wohl. Weißt Lenz, wenn man eben aus einem ſo
großen Haus kommt wie das unſere, da wird es Einem ſchwer,
die Decke liegt Einem auf dem Kopf. Aber ich trag's gern.
Brauchſt nicht zu ſorgen, daß mich das anficht."

Lenz drehte die Geſchirrhange, die mit allerlei Handwerkszeug beſteckt, wie ein Kronleuchter von der Decke herabhing. Er
erklärte Annele die verſchiedenen Handwerkszeuge; den Drillbohrer,
auch Meller genannt, den Hohlbohrer, auch Neuberle genannt,
und den Verſenker, der auch Freſſer oder Ausräumer heißt. Bald
aber ſagte er: „Du wirſt ſchon bekannt mit Allem werden, mit
dem ich mein Leben verbringe. Das ſind meine ſtillen Helfer.
Jetzt will ich dir unſer Haus zeigen."

Die Mutter blieb bei Franzl in der Stube ſitzen, Lenz
führte Annele durch das ganze Haus und zeigte ihr die ſieben
aufgerichteten Betten und noch zwei große Federſäcke, aus denen
man noch mehr füllen konnte. Er öffnete Kiſten und Kaſten,
worin reich aufgeſchichtete Linnen wohl geordnet ſtanden, und
ſagte: „Nun, Annele, was ſagſt du dazu? Nicht wahr, du biſt
ganz erſtaunt? Iſt das nicht das Prächtigſte, was man ſehen
kann?"

„Ja, es ist brav und ordentlich. Aber, lieber Gott! Ich will von meiner Schwester Theres gar nicht reden; natürlich, wenn man oft sechzig Badgäste im Hause hat, braucht man viel Weißzeug, das gehört zum Geschäft; aber da solltest du nur die Kisten von der Schwiegermutter meiner Babet sehen. Was will das dagegen heißen!"

Lenz wurde leichenblaß und konnte kaum die Worte hervorstottern: „Annele, thu das nicht, sag' das nicht, mach' jetzt keinen Spaß."

„Ich mache keinen Spaß, das ist mein Ernst; ich bin gar nicht verwundert, das hab' ich feiner und besser und mehr gesehen. Sei doch gescheit! Will doch nicht, daß ich mich über etwas auf den Kopf stellen soll, was ordentlich ist, aber weiter nichts. Ich habe schon mehr gesehen in der Welt, du kennst die Welt noch nicht genug."

„Kann sein, ist wohl so," sagte Lenz mit blasser Lippe. Annele fuhr ihm mit der Hand über das Gesicht und scherzte: „Du guter Kerl! was geht denn das dich an, ob ich drüber staune oder nicht? Deine Mutter hat's brav gemacht, in ihrem Stand ganz brav, das kann Niemand anders sagen; aber, guter Lenz, wegen deinem Vermögen habe ich dich nicht geheirathet, Du hast mir gefallen, Du, das ist die Hauptsache!"

Diese Zurede war bitter und süß zugleich; Lenz schmeckte doch nur eigentlich das Bittere, wie ihm der Mund plötzlich gallenbitter war.

Man kehrte wieder in die Stube zurück; dort stand eine reiche Aufwartung, wie sie eben die Franzl zusammen gestellt hatte.

Annele behauptete, sie habe zu gar nichts Appetit; aber als Lenz sagte: „Das geht nicht, du mußt doch etwas genießen, wenn du zum erstenmal ins Haus kommst," willigte sie ein, brach ein Brodkränstchen ab und kaute es mühsam.

Lenz mußte die Franzl mehrmals schweigen heißen, denn sie konnte ihn gar nicht genug loben.

„Du mußt was Gutes auf der Welt gethan haben, daß du so einen Mann kriegst," sagte sie zu Annele.

„Und er muß auch was gethan haben," sagte die Mutter, und schaute dabei auf Annele, die ihr mit einem Zornesblicke erwiderte; denn sie glaubte, daß die Mutter damit gesagt habe: Der muß auch was gethan haben, daß er die kriegt!

„Komm her, Annele, ſetz' dich zu mir," bat Lenz. „Du
haſt ſchon oft geſagt, du möchteſt einmal ſehen, wie ich ſo ein
Muſikſtück ſetze; das habe ich mir nun aufbewahrt, bis du zum
erſtenmal bei mir biſt, das ſetze ich jetzt, und es ſpielt ſich
dann allein fort. Es iſt ein wunderſchönes Stück von Spohr, ich kann
dir's ſingen, aber es iſt viel, viel ſchöner, als ich's ſingen kann."

Er ſang die Arie aus Fauſt: „Liebe iſt die zarte Blüthe,"
dann ſetzte ſich Annele zu ihm, und er begann nun nach dem
vorgelegten Notenblatte auf den Punkten, die er bereits mit der
Hacken=Claviatur vorbezeichnet hatte, die Stifte in die Walze
einzurammen und jeder Stift ſaß beim erſten Schlage vollkom=
men feſt.

Annele war voll Bewunderung, und Lenz arbeitete froh=
muthig weiter; er bat ſie indeß, nicht zu ſprechen, denn er müſſe
auf das Metronom achten, das er in Gang gebracht hatte.

Die Mutter wußte, daß Stillſitzen und müßig Zuſchauen
für Annele eine ſchwere Arbeit war; ſie ſagte daher, glückſelig
lächelnd: „Das weiß Jeder, daß du ein ganz geſchickter Menſch
biſt; aber wir müſſen jetzt heim, es iſt ſchon Mittag, und wir
haben Fremde; es iſt genug, daß du das angefangen haſt, wäh=
rend wir da ſind."

Annele erhob ſich, und Lenz ließ von der Arbeit ab.

Franzl ſchaute immer auf die Hände Annele's und der
Löwenwirthin, und wenn Eines in die Taſche fuhr, erzitterte ſie
und verbarg ſchnell im Voraus die Hände hinter dem Rücken,
um zu zeigen, daß ſie nichts will; ſie läßt ſich nur zwingen,
etwas anzunehmen. Jetzt kommt's gewiß, jetzt kommt die gol=
dene Kette oder ein brillantener Ring oder hundert neue Thaler,
ſolche Leute geben gleich groß.

Aber ſie gaben weder groß noch klein, kaum die Hand zum
Abſchied, und Franzl ging in die Küche, nahm einen ihrer größten
und älteſten Töpfe, hielt ihn hoch, ſie wollte ihn den ſchlechten,
undankbaren Menſchen nachwerfen; der Topf dauerte ſie aber.
Hat man je ſo was gehört? Nicht einmal eine Schürze Einem
bringen! Armer, armer Lenz! Du biſt bös hinein gefallen. Gott=
lob, daß ich nichts dazu gethan habe. Das iſt recht, ſie haben's
ja ſelber geſagt, daß ich nichts dazu gethan habe. Gottlob, von
dieſer Sache will ich keinen Lohn, jeder Heller thät' mir auf der
Seele brennen. —

Lenz gab der Schwiegermutter und der Braut das Geleit
bis über seine Matte hinaus, dann kehrte er wieder heim, denn
es war ausgemacht, wenn andern Tag schön Wetter ist, fährt
man über Land zur Schwester Babet.

Lenz hatte noch mancherlei vorzubereiten und dem Gesellen
und Lehrjungen Anweisungen zu geben.

Es war ihm seltsam zu Muthe, wie er wieder so allein
war, und kaum nach zwei Stunden wollte er wieder hinab zu
Annele. Ihm war so bang, er wußte nicht warum. Sie sollte
und konnte die Bangigkeit lösen. Er blieb aber doch daheim;
und als er noch vor Schlafengehen die offen gebliebenen Kisten
und Kasten verschloß, war's ihm, als müßte er etwas hören, er
wußte nicht was; da lag das Gespinnst der Mutter, das sie mit
ihrem Munde genetzt und mit ihrer Hand gesponnen hatte. Es
ist seltsam, es ist, wie wenn ein Geist immer hinter ihm drein
ginge und aus Kisten und Kasten heraus jammerte — —

In ihrer Kammer aber saß Franzl noch aufrecht in ihrem
Bett; sie murmelte allerlei Verwünschungen gegen die Löwen=
wirthin und Annele, bat aber Gott sogleich wieder, er möge ihr
die Worte zurückgeben, sie sollten nicht gesprochen sein, denn
alles Böse, was nun das Annele betraf, traf ja auch den Lenz.

Zwanzigstes Kapitel.

Erste Ausfahrt.

Am andern Morgen, da war nun der heiß ersehnte Tag.
Die Sonne schien freudig auf die Erde nieder, und auch Lenz
wurde es wieder freudig zu Muthe. Er schickte alsbald den Lehr=
ling zu Annele und ließ ihr sagen, sie sollte bereit sein, er komme
nach einer Stunde. Sonntäglich gekleidet trat er nach einer Stunde
den Weg nach dem Löwen an.

Annele war noch nicht fertig; sie gab ihm nur auf sein
Bitten und Betteln eine Hand durch die Kammerthür, sehen durfte
er sie nicht, sie reichte ihm nur rothe Bänder und Cocarden her=
aus, die er dem Knecht geben solle, damit er sie an Pferde=
geschirr und Peitsche anhefte. Endlich und endlich kam sie, schön
geschmückt. „Ist der Wagen angespannt?" war ihr erstes Wort.

„Nein."

„Warum hast du das nicht besorgt? Sage dem Gregor, er soll seine gute Postillonsuniform anziehen und sein Horn mitnehmen."

„Laß doch das! Wozu soll's?"

„Wir dürfen uns zeigen vor der ganzen Welt, wir haben nach Niemand was zu fragen, und sie sollen aufschauen, wenn wir daher kommen."

Man stieg endlich ein. Vor dem Hause des Doktors befahl Annele dem Gregor: „Blas jetzt, blas scharf! Sie sollen herausschauen, des Doktors Töchter, und sollen sehen, wie wir mit einander fahren. Schau! Es zeigt sich keine Seele, das Fenster wird zugemacht in der Eckstube. Dort sind sie. Sie vergehen vor Aerger drinnen, und sie müssen's noch erzählen, denn ich weiß, die alte Schultheißin fragt jetzt: warum blas't man da? Ich möcht' hinter der Thür stehen und hören, wie sie Alles berichten!"

„Annele, du bist übermüthig heut!"

„Warum nicht? Du gefällst mir heute besonders. Die Leute haben Recht, du hast so getreue, helle Augen; ich hab's gar nicht gewußt, daß sie so schön sind, du bist wirklich ein hübscher Kerle!"

Das ganze Gesicht des Lenz erglänzte, und er wurde noch hübscher. „Ich will mir neue Kleider machen lassen, nach der Mode; was meinst du?" fragte Lenz.

„Nein, bleib' du nur so, das sieht viel ehrbarer und soliber aus."

„Es sieht nicht nur so aus, es ist's auch."

„Ja wohl, es ist's auch. Thu' nur jetzt nicht so, als ob jedes Wort ein Zahn an einem Uhrenrad wäre."

„Hast Recht."

Man fuhr durch das Nachbardorf, und Annele befahl wieder: „Gregor, blas, blas scharf! Schau, da die Krämerin Ernestine ist eine Base von mir, sie hat lang' bei uns gedient und hat nachher den Schneider geheirathet, der jetzt Krämer geworden ist; die kann mich nicht ausstehen und ich sie nicht, die soll sich ärgern, daß ihr grünes Gesicht blau wird, wenn sie sieht, daß wir Beide vorüberfahren und nicht einkehren. Hui! da kommt sie ans Fenster. Ja, guck dir nur deine überwachsenen Schweins-

augen aus, mach' das Maul auf, daß man dein buckliges Zahn=
fleisch sieht, ja, ich bin's, und das da ist mein Lenz. Sieh dir
ihn an! Gelt, hättest auch Appetit? Prosit Mahlzeit! Laß dir
deinen vorjährigen Häring schmecken!"

Sie schnalzte mit der Zunge vor Jubel, und man fuhr vorüber.

„Macht dir das jetzt Freude, Annele?" fragte Lenz.

„Warum nicht? Einem bösen Menschen muß man Böses
thun, und einem guten Gutes. Beides ist recht."

„Ich glaub', ich kann's nicht."

„Darum sei froh, daß du Mich hast. Sie sollen alle in
ein Mauseloch kriechen vor uns, sie sollen froh sein, wenn wir
sie nur anschauen."

Vor der Stadt gab Annele ihrem Bräutigam noch Verhal=
tungsregeln: „Wenn der Bruder meines Schwagers, der Techniker,
da ist, thu' nur recht stolz gegen ihn. Er wird dir was am
Zeug flicken wollen, denn er ist grausam bös, weil ich ihn nicht
genommen habe, aber ich mag ihn nicht. Und wenn dir meine
Schwester was vorheulen will, hör's geduldig an; brauchst sie
nicht zu trösten, es nützt doch nichts und ist auch nicht nöthig.
Sie sitzt im Gold und hat doch immer nichts, als zu flennen;
sie ist halt nicht ganz gesund. Sonst aber ist unsere ganze Fa=
milie gesund, das siehst du ja an mir."

Die beiden Brautleute trafen es nicht gut bei der Schwester.
Sie lag in der That krank zu Bett, und weder der Schwager
noch dessen Bruder war zu Haus. Sie waren beide rheinabwärts
gefahren mit einem großen Floß.

„Willst du nicht bei deiner Schwester bleiben? Ich habe mich
in der Stadt umzuschauen."

„Kann ich nicht dabei sein?"

„Nein, ich habe dir was zu besorgen."

„Da kann ich auch dabei sein, und es ist besser; ihr Män=
ner könnt nicht gut auswählen."

„Nein, dabei kannst du nicht sein," bestand Lenz darauf.
Er nahm ein ziemlich umfangreiches Päckchen aus dem Wagensitz
und ging damit nach der Stadt; denn das Haus der Babet war
draußen am Bach, in der Nähe der großen Holzlager.

Ohne daß es Annele bemerkt hatte, brachte Lenz das, was
er mitgenommen hatte, etwas vergrößert wieder zurück und legte
es in den Wagensitz.

„Was haſt du mir gekauft?" fragte Annele.

„Ich will dir's daheim geben."

Annele war's zwar hart, daß ſie den ſchönen Schmuck nicht
der Schweſter zeigen konnte, aber ſie hatte ſchon gemerkt, das
war etwas, worin Lenz ſeinen eigenen Weg ging und ſich nicht
abbringen ließ.

Man aß im Wirthshauſe, und Annele erzählte, daß der
Sohn des Hauſes, ein feiner Menſch, der jetzt einen großen
Gaſthof in Baden=Baden habe, auch um ſie gefreit; ſie hätte
ihn aber nicht gewollt.

„Das brauchſt du mir nicht zu erzählen," ſagte Lenz. „Ich
bin faſt eiferſüchtig auf die vergangenen Tage; auf die Zukunft
nie. Hier haſt du meine Hand. Ich kenne dich. Es thut mir
aber weh, daß noch Andere einmal ein Auge zu dir aufgehoben
haben. Laß alles, was vergangen iſt, vergangen ſein. Wir
fangen unſer Leben von vorn an."

Es war ein eigener, warmer Strahl, der über das Antlitz
Annele's zuckte bei dieſen Worten. Etwas von der Gemüthsheilig=
keit des Lenz ging vor ihr auf, ſie war ſanft und äußerſt liebevoll.

Sie konnte es nach ihrer Art nicht beſſer ausdrücken, als in=
dem ſie betheuerte: „Lenz, du brauchſt mir gar kein Brautgeſchenk
zu kaufen. Du brauchſt das nicht zu thun, was Andere thun.
Ich kenne dich. Es giebt noch was Beſſeres als alle goldenen
Ketten." Die Thränen ſtanden ihr im Auge, als ſie das ſagte,
und Lenz war noch nie glückſeliger geweſen, als jetzt.

Die Kirchenuhr ſchlug Fünf, als man zur Heimkehr wieder
auf dem Wagen ſaß.

„Die Uhr da hat mein Vater ſelig gemacht, und da hat der
Faller noch mitgeholfen," ſagte Lenz. „Halt! Das iſt gut, daß
mir das einfällt. Der Faller ſagt, du habeſt ihm ein ungeſchicktes
Wort übel genommen; er will mir nicht ſagen, was. Sei ihm
nicht bös, er iſt oftmals ungeſchickt gerad aus, ein ſteifer Soldat,
aber ein beſonders guter Menſch."

„Kann ſein. Aber ſchau, Lenz, du haſt zu viel Kletten an
dir hangen, die mußt du abſchütteln."

„Meine Freunde gebe ich nicht auf."

„Das will ich ja auch nicht, Gott bewahre! Ich habe dir
weiter nichts ſagen wollen, als du ſollſt dich ſo halten, daß nicht
Jeder kommen kann und dir in Alles drein redet."

„Da haſt du recht, das iſt mein Fehler; ermahn' mich nur, ſo oft du willſt, daß ich ihn ablege."

Als Lenz dieſes Wort und ſo demuthsvoll ausſprach, ſtand Annele plötzlich im Wagen aufrecht.

„Was haſt? Was giebt's?" fragte Lenz.

„Nichts, gar nichts, ich weiß nicht, warum ich aufgeſtanden bin. Ich meine, ich ſitze nicht gut. So, jetzt iſt's beſſer. Es fährt ſich doch gut in unſerer Kutſche, nicht wahr?"

„Ja, ganz gut. Man ſitzt wie auf dem Stuhl und iſt doch in der weiten Welt. Fahren iſt doch ſchön, und ich bin noch nie in eigenem Fuhrwerk gefahren, und deines Vaters iſt doch auch mein."

„Ja wohl."

Am Wege ging der Pröbler. Er ſtand ſtill als die Braut= leute vorüberfuhren und nickte mehrmals.

„Ich möchte den alten Mann gern mitfahren laſſen," ſagte Lenz.

„Das wäre ſchön!" lachte Annele. „Eine Brautfahrt mit dem Pröbler!"

„Du haſt recht," entgegnete Lenz, „wir wären nicht mehr allein bei einander, ſo gut ſelbander, ſo herzeinig, wenn da noch ein Drittes ſäße und zuſähe und zuhörte. Ich bin gegen Nie= mand hart, wenn ich ihn jetzt nicht mitfahren laſſe. Das iſt jetzt eine Stunde, wo wir jetzt nur für uns allein ſo glückſelig ſein können. O wie ſchön iſt Alles. Ich meine, die ganze Welt lacht. Der Pröbler hat auch gelacht und hat's gar nicht übel genommen. Er hat ſich gewiß auch gedacht, daß ich von dieſer Stunde jetzt nichts herſchenken kann."

Annele ſah Lenz groß an, dann ſchlug ſie den Blick nieder und faßte ſtill die Hand ihres Bräutigams. — —

Die erſte Ausfahrt der Brautleute war nicht ſo luſtig ge= weſen, als man voraus vermuthet hatte, aber die Beiden brachten doch eine beſondere Freude mit heim. Annele ſprach ſehr wenig, es ging was Beſonderes in ihr vor.

Man kam noch bei hellem Tag wieder heim. Lenz half Annele aus dem Wagen und ließ ſie allein vorauf gehen. Dann nahm er das ſorgſam Eingewickelte aus dem Kutſchenſitz, ging ebenfalls hinauf und rief Annele in das Stüble.

Dort wurde das Geheimniß ausgewickelt mit den Worten:

„Annele, ich schenk' dir hiermit das Liebste und das Beste, was ich habe. Das hat mir mein guter Pilgrim gemacht, und du sollst's haben."

Annele sah starr auf das Bildniß, für das Lenz so geheim= nißvoll den goldenen Rahmen in der Stadt besorgt hatte.

„Nicht wahr, du kannst nichts reden, wie dich jetzt meine Mutter ansieht?"

„So? Das ist deine Mutter? Ja, es ist ihr Rock und ihr Hals= tuch und ihre Haube, aber deine Mutter? Nein, das könnte eben so gut des Schreiners Annelise, oder die alte Fallerin sein. Ja, und der sieht's noch mehr ähnlich. Warum siehst du jetzt wieder so blaß aus, daß dir kein Blutstropfen im Gesicht ist? Guter Lenz, soll ich denn die Unwahrheit sprechen? Das willst du doch nicht. Und was kannst du dafür? Der Pilgrim ist eben der Garnichts. Der versteht gar nichts, der kann bloß seine Kirch= thürme malen."

„Wie du so redest, ist mir's, als wenn meine Mutter zum zweitenmal gestorben wäre," sagte Lenz.

„Sei doch nicht gleich so traurig," bat Annele mit innigem Tone. „Ich will das Bild in Ehren halten, ich häng' es jetzt über meinem Bett auf. Gelt, du bist jetzt nicht mehr traurig? Du bist heut so lieb gewesen, und schau, wenn ich das Bild an= sehe, kann ich doch besser an deine Mutter denken."

Wie es Lenz bald siedendheiß, bald eiskalt überlief, so konnte ihn Annele, wie sie nur wollte, bald in die höchste Seligkeit ver= setzen, bald zu Tode kränken.

Und so ging's nun Wochen und Monate. Aber die eigent= liche Freude war doch vorherrschend, denn über Annele war eine Weichheit gekommen, die Niemand je in ihr vermuthet hätte. Selbst Pilgrim kam eines Tages zu Lenz und sagte: „Andere Menschen sind glücklich, wenn sie sehen, wie gescheit sie gewesen sind; mich freut's, daß ich dumm gewesen bin."

„So? Worin denn?"

„Man lernt ein Mädchen nie auskennen. In dem Annele steckt doch etwas, was dich ganz glücklich machen kann. Es ist vielleicht gerade gut, daß sie nicht so weichherzig und träumerisch ist, wie du."

„Ich danke dir. Gottlob, daß es so gekommen ist," rief Lenz.

Die beiden Freunde reichten einander die Hände und hielten sie lange fest.

Einundzwanzigstes Kapitel.

Eine große Hochzeit, davon ein harter Bissen übrig bleibt.

Der Lenz von der Morgenhalde macht Hochzeit!

Das Löwen=Annele heirathet!

So hieß es durch das ganze Thal und weit, weit darüber hinaus, und oft im selben Hause wurde bald nur vom Annele, bald nur vom Lenz allein geredet; Beide hatte man im Worte noch nicht zusammen gegeben, das wird sich erst finden, wenn sie getraut sind, das Löwen=Annele wird dann wohl das Lenz=Annele heißen.

Es hatte tapfer geschneit, und jetzt war's wieder hell, echtes gerechtes Schlittenwetter, und von allen Bergen und in allen Thalen tönte Rollengellingel und Peitschenknallen, gewiß hundert Schlitten standen am Hochzeitmorgen vor dem Löwen, in allen Ställen war fremde Einquartierung, und manche einsame Kuh begriff nicht, wie auf einmal solch ein paar stattliche Pferde zu Besuch kämen. Freilich, nur so eine einsam überwinternde Kuh kann nicht wissen, was in der Welt vorgeht, aber die Menschen wissen's; es ist ein Ereigniß, wie nicht leicht eines im Dorfe war, und selbst alte kranke Mütterchen ließen nicht ab, bis man sie ankleidete, damit sie sich ans Fenster setzen können, obgleich sie abseits wohnen, wo man nichts sieht und nur bisweilen fernes Rollengellingel und Peitschenknallen hört.

Die Krämer=Ernestine war schon mehrere Tage vor der Hochzeit im Löwen als Anhelferin. Da konnte von Empfindlichkeit — weil man nicht besonders besucht, nicht besonders eingeladen war — keine Rede sein; das große Stammhaus feierte ein Fest, die Vasallen mußten sich von selber einfinden.

Ernestine hatte ihre Kinder in einem Nachbarhause untergebracht, der Mann mußte derweil das Haus hüten, dem Kramladen vorstehen und sich etwas kochen, so gut es ging. Wenn der Löwe ruft, haben Andere kein Recht mehr.

Ernestine wußte im Hause zu Allem gut Bescheid, sie konnte Jedem, was es verlangte, in die Hand geben, sie wirthschaftete in Küche und Keller und freute sich ihrer Wichtigkeit. Am Hochzeitsmorgen kleidete sie Annele an, denn diese hatte doch eigentlich keine rechte Gespiele.

Der Löwe zeigte heute, welch einen Umfang er hat. Der
ganze erſte Stock, nach der ganzen Breite des Hauſes, war nur
ein einziger Saal. Man hatte die Zwiſchenwände, die nur aus
Brettern beſtehen, herausgenommen und heute war da erſt recht
ein großer gewärmter Marktplatz.

Lenz hätte nach ſeiner Art gern eine ſtille Hochzeit gehalten,
aber Annele hatte recht, da ſie ſagte: „Ich weiß wohl, ich erkenne, was dir das Liebſte wäre; aber wir ſind es den Menſchen
ſchuldig, daß wir ihnen auch die Luſtbarkeit gönnen, und man
hat nur Einmal im Leben Hochzeit. Man hat jahraus jahrein
Ueberlaſt genug von den Leuten, wir müſſen es ihnen auch
gönnen, daß ſie uns dankbar ſind. Wie vielmal im Jahr giebt
es eine Hochzeit in der ganzen Gegend, wo wir nicht hingehen
und Geſchenke bringen? Zweitauſend Gulden iſt wenig, was wir
ſo verausgabt haben. Gut, jetzt ſollen ſie auch wieder einen
Theil hergeben. Ich will nichts geſchenkt von der Welt. Ich bin
froh, wenn ſie nur halb bezahlt.“

Und in der That, die Hochzeitsgeſchenke waren überreich an
Geld und Geldeswerth. Es that ſich nicht anders, man mußte
zwei Tage Hochzeit halten: einen Tag für die Einheimiſchen und
Anverwandten und einen Tag für die Fremden.

Am Hochzeitsmorgen kam Pilgrim mit geſalbtem Haar,
einem Rosmarinſtrauß mit Bändern im Knopfloch, zu Lenz, und
er ſagte: „Ich ſchenke dir nichts zu deiner Hochzeit.“

„Du haſt mir genug gegeben, das Bild meiner Mutter.“

„Das will nichts heißen; ich weiß wohl, wie es zu machen
wäre, aber ich kann's nicht. Nein, Lenz, ich habe zu deiner
Hochzeit mir ſelber etwas geſchenkt; da ſchau, mit dem Papier
da bin ich wie der Siegfried, von dem wir einmal geleſen haben.
Jetzt habe ich eine Hornhaut, da geht kein Stich mehr durch.“

„Was iſt denn das?“

„Das iſt eine Rentenverſicherung. Von meinem ſechzigſten
Jahre an habe ich hundert Gulden jährlich, und bis dahin werd'
ich mich ſchon durchſchmieren. Und wenn ich dann nicht mehr
allein ſein kann, dann mußt du mir ein Stüble einrichten im
Haus, einen warmen Winkel hinter dem Ofen, und da will ich
mit deinen Enkeln ſpielen, und was ich ihnen vorzeichne, werden
ſie ſchon recht finden. — Es hat mich viel gekoſtet, bis ich die
erſte Einzahlung aufgebracht habe. Es iſt einfältig, ich hab' mein

Auskommen, aber ich kann nichts erübrigen. Da hab' ich mir
nun ein Jahr lang das Frühstück abgewöhnt — der Löwenwirth
hat's gespürt, daß ich Mittags auch noch zum Frühstück komme —
und da habe ich's nun doch herausbekommen. Später gewöhn'
ich mir auch das Mittagessen ab und so nach und nach das ganze
Leben. Das wäre prächtig, wenn man nach und nach alle Fenster=
laden zumachen könnte, dann — gut' Nacht Welt."
Unter diesen Darlegungen half er Lenz sich schön ankleiden,
nagelneu von Kopf bis Fuß; er dankte dem Freunde, daß er
ihn nun auch solid gemacht habe, und wußte dabei sehr ver=
gnüglich zu schildern, wie alle Mitglieder der Rentenanstalt eine
Familie bilden, nur mit dem Unterschied, daß sie einander nicht
zum Geburtstag gratuliren, und das gar nicht aus bösem Willen,
sondern bloß, weil sie einander nicht kennen.
Pilgrim hatte eine ganze Statistik der Rentenanstalt im
Kopfe, er gab sie Preis, um Lenz nicht zu einer überflüssigen
Gemüthsbewegung kommen zu lassen.
Als Lenz hochzeitlich geschmückt war, kam auch Petrowitsch
ganz freiwillig als Brautführer. Er bedeutete mit schelmisch=
geheimnißvoller Miene: „Von mir, Lenz, kriegst du kein Hoch=
zeitsgeschenk, du weißt schon, warum; es wird dir aber zur Zeit
nicht fehlen." Mit dem Köder, daß Lenz sein Haupterbe sein
solle — was er indeß nie ganz deutlich sagte — konnte Petro=
witsch die erste Person bei den Hochzeitsfeierlichkeiten sein. Er
that das gern, so recht mitten drin sitzen, wo Alles um ihn herum
wuselt, und er hat doch das Bewußtsein: ich hab' meinen Schlüssel
in der Tasche und daheim meinen feuerfesten Geldschrank. — Das
war so ganz nach seiner Art. Und solche zwei lustige Tage thun
doch auch gut in dem Einerlei des Winters.
Der Löwenwirth trug heute seinen Apostelkopf noch etwas
höher, er strahlte von Würde und streichelte sich dabei immer sein
frisch rasirtes Kinn.
Musik und Schießen und Jubeln tönte überlaut in den frisch=
kalten hellen Wintertag hinein, als man zur Kirche ging. Die
Kirche konnte nicht alle Neugierigen und Theilnehmenden fassen.
Es standen wohl eben so viel Menschen vor der Kirche, als darin
waren. Der Pfarrer hielt eine besondere Predigt, nicht eine, wie
sie aus dem Uniformen=Magazin genommen wird, um einen be=
liebigen Rekruten einzukleiden; sie war auf den Leib angemessen.

Er sprach eindringlich über die Hausehre, über die gemeinsame Ehre der Eheleute: ein Kind erbt die Ehre der Eltern, aber wenn es schlecht ist, können sich die Eltern vor Gott und Menschen rechtfertigen: wir haben das Unsrige gethan, mehr konnten wir nicht. Ein Kind verkommener Eltern kann sich zur Ehre durcharbeiten, es hat sein Leben für sich; der Bruder theilt die Ehre des Bruders, er kann sie aber auch von seinem Wandel trennen. Anders aber ist die Ehre der Eheleute, hier ist im reinsten Sinne: Mann und Weib ein Leib. Hier sei Eintracht, ein einiges Trachten. Wo Eines eine Ehre für sich sucht und gar auf Kosten des Andern, da ist Zwietracht, die Hölle, der ewige Tod. Es ist eine heilige Einrichtung, daß die Frau ihren Taufnamen behält, einen neuen Familiennamen aber vom Manne bekommt; sie trägt des Mannes Namen, des Mannes Ehre. — Der Pfarrer lobte nun die guten Eigenschaften der beiden, die vor dem Altare stehen, allerdings lobte er Lenz etwas mehr, aber auch Annele bekam einen guten Theil, und wieder ermahnte er, daß kein Mensch auf seine guten Eigenschaften sich etwas einbilde, daß der Flinke den Langsamen, der Langsame den Flinken nach seiner Art schätze und hochhalte, daß die Ehe nicht nur nach Landesgesetzen eine Gemeinschaft der zeitlichen Güter, sondern auch nach ewigen Weltgesetzen eine Gemeinschaft der geistigen Güter sein solle, wo alles Mein und Dein aufhört und Alles nur noch unser heißt, und doch wiederum nicht unser, es gehört der Welt, es gehört Gott an —

In allgemeinen Betrachtungen und doch dabei leicht auf die Persönlichkeiten anwendbar, gab der Pfarrer gewissermaßen den Besorgnissen der Freunde lauten Ausdruck, daß zwei Menschen so ungleich an Art und Lebensgewohnheit fortan eine friedliche, einige Gemeinschaft sein sollten.

Pilgrim, der bei den Sängern auf dem Empor saß, nickte dem Liedermeister zu, und dieser winkte einverständlich. Faller sah nicht auf, er drückte sich mit der Hand beide Augen zu und dachte vor sich hin: So von der Art hast du auch zum Annele gesprochen; wer weiß, was sie dem Pfarrer heraus gäbe, wenn sie reden dürfte! Aber ich bitt' dich, lieber Gott, du hast so viele Wunder gethan auf der Welt, thu' uns jetzt nur das Eine, pflanze ihr gute Gedanken ins Herz und lege ihr gute Worte auf die Lippen für den guten Lenz, den getreuen . . .

Keine Stimme tönte mächtiger als die des Faller, da er nach

der Trauung in den Gesang einfiel. Der Liedermeister winkte ihm, seinen Grundbaß etwas zu mäßigen, denn der Tenor war nur schwach, der Lenz fehlte, aber Faller ließ sich nicht beschwichtigen, kühn und gewaltig übertönte seine Stimme die Orgel und die Sangesgenossen. —

Als die Trauung vorüber war, hatten die Weiber, die so glücklich waren, sie zu sehen und zu hören, denen draußen viel zu erzählen; das sei noch nicht vorgekommen, der Bräutigam habe so laut geweint, so habe man's noch nie von einem Mann gehört. Freilich, der Pfarrer hat's auch gar „herzrührig" gemacht; besonders wie er die Eltern des Lenz angerufen um ihren Segen, da habe der Lenz so laut geschluchzt und geweint, daß man gemeint habe, er müsse zusammenbrechen, und alle Versammelten hätten mitgeweint. Jetzt weinten die, die draußen gestanden, auch; sie waren so gut zur Hochzeit gekommen wie die Anderen, sie durften auch von Allem haben, vom Weinen und von der Lustbarkeit. Die Männer aber sagten zu den Fremden: „Nicht wahr, so einen Pfarrer hat doch kein anderes Dorf? Dem geht's vom Mund weg, so rund und gerad, und er macht nicht viel Wesens draus; es ist, wie wenn er mit Einem Alles überlegen möchte. Ja, unser Pfarrer!"

Vom eigentlichen Inhalt der Rede sprachen weder die Männer noch die Frauen.

Als Lenz — rechts vom Petrowitsch, links vom Löwenwirth geleitet — aus der Kirche ging, kam die alte Fallerin auf ihn zu und sagte: „Ich hab's gehalten, die Kleider deiner Mutter sind in der Kirche gewesen, und mehr aus dem Herzen hätte sie nicht für dich beten können als ich."

Lenz konnte nicht antworten, denn der Löwenwirth schalt die Fallerin, daß sie dem Bräutigam zuerst in den Weg trat. Er schalt zwar über den Aberglauben, der in der ersten Anrede einer alten Frau Unglücksbedeutung sieht, rief aber doch einen schönen jungen Knaben herbei, jetzt zuerst dem Lenz die Hand zu geben.

Von nun an aber gab es nur noch Lustbarkeit. Es war gar nicht zu glauben, daß je ein Menschenauge geweint hätte. Wie nun Lenz im Stüble den Schwägerinnen die Hand gab und die Schwäger umarmte und küßte, und wie dann der Doktor kam und auch seine Töchter — das war doch gut von ihnen, daß sie zur Hochzeit kamen — und Eins nach dem Andern aus-

und einging und Glück wünſchte, da ſaß Annele auf dem Stuhl
und hielt ſich ein feines, weißes Sacktuch vor die Augen, und
Lenz ſagte oftmals: „Daß ich ſo geweint hab', ich hab' nichts
dafür gekonnt, du weißt, wie glücklich ich bin. Und das wollen
wir behalten, feſt und getreu, daß wir jetzt nur noch Eine Ehre
haben, und will's Gott, ſoll ſie bei einander gut wachſen. Und
wenn ich ſo ſehe, was du mir für eine Familie giebſt, ich werde
dir's nie vergeſſen. Das ſollen, will's Gott, die letzten Thränen
ſein, die wir mit einander geweint haben. Zieh' aber die Hand=
ſchuhe aus, ich hab' auch keine an.“

Annele ſchüttelte mit dem Kopf verneinend, aber ſie ſprach
kein Wort.

„Zum Eſſen! Zum Eſſen! Zum Eſſen!“ hieß es dreifach. Und
in der That, es wurde auch dreifach gegeſſen. Nur ein einziger
Menſch klagte immer: „Ich kann nichts eſſen, ich bring' keinen
Biſſen über's Herz; es iſt ſchade um das gute Sach', aber ich
kann nicht“ — und dieſe klagende Perſon war Franzl.

Schon während des Eſſens hatte der Tanz in der obern
Stube begonnen, das Brautpaar ging ab und zu, bald an die
Tafel, bald auf den Tanzboden.

„Es iſt unverſchämt von dem Techniker, daß er mit zur
Hochzeit kommt,“ ſagte Annele einmal auf der Treppe zu Lenz.
„Er iſt doch nicht eingeladen. Red' nur kein Wort mit ihm.“

„Nein, laß ihn doch, es ſoll Keines mißvergnügt ſein,“
beſchwichtigte Lenz. „Mir thut's nur Leid, daß der Faller
nicht da iſt. Ich habe nach ihm geſchickt, aber er iſt nicht ge=
kommen.“

Pilgrim tanzte den erſten Tanz mit Annele. Sie ſagte:
„Im Tanzen biſt du Meiſter.“

„Aber im Malen meinſt du nicht?“

„Das habe ich nicht geſagt.“

„Gut, ſo wirſt du auch nicht von mir gemalt; und ich hatte
mir's heute vorgenommen, dich zu malen. Eigentlich biſt du nicht
gut zu malen, du biſt hübſch, ſo lang du plauderſt; wenn du
aber ſtill biſt, da iſt was in deinem Geſicht, ich kann dir's
nicht ſagen.“

„Wenn du nur ſo gut malen könnteſt wie ſchwätzen!“

„Gut, du wirſt nicht von mir gemalt. Weißt du? von
wegen an die Wand malen —“

„Von dir möcht' ich nicht gemalt auf der Welt sein," sagte
Annele. Sie hatte bald ihre heitre Laune wieder.

Das Brautpaar wurde in die Unterstube gerufen, dort hatten
sich die angesehensten Männer und Frauen aus der Verwandtschaft
um Petrowitsch versammelt. Sie wollten, daß er jetzt gleich eine
Bestimmung mache, was er dem Lenz vererbe. Don Bastian, der
pfiffige Hauswirth Pilgrims, war der Hauptsprecher; er konnte
da sein mageres Hochzeitsgeschenk mit fremdem Fett spicken, und
er verstand Petrowitsch in die Enge zu treiben, daß er fast nicht
mehr los konnte. Der Kettenschmied, der sich was darauf zu
Gute that, der einzige Nachbar des Lenz zu sein — er wohnte
fast eine halbe Stunde entfernt, aber sein Haus war das einzige,
das man von der Morgenhalde aus sehen konnte — war ein
Jugendgespiele des Petrowitsch und wußte ihm mit alten Erinnerungen warm zu machen. Die Löwenwirthin glaubte, es fehle
nur noch, daß das Brautpaar selber dabei sei; darum hatte sie
nach ihm geschickt. Als sie jetzt in den Kreis traten, sagte Petro=
witsch, der sehr in die Enge getrieben war: „Gut, da ist ja der
Lenz, der weiß, wie ich's mit ihm vorhabe. In unserer Familie
hängt man das nicht an die große Glocke. Nicht wahr, Lenz,
du weißt, wie wir mit einander stehen?"

„Ja wohl, Ohm," sagte dieser.

„Darum verlier' ich kein Wort mehr," schrie Petrowitsch,
sich erhebend. Er fürchtete besonders, es möchte Jemand, vor
Allem der Kettenschmied, herauskriegen, daß heute sein fünfund=
sechzigster Geburtstag war; da hätte man ihm gar noch von allen
Seiten gratulirt, und er hätte durch eine Verschreibung für Lenz
die Glückwünsche theuer bezahlen müssen. Er drängte sich nun
durch die Versammelten hinaus aus der Stube. Der Büble, der
hinter ihm drein ging, schrie laut auf, denn er bekam einen Tritt
von unsichtbarem Fuß.

Lenz schaute dem Weggehenden verdutzt nach, es war viel=
leicht doch nicht gescheit, daß er dem Ohm so aus der Klemme
geholfen. Jetzt wäre er zu was zu bringen gewesen, und jetzt

müssen die Brautleute daheim sein. Im Stüble sagte Lenz: „Annele, du hast doch recht gehabt; es thut mir jetzt leid, es giebt keinen Fahrweg zu uns. Mach' dich nur recht warm ein."

„Du wirst schon noch einsehen, daß ich in Vielem recht habe," erwiderte Annele.

Pilgrim hatte den Zug künstlerisch geordnet; voraus zog die Musik, vor und hinter dem Brautpaar zwei Fackelträger; Kinder mit den schönsten Geschenken, mit Bechern, Tellern, Gläsern und Kaffeebrettern, ebenfalls brennende Kienspäne tragend, gingen hinterdrein. Als man an den Berg kam, löste sich der Zug allerdings unordentlich auf, Eines mußte hinter dem Andern gehen.

Lenz sagte zu Annele: „Geh du voraus, ich lasse dir gern den Vorrang."

Man war endlich oben angekommen, die Geschenke waren abgestellt; die Musik spielte noch einen lustigen Tanz, dreimal wurde Hoch! gerufen. Die Musik verklang das Thal hinab.

„Wir sind im Himmel und wissen, daß die Menschen drunten auf der Erde sich über uns freuen," sagte Lenz.

„Ich hab' gar nicht gewußt, daß du so reden kannst," entgegnete Annele. „Wie ist's auf einmal so still!"   •

„Wart', ich hab' noch ein schönes Musikwerk. Gottlob, jetzt spiel' ich mir selber auf und für uns beide ganz allein." Er brachte ein Musikwerk in Gang, es spielte: die Meeresstille von Beethoven. Es spielte noch lange für sich fort, und still war's im Hause.

Zweiundzwanzigstes Kapitel.

Die Morgengabe.

„Mir ist's lieb, daß wir noch einmal Hochzeit haben; dir nicht auch, Frauele?" sagte Lenz am andern Morgen.

„Nein; warum denn dir?"

„Das Weinen hat mir doch eigentlich gestern die Hochzeit verdorben, und heute, heute bin ich erst recht lustig. Es ist mir, wie wenn ich zu einer Hochzeit eingeladen wäre."

„Du bist ein wunderlicher Mensch!" lächelte Annele.

„Halt!" rief Lenz plötzlich aufspringend, „ich muß dir ja was geben. Wart nur ein bisle."

Er ging nach der Kammer und kramte lange. Was wird er bringen? Gewiß hat er noch daran gedacht, daß man seiner Braut eine ordentliche goldene Kette giebt und schöne Ohrringe. Aber das hätte er gestern thun müssen, warum denn heute? Annele hatte lange Zeit, sich zu besinnen.

Endlich kam Lenz und sagte: „So, da hab' ich's, ich hab's verträumt gehabt. Da hast du die Granatenschnur von meiner Mutter selig; das sind noch von den guten alten, die werden dir auch gut stehen auf deinen lieben Hals. Komm, zieh's einmal an."

„Nein, Lenz, das ist zu altmodisch, das kann ich nicht tragen, und das reibt mich am Hals; nein, das kann ich nicht tragen. Ich will's umtauschen beim Goldarbeiter."

„Nein, das nicht."

„Wie du willst. Was hast du denn da noch?"

„Das ist was, das ich keinem Menschen geben darf, als dir. Das hat meine Mutter selig verordnet. Es hat keinen Werth, aber es ist doch so was Wunderbares."

„So zeig' doch endlich das Wunder."

„Da, sieh einmal."

„Was ist denn das?"

„Das ist Edelweiß, das Pflänzchen, das unter dem Schnee wächst. Lies einmal, was meine Mutter da dazu geschrieben hat."

„Ich kann das nicht lesen, das ist so eine böse Schrift."

Lenz zuckte, während Annele doch nur landesüblich eine un= deutliche Schrift eine böse genannt hatte, und Annele fuhr fort: „Lies du mir's doch vor."

Lenz las laut: „Das ist ein Pflänzchen Edelweiß, gewachsen auf dem höchsten Berg in der Schweiz unterm Schnee. Hat mein Mann selbst gefunden, dabei mein gedacht und mir gebracht von seiner Wanderschaft und gegeben an unserm Hochzeitstag. Soll mir in die Hand gegeben werden, wenn man mich in die Erden legt. So es aber vergessen oder übersehen wird, soll es mein Sohn am Tag nach seiner Hochzeit seiner Frau übergeben, und so lang sie es in Ehren hält, wird es Segen bringen. Ist aber keine Zauberei dabei. Dies Pflänzchen ist genennet Edelweiß. — Maria Lenzin."

Als Lenz gelesen hatte, sagte er: „Nicht wahr, es greift dir ans Herz, daß jetzt eine Todte zu dir spricht? Laß dich's nicht zu sehr angreifen. Sei lustig! Sie hat's auch gern gehabt,

wenn man luſtig iſt, und iſt ſelber luſtig geweſen und hat doch
ſo Schweres erlebt gehabt."

Annele lächelte und legte das Pflänzchen, in ein Papier gewickelt, zur Granatenſchnur.

Die beiden jungen Leute verplauderten ſich ſo lange, bis
Botſchaft vom Löwen heraufkam: es ſeien ſchon ſo viel fremde
Gäſte da, ſie ſollten ſich ſputen.

Franzl war eine ſehr ungeſchickte Kammerfrau. Lenz mußte
vorausgehen und ein Dienſtmädchen vom Löwen heraufſchicken.
Er ſagte noch, daß er auch gleich zum Faller gehe und ihn zur
Hochzeit einlade; heute müſſe er kommen, und Annele ſolle gut
gegen ihn ſein und ihm vergeſſen, wenn er etwas Ungeſchicktes
geſagt habe. Annele ſagte: „Ja, ja, geh nur und ſchick mir
ſchnell die Margret oder beſſer die Erneſtine."

Endlich erſchien Annele im Elternhauſe. Die Mutter eilte
ihr entgegen und umhalſ'te ſie.

Im Stüble klagte Annele der Mutter: Lenz habe ihr heute
eine alte Granatenſchnur und eine verdorrte Blume als Morgen-
gabe geſchenkt, ſie könne ſich heut vor den Wirthstöchtern und
den Wirthsfrauen und Wirthsſöhnen nicht ſehen laſſen ohne goldene Kette. „Er iſt ein Kreuzerklemmer, ein armes, verkargtes
Uhrmacherle!" klagte Annele.

Die Mutter war klug, denn ſie ſagte: „Annele, geizig iſt er
nicht, er hat nicht nach deiner Eheſteuer gefragt, mit keinem
Wort, und dumm iſt er auch nicht, eher zu pfiffig. Es iſt ja
heute Nacht ein Goldarbeiter aus Pforzheim mit einer großen Kiſte
hier angekommen. Ich hab's wohl gemerkt, daß er ihn beſtellt
hat. Da kannſt du dir auswählen, das Schönſte, was dir gefällt. —"

Die Mutter wußte, daß Annele dieſe Lüge nicht glaubte,
und Annele wußte, daß die Mutter ſie nicht für ſo dumm hielt,
daß ſie ſich ſolche Mär aufbinden ließ; ſie thaten aber doch beide,
als wenn Jedes lauter Wahrheit im Sinne hätte, und der Erfolg
entſchied für ſie. Lenz war eine Zeit lang verſchwunden. Er ſtand
bei der Krämer-Erneſtine auf der dunkeln Kellertreppe. Und richtig,
er kam nach einiger Zeit und brachte Annele eine goldene Kette
von dem Händler, der im Hauſe war. Daß er ihr die Auswahl
ließ: Herz, was begehrſt du? dazu hatte er ſich trotz alles Zu-
redens doch nicht verſtanden, und er bekam jetzt weniger Dank
von ſeinem nachträglichen Geſchenk.

Annele war aber schnell und bald aufgeräumt, wie sich's gehört. Eine Wirthstochter muß immer geweckt und aufgeräumt sein, und was im Familienstüble vorkommt, gehört nicht in die Wirthsstube.

War gestern ein Fahren ohne Ende gewesen, so war's heute, noch um so größer, denn heute kamen die Wirthsleute von weit und breit, mit hellem Rollengeschirr und schönen, wohlgenährten Pferden. Bei solcher Gelegenheit muß man auch zeigen, wer man ist und was man hat. Die Wirthe und ihre Frauen und Töchter gingen umher, als wenn jedes ein Wirthshaus auf dem Rücken hätte, so besitzstolz; jeder Blick sagte: daheim hab' ich das alles auch so, und wenn ich auch nicht so viel Geld habe, wie der Löwenwirth, ich kann doch zufrieden sein. —

Das war ein Begrüßen, das war ein Freundlichthun, ein Verwundern, ein übermäßiges Danken für die reichen Geschenke: O, das ist zu viel! Nein, das ist zu prächtig! Aber an so etwas kann doch nur die Bärenwirthin denken! Da sieht man die Adler= wirthin, ja, wer so gescheit wär'! Und die Engelwirthin! Ich will hoffen, daß wir's bald wett machen können; aber so groß können wir uns nicht zeigen. Es war völlig wunderbar, wie viel hunderterlei geschickte Reden Annele hatte. Lenz stand oftmals dabei und wußte kein Wort vorzubringen. Die ihn nicht kannten, hielten ihn für blöde und einfältig; ihm war aber dieses Sich= beschenkenlassen und Sichbedanken gar nicht recht. —

Es kamen nun auch die armen Uhrmacher, die Zinspflichtigen des Löwenwirths, die er unter dem Daumen hielt und denen er ihre Arbeit abkaufte, um sie in ferne Länder zu schicken. Annele achtete ihrer nicht, und sie hielten sich vornehmlich zu Lenz und sprachen eine gewisse freudige Genugthuung aus, daß nun auch ein Uhrmacher ein Schwiegersohn des Löwenwirths geworden sei. Manche hofften davon billigere Rücksichtnahme beim Löwenwirth, Andere fragten Lenz geradezu, ob er nun sein Geschäft auf= geben und auch Wirth= und Handelschaft treiben werde. Sie lächelten, da Lenz versicherte, er bleibe stets, was er sei. Sie fragten ihn auch spöttisch, ob er auch jetzt, da er der Schwieger= sohn eines reichen Packers geworden, noch gerne seine Normaluhr einführen möchte, wodurch eine Einung gestiftet werden und allen Uhrmachern der volle Gewinn zufallen sollte. Sie machten ver= wunderte Gesichter, als Lenz betheuerte, daß er lieber heute als morgen die Einung zu Stande bringen und in dieselbe eintreten möchte. Als nun diese armen Leute, denen man das karge Wesen ansah und die sich nur dadurch erhalten, daß sie bei vierzehn= stündiger täglicher Arbeit mit einer fabelhaften Sparsamkeit und Enthaltsamkeit ihr Leben durchbringen, als nun auch diese ihre Sechsbäzner und ihre Halbenguldenstücke und manche sogar einen Dreibäzner Lenz in die Hand drückten, da war's Lenz, als ob er feurige Kohlen fassen müsse. Er hätte gern den Leuten ihre Gaben zurückgegeben, aber er durfte sie nicht beleidigen. Er theilte seine Gedanken Annele mit, in einer Pause, wo er ihrer flüchtig habhaft werden konnte; sie sah ihn groß an und sagte kopfschüttelnd:

„Mein Vater hat Recht; du bist kein Geschäftsmann. Du kannst arbeiten und dein Brod verdienen, aber Andere arbeiten lassen, daß sie für dich was verdienen, das kannst du nicht. Du fragst zu viel: Wie geht's Dem und Jenem dabei? Das kann man nicht. In der Welt muß man flott drein fahren und nicht danach fragen, wer da barfuß am Weg geht. Du möchtest aber den alten Pröbler und die ganze Bettelwelt mitfahren lassen. Aber ich will dir jetzt keine Lehren geben . . . Ei, grüß' Gott, Lammwirthin! Je später die Zeit, desto schöner die Gäste. Ich habe schon lang gedacht, vor einer Minute hab' ich's zu meiner Mutter gesagt: wo nur die gute Lammwirthin von Edelshof bleibt? Meine halbe Freude wär' mir genommen, wenn die nicht auch an meinem Ehrentag wäre! Und das ist wohl die Schwieger= tochter? Wo ist denn der Mann?"

„Er ist noch unten bei den Pferden. Man weiß ja heut nicht, wo man die Pferde unterbringen soll."

„Ja, wir haben Gottlob viele gute Freunde. An so einem Tag sieht man erst, wie gesegnet voll die Welt von Freunden ist. Lenz, führe die Lammwirthin an den obern Tisch, ich habe dort einen Ehrenplatz für sie aufgehoben." Und schnell bewill= kommte Annele wieder Andere.

Es streifte Lenz flüchtig, aber es ritzte ihn doch, daß Annele ihm vorwarf, heute schon vorwarf, daß er sich zu viel in andere Menschen hineindenke; und doch mußte er sich gestehen, daß das wahr sei und daß er eben deßwegen minder schlagfertig war, als andere Menschen; er galt dadurch für minder gescheit, als er zu sein glaubte; ein Wort, eine Wahrnehmung konnte ihm tagelang nachgehen, er war dann nie allein. Andere Menschen machen's gescheiter, sie leben für sich und raffen zusammen, was sie kriegen, fragen nicht danach: wie geht's den Anderen? Das mußt du auch lernen, da hat man sich besser beisammen.

Eine Weile stand Lenz in diesen Gedanken wie verloren, wie ein Fremder, mitten in Lärm und Jubel, als ob ihn das alles nichts anginge; bald aber bewegte er sich wieder mitten drin, und zwar als Mittelpunkt, wie es dem Bräutigam gebührt.

Der Tag war überaus voll, und es ist doch schön, wenn so viele Menschen sich um Eines willen versammeln und freuen. Es ging so lustig her, daß am Abend, als die Gäste wieder weg= fahren wollten, der Löwenwirth einen schönen Spaß ausgeführt hatte. Auf seinen Befehl hatte Gregor sämmtliche Schlitten= stangen abhängen und verstecken müssen. Nun konnten die ehren= werthen Gäste nicht fort und mußten noch bleiben bis lange nach Mitternacht. Und das war um so besser, wie man allerseits tröstete, denn um Mitternacht ging der Mond auf.

Die kleinen Uhrmacher wurden nicht aufgehalten, und manche waren so bedächtig, bald heimzulehren, denn sonst ist morgen noch ein Arbeitstag verloren. Manche aber wollten sich für ihr Hochzeitsgeschenk recht bezahlt machen und blieben sitzen und aßen beständig fort, als ob sie sich für ein ganzes Jahr sättigen müß= ten. Denn vom Morgen bis in die tiefe Nacht hinein wurde immer frisch aufgetragen; Fleisch und Wurst und Sauerkraut er= schienen unerschöpflich.

Faller ging etwas steif und verlegen unter den Hochzeitgästen umher und ward erst froh, als ihm die Krämer=Ernestine eine große weiße Schürze umband und ihn mit zur Bedienung anbielt. Ich thue das nur für den Lenz, sagte er sich und hätte das gern jedem gesagt, dem er Essen und Trinken brachte. Er selber aß und trank fast gar nicht. Als er einmal Lenz habhaft wurde, sagte er ihm: „Ich habe dir gar kein Hochzeitgeschenk gegeben; wenig mag ich nicht, und viel hab' ich nicht, und mein ganzes Herz aus dem Leib möcht' ich dir geben."

Lenz ermahnte nur den guten Kameraden, er solle sich's recht wohl sein lassen und sich selber zuerst bedienen. Noch zu guter Zeit fiel's ihm ein, daß er auch den alten Pröbler hatte einladen wollen. Faller übernahm's, ihn zu holen. Der alte Pröbler kam, aber er ließ sich nicht bewegen, in die Gaststube einzutreten, er hatte kein rechtes Sonntagsgewand, und Lenz gab

ihm einen großen Topf voll Essen mit für drei Tage und auch
eine Flasche guten Wein dazu. Der Alte war so überrascht, daß
er fast vergaß, seine gewohnte Prise anzubieten, und immer nur
sagte: „Ich bring' die Flasche wieder." Lenz sagte: „Du
kannst sie behalten." Der Alte war's auch zufrieden und trollte
sich fort.

Es ging schon scharf gegen Morgen, der Mond war herausgekommen, war aber jetzt wieder von Wolken bedeckt, als Lenz
und Annele wieder nach Hause zurückkehrten. Heute gingen sie
ohne Geleite und ohne Fackeln. Annele klagte, daß es so entsetzlich dunkel und daß sie zum Umfallen müde sei. „Ich hätte
nur daheim bleiben sollen," sagte sie.

„Was daheim? Da oben bist du daheim."

Annele schwieg, und so gingen beide geraume Zeit still
neben einander her.

„Hast du das Geld gezählt, das eingekommen ist?" fragte
sie unterwegs.

„Nein, das kann ich daheim. Viel ist's, es liegt mir schwer
in der Hand. Es ist gut, daß mir dein Vater einen von seinen
leeren Geldsäcken geborgt hat."

„Was leer? Er hat noch volle genug!" sagte Annele heftig.

„Danach hab' ich nicht gefragt und hab' auch nicht daran
gedacht."

Zu Haus drang sie nun darauf, daß Lenz schnell das Geld
zähle. Er machte es ihr zu langsam, und sie zeigte, daß sie
als Wirthstochter besser zählen könne.

Während des Zählens sagte Lenz: „Ich habe mich anders
besonnen. Es ist gut, daß wir auch von den armen Leuten
Geschenke annehmen; das giebt ihnen Ehre vor sich und macht's
ihnen leichter, in Nöthen Beistand von uns anzunehmen, in Dem
und Jenem."

Annele sah ihn mitten im Zählen groß an. Lenz hatte für
ganz gewöhnliche Dinge immer ganz außergewöhnliche Gründe;
er nahm nichts an, weil es eben so ist, sondern erst, wenn er
sich damit zurecht fand, dann war er aber auch gründlich bekehrt.
Annele sagte nichts, sie sprach nur still mit den Lippen die Zahl,
die sie im Kopf hatte, um sie nicht zu vergessen.

Geradeaus hundert und zwanzig Gulden waren zusammen-
gekommen, wenn man die vier falschen Sechsbätzner, die dabei

waren, abzählte. Annele schimpfte entsetzlich auf die schlechten
Menschen, die einen mit solchem Gelde betrügen.

Lenz beschwichtigte: „Thu' doch nicht so, vielleicht sind's
Arme, die nichts Anderes gehabt haben."

Da flammte ihr Auge, und sie sagte: „Wie es scheint,
weißt du Alles besser, und ich verstehe gar nichts!"

„Das habe ich nicht gemeint. Sei doch gut."

„Ich bin mein Lebtag nicht bös gewesen, du bist der erste
Mensch, der mir sagt, ich sei bös; frag' einmal nach, und du
hast es ja heut gesehen, was die Menschen auf mich halten."

„Ja, ja, es ist ja nicht der Mühe werth, daß wir darüber
einen Streit haben."

„Ich habe keinen Streit. Und es kommt nicht darauf an,
was es ist, meinetwegen sei's nur ein halber Heller! Und ich
lasse mir nicht übers Maul fahren, wenn ich was sage!"

„Gut, sei doch ruhig, die Franzl kann ja meinen, wir
hätten Händel."

„Die Franzl kann meinen, was sie will, und das will ich
dir gleich sagen, die Franzl muß aus dem Haus."

„Doch heute nicht mehr?"

„Heute nicht, aber morgen, oder bald!"

„So wollen wir morgen darüber reden. Ich bin müde,
und du hast ja gesagt, du seiest es auch?"

„Ja, aber wenn man mir Unrecht thut, hört alle Müdigkeit auf. Da lasse ich nicht ab!"

„Ich habe dir nichts gethan und will dir nichts thun. Denk
daran, was der Pfarrer gesagt hat: wir haben nur Eine Ehre."

„Was der Pfarrer gesagt hat, brauchst du mir nicht noch
einmal zu sagen. Und schön ist's nicht von ihm gewesen. Er
hat ja gepredigt, wie wenn er Frieden stiften sollt'."

„Das soll, will's Gott, nie nöthig sein. Wir wollen in
guten Treuen Lieb' und Leid einträchtig mit einander tragen, wie
meine Mutter immer gesagt hat."

„Ja, wir wollen der Welt zeigen, daß wir rechtschaffen
hausen."

„Soll ich noch einmal das Musikwerk in Gang bringen?"

„Nein, heut ist's genug."

Dreiundzwanzigstes Kapitel.

Der erste Nagel im Hause wird eingeschlagen. Friede auf der Höhe und der erste Sonntagsgast.

Am andern Tage war Annele doch wieder zufrieden mit Franzl. Sie wußte zu Allem so gut Bescheid, und Annele sagte: „Ich habe dir noch nichts geschenkt, Franzl; willst du ein Kleid oder Geld?"

„Geld wäre mir lieber."

„Da hast du zwei Kronenthaler."

Lenz fügte mit fröhlicher Miene die gleiche Summe hinzu, als ihm Franzl die beiden Geldstücke zeigte. Das Annele denkt doch an Alles und weiß besser was der Brauch in der Welt ist, ich hätte es rein vergessen, daß man der Franzl auch noch eine besondere Freude machen muß. Und da spricht sie noch gestern vom Fortscheiden. So dachte er, und laut sprach er: es ist ein närrisches, hitziges, gutes, liebes Kind, und Franzl gab die Erklärung: „Sie ist wie die junge Bürgermeisterin bei uns daheim, von der hat einmal die Gewichtlesfrau gesagt: sie hat immer sieben Besuche im Kopf, aber nur sechs Stühle, und da muß immer Einer herumträppeln, derweil die Anderen sitzen." Lenz lachte, und Franzl fuhr fort: „Ja, wir Knuslinger, wir sind nicht auf den Kopf gefallen. Aber schau, wie deine Frau schon Alles in Ordnung gebracht hat; da hätte eine Andere drei Tage dazu gebraucht und wäre siebenzehnmal gestolpert und hätte die Hälfte zerbrochen. Deine Frau hat gar keine linke Hand, die ist hüben und drüben rechts."

Lenz erzählte Annele, daß Franzl ihr nachsage, sie habe zwei rechte Hände, und Annele war wohl zufrieden mit diesem Lobe. Jetzt zeigte Annele noch eine neue Geschicklichkeit. Lenz bat sie, über der Feile des Vaters einen Nagel einzuschlagen. Sie traf den Nagel gleich auf den Kopf, und an den ersten Nagel, den sie eingeschlagen hatte, mußte sie das Bild der Mutter hängen.

„So ist's recht," bekräftigte Lenz. „Wenn's auch nicht ganz ihr Gesicht ist, es sind doch ihre Augen, und die sollen, will's Gott, auf ein schönes, gedeihliches, gutes Leben herniedersehen. Wir wollen's immer so halten, daß die Mutter immer zufrieden zusehen kann."

Mach' nur keine Heilige aus ihr, wollte Annele sagen, aber sie verschluckte es.

Die Woche — es war erst Mittwoch — wurde noch wie ein Halbfeiertag gehalten. Lenz arbeitete einige Stunden, aber fast nur um sich zu erinnern, daß das sein Beruf sei; und er war auch fröhlicher, wenn er ein paar Stunden gearbeitet hatte. Die Hochzeitserinnerungen wurden natürlich noch einmal durch= gekostet. Besonders lustig war's, wie Annele Allen nachahmen und Alle ausspotten konnte. Die Bärenwirthin und die Lamm= wirthin und die Adlerwirthin waren leibhaftig zu sehen und zu hören; und besonders dem Faller konnte sie so meisterlich nach= ahmen, wie er seinen Schnurrbart immer mit der ganzen Hand exercirte, und sie machte es so, daß man hätte glauben mögen, auf ihrer schalkhaften Lippe müsse ein struppiger Bart sitzen. Es war bei diesem Nachspiel nicht bös gemeint, sie hatte eben Freude am Fastnachtsspiel, und war überaus glückselig, und am Morgen rief sie: „O, wie schön, wie wohl und gut ist es hier oben! O lieber Himmel, wie gut still! Ich hab's gar nicht gewußt, daß es in der Welt so still sein kann. Wenn ich so dasitze und nichts von der Welt sehe und höre, Niemand Antwort zu geben habe, mir ist's, wie wenn ich mit wachen Augen schlafe — und gut schlafe; da drunten ist es ja immer wie in einer Mühle, hier oben ist man wie auf einer andern Welt, ich meine, ich höre mein Herz schlagen; vierzehn Tage gehe ich nicht mehr ins Dorf hinunter, ich will mich davon abgewöhnen, und ich kann's gut; sie wissen drunten gar nicht, wie wohl es Einem ist so aus der Welt draußen, aus dem Gescheuch und Gejag und Gehetz. O Lenz, du weißt gar nicht, wie gut du es dein Leben lang ge= habt hast."

So in beständigen hundertfältigen Ausrufen der Wonne saß Annele am Morgen bei Lenz, und dieser erwiderte strahlenden Angesichts: „So ist's recht; ich hab's gewußt, daß dir's hier wohl sein wird, und glaub' mir, ich bin dankbar gegen Gott und meine Eltern, daß ich mein Leben da habe verbringen können. Aber, lieb's Weible, vierzehn Tage bleiben wir nicht da oben abgeschieden, mindestens nächsten Sonntag müssen wir in die Kirche; ich meine aber, wir sollten noch heute ein bischen zu den Eltern."

„Wie du meinst; und das ist gut, die glückselige Ruhe, die

wir da oben haben, tragen wir nicht mit fort, und wenn wir
wieder heimkommen, wartet ſie auf uns."

„Und du meine Mutter," unterbrach Lenz. „das iſt unſer
Ruhegeiſt und ſchaut uns an mit den getreuen Augen und ſagt:
Gottlob Kinder, daß ihr ſo ſeid und bleibet nur ſo euer Leben=
lang."

Lenz ſchaute zum Bilde ſeiner Mutter auf und Annele fuhr
fort: „Ich begreife es gar nicht, daß ich erſt ſo kurz da bin; ich
meine, ich wäre ſchon von Uralters her da oben; ja, an ſolchen
ſtillen Stunden hat man eben ſo viel, wie ſonſt in Jahren."

„Du legſt Alles gut aus, du biſt geſcheit. Halt' das nur
feſt, wenn dir's doch einmal zu einödig da oben wird. Die
Leute, die es nicht geglaubt haben, daß du in der Einſamkeit
glücklich ſein kannſt, werden ſtaunen."

„Wer hat das nicht geglaubt? Gewiß dein Pilgrim, der
große Künſtler, ja, der, der iſt der Rechte: gerathen ihm die
Engel nicht, macht er Teufel daraus; aber das ſage ich dir, er
darf mir nicht über die Schwelle."

„Der Pilgrim hat das nicht geſagt. Warum willſt du jetzt
einen Menſchen, den du haſſen kannſt? Meine Mutter hat's
hundertmal geſagt: es giebt keine Ruhe im Gemüth, keine andere,
als gut an die Menſchen denken. Ich wollte, ſie hätte nur noch
ein Jahr gelebt, daß du Alles von ihr hätteſt behalten können.
Iſt das nicht ein gutes Wort? Du verſtehſt doch Alles? Wenn
man einen Menſchen haßt, oder wenn man weiß, daß man einen
Feind hat — ich habe das auch einmal erfahren, nur ein einzig=
mal, aber ſchwer, o grauſam ſchwer — da iſt's Einem, wie
wenn überall, wo man geht und ſteht, ein Piſtol auf Einen
gerichtet wäre, das man nicht ſieht. Mein größtes Glück iſt, daß
kein Menſch auf der Welt iſt, den ich haſſe, und keiner, von
dem ich weiß, daß er mir feind iſt."

Annele hatte dem allem halb zugehört; ſie fragte jetzt nur:
„Wer hat dir's denn geſagt, wenn nicht der Pilgrim?"

„Eigentlich Niemand, und ich hab' mir's nur ſelber manch=
mal ſo gedacht."

„Das glaube ich dir nicht, es hat dir's Jemand geſagt;
aber geſcheit war's nicht von dir, daß du mir's wieder berichteſt.
Ich könnte dir auch ſagen, was die Leute mir über dich berichtet
haben, Leute, von denen du es gar nicht denkſt; du haſt auch

deine Feinde, so gut wie Einer, aber ich werde mich wohl hüten, dich zu verhetzen und das dumme Geschwätz nachzureden."

„Das sagst du jetzt nur, um mir heim zu bezahlen. Gut, ich hab's verdient, jetzt sind wir wett, und jetzt laß uns lustig sein. Die ganze Welt geht uns jetzt nichts an; du und ich, wir sind die ganze Welt."

In der That waren die beiden wieder voll Glückseligkeit, und Franzl in der Küche bewegte oft die Lippen, wie sie's in der Gewohnheit hatte, wenn sie in sich hinein dachte, und sie dachte jetzt oft: Gottlob, Gottlob, so muß es sein, und so hätte ich auch mit meinem Anton gelebt, wenn er nicht so falsch ge= wesen wäre und eine Schwarze geheirathet hätte!" —

Am Sonntag Morgen sagte Lenz: „Ich hab's ganz vergessen; ich hab' dir auf heute Mittag einen Gast eingeladen, du hast doch nichts dagegen?"

„Nein, wen denn?"

„Meinen guten Pilgrim."

„Du solltest aber den Ohm auch einladen, das gehört sich."

„Ja, ich habe auch schon daran gedacht, aber das darf man nicht, ich kenne ihn."

Die Glocken im Thale begannen zum erstenmal zu läuten, und Lenz sagte: „Ist das nicht schön? Meine Mutter hat tausend= mal gesagt, wir hören die Glocken selber nicht, wir hören nur den Widerhall vom Walde hinter unserm Haus, und das ist, wie wenn's vom Himmel herunter läutete."

„Ja wohl, wir wollen uns aber auf den Weg machen," schloß Annele. Unterwegs begann sie: „Lenz, es ist nicht aus Neugierde, warum ich frage, ich bin deine Frau, mir darfst bu's sagen, und ich schwör' dir da beim Glockengeläute, es bleibt bei mir."

„Brauchst nicht zu schwören, nie, ich habe einen Widerwillen gegen das Schwören. Sag', was willst du?"

„Lenz, du und dein Ohm, ihr habt so einverständlich ge= than an unserer Hochzeit; was habt ihr denn mit einander aus= gemacht von wegen der Erbschaft?"

„Gar nichts; wir haben noch nie ein Wort darüber geredet."

„Und du hast doch so gethan, als wenn Alles mit sieben Siegeln verbrieft wär'."

„Ich hab' nichts gethan, als ich habe gesagt, ich bin mit

meinem Ohm einverſtanden, und das ſind wir auch. Wir reden
nichts von ſolchen Sachen, er hat ſeinen freien Willen."

„Und du haſt ihn aus der Klemme gelaſſen? Damals hätt'
er nicht nebenaus können. So eine Zeit kommt nicht wieder.
Er hätte uns, heißt das dir, viel vermachen müſſen."

„Ich kann aber nicht leiden, daß ſich Fremde da drein mengen.
Und ich bin ja nicht in der Klemme, und wenn er mir nichts
vererbt, ich kann mir ſelber verdienen, was ich brauche."

Annele ſchwieg; aber in ihrer Seele war es nicht wie Glockengeläute, das eben draußen in hellen Klängen über Thal und
Berg hinſchwebte. Sie gingen ſtill mit einander zur Kirche, und
nach derſelben, ehe man heimwärts ging, machte man noch einen
Beſuch bei den Eltern.

Nicht weit von der freien Wieſe rief Pilgrim hinter ihnen:
„Nehmt eine arme Seele mit in euern Himmel!" Beide lachten
und wendeten ſich um. Pilgrim war munter auf dem Wege und
noch munterer bei Tiſch; zuletzt trank er ein volles Glas auf das
Wohl des Burſchen, bei dem er Gevatter ſtehen werde.

Annele mußte mit anſtoßen und ſie war überaus freundlich
gegen Pilgrim. Anfangs war es ihr dabei unheimlich, denn ſie
begegnete einmal dem Blick ihres Mannes, der da ſagte: Wie?
So ſchön kannſt du lügen? Sie ſah nicht mehr auf ihn, aber
ſie glaubte hinter ihrem Rücken ſein Kopfſchütteln zu ſpüren und
ſie war bös auf ihn. Als ſie aber jetzt nach ihm umſchaute und
ſein freudeglänzendes Geſicht ſah, darauf geſchrieben ſtand, wie
gern und getreu er an ihre Güte glaubte, war dieſe zur Wahrheit in ihr und ſie ſagte Pilgrim geradezu: „Von heut an bin ich
dir wirklich gut. Ihr habt's doch gut auf der Welt, daß ihr ſo
Freunde zu einander ſeid."

Als Pilgrim wegging, begleitete ihn Lenz eine Strecke und
Pilgrim lobte jetzt Annele überaus. Beim Wiedereintritt in die
Stube rief Lenz freudig: „Mir hat's noch nie in meinem Leben
beſſer geſchmeckt, als heute. Was giebt's Beſſeres auf der Welt,
als mit ehrlicher Arbeit gehörig zu eſſen und zu trinken haben,
und eine liebe Frau dabei und einen guten Freund?"

„Ja, der Pilgrim iſt ein unterhaltſamer Menſch," beſtätigte
Annele.

„Und das freut mich noch," ſetzte Lenz hinzu, „du haſt ihn
bekehrt. Er iſt gar nicht ſo gut gegen dich geweſen, aber du haſt

ihn belehrt, du bist eine Hexe, du kannst aus Jedem machen,
was du willst."

Annele schwieg, und Lenz bereute, daß er ihr das mitgetheilt, es war doch nicht nöthig; aber Ehrlichkeit schadet nichts.
Er wiederholte nochmals: daß es Annele besondere Freude machen
müsse, einen Widersacher so gründlich verwandelt zu haben. Annele
schwieg noch immer und redete nichts drein, wenn später und
oft der Name Pilgrims genannt wurde.

Lenz war nur zu belehren, wenn er auch über andere Menschen anders denken lernte. Sie feierte mit der Zeit manchen
Triumph, denn sie zeigte Lenz bei allen Gelegenheiten, wie schlecht,
wie verdorben, hinterlistig und falsch alle Menschen sind.

„Ich hab's gar nicht gewußt, daß die Welt so ist; ich hab'
doch gelebt wie ein Kind," sagte Lenz, und Annele fuhr fort:

„Ja, Lenz, ich bin für dich in der Fremde gewesen, habe
tausend und tausend Menschen kennen gelernt in Handel und
Wandel, habe gesehen und gehört, wie sie reden, wenn einer den
Rücken wendet, mit dem sie schön thun, und wie sie ihn aus-
lachen, weil er an treuherzige Mienen und Redensarten glaubt.
Es geht den meisten Menschen kein wahres Wort aus dem Maul
heraus. Ich kann dir mehr berichten, als wenn du zehn Jahre
auf der Wanderschaft gewesen wärest."

„Nützt das was?" fragte Lenz. „Ich sehe nicht, daß es
etwas nützt. Wenn man seinen geraden Weg geht, kann die
Welt um uns herum schlecht sein, sie kann doch nichts machen;
und es giebt auch viele ehrliche Menschen. Aber du hast Recht,
so ein Kind im Wirthshaus ist daheim in der Fremde. Du hast
das auch gespürt, an jenem Abend hast du mir's gesagt. Es
muß dir lieb sein, daß du jetzt erst recht daheim bist, da kann
nicht Jeder hereinkommen und sich für seinen Schoppen hinflötzen,
wie er will, und sich und Andere schlecht machen."

„Freilich," erwiderte Annele, aber schon nicht mehr so ent-
zückt, denn es verdroß sie wieder, daß Lenz ihre Vergangenheit
nicht hoch pries. Er kann sich was drauf einbilden, daß er sie
erst ins Glück gesetzt.

Vierundzwanzigſtes Kapitel.

**Alte Erbſtücke wandern aus, und ein neuer Ton wird
auf der Morgenhalbe gehört.**

Die Hochzeitswoche und viele andere Wochen und Monate
ſind vorüber. Es iſt nicht viel davon zu berichten. Annele
lachte nur faſt jeden Morgen über Lenz, denn er konnte ſich gar
nicht daran gewöhnen, daß die Löwenwirthin jeden Morgen neu=
backenes Weißbrod aus dem Dorfe heraufſchickte. Nicht ſowohl
der Luxus, als daß die Menſchen ſich an ſo etwas gewöhnen
mögen, ſetzte ihn monatelang in Erſtaunen. Auch in vielen
anderen Dingen zeigte ſich, daß für Annele Manches Bedürfniß
und Gewohnheit war, was Lenz als Feſtesfreude galt. Sie
ſcherzte über die Unerfahrenheit, die es nicht verſteht, ſich mit
denſelben Koſten das Leben doppelt ſchmackhaft zu machen, und
in der That war Alles viel nahrhafter im Hauſe, ohne dabei
den Aufwand zu ſteigern; ſie buck aus demſelben Mehl weit beſſeres
Brod, als man ehedem bereitete. Daneben war ſie aber auch
oft unwirſch, und ſie klagte im Frühling immer fort: „Ach Gott,
auf der Höhe da geht ein Wind, man meint, er nimmt einem
das Haus über dem Kopf weg!"

„Ja, lieb's Kind, ich kann nichts dafür. Dafür haben wir
auch die geſündeſte Luft da oben. Da iſt jeder Athemzug, wie
wenn man Thau tränke. Denk nur daran, wie du dich im Herbſt
gefreut haſt, daß wir hier oben hellen fröhlichen Sonnenſchein
haben, derweil drunten im Thal dicker Nebel ſteht. Und was
für ein gutes Waſſer haben wir! Hier oben werden alle Menſchen
alt, uralt, und für unſer Haus brauchſt du nichts zu fürchten,
das iſt noch von ganzen Stämmen, die halten feſt, noch für
unſere Urenkel."

Als der Schnee ſchmolz und in dem ſonſt leeren Habichts=
tobel ein gewaltiger Strom in mächtigen Waſſerſtürzen nieder=
rauſchte, und Lenz ſich darüber freute, klagte ſie, daß man vor
dem entſetzlichen Geräuſch nicht ſchlafen könne.

„Du haſt den Winter über doch oft geklagt, daß es hier
oben ſo todtenſtill ſei, daß man keine Wagen hört, keinen Reiter,
keinen Menſchen vorüber gehen ſieht; jetzt haſt du Lärm genug."
Annele ſah Lenz von der Seite an, ſagte nichts und ging hinaus

in die Küche zur Franzl und weinte. Franzl ging zu Lenz und ermahnte ihn, doch seiner Frau nicht so zuwider zu reden, das sei nicht gut für die Frau und für das Andere auch nicht.

Lenz war ruhig und fleißig, und wenn es ihm gelang, einen richtigen Ton herauszukriegen, und er sagte: „Horch, Annele, wie schön, wie glockenrein!" so sagte sie: „Meinetwegen, das geht mich nichts an. Ich fürchte, ich fürchte, du verrechnest dich mit deinen Arbeiten; du machst zu lange dran, das wird dir nicht bezahlt. Wenn man was vor sich bringen will, muß man flink sein und nicht so lange besteln."

„Annele, das versteh' ich besser."

„Wenn du's besser verstehst, so red' mit mir nichts davon. Ich kann nur reden, wie ich's versteh'. Wenn du einen bloßen Haubenstock zum Zuhörer haben willst, geh' zu des Doktors und leih' dir einen, die haben schön gemalte rothe Mäulchen und reden nie ein Wort."

Die Tage gingen still hin, und der Frühling, der jetzt so herrlich über der Erde anbrach, schien auch frisches Leben auf die Morgenhalde zu bringen. Die Löwenwirthin kam oft hinauf und freute sich der guten Sonne da oben. Der Löwenwirth ließ sich fast gar nicht sehen. Er war noch brummiger geworden, als je zuvor. Annele schloß sich sichtlich und offenbar von den Eltern ab und schmiegte sich mit besonderer Innigkeit an Lenz, ja, sie ging manchmal mit ihm am Sonntags-Morgen und auch an Feier-abenden in den Wald, wo sich jetzt Lenz im Eigenthum des Schwähers eine Bank errichtet. Wohlgemuth saßen sie bei ein-ander, und Lenz sagte: „Horch, der Vogel, das ist doch der eigentliche Sänger, er fragt nichts danach, ob ihn Jemand hört, er singt für sich und sein Weible, und so thu' ich's auch."

Lenz sang fröhlich in den hallenden Wald hinein, und Annele erwiderte: „Ja, so ist's recht, und darum solltest du aus dem Liederkranz austreten, das schickt sich nicht mehr für dich; als lediger Mann haben der Faller und die Anderen da deine Ka-meraden sein können, aber jetzt bist du ein Mann, da geht's nicht mehr, und du bist auch zu alt zu der Singerei."

„Ich alt? Ich komme jeden Frühling neu auf die Welt. Jetzt eben meine ich, ich wäre noch ein Kind, da habe ich mir da ein Schiff gebaut, ich und mein verstorbener Bruder. O Gott, wie glücklich waren wir da!"

„Du thust, als ob Alles, was du erlebt hättest, lauter
Wunder wäre. Was ist denn da dran?"

„Ja, du hast Recht, ich muß lernen alt sein, ich bin fast
so alt, wie der Wald da; ich erinnere mich als Kind, daß da
nur wenig große Stämme waren, sonst lauter junge Schonung.
Jetzt ist der Wald, der mir weit über den Kopf gewachsen ist,
Gottlob unser."

„Wie unser? Hast du ihn vom Vater dir übergeben lassen?"

„Nein, er gehört deinem Vater, das heißt, mit Bedingniß.
Ganz abholzen hätte er ihn nie dürfen, der Wald ist unser
Wetterschutz, daß nicht der Schnee oder gar der Berg selber auf
unser Haus herunterrutscht."

„Was redest du mir nur davon? Was geht das mich an?"

„Ich verstehe dich nicht."

„Ich dich auch nicht. Wie ich jetzt bin, solltest du mir
nichts so Trauriges vormachen."

„Gut, so will ich dir singen, und wenn noch Jemand zu-
hört, schadet's auch nichts." Singend wanderte Lenz mit Annele
heimwärts, und bald kam ein Besuch, es war der Löwenwirth.
Er nahm den Schwiegersohn in die innere Stube und sagte:
„Lenz, ich kann dir was Gutes zuwenden."

„Ist recht. Das kann man immer brauchen."

„Hast du dein Geld noch bei dem Vogtsbauer stehen?"

„Vier Hundert Gulden hat er mir dran bezahlt, ich hab'
aber viel in dem Vorrath da stecken."

„Baar Geld ist jetzt Trumpf; du kannst ein gutes Geschäft
machen."

„Ich will dem Vogtsbauer kündigen."

„Das dauert viel zu lang'. Gieb mir die Handschrift, ich
will sie schon verkaufen, und fünfundzwanzig Procent gewinnst du."

„Da theilen wir."

„Wäre besser gewesen, du hättest das nicht gesagt. Ich hab'
dir's ganz lassen wollen, aber du bist ein ordentlicher Mann."

„Dank', Schwäher, ich thu' das Meinige. Ich lasse mir
nicht gern schenken."

„Am besten ist, du lässest das Geld in meinem Geschäft
stehen, und was es verdient, ist dein."

„Ich verstehe mich nicht auf Geschäfte, ich nehme lieber
meine ruhigen Procente."

Annele brachte den wieder in die Stube Eintretenden eine gute Aufwartung, aber der Vater wollte nichts trinken, er wollte gleich wieder fort. Annele ließ ihn nicht: „Es ist ja Euer eige= ner Wein, Vater, und bleibt nur ein bisle sitzen. Man hat Euch ja so wenig.“

Es schien kein Stuhl auf der Morgenhalde breit genug, um die ganze Würde des Löwenwirthes zu tragen. Er trank stehend ein Glas, ging dann den Berg hinab, indem er mehrmals mit der Hand nach der Brusttasche griff. „Der Vater ist heute so absonderlich,“ sagte Annele.

„Er hat eben dringende Geschäfte. Ich hab' ihm gerad' meine zwei Tausend sechs Hundert Gulden dazu gegeben, die ich beim Vogtsbauer stehen hab'.“

„Und was hat er dir dafür gegeben?“

„Ich weiß nicht, was du meinst; nichts. Ich werde mir gelegentlich eine Handschrift von ihm geben lassen, weil's so der Brauch ist.“

„Wenn du mich gefragt hättest, hättest du's ihm nicht gegeben.“

„Annele, was ist das? Jetzt nehm' ich dir gar nichts mehr übel, weil ich sehe, daß du gegen deinen eigenen Vater miß= trauisch bist. Aber die Franzl hat Recht, sie hat alle Geduld mit dir, weil man dir jetzt in Allem nachgeben muß.“

„So?“ sagte Annele. „Mir braucht Niemand nachzugeben. Das wegen meinem Vater war ein Geschwätz. Ich weiß selbst nicht, wie ich dazu gekommen bin. Aber die Franzl muß aus dem Haus! So? Die verhetzt dich?“

Lenz konnte abwehren, wie er wollte, konnte Franzl ent= schuldigen, und daß sie es ganz anders gesagt; es nützte nichts. Es dauerte nicht vierzehn Tage, und Franzl mußte das Haus verlassen. Lenz tröstete sie, so viel er vermochte: sie käme gewiß bald wieder, und er gebe ihr ihren Jahreslohn, so lang' sie lebe. Franzl schüttelte den Kopf und sagte weinend: „Unser Herrgott wird mich schon bald ausdingen. Ich hätt' nie geglaubt, daß ich aus dem Hause muß, ehe man mich hinausträgt. Ich bin achtundzwanzig Jahre da gewesen. Meinetwegen. O lieber Gott, da sind meine Töpfe, meine kupfernen Kessel, meine Pfannen und meine Kübel; wie viel tausendmal habe ich sie in der Hand gehabt und wieder sauber gemacht, man kann mir nicht nach= sagen, daß ich unordentlich gewesen bin, da stehen meine Zeugen;

wenn sie reden könnten, jedes Schnäuzle am Topf müßte sagen, wie ich gewesen bin und wer ich gewesen bin, aber Gott weiß Alles, er sieht in die Wirthsstuben und ·in die Küchen und in die Herzen auf Einmal. Das ist mein Trost und mein Labsal und meine Wegzehrung und — genug. Ich bin eigentlich froh, daß ich da draus hinaus komme; lieber möchte ich Dornen spinnen, als da sein. Ich will dir das Herz nicht schwer machen, Lenz, lieber schlag' mich todt wie eine Ratte, ehe ich dir Unfrieden ins Haus bringe. Nein, nein, das will ich nicht. Hab' keine Sorge um mich, du hast genug; wenn ich sie dir nur forttragen könnte, ich wollte gern darunter zusammen sinken. Sei ohne Sorge um mich. Ich gehe zu meinem Bruder nach Knuslingen, dort bin ich geboren, und dort will ich warten, bis ich sterbe, und wenn ich zu deiner Mutter ins Paradies komme, will ich ihr abwarten, wie sie's gewohnt ist; ihr zulieb wird mich unser Herrgott schon einlassen müssen, und ihr zulieb wird es dir auch noch gut gehen auf der Welt. Jetzt leb' wohl und verzeih' mir, wenn ich dich je beleidigt habe. Leb' wohl und leb' tausendmal wohl."

Lenz war lange Zeit nach dem Abgange der Franzl stumm und finster. Aber Annele war um so heiterer. Sie war wohl eine Hexe, sie konnte mit ihm umspringen, wie sie wollte; es war wie ein Zauber in ihrem Tone, wenn sie gut sein wollte, daß ihr Niemand widerstehen konnte. Pilgrim beschwichtigte Lenz noch vollends. Er suchte ihm zu beweisen, daß Annele sich erst vollständig als Hausfrau fühle, seitdem die alte Magd nicht mehr da sei, die sich eine Art Herrschaft angemaßt habe. Annele war überhaupt an größere Thätigkeit im Hause gewohnt und war viel vergnügter, wenn es recht viel zu wirthschaften gab; sie sprach es gegen Lenz aus, daß sie nie mehr eine Magd ins Haus neh=men wolle, solch ein kleiner Hausstand sei für sie allein kaum halbe Arbeit. Der Lehrjunge mußte aushelfen. Lenz brachte es nur mit Hülfe der Schwiegermutter dahin, daß wieder eine neue Magd ins Haus genommen wurde.

Bis in den Sommer hinein war's nun wieder heiter und wohlgemuth im Hause. Annele drang bei der Löwenwirthin darauf, daß der Vater dem Lenz sein Geld wieder zurückbezahle. Dieser kam in der That eines Tags und bot Lenz den Wald hinter seinem Hause an Zahlungs Statt an und verlangte noch tausend Gulden heraus. Lenz erwiderte, er brauche keinen Wald, er müsse flüssiges Geld haben; er könne aber noch gut einige Zeit warten. Die Sache schlief wieder ein, und der Ehrenmann that's nicht anders, er gab Lenz „wegen Lebens und Sterbens" eine richtige Handschrift.

Im Spätsommer war großes Leben im Dorfe. Der Tech= niker heirathete Bertha, die zweite Tochter des Dolters — die älteste wollte ledig bleiben —; und der Sohn des Dolters, der ebenfalls Kunstuhren verfertigte, war aus der Fremde zurück= gekehrt. Man sagte, er errichte nicht weit vom Hause des Doktors eine große Anstalt für Uhren = Fabrikation mit allerlei Maschinen. In der ganzen Gegend wurde geklagt, daß man dabei zu Grunde ginge, man würde jetzt wie in Amerika Uhren machen, an denen man keinen Feilenstoß sehe, Alles durch Pressen mit Maschinen. Lenz war einer von den Ruhigen. Er und der Duzlehrer gaben sich alle Mühe, den lange gehegten Plan der Einung ins Werk zu setzen.

Die Noth sollte die Menschen zwingen, wozu sie sich aus freien Stücken nicht hatten verständigen wollen.

Lenz und der Duzlehrer gingen Tage lang von Haus zu Haus und erklärten die Normaluhr. Fünf Kaliber sollten allge= mein angenommen werden. Das reicht vollkommen aus, um die Mannigfaltigkeit herzustellen. Die Arbeitstheilung allein kann helfen. Die Axen, Räder und Triebe, die Gesperrfedern, und besonders auch die Hemmungen und Schrauben, die lassen sich fabrikmäßig billiger und genauer herstellen. Die Zusammensetzung und Vollendung bleibt dabei noch immer den Meistern, denn eine Maschine kann kein Werk zusammensetzen, dazu bedarf es Men= schenverstand und Bedacht.

Lenz drang darauf, daß man sich bei der Fabrik betheilige oder sofort eine gemeinschaftliche errichte, aber er fand statt thä= tigen Zugreifens nichts als lässige Klagen, und schließlich wollte Niemand von seiner besondern Art abgehen, Jeder glaubte für sich allein das Beste zu haben und wollte es nicht um Anderer willen drangeben.

Lenz kam traurig wieder heim und Annele klagte: „Um Gottes willen, laß doch ab, daß du der Kegelbub sein willst, der Anderen die Kegel aufsetzt. Laß doch die anderen Menschen. Wer denkt denn an dich? Du möchtest gern die Thüren in allen Häusern schmieren, daß sie nicht quicken; es thut dir in den Ohren weh, und die Anderen merken nichts davon."

Lenz lächelte über die scharfen Vergleiche seiner Frau. Er ließ ab von seinem Sorgen für Andere, aber nun drang Annele wiederholt darauf, daß Lenz mit dem Vater auch eine solche Fabrik errichte. Er solle, wenn es nothwendig wäre, noch ein Jahr auf Reisen gehen, und sie wolle bei den Eltern bleiben. Lenz aber behauptete: „Ich passe nicht dafür, und ich werde nicht als Ehemann fortgehen, wo ich als ledig zu Hause geblieben bin." Er ließ zunächst von dem Plan der Einung ab und beschwichtigte Annele damit, daß sie immer ihr Auskommen haben würden, daran solle sie nicht zweifeln, und Pilgrim war derjenige, der Lenz in seinen Auseinandersetzungen vollkommen beipflichtete.

Annele sah daher in Pilgrim das Haupthinderniß, daß Lenz nicht zu Größerem käme. Er ist ein Mensch, der es sein Lebenlang zu nichts gebracht hat und es zu nichts bringen will, meinte sie. Sie versuchte alle Mittel und Wege, Lenz und Pilgrim zu entzweien, aber es gelang ihr nicht.

Annele erwog immer allerlei Verhältnisse in Gedanken und hatte beständig eine Buchführung im Kopfe; sie wußte, daß sich Lenz für Faller beim Hauskaufe verbürgt hatte, und nun drang sie darauf, daß Lenz die Bürgschaft zurück nehme. Er mußte ihr willfahren, aber eben, als er zu Faller ins Haus kam, trat ihm dieser halb lachend entgegen: „So eben hat meine Frau zum zweitenmal Zwillinge. Die kleinen Terkel wissen, daß ich ein Kindernarr bin, und kommen darum gleich paarweise zu mir."

Daß Lenz jetzt den Faller nicht mit Zurückziehung der Bürgschaft plagte, verstand sich von selbst, und als Annele ihn fragte, wie die Sache stände, gab er eine ausweichende Antwort.

In der Nacht vor der Hochzeit des Technikers mit der Tochter des Doktors genas Annele eines Knaben. Als Lenz wonneselig an ihrem Bette stand, sagte sie: „Lenz, versprich mir jetzt das Eine, versprich mir, daß du von dem Pilgrim lässest, und daß du's wenigstens auf ein Vierteljahr probirst."

„Ich kann dir jetzt nichts versprechen," sagte Lenz, und es fiel ein bitterer Tropfen in den Kelch seiner Freude.

Annele war außer sich, als sie die Musik vom Thale herauf hörte, und Mutter und Mann bebten für ihr Leben bei dieser Aufregung. Sie schlief aber doch Mittags glücklich ein. Lenz stopfte alle Thüren im Hause zu, daß Annele nichts höre. Sie

ward nun ruhiger, sie ward geduldig und liebreich, und Lenz
dankte doppelt für das Vater- und Gattenglück, das ihm geschenkt
war. Annele war sogar so weich, daß sie sagte: „Wir haben's
dem Pilgrim versprochen, daß er Gevatter sei, und das müssen
wir halten." Es war wunderbar, wie die Stimmungen bei ihr
wechselten. Lenz wollte auch noch Petrowitsch als zweiten Gevatter
haben, dieser aber lehnte ab.

Pilgrim brachte ein großes Blatt mit vielen Unterschriften,
das er selbst gemalt hatte und das er dem Täufling in die Wiege
legte. Es war ein Diplom des Liederkranzes, worin der Neu-
geborene wegen seiner unzweifelhaft guten Stimme zum Ehren-
mitglied ernannt wurde.

„Ja," sagte Lenz, „weißt du, welches der schönste Ton auf
der Welt ist? Wenn man den ersten Schrei seines Kindes hört.
Halt, da hast du noch was, mein Sohn, faß! Siehst du, wie
er faßt?" Er gab dem kleinen Täufling wie zu einer eigenen
Weihe die Feile des Vaters in die kleine Hand. Annele riß sie
schnell weg und rief: „Das Kind kann sich mit der Spitze tödten."
Sie warf die Feile auf den Boden, daß die Spitze brach.

„Jetzt ist dem Ehrenzeichen meines Vaters die Spitze abgebrochen," sagte Lenz wehmüthig. Pilgrim suchte ihn zu trösten
und erklärte lachend, daß immer neue Menschen und neues Handwerkszeug auf der Welt sein müssen.

Annele sprach kein Wort.

Fünfundzwanzigstes Kapitel.

Die Pendel schwingen eigensinnig, und es reißt zum
Zerspringen an der Kette.

„Annele, komm her, ich will dir was zeigen."

„Ich habe keine Zeit."

„Schau nur, es wird dich freuen; schau, da lasse ich jetzt
zwei Pendel schwingen an den beiden Uhren, den einen Pendel
von rechts nach links, den andern umgekehrt. Gieb einmal Acht,
in wenig Tagen werden sie beide gleich schwingen, von rechts
nach links, oder umgekehrt. Das ist die Anziehungskraft, die
sie auf einander ausüben, allmählig geben sie beide einander nach."

„Das glaub' ich nicht."

„Du wirst es mit eigenen Augen sehen, und schau, so wird es auch uns gehen; bei uns ist es auch so, das Eine fängt von rechts und das Andere von links an. Es muß sich auch bei uns ausgleichen. Freilich, die Pendel ticken auch nie zusammen, daß es nur Einen Ton giebt; das hat schon ein spanischer König zuweg bringen wollen und ist darüber närrisch geworden."

„Mich gehen alle die Narretheien nichts an; du hast, wie es scheint, Zeit dazu, ich nicht."

Die Pendel schwangen nach wenig Tagen in gleicher Rich-tung, die Herzen der beiden Eheleute hielten eigensinnig den ersten gewohnten Anlauf fest. Manchmal war's, als ob das Wunder geschähe, das dort am Werk aus Menschenhand nicht möglich ist: der gleiche Schlag. Aber es war nur Täuschung, und dann war die Wahrnehmung, daß man sich getäuscht, um so trauriger.

Lenz glaubte, daß er nachgiebig sei, und er war es in Wirtlichkeit nicht, er blieb bei seiner altgewohnten Weise. Annele wollte geradezu gar nicht nachgiebig sein. Sie wußte Alles von Anfang an viel besser, sie war weltklug und weltgewandt; Men-schen aus allen Gegenden, Alte und Junge, Reiche und Arme hatten ihr von Kindheit an in der Wirthsstube gesagt, sie sei gescheit wie der Tag.

Annele war, was man kurzweg, aber nicht ganz zutreffend eine oberflächliche Natur nennt, sie war aber auch leichtlebig, flint und behend. Sie plauderte gern und gern viel, wenn's aber vorüber war, dachte sie nichts mehr, weder an das, was sie gehört, noch was sie gesagt hatte.

Lenz war eine tiefgründige, aber auch schwerfällige, ja, oft zaghafte Natur, als ob Alles auf der Welt zerbrechlich wäre; er behandelte Jegliches, auch das Gleichgültigste, mit der ganzen subtilen Genauigkeit seines Handwerks oder, wie er es lieber hörte, seiner Kunst.

Wenn Annele nichts erlebte, hatte sie nichts zu reden, und gerade, je stiller das Dasein war, um so mehr hatte Lenz zu berichten. Wenn Lenz sprach, hörte er dabei immer auf zu arbeiten; Annele sprach und vollführte dabei jede Arbeit, die eben zur Hand war.

Annele erzählte gern ihre Träume, und wunderbarer Weise

träumte sie immer, daß sie gefahren sei, in einem schönen Wagen
mit schönen Pferden, in einer schönen Gegend, mit einer lustigen
Gesellschaft, und, „ach Gott, wie viel haben wir da gelacht!"
hieß es immer. Oder auch sie träumte, daß sie Wirthin sei,
und Könige und Fürsten kommen vor dem Hause angefahren,
und sie hat ihnen gute Antwort gegeben. Lenz hielt nichts auf
Träume und hörte sie nicht einmal gern wieder erzählen.

Annele war vom Erwachen bis zum Schlafengehen immer
schmuck und sauber gekleidet. Annele freute sich, daß Lenz sie
deshalb oft und oft lobte. Er konnte dieselbe Sache fast mit
denselben Worten hundert und hundertmal sagen und er hatte
dabei immer die gleiche neue Empfindung, als ob er noch gar
nie daran gedacht hätte. Es war in seinem Denken etwas wie
draußen in der Natur, wo sich das Gleiche immer mit neuer
Frische wiederholt, oder auch wie in seinem Handwerk, wo er
das schon hundertmal Bereitete immer mit gleicher Lust und Genauigkeit neu fertigte. Annele fand das langweilig und einfältig.
Sie wollte, daß Lenz sich auch schmucker halte, aber er verwen-
dete seine ganze Aufmerksamkeit auf seine Arbeit, er hatte nichts
übrig für sich selbst.

Lenz konnte des Morgens kaum ein Wort sprechen; sein
Denken wachte erst allmählig auf, er träumte lange mit offenen
Augen, ja, noch bei der Arbeit. Erst nach und nach wurde es
heller Tag in ihm. Annele dagegen war beim ersten Augen-
aufschlag wie ein Soldat auf dem Posten, gewaffnet und gerüstet;
sie faßte den Tag mit Lebhaftigkeit an, und alles halbwache
Düseln war ihr zuwider; sie war und blieb das schmucke, flinke
Wirthstöchterlein, da finden die Gäste schon am frühesten Morgen
Alles zuweg und ein leichtes Geplauder oben drein.

Lenz sah bei dem lärmenden Gebahren oft zum Bilde der
Mutter auf, wie wenn er ihr sagen wollte: laß dich nicht auch
aus deiner Ruhe aufscheuchen, das Peitschenknallen ist einmal
ihre Lust.

Wenn ihm Annele bei der Arbeit zusah, ging ihre Unruhe
auf ihn über. Er betrachtete oft etwas, das er gefertigt oder
erst fertigen wollte, lange hin und her; er glaubte dabei ihren
ungeduldigen Blick zu spüren, ihre unwilligen Gedanken über
seine Langsamkeit zu hören, und ward selber ungeduldig und
unwillig. Das war ein böses Dabeisein.

Der kleine Wilhelm gedieh prächtig auf der Morgenhalde, und als nun noch ein kleines Schwesterchen dazu kam, war ein lautes Leben im Hause, als ob beständig das wilde Heer durchzöge. Wenn Lenz manchmal darüber klagte, erwiderte Annele trotzig: „Zum Ruhehaben muß man reich sein, da muß man ein Schloß haben, wo die Prinzen in einem andern Flügel wohnen."

„Ich bin nicht reich," erwiderte Lenz. Er lächelte über den Vorwurf, und doch that er ihm weh.

Nur in gleicher Atmosphäre oder eigentlich in gleicher Entfernung vom Mittelpunkt der Erde machen zwei Pendel in derselben Zeit die gleiche Anzahl Schwingungen.

Lenz war noch mehr still und in sich gekehrt, und wenn er mit seiner Frau sprach, sah er sie immer staunend an, daß sie über Alles so viel Worte machen konnte. Sagte er des Morgens: „Heut ist ein starker Nebel," so entgegnete sie behend: „Ja, und so früh im Herbst, es kann aber doch noch sein, daß es heiter Wetter giebt; man kann sich nie aufs Wetter verlassen bei uns in den Bergen; und wer weiß, der Eine wünscht sich Regen, der Andere heiter, eben je nachdem einer etwas vor hat. Wenn unser Herrgott Jedem sein Wetter besonders kochen wollte, da hätte er viel zu thun. Wie ist es jenem Wettermacher gegangen?" Und nun erzählte sie eine Geschichte und hing noch andere dran.

Ueber Alles und Jedes gab es ein langes Gespräch, wie man eben einen Fuhrmann unterhält, so lange die Pferde draußen an der fliegenden Krippe fressen, oder einen eiligen Fremden, der Essen bestellt hat und trotz schnell aufgelegten Tellers und Bestecks lange darauf warten muß.

Lenz zuckte die Achseln und schwieg nach solchen Reden, schwieg oft tagelang, und seine Frau sagte ihm erst gutmüthig, dann aber scharf: „Du bist ein langweiliger, wortkarger Gesell."

Er lächelte über den Vorwurf, und doch that er ihm weh.

Die Befürchtungen, die man von der Fabrik gehegt, waren nicht eingetroffen, der Betrieb des häuslichen Handwerks wurde im Gegentheil schwungvoller; denn die Fabrik beschränkte sich zunächst auf die Gießerei von Zinkgestellen und fand darin willige Abnahme. Lenz bildete sich viel darauf ein, daß er das vorausgesagt. Er fand manches Lob darüber, nur Annele fand nichts Rühmenswerthes an dieser Voraussicht; das verstand sich von selbst, daß Jeder weiß, wie es in seinem Geschäfte wird, und das blieb doch, daß der Sohn des Doktors und der Techniker reich wurden, während die Uhrmacher froh waren, in ihrem alten Schlendrian zu bleiben.

Annele lobte jetzt oft den Pröbler, der doch wenigstens neue Erfindungen zu machen suche.

Lenz war indeß glücklich in der Arbeit, und er sagte zu Annele: „Schau, wenn ich Morgens aufstehe und denke: heut kannst du rechtschaffen arbeiten, und das Werk geht gut von Statten und kommt zuweg, da ist mir's, wie wenn ich im Her= zen eine Sonne hätte, die nie untergeht."

„Du kannst gut predigen, du hättest sollen Pfarrer werden," sagte Annele und ging aus der Stube und dachte für sich: da hast du deinen Trumpf; dir soll man zuhören, aber was ein Anderes sagt, das ist nichts. Da hast du deinen Trumpf.

Es war nicht Rache, es war reine Vergeßlichkeit, daß Lenz manchmal, wenn Annele bei Tisch etwas erzählte, wie erwachend sagte: „Nimm mir's nicht übel, ich habe gar nicht gehört, was du gesagt hast. Mir geht die schöne Melodie im Kopf herum. Wenn ich's nur auch so geben könnte! Das ist prächtig, wie da Dur in Moll übergeht."

Annele lächelte, aber sie vergaß ihm dieses Vergessen ihrer doch nicht.

Die Pendel gingen immer mehr jeder seine eigensinnige Richtung.

Sonst, wenn Lenz heimgekommen war von einem Gang zum Gelbgießer, zum Schlosser oder über Land, saß seine Mutter bei ihm, während er aß, und was er erzählte, war gut; das Glas Bier, das er dort getrunken, labte hier die Mutter; wer ihn freundlich begrüßt, dem dankte sie jetzt daheim noch einmal. Alles, was Lenz berichtete, war wichtig, Lenz hatte es ja erlebt. Jetzt, wenn er heim kam, hatte Annele keine Zeit, sich zu ihm zu setzen, und saß sie bei ihm und er gab Bericht, sagte sie: „Ach, was geht das mich an? Das geht mich gar nichts an. Die Menschen können meinetwegen leben, wie sie wollen; sie geben mir nichts von ihrem Glück, und von ihrem Unglück brauche ich nichts. Freilich, dir thun die Menschen schön, sie brauchen dich nur aufzuziehen, und da spielst du Jedem vor wie deine Spieluhr."

Lenz lachte, denn Pilgrim hatte ihn einmal eine Achttag=

Uhr genannt, weil er jedesmal am Sonntag frisch aufgezogen wurde. Die ganze Woche gab es für ihn keine Ruhe, dafür war aber auch der Sonntag um so festlicher, und wenn die Sonne hell schien, konnte er ausrufen: „Gottlob, heut freuen sich tausend und tausend Menschen mit diesem schönen Sonntag."

„Du thust, wie wenn du der Herrgott wärest und immer an alle Welt zu denken hättest," erwiderte Annele darauf. Er schwieg fortan mit solchen Gedanken und wurde dabei fast irre an sich. Wollte er aber jetzt des Sonntags mit Annele über Land gehen zu einem Stelldichein des Gesangvereins im Nachbar= dorf, oder auch nur mit Faller und dessen Frau, thalaufwärts, da hieß es: „Du kannst überall hingehen, einem Mann thut's nichts, in welcher Gesellschaft er sich herumtreibt, aber ich gehe nicht mit, ich bin mir zu gut dazu; der Faller und die Fallerin sind meine Gesellschaft nicht. Geh' aber du nur, ich habe nichts dagegen."

Natürlich blieb nun auch Lenz davon weg und war mehr, als sich's gebührte, mißlaunisch, im Löwen oder daheim.

Lenz hatte in seinem ganzen Leben weder eine Spielkarte noch eine Kegelkugel in die Hand genommen, Andere vertreiben sich damit die Zeit und die Mißlaune. „Ich wollte, ich hätte auch Freude am Karteln und Kegeln," sagte er; er war aber nicht gefaßt auf die Antwort, die Annele gab: „Ein Mann darf schon spielen, wenn er nur nachher wieder frisch an seinem Geschäft ist, und es ist sogar besser, als mit dem Geschäft spielen."

Die Pendel gingen immer mehr jeder seine eigensinnige Richtung.

Lenz verkaufte den größten Theil seines Vorrathes zu guten Preisen, nur mit dem großen Werke, das er eigentlich für den Schwiegervater unternommen hatte, ging es nicht recht vorwärts, und wenn Lenz nicht umhin konnte, Annele zu klagen, daß ihm Dies und Jenes nicht gelinge, suchte sie ihm zu beweisen, daß er nicht genug ans Geldverdienen denke. „Die Leute wollen ihre Arbeit haben und viel und schnell, du thust aber immer so heilig damit. Du bist ein Träumer, aber ein Träumer am hellen Tag. Wach' doch einmal auf, um Gottes willen, wach' auf!"

„O lieber Gott, ich lebe ja in einer Unruhe; mein Schlaf ist kein Schlaf mehr! ich liege wie in Nesseln gebettet. O, wenn

ich nur einmal eine einzige Nacht wieder so recht von Herzen
gut schlafen könnte! Ich bin so aufgescheucht, ich meine, ich
wache ohne Aufhören, mir ist, als käme ich gar nicht mehr aus
den Kleidern, Tag und Nacht."

Statt Mitgefühl und neues Selbstvertrauen bei Mißlingen=
dem zu geben, suchte Annele im Gegentheil Lenz zu beweisen,
daß er sich selber nicht zu helfen wisse, daß aber sie ihm helfen
könne. Gelang ihm etwas, und er konnte sich nicht enthalten,
ihr zuzurufen: „Horch, wie glockenrein!" da konnte sie erwidern:
„Ich will dir nur ehrlich sagen, ich mag eigentlich die Orgelei
nicht. Ich habe das Stück in Baden=Baden gehört, das klingt
ganz anders."

Lenz hatte doch das vor sich selber und zu Pilgrim schon be=
kannt, aber wie es jetzt Annele sagte, that es ihm weh; sie
zerstörte ihm damit seine ganze Lebensthätigkeit.

Und dabei hatte Annele für sich einen festen klugen Plan
und hielt sich vollberechtigt dazu. Sie fühlte ihre beste Kraft
brach liegen und konnte sie in dem kleinen Hausstand nicht zur
Anwendung bringen. Sie wollte etwas gewerben, und ein
Wirthshaus war das Geeignetste für sie.

Sie hatte ehedem gesucht, Lenz und Pilgrim aus einander
zu bringen, jetzt machte sie Pilgrim zu ihrem Verbündeten; er
hatte ja gesagt, es sei schade, daß sie nicht Wirthin sei, sie
könnte den Löwen in neuen Aufschwung bringen, das sagten
alle Leute. Nun sollte Pilgrim helfen, den Lenz zu bestimmen,
daß er das Löwenwirthshaus übernehme, er könne seine Kunst —
in guten Stunden nannte sie es Kunst, in bösen immer Hand=
werk — daneben betreiben, entweder im Löwen oder auf der
Morgenhalde, ja, da noch besser, da sei es ruhiger, und
Mancher habe ja seine Fabrik viel entfernter von seiner Woh=
nung, als die Morgenhalde vom Löwen war.

Wenn Pilgrim kam, sagte ihm Annele zuvorkommend: „Ich
bitte dich, zünde dir deine Pfeife an, ich riech's gar gern; es
wird mir ganz heimisch, wenn geraucht wird."

Ja, du bist hier oben in fremder Luft, dachte Pilgrim,
aber er sagte es nicht. Kam dann Annele von den verschieden=
sten Seiten her auf ihren Plan, so lehnte Pilgrim jede Mitwir=
kung ab, und Lenz war hartnäckig und unzugänglich gegen
Schmeicheleien und gegen Zornesausbrüche, wie man es gar

nicht von ihm vermuthet hätte. „Zuerſt haſt du mich zu einem
Uhrenhändler und dann zu einem Fabrikanten machen wollen,“
ſagte er, „und jetzt ſoll ich Löwenwirth werden; ja, wenn ich
ein ganz anderer Mann werden ſoll, was haſt du denn an mir
geheirathet?“

Annele gab keine gerade Antwort, ſie ſagte nur: „Gegen
die ganze Welt biſt du butterweich und gegen mich hart wie
Kieſelſtein . . .“

Lenz hielt ſich für einen gemachten Mann, und Annele
wollte erſt einen aus ihm machen. Daß ſie ſich für die Er=
werbsfähigere hielt, geſtand ſie nicht, ſie weinte und klagte nur,
daß ſie zu gar nichts nutz ſein ſolle, und hatte tiefes Mitleid
mit ſich ſelber, ſie wollte ja nur das Beſte. Was will ſie denn?
Arbeiten will ſie, erwerben, aber er will ſie nicht aufkommen
laſſen.

Lenz ſagte ihr, daß man früher viel aus dem Garten ge=
zogen, ſie ſollte im Garten arbeiten. Sie hatte aber keine
Freude an der Gärtnerei. Da wächst jedes Pflänzchen, wie es
ihm geſetzt iſt, ſachte und ſtill, und läßt ſich nicht drängen und
treiben: mach hurtig! Das dauert viel zu lang', bis da was
wächst und heraus kommt. Dreimal in die Küche und dreimal
in den Keller, und ich habe verdient, was ſo ein Garten den
ganzen Sommer bringt. Und zum Gärtnern iſt eine Tagelöh=
nerin gut genug.

Nun aber hörte das Zerren und Klagen und Jammern,
wie karg man leben müſſe im Hauſe, nicht auf. Lenz wollte
oft verzweifeln, und manchmal wurde er ſo toll, daß man glau=
ben konnte, er ſei ein ganz anderer Menſch geworden. Dann
aber kam wieder tiefe Reue über ihn, er kleidete ſie indeß anders
ein und ſagte, er ſchäme ſich vor dem Geſellen und Lehrjungen,
und wenn Annele nicht Ruhe gebe, ſchicke er beide fort.

Annele lachte ihn aus über dieſe Drohung; er ſei doch
nicht im Stande, ſie auszuführen. Er bewies ihr, daß er Ernſt
mache, und ſchickte in der That den Geſellen und Lehrjungen
aus dem Hauſe. So lange die ſtille, ſtetige Natur des Lenz
vorgehalten hatte, beſaß er gewiſſermaßen eine Uebermacht über
Annele; jetzt, in lautem Auftrumpfen, das aber eigentlich nur
Jammer über ſein Verkommen war, ward Annele Herr über
ihn und hielt ihm täglich vor, daß er der Garnichts ſei, er

habe die Gesellen aus Faulheit fortgeschickt und seine Gutmüthigkeit sei auch nichts als Faulenzerei.

Statt über solch einen unbegreiflichen Vorwurf zu lachen,
konnte Lenz Tage lang bei der einsamen Arbeit solch ein Wort
aussinnen, und da hing sich ein Gedanke an den andern und
wurde ein ganzes Uhrwerk daraus, während Annele längst nichts
mehr davon wußte, was sie gesagt hatte. Ihr kam eben das
ganze vereinsamte Leben hier so vor, wie ein verregneter Som-
mersonntag: man hat mit Recht darauf gerechnet sich zu erheitern, sich mit andern Menschen zu vergnügen, man ist sonntäglich angethan, aber die Wege sind grundlos, und das Daheim-
bleiben ist wie eine Gefangenschaft. Das darf nicht so bleiben!
Das muß anders werden! sagte sich Annele innerlich immer vor,
und sie war ärgerlich und leicht erzürnt bei allerlei unscheinbaren
Anlässen, während sie weder sich noch Lenz erklärte, woher diese
Zornmüthigkeit stammte.

Lenz suchte Beruhigung außer dem Hause, und daß er
wegging, machte sie minder unwillig und ungeduldig, als die
Art, wie er es that. Er druckste so lange umher, bis er das
Haus verließ, und dann kam er noch oft vor der Thür zwei
dreimal zurück, wie wenn er etwas vergessen hätte. Er konnte
es nicht sagen, wie schwer es ihm wurde, mit einer Seele fortzugehen, die ihn fast zu einem fremden Menschen machte. Er
meinte, Annele müßte ihn zurückhalten, oder ihm doch noch ein
gutes Wort sagen, damit er der Alte sei. Vor Zeiten, wenn
er über Land gegangen war, hatte ihm die Mutter immer noch
ein Stück Brod aus der Tischlade mitgegeben, das schützt vor
Vielem, und besonders daß es einem nicht schadet, wenn man
über Hungerkraut geht, und noch schützender als das Brod war
ein gutes Wort aus ihrem Herzen. Jetzt ging er fort, wie
wenn das ganze Haus nicht sein eigen wäre und er selbst nicht
sein eigen. Darum vertrödelte er immer so viel Zeit und konnte
doch nicht sagen, was er wünsche. Das Geforderte und Verlangte verliert die Heilkraft, es muß von selbst geschehen, denn
es ist kein Aberglaube: der wahre Segen liegt auf dem, was
unberufen gegeben und gefunden wird.

Lange vor Feierabend saß Lenz oft schon bei Pilgrim und
Annele bei den Eltern. Das ganze Haus schien aus den Fugen
zu gehen; Lenz sprach bei Pilgrim kein Wort von dem, was

innerlich an ihm zehrte, und wenn Annele ihren Eltern klagte, wollten diese nichts davon wissen, sie hatten, wie es schien, Anderes im Kopfe.

Auch bei Faller saß Lenz oft, und da war ihm wohl, fast noch wohler als bei Pilgrim; hier war Freude und Ehrerbietung, wenn er kam, hier wurde noch der Lenz von vergangenen Tagen geehrt; daheim galt er nichts mehr.

Faller und seine Frau lebten einträchtiglich mit einander, sie waren gegenseitig von einander überzeugt, daß sie die vorzüglichsten Menschen von der Welt seien; wenn sie nur schuldenfrei wären und dann noch ein übriges Geld hätten, da sollte die Welt aufschauen. Sie sparten und arbeiteten und waren allzeit guter Dinge. Faller war kein besonders geschickter Arbeiter, er hielt sich mehr an die Großuhren — denn je größer das Werk, desto leichter ist es genau herzustellen — und dabei erlustigte er sich und seine Frau im Erzählen von Theaterstücken, in denen er während seines Garnisonslebens in verschiedenen Verkleidungen mitgespielt hatte. Frau Fallerin war ein stets dankbares Publicum, und die Königsmäntel, Kronen und Diamanten, von denen Faller sprach, hatte er für seine Frau alle an.

Wie ganz anders erschien Lenz dagegen sein eigenes Leben! Immer dunkler, immer nächtiger wurde es in seiner Seele. Alles, was er erlebte, verwandelte sich in Bitterkeit und Trauer.

Wenn er es nicht umgehen konnte, sich bei den Uebungen und Proben des Liederkranzes einzufinden, und er da die Lieder der Liebe, der Sehnsucht, des seligen Entzückens sang, weinte die Seele in ihm: „Ist denn das wahr? Ist denn das möglich? Hat es Menschen gegeben, die so wonnig und glückselig waren? Und doch war's auch einmal in dir ...."

Er verlangte oft Lieder der Schwermuth, und die Kameraden staunten über einen herzergreifenden Ton in seiner Stimme, der wie tiefste Klage klang; aber während er sonst nicht genug bekommen konnte im Singen, hörte er jetzt immer bald auf und war müde und ärgerlich über das geringste unebene Wort, und dann war er wieder eben so schnell bei der Hand, Jeden um Verzeihung zu bitten, wo gar nichts zu verzeihen war.

Lenz faßte sich wieder und sagte sich, daß seine Grämlichkeit davon komme, weil er nicht fleißig genug sei. Er arbeitete nun emsig, aber es war kein Segen in seiner Arbeit; er mußte oft am andern Tage ausreißen und wegwerfen, was er bis tief in die Nacht hinein gearbeitet hatte. Seine Hand zitterte oft, wenn er die Feile führte; ja, selbst die wieder gespitzte Feile des Vaters, die immer Ruhe gegeben hatte, half nichts mehr. Er löste oft eine Arbeit wieder auf, zerstörte damit sein ganzes Tagwerk; er war überzeugt, daß er Alles falsch zusammen gesetzt hatte. Da fand sich dann aber, daß er regelrechte gute Arbeit gemacht, nur sein Sinn war irr und da glaubte er auch, daß Alles irr und verkehrt sein müsse.

Er faßte sich oft an dem Kopf, wie wenn er etwas vergessen hätte, wie wenn ihm etwas entfallen wäre. Er wußte nicht was. Wenn man so sagen kann, das Gewissen seiner Arbeit war ihm entschwunden, vermöge dessen sich Manches wie von selbst ohne jegliches Besinnen thut. Mit einem wahren Zorn auf sich selbst zwang er sich nun zur Ruhe und Bedachtsamkeit bei der Arbeit. Wenn du auch das noch verlierst, dann ist Alles verloren; du warst einmal glücklich mit deiner Kunst allein, jetzt mußt du wieder damit allein glücklich sein. Wie man ein Musikstück hören kann, während ein Geräusch ist, das nicht dazu gehört, du kannst es lostrennen — so mußt du auch wieder deine Sache haben und dich nicht um das Geräusch kümmern, das dazwischen läuft. Wenn du es nicht hören willst, so hörst du's nicht. Sei stark im Willen.

Es gelang Lenz, wieder ruhig und geordnet zu arbeiten, es fehlte nur ein einziges, nur ein kleines Wort, das Annele hätte sagen können: Gottlob, daß du jetzt wieder so auf dem Fleck bist! Er hatte geglaubt, das Wort entbehren zu können, und konnte es doch nicht. Annele hatte das Wort oft auf den Lippen, aber sie brachte es nicht hervor, denn an der Kehrumthür sagte ihr Stolz wieder: was sollst du ihn loben, wenn er seine Schuldigkeit thut? Und jetzt wär's gerade gut, wenn wir ein Wirthshaus hätten; er arbeitet am besten, wenn er allein ist, wenn man sich gar nicht nach ihm umsieht, und da wär' ich derweil in der Wirthsstube und er in seiner Werkstatt, und Alles wäre gut.

Die Arbeit kostete Lenz jetzt doppelte Anstrengung; er war am Abend so müde, wie sonst noch nie im Leben; er hatte ehedem gar nicht gewußt, daß Arbeit so müde macht; er gönnte sich dennoch keine Erholung, er fürchtete Alles zu verlieren, keinen Heimweg mehr zu finden, wenn er Haus und Werkstätte verließ.

Wochenlang kam er nicht ins Dorf, und Annele war viel
bei den Eltern.

Ein Verhängniß riß ihn aus dem Hause. Pilgrim ward
schwer krank; Nächte lang saß Lenz bei ihm, und er konnte nicht
sagen, wie schwer ihm das wurde, denn Annele hatte ihm auch
diese Freundesthat vergiftet, sie hatte ihm einst gesagt: „Deine
Guttaten an dem Pilgrim sind nichts als ein Deckmantel für
deine Faulenzerei, für dein lahmes, lotteriges Wesen. Du redest
dir ein, du hättest was damit gethan in der Welt, weil du
sonst nichts thust und es zu nichts bringst. Du bist der Garnichts." Sein Athem ging schneller, wie er das hörte; es war
ihm, als falle ihm ein Stein ins Herz, und der Stein wich
nicht mehr und haftete fest.

„Nun giebt's nichts mehr, was du mir noch sagen könntest,
nur noch das, daß ich meine Mutter schlecht behandelt habe."

„Ja, das hast du auch, das hast du auch. Der Hörger-
toni, dein Vetter, der in Amerika ist, hat's tausend Mal bei
uns erzählt: einen Scheinheiligeren, als du bist, gäbe es nicht
auf der Welt, und er habe tausendmal Frieden stiften müssen
zwischen dir und deiner Mutter."

„Das sagst du nur, weil du's gern sehen möchtest, wie ich
wieder toll werde, aber ich werde es nicht, das rührt mich nicht
an. Warum hast du einen Zeugen, der in Amerika ist? Warum
nicht Jemand von hier? Aber du willst mich nur aufstacheln.
Gute Nacht!"

Er ging zu Pilgrim, der wieder in der Genesung war, und
blieb bei ihm die ganze Nacht. Pilgrim war in der Genesung
natürlich heiter, und Lenz wollte ihm diese Heiterkeit nicht verscheuchen, er hörte vielmehr geduldig zu, wie Pilgrim berichtete:
„In meiner Krankheit habe ich verstehen gelernt, wie so ein
Vogel sein Leben lang nur ein paar Töne zwitschern kann. Es
ist ein Leben im Halbschlaf, und da ist ein einziger Ton genug.

Durch vier Wochen lang hat sich mir in der Seele nichts
als die paar Worte gespielt: der Mensch hat keine Flügel, aber
seine beiden Lungenflügel, und ich kann mit einem Lungenflügel
auch siebenundsiebzig Jahre Kartoffeln essen. Und wenn ich ein
Vogel gewesen wäre, ich hätte auch immer gepfiffen: ein Lungenflügel, zwei Lungenflügel, zwei Lungenflügel, ein Lungenflügel.
Just wie eine Grasmücke."

Es waren auch nur wenig Worte, die sich durch die Seele
des Lenz spielten, aber sie waren traurig, Niemand soll sie hören.

„Mir hat die Bibel wieder geholfen," fuhr Pilgrim in
guter Laune fort, „daß ich fest entschlossen bin, ledig und allein
zu bleiben. Da steht's ja ganz klar: der Mann war zuerst
allein auf der Welt, das Weibsen war nie allein auf der Welt,
und daher kommt's, daß der Mann allein sein kann."

Lenz lächelte, aber auch das traf ihn.

Am Morgen ging Lenz schwer, übernächtig und leichenblaß
heim an seine Arbeit. Und als er die Kinder sah, sagte er:
„Ich habe gar nicht mehr gewußt, daß ich Kinder habe."

„Ja wohl, das vergissest du," sagte Annele. Lenz fühlte
wieder einen Stich durchs Herz, aber es that kaum mehr weh.
Und als er das Bild der Mutter erblickte, rief er: „Mutter!
Liebe Mutter! Dich hat sie auch beschimpft. Kannst du denn
nichts sagen? Straf' sie nicht, bitt' vor Gott, daß er sie nicht
dafür straft; wenn er sie straft, straft er ja mich und meine
armen Kinder mit. Hilf mir, liebe Mutter, gieb Zeugniß, daß
sie aufhört, mir das Herz aus dem Leibe zu reißen. Hilf mir,
liebe Mutter! du kennst mich."

„Da steht ein gesunder Mann und bettelt! Ich will nichts
von deinen Possen hören," sagte Annele und ging mit den
beiden Kindern in die Küche.

Es riß zum Zerspringen an der Kette.

* * *

Sechsundzwanzigstes Kapitel.

Die Axt geht ans Leben, und Thränen fallen aufs Brod.

Es war schwül am Tage und blieb noch schwül am Abend,
als der Löwenwirth, der in offener Calesche mit seinen beiden
Füchsen nach der Stadt gefahren war, wieder heimkehrte. Er
schaute sich bei der Einfahrt ins Dorf seltsam um, rechts und
links, und grüßte zuvorkommend. Gregor, der in Postillons-
Uniform, aber ohne Horn, ihn gefahren hatte, war bereits ab-
gestiegen, hatte die Füchsen bereits ausgesträngt, der Löwenwirth
saß noch unbeweglich in der Calesche. Er schaute nachdenklich
das Löwenwirthshaus an und dann wieder die Calesche und die

Pferde. Als er endlich abſtieg und auf dem Boden ſtand, ſeufzte
er tief auf, denn er wußte, daß er zum letztenmal ſo gefahren
war. Da iſt noch Alles, wie es geweſen, und nur noch ein
einziger Menſch außer ihm weiß, wie es bald anders ſein wird.

Mit mühſamem Schritte ging er die Treppe hinauf, oben
ſtand die Frau und fragte ihn leiſe: „Wie iſt's gegangen?“

„Es arrangirt ſich Alles,“ erwiderte der Löwenwirth und
ging an der Frau vorüber raſch nach der Wirthsſtube, nicht, wie
ſonſt bei der Heimkehr, zuerſt in das Stüble. Er ließ ſich von
der Magd Hut und Stock abnehmen und ſetzte ſich zu anweſen=
den Gäſten. Er ließ ſich auch zu eſſen bringen an den Fremden=
tiſch, aber es mundete ihm heute nicht.

Die Gäſte blieben bis ſpät in der Nacht, und er blieb bei
ihnen ſitzen; er ſprach nicht viel, aber ſchon daß er bei ihnen
ſaß, war Unterhaltung und Aufmerkſamkeit genug.

Die Frau war zu Bett gegangen, und nachdem ſie längſt
ſchlief, begab ſich auch der Löwenwirth zur Ruhe. Ruhe fand er
nicht, denn eine unſichtbare Gewalt zog ihm die Kiſſen unterm
Kopfe weg: dieſes Bett, das Haus, alles das iſt morgen nicht
mehr dein. Vornehmlich blieben die Gedanken bei der Caleſche
und den beiden Fuchſen haften. Er rieb ſich haſtig die Augen,
denn es war ihm plötzlich, als ob die beiden Fuchſen in die
Schlafkammer gekommen wären, ſie ſtrecken ihre Köpfe übers
Bett, hauchen ihn heiß an aus ihren Nüſtern und glotzen mit
ihren großen Augen auf ihn. Der Löwenwirth beruhigte ſich
wieder, und beſonders in dem ſtolzen Gedanken, daß er ſich
mannhaft gehalten habe. Er hat ſeiner Frau nichts geſagt, ſie
ſoll heute noch ruhig ſchlafen, es iſt Zeit genug, wenn ſie's
morgen erfährt, und zwar erſt nach dem Frühſtück; wenn man
ſich ausgeruht und gekräftigt hat und der helle Tag ſcheint, kann
man's mit dem Schlimmſten leichter aufnehmen.

Der helle Tag erſchien, der Löwenwirth war müde und bat
ſeine Frau, einſtweilen allein zu frühſtücken. Endlich kam er,
ließ ſich's wohl ſchmecken, und da nun die Frau in ihn drang,
doch zu berichten, wie ſich Alles geordnet habe, erklärte er end=
lich: „Frau, ich habe dir eine ruhige Nacht gelaſſen und einen
guten Morgen, jetzt ſei auch ſtark und nimm Alles ruhig und
gelaſſen. Eben jetzt in dieſer Stunde erklärt mein Advocat in
der Stadt, daß ich mich in die Gant gebe.“

Die Löwenwirthin saß eine Weile starr und stumm; endlich fragte sie: „Warum hast du mir das nicht gleich gestern Nacht gesagt?"

„Weil ich's gut meine und dich die Nacht noch habe wollen ruhig schlafen lassen."

„Gut? Du? Der einfältigste Gesell von der Welt bist du! Hättest du mir's gestern Nacht gesagt, so hätte sich noch manches wegschaffen lassen, was uns für Jahre zu Gute käme; heute am Tag ist's nicht mehr möglich. Wehe! wehe! zu Hülfe! zu Hülfe!" schrie die Löwenwirthin plötzlich aus der ruhigen Rede im entsetz- lichen Geschrei auf und sank fast ohnmächtig auf den Stuhl. Die Mägde aus der Küche und Gregor, der Postillon, kamen in die Stube. Die Löwenwirthin erhob sich und schrie jammernd: „Du hast mir's verhehlt, du hast mir nichts gesagt, wie es mit dir steht, daß du vergantet wirst. Auf dich kommt aller Jammer und aller Fluch; ich bin unschuldig. O, ich Arme!"

Jetzt war's an dem Löwenwirth, in Ohnmacht zu sinken, wenn nicht seine starke Kraft dagegen ausgehalten hätte; die Brille fiel von der Stirn von selbst vor die Augen, damit er deutlich sehen könne, ob's denn wahr sei, was hier vorgeht: diese Frau, die nicht abgelassen hatte, bis er, der gelernte Bäcker und Bierbrauer, sich mit ihrem Bruder verband, einen großen Uhrenhandel zu treiben, und als der Schwager starb, ihn fast zwang, das Geschäft allein fortzuführen, obgleich er eigent- lich nichts Rechtes davon verstand; diese Frau, die ihn immer zu neuen Unternehmungen gestachelt hatte und von Allem wußte, fast besser als er selber, diese Frau hatte jetzt das Gesinde zu Zeugen gerufen, damit auf ihn allein alle Schuld und alle Schmach falle.

In dieser Minute sah der Löwenwirth, wie er im Elend war; fünfunddreißig Jahre zurück, und vorwärts — wer weiß wie viele Jahre noch! Um sich zu retten und ihn allein preis zu geben, trieb die Frau die Heuchelei bis auf diese Spitze.

Die Brille war angelaufen, er sah nichts mehr; er fuhr mit einem Tuche gelassen zuerst über die Brillengläser, dann über die Augen.

In diesem Augenblick setzte sich tief in ihm ein Groll an, der nimmer wich; aber der stolze Löwenwirth blieb in seiner ge- wohnten Ruhe und Gelassenheit.

Als die Mägde und der Postillon die Stube verlassen hatten, sagte er: „Du mußt wissen, warum du so gethan hast, ich weiß nicht, wozu es gut ist; aber ich rede kein Wort mehr darüber."

Und so hielt er's, er verharrte in seiner Schweigsamkeit und ließ die Frau sagen und klagen, was sie wollte. Es erlustigte ihn fast, wie das so schön thun kann vor der Welt. Er wurde jetzt fast der Weise, für den er gegolten hatte, denn bei dem ganzen Gethue seiner Frau dachte er: es ist doch wunderbar, was der Mensch nicht alles kann! — Ja, Uebung macht den Meister! —

Die unweise Welt fand sich aber nicht so geduldig in den Fall des Löwenwirths. Wie ein Donnerschlag rollte es über Berg und Thal: der Löwenwirth wird vergantet!

Es ist nicht zu glauben, es ist nicht möglich, was steht noch fest, wenn der Löwenwirth umfällt? Selbst der goldene Löwe im Schilde schien sich dagegen zu stemmen, die Angel, in der das weit hinausragende Schild hing, knarrte; aber die Gant-Commission bezwingt auch Löwen und fragt nichts danach, ob sie von außen vergoldet sind. Das Schild wurde eingezogen. Der Löwe sah traurig drein, das eine Auge war von der Wand verdeckt, und das andere schien so müde zu blinzeln, wie wenn es sich vor Jammer und Schande auch schließen wollte.

Es krachte unten im Dorfe, und es krachte oben auf der Morgenhalde.

Lenz lief hinab ins Dorf und wieder den Berg hinauf. Der Löwenwirth ging noch immer gravitätisch in der großen Stube auf und ab und sagte mit Würde: „Man muß auch das ertragen als Mann." Fast hätte er gesagt: als Ehrenmann.

Die Löwenwirthin heulte und klagte: sie habe nichts davon gewußt, und sie schwur, daß sie sich den Tod anthue.

„Schwäher," sagte Lenz, „Schwäher, ist mein Geld auch mit verloren?"

In dem großen Haufen kennt man das Geld nicht heraus, wem das oder das gehört," erwiderte der Löwenwirth im Tone der Weisheit. „Ich werde mich aber arrangiren. Wenn man mir drei Jahre Zeit läßt, gebe ich fünfzig Procent. Setz dich. Mit den Händen in der Luft herumfuchteln, hilft da nichts. Lisabeth!" rief er in die Küche hinaus, „mein Essen!"

Die Köchin brachte ein vollständiges Mittagessen herein, der

Löwenwirth that rasch die Mütze ab, setzte sie wieder auf und ließ sich behaglich in seinen Armstuhl nieder, schöpfte sich heraus und aß mit der Ruhe eines wahren Weisen. Erst beim zweiten Teller schaute er auf und sagte: „Du solltest auch hersitzen, Frau, das ist der beste Vorspann; da kommt man den steilsten Berg hinauf, wenn man ein rechtschaffen Stück Fleisch im Leib hat. Haben sie allen unsern Wein versiegelt, oder kannst du mir einen Trunk geben?"

„Es ist Alles versiegelt."

„So mach' mir nachher einen guten Kaffee, der hilft auch."

Lenz griff sich an den Kopf. Ist er denn verrückt? Wie ist denn das möglich, daß der Mann, um den jetzt in dieser Minute Hunderte am Leben verzweifeln, sich's behaglich munden läßt? Der Löwenwirth war herablassend gesprächsam und lobte Annele, daß sie nicht auch ins Haus stürme und das unnütze Gejammer vermehre. „Ja, du hast eine gewerbige gescheite Frau, das ge=scheiteste von meinen Kindern. Schade, daß die nicht ein Mann geworden ist, die hat einen unternehmenden Geist; die Welt wäre anders, wenn die ein Mann wäre. Schade, daß mein Annele nicht einem großen Geschäft vorstehen kann, einem großen Wirths=haus, das wäre das erste weit und breit."

Lenz war empört über diese Ruhmredigkeiten und dieses ganze Gebaren, jetzt in dieser Stunde; aber er kämpfte es in sich nieder; und aus diesem Kampfe mit sich selbst sagte er in zagem, fast demüthigem Tone: „Schwäher, so sorget nur vor Allem dafür, daß der Wald hinter meinem Hause nicht geschlagen wird. Ich höre schon den ganzen Morgen Holz darin schlagen, das darf doch nicht sein."

Je kleinlauter Lenz das sagte, um so lärmender schrie der Löwenwirth: „Warum nicht? der den Wald hat, kann damit machen, was er will."

„Schwäher, Ihr habt ja mir den Wald versprochen?"

„Du hast ihn ja nicht genommen; der Wald ist verkauft an den Holzhändler von Trenzlingen."

„Und Ihr könnt ihn nicht verkaufen; der Wald ist das Dach von meinem Haus. Man darf wohl einige Stämme her=ausnehmen, aber nicht den ganzen Wald abtreiben. So ist es seit hundert Jahren gehalten. So hat noch mein Großvater erzählt."

„Das geht mich nichts an. Ich habe jetzt Anderes zu sorgen."

„O Himmel," schrie Lenz weinend, „was habt Ihr mir an=
gethan! Ihr habt mich um das Schönste auf der Welt gebracht." —

„So? Ist Geld Alles? Habe nicht gewußt, daß auch bei
dir das Herz im Hosensack ist."

„O nein, Ihr habt mich darum gebracht, daß ich aufs Neue
Eltern haben soll."

„Du bist groß genug, um als Waisenkind zu leben; aber
ich weiß wohl, du bist einer von denen, der, wenn er schon
Großvater ist, noch nach seiner Mutter schreit: Mütterle! Mütterle!
dein Kind wird beleidigt! Du hast ja damals gesagt, du seist ein
Mann, und was für ein Mann! Ein solcher, der eine Einung
stiften kann, da soll ja, wie sie sagen, Alles zusammenstehen wie
ein Wald, ein Wald voll Uhrmacherle! Ha ha. So mach' jetzt
deine Einung, dann bist du ja geborgen mitsammt den Andern."
So sagte der Löwenwirth, man hätte gar nicht geglaubt, daß er
so boshaft sein kann. Lenz war eben der einzige von seinen
Gläubigern, der ihm in den Schuß lief, und auf ihn ging die
ganze Ladung seines Zornes los.

Lenz war bald glühend roth, bald blaß geworden, seine
Lippen bebten, und er sagte: „Schwäher, Ihr seid der Groß=
vater von meinen Kindern, Ihr wißt, was Ihr ihnen genommen.
Ich möcht' Euer Gewissen nicht haben. Aber den Wald darf
man nicht schlagen. Ich lasse es auf einen Proceß ankommen."

„Gut. Das mach' du, wie du willst," sagte der Löwen=
wirth und schenkte sich den Kaffee zum Nachtisch ein. Lenz hielt
es in der Stube nicht mehr aus.

Auf der Steinbank vor dem Löwen saß eine abgehärmte
Gestalt, es war der Pröbler. Er sagte jedem, der vorüber ging,
er warte hier auf den Amtspfleger, denn droben beim Löwen=
wirth sei sein bestes Werk, worin er alle seine Erfindungen an=
gebracht, verpfändet; das dürfe nun nicht mit versteigert werden,
damit es hinauskäme und alle Welt es ihm nachmache und er
nichts davon habe. Die Gant=Commission müsse ihm vorher ein
Patent bei der Regierung auswirken, das ihn zum reichen und
berühmten Manne mache. Lenz gab sich viele Mühe, den Alten
zu beruhigen, er suchte ihm zu beweisen, daß er der Einzige sei,
an dem der Löwenwirth brav gehandelt, denn er hatte die Werke,
die nicht verkäuflich waren — sie standen alle noch oben — zum

vollen Preiſe abgenommen und den Pröbler auf dem Glauben
gelaſſen, daß ſie nur verpfändet ſeien. Der Pröbler war aber
nicht von ſeinem Gedanken abzubringen, ſo wenig er ſich von
der Stelle bewegen ließ.

Lenz ging davon, er hatte genug für ſich zu thun. Er eilte
zum Ohm Petrowitſch. „Siehſt du,“ ſagte dieſer triumphirend,
„hab' ich dir's nicht hier in meiner Stube geſagt, damals, wie
ich hätt' um das Annele anhalten ſollen für dich, hab' ich dir's
nicht geſagt, der Löwenwirth iſt ſein Sammetkäpple auf dem
Kopf und ſeine Stiefel an den Füßen ſchuldig? Und.den dicken
Bauch hat er ſich von fremdem Gut angefreſſen.“

„Ja, ja, Ohm, Ihr habt Recht, Ihr ſeid geſcheit, aber
jetzt helft mir.“

„Da iſt nichts zu helfen.“

Lenz erzählte die Angelegenheit mit dem Walde. „Da läßt
ſich noch vielleicht was machen,“ ſagte Petrowitſch.

„Gottlob! Wenn ich nur den Wald kriege!“

„Davon iſt keine Rede; der Wald iſt verkauft, aber er darf
nur durchforſtet und nicht ganz geſchlagen werden. Der Wald
iſt der Wetterſchutz für dein Haus, der darf nicht umgemacht
werden, mir nichts, dir nichts. Wir wollen dem Bergſchinder
von Trenzlingen ſchon den Meiſter zeigen.“

„Herr Gott, mein Haus!“ ſchrie Lenz. Es war ihm, als
ob es einſtürze, als ob er heim müſſe, es zu retten.

„Dein Haus! Ja wohl, du biſt aus dem Häusle,“ ſagte
Petrowitſch und lachte dabei über ſeinen guten Witz. „Geh' zum
Schultheiß und thu' Einſpruch. Noch Eins, Lenz; ich glaub' in
meinem Leben an keinen Menſchen mehr; ich hab' dir damals
geſagt, deine Frau iſt die einzige Gute im Hauſe. In den beiden Andern, ſiehſt du, habe ich mich nicht getäuſcht. Sie hat's
aber auch ſchon lang gewußt, vor Jahren hat ſie's ſchon gewußt,
und gewiß gewußt, wie's mit ihrem Vater ſteht. Und du warſt
der Nothnagel, weil ſie der Schwiegerſohn vom Doktor nicht gewollt hat, und er hat's recht gemacht.“

„Ohm, warum ſagt Ihr mir das jetzt?“

„Warum? Weil's wahr iſt; ich kann dir Zeugen dafür auf-
rufen.“

„Warum aber jetzt?“

„Gibt's denn eine Zeit, wo man die Wahrheit nicht ſagen

ſoll? Ich hab' gemeint, du und dein Pilgrim, ihr wäret ſolche
Tugendhelden. Ich will dir ſagen, was du biſt; du biſt der
ärmſte Menſch geweſen, eh' du dein Geld verloren haſt, denn du
biſt ein Reuling, und das iſt der armüthigſte Menſch, da hat
der Sack immer ein Loch. Ja, Reuling, merk' dir das. Du
haſt immer heute Reue auf das, was du geſtern gethan haſt,
und dann denkſt du: o, ich Unglückſeliger! und ich hab's doch
ſo gut gemeint! Mitleid will kein Mann, oder er iſt kein Mann;
um Mitleid bettelt nur ein Weib."

„Ohm, Ihr gehet hart mit mir um."

„Weil du zu weich mit dir umgehſt. Jetzt aber ſei einmal
feſt, laß deine Frau nichts entgelten: behandle ſie ſanft, denn ſie
iſt jetzt im Elend, weit mehr als du."

„So?"

„Ja. Dem ſtolzen Löwen-Annele, dem wird's jetzt ſchwer
eingehen, wenn ſie nicht mehr denken kann, es iſt Jedes ſtolz
darauf, daß ſie ihm guten Morgen ſagt."

„Es iſt jetzt nicht mehr das Löwen-Annele, es iſt meine
Frau."

„Ja, vor Gott und den Menſchen; es war dein eigener
freier Wille, ich habe dir abgerathen."

Lenz eilte zum Schultheiß und traf ihn nicht zu Hauſe, ſein
Weg ging wie durch Dornen, ſie riſſen und zerrten an ihm;
die guten Menſchen waren nicht daheim, und die böſen holten
hervor, was ſie im Geheimen gegen ihn im Sinne hatten, und
plagten und höhnten ihn, eben jetzt, da er hilflos war. Er ging
wieder heimwärts, rannte aber an ſeinem Hauſe vorbei nach dem
Walde und befahl den Holzhauern, einzuhalten: „Es darf hier
nicht geſchlagen werden."

„Bezahlſt du uns den Taglohn für heute?"

„Ja."

„Gut." Sie nahmen ihre Aexte und gingen heim.

Zu Haus fand Lenz Annele, wie ſie die Kinder an ſich
drückte und ſchrie: „O, meine armen Kinder! Ihr müßt betteln
gehen, ihr armen Kinder!"

„So lang ich lebe und geſund bin, das nicht; ich bin der
Mann, halte dich nur ruhig und ſei gutmüthig."

„Gutmüthig? Ich habe mein Lebtag nichts Böſes gethan;
und du irrſt dich, wenn du jetzt glaubſt, daß du mich unter-

jochen kannst, daß ich vor dir krieche, weil mein Vater das Unglück gehabt hat. Gerade nicht! Kein bischen geb' ich nach. Jetzt
ist's an dir, deine berühmte Gutmüthigkeit zu zeigen. Zeig' jetzt,
wie du deiner Frau beistehst."

„Ich will's ja, aber wer die Hand nicht aufmacht, dem
kann man nichts geben."

„Hättest du mir nur gefolgt und den Löwen gekauft, da
wären wir versorgt, und das Haus wäre nicht verfremdet. Und
sag mir nur kein Wort wegen dem Geld! Da, wo du jetzt sitzest,
da hast du gesessen, und da ich, und da hat das Glas gestanden, ganz nah am Rand, ich hab's noch hereingerückt; erinnerst
dich? Da hab' ich dir's gesagt, deutlich und ehrlich gesagt hab'
ich's: ein ordentlicher Mann giebt kein Geld her, auch dem Vater
nicht, so mir nichts, dir nichts."

„Hast du denn das damals schon gewußt?"

„Ich habe gar nichts gewußt, gar nichts; ich weiß nur, was
ordentlich ist, und weiter laß mich in Ruh."

„Willst du nicht zu deiner Mutter gehen? Sie jammert
gar arg."

„Was soll ich bei ihr? Daß sie noch einmal heult, wenn
ich komme? Ich soll wohl gleich hinunter gehen und mich von
allen Leuten begucken und bemitleiden lassen? soll hören, wie
des Doktors liebe Töchter Musik machen und lachen, wenn ich
vorüber gehe? Ich bin mir da oben in meiner Einsamkeit genug,
ich brauche keinen Menschen."

„Vielleicht ist's zum Guten," tröstete Lenz, „vielleicht bist
du da oben in der Einsamkeit von jetzt an glücklicher und besser
bei mir. Es kann wieder kommen, es muß wieder kommen,
wie's einmal war, damals, wo du gesagt hast: hier oben sind
wir im Himmel und lassen die Welt da unten fuhrwerken und
jagen und rennen, wie sie mag. Daran wollen wir uns halten.
Wir waren einmal glückselig und werden's wieder; wenn du gut
bist, kann ich so viel arbeiten als Drei. Und vor mir kannst du
ruhig sein: wegen dem Gelde habe ich dich nicht geheirathet."

„Und ich habe dich auch nicht wegen dem Geld geheirathet,
wär' auch nicht der Mühe werth; wenn ich auf Reichthum hätte
sehen wollen, hätte ich ganz Andere haben können."

„Wir sind schon zu lange bei einander, man redet da nicht
mehr von Heirathen," brach Lenz ab; „wir wollen essen."

Bei Tische erzählte Lenz die Sache mit dem Walde, und Annele sagte: „Weißt du, was dabei heraus kommt?"

„Was?"

„Nichts, als daß du den Holzhauern den Lohn bezahlen mußt."

„Das wollen wir sehen," sagte Lenz, und ging gleich nach Tische abermals zum Schultheiß, den er in der Frühe nicht getroffen hatte.

Auf dem Wege gesellte sich ein trauriger Genosse zu ihm; leichenblaß kam Faller auf ihn zu und rief: „O, das ist entsetzlich, entsetzlich, das ist ein Blitz aus heiterem Himmel!"

Lenz sprach beruhigend; freilich sei drittbalb tausend Gulden ein schwerer Verlust, aber er werde hoffentlich doch aufrecht stehen. Er dankte dem treuen Kameraden für seine Theilnahme. Da blieb Faller stehen wie eingewurzelt. „Was? dich, dich hat er auch hinein gebracht? Und mir ist er auch einunddreißig Gulden schuldig, lauter gute Uhren, ich habe wenig dabei verdient, aber ich habe es bei ihm stehen lassen wie auf der Sparkasse; um ein Ziel an meinem Haus abzuzahlen. Jetzt bin ich auf mindestens zwei Jahre zurückgeschnellt."

Lenz ließ die Hände sinken und sagte, daß er sich nicht bei dem Kameraden aufhalten könne, er müsse zum Schultheiß.

Faller sah ihm traurig nach, er vergaß fast sein eigenes Elend über dem des Freundes.

Der Schultheiß-Doktor war von dem Schlage, der den Löwenwirth getroffen, tief gebeugt. Die Summe, die er selbst dabei verlor, war ohne Bedeutung, aber dieser Sturz war ein Unglück für das ganze Dorf, für die ganze Gegend.

Als Lenz erzählte, wie auch er betroffen sei, rief der Doktor, sich entsetzend: „Also auch dich hat er mit hineingerissen! Nun überrascht mich nichts mehr. Wie ist's nur möglich? Wie ist's nur möglich?" Nach einer Weile sagte er: „Wie trägt's deine Frau?"

„Sie schiebt alles mir zu."

Lenz berichtete vom Wald und drang auf schleunigste'Hülfe, daß nicht auch noch sein Haus allem Wetterschaden ausgesetzt sei und ihm nicht einmal plötzlich der Berg auf den Kopf rolle. Der Schultheiß-Doktor stimmte bei: „Den Wald da kahl abholzen, das verschändet unsere ganze Gegend, und vielleicht verdirbt dadurch

unſer beſter Brunnen, der bei der Kirche, der vom Wald ge=
ſpeiſ't wird. Mindeſtens einen Vorſtand auf dem Bergrücken
müßte man ſtehen laſſen, aber wir können nichts dagegen thun.
Es iſt und bleibt ein Elend, daß die Waldeigenthümer Alles ab=
holzen dürfen, wie es ihnen einfällt. Sie wollen jetzt ein Geſetz
dagegen machen, aber ich fürchte, es geht da auch wieder wie
immer: wenn die Kuh draußen iſt, macht man den Stall zu.“

„Aber, Herr Schultheiß, mich trifft das Elend zuerſt. Iſt
da nichts zu machen?“

„Ich glaube ſchwerlich; es iſt bei der Ablöſung der Grund=
laſten verſäumt worden — ich war damals noch nicht Schultheiß,
dein Schwäher war's —, das Recht der Gemeinde und auch dein
Recht zu wahren. Freilich hätte Niemand da ein Haus hinge=
baut, wo deines ſteht, wenn man an dem Wald hätte den Kahl=
hieb machen dürfen; aber du haſt kein verbrieftes Recht auf den
Waldſchutz. Probir's aber beim Amt, ich will dir ein Schreiben
mit geben, vielleicht können ſie dort doch noch helfen.“

Lenz iſt es in den Knieen; er kann kaum vom Fleck, er
darf aber jetzt nichts verſäumen und die Koſten nicht ſcheuen. Er
nimmt ein Fuhrwerk und fährt nach der Stadt zu Amt.

Eine faſt vergeſſene Geſtalt zeigte ſich unterdeß auf der
Morgenhalde, und zwar in ſtrahlendem Putze.

Die Krämerin aus dem nächſten Dorfe, die Baſe Erneſtine,
über die Annele damals bei der erſten Ausfahrt ſo ſehr geſpottet
hatte, kam auf Beſuch, in einem neuen ſeidenen Kleid, mit einer
goldenen Uhr behängt. Sie ſagte, ſie ſei im Dorf geweſen, ſie
habe Geld einzucaſſiren gehabt, es ginge ihr Gottlob ſehr gut,
ihr Mann mache als Vermittler bei Häuſer= und Güterkauf und
auch im Lumpenhandel gute Geſchäfte, und er ſei auch Agent
für Feuer=, Hagel=, Menſchen= und Vieh=Verſicherung, die ſchön
gedruckten Tafeln hingen an allen Laden, das bringe ein ſchönes
Stück Geld ein, und man habe gar nichts dabei zu riskiren, ſie
habe eben die Ausſtände eingetrieben, und da habe ſie es nicht
übers Herz bringen können, auch nach Annele umzuſchauen.

Annele dankte höflich und entſchuldigte ſich, daß ſie keine
Aufwartung machen könne. Erneſtine betheuerte, daß ſie nicht
deßwegen gekommen ſei.

„Ich glaub' dir das,“ ſagte Annele, und dieſe Worte hatten
viele Deutungen. Annele war feſt überzeugt, daß Erneſtine nur

gekommen sei, um Rache an ihr zu nehmen. Annele, die sie
stets gering angesehen hatte, sollte jetzt vergehen vor Neid und
Aerger. Annele war indeß noch Wirthstöchterlein genug, um die
Boshafte mit einigen aufgewärmten höflichen Redensarten abzu-
speisen; sie bewahrte dabei aber ihren Stolz — sie war die Haus-
tochter vom Löwen, und das nur eine arme Verwandte, die einst
als Magd bei ihnen gedient — sie gab Ernestinen zu verstehen,
daß es Geschäfte gebe, die sich nur für niedere Leute schicken,
Andere könnten daraus kein Geld ziehen.

Ernestine war in der That nicht ohne Schadenfreude die
Morgenhalde hinaufgegangen, wenn sie gleich dabei an ihre Arm-
tasche griff, in der sie ein Pfund gebrannten Kaffee und ein
Pfund Zucker für Annele zum Mitbring hatte. Als sie aber
Annele sah, verwandelte sich ihre Schadenfreude in aufrichtiges
Mitleid, und als Annele sie so von oben herab behandelte, kam
sie wieder in die altgewohnte Unterwürfigkeit und vergaß ihr
neues seidenes Kleid und ihre goldene Uhr. Den Mitbring, den
sie Annele hatte geben wollen, bot sie ihr jetzt als Probe an,
damit sie auch ihre Kundschaft gewinne, und sie weinte in der
That aus dem Herzen, als sie sagte: wenn alle Menschen, die
Gutthaten aus dem Löwen empfangen, sie jetzt vergelten möchten,
da könnten die Eltern der Annele noch hundert Jahre vollauf
davon leben. Sie setzte mit aufrichtigem Tone hinzu, daß wenn
Annele auf den Löwen geheirathet hätte, gewiß Alles noch im
alten guten Stand wäre.

Bei diesem Lockruf vergaß Annele allen alten Hader und
alle neuen Kleider der unleidlichen Base. Es ging nun an einen
Austausch von Erinnerungen an glückliche Zeiten, mit Klagen
über die Gegenwart untermischt, über die falschen, undankbaren
Menschen, und sie waren so einig, daß Annele und Ernestine
von einander schieden, als wären sie von Ewigkeit her die besten
Freundinnen gewesen und hätten wie Schwestern mit einander
gelebt.

Annele gab Ernestinen noch ein Stück Weges das Geleite
und beauftragte sie, ihr Mann solle ein schickliches Wirthshaus
suchen, besonders wo eine gute Ausspanne ist, das sich kaufen
und in die Höhe bringen ließe, und dann wollten sie ihr Haus
hier auf der Morgenhalde verkaufen.

Ernestine versprach, Alles zu besorgen, und bat Annele

wiederholt, ja nicht zu einem Andern zu schicken, wenn sie Kauf=
mannswaaren brauche.

Als Annele wieder heimkehrte, gingen ihr mancherlei Ge=
danken durch den Kopf: unser Haus hat so viele Menschen ver=
sorgt und ins Glück gesetzt, und wir sollen nichts mehr sein?
Sogar die einfältige Ernestine ist bei uns gewitzigt worden, daß
sie jetzt einem Kaufladen vorstehen kann, und hat ihren Mann,
den verkommenen Schneider, zu etwas gebracht. Sie hat früher
meine abgelegten Kleider getragen, und wie kommt sie jetzt daher!
Wie eine Amtmännin, und rasselt mit dem Geld in der Tasche!
Und ich soll's zu nichts mehr bringen, soll da oben verdorren
und soll gar von der Ernestine Wohlthaten annehmen? Denn sie
hat es doch nur nicht gewagt, mir den Kaffee und Zucker zu
schenken, und hat ihn als Probe dagelassen. Nein, Uhrmacherle!
Ich ziehe dich anders auf, und ich setze eine Musik, die anders
klingt.

Sie war nur froh, daß sie den Auftrag gegeben, ein Wirths=
haus ausfindig zu machen. Wenn einmal was Bestimmtes da
ist, da kann man ganz anders vorfahren.

Einstweilen hielt sie sich still und ruhig. Erst spät in der
Nacht kehrte Lenz aus der Stadt zurück mit abschlägigem Bescheid.
Es fand sich kein verbrieftes Recht auf den Waldschutz. Und als
Lenz Morgens erwachte und die Axthiebe am Berge hinter seinem
Hause hörte, war's als ginge ihm jeder Axthieb ins Mark. Ich
möcht' am liebsten sterben, sagte er zu sich selbst und ging an
seine Arbeit. Er war den ganzen Tag wortlos, und nur, als
er am Abend das Licht in der Kammer auslöschte, sagte er laut:
„Ich wollte, ich könnte auch mein Leben so auslöschen!"

Annele that als ob sie ihn nicht hörte.

Annele hatte bisher über den so traurigen Fall keine Thräne
vergossen, weder über das Loos der Eltern noch über ihr eigenes.
Sie hielt sich, mit Ausnahme der Klage um die Kinder, gefaßt.
Als aber am andern Morgen kein neubackenes Weißbrod mehr
vom Dorfe herauf kam, als sie den gewöhnlichen Brodlaib zum
Kaffee auf den Tisch legte, kugelten ihr schwere Thränen die
Wangen herab und fielen auf das Brod; sie schnitt sich, ehe es
Lenz sah, das thränenfeuchte Stück ab und aß es, aß es mit
ihren Thränen.

Siebenundzwanzigstes Kapitel.

Alles darnieder.

Die Gant zerrte Alles ans Tageslicht, und da kam zum Vorschein, was der Löwe im Verborgenen beherbergt hatte.

Der Löwenwirth erschien als ein wahrer Gräuel.

Er hatte, um Leute zu befriedigen, die ihm fremd und streng gegenüber standen, gerade diejenigen betrogen, die ihm zugethan und von ihm abhängig waren. Selbst die eigenen Postillone waren um ihr Bißchen Erspartes gekommen. Arme Uhrmacher gingen verzweifelnd im Dorfe hin und her und klagten: der Löwenwirth hat ihnen Monate und Jahre ihres Lebens gestohlen, und Jeder hätte doch darauf geschworen, daß er der rechtschaffenste Mann landauf und landab sei. Die Löwenwirthin kam dabei nicht besser weg, obgleich sie so unschuldig that. Sie hatte immer einen solchen Glanz um ihr Haus verbreitet, und immer groß= thuerisch geprahlt und Jeden mit ihrer Huld begnadigt. Der Löwenwirth hatte doch nur mit Schweigen gelogen und sich's ge= fallen lassen, daß man ihn Ehrenmann rechts und Ehrenmann links nannte, und den Accuraten noch obendrein.

Viele Gläubiger kamen zu Lenz auf die Morgenhalde; sie ließen sich den weiten Weg nicht verdrießen, sie waren einmal im Dorf und hatten ein Recht darauf, das ganze Elend zu sehen. Es war ein Gemisch von Mitleid und Aufrichten an noch größerem Elend, da sie Alle Lenz beklagten, daß er so bös drein gefallen sei. Manche trösteten ihn indeß, daß er vielleicht seinen Ohm beerbe, und sie betheuerten, daß sie nichts von ihm fordern wollten, wenn er reich sei, sie hätten ja kein Recht dazu. Und wo sich Lenz sehen ließ, wurde er bedauert und beklagt wegen der Schlechtigkeit des Schwiegervaters, der den eigenen Sohn ausgeraubt. Es gab nur einen einzigen Menschen, der dem Löwenwirth noch das Wort redete, und das war Pilgrim, und daß er das aus voller Seele that und im Hause des Lenz immer behauptete, der Löwenwirth habe sich nur verrechnet, er habe auf den unglücklichen brasilianischen Proceß Alles gestellt und sei nicht schlecht, das gewann ihm das Herz des Annele, denn den Vater hatte sie immer geliebt. Man sagte im Dorf, die Löwen= wirthin suche noch alles, was sich bei Seite schaffen ließe, zum

Lenz hinauf zu bringen. Ein armer Uhrmacher kam gerades=
wegs zu Lenz ins Haus und sagte: er wolle nichts verrathen,
man solle ihm nur so viel geben, was er zu fordern habe. Lenz
rief seine Frau herbei und erklärte, er werde es ihr nie ver=
geben, wenn sie für einen Heller Werths ungetreues Gut ins
Haus aufnehme. Annele schwor auf das Haupt ihres Kindes,
daß das nie gewesen sei und nie sein werde. Lenz that ihre
Hand vom Haupte des Kindes weg, denn er wollte kein Schwören.
Annele hatte Recht, das Haus auf der Morgenhalde beherbergte
kein unrechtes Gut. Die Schwiegermutter war oft da. Lenz
sprach wenig mit ihr, und jetzt war's geschickt, daß Franzl nicht
mehr da war, denn die neue Magd — sie war eine nahe Ver=
wandte des Löwen=Annele — ging in der Nacht mehrmals mit
schweren Körben hin und her zwischen dem Löwen und dem be=
nachbarten Dorfe, und die Krämer=Ernestine wußte aus Allem
Geld zu machen. Der einzige von den Vasallen des Löwenwirths,
der nichts an ihm verlor, war der Mann der Krämer=Ernestine.
Die Uhrmacher, die kein baar Geld bekamen, durften dafür aller=
lei Waaren beim Krämer entnehmen und der Löwenwirth bürgte
dafür. Jetzt hatten die Armen keine Uhren, aber Schulden, und
der Krämer betheuerte ihnen aufrichtig, daß sie zahlungsfähiger
seien als ihr ehemaliger Bürge.

Die Leute hatten Lenz bedauert, weil der Fall des Schwähers
auch ihn mit niederreißen werde. Er hatte zuversichtlich darauf
geantwortet, daß er fest stehe; nun aber, das war ein ewiges
Kommen und Warten! Wo Lenz nur einen Kreuzer schuldig war,
wurde es ihm abgefordert, man traute ihm eben nicht mehr.
Lenz wußte sich nicht zu helfen, und die Hauptsache durfte er
Annele gar nicht bekennen, sie hatte ihn ja davor gewarnt. Denn
mitten in der Wirrniß kündigte der Gläubiger des Faller diesem
die Hauptschuld; die Bürgschaft des Lenz war jetzt keine Stütze
mehr. Faller war außer sich vor Wehmuth, da er Lenz das
mittheilen mußte und ihm klagte, daß er mit seinem Doppel=
gespann kein Unterkommen wisse.

Lenz versprach ihm zuversichtlich Hülfe, sein alter guter Name und
der seiner Eltern wird doch noch vorhalten. So schlecht kann doch die
Welt nicht sein, daß altbewährte Ehrlichkeit nichts mehr gelten soll. —

Annele wußte nur von den kleinen Schulden, und sie sagte:
„Geh doch zum Ohm, er muß dir helfen."

Ja, zum Ohm! Petrowitſch ging regelmäßig aus dem Dorfe, wenn ein Leichenbegängniß darin war. Nicht aus Mitleid, denn er hatte den Anblick nicht gern. Und am andern Tag nach dem Falle des Löwenwirths war Petrowitſch abgereist. Das Gerede von dem gefallenen Mann war ihm auch zuwider und er über- ließ dießmal ſogar dem Wegknecht die Einerntung der unreifen Kirſchen von den Bäumen an der Straße. Erst als es bereits winterte und ein neuer Wirth im Löwen war und die beiden Alten nach der Stadt in ein Nebenhaus des Schwiegerſohn-Holz- händlers gezogen waren, war er wieder ſichtbar im Dorfe.

Der Löwenwirth hatte ſein Schickſal mit faſt bewunderns- werthem Gleichmuth getragen. Nur einmal, als der Techniker mit der Caleſche und den beiden Fuchſen draußen vor dem Dorfe an ihm vorüber fuhr, da verlor der Löwenwirth ſein Gleichgewicht, aber es ſah Niemand, wie er ſtolperte und in den Graben fiel und dort lange lag, bis er ſich endlich wieder aufrichtete.

Petrowitſch hatte jetzt einen andern Spaziergang. Er ging nicht mehr am Hauſe des Lenz vorbei und nicht mehr in den Wald, der bereits faſt ganz niedergeſchlagen war.

Lenz ſaß bis in die Nacht hinein und rechnete; es läßt ſich noch helfen, und bald bot ſich ihm eine Summe, aber ſie war heiß, als käme ſie friſch aus des Teufels Münzſtätte.

Der Mann der Krämer-Erneſtine kam mit einem Fremden auf die Morgenhalde und ſagte: „Lenz, der Mann will dein Haus kaufen.“

„Was? mein Haus?“

„Ja, du haſt's ſelbſt geſagt; es iſt jetzt viel weniger werth, als früher, ſeitdem der Wald geſchlagen iſt, es ſteht gefährlich, aber es werden ſich ſchon Vorkehrungen treffen laſſen.“

„Wer hat denn geſagt, daß ich mein Haus verkaufen will?“

„Deine Frau.“

„So? meine Frau? Annele! komm herein. Haſt du geſagt, daß ich mein Haus verkaufen will?“

„So nicht; ich hab' der Erneſtine nur geſagt, wenn ihr Mann ein gutes Wirthshaus in einer guten Gegend weiß, wollen wir eins kaufen und verkaufen dann unſer Haus.“

„Und da iſt es doch geſcheiter,“ fügte der Krämer bei, „ihr verkaufet zuerſt euer Haus; mit baar Geld in der Hand krieget ihr leicht ein ſchickliches Wirthshaus.“

Lenz war blaß geworden und sagte endlich: „Ich verkaufe mein Haus gar nicht."

Der Krämer ging mit dem Fremden, schimpfend und spottend über die verwahrlosten Menschen, bei denen kein Wort mehr gelte, und die Einem unnöthige Mühe machen.

Lenz wollte auffahren, aber er hatte noch Kraft genug, sich zu bezwingen. Als er mit Annele allein war — sie schwieg, obgleich er sie mehrmals ansah — sagte er endlich: „Warum hast du mir das gethan?"

„Dir? Ich habe dir nichts gethan, aber die Sache muß sein. Es giebt keine Ruhe, bis wir von hier fort sind. Ich will nicht mehr hier sein, und ein Wirthshaus will ich haben, und du wirst sehen, ich verdiene im Jahre dreimal so viel, als du mit deiner Stiftlessucherei."

„Und du meinst, du kannst mich dazu zwingen?"

„Du wirst mir's danken, wenn ich dich dazu gezwungen habe; du kommst schwer aus dem alten Trab heraus."

„Ich bin heraus, ich komme heraus," sagte Lenz dumpf, zog mit Hast seinen Rock an und verließ das Haus.

Annele lief ihm eine Strecke nach.

„Wohin gehst du, Lenz?"

Er gab keine Antwort und ging immer weiter den Berg hinan.

Oben auf dem Kamm des Berges schaute er noch einmal um; da lag sein elterliches Haus; es war jetzt nicht mehr verdeckt von den Bäumen, es war nackt, und ihm selber war's, als wäre er nackt, sein ganzes Leben ist in die Welt hinaus gestellt. Er wandte sich ab und rannte weiter. In die Fremde, in die Fremde ziehst du, und wenn du wiederkehrst, bist du anders und die Welt anders . . .

Er rannte weiter, immer weiter, und doch zog's ihn mit unbändiger Gewalt zurück. Endlich setzte er sich auf einen Baumstumpf und bedeckte sich das Gesicht mit beiden Händen. Es war ein stiller, milder Spätherbstmittag, die Sonne meinte es noch gut mit der Erde und besonders mit der Morgenhalde; sie beschien noch mit warmem Blicke die gefällten Bäume, die sie so lange erquickt hatte. Die Elstern schnatterten redselig drunten auf dem Kastanienbaume, und der Nußhäher redete manchmal ein Wort drein. In Lenz war Alles Nacht und Tod. Da rief ein Kind: „Mann, helfet mir auf."

Lenz erhob ſich und half dem älteſten Töchterchen Fallers, das hier Späne geſammelt hatte, die Traglaſt auf den Rücken nehmen. Das Kind erſchrak, da es Lenz erkannte, er ſah ſo wild aus, wie ein Mörder, wie ein Geſpenſt. Das Kind ging eilig den Berg hinab. Lenz ſah ihm lange nach.

Es war ſchon Nacht, als er heimkehrte. Er ſprach kein Wort und ſaß wohl eine Stunde lang ſtarr vor ſich nieder- ſchauend auf dem Stuhle. Dann betrachtete er das Handwerks- zeug, das an der Wand hing, und die Geſchirrhangen an der Decke wie mit ſtaunenden, prüfenden Blicken, als müßte er ſich beſinnen, was denn das alles ſei, wozu denn das alles dienen ſolle.

Das Kind in der Kammer ſchrie, Annele ging hinein, ſie konnte es nicht anders beſchwichtigen, ſie mußte ſingen.

Die Mutter ſingt um des Kindes willen, wenn ihr das Wehe auch das Herz bricht. Da richtete ſich Lenz auf. Er ging hinein in die Kammer und ſagte: „Annele, ich bin in der Fremde ge- weſen, ich habe auf und davon gehen wollen. Ja, lach' nur, ich hab's gewußt, daß du lachen wirſt.“

„Ich lache nicht, ich habe auch ſchon daran gedacht, viel- leicht wär' es gut, wenn du das noch nachholteſt und auf ein Jahr in die Fremde gingſt. Du kämſt vielleicht gewißigter wieder und Alles wäre ruhiger.“

Lenz ſchnitt es in die Seele, daß ihn Annele könnte ziehen laſſen, und er ſagte nur: „Ich habe nicht fort gekonnt, ſo lang' mir's gut gegangen iſt, jetzt mit dem Elend im Herzen kann ich's noch weniger. Ich bin nichts, ich bin zu gar nichts nutz, wenn ich nicht ein glückliches Gedenken in der Seele habe.“

„Jetzt muß ich lachen,“ ſagte Annele, „im Glück haſt du nicht in die Fremde gekonnt und im Unglück auch nicht?“

„Ich verſteh' dich nicht, ich hab' dich nie verſtanden und du mich auch nicht.“

„Das iſt das Aergſte, daß in dem Elend draußen noch ein Elend in uns iſt.“

„So thu's ab und ſei gut.“

„Sprich nicht ſo laut, du weckſt das Kind noch einmal,“ entgegnete Annele.

Sobald ſie an den Punkt der Einlenkung zur Güte kam, war nicht mehr mit ihr zu reden.

Lenz ging wieder in die Stube, und als auch Annele herein

kam und die Kammerthüre leise anlehnte, sagte er: „Jetzt in dem
Elend, jetzt sollten wir einander recht lieb haben und herzen; das
wär' das Einzige, was wir noch haben, und du willst nicht.
Warum willst du nicht?"

„Das läßt sich nicht zwingen."

„So gehe ich noch einmal fort."

„Und ich bleibe daheim," sagte Annele tonlos, „ich bleibe
bei meinen Kindern."

„Es sind meine so gut wie deine."

„Freilich," sagte Annele wieder mit harter Stimme.

„Und jetzt fängt die Uhr an zu spielen!" schrie Lenz jammernd.
„O Gott, und den lustigen Walzer! Ich mag gar keinen Ton mehr
hören, gar nichts. Wenn mir nur einer das Hirn einschlüge, das
wäre das Beste; ich kriege keinen Gedanken und nichts mehr heraus! Kannst du denn nicht ein gutes Wort sagen, Annele?"

„Ich weiß keins."

„So will Ich eins sagen: Wir wollen Frieden haben, und
Alles ist gut."

„Ist mir auch recht."

„Kannst du mich jetzt nicht um den Hals nehmen und dich
freuen, daß ich wieder da bin?"

„Nein, aber morgen vielleicht."

„Und wenn ich heute Nacht sterbe?"

„So bin ich eine Wittfrau."

„Und heirathest dann einen Andern?"

„Wenn mich einer mag."

„Du willst mich verrückt machen!"

„Ist nicht mehr viel nöthig dazu."

„Annele!!!"

„Ja, so heiß' ich."

„Was soll denn aus alle dem werden?"

„Das weiß Gott."

„Annele! Ist denn Alles nicht gewesen, daß wir einmal so
herzensfroh mit einander waren?"

„Ja, es muß einmal gewesen sein."

„Und kann's nicht wieder sein?"

„Ich weiß nicht."

„Warum giebst du mir solche Antworten?"

„Weil du mich so fragst."

Lenz bedeckte ſich das Geſicht mit beiden Händen, und ſo ſaß er faſt die ganze Nacht.

Er wollte ausdenken, was denn war, und warum denn neben dem andern Unglück auch noch das und ſo entſetzlich!

Er fand es nicht, er dachte ſich Alles durch vom erſten Tag bis heute, er fand es nicht. Ich find' es nicht! Ich find' es nicht! — — rief er. Wenn nur eine Stimme vom Himmel käme und mir's ſagte!

Es kam keine Stimme vom Himmel, es blieb ſtill und laut-los. Nur die Uhren gingen im Takte fort. Lenz ſah lange zum Fenſter hinaus.

Es war eine ſtille Nacht, nichts regte ſich, Schneewolken jagten am Himmel eilig dahin. Dort auf dem fernen Berge beim Kettenſchmied brannte ein Licht, es brannte die ganze Nacht, der Kettenſchmied iſt heute geſtorben. Warum hat der ſterben können und nicht du? Und du wärſt ſo gern . . . .

Leben und Tod jagten im wirren Durcheinander durch die Seele des Lenz, die Lebenden lebten nicht, die Todten waren nicht todt, das ganze Leben iſt nichts als eine einzige Unbarmherzig-keit, nie hat ein Vogel geſungen, nie ein Menſch ein Lied an-geſtimmt. Die ganze Welt iſt wieder öde und wüſt wie vor der Schöpfung, Alles ſchwimmt durcheinander . . .

Die Stirn des Lenz fiel auf den Fenſterſims, er ſchrak aus entſetzlichen, wachen Träumen auf. Er ſuchte Ruhe und Ver-geſſen im Schlafe.

Annele ſchlief ſchon lange; er betrachtete ſie: Wenn er nur in ihre Träume ſehen könnte! Wenn er nur helfen könnte, ihr und ſich.

———————

Achtundzwanzigſtes Kapitel.
Bettelhut und Sparpfennig.

Wir ſind in einer Gegend, wo es viele Monate lang nicht aufthaut, wenn's einmal gefroren hat. Die Morgenhalde macht die einzige Ausnahme, dorthin wirkt die Sonne ſo kräftig, daß es vom Dache tropft, wenn anderswo ſchwere Eiszapfen unbe-weglich niederhangen. In dieſem Winter ſchien auch die Sonne am Himmel die Morgenhalde nicht mehr ſo zu kennen, wie

vor Zeiten. Es thaute nicht auf draußen am Hause, und erst
drinnen — —

Es war nicht nur kälter als ehedem — das kam wol daher, weil der Wald am Berge geschlagen war; die Stämme lagen
rings umher und warteten nur auf die Frühjahrsschwallung, mit
der sie zu Thal geflößt werden sollten — auch bei den Menschen
auf der Morgenhalde war's wie gefroren. Annele schien gar nicht
mehr zum Leben erwachen zu können; es war an ihr etwas erstarrt, was kein warmer Hauch mehr lösen konnte, und auch der
warme Hauch blieb aus.

Annele, die bei den Eltern im Orte verblieben war, fühlte
sich jetzt, da sie nicht mehr da waren, von ihnen am schwersten
verlassen. Sie sagte es Niemand, aber still in ihr nagte es wie
ein Wurm, daß sie die einzige Arme von den Geschwistern sein
sollte. Sie konnte den Eltern nichts thun, ihnen nicht beistehen.
Ja, wer weiß, vielleicht muß sie selber noch einmal bei den
Schwestern betteln gehen und sie bitten, die abgelegten Kleider
ihrer Kinder ihren eigenen Kindern zu schenken.

Annele ging immer still umher, und sie, die Redselige,
redete kaum ein Wort. Sie antwortete pünktlich auf alles, was
man sie fragte, aber kein Wort darüber hinaus. Das Haus
verließ sie fast nie, und ihre vormalige Unruhe schien jetzt in
Lenz gefahren zu sein. Er verzweifelte, daß er mit stiller, ruhiger
Arbeit wieder zu etwas komme, und das machte eben, als ob der
Stuhl, auf dem er saß, als ob das Handwerkszeug, das er in
der Hand hielt, brenne.

Dazu hatte er immer kleine Gläubiger zu beschwichtigen und
den Menschen gute Worte zu geben. Er, der sonst immer einfach gesagt hatte: so und so ist's, und man glaubte ihm, Er
mußte jetzt immer hoch und heilig betheuern, daß er Den und
Den bezahlen werde. Um so größer war seine Sorge, daß er
das verpfändete Wort einlösen könne, und er verzweifelte an der
Rettung seiner Ehre, mehr als nöthig war. Immer dachte er
hinaus an diejenigen, die da und dort auf ihr Guthaben warten,
seine Unruhe nahm immer mehr zu. Lenz hatte ehedem für zu-
verlässig gegolten, jetzt vernachlässigte er da und dort, wo man
auf ihn hoffte, ja wo er sogar bestimmte Versprechungen gemacht
hatte. Er vertraute, daß die Menschen Alles zurechtlegen, da sie
doch das eine wissen, daß er im Elend ist, vom andern gar nicht

zu reden. Er lernte bald kennen, daß die Menschen immer in
Allem baar Geld sehen wollen, heute muß es klingen, ein Ruf
von ehedem hält nur bei Wenigen vor. Man hat zu oft gesehen,
wie die Zuverlässigsten in Verwahrlosung geriethen. — Annele
sah wohl, daß er sich übermäßig abquälte, sie hatte es oft auf
den Lippen, die Zudringlichen abzutrumpfen und Lenz zu sagen,
daß er nicht so demüthig thun solle; denn je mehr man sich bückt,
um so mehr trampelt die Welt auf Einem herum. Aber sie behielt das für sich, seine Angst sollte ihr zur Ausführung ihres
Planes helfen — den gab sie nicht auf — ein Wirthshaus muß
gekauft werden, dann ist die Welt wieder anders. In Sorge
und Verzweiflung fühlte Lenz, wie sein ganzes Herz verwüstet
wurde, und manchmal sah er Annele von der Seite an, und er
sagte es nicht, aber er dachte es: du hast Recht, du hast mich
den Garnichts gescholten, es wird wahr werden, ich bin der Garnichts; die Sorge nagt mir am Herzen und die Zwietracht reißt
mir das Herz aus einander. Ich bin wie eine Kerze, die an
beiden Enden angezündet ist. Wenn's nur bald aus wäre!

Man brachte ihm Reparaturen, er sollte die kleinen Aus-
stände dadurch abverdienen. Jetzt arbeiten, um Vergangenes zu
löschen, und man braucht's für heute! — Und kein Ausblick für
die Zukunft!

Manche blieben bei ihm sitzen, bis er ihnen die gewünschte
Arbeit vollendete, sie hielten ihn in seinem eigenen Hause ge-
fangen, und er konnte sie nicht hinauswerfen. Andere holten mit
Schimpfen und Schelten ihr unvollendetes Eigenthum wieder.

Das geht nicht mehr, es muß gründlich geholfen werden.
Das ist nicht gelebt und nicht gestorben. „So zwischen Thür
und Angel hangen, das darf nicht mehr sein. Ich muß wieder
festen Boden unter den Füßen haben," sagte er zu Annele. Sie
nickte kaum merklich, aber schon der feste Wille in ihm gab ihm
neue Kraft.

Am frühen Morgen machte sich Lenz auf zu den Verwandten
seiner Mutter im jenseitigen Thale. Die mußten ihm helfen, sie
waren immer so stolz auf ihn gewesen, sie konnten ihn nicht
sinken lassen.

Als er auf dem Bergeskamm war, tagte es, die Sterne am
Himmel erblichen, und Lenz schaute hinein in die weite schneebedeckte
Welt. Nirgends ein Lebenszeichen, und warum mußt Du leben?

Ein Wort aus seinen schlaflosen Nächten wachte in ihm auf: Der weiße Schlaf! Da ist er.

Das fieberische Traumwort machte ihm die Wange erglühen, und über die Höhe sauste jetzt ein eisiger Wind.

Lenz wurde aufgeweckt, denn der Wind riß ihm den Hut vom Kopf und rollte ihn einen jähen Abgrund hinab. Lenz wollte dem Hute nach, aber er sah schnell, daß er in den Tod stürze. Es wäre gut, wenn du durch ein Unglück aus der Welt kämest — flog ihm schnell durch den Sinn, aber er schlug sich an die Stirn über diesen feigen Gedanken.

Das Schneewehen ließ nicht ab und blendete fast, selbst der Rabe in der Luft konnte seinen Flug kaum regieren, er wurde fast geschleudert bald in die Höhe, bald in die Tiefe, und der sonst so sicher und ruhig sich schwingende Vogel flatterte ängstlich.

Lenz arbeitete sich durch Schnee und Wind, und er athmete endlich frei auf. Dort sind Häuser! Der Rauch trennt sich nur schwer von den Dächern, er schwimmt wie eine leise bewegte Wolke um das Haus, denn die Erfindung der Schornsteine ist hier noch nicht daheim.

Am ersten Bauernhofe trat Lenz ein, und: „Ei, grüß' Gott, Lenz, das freut mich, daß du auch noch an mich denkst," rief ihm eine stattliche Frau entgegen, die am Herde stand und eben einen mächtigen Ast ans einander gebrochen hatte. „Warum hast du den Hut ab?"

„Jetzt erkenne ich dich erst; du bist's, Kathrine? Du bist stark geworden. Ich komme als Bettelmann zu dir."

„O Lenz, so arg wird's doch nicht sein."

„Doch, doch," sagte Lenz, bitter lächelnd, — er fühlte, es steht ihm nicht mehr an, mit solch einer Sache zu spaßen — „doch, du sollst mir einen alten Hut leihen oder schenken; der Wind hat mir den meinigen genommen."

„Komm nur in die Stube. Meinem Mann wird's leid sein, daß er nicht daheim ist, er ist beim Holzschleifen im Wald."

Des Vogtsbauern Katharine öffnete die Stube und hieß Lenz ganz manierlich voraus eintreten.

Es war warm und behaglich in der Stube. Kathrine nahm es gut auf, daß ihr Lenz offen gestand, er habe nicht daran gedacht und nichts davon gewußt, daß sie hier wohne; es freue ihn aber, daß der Zufall ihn hergeführt.

„Du bist bein Lebtag ein grundguter, ehrlicher Mensch ge=
wesen, und es freut mich, daß du so bleibst," sagte Kathrine.
Sie brachte einen alten grauen Hut und eine Soldatenmütze ihres
Mannes und bat Lenz, doch die Soldatenmütze zu nehmen, der
Hut sei gar zu abgetragen, das schicke sich nicht für ihn; aber
Lenz wählte den Hut, obgleich er sehr zerdrückt war und auch
die Hutschnur daran fehlte. Da Lenz so entschieden war, holte
Kathrine schnell ihre schwarze Sonntagshaube mit den breiten
Bändern, trennte eines davon ab und wand es um den Hut.
Sie sprach während dessen von daheim und hatte Alles in ge=
treuem Andenken.

„Weißt du noch, wie du vom Constanzer Liederfest heim=
kommen bist, und du hast den Hut in die Luft geworfen und
er ist die Matte hinunter gekugelt und ich hab' dir ihn herauf=
geholt?"

„Ja wohl. Jetzt werfe ich den Hut nicht mehr in die Höhe,
der Wind reißt mir ihn ab."

„Es wird allemal nach dem Winter auch wieder Sommer,"
tröstete Kathrine.

Lenz sah staunend auf die stattliche Frau, die so behend zur
Hülfe bereit war und so gut und gradaus sprechen konnte. Sie
that es nicht anders, Lenz mußte nochmals Kaffee trinken, und
sie hatte ihn schnell fertig. Während Lenz trank, sagte Kathrine,
wohl aus mancherlei Erinnerungen heraus: „Die Franzl ist auch
schon oftmals bei mir gewesen, wir sind noch immer gute Freunde."

„Man sieht dir's an, es geht dir gut," sagte Lenz.

„Ich habe Gottlob nichts zu klagen, ich bin gesund und habe
für mich genug und für Andere auch noch was. Mein Mann ist
brav und fleißig. Freilich, so lustig wie daheim ist's hier nicht;
sie können hier gar nicht singen. Es wäre Alles gut, wenn ich
nur ein Kind hätte; ich habe aber mit meinem Manne ausge=
macht, wenn wir an unserm fünften Hochzeitstag noch keines
haben, nehmen wir eins an. Der Faller muß uns eins geben,
da mußt du uns dazu helfen."

„Das will ich gern."

„Du hast grausam gealtert, Lenz; du siehst so eingefallen
aus. Ist's denn wahr, daß das Annele so eine böse Frau ge=
worden ist?"

Lenz wurde flammroth im Gesichte, und Kathrine rief: „O

lieber Gott, wie dumm bin ich! Nimm mir's nicht übel, ich bitt'
dich tausendmal, ich habe dich gewiß nicht beleidigen wollen,
und es ist gewiß auch nicht wahr; die Leute sagen viel, wenn
der Tag lang ist, und wenn er kurz ist, nehmen sie die Nacht
dazu. Ich bitt' dich tausendmal, laß dich dünken, daß ich's
nicht gesagt habe. Schau, ich habe mich so gefreut, daß du ein=
mal siehst, wo ich bin, und jetzt ist alle Freude weg, und ich
habe Wochen lang keine Ruhe mehr. Du hast Recht gehabt, die
Löwenwirthin hat's der Franzl gesagt: ich bin zu dumm. Ich
bitt' dich, gib mir das einfältige Wort zurück."

Sie streckte ihm die Hand dar, als könnte er ihr das Wort
wieder drein legen.

Lenz faßte ihre Hand und betheuerte, daß er ihr nicht bös,
im Gegentheil von Herzen dankbar und gut sei. Die Hände der
Beiden zitterten. Lenz wollte bald seines Weges weiter ziehen,
aber Kathrine hielt ihn noch auf, sie wollte noch recht viel reden,
damit das einfältige Wort zugedeckt wäre, und als Lenz endlich
weg ging, rief sie ihm noch nach: „Grüß mir dein Annele, und
kommet einmal mit einander auf Besuch zu mir."

Lenz ging mit dem fremden Hute fürbaß. Du trägst den
Bettelhut, sagte er wehmüthig lächelnd vor sich hin.

Die Reden der Kathrine gingen ihm nach. Wie hier, so
bedauerte man ihn gewiß in vielen Häusern. Das wollte ihm
das Herz weich machen, aber er wehrte sich dagegen; er sagte
sich, daß er selber schuld sei, daß er nicht fester dastehe.

Der Stock fiel ihm hundertmal aus der Hand, und er
meinte jedesmal, er müsse zusammenbrechen, wenn er sich bückte.

So geht's, wenn man in traurigen Gedanken verloren dahin
geht. Wenn dir die Hand nicht angewachsen wäre, würdest du
sie auch verlieren. Nimm dich zusammen!

Lenz richtete sich straff auf und schritt frisch seines Weges
dahin. Die Sonne schien hell und warm, die Eiszapfen an den
Felsenwänden glitzerten und tropften. Wandern! Wandern! frohe
Wanderlieder, die er so oft beim Liederkranz gesungen, gingen
ihm durch den Sinn, er wehrte sie ab; das muß ein anderer
Mensch gewesen sein, der einmal das aus dem Herzen gesungen hat.

Die Verwandten, bei denen er einsprach, waren beim Will=
komm sehr erfreut, und er erzählte mehrmals sein Hutabenteuer,
um diese Verwahrlosung zu erklären. Als er aber merkte, daß

man sein Daherkommen mit einem abgetragenen Hut gar nicht
bemerkte, erzählte er nichts mehr davon; und gerade da, wo er
schwieg, dachte man innerlich: der ist schon weit herunter gekom=
men mit so einem Hut.

Man war bald höflich, bald grob: „Wie kannst du nur
daran denken! Du hast ja eine so große Familie, so reiche Schwä=
ger und einen steinreichen Ohm, die können dir eher helfen.“

Wo man gutmüthiger thun wollte, da hieß es: „Ja, wir
brauchen selber Geld, wir müssen bauen, haben einen neuen
Acker gekauft.“ Und wieder hieß es: „Wärst du nur acht Tage
früher gekommen, da haben wir Geld gehabt, jetzt haben wir's
auf Hypothek gegeben.“

Schwer in Sorgen zog Lenz weiter, und wenn er heim
dachte, sprach es in ihm: O, wenn ich doch nimmer hinauf müßte
die Morgenhalde! Da in dem Graben liegen, da in dem Wald,
es sind so viele Plätze, da hinliegen und sterben, das wäre das Beste.

Eine unwiderstehliche Macht trieb ihn aber immer seinen
Weg vorwärts.

Da ist Knuslingen, da wohnt die Franzl bei ihrem Bruder,
es giebt doch noch einen Menschen, den dein Besuch glücklich macht.

„Ja, glücklicher konnte kein Mensch sein, als Franzl, da
Lenz bei ihr eintrat. Sie saß am Fenster und spann grobes
Werg, und als sie Lenz sah, tanzte die Kunkel in die Höhe.
Zweimal wischte Franzl den Stuhl ab, auf den sich Lenz setzen
mußte, und klagte nur immer, daß es so unordentlich aussähe;
sie bemerkte jetzt erst, wie dumpf und räucherig die Stube war.
Lenz sollte erzählen, und doch ließ ihn Franzl nicht zu Worte
kommen, und sie sagte oft: „Anfangs habe ich es hier vor Kälte
nicht aushalten können; ich war an unsere gute Sonne auf der
Morgenhalde gewöhnt. Da giebt die Sonne ja keinen Strahl
her, von dem man nicht auch was kriegt. O Lenz! Mag dir's
gehen wie es will, sei glücklich und dankbar, du hast so viel
gute Sonne, die kann dir Niemand nehmen.

Aber hier! Sieben Wochen und fünf Tage fällt kein Sonnen=
strahl ins Thal herein. Am zweiten Tage nach dem heiligen
Dreikönigstag, da fällt der erste Sonnenstrahl Mittags um elf
dort auf den Birnbaum da an der Eck vom Berg und von da
an geht's gut in die Höhe mit der Sonn' und im Sommer haben
wir rechtschaffen warm. Jetzt hab' ich mich schon wieder drein

gefunden. Aber, Lenz, wie siehst du denn aus? Es ist was
Fremdes in deinem Gesicht, das ich nicht kenne, und das gehört
nicht hinein. So, so, wenn du so schmunzelst, da hast du wieder
dein altes Gesicht, dein gutes. Du mußt es spüren, jeden Abend
und jeden Morgen bete ich für dich und dein ganzes Haus. Dem
Annele bin ich auch nicht mehr bös, gar nicht. Sie hat Recht
gehabt, ich gehöre unter das alte Eisen. Wie sehen denn deine
Kinder aus? Wie heißen sie? Wenn ich den Frühling noch am
Leben bin, und wenn ich auf den Händen kriechen muß, komme
ich zu dir, ich muß sie sehen." Und dann berichtete Franzl, daß
sie drei eigene Hühner und zwei eigene Gänse habe und ein
eigenes Kartoffelland. „Wir sind arm," sagte sie, die Hände
auf der Brust über einander legend, „aber wir haben, Gottlob!
noch nie zusehen müssen, wie Andere essen; wir haben noch immer
selber etwas gehabt. Und wenn es Gottes Wille ist, schaffe ich
mir nächstes Frühjahr eine Ziege an." Sie lobte ihre Gänse,
besonders aber ihre Hühner. Die Hühner, die in dem Gitter
beim Ofen ihr Winterquartier hatten, gluckſten, höflich dankend,
und schauten, den Kamm bald rechts, bald links werfend, zu
dem Manne heraus, dem ihre guten Eigenschaften verkündigt
wurden. Ja, die goldgelbe Henne, Goldammer genannt, streckte
die Flügel aus vor Behagen und schüttelte sich dann glückselig.
Lenz kam nicht zu Worte, und Franzl glaubte, ihm einen Trost
zu geben, wenn sie tapfer auf die Löwenwirthin loszog, und
zwischen hinein erzählte sie von des Vogtsbauern Kathrine, wie
viel Gutes die an ihr thue und an allen Armen in der Gegend.
„Sie giebt mir Futter für meine Hühner, und meine Hühner
geben mir wieder Futter."

Franzl lachte selber über diesen Spaß. Endlich konnte Lenz
wenigstens sagen, daß er wieder fort müsse. Annele hat Recht,
er läßt sich überall zu lang aufhalten, auch wenn ihm der Boden
unter den Füßen brennt; er kann nicht abbrechen, wenn ihm
einer noch was zu klagen und zu sagen hat. Er fühlte die Vorwürfe Annele's, jetzt, hier; sie stand in Gedanken hinter ihm
und drängte weiter. Er schaute rückwärts, als ob sie wirklich da
wäre. Er nahm rasch Hut und Stock. Da bat ihn Franzl, mit
auf ihre Dachkammer zu kommen, sie habe ihm was zu sagen.
Lenz bebte innerlich. Wird auch die Franzl über die Zwietracht
im Hause sprechen? Sie sagte aber kein Wort davon, holte aus

dem Strohsack im Bett einen schweren, vollgestopften und vielfach
verknüpften Schuh hervor und sagte: „Du mußt mir die Liebe
thun, ich schlafe nicht ruhig, ich bitt' dich, heb' du mir's auf und
mach' mit, was du willst; es sind hundert Gulden und drei
Kronenthaler. Gelt, du thust's und giebst mir meinen Schlaf
wieder?"

Lenz nahm das Geld nicht. Franzl weinte, als er Abschied
nehmen wollte; sie hielt ihn noch fest und sagte: „Wenn du
deiner Mutter was besonders zu sagen hast, thu' mir's zu wissen.
Ich komme, will's Gott, bald zu ihr. Ich will dir Alles getreulich ausrichten. Und wenn deine Mutter zu scheu ist und
unserm Herrgott nicht Alles sagen will, da gehe Ich. Kannst
dich drauf verlassen."

Immer noch ließ Franzl die Hand des Lenz nicht los und
sagte oftmals: „Ich habe dir noch was sagen wollen, es liegt
mir auf der Zunge, aber ich weiß nicht mehr, was, und ich
weiß gewiß, wenn du fort bist, fällt mir's ein. Ich muß dich
noch an was erinnern; weißt du nicht, was ich meine?"

Lenz wußte es nicht und ging endlich fast unwillig seines
Weges.

In einem Wirthshause am Wege kehrte Lenz ein, und:
„Heisa lustig! Das ist prächtig, daß du auch da bist!" wurde
Lenz entgegengerufen. Es war der Pröbler, der ihn so grüßte;
er saß mit noch zwei Kameraden hinter dem Tische vor einer
großen Maasflasche Wein. Der eine der Zechgenossen war der
blinde Spielmann von Fuchsberg, dem Lenz alljährlich sein Orgelwerk neu herrichtete. Der blinde Spielmann verzerrte etwas das
Gesicht in Verlegenheit, da er die Stimme des Lenz hörte, er
half sich aber damit, daß er das Glas hoch hob und rief: „Komm
her, mir mußt du Bescheid thun, aus meinem Glas mußt trinken." Lenz dankte. Der Pröbler führte hier das große Wort,
er wollte aufstehen und Lenz entgegengehen; aber seine Füße
hielten es für besser, daß er sitzen blieb, und er rief nun laut:
„Setz' dich her, Lenz; laß die Welt draußen verschneit und ban-
kerott werden, sie ist nicht mehr werth. Hier sitzen wir bis zum
jüngsten Gericht. Ich will nichts mehr, gar nichts mehr, und
wenn ich nichts mehr hab', verlaufe ich meinen Rock und vertrinke
ihn, und lege mich hinaus in den Schnee und erspare euch die
Begräbnißkosten. Seht her, Kameraden! Da habt ihr das beste

Beispiel, was das heute für eine Lumpenwelt ist. Wer was
Besseres ist, den richten sie zu Grunde. Trink' einmal, Lenz.
So. Seht, das war euch der beste und der bravste Mensch von
der Welt, und wie hat ihm die Welt mitgespielt! Wie er lebig
gewesen ist und besonders damals nach dem Tod seiner Mutter,
wo es geheißen hat: jetzt muß der Lenz von der Morgenhalde
heirathen — die Spatzen, wenn ein Sack Korn aufgeht, können
euch nicht toller sein, als damals die Mädchen waren."

„Laßt das jetzt," unterbrach Lenz.

„Nein, brauchst dich nicht zu schämen, es ist lauter Wahr=
heit," beruhigte Pröbler, „des Doktors Töchter, des Papier=
müllers einzige Tochter, die so schön und so reich ist und die der
Baron Dingsba geheirathet hat, jede hätte ihn mit Freude ge=
nommen. Den Tag nach seiner Verlobung sagte mir der Papier=
müller: dem Lenz von der Morgenhalde hätte ich meine Tochter
gern gegeben. Und jetzt! Sei ruhig, Lenz, sei ruhig, ich sag'
weiter nichts, aber das ist doch Gott bekannt oder dem Teufel,
wer die Vorhand haben will. — Seht den Mann da! Sein
eigener Schwäher hat ihn ausgeraubt, und er hat ihm die Haare
vom Kopfe verkauft, und jetzt muß sein Haus mitten im Winter
geschoren herumlaufen. O, Lenz, ich bin auch einmal brav ge=
wesen, aber ich thu' nicht mehr mit, ich hab's genug. Und du
hast's jetzt auch erfahren. Geh' nur in der Welt herum, wenn
du was brauchst; geh' zu den gutherzigen Menschen. Da schnupf!
Ihre Dose öffnen sie und bieten dir eine Prise, nichts als eine
Prise. Da schnupf!" Der Pröbler drängte ihm seine Dose hin
und lachte unbändig.

Lenz erzitterte ins Herz hinein, da er als glänzendstes Bei=
spiel der Verkommenheit aufgestellt wurde; solchen Ruhm hatte
er nie zu erwerben gedacht. Er suchte nun dem Pröbler vorzu=
halten, daß das nichts ist, sich selber zu Grunde richten und
dann ausrufen: Da schau, Welt, was du gethan hast! Reut es
dich nicht? — Und indem er dem Pröbler vorhielt, daß man
nicht von der Welt erwarten dürfe, was man selber zu leisten
habe, man müsse sich aufrecht erhalten, wurde der Gedanke immer
lebendiger in ihm, aber der Gedanke verfing beim Pröbler nicht;
er nahm sein Messer aus der Tasche, er nahm das Messer auf
dem Tische und drängte beide Lenz in die Hand und schrie: „So,
da hast du die Messer, ich kann dir nichts thun, ich thu' dir

nichts; sag's geradaus, ob ich ein Lump bin oder ob ich der erste Mensch von der Welt wäre, wenn mir die Welt geholfen hätte; dein Schwäher, den muß der Teufel lothweise auswägen, der hat mit meinem Mark seine knackfenden Stiefel geschmiert, das giebt gute Wichse. Sag' ehrlich, bin ich ein Lump, oder was bin ich?"

Lenz mußte natürlich bekennen, daß der Pröbler einer der ersten Meister wäre, wenn er auf dem geraden Wege bliebe. Der Pröbler schlug auf den Tisch und jauchzte hoch auf; Lenz hatte sich nur zu wehren, daß er ihn nicht umarmte und küßte.

„Ich will keine andere Leichenpredigt, der Lenz hat sie gehalten, und jetzt ist's genug, jetzt trink' aus, aus, ganz aus!"

Lenz mußte austrinken, und der Pröbler schenkte schnell wieder frisch ein und rief jauchzend: „Der Doktor will mich in die Kur nehmen, in seine Fabrik. Es ist zu spät. Es ist ausgedoktert und ausgefabrikelt. Seht, das ist der Lenz von der Morgenhalde, Alles hat Respekt vor ihm, heut noch, morgen noch, wie lang' noch? Bin auch einmal so gewesen, und jetzt, wenn ich durchs Dorf gehe, deuten sie mit Fingern auf mich, zucken die Achseln: pah, das ist ja der Niemand, das ist ja der Pröbler. Folge mir, Lenz, werd' nicht so alt, mach früher den Kehraus. Schau, Lenz! Bruder! Ich sag' dir was Gutes. Weißt noch, wie wir die Normaluhren zusammengerichtet haben? Weißt, was wir damals gewesen sind? Ein ganzes Paar Normal-Narren. Hast Einung machen wollen aus den Uhrmächerlein? Möcht' auch eine machen, um sie in Einem Klubbert dem Teufel in die Hand zu geben. Horch, Bruder! Reiß dich nicht los, bleib', bleib'; ich hab' dir was Gutes zu sagen. Dir vermach' ich Alles. Schau, man kann noch auf der Welt Fröhlichkeit kaufen und Vergessen und Jauchzen. Ich weiß, dein Herz ist dir schwer. Ich weiß, wo die Katz im Stroh liegt; ich weiß Alles, der Pröbler weiß mehr, als andere Menschen. Schütte Wein drauf, Wein oder Branntwein, wenn es dir im Herzen nagt; was da löscht, ist gut; da giebt's keine Uhren und keine Stunden und keinen Tag und keine Nacht und keine Zeit mehr, da drin ist die ganze Ewigkeit."

Der Pröbler ras'te wild durch einander, bald blitzten helle Gedanken auf, bald verfiel er in Unsinn. Man konnte nicht klug daraus werden, war's Wahrheit, oder redete er sich's nur

ein, daß er seinen Sparpfennig für Tage der Noth beim Löwenwirth verloren habe, oder war es der Verkauf seines geheimniß-
vollen Werkes, was ihn so zur Verzweiflung brachte; und immer
wieder rief der Pröbler Lenz zu: „Sauf' dir in den jungen Jahren
den Hals ab, eh' du so lang dran würgen mußt wie ich."

Lenz wurde es schwül in dem wüsten Gelärm, und die
Haare sträubten sich ihm empor, da ihm lebendig vor Augen
stand, wohin ein Mensch kommen kann, der sich selbst verliert
und dem nichts mehr bleibt, als sich selbst vergessen.

„Deine Mutter hat ein gutes Wort gehabt," sagte der
Pröbler wieder. „Habe ich's euch denn schon gesagt, daß das
der Lenz von der Morgenhalde ist? Ja, deine Mutter! Es ist
besser barfuß gehen als in zerrissenen Stiefeln, hat sie immer
gesagt. Versteht ihr, was das heißt? Ich habe aber auch ein
Wort: wenn man den Gaul zum Schinder bringt, reißt man
ihm vorher die Eisen ab. Wirthshaus! Da ist noch ein Hufeisen. Wein her!" So schrie der Pröbler und warf einen Thaler
auf den Tisch. —

Die Erinnerung an seine Mutter und daß sie auch hier,
wenn auch noch so verkehrt, erwähnt wurde, gemahnte Lenz, wie
wenn plötzlich ihr Auge streng auf ihn gerichtet wäre.

Er erhob sich, so sehr sich auch der Pröbler an ihn hängte.
Er wollte den Pröbler mit heim nehmen, aber der war nicht
vom Fleck zu bringen, und Lenz empfahl nur noch dem Wirth,
den alten Mann heute nicht mehr aus dem Hause zu lassen und
ihm nichts mehr zu trinken zu geben.

Als Lenz die Thür hinter sich schloß, warf der Pröbler seine
birkenrindene Dose nach und schrie: „Jetzt habe ich ausgeschnupft."

Hoch aufathmend, wie wenn er aus einer heißen, dumpfen
Hölle entronnen wäre, wanderte Lenz wieder hinaus ins Freie.
Es begann zu dämmern, der Eisvogel sang drunten am zugefrornen Bach, die Raben flogen waldeinwärts, jetzt kam ein Reh-
bock aus dem Wald, stand am Rande desselben lange still, schaute
Lenz unverrückt an, bis er ganz nahe war, dann sprang er
rasch wieder ins Dickicht, man konnte seine Spur lange verfolgen
an dem Schnee, der von den Zweigen der jungen Tannen fiel.

Lenz stand mehrmals still, denn er glaubte hinter sich seinen
Namen rufen zu hören; vielleicht kommt ihm der Pröbler doch noch
nach; er antwortete mit lauter Stimme, das Echo hallte wieder,

er kehrte eine gute Strecke zurück, aber er sah und hörte nichts:
nun schritt er fürbaß, die Bäume, die Berge kamen ihm ent=
gegen und tanzten, und dort kommt eine Frauengestalt, sie sieht
aus wie seine Mutter. Wenn die ihn jetzt so sähe! Die alte
Frau, die ihm begegnet, grüßt freundlich, er dankt, und sie sagt,
er solle sich dazu halten, daß er vor Nacht aus dem Thal komme,
es zeigten sich schwarze Rinnen im Schnee, es gingen überall
Lawinen ab, und man sei verweht, man wisse nicht, wie.

Die Stimme der Frau klang wunderbar, es war doch, als
wenn es die seiner Mutter wäre. Und die gutherzige Warnung!

Tief im Herzen that Lenz ein heiliges Gelübde. — —

Er wollte aber auch nicht mit leeren Händen heimkommen.
Er ging nach der Stadt zum Schwager Holzhändler, und war
so glücklich, ihn daheim zu treffen.

Es ward Lenz schwer, sein Anliegen vorzubringen, denn
der „Herr Schwager" that bös oder war bös. Er machte Lenz
Vorwürfe, daß er den Schwäher nicht beherrscht, ihm nicht das
Geschäft aus der Hand genommen. Lenz war an dem Unglück
schuld. War der Schwager bös, oder that er nur so, jedenfalls
ist das die beste Manier, Hülfe zu versagen; Lenz bat mit auf=
gehobenen Händen, ihn zu retten, er sei verloren. Der Schwager
zuckte die Achseln und sagte, Lenz solle sich an seinen reichen
Ohm Petrowitsch wenden.

<hr>

Neunundzwanzigstes Kapitel.
Eine andere Welt.

„Guten Abend, Herr Lenz!" wurde der dumpf dahin Wan=
dernde auf dem Wege angerufen. Lenz erschrak ins Herz hinein.
Wer nennt ihn „Herr" Lenz?

Ein Schwanenschlitten hielt still, der Techniker schlug den
Pelz vom Gesicht zurück und sagte: „Es ist noch Platz, wollen
Sie nicht mit mir fahren?"

Er stieg ab, zog den Pelz aus und sagte: „Ziehen Sie den
über, Sie haben sich warm gegangen; ich nehme die Pferdedecke,
die ist für mich vollkommen genügend."

Es half keine Widerrede. Lenz saß, in den Pelz gehüllt,
neben dem Techniker, die Pferde griffen tapfer aus; es war ein

behagliches, lustig klingendes Fahren, fast wie ein Fliegen durch
die seltsam milde Nacht, und jetzt in seiner Armuth und Ver-
lassenheit dachte Lenz: Annele hat doch wohl Recht gehabt. Man
sollte es dahin bringen, daß man Kutschen fährt. — Der Gedanke machte ihm heiß: es war, als ob heute ein tückischer Geist
alle Veranstaltungen getroffen hätte, um Lenz vor die Augen zu
führen, daß sein Leben ein verfehltes sei, und böse Gelüste in
ihm zu wecken.

Der Techniker war gesprächsam, und besonders gern erzählte
er, wie sehr es ihn freue, daß Pilgrim sich mit ihm befreunde.
Pilgrim habe einen feinen Farbensinn, aber es fehle ihm an
strenger Zeichnung; er selber habe ein Jahr die Akademie besucht,
aber zeitig genug eingesehen, daß er zu wenig Talent habe und
ein praktischer Beruf für ihn passender sei. Jetzt nehme er in
Freistunden das Malen wieder auf; Pilgrim helfe ihm in der
Farbengebung und er dagegen Jenem in der Zeichnung: sie hofften
mit einander weiter zu kommen, besonders aber machten sie neue
Muster für Tischler, Drechsler und Holzbildhauer, und auch für
Uhrenschilder hätten sie schon allerlei Entwürfe; das werde hoffentlich der Uhrmacherei sehr zu Statten kommen. Pilgrim habe sehr
viel Erfindungsgabe und sei ganz glücklich, daß sein alter Lieb-
lingsplan nun doch noch zur Ausführung komme.

Lenz hörte das alles wie im Traum. Was ist denn das?
Giebt es denn noch Menschen, die sich mit solchen Sachen ab-
geben und sich damit freuen, einander weiter zu bringen? Lenz
sprach sehr wenig, aber das Fahren that ihm gar wohl. So
fortgezogen werden, ist doch besser als mühsam über Berg und
Thal wandern.

Zum erstenmal in seinem Leben empfand Lenz etwas
wie Neid.

Am Hause des Doktors mußte er absteigen, und die freund-
lichen Menschen ließen nicht ab, er mußte eintreten.

O wie wohl! Giebt's denn noch so schöne ruhige Häuser
auf der Welt, wo es so gut warm ist und blühende Hyacinthen
aus dem Doppelfenster duften? Und die Menschen sind so freundlich und still, und man merkt es an Allem, hier giebt es kein
lautes, gehässiges Wort, und wie sie so beisammen sitzen, lauter
getreue, warme Herzen, das macht wärmer als der beste Ofen.

Lenz mußte Thee trinken. Amanda reichte ihm die Tasse

und ſagte: „Das freut mich, daß Sie auch einmal bei uns ſind.
Wie geht's dem Annele? Wenn ich wüßte, daß es Ihrer Frau
recht wäre, möchte ich ſie einmal beſuchen.‟

„Ich bin ſeit heute früh um Viere — ich meine, es wäre
ſchon acht Tage — nicht daheim geweſen; ich glaube, es geht
ihr gut; ich werde es Ihnen ſagen laſſen, wenn Sie uns einmal
beſuchen ſollen.‟ So ſagte Lenz laut und ſchaute dabei um und
um, als ſuche er etwas. Und wer weiß, welcherlei Gedanken
ihm durch die Seele zogen!

Wie ganz anders wäre es, wenn er um das Mädchen hier
geworben hätte! Pilgrim hatte ja feſt geſagt, ſie hätte ihn nicht
abgewieſen. Da ſäße er jetzt hier als Haußſohn und hätte einen
Anhalt in der Welt, und was für einen! und ſeine Frau würde
ihn ehren und hochhalten, und alle die guten Menſchen hier
wären ſeine Angehörigen.

Lenz erſtickte faſt an dem erſten Schluck Thee, den er nahm.

Die alte Schultheißin — die Mutter des Doktors — die
am Theetiſch ihre gebrannte Mehlſuppe aß, hatte ihre beſondere
Freude an Lenz. Er mußte ſich zu ihr ſetzen und, da ſie hart:
hörig war, laut ſprechen. Sie war die Geſpiele ſeiner Mutter
geweſen und erzählte viel von ihr, wie luſtig ſie in der Jugend
mit einander geweſen ſeien, beſonders auf den Schlittenfahrten
zu Faſtnacht, die jetzt auch abgekommen ſind; da habe die Marie
die ſchönſten Späße angegeben. Die alte Schultheißin fragte
auch nach Franzl, und Lenz erzählte, wie er ſie getroffen — von
der Geldanerbietung ſchwieg er natürlich — und auch von den
Wohlthaten, die des Vogtsbauern Kathrine übe, und wie ſie ein
Kind annehmen wolle; Alles das erzählte er gut.

Die ganze Geſellſchaft hörte ihm ſtill und aufmerkſam zu,
und Lenz ſah ganz erſtaunt drein, daß er ſo ohne Widerrede,
ohne „Ach, was gehen mich die Sachen an!‟ erzählen durfte.

Die alte Schultheißin bat ihn, er ſolle doch öfter kommen
und ſeine Frau mitbringen. „Und deine Frau ſoll ja ſo geſcheit
und gut ſein; grüß' mir ſie und auch deine Kinder.‟ Lenz war
es gar ſonderbar zu Muthe, als er das Alles ſo an ſich hin:
reden laſſen und dankbar annehmen mußte. Die Alte ſprach
ſo herzlich, ſie ſpottete ſeiner gewiß nicht. In dieſem Hauſe
wird gewiß nur Gutes von den Menſchen geredet, und daher
kommt's, daß die Alte nur das Gute hört.

„Gerade, wie du gekommen bist," sagte die alte Schult=
heißin, „haben wir von deinem Vater gesprochen und auch von
meinem Mann selig. Es war ein Uhrenhändler da aus dem
Preußischen, und der sagt, die Uhren werden nicht mehr so
ordentlich gemacht wie damals, wo dein Vater und mein Mann
noch gelebt haben; sie gehen nicht mehr so genau. Im Gegen=
theil, sage ich, die Verstorbene in allen Ehren, die Uhren sind
jetzt gewiß noch so genau wie in alten Zeiten, aber die Menschen
waren damals noch nicht so genau wie jetzt. Das ist's. Habe
ich Recht oder nicht, Lenz? Du bist ein ehrlicher Mensch, habe ich
Recht oder nicht?

Lenz gab ihr vollkommen Recht, und wie besonders gut es
von ihr sei, daß sie nicht die alte Zeit auf Kosten der neuen
heraus streichen lasse.

Der Techniker erklärte die strengere Genauigkeit der neueren
Zeit aus Eisenbahnen und Telegraphen.

Da nun das Gespräch allgemeiner wurde, nahm der Doktor
den Lenz bei Seite und sagte: „Lenz, du wirst mir's nicht übel
nehmen, wenn ich dir was sage." Lenz erschrak ins Herz hinein.
So will also der Doktor über den Verfall in seinem Hause reden.

„Was meint Ihr?" konnte er kaum hervorbringen.

„Ich wollte dir's nur sagen, wenn dir's vielleicht nicht un=
angenehm wäre, und ich meine, du solltest es thun — — ach,
was brauch' ich so lange Einleitungen! Ich meine, du solltest
als Werkführer in die Stockuhren=Fabrik meines Sohnes und
meines Schwiegersohnes eintreten. Sie wollen jetzt weiter gehen
zur Stockuhren=Fabrikation und können dich brauchen und werden
dir auch mit der Zeit einen gewissen Antheil außer deinem Lohne
geben."

Das war wie eine Hand vom Himmel, die herunter reichte
und ihn faßte. Lenz erwiderte, und es wurde ihm fieberheiß
dabei: „Ja wohl, ja wohl, das kann ich. Aber, Herr Doktor,
Sie wissen, ich habe daran zu arbeiten versucht, um alle Uhr=
macher unserer Gegend zu einer Einung zu bringen. Die Sache
ist mir bei Anderem, was mich bedrängt hat, aus der Hand
gefallen. Nun möchte ich nur so in die Fabrik eintreten, wenn
Ihre beiden Söhne mit mir einverstanden sind, daß auch die
Fabrik zur Einung gehöre, vielleicht später ganz Eigenthum der
Einung werde."

„Das iſt ganz unſer Vorhaben und es freut mich recht-
ſchaffen von dir, daß du in Allem noch immer auch an die
Anderen denkſt."

„Gut denn; und nun bitte ich noch um Eins: redet nichts
davon, bis ich" — — — Lenz ſtockte.

„Nun, bis wann?"

„Bis ich mit meiner Frau darüber geſprochen habe, ſie hat
ihre Eigenheiten."

„Kenne ſie wohl; ſie iſt auch gut, wenn es ihr Stolz zugiebt. Den Stolz muß man vor Allem bei ihr in Ehren halten."

Lenz ſchaute nieder; der Doktor gab ihm eine Lehre, und
er gab ſie ihm in guter Meinung und in guter Manier. So
iſt's recht, ſo kann man Alles annehmen.

Seine Gedanken gingen aber ſchnell wieder auf die Fabrik,
und er ſagte: „Herr Doktor, ich möchte mir noch eine Frage
erlauben."

„Immer zu, ſei nur nicht ſo zaghaft."

„Wer tritt vorerſt ſonſt noch ein von hieſigen Meiſtern?"

„Wir haben noch mit Niemand geredet. Doch, ja, der
Pröbler ſoll auch eintreten, natürlich in untergeordneter Stellung,
nicht ſo wie du; aber er iſt doch ein erfinderiſcher Kopf und hat
Manches ausfindig gemacht, was ſich praktiſch ausführen läßt.
Es iſt dem armen Teufel zu gönnen, daß er noch auf ſeine alten
Tage zu etwas kommt, er iſt ohnedies faſt ganz närriſch, ſeitdem
da bei der Verſteigerung ſein Geheimniß verlauft worden iſt."

Lenz ſchwieg geraume Zeit, dann erzählte er, wie er den
Pröbler gefunden, und ſchloß: „Ich habe aber noch eine Bitte,
Herr Doktor. Ich kann mit meinem Ohm nicht reden. Ihr ſeid
der Erſte in der Gegend, und wer Euch was abſchlagen kann,
der hat kein Herz im Leib. Herr Doktor, redet mit meinem
Ohm, daß er mir hilft. — Ich glaube nicht — je mehr ich mir's
überlege —, daß meine Frau das mit der Fabrik zugiebt, und
Ihr habt ja ſelbſt geſagt: man muß ihren Stolz in Ehren
halten."

„Gut, ich gehe ſogleich; willſt du noch hier bleiben oder
mich bis ins Dorf begleiten?"

„Nein, ich gehe mit."

Man wünſchte ihm von allen Seiten herzlich gute Nacht.
Jedes gab ihm die Hand, und die alte Schultheißin legte noch

die Linke wie segnend auf seine Hand, als sie ihm die Rechte reichte.

Lenz ging mit dem Doktor; sie kamen am Hause des Pilgrim vorüber, man hörte ihn pfeifen und auf seiner Guitarre klimpern. Der treue Kamerad trug doch das Schicksal des Lenz theilnehmend in der Seele, aber theilnehmen ist doch noch anders, als selber und ganz darin sein; das eigene Leben macht seine Rechte geltend.

Da, wo der Weg bergan geht, trennte sich Lenz vom Doktor, der nur noch sagte: „Warte daheim, ich komme noch zu dir. Es ist heut Abend wunderbar warm! Wir bekommen starkes Thauwetter." — —

Ich habe die Hülfe draußen gesucht und soll sie doch nur daheim finden. Es giebt noch gute Menschen auf der Welt, und sie sind weit besser als du — so sagte sich Lenz, als er bergauf heimwärts ging.

Dreißigstes Kapitel.

Es thaut auf, auch bei Petrowitsch, und es gefriert
wieder.

„Ich weiß, was Sie wollen," sagte Petrowitsch zu dem eintretenden Doktor, „aber setzen Sie sich." Er rückte ihm einen Stuhl an den Ofen, wo ein offenes Kaminfeuer hell loderte, dahinter aber ein wohlgeheizter Ofen war.

„Nun, was wünsche ich, Herr Prophet?" fragte der Doktor und nahm all seinen Humor zusammen.

„Geld, Geld wollen Sie, für meinen Neffen."

„Sie sind nur ein halber Prophet, ich wünsche auch ein gutes Herz."

„Geld, Geld ist doch die Hauptsache; ich will aber nur kurz und rund sagen: ich gehöre nicht zu denen, die einen Betrunkenen am Wege mitleidig aufheben, und wenn er sich auch ein Bein gebrochen hat, er hat's selbst verschuldet. Das sage ich Ihnen, weil Sie einer der Wenigen sind, die ich respectire."

„Danke für die Ehre; aber ein rechtschaffener Arzt muß verschuldete und unverschuldete Wunden heilen."

„Sie ſind ein Doktor und ſind doch auch krank, wie unſere ganze Gegend, wie unſer ganzes Geſchlecht jetzt.“

Der Doktor äußerte ſeine Verwunderung, ihn ganz neu kennen zu lernen; er habe bis jetzt geglaubt, ſeine Menſchen=verachtung ſei bloß Bequemlichkeit, nun ſehe er, daß ſie auf Grundſätze geſtellt ſei.

„Wollen Sie eine Stunde bei mir bleiben? Es iſt heute mein ſiebzigſter Geburtstag.“

„Gratulire!“

„Danke.“

Petrowitſch ſchickte die Magd zu Ibrahim, ſie ſolle ſagen, daß er erſt in einer Stunde zum Spiel käme, dann ſetzte er ſich wieder zum Doktor und ſagte: „Ich bin heute gelaunt, einmal auszupacken. Ich mache mir nichts daraus, was die Welt von mir denkt; das Scheit Holz, das ich da ins Feuer lege, kann ſich nicht weniger darum kümmern, wer es verbrennt.“

„Mich würde es aber ſehr intereſſiren, wenn Sie mir er=zählten, wie Sie zu ſo hartem Holze gewachſen ſind.“

Petrowitſch lachte, und der Doktor, obgleich er wußte, wie peinlich Lenz auf ihn warte, hoffte doch noch durch tieferes Er=kennen des knorrigen Alten ihn zu biegen. Sein Plan war, daß Petrowitſch eine namhafte Summe vorſchieße, damit Lenz ſofort als Theilhaber in die Fabrik eintrete.

„Sie waren acht Jahre alt, als ich in die Fremde zog,“ begann Petrowitſch, „und wiſſen alſo nichts von mir.“

„Doch, doch, man erzählte viele loſe Streiche vom —“

„Vom Geißhirtle, nicht wahr? Gut, da liegt eine Haupt=ſache darin. Ich bin zweiundvierzig Jahr' in der Fremde ge=weſen, zu Waſſer und zu Land, in allen Hitz= und Kältegraden, die der Menſch und der Hund aushalten kann, und das Wort iſt mir auch nachgegangen wie ein Hund, und ich war dumm genug, ihm nicht einen Tritt zu geben für immer.

Wir waren unſer drei Brüder, ſonſt keine Geſchwiſter. Unſer Vater war ſtolz, wenn wir ſo daher gekommen ſind, aber damals hat man den Kindern noch nicht ſo viel gute Worte ge=geben wie heutigen Tages, und das war beſſer; das hat Kraft gegeben, und ein einzig Wort, ein gutes oder böſes, hat mehr gegolten als jetzt hundert. Mein Bruder Lorenz, man hat ihn auch nur Lenz geheißen bei unſerm Familiennamen, der Vater von dem jetzigen Lenz, war der älteste, ich der jüngste, der zwischen uns — unser Mathes — das war ein wunderschöner Mensch; er ist von dem großen Menschenmetzger Napoleon mit fortgenommen worden und hat in Spanien den Tod gefunden. Ich bin auf dem Schlachtfeld gewesen, wo er gefallen ist. Es ist ein großer Berg, da unter dem Berg sollen lauter Soldaten drunter liegen, da findet man keinen Bruder heraus. Doch wozu erzähl' ich das? Nicht lang nachdem unser Mathes zu den Soldaten gekommen, ist mein Bruder Lorenz in die Fremde, in die Schweiz, nur auf ein Vierteljahr, und hat mich mitgenommen. Wer war glücklicher als ich? Mein Bruder war ein ruhiger, bedachtsamer Mann, das kann man nicht anders sagen. Er ist immer gewesen wie eine gut gehende Uhr, ordentlich und streng, grausam streng. Ich bin ein wilder Bub gewesen, unbändig, zu gar nichts nutz, und hinter dem Werktisch sitzen, dazu hab' ich eben gar kein Geschick. Was thut nun mein Bruder? Er bringt mich kurz nach Lichtmeß auf den Bubenmarkt bei St. Gallen. Da war damals noch alle Jahre Bubenmarkt; da kommen die großen Schweizer-Bauern und holen sich Hirtenbuben aus dem Schwabenland.

Wie ich nun da bei meinem Bruder auf dem Markt stehe, kommt ein vierschrötiger Appenzeller daher, stellt sich mit gespreizten Beinen vor uns hin und fragt meinen Bruder: was kostet der Bua?

Ich gebe keck zur Antwort: eine Klafter Schweizerverstand, sechs Schuh breit und sechs Schuh hoch.

Der dicke Appenzeller lacht und sagt zu meinem Bruder: Der Bua ist nicht dumm; das gefällt mir. — Ich gebe auf Alles Antwort, so gut ich's eben vermag.

Mein Bruder und der Appenzeller werden handelseins, und die ganze Lehre, die mir mein Bruder beim Abschied gegeben hat, war: „Wenn du vor dem Winter heim kommst, kriegst du Schläge."

Ich bin nun einen ganzen Sommer lang Geißhirt gewesen. Es war eigentlich ein lustiges Leben, und ich habe viel gesungen, aber manchmal hat mir's doch wie vom Himmel herunter gerufen: was kostet der Bua? Und ich bin mir verkauft vorgekommen wie Joseph in Aegypten; mich hat auch mein Bruder verkauft, aber ich werde nicht König.

Zum Winter bin ich wieder heim; ich hab's nicht gut ge=
habt daheim, ich hab' aber auch nicht gut gethan. Im Früh=
ling ſage ich zu meinem Vater: Gebt mir für hundert Gulden
Uhren, ich will mit auf die Handelſchaft gehen. Hundert Ohr=
feigen kannſt du kriegen, ſagt mein Bruder Lorenz darauf; er
hat damals ſchon das ganze Geſchäft in der Hand gehabt und
das ganze Hausweſen; der Vater war krank, und die Mutter
hat es nicht gewagt, ein Wort drein zu reden. Damals haben
die Weiber noch nicht ſo viel gegolten wie heutigen Tages, und
ich meine, ſie haben's beſſer dabei gehabt und ihre Männer auch.
Ich mach' nun, daß mich ein Händler mitnimmt; ich trag' ihm
die Uhren. Ich hab' mich faſt krumm ſchleppen müſſen und hab'
Hunger dabei gelitten zum Erbarmen, und kann meinem Peini=
ger nicht davon. Ich bin ärger angeſpannt als ein Pferd in
Riemen, und das läßt man doch nicht von Kräften kommen,
weil's was werth iſt. Ich habe oftmals ſtehlen und davon laufen
wollen, aber dann habe ich mir's wieder als Buße für meine
böſen Gedanken aufgelegt, bei meinem Peiniger zu bleiben. Es
hat Alles nichts geſchadet, ich bin geſund und ehrlich geblieben.
Eines muß ich gleich hier erzählen, weil es ſpäter wieder kommt;
es hat mir viel zu ſchaffen gemacht. Ich bin mit dem Anton
Striegler in Spanien; wir ſind in einem großen Dorf, ſechs
Stunden von Valencia, es war ein ſchöner Sommermittag, wir
ſitzen vor der Poſada — ſo heißt man in Spanien das Wirths=
haus — und plaudern mit einander. Da geht ein ſchöner Burſch
vorüber mit großen ſchwarzen Augen, bleibt plötzlich ſtehen und
horcht uns zu und fuchtelt mit den Händen, wie wenn er be=
ſeſſen wäre. Ich ſtoße den Striegler an, er ſieht es auch, und
der Burſch ſpringt auf uns zu und packt den Striegler: Was
habt Ihr da geredet? fragt er den Striegler auf Spaniſch. Das
geht Niemand was an, ſagt der Striegler auch auf Spaniſch.
Welche Sprache iſt das? fragt der Spanier wieder. Deutſch,
ſagt der Striegler. Der Burſch faßt das Heiligenbild, das er
um den Hals hangen hat, und küßt es, wie wenn er's freſſen
wollte, und endlich ſagt er uns, in ſolcher Sprache rede ſein
Vater daheim, und er bittet uns, doch mit ihm zu kommen.
Unterwegs erzählt er uns, ſein Vater ſei vor mehr als vierzig
Jahren ins Dorf gekommen, er ſei auch aus Deutſchland, ſei
Hufſchmied und habe ſich hier verheirathet. Jetzt läge er ſchon

seit Wochen auf den Tod krank und könne nicht sterben, und seit
mehreren Tagen rede er in einer Sprache, von der sie kein Wort
verstehen, und er verstehe die Mutter nicht und die Kinder nicht
und die Enkel nicht. Das sei zum Verzweifeln. — Wir gehen
nun ins Haus und treffen einen alten Mann mit schneeweißen
Haaren und schneeweißem langem Bart im Bett aufrecht sitzend,
und er ruft: gebt mir ein Sträußlein Rosmarin! und dann
singt er: und pflanzt es auf mein Grab! — Mir ist es durch
Mark und Bein gefahren, wie ich das sehe und höre; der Striegler
ist aber keck und geht auf ihn zu und sagt: grüß' Gott, Landsmann!
Die Augen, die da der Alte gemacht hat, wie er das hört, wenn
ich hundert Jahre alt werde, ich sehe die Augen immer offen,
und er hat die Arme ausgestreckt und die Hände auf der Brust
über einander gelegt, wie wenn er die Worte an die Brust
drücke. Der Striegler spricht weiter, und der Alte giebt auf
Alles ordentlich Antwort, manchmal ein bisle verwirrt, aber im
Ganzen doch deutlich. Er ist aus dem Hessischen gebürtig, hat
Reuter geheißen und hat sich Caballero umgetauft; seit fünfzig
Jahren hat er nichts als Spanisch gesprochen, und jetzt, da es
ans Sterben geht, bringt er kein spanisch Wort mehr heraus, es
ist wie weggeblasen, und ich glaube, ich weiß es aber nicht
gewiß, er versteht kein Spanisch mehr. Die ganze Familie ist
nun glücklich, wie wir ihr Alles dolmetschen, was der Alte will.
Der Striegler hat das benutzt, daß er so viel gilt im Dorf, und
hat gute Geschäfte gemacht und ich hab' derweil beim Alten gesessen, und so lang ich beim Striegler war, ist das meine beste
Zeit gewesen. Ich habe zu essen und zu trinken bekommen genug.
Die Leute haben mich gefüttert, wie wenn's dem Alten zu Gute
käme. Er ist nicht gestorben und wir sind nach drei Tagen fort;
aber kaum sind wir ein paar Stunden davon, kommt uns der
Sohn nachgeritten, der Vater jammert nach uns, wir müssen
zurück. Wir kommen noch und hören ihn reden, Deutsch, aber
es war nicht zu verstehen, was er will, und mit dem Rufe:
jetzt will ich fort, jetzt will ich heim! ist er gestorben."

Petrowitsch machte eine Pause, dann fuhr er wieder fort:
„Die ganze Sache ist mir ins Herz gegangen, ich hab's damals
nicht so gewußt, erst später ist es wieder gekommen. Der Striegler ist nach der Hand wieder nach Spanien, und hat, wie ich
höre, eine Tochter von dem Caballero geheirathet. Wie wir in

Frankreich ſind, treffe ich in Marſeille Ihren Vater, Herr Doktor,
und der hat geſehen, daß ich doch nicht ſo bin, wie man meint,
zu gar nichts nutz. Der hat mir Credit gegeben, und nun bin
ich auf eigene Hand weiter. Sparen und Hungern habe ich ge=
lernt für Andere, jetzt hab' ich's erſt für mich recht angewendet.
Ich habe Ihrem Vater ſein Geld ordentlich geſchickt, und er mir
immer mehr Waaren. Ich bin in der halben Welt herum ge=
kommen. Ich kann fünf Sprachen ſprechen; wenn ich aber wo
ein deutſches Wort gehört habe, und nun gar Schwarzwäldiſch,
da hab' ich gemeint, das Herz im Leib müßte mir ſpringen. Ich
habe einen großen Fehler, ich habe das Heimweh nie überwinden
können. Es ſchleicht mir nach, hinter mir drein, wie wenn's ein
Geiſt wäre, und bei manchem fröhlichen Trunk war mir's, wie
wenn mir Jemand das Salz auf dem Tiſch in den Wein ge=
ſchüttet hätte."

Petrowitſch hielt abermals inne und ſtocherte im Feuer, daß
es hell aufpraſſelte, dann ſich mit der Hand übers Geſicht fahrend
und die Falten auf= und abſchiebend begann er wieder: „Ich
überſpringe zehn Jahre. Ich bin in Odeſſa und bin ein ge=
machter Mann. Das iſt eine prächtige Stadt, dort ſind alle
Nationen daheim, und ich habe einen Freund, den werde ich
nie vergeſſen. Es ſind auch Dörfer in der Nähe, Luſtdorf und
Kleinliebenthal und noch viele andere, wo lauter Deutſche ſind,
aber nicht aus unſerer Gegend, ſie ſind aus dem Württembergi=
ſchen. Von allen Seiten von daheim bekomme ich Anträge. Ich
bleibe aber bei Ihrem Vater bis zu ſeinem Tod. Ich habe ein
hübſches Vermögen, ich könnte jetzt fahren, aber ich wandere zu
Fuß durch ganz Rußland. Von Strapazen habe ich gar nichts
gewußt. Da ſehen Sie meinen Arm, da iſt jeder Muskel wie
von Stahl, und gar erſt vor dreißig Jahren! Da war's noch
ganz anders.

Ich ſetze mich wieder in Moskau und bleibe da vier Jahre.
Ich kann eigentlich nicht ſagen: geſetzt, denn ich habe mich nie
niedergeſetzt bloß zur Ruhe, ich habe mir's nie, auch nur eine
Stunde, ſo was man ſagt, daheim gemacht, und das hat mir
geholfen ſparen und erwerben. Ich habe mich mein Lebenlang
nie aus dem Schlaf wecken laſſen, habe mich aber auch, ſo lang
ich lebe, nie nochmals auf die andere Seite gelegt, wenn ich am
Morgen aufgewacht bin. — Es kommen Landsleute genug; ich

hab' ihnen geholfen. Es ist mehr als Einer draußen in der Welt, der durch mich sein Glück gemacht hat. Ich frage, wie's daheim geht. Mein Vater ist gestorben, meine Mutter ist gestorben, und mein Bruder hat geheirathet. Ich frage, ob er sich gar nie nach mir erkundigt, die Leute haben mir aber keinen guten Bericht gegeben: mein Bruder sage, ich käme doch noch als Bettler heim. Und wissen Sie, was mir am wehesten gethan hat? Daß mich alle Landsleute den Geishirtle heißen. Daran ist mein Bruder schuld, daß ich den Schimpfnamen mein Leben lang tragen muß. Ich bin immer drauf und dran gewesen, ich will ihm ein paar Tausend Gulden schicken und ihm dabei schreiben: Das schickt dir der Geishirtle für die hundert Ohrfeigen, die du ihm noch schuldig bist, und für alles Gute, was du ihm gethan hast, und daß du so treulich für ihn gesorgt. Ich nehme mir immer vor, ich will das thun, aber weiß der Teufel, ich komme nicht dazu. Es ist meines Bleibens in Moskau auch nicht, ich will heim. Aber statt heim, gehe ich nach Tiflis und bleibe da eilf Jahre. Und wie ich anfange, älter zu werden, denk' ich: nein, du machst's ganz anders, du kommst heim und bringst einen ganzen Sack voll Gold mit. Und alle Menschen sollen's sehen und dein Bruder nicht, mit ihm redest du kein Wort und — wie das so ist, mir ist's immer fester, immer deutlicher geworden, daß er mich eigentlich unterdrückt hat, daß er mich am liebsten aus dem Leben geschafft hätt'. Gut, du sollst es büßen. Ich habe ihn gehaßt und ihn oft ausgeschimpft in Gedanken und hab's doch nicht los werden können, an ihn zu denken. Und daneben habe ich doch immer ein Heimweh gehabt, ich kann's gar nicht sagen; kein Wasser auf der Welt schmeckt so gut, wie das beim Brunnen an der Kirche, und an Sommerabenden, was ist das für eine Luft daheim, wie Lauter Balsam! Ich gäbe hundert Gulden, wenn mir Einer eine Stube voll Luft bringen könnte von daheim; das ist mir tausend und tausendmal durch den Kopf gegangen. Und dann hab' ich mich gefreut, wie alle Leute vom obern und vom untern Dorf zusammenlaufen werden, und da wird's heißen: da ist der Peter oder der Petrowitsch, wie sie mich jetzt einmal geheißen haben, und drei Tage sollen sie Alle essen und trinken bis genug. Und auf der großen Wiese, da vor unserm Haus lasse ich lange Tafeln aufschlagen, und da sollen sie Alle kommen, wer da will; Alle sollen sie kommen, nur mein Bruder nicht. Und zwischen hinein hab' ich's doch gespürt, daß er eigentlich der einzige Mensch auf der Welt ist, den ich lieb haben möchte. Aber ich hab' mir's nicht eingestehen wollen. Und jedes Jahr hab' ich mir gesagt: beim nächsten Abschluß gehst du; aber ich hab' immer nicht fort gekonnt; denn wenn man so ein Geschäft hat, wo Alles, was man anrührt, zu Gold wird, man kann nicht davon weg. Ich bin grau geworden und alt und habe gar nicht gewußt, wie. Da bin ich krank geworden, zum erstenmal in meinem Leben, recht krank. Ich habe Wochen lang nichts von mir gewußt, und wie ich wieder bei Besinnung bin, sagen sie mir, ich hätte im Fieber in einer Sprache gesprochen, die kein Mensch verstanden hätte, nur der Doktor habe ein paar Worte verstanden, er habe gesagt, es sei Deutsch, aber er verstehe es doch nicht recht; ich hätte oft Kain! gerufen und „was kostet der Bua?" Da ist mir der Caballero eingefallen, der da in dem Dorf bei Valencia. Wenn du auch so da liegst und du verschmachtest und willst Wasser, und es versteht dich kein Mensch — —. Jetzt ist's fertig, heim, heim, heim! Ich bin schnell gesund geworden, ich hab' eine gute Natur; da hab' ich mir's fest vorgesetzt und einen Strich über Alles gemacht, beim gehst du. Und wenn er zu Kreuz kriecht, wenn er sagt: ich habe schlecht an dir gethan — dann bleib' ich bei ihm bis zu meinem Tod. Wie lang haben wir denn noch?! Was hat man denn auf der Welt, wenn man den Menschen nicht hat, der Einem angehört! Auf der Reise — ich habe mich doch endlich dazu gebracht — da bin ich gewesen wie ein Kind, das flennend heimspringt, wenn es in den Wald entlaufen ist. Ich habe mich oft besinnen müssen, wie alt ich bin; und der Haß auf meinen Bruder hat mich doch wieder geplagt, und wenn man so etwas nicht verwinden kann, da ist es, wie wenn man einem eine Ader geschlagen hat; sobald man dran rührt, ja, wenn man nur dran denkt, so blutet's wieder, böses, schwarzes Blut.

Ich bin heim gekommen.

Wie ich ins Thal komme, da ist mir's, wie wenn die Berge aufständen und mir entgegen laufen.

Ich fahre an Dörfern vorbei, da wohnt Der und Der, aber ich weiß nicht mehr, wie die Dörfer heißen, erst als ich vorüber bin, fällt mir's ein. Die Straße ist jetzt breiter und gemächlicher. Man fährt nicht mehr über den Woltendinger Berg, man fährt dem Thal nach. Ich bin in der Fremde und doch daheim. Berge, die vordem dicht bestanden waren, sehen jetzt aus wie glattrasirte Türkenköpfe. Sie haben grausam mit dem Wald ge= wirthschaftet. Ich komme in unser Dorf, es war ein schöner Sommerabend, man hat eben geheuet, die Glocke läutet, das war, wie wenn ich auf einmal Stimmen hörte, wie es keine auf der Welt mehr giebt. Ich habe viel Glocken gehört in den zwei= undvierzig Jahren in der Fremde, aber so hat keine einen Klang. Ich ziehe den Hut ab, ich weiß nicht, warum; aber es hat mir so wohl, so selig wohl gethan, wie mir die Luft der Heimath um den Kopf weht; da grüßt was drin — ich kann's nicht sagen. Ich meine, das graue Haar auf meinem Kopf muß wieder jung werden. Die Menschen, die am Weg gehen, ich habe Wenige mehr erkannt, Sie, Herr Doktor, habe ich erkannt, Sie sehen Ihrem Vater ähnlich. Mich hat Niemand gekannt. Ich halte beim Löwen an, ich frage: Ist der Lorenz Lenz auf der Morgen= halde daheim? Was daheim? der ist schon vor sieben Jahren gestorben. Das war, wie wenn mich ein Blitz in den Boden schlüge; ich fasse mich aber, es hat mir nie Jemand angemerkt, was in mir vorgeht.

Ich gehe auf mein Zimmer und spät in der Nacht durchs Dorf, da haben mich hunderterlei Dinge angeheimelt. Ich gehe nach meinem Elternhaus, es ist Alles still. Die Tannen im Wald hinter meinem Elternhaus, die damals kaum zweimal so groß waren als ich, sind jetzt mächtig und schlagbar. Ich nehme mir vor, ehe es tagt, wieder abzureisen. Was soll ich hier? Und es hat mich Niemand erkannt.

Ich komme aber nicht fort.

Jetzt sind sie gekommen von überall her und haben die Hand aufgemacht, ich soll schenken. Aber, Herr Doktor, ich habe ein= mal aus Langerweile die Sperlinge auf meinem Fenstersims ge= gefüttert, und da sind die zudringlichen Bettler wie besessen jeden Morgen da und machen mir den Kopf toll, ich kann sie nicht mehr verscheuchen. Ja, das ist leicht hergewöhnt, aber schwer fortgebracht. Ich frage nach keinem Menschen mehr, denn wo ich gefragt habe, höre ich nichts als gestorben und verdorben und bekomme siebzehnmal im Tag einen Schreck in den Leib. Wer mir begegnet, ist recht; wer mir nicht begegnet, ist nicht da. Alle

find sie gekommen, nur meine Schwägerin und ihr Prinz nicht.
Meine Schwägerin hat gesagt: Mein Schwager weiß, wo seiner
Eltern Haus ist, wir laufen ihm nicht nach. Wie ich den jungen
Lenz zum erstenmal gesehen habe, war er mir zuwider; er sieht
nicht in unsere Familie, er artet seiner Mutter nach. Und jetzt,
wie ich mir das Dorf ansehe, und die ganze Gegend, hätte ich
mir meine alten Haare ausreißen mögen, daß ich heim bin. Da
ist ja Alles verhockt und verdorben und verbuttet, und wo ist
die alte Lustigkeit, der alte Uebermuth? Nichts ist mehr da. Und
die Jugend, die ist gar nichts nuß. Muß ich nicht die Kirschen
von der Allee unreif herunter thun, damit sie mir die jungen
Bäume nicht zerstören? Mein Singnesse, das ist ein Stuben=
hocker, und ich bin in der Welt draußen gewesen; mich ficht nichts
an, dem thut aber jeder rauhe Wind und jedes rauhe Wort
weh und macht ihn krank. Noch ein einzigesmal habe ich etwas
auf ihn gesetzt und habe gedacht: der macht mir noch das Leben
schön. Wenn er Ihre Tochter Amanda geheirathet hätte, da
wäre ich zu den jungen Leuten gezogen oder sie zu mir. Mein
Vermögen wäre in Ihre Familie gekommen, und das wäre mir
recht gewesen; ich verdanke Ihrem Vater den Grund meines
Glückes, wenn es ein Glück ist. Der verdammte Pilgrim hat
meine Gedanken errathen und hat mich zum Vermittler machen
wollen, aber ich thue nichts, nie! Ich rede nie Jemand zu etwas
zu, und lasse mir auch zu nichts zureden. Jeder muß aus ihm
selber leben. Und das ist die Hauptsache, was ich sagen will,
ich gebe keinen rothen Heller; lieber hab' ich . . . lieber werfe
ich mein Geld in den Abgrund. Jetzt habe ich aber genug er=
zählt, ich bin ganz heiß."

„Wie hat Ihnen denn das Wasser am Kirchbrunnen ge=
schmeckt, nach dem Sie sich so sehr sehnten?" fragte der Doktor.

„Schlecht, ganz schlecht, es ist zu kalt und zu hart, ich ver=
trag' es nicht."

An dieses Wort knüpfte der Doktor an und suchte Petrowitsch
zu belehren und ihm zu zeigen, daß die Welt nicht anders, nicht
schlechter geworden sei, so wenig als bis vor Kurzem der Brunnen;
nur sein Magen sei kein junger mehr, und so auch seine Augen,
seine Gedanken. Er erklärte Petrowitsch, daß er allerdings und
mit Recht draußen in der Welt wetterhart und eroberungsfähig
geworden, daß es aber auch zur Bethätigung des häuslichen Fleißes

und zur Genügſamkeit nöthig ſei, daß Viele daheim ſtill und
emſig arbeiten und an die Werkbank angeſchraubt ſeien wie ihre
Schraubſtöcke; er legte einen beſonderen Nachdruck darauf, daß,
wer Muſikwerke mache, eine Feinheit haben müſſe, die ſich zur
Empfindlichkeit ſteigere, und dazwiſchen zeigte er ihm, wie er
doch auch weichherzig ſei, ähnlich wie ſein Neffe. Mit eindring=
lichen Worten legte er ihm ans Herz, daß er helfen müſſe, aber
Petrowitſch war wieder der Alte, Starre, und ſchloß mit den
Worten: ich bleibe dabei. Ich rede Niemand zu und laſſe mir
nicht zureden. Ich thue nichts. Noch ein Wort, Herr Doktor,
und ich weiß nicht, was ich thue.“

Dabei blieb's. Als jetzt ein Bote von Ibrahim kam, ver=
ließ Petrowitſch mit dem Doktor das Haus. Der Doktor ging
nach der Morgenhalde. Er mußte ſeinen Mantel feſt an ſich
ziehen, es ging ein heftiger, aber ſeltſam lauer Wind.

Einunddreißigſtes Kapitel.

Es thaut auf, auch bei Annele, und es gefriert wieder.

Während Lenz im tiefſten inneren Jammer draußen in der
Welt umherzog, wurde Annele zu Hauſe von der Welt heimge=
ſucht. Sie war allein, ganz allein, denn Lenz hatte ihr kein
Lebewohl daheim gelaſſen. Er war ſtumm, mit geſchloſſener
Lippe davon gegangen. Pah! Mit zwei Worten iſt der wieder
umgewendet — dachte Annele vor ſich hin, und doch kam heute
eine ungewohnte Bangigkeit über ſie, und ihre Wangen glühten.
Sie war's nicht gewohnt, für ſich allein zu denken; ſie hatte ihr
Leben lang in Geräuſch und Zerſtreuung gelebt und ſich nie
eigentlich ſtill auf ſich beſonnen. Jetzt konnte ſie dem nicht ent=
rinnen, ſie mochte zur Hand nehmen, was ſie wollte, auf und
ab im Hauſe gehen, es folgte ihr etwas nach, das ſie immer
wie am Kleide zupfte und leiſe flüſterte: hör' mich an.

Sie hatte das kleine Mädchen eingeſchläfert, der kleine Wil=
helm ſaß bei der Magd und haſpelte das Garn, das dieſe ge=
ſponnen, und als das Mädchen ſchlief, da war's, als ob Jemand
ſie niederdrückte auf dem Stuhl, auf dem ſie ſaß, ſie konnte
nicht aufſtehen, und jetzt ſprach's: Annele, was iſt aus dir ge=

worden? Das schöne, lustige, überall beliebte und belobte Annele
sitzt jetzt da in einer dunkeln Kammer, in einem einödigen Haus,
muß sparen und sorgen. Ich wollte ja Alles gern thun, wenn
ich nur im Hause geehrt wäre. Aber Alles, was ich thue und
was ich rede, ist ihm zuwider. Und was thue ich denn Böses?
Bin ich nicht sparsam und fleißig und möchte gern noch mehr
arbeiten! Aber hier oben ist man ja wie im Grab . . .

Bei diesen Gedanken riß es Annele empor, sie stand zitternd
aufrecht. Ein Traum der vergangenen Nacht wachte auf: sie
hatte diesmal nicht von lustigen Fahrten, von vergnüglichen
Wirthshausbesuchen geträumt; sie war vor ihrem offenen Grabe
gestanden. — Ganz deutlich hatte sie's gesehen, wie von der aus-
gegrabenen Erde kleine Schollen hinabrollen. Wehe! schrie sie
jetzt laut auf und stand lange wie gelähmt.

Endlich raffte sie sich wieder zusammen, und in ihr sprach's:
ich will noch nicht sterben, ich habe ja noch nicht gelebt, daheim
nicht und hier nicht.

Sie weinte im tiefen Mitleid mit sich selber, und Jahre
zurück wanderten ihre Gedanken. Sie hatte sich's so schön gedacht, mit einem geliebten Manne einsam, von der ganzen Welt
nichts wissend, leben zu wollen, sie war ja das Wirthshausleben
überdrüssig gewesen, und die Angst, die sie, ohne Alles klar zu
wissen, doch fühlte, daß das ganze großthuerische Leben auf
schwanken Füßen steht. Die Schuld ihres Mannes ist es, daß
sie sich wieder hinaussehnte zu größerem Erwerb, zum Ausnützen
ihrer brach liegenden Kraft. Er ist wie seine Musikwerke, die
spielen ihre Stücke, hören aber keine fremden.

Sie mußte mitten in ihrem Jammer über diesen Vergleich lachen.

Und weiter gingen ihre Gedanken: sie wollte ja so gern
unterthan sein einem Manne, der der Welt den Meister zeigt,
aber nicht einem Stiftlessucher.

Du hast doch gewußt, was er ist und wie er ist — zupfte
es sie. — Ja, aber nicht so — war ihre Antwort — so nicht.
Aber hat er nicht ein gutes Herz?

Ja, gegen alle Menschen, gegen mich nicht. Es hat noch
Keines mit ihm gelebt, es weiß kein Mensch, wie launisch er ist
und wie teufelmäßig wild er werden kann. Es geht nicht mehr,
auf dem Stiftlesweg kommen wir nicht mehr auf, es muß ein
anderes Leben versucht werden.

Das war der tiefste Punkt in Annele, und dahin fiel Alles immer wieder; sie wollte ihre Kraft anwenden als Wirthin, als besuchteste Wirthin landaus und landein, und wenn sie auch zu thun hat, für sich was gewerben, sich auch mit anderen Leuten ausgeben kann, dann werden wieder ruhige Stunden, gute Zeiten kommen.

Sie ging in die Stube und betrachtete sich im Spiegel und zog sich säuberlich an; sie konnte nie verwahrlos't umhergehen, Pantoffeln gab's für sie nicht, während Lenz oft von einem Sonntag zum andern keine Stiefel anzog. Wie sie sich jetzt säuberlich herrichtete und seit langer Zeit wieder zum erstenmal ihre Krone von dreifachen schweren Flechten aufsetzte, sagten ihre trotzigen Mienen: ich bin das Löwen=Annele, ich will nichts von Vergrämen; ich schirre frisch ein, und er muß mit, er muß. Ich habe unsere zwei stärksten Rosse kutschirt. — Sie schnalzte mit der Zunge und hob die Rechte, als ob sie über die Köpfe der Pferde weg knallen müsse.

„Ist die Frau zu Hause?" fragte es draußen.

„Ja."

Es klopfte an, Annele machte große Augen, der Pfarrer trat ein.

„Willkomm, Herr Pfarrer," sagte Annele mit einem Kniz, „Sie haben zu mir gewollt und nicht zu meinem Mann?"

„Zu dir. Ich weiß, daß dein Mann verreis't ist: ich habe dich noch nicht im Dorf gesehen seit dem Mißgeschick deiner Eltern, und ich dachte mir, ich könnte dir da vielleicht beistehen in deinen Gedanken."

Annele athmete freier, sie hatte gefürchtet, der Pfarrer sei von Lenz geschickt oder von selbst gekommen, um wegen seiner mit ihr zu reden.

Annele beklagte nun das Schicksal der Eltern und daß sie fürchte, die Mutter überlebe den Schlag nicht lang.

Der Pfarrer redete ihr in herzlicher Weise zu, nicht mit Gott zu hadern über das, was geschehen sei, verschuldet oder unverschuldet, und sich nicht von der Welt zurückzuziehen in Aerger und Noth. Er erinnerte sie daran, daß er damals bei der Trauung gesagt, welches die gemeinsame Ehre sei; begütigend setzte er hinzu, daß der Löwenwirth sich nur verrechnet habe, freilich schwer, aber doch unschuldig.

„Ich habe es nicht vergessen," nahm der Pfarrer eine Wendung, „heute ist dein fünfter Hochzeitstag, und da wollte ich
dir guten Morgen sagen."

Annele dankte verbindlich lächelnd — aber durch ihre Seele
zuckte es: und Lenz ist fortgegangen, ohne guten Morgen zu
sagen! In gewandter Gesprächsamkeit sagte sie, wie wohl es ihr
thue, daß der Pfarrer sie so ehre; sie sprach viel von seiner
Güte und wie das ganze Dorf täglich beten sollte, daß ihn Gott
noch lang erhalte.

Annele wollte offenbar den Pfarrer durch leichte Gesprächsamkeit in der Ferne halten, daß er nicht in ihre Angelegenheiten
eingehen könne; sie will sich nicht, auch in der mildesten Form
nicht, vor den Pfarrer entbieten lassen zum Austrag ihres Zwistes.
Sie schärfte die Lippen mit jener Zuversicht, wie der Postillon
Gregor, wenn er das Horn ansetzen wollte, um eines seiner gut
eingelernten Stücklein aufzuspielen.

Der Pfarrer merkte das wohl. Er begann, Annele zu loben,
das Lob, das sie in der That verdiente: wie sie allzeit so aufgeräumt und ordentlich und bei aller Neckfucht doch stets streng
tugendhaft gelebt habe und auf Alles bedacht gewesen sei im
elterlichen Hause.

„Ich bin Lob nicht mehr gewohnt," erwiderte Annele, „ich
weiß nichts mehr davon, daß ich je in der Welt etwas gegolten
habe und noch etwas bin."

Der Pfarrer nickte, nickte kaum merklich, der Haken saß fest;
und wie ein Arzt das Vertrauen des Kranken gewinnt, indem
er ihm sagt: da und da thut's Ihnen weh, da sticht's, da drückt's,
da schneidet's — der Kranke schaut froh auf: ja wohl, der weiß
Alles, der wird helfen — so wußte der Pfarrer das Seelenleid
des Annele zu schildern, als ob er's selbst mit erlebt, und er
schloß: „Du hast wohl schon manchmal geronnen Blut gesehen,
an dir oder Anderen, wie es durch einen Schlag, einen Druck,
eine Quetschung entsteht. Das schwarze geronnene Blut nimmt
nach und nach alle sieben Farben an, und so geht's auch in der
Seele: eine Beleidigung, eine Kränkung ist da wie geronnen
Blut, das nimmt auch alle Farben an, Haß, Verachtung, Zorn,
Mitleid mit sich selber und Reue über die Anreizung, das Verlangen, den Andern zu verderben und dann wieder Alles ver-
fallen und verfaulen zu lassen."

Jetzt war's, als ob Annele ihr Herz in die Hand nehme
und leibhaftig zeige, wie das zerstoßen, wie das zerschunden,
wie das zerschlagen ist; der Stifileßsucher, der Garnichts bekam
seine volle Ladung. Und: „Herr Pfarrer, helfet!" schloß sie.

„Das kann ich, aber es muß mir noch Jemand helfen, und
das bist du. Du brauchst dich nicht zu ändern. Es wäre traurig,
wenn du es müßtest. Ich bin alt genug und weiß, wie leicht
das gesagt und wie schwer das gethan ist. Du brauchst dich nur
zu bessern, nur ein Fremdes abzuschütteln, denn du bist von
Haus aus gut, du hast es nur vergessen und vergessen wollen
und darüber gespottet und dir auf dein scharfes Mundwerk was
eingebildet. Laß die Einbildung und die Herrschsucht. Wo keine
Herzeinigkeit, ist ein wahres einander Verzehren."

Das kleine Männchen wurde auf einmal größer, seine Stimme
wurde mächtiger, als es nun Annele ihre Herzenshärtigkeit gegen
Franzl und ihren falschen Stolz vor die Seele rief; Annele
schaute blitzenden Auges drein, und wie auf eine Beute schoß sie
los, als der Pfarrer ihre Versündigung an Franzl erwähnte.

Jetzt ist's also heraus, die diebische Alte, die scheinheilige,
die hat Alles gegen sie aufgebracht, die hat den Pfarrer und
die ganze Welt aufgehetzt. Mit größerer Lust zerbeißt eine Katze
nicht eine Maus, als Annele nun die Franzl zerrte und zerbiß.
„Wenn ich sie nur unter meine Hände kriegen könnte!" knirschte
sie immer.

Der Pfarrer ließ sie austoben und sagte endlich: „Du hast
dich da bös gezeigt, aber ich bleibe dabei, du bist nicht so bös,
du bist überhaupt nicht bös."

Jetzt weinte Annele, daß sie sich so entsetzlich verändert
habe, sie sei so grimmzornig, das sei gar nicht ihre Art; es
käme Alles nur davon her, weil sie nichts gewerben, nichts verdienen könne, sie sei nicht dazu geschaffen, um einem kleinen Uhrmacherle sein Hauswesen in Stand zu halten, sie sei eine Wirthin,
und wenn der Pfarrer ihr verhelfe, daß sie Wirthin werde, so
verspreche sie ihm heilig, daß nie mehr ein Zorn oder irgend
etwas Böses an ihr gesehen werden solle.

Der Pfarrer gab ihr Recht, daß sie eigentlich zur Wirthin
geboren sei — sie küßte ihm die Hände in Dankbarkeit — er
versprach, das Seinige zu thun und ihr dazu zu helfen, beschwor
sie aber, nicht von etwas Aeußerem ihre Umwandlung zu er-

warten. „Du bist durch Elend und Jammer noch nicht zerbrochen genug. Dein Hochmuth ist deine Sünde und dein Unglück und das Unglück der Deinen. Gott gebe, daß du nicht erst durch ein wirkliches Unglück an Mann und Kind bekehrt werden mußt."

Annele saß, ohne daß sie es wußte, dem Spiegel gegenüber, sie sah jetzt ihr Gesicht, es war ihr, als lege sich Spinnweb auf ihr Gesicht, sie wischte mehrmals mit der Hand darüber.

Der Pfarrer wollte gehen, Annele bat ihn, doch noch zu bleiben, sie könne besser denken, wenn er da sei, er solle nur noch ein wenig still sitzen.

Die Beiden saßen lange still, man hörte nichts als das Ticken der Uhren, die Lippen Annele's bewegten sich, aber ohne einen Laut von sich zu geben.

Als der Pfarrer endlich ging, küßte sie ihm inbrünstig die Hände, und er sagte: „Wenn du dich im Herzen dessen werth fühlst, wenn du ganz ehrlich dich bekehrt hast, aber ganz ehrlich, dann komm morgen zum Abendmahl. Behüt' dich Gott."

Annele wollte dem Pfarrer höflich das Geleite geben, aber er sagte: „Keine Höflichkeit jetzt, vor Allem sei gut, sei demüthig in dir. Richtet euch selber, so werdet ihr nicht gerichtet werden, spricht der Apostel Paulus. Richte dich selbst, fasse dich in dir. Gewöhne dich daran, ruhig zu sitzen und in dich hinein zu denken."

Der Pfarrer ging, und Annele saß festgebannt; es ward ihr schwer, denn ruhig sitzen, müßig sitzen und denken gehörte nicht zu ihrer Gewohnheit, aber sie bezwang sich, und ein Wort des Pfarrers ging ihr immer noch nach, denn er hatte gesagt: „Du hast auch oft ganz brave, gute Gedanken, Reuegedanken, aber sie kommen bei dir nur wie die Gäste, trinken ihren Schoppen und dann fort auf Nimmerwiedersehen. Du stellst den Stuhl wieder zurecht, wischest den Tisch ab und — es ist Niemand da gewesen."

Das überdachte nun Annele und — sie fand es wahr.

Sie war nicht nur hart gegen Andere, sie konnte es auch gegen sich selber sein. Warum hast du das Leben so zugerichtet? fragte sie sich.

Das Kind erwachte und schrie. Schnell schoß es ihr durch die Gedanken: der Pfarrer hat keine Kinder, er hat gut befehlen, daß ich sitzen bleibe, aber ich kann nicht, ich muß mein Kind beruhigen.

Sie nahm das Kind aus dem Bett und herzte es, mehr als je: das Kind half ihr auch die einsamen Gedanken verscheuchen.

Das Kind wollte wieder schlafen und plötzlich kam Annele die Weisung auf die Lippen, die Lenz damals beim ersten Besuch gesetzt, und sie sang: „Liebe ist die zarte Blüthe." Das Kind schlief wieder, sie hielt es geruhig in den Armen und sang die Weisung fort, und in ihr sprach's dazu: Wen hast denn du geliebt auf der Welt? Wen liebst du? . . . Du hast den Wirths= sohn, hast den Techniker heirathen wollen; es hätte dir gefallen, eine stolze Frau zu werden, aber geliebt, aus Herzensgrund ge= liebt, hast du keinen. Und dein Mann? Du hast ihn geheirathet, weil ihn auch eine von des Doktors Töchtern genommen hätte, weil du aus dem Hause fort gewollt hast und weil er ein gut= herziger beliebter Mensch war . . .

Das Kind auf ihrem Arme zuckte im Schlaf. Es durch= schütterte Annele. Das Kind schlief ruhig weiter, aber Annele wurde es unheimlich, so mit ihren Gedanken allein. Das ist ja wie wenn am hellen Tag in allen Ecken Gespenster wären. Wenn nur Jemand da wäre, der mich erheiterte. Ja, komm Lenz! Komm heim. Und wenn du gut bist, ist Alles gut. Es braucht uns kein Pfarrer und Niemand zu helfen, wir helfen uns allein, es ist geholfen, ich hab' dich lieb . . .

Es war Mittag geworden, die Sonne schien warm. Annele hüllte das ermunterte Kind gut ein und ging mit ihm vor das Haus; vielleicht kommt Lenz jetzt schon heim, und sie will ihn getreulich begrüßen, ihm den guten Morgen zurufen, den er ver= gessen hat, und ihm sagen, daß Alles gut ist. Jetzt ist die Stunde, da sie vor fünf Jahren getraut wurden, und jetzt giebt's wieder Hochzeit.

Es kommt ein Mann den Berg herauf, er ist noch nicht zu erkennen, sie sagt dem Kinde: „Ruf' Vater!"

Das Kind ruft: „Vater! Vater!"

Der Mann kommt näher, es ist nicht Lenz, es ist Faller, er hat einen Hut auf und trägt einen andern in der Hand, er eilt auf Annele zu und ruft: „Ist der Lenz wieder daheim?"

„Nein."

„Um Gottes willen, da ist sein Hut. Mein Schwager hat ·ihn in der Igelswang beim Holzschleifen gefunden. Wenn sich der Lenz ein Leids angethan hätte!"

Annele zitterten die Kniee, ſie preßte das Kind an ſich, daß
es laut ſchrie. „Du biſt verrückt und willſt mich verrückt machen!“
rief ſie. „Was willſt du?“

„Iſt das nicht ſein Hut?“

„Herr Gott! ja!“ ſchrie Annele, ſie ſank um mit dem Kinde.
Faller richtete Beide auf.

„Hat man ihn gefunden? Todt?“ fragte Annele.

„Nein, das Gottlob nicht; komm’ ins Haus, geh’ allein,
ich trag’ das Kind. Sei ruhig, er hat nur den Hut verloren.“

Annele wankte nach Hauſe; es legte ſich wie ein Nebel vor
ihre Augen, ſie fuhr mit beiden Händen hin und her, als müßte
ſie mit den Händen den Nebel abwehren. Wär’s möglich? Lenz
jetzt todt? Jetzt, wo ihr Herz ihm entgegen ſchlug? Es kann nicht
ſein, es iſt nicht. In der Stube ſetzte ſie ſich nieder und fragte
gefaßt: „Warum ſoll ſich mein Lenz umbringen? Warum meint
Ihr das?“

Faller gab keine Antwort.

„Kannſt du nur reden, wenn man’s nicht von dir verlangt?“
fragte Annele heftig. „Setz’ dich, ſetz’ dich,“ herrſchte ſie ihn
an, „und erzähl’, was giebt’s?“

Als ob er Annele damit ſtrafen könne, daß er ihr nicht
folge, blieb Faller ſtehen, obgleich ihm die Kniee wankten. Er
ſah ſie an mit einem Blicke ſo voll Trauer, ſo voll bittern Vor-
wurfs, daß Annele die Augen niederſchlug. „Wie ſoll man ſich
bei dir ſetzen?“ ſagte er endlich, „du haſt jedem Stuhl die Ruhe
genommen.“

„Ich brauche deine Ermahnungen nicht. Das weißt du ſchon
lang. Wenn du was von meinem Mann weißt, ſo erzähl’. Hat
man meinen Mann todt gefunden? Wo? So red’ doch du . . .“

„Nein, Gottlob nicht. Gott bewahre. Der Schindelmacher
von Knuslingen, der Bruder von der Franzl, hat unten im Dorf
erzählt, daß der Lenz bei der Franzl geweſen iſt, und das iſt
faſt zwei Stunden weit weg von dem Platz, wo man den Hut
gefunden hat.“

Annele athmete tief auf. Bald aber fragte ſie wieder:
„Warum haſt du mich ſo erſchreckt?“

„So? Kann man dich auch noch erſchrecken?“

Nun berichtete Faller, daß Lenz überall um eine Anleihe
bitte, und er ſuche auch Geld wegen der Bürgſchaft, die er bei

Fallers Hauskauf geleistet. Das sei aber nicht mehr nöthig, der Don Bastian habe heute Alles für ihn baar bezahlt.

Als Annele das hörte, richtete sie sich straff auf, der alte herbe zornmüthige Geist stand wieder da, nur noch mächtiger, noch geißelsüchtiger, und ihre Mienen sprachen: so hat er dich betrogen, belogen. Er lebt, es muß leben, denn er muß büßen; er hat dir gesagt, daß er die Bürgschaft zurückgenommen. Komm nur heim, du Lügner, du Heuchler!

Annele ging in die Kammer und ließ Faller allein, bis er weg ging. Verschwunden war alle Reue, alle Zerknirschung, alle Liebe. Lenz hat sie belogen und betrogen, das soll er büßen; so sind sie, die Wassersüppler, die Gutmüthigen, weil sie nicht den Muth haben, scharf zuzugreifen, wo sich's gehört, wo sich's um ihre eigene Sache handelt, da wollen sie immer, man solle sie anfassen wie ein schalloses Ei: thu' mir nichts, ich thu' ja auch Niemand was, versag' mir nichts, ich versag' ja auch Niemand was, und wenn ich drüber zum Bettelmann werde. Komm nur heim, du Wassersüppler!

Annele stellte für Lenz kein Essen an das Feuer, daß er es bei der Heimkehr finde; es kochte schon etwas ganz Anderes.

Zweiunddreißigstes Kapitel.

Eine Sturmnacht.

Als Lenz vom Doktor weg bergauf ging, war er voll froher Zuversicht; es sind wieder zwei Wege offen: der Ohm oder die Fabrik.

Als er Licht in seinem Hause blinken sah, sagte er sich: Gottlob, da wartet doch noch Alles, daß Alles wieder gut werde. O Annele, du hast es viel schwerer als ich; du bist von Jugend auf nur daran gewöhnt worden, an die Schlechtigkeit der Menschen zu glauben, und ich, so wie ich nur hinauskomme, zeigt sich mir die Welt als brav. Ich will dir helfen, daß es dir leichter wird.

Plötzlich, wie ein feuriger Pfeil fuhr es ihm durch die Seele: du bist heute schlecht gewesen, grundschlecht, doppelt und dreifach. Bei des Vogtsbauern Kathrine und im Hause des

Doktors ist dir der sündhafte Gedanke aufgewacht, daß es anders sein könnte. Du hast dir was auf deine Bravheit eingebildet, sie ist nichts werth. Du bist Vater von zwei Kindern und fünf Jahre verheirathet. Herr Gott! heute ist unser fünfter Hochzeitstag.

Er stand still, und innerlich sprach's weiter: Annele! Gutes Annele! Ich habe an Einem Tag alle Schlechtigkeiten durchgemacht. Meine Eltern im Himmel sollen mir's nicht verzeihen, wenn ich das je wieder aufkommen lasse. Gottlob, von heute an haben wir neu Hochzeit gehalten!

Im Gefühl des Zornes über sich, und in der Freude, daß nun Alles wieder gut werde, trat er in sein Haus. „Wo ist meine Frau?“ fragte er, da die Kinder bei der Magd in der Stube saßen.

„Sie hat sich eben niedergelegt.“

„Was? Ist sie krank?“

„Sie hat über nichts geklagt.“

Lenz ging zu seiner Frau: „Grüß Gott, Annele! Ich sag' dir guten Abend und guten Morgen; ich hab' das heute früh vergessen. Und ich wünsche dir auch Glück, dir und mir; es soll, will's Gott, von heute an Alles besser werden.“

„Dank schön!“

„Fehlt dir was? Bist du krank?“

„Nein, ich bin nur müde gewesen, arg müde; ich stehe aber gleich auf.“

„Nein, bleib' liegen, wenn's dir gut thut. Ich hab' dir Gutes zu sagen.“

„Ich will aber nicht liegen bleiben. Geh' hinaus, ich komme gleich.“

„So hör' mich doch vorher an.“

„Das hat nachher Zeit; es wird jetzt auf die paar Minuten nicht ankommen.“

Der ganze frische Muth des Lenz wollte schwinden; er faßte sich, er ging hinaus und herzte die Kinder. Endlich kam Annele. „Willst du was essen?“ fragte sie.

„Nein. Woher ist denn mein Hut wieder da?“

„Der Faller hat ihn gebracht. Du hast ihn dem Faller wohl gegeben, daß er mir ihn bringen soll?“

„Warum sollte ich das? Der Wind hat mir ihn vom Kopf geweht.“

Er erzählte kurz das Begegniß mit des Vogtsbauern Kathrine. Annele schwieg, sie hielt den Pfeil mit der Lüge von der aufgesagten Bürgschaft still verborgen, es wird schon die Zeit kommen, wo sie ihn losschießen kann. Sie kann warten.

Lenz schickte die Magd in die Küche, und den Knaben auf dem Schooß haltend, erzählte er ihr Alles ganz ehrlich bis auf das Eine — bis auf den Gedanken der Untreue, der ihm durch die Seele gezogen. Und Annele sagte: „Weißt du, was das Einzige ist, was wirklich ist von Allem?"

„Was?"

„Die hundert Gulden und drei Kronenthaler, die dir die Franzl angeboten hat. Alles Andere ist nichts."

„Warum nichts?"

„Weil dir dein Ohm nicht hilft. Siehst du jetzt, daß du ihn damals, heute vor fünf Jahren, nicht hättest frei geben sollen?"

„Und das mit der Fabrik?"

„Wer tritt denn sonst noch ein?"

„Ich weiß vor der Hand von Niemand als vom Pröbler, und es ist wahr, er hat doch manches Brauchbare erfunden."

„Ha ha! Das ist gut, der Pröbler und du, das ist gut, das ist das richtige Gespann. Hab' ich dir's nicht hundertmal gesagt, du kommst noch dahin, wo der ist? Und er ist noch mehr wie du, er hat nicht mit seinem Pröbeln Frau und Kinder ins Elend gesetzt. Geh' zum Teufel, du Fabrikler, du Wassersüppler. Laß dich mit dem Pröbler zusammen spannen!" schrie Annele und riß ihm den Knaben vom Schooße und sprach an den Knaben hin: „Dein Vater ist der Garnichts, dem muß man den Zulp ins Maul stecken. Schade, daß seine Mutter nicht mehr lebt, sie sollte ihm den Kindsbrei geben. O, wie bin ich verloren! Das sage ich aber, so lang' ich leb', gehst du nicht in die Fabrik; da ersäuf' ich mich lieber und meine Kinder. Dann geh', und vielleicht heirathet dich dann noch die Kräutles-Mamsell, die hochbeinige Doktors-Tochter."

Lenz saß starr, die Haare standen ihm zu Berge. Endlich sagte er: „Ruf' meine Mutter nicht an. Laß sie in Ruh' in der Ewigkeit."

„Ich lasse sie, ich will nichts von ihr und habe nichts von ihr."

„Was? Haft du denn das Pflänzchen Edelweiß nicht mehr von ihr? Sag', haft du's nicht mehr?"

„O dummes Zeug! ich hab's noch."

„Wo? Gieb's her!"

Annele öffnete einen Schrank und zeigte es. „Gottlob, daß du das noch haft, das bringt noch Segen!" rief Lenz.

„Jetzt wird er auch noch abergläubisch und verrückt, er weiß sich nicht mehr zu helfen und hält sich an einen Strohhalm. So sind sie, so sind sie, die Verlumpten, da wird er herumlaufen verwahrlost und nichts."

Annele sprach im höchsten Aerger, stets gegen die Wand gekehrt und als spräche sie zur ganzen Welt. Es war ein blickloser Blick, und daß sie dabei that, als ob Lenz gar nicht da wäre und stets mit Er von ihm sprach, das kränkte ihn am tiefsten.

Er faßte sich und sagte: „Annele, sprich nicht so, es ist ja, wie wenn du nicht selbst redetest, wie wenn ein Teufel aus dir spräche. Zerknittere das Pflänzchen nicht, das ist ein Heiligthum."

„Ha ha!" lachte Annele. Das fehlt nur noch. Jetzt wird er noch abergläubisch. Da, flieg' in die Luft, Edelweiß, mitsammt der heiligen Schrift."

Sie öffnete das Fenster, draußen blies der Sturmwind. „Da, Wind!" rief sie, komm! Nimm Alles mit, den ganzen heiligen Bettel!" Schrift und Pflanze flogen davon. Der Wind pfiff und heulte und trug die Schrift hinauf auf den kahlen Berg.

„Annele, was haft du gethan?" stöhnte Lenz.

„Ich bin nicht so abergläubisch wie du. Ich bin noch nicht so weit herunter, daß ich auf einen Aberglauben hoffe."

„Es ist ja kein Aberglaube. Meine Mutter hat ja nur damit gemeint: so lang meine Frau das achtet, was von meiner Mutter kommt, wird es uns Segen bringen. Dir ist aber nichts heilig!"

„Ja wohl, du bist nicht heilig und deine Mutter auch nicht."

„Jetzt ist's genug, genug!" schrie Lenz mit heiserer Stimme und knackte einen Stuhl zusammen. „Geh' mit dem Wilhelm aus der Stube. Genug. Genug, oder ich werde verrückt. Still! Es kommt Jemand." —

Annele ging mit dem Knaben nach der Kammer.

Der Doktor trat ein.

„Wie ich's vermuthet, so ist's leider gekommen. Dein Ohm
will gar nichts thun, gar nichts. Er sagt, er habe dir abgera=
then, zu heirathen, und stemmt sich darauf. Ich habe Alles
aufgeboten, Alles vergebens. Er hat mir fast die Thür gewiesen."

„O lieber Gott! Und um meinetwillen! Das ist das Ent=
setzlichste, daß, wer mir gut ist und mir Gutes thun will, auch
Elend über sich nehmen muß. Verzeihen Sie mir, lieber Herr
Doktor. Ich kann nichts dafür."

„Das weiß ich, wie kannst du nur so reden? Ich habe
viele Menschen kennen gelernt, aber einen wie deinen Oheim
noch nie. Er hat mir sein Herz aufgemacht, er hat das weiche
Herz von eurer Familie. Ich habe gemeint, ich könnte ihn jetzt
leiten und lenken wie ein Kind, aber wie er an den einen
Punkt kommt, ans Geld — der Doktor schnalzte mit den Fin=
gern — vorbei, da ist nicht mehr zu reden. Und ich glaube
fest, er hat eigentlich nichts, er hat nur eine Jahresrente aus
irgend einer Versicherungsbank. Doch, lassen wir ihn bei Seite.
Ich werde mit meinen Söhnen reden. Du sollst, wenn dir's
nicht recht ist, in die Fabrik zu gehen, hier oben in deinem
Hause fünf oder sechs Gesellen, so viel du setzen kannst, für
Rechnung der Fabrik beschäftigen."

„Redet nicht so laut. Meine Frau hört Alles in der Kam=
mer. Und wie Ihr bei meinem Ohm, so hab' ich's leider auch
da vorher gewußt. So war sie noch nie, wie sie jetzt gewesen
ist, da ich das Wort Fabrik gesagt habe. Sie leidet's nicht."

„So überleg dir's noch. Willst du nicht ein Bischen mit
mir kommen?"

„Nein, ich bitt' um Verzeihung, ich bin so müde; mir
brechen die Kniee, ich bin jetzt seit heut früh um Viere nicht
zur Ruhe gekommen, ich bin das Herumlaufen nicht gewöhnt,
und ich meine fast, es sitzt eine schwere Krankheit in mir."

„Dein Puls ist fieberisch. Das ist natürlich. Schlaf' heut,
und dann ist Alles vorbei. Aber nimm dich fernerhin in Acht.
Du kannst allerdings schwer krank werden, wenn du dich nicht
ruhig hältst, dich nicht schonst und pflegst. Sag' deiner Frau
von mir," setzte der Doktor laut hinzu, daß es in der Kammer
nicht zu überhören war, „sag' ihr, sie soll den Vater — hier
machte er eine Kunstpause — sie soll den Vater ihrer Kinder
jetzt bei dem Thauwetter besonders gut pflegen und daheim halten;

ſo ein ſitzender Uhrmacher iſt gar ein heikles Geſchöpf. Gut' Nacht,
Lenz, ſchlaf' wohl!

Der Doktor ging. Auf ſeinem Wege rutſchte er oft aus
und ſank faſt nieder in dem überall ſich erweichenden Schnee,
auf deſſen Oberfläche ein trügeriſches Steingerölle lag. Er mußte
beſſer auf den Weg ſehen und nicht ſchweren Gedanken nach=
gehen; denn er ſann darüber nach, wie ihm Pilgrim vor Kurzem
geſagt hatte: Lenz könnte wohl gut leben, was man ſo nennt,
aber ein trockenes Nebeneinander genügt ihm nicht; er will Glück,
Freude, herzinnige Liebe — und das bleibt aus.

Lenz ſaß indeß allein in ſeiner Stube. Er war ſo müde
und konnte doch keine Ruhe finden. Er ging in der Stube hin
und her wie ein gefangenes Wild in einem Käfig. Er hätte
dem Doktor viel zu klagen gehabt, ſchweres körperliches Leid,
und auf einmal rief er: „Wehe! Wehe! Krank ſein, bei einer
böſen Frau nicht fort können, da liegſt du und mußt dir Alles ge=
fallen, Alles an dich hinſagen laſſen, deine Krankenlaunen ſind
nichts als Bosheiten, und deine beſten Freunde dürfen nicht zu
dir. Krank ſein und angewieſen auf die Gutheit einer böſen
Frau, — lieber den Tod aus eigener Hand!"

Der Wind löſchte das Feuer, das Haus war voll Rauch.
Lenz öffnete das Fenſter und ſchaute lange hinaus. Beim Ketten=
ſchmied iſt kein Licht mehr, er iſt begraben in dunkler Erde. Wer
es nur auch ſo gut hätte und erlöſt wäre aus allem Elend!

Die Luft war warm, unbegreiflich warm, es tropfte vom
Dach, und von Berg zu Thal raſte und tobte der Wind, es
raſſelte in der Luft, als ob immer ein Windſtoß den andern
fortſtieße. Auf dem Berge hinter dem Hauſe rollt und grollt es,
der Sturm iſt grimmig, daß man ihm ſeinen Wald genommen,
in dem er nach Luſt aufſpielen konnte, er läßt ſeinen Zorn am
Kaſtanienbaum und an den Tannen beim Hauſe aus, ſie beugen
ſich hin und her und ächzen und krächzen. Es iſt nur gut, daß
das Haus feſt iſt, noch eins von den alten, aus quer auf ein=
ander gelegten feſten Balken, ſonſt mußte man fürchten, daß der
Wind das Haus forttrage mit Allem, was darin. Das wäre
luſtig! Lenz lachte bitter, aber oftmals ſchaute er wieder wie
erſchreckt um, es knackte heute ſo ſeltſam im alten Gebält, als
ahnte das Haus, was darin vorgeht. Solche Worte haben dieſe
Wände noch nie gehört, eine ſolche Nacht in ſolcher Stimmung

hat noch nie ein Bewohner des Hauses durchlebt, dein Vater nicht und dein Ahn und Urahn nicht.

Er ging, Schreibzeug zu holen, da stand er, ohne daß er's wußte, mit dem Lichte vor dem Spiegel und starrte das Antlitz eines Menschen mit gequollenen Augen an. Endlich setzte er sich nieder und schrieb; er hielt mehrmals inne, drückte sich die Hand vor die Augen; dann schrieb er wieder rasch weiter. Er rieb sich die Augen, keine Thräne quoll daraus hervor. Du hast das Weinen verlernt; du hast zu viel für einen Mann, sagte er dumpf vor sich hin. Er schrieb:

„Mein Herzbruder!

„Es stößt mir das Herz ab, da ich dir schreibe, aber ich muß noch einmal zu dir reden. Ich denke der Tage und der Sommernächte, die ich mit dir, mein herzgeliebter Bruder, einherwandelte. Ich kann nicht glauben, daß ich's gewesen bin, es war ein anderer Mensch. Gott ist mein Zeuge und meine Mutter im Himmel auch: ich hab' mit Willen mein Leben lang Niemand beleidigt, und wenn ich dich beleidigt habe, mein lieber Herzbruder, verzeih' mir's; ich bitte dich tausendmal um Verzeihung, es ist nicht gern geschehen. Ein Mensch, der so ist, wie ich, soll nicht leben.

Und jetzt, das ist's: ich weiß keinen Ausweg, als den Tod. Ich weiß, es ist schändlich, aber wenn ich lebe, ist's noch schänd= licher. Ich bin jeden Tag ein Mörder. Das halt' ich nicht aus. Ich weine die Nächte durch, und ich verachte mich, daß ich's thue. Ich darf sagen, ich wäre ein gerader, ruhiger, ehrlicher Mensch gewesen, wenn ich den geraden Weg hätte gehen können. Zum Auskämpfen bin ich nicht gemacht. Ich weine darüber, wenn ich denke, was aus mir geworden ist, und ich bin doch anders gewesen. Wenn ich leben bleibe, wird mein Leben meinen Kindern zur Schande; jetzt wird's nur mein Tod. Ueber's Jahr ist's vergessen, ist Gras über mein Grab gewachsen. Ich rufe dich an, bei deinem guten Herzen und bei allem, was du Gutes an mir gethan dein Leben lang, nimm dich meiner verlassenen Kinder an als ein Vater. Meine armen Kinder! — Ich darf nicht daran denken. Ich habe mir einmal eingebildet, ich könnte ein Vater sein, wie es keinen bessern giebt auf der Welt. Ich kann's nicht, ich kann gar nichts. Wer mich nicht von selber gern hat, den kann ich nicht dazu bringen, und das ist mein Elend, und darüber komme ich nicht hinaus; es ist, als wenn ich an einer gläsernen Wand hinauf sollte. Meine Mutter selig hat Recht gehabt. Wie oft hat sie's gesagt: man kann alles säen und pflanzen und durch Fleiß zwingen, aber Eines muß von selber wachsen, und das ist Gutmeinen. Es wächst bei mir nicht bei dem, wo es wachsen sollte.

Geh' mit meinen Kindern aus dem Dorf, wenn ich begraben werde. Sie sollen das nicht mit ansehen. Bitte den Pfarrer und den Schultheiß, daß ich neben meinen Eltern und meinen Geschwistern liegen darf. Meine Geschwister haben's besser gehabt wie ich. Warum habe ich allein leben müssen, um so zu enden?

Du bist Pathe bei meinem Wilhelm, jetzt mußt du dich seiner annehmen. Du hast immer gesagt: er hat Geschick zum Zeichnen, nimm dich seiner an. Und wenn es dir möglich ist, söhne dich mit dem Ohm Petrowitsch aus, vielleicht thut er doch noch etwas für meine Kinder, wenn ich nicht mehr da bin. Und ich sag' dir's noch einmal, ich will dich jetzt gewiß nicht belügen, er hat dich eigentlich gern, und ihr könnt gute Freunde sein, und er hat ein gutes Herz, mehr, als er das Wort haben will, meine Mutter selig hat's auch hundertmal gesagt. Meine Frau ... Ich will nichts über sie sagen. Wenn's meinen Kindern gut geht, soll man mir meinetwegen Alles nachsagen.

Ich habe Dinge hören und sagen müssen, ich hätte es nie geglaubt, daß das möglich. O Welt! Wo bist du?

Ich bin in der Gefangenschaft, ich muß heraus. Ich habe Tage durchgelebt, Nächte durchgewacht, wie Jahre. Ich bin müde, sterbensmüde, ich kann nicht weiter. Seit Monaten, wenn ich die Augen zuthue und will schlafen, da ist Alles so entsetzlich, und am Tage noch geht mir's nach. Ich halte den schwarzen Schlaf nicht mehr aus, ich will den weißen Schlaf, und der weiße Schlaf ist der Tod!

Für das Geld, was ich dir schuldig bin, ist die Taschenuhr, die ich bei mir trag', dein Eigenthum; sie wird an deinem getreuen Herzen schlagen, wenn mein Herz nicht mehr schlägt. Und wenn mein Sach' verkauft wird, kauf' du die Feile von meinem Vater selig und heb' sie für meinen Wilhelm auf. Ich kann ihm nichts hinterlassen; sag ihm aber doch auch manchmal, daß

sein Vater nicht schlecht gewesen ist. Er hat auch meine unglück-
liche Natur, treib' sie ihm aus, mach' ihn recht stark und herb.
Und das kleine Kind — —

Es thut mir arg weh, arg weh, daß ich aus dem Leben
scheiden muß, ich bin doch noch so jung, aber besser jetzt. Der
Doktor soll dafür sorgen, daß ich nicht nach Freiburg zu den
Studenten gebracht werde. Grüß' mir ihn und alle die Seinigen
aus Herzensgrund. Er hat oftmals gemerkt, wie mir's geht,
aber da hat kein Doktor helfen können. Sag' auch allen unsern
Kameraden Lebewohl, besonders dem Faller und dem Liedermeister.
Mein herzgeliebter Bruder! Ich meine, ich habe noch so viel zu
sagen, aber mir schwindelt's vor den Augen. Gut' Nacht. Leb'
wohl. Auf ewig
dein getreuer
Lenz."

Er faltete den Brief und schrieb auf die Rückseite: „Meinem
Herzbruder Pilgrim zu Handen."

Es tagte; er löschte das Licht; den Brief in der Hand
haltend, wie den letzten Gruß an die weite Welt da draußen,
schaute Lenz zum Fenster hinaus. Drüben überm Berg ging die
Sonne auf, zuerst ein blaßgelber Streifen, eine langgestreckte
dunkle Wolke zieht sich darüber hin, zu Häupten der Wolke das
freie dunkle Blau des Himmels, die ganze Weite, schneebedeckt,
zittert wie im fahlen Lichte, auf der Oberfläche der dunkeln
Wolke zeigt sich eine leise angeglühte Röthe, der Kern bleibt
dunkel, da plötzlich — die Wolke zerreißt in hellgelbe Fetzen,
der ganze Himmel gelb, bis er sich allmählig röthet, und jetzt
Alles auf einmal ein einziger hellleuchtender Purpurglanz. Das
ist die Welt, die Welt des Lichtes, des hellen Daseins, sie will
sich dir noch einmal zeigen, bevor du sie lässest auf immer.

Lenz steckte den Brief zu sich und ging hinaus rings um
das Haus herum; er fiel bis an die Kniee in Schnee. Er kehrte
wieder in die Stube zurück. Annele stand heute nicht auf, er
zog selber die Kinder an und frühstückte mit ihnen. Er gab
ihnen mit großer Zärtlichkeit zu essen und zu trinken; dann,
als es eben zu läuten begann, befahl er der Magd, Wilhelm
an der Hand und das Mädchen auf den Arm zu nehmen und
mit ihnen zu Pilgrim zu gehen. Er wollte der Magd den Brief
mitgeben, aber er nahm ihr denselben wieder aus der Hand und

steckte ihn heimlich in die Tasche des Mädchens. Wenn man
das Kind Abends auskleidet, wird man den Brief finden, und
dann ist Alles vorbei.

„Geh zum Pilgrim," befahl er der Magd nochmals, „und
warte bei ihm, bis ich komme, und wenn ich nicht komme, so
bleib' bei ihm, bis es Nacht ist." Er küßte die Kinder, dann
wandte er sich ab und legte den Kopf auf den Tisch. So lag
er lange. Nichts regte sich im Haus. Es läutete drunten zur
Kirche, er erhob sich, er wartete, bis der letzte Ton verklungen
war. Er verriegelte das Haus und kehrte in die Stube zurück.
Dann rief er mit einem Jammergeschrei: Herr Gott, verzeih'
mir, aber es muß sein! — — Er sank in die Kniee, wollte
beten, er konnte nicht; sie betete ja oft, sie — und kaum
war das letzte Wort des Gebetes über die Lippen, ging Zank
und Streit und Schimpf und Spott von Neuem wieder los.
Sie hat sich an Allem versündigt, was im Himmel und auf
Erden ... Sie muß mit ... Nein, sie soll leben. Aber vor
ihren Augen thu' ich's, sie soll sehen, was sie thut ....

Er bedeckte sich mit beiden Händen das Gesicht, dann ballten
sich seine Fäuste, er stürzte nach der Kammer, er wollte sich vor
den Augen Annele's ermorden. Er zog den Vorhang am Bette
zurück — Kuckuck! Kuckuck! rief da das kleine Mädchen, das bei
der Mutter auf dem Bette saß, und Lenz sank an dem Bette
nieder wie leblos. Da — es rollt — — die Erde thut sich
auf und verschlingt Alles — — es rollt wie Donner unter der
Erde — über der Erde — — Es stürzt mit Macht über das
Haus — — — Nacht, tiefdunkle Nacht ist's plötzlich.

„Um Gottes willen, was ist?" schreit Annele. Lenz richtet
sich auf: „Ich weiß nicht, ich weiß nicht, was ist geschehen?"
Annele weint und schreit: das Kind weint und schreit, und Lenz
schreit: „Herr Gott, was ist?" Sie sind alle wie betäubt. Lenz
will ein Fenster öffnen, es geht nicht; er tappt nach der Stube,
auch dort Alles dunkel. Er stürzt über einen Stuhl und in die
Kammer: „Annele, wir sind begraben, wir sind im Schnee begraben!" ruft er. Die Beiden konnten kein Wort mehr sprechen,
nur das Kind schrie heftig, und die Hühner im Holzstall jammerten, wie wenn ein Marder unter sie gekommen wäre, dann
war Alles still, todtenstill.

Dreiunddreißigstes Kapitel.
Ein Freund in der Noth.

Um dieselbe Stunde hatte Pilgrim zur Kirche gehen wollen, aber auf dem Wege kehrte er wieder um und ging mehrmals an dem Hause des Petrowitsch vorüber. Endlich blieb er vor dem Hause stehen und zog an der Klingel. Petrowitsch hatte ihn schon lang an seinem Fenster beobachtet, und als er jetzt klingelte, sagte Petrowitsch eben vor sich hin: „So? Du willst zu mir? Du sollst dran denken, wie ich dich heim schicke.“

Petrowitsch war sehr übel gelaunt, so verdrießlich, als litte er an den Folgen eines nächtigen Rausches, und es war fast so. Er hatte sich verleiten lassen, in alten Erinnerungen zu schwelgen und einen Andern davon trunken zu machen. Es ärgerte ihn, daß er dem Kitzel nicht widerstanden hatte, vor einem Menschen gut zu erscheinen. Er schämte sich, daß er dem Doktor nochmals am Tageslicht unter die Augen treten solle. Sein Stolz, daß er sich gar nicht darum kümmere, was die Welt von ihm denke, war dahin. Nun kam Pilgrim, der soll die volle Ladung des Aergers empfangen, der wird heute nicht mehr Guitarre spielen und pfeifen und singen.

Pilgrim trat ein und sagte: „Guten Morgen, Herr Lenz!“

„Eben so viel, Herr Pilgrim.“

„Herr Lenz, ich komme zu Ihnen, statt in die Kirche zu gehen.“

„Hätte nicht geglaubt, daß ich für so heilig gelte.“

„Herr Lenz, ich komme zu Ihnen, nicht weil ich glaube, daß es was nützt, ich will nur meine Schuldigkeit gethan haben.“

„Schön, wenn Jeder seine Schuldigkeit thut!“

„Ihr wißt, Euer Lenz . . .“

„Ich habe weiter keinen Lenz, als den da,“ sagte Petrowitsch, sein wohlrasirtes Angesicht im Spiegel betrachtend.

„Ihr wisset, Euer Brudersohn steckt im Elend.“

„Nein, das Elend steckt in ihm; das kommt davon, wenn man sich etwas auf sein gutes Herz einbildet und Kameraden hat, die einen damit hätscheln, und was da nicht mit einstimmt, das sind lauter Launen von griesgrämigen, vertrockneten Alten.“

„Ihr mögt Recht haben, mit Gescheidtreden ist aber nichts geholfen. Das Elend von Eurem Lenz ist größer, als Ihr glaubt.“

„Ich hab's noch nie ausgemessen."

„Mit einem Wort, ich fürchte, er bringt sich ums Leben."

„Das hat er ja schon lang gethan. Wer so dumm heirathet, bringt sich ums Leben."

„Ich weiß nichts mehr zu reden. Ich bin auf Alles gefaßt
gewesen, aber auf das nicht, Ihr seid noch viel mehr . . . und
anders als ich geglaubt habe."

„Danke fürs Compliment. Nur schade, daß ich mir das
nicht als Orden anhängen kann, wie die Liederkränzler."

Der lustige, allzeit wohlgemuthe Pilgrim stand vor dem
Alten verdutzt, wie ein Fechter, dem bei jedem Ausfall die Klinge
aus der Hand gewunden wird.

Petrowitsch weidete sich an diesem Schauspiele und steckte ein
großes Stück Zucker in den Mund. Dann sagte er schmatzend:
„Der Sohn meines verstorbenen Bruders hat nach seinem eigenen
Willen gehandelt, es wäre nicht recht von mir, ihn um den Ertrag seines Willens zu bringen. Er hat sein Leben verschleudert
und sein Geld, ich kann's ihm nicht wieder holen."

„O Gott, Herr Lenz, das können Sie! Sein Leben und
das seiner ganzen Familie ist noch zu retten. Die Häfsigkeit im
Hause wird aufhören, wenn es da wieder aus dem Vollen geht,
Alles geordnet und ohne Sorge. Ueber der leeren Krippe zanken
sich die Gäule, sagt man. Das Geld ist nicht der Friede, aber
es kann Frieden bringen."

„Schau einmal an, wie gescheidt die junge Welt mit fremdem Geld ist! Aber selbst erwerben will sie's nicht. Kurz und
gut, ich thue nichts für den Mann des Löwen-Annele, der sich
ihre guten Worte um Geld kaufen muß."

„Und wenn Euer Neffe stirbt?"

„So wird er wahrscheinlich begraben."

„Und was wird aus den Kindern?"

„Es weiß Niemand, was aus Kindern wird."

„Hat Euch Euer Neffe je etwas zu Leid gethan?"

„Wüßte nicht, warum er das sollte."

„Was könnt Ihr denn Besseres thun mit Eurem Gelde,
als jetzt — —..."

„Wenn ich einmal einen Vormund brauche, werde ich mir
den Herrn Pilgrim ausbitten."

„Herr Lenz, ich sehe, ich bin für Euch nicht gescheidt genug."

„Ist mir eine große Ehre," sagte Petrowitsch, einen Fuß über den andern legend und mit dem Klapp=Pantoffel in der Luft spielend.

„Ich habe das Meinige gethan," sagte Pilgrim wieder.

„Und billig; mit ein paar guten Worten; was kostet der Scheffel? Möchte mir auch kaufen."

„Ich hab' Euch zum ersten und letztenmal um etwas gebeten."

„Und ich Euch zum ersten und letztenmal etwas abgeschlagen."

„Guten Morgen, Herr Lenz!"

„Eben so viel, Herr Pilgrim!"

An der Thüre kehrte Pilgrim noch einmal um, sein Angesicht war roth, in seinen Augen flimmerte es, und er sagte: „Herr Lenz, wißt Ihr, was Ihr thut?"

„Bis jetzt habe ich noch immer gewußt, was ich thue."

„Eigentlich werft Ihr mich zur Thüre hinaus."

„So?" schmunzelte Petrowitsch. Er senkte aber doch den Blick, da er die Mienen Pilgrims sah, es zuckte etwas darin, war's Rauflust oder Weinen? Und Pilgrim fuhr fort: „Herr Lenz, ich lasse mir Alles von Euch gefallen. So weit es Menschen giebt, die Hecken und Bäume gesehen haben, woran Stöcke wachsen, giebt es keinen, keinen, der auftreten kann und sagen, man darf den Pilgrim ungestraft beleidigen. Ihr dürft's, und wißt Ihr warum? Weil ich mich für meinen Freund beleidigen lasse. Ich kann leider Gottes nichts anderes für ihn thun. Ich sage Euch kein böses Wort, kein einziges. Ihr sollt nicht sagen können: der Pilgrim hat mich grob behandelt, drum thue ich nichts für seinen Herzbruder, den Lenz. Ich nehme um meines Freundes willen gern den Schimpf auf mich. Ihr könnt es überall erzählen, daß Ihr mir die Thür gewiesen."

„Wird mir nicht viel Ehre einbringen."

Pilgrim athmete tief auf, seine Lippen wurden blaß, und er verließ stumm die Stube.

Petrowitsch schaute dem Davongehenden nach mit einer Siegesmiene, wie sie der Fuchs machen muß, wenn er vollauf gesättigt einem Häschen zum Spaß ein bißchen Blut aussaugt und es dann wieder laufen läßt, so gut es kann.

Mit großem Behagen ging er in seiner Stube auf und ab

und machte die Trottel an seinem Schlafrocke etwas weiter. Das
Behagen schien ihn wahrhaft aufzublähen, er strich sich mit beiden
Händen am Leibe herunter, und das sagte: so, jetzt bist du
wieder der Petrowitsch; gestern Abend warst du ein einfältiger
Narr und hattest kein Recht dazu, auf die Waschlappenwelt hier
herum zu schimpfen.

Unterdeß ging Pilgrim still heimwärts, aber auch vor seinem
Hause ging er vorüber und weit hinaus ins Feld, bis er endlich
wieder umkehrte. Er fand zu Hause eine große Freude, den
Sohn seines Freundes. So ist's, wenn Freunde einander in der
Seele haben. Der gute Lenz hat in demselben Augenblick an
dich gedacht, wie du an ihn. Vielleicht hat er sogar gewußt, geahnt, wie du zum Petrowitsch gingst. Er hat dir das Kind wie
zur Beihülfe geschickt, aber es hätte nichts genützt; zu dem rohen
Menschen und Engel vergebens. Pilgrim war unerschöpflich in
Spielen, die er für das Kind erfand, und in Zeichnungen, die
er ihm vormachte. Und dann konnte er aus einem weißen Sad-
tuch und seinem schwarzen Halstuch mit seinen Fingern Hase und
Hund machen, und wie die einander nachspringen. Der kleine
Wilhelm war voll Jauchzen, und Pilgrim mußte ihm immer dieselbe Geschichte dreimal wiederholen. Gut erzählen konnte Pilgrim, besonders von einem kastanienbraunen Türken Kulikali, mit
der großen Nase, der den Rauch schlucken kann. Pilgrim verkleidete sich selber als Türke Kulikali, setzte sich mit gekreuzten
Beinen auf eine Decke am Boden und machte allerlei Schnick-
schnack. Pilgrim war gewiß heute eben so viel Kind, wie sein
junger Pathe, und sie aßen mit einander unten bei Don Bastian.
Nachmittags mußte Pilgrim, trotzdem es halb regnete, halb
schneite, doch eine Stunde mit Wilhelm hinab an den Bach.
Das war doch gar zu schön! Da schwammen die großen Eis-
schollen, und auf den Schollen saßen die Raben; sie wollten auch
einmal zu Schiffe fahren, aber sobald eine Eisscholle zerschellte,
flogen sie sehr geschickt auf und setzten sich auf eine andere. Es
machte fast schwindelig, von der Anhöhe herab dem zuzusehen.
Es war, als ob der Boden sich bewegte und das Eis stehen
bliebe. Der Knabe hielt sich ängstlich an Pilgrim. Er kehrte
mit ihm heim und ließ seinem Pathchen ein Bett herrichten auf
seinem zerfessenen Sopha, und die beiden waren einig, daß der
junge Lenz gar nicht mehr heim gehe. Und tief durch die Seele

ging's Pilgrim, als das Kind sagte: „Der Vater schreit immer
so, und die Mutter auch, und die Mutter hat gesagt, der Vater
ist ein böser Mann."

O armer Lenz, du mußt bald dazu thun, daß dein Kind
anders wird! dachte Pilgrim.

Es regnete und schneite, daß man nicht vors Haus konnte,
zumal da immer jetzt große Lawinen von den Dächern und den
Wiesengeländen rollten. Es ward unversehens Abend, aber Lenz
kam nicht; und Pilgrim horchte hoch auf, als ihm die Magd erzählte, Petrowitsch sei ihr auf dem Wege nach der Morgenhalde
nicht weit vom Hause begegnet. Er habe sie gefragt: wem gehört das Kind? Und als sie gesagt: das ist ja des Lenzen Wilhelm, da habe er den Knaben gestreichelt und ihm ein Stückchen
Zucker gegeben; aber kein ganzes, denn er habe die Hälfte abgebrochen und sich selber in den Mund gesteckt.

Ist's denn möglich? Kann denn der Petrowitsch wirklich erweicht werden? Wer kennt die Gedanken der Menschen?

Nachdem Petrowitsch das Behagen des Triumphes über den
Doktor und über den Pilgrim sattsam genossen hatte, fühlte er
sich sehr ruhig.

Er sah die Menschen truppweise zur Kirche gehen und zuletzt
eine einzelne Frau, einen einzelnen Mann eilig und allein dahin
rennen, um noch zur rechten Zeit zu kommen.

Petrowitsch ging sonst auch fast regelmäßig zur Kirche, ja,
man sagte sogar, er werde in seinem Testamente eine große
Summe zum Neubau aussetzen; heute blieb er daheim, er hatte
genug mit sich selber zu thun, und unwillkürlich dachte er: der
Bursch hat doch gute Freunde in der Noth. Pah! Wer weiß,
ob sie's wären, wenn sie Geld hätten ... Das von dem Pilgrim
kann aber doch echt gewesen sein, es scheint fast; das Weinen
hat ihm nahe gestanden, er hat an sich gehalten und hat sich
Alles gefallen lassen, um es für seinen Freund nicht zu verderben ... Wer weiß, ob das nicht doch falsches Spiel ist? Nein,
es giebt doch noch wirklich Freunde ...

Von fern her dröhnte die Orgel, erschallte der Gesang der
Gemeinde, und jetzt war's still, jetzt predigt der Pfarrer, man
hört eine einzelne Menschenstimme nicht so weit. Petrowitsch saß
auf seinem Stuhl und hielt die Hände in einander, und es war
fast, als predige ihm Jemand, und plötzlich erhob er sich und

sagte fast laut: Es ist gut, den Menschen den Meister zu zeigen; aber es schmeckt doch auch gut, verehrt zu werden. — Nein, das ist nicht viel werth — aber den Menschen einmal die Augen auf= reißen, daß sie sagen: beim Blitz, das hätten wir nicht geglaubt! ja, ja, das schmeckt doch.

Seit vielen Jahren hatte sich Petrowitsch nicht so schnell angekleidet wie heute. Sonst war das Ankleiden, wie überhaupt Alles, was er zu thun hatte, eine gemächliche Arbeit, bei der man ein schönes Stündchen verbringt; heute war er schnell fertig. Petrowitsch hatte seinen Pelz angezogen, er hatte den feinsten Pelz weit und breit; er war nicht umsonst so lang in Rußland gewesen. Die alte Haushälterin hatte ihn doch noch vor wenig Minuten im Schlafrock gesehen, sie sah ihn staunend an, sie durfte aber nichts reden, wenn er sie nicht zuerst ansprach. Mit seinem goldknaufigen Stocke, an dem aber eine sehr spitzige Zwinge war, ging Petrowitsch durch das Dorf und richtig den Berg hinauf. Kein Mensch war auf dem Wege, keiner sah aus dem Fenster, es wunderte sich Niemand, ihn zu solch ungewöhn= licher Zeit und bei so schlechtem Wetter außer dem Hause zu sehen. Nur Büble bellte laut für die ganze Menschheit: mein Herr geht einen Weg, einen Weg, es glaubt's kein Mensch! Ich hätt's selber nicht geglaubt. — So bellte er bald einem Raben zu, der beschaulich auf einer Hecke saß und mit tiefem Sinnen betrachtete, wie der Schnee schmolz, bald bellte Büble es ganz für sich hin, und je tiefer der Schnee war, um so höher, wie emporgeschnellt, hüpfte Büble auf seinen überflüssigen Abschwei= fungen bergauf und bergab. Und dann schaute er seinen Herrn wieder an, wie wenn er sagen wollte: uns zwei versteht keine Menschenseele, nur du und ich, wir kennen uns.

Ich gebe meine Ruhe mit hin, wenn ich's thue, sagte Pe= trowitsch vor sich hin, aber wenn ich's nicht thue, habe ich auch keine Ruhe, und es ist doch besser, ich habe Dank davon. Und ein einfältiger, guter ehrlicher Mensch ist er doch, gerade wie sein Vater gewesen ist; ja, ja.

Petrowitsch kam bis vor das Haus des Lenz. Die Haus= thür war verschlossen, Büble stand schon auf der Schwelle, und in diesem Augenblick — Petrowitsch hatte fast schon die Thür= klinke in der Hand — sank er zu Boden. Er lag unterm Schnee. Das hat man davon, wenn man sich um einen andern Menschen annimmt, war sein erster Gedanke beim Niederstürzen. Bald aber hatte er keine Gedanken mehr.

Vierunddreißigstes Kapitel.
Verschüttet und heimgesucht.

„Zünd' ein Licht an, Lenz, zünd' ein Licht an. Wenn eine Gefahr ist, muß ich sie sehen. Du bleibst im Finstern und klagst und weinst. Was weinst du jetzt auf meine Hand? Was soll das? Laß mich los, ich will aufstehen und Licht machen."

„Annele, so bleib doch ruhig," konnte Lenz kaum hervorbringen. Seine Zähne klapperten. „Annele, ich habe mich vor deinen Augen umbringen wollen."

„Bring lieber mich um. Mir wäre der Tod recht."

„Annele, hast du mich denn nicht verstanden? Wir sind begraben mit unserm Kind. Wir sind verschüttet."

„Ja wohl, wenn du das Unglück zu machen gehabt hättest, wär's nicht geschehen; es hat von selber kommen müssen."

Noch immer, jetzt noch dieser gellende, schneidende Ton, diese ätzenden, stachelnden Worte! Lenz konnte kaum Athem holen.

„Ich stehe auf, ich stehe auf," fuhr Annele fort, „ich bin nicht so wie du und lasse die Arme hängen: komm, Glück, komm, Unglück, mach mit mir, was du willst! Ich muß sehen, was da zu machen ist. Du möchtest am liebsten warten, bis man dich ausgräbt oder der Schnee von selbst weggeht. Bei mir ist's anders. Wehr' dich, hat unser alter Hund geheißen."

„Bleib ruhig. Ich will Licht anzünden," erwiderte Lenz und ging nach der Stube; aber noch hatte er das Licht nicht angezündet, als Annele bei ihm stand. Sie hatte das Kind auf dem Arm. Er ging nach dem Speicher, kam aber schnell wieder zurück und berichtete mit Entsetzen, daß das Dach eingedrückt sei. „Das ist nicht vom Schnee allein," sagte er, „da sind Baumstämme mit herunter gerollt. Drum hat's so gepoltert."

„Was geht mich das an? Helfen, ein Rettungsweg ist die Hauptsache."

Annele rannte hin und her, drückte an allen Fenstern, an allen Thüren. Es darf nicht sein, solch ein Unglück darf nicht geschehen! Erst als sie merkte, daß nichts nachgab, Alles wie fest eingemauert, schrie sie laut jammernd auf und setzte das Kind auf den Tisch. Lenz nahm das Kind auf den Arm und redete Annele zu, geduldig zu sein, sie gab keinen Laut von sich. „Die kalte Hand des Todes liegt auf unserm Hause," sagte er, „da hilft kein Ankämpfen mehr. Hast du den Wilhelm auch noch daheim? Ist er wo versteckt?"

„Nein, er ist fort, das Kind aber hab' ich bei mir behalten."

„Gottlob, da sind wir doch nicht alle verloren, ist doch eines von uns gerettet. O du armes Kind! Ich will dir ehrlich sagen, ich habe den Knaben fortgeschickt, er sollte nicht dabei sein, wie ich mich umbringe. Jetzt ist's anders. Jetzt hat uns Gott mit einander abgefordert. O du armes Kind, daß du um der Sünde deiner Eltern willen sterben mußt!"

„Ich habe nicht gesündigt, ich habe mir nichts vorzuwerfen."

„Gut, bleib auch jetzt noch dabei. Davon weißt du nichts, daß du mich ermordet, mir das Herz im Leib vergiftet, mich verunehrt hast vor mir selber, mich hast unter den Fuß treten wollen und mir alle Kraft genommen?"

„Ein Mann, der sich die Kraft nehmen läßt, verdient's nicht besser."

„Annele, um Gottes willen, in einer Stunde stehen wir vielleicht vor einem andern Richter. Geh in dich!"

„Ich brauche dein Predigen nicht, predige dir selber."

Sie ging in die Küche und wollte Feuer anzünden, aber sie that einen jammervollen Schrei. Als Lenz hinaus kam, sah er ihren Blick starr auf den Herd gerichtet, da saßen die Ratten und Mäuse auf dem Herde und starrten sie an, und ein Rabe flog in der Küche umher und schlug bald einen Teller, bald einen Topf zu Boden.

„Schlag sie todt," schrie Annele und floh in die Stube.

Lenz wurde der Ratten und Mäuse bald Meister, des Raben konnte er nicht habhaft werden, wenn er nicht alles Geschirr in der Küche zertrümmern wollte, beim Lampenlicht war er wie toll, und ohne Licht fand man ihn nicht. Lenz ging in die Stube und sagte: „Ich habe hier meine geladene Pistole, ich könnte den Raben erschießen, aber ich darf's nicht wagen; die Erschütterung durch den Schuß kann das Zusammenstürzen des Hauses beschleunigen. So, ich will wenigstens diese Stube sicher machen."

Er rückte in die Mitte der Stube unter den Durchzugsbalken einen schweren Schrank, stemmte einen kleinen darauf, stopfte sie voll mit Linnenzeug und rammte sie so fest gegen die Decke, daß sie sattsam Tragkraft haben mußten.

„Jetzt wollen wir, was wir von Speisen haben, hier her=einbringen." Auch das vollführte er schnell und sicher. Annele sah ihn staunend an, sie konnte sich nicht vom Platze bewegen, sie war wie gelähmt.

Lenz holte sein Gebetbuch und das Annele's, er schlug in beiden das Gleiche auf: Vorbereitung zum Tode. Er legte das eine vor Annele, in dem andern las er, aber bald schaute er auf und sagte: „Du hast Recht, daß du nicht hinein siehst, da steht nichts für uns." Noch nie waren zwei Menschen auf der Welt, sie sollten abgeschieden, still einander das Leben verdoppeln, aber sie hielten's nicht aus, dahin, dorthin zieht es, und jetzt sind sie beide gefangen im Vorhof des Todes, konnten nicht mit einander leben, müssen mit einander sterben. „Still!" unterbrach er sich plötzlich. „Hörst du nicht schreien? Mir war's, wie wenn ich was hörte, tiefes Brummen."

„Ich höre nichts."

„Wir können kein Feuer machen," fuhr Lenz fort, „der Rauchfang ist verschüttet, wir ersticken. Gottlob, da ist die Spirituslampe, die meine Mutter selig noch angeschafft hat. Ja, Mutter," sagte er, zu dem Bilde aufschauend, „du hilfst noch im Tode. So, jetzt zünd' an, Annele, spar' aber den Spiritus. Wer weiß, wie lange wir da ausharren müssen!"

Annele sah dem ganzen Gebahren des Lenz wie erstarrt zu, das Wort drängte sich ihr oft auf die Lippe: „Bist du denn der Lenz, der sich nicht zu helfen weiß?" Aber sie brachte das Wort nicht hervor, sie war wie ein Scheintodter, der reden will und nicht kann; das Wort kam nicht heraus.

„Wenn aber die Mäuse auch hier herein kommen," sagte Annele, als sie den ersten Schluck warmer Milch getrunken.

„Dann schlagen wir sie auch hier todt, und ich stecke sie in den Schnee hinaus, damit der Fäulgeruch uns nicht schadet. Ich will gleich die draußen versorgen."

Annele sah Lenz wieder erstaunt nach. Ist denn das ein anderer Mensch? Ist das der alte, weiche, schlaffe Mensch, der jetzt im Angesicht des Todes so keck zugreift?

Ein gutes, ein anerkennendes Wort kam bis auf die Lippe,
aber es kam nicht hervor.

„Schau, der verdammte Rabe hat mich gebiſſen,“ ſagte
Lenz, mit blutiger Hand eintretend, „und ich kann ihn nicht
faſſen. Der Kerl iſt toll, weil ihn die Schneelawine auch mit
fortgerollt hat. Durch den Schornſtein iſt eine ganze Schneeſäule
herunter. Schau, jetzt iſt's ſchon zehn Uhr. Jetzt gehen ſie
drunten im Dorf aus der Kirche. Mit dem letzten Läuten ſind
wir verſchüttet worden. Das war unſer Grabgeläute.“

„Ich will aber noch nicht ſterben, ich bin noch ſo jung!
Und mein Kind! Das habe ich nie gewußt, das habe ich nie
geahnt, daß man ſich ſo in den Tod ſtellt, wenn man ſich zu
euch Uhrmachern auf der Einöde niederläßt.“

„Das hat auch nur dein Vater gethan,“ erwiderte Lenz,
meine Eltern ſind auch dreimal verſchneit geweſen, draußen lag
der Schnee, daß man zwei, drei Tage nicht aus dem Hauſe
konnte, aber verſchüttet waren wir nie. Da hat dein Vater den
Wald verthan, das iſt ſein Werk, er hat mir den Wald überm
Kopf niederhauen laſſen.“

„Du biſt ſelbſt ſchuld. Er hat dir den Wald geben wollen.“

„Das iſt wahr.“

„O lieber Gott, wenn ich nur mit meinem Kind da heraus
wäre!“ klagte Annele wieder.

„Und an mich denkſt du gar nicht?“

Annele that, als ob ſie das nicht hörte, und rief nur
wieder: „O lieber Gott, warum muß ich ſo ſterben! Was hab'
ich denn gethan?“

„Was du gethan haſt? Ueber eine Weile wird dir's Gott
ſelber ſagen, mein Reden hilft nichts mehr.“

Lenz ſchwieg, auch Annele ſchwieg, und doch war ihr, als
müßte ſie reden, ganz anders, ſie konnte nicht.

„O lieber Gott,“ begann Lenz, „da ſind wir zwei jetzt in
den Tod geſtellt, und wie ſind wir zu einander! O Elend und
Jammer! Und wenn wir gerettet werden, da geht das Martern
und Peinigen von Neuem an. Meine Eltern waren auch dreimal
verſchneit; meine Mutter hat jeden Winter Vorkehrungen dagegen
getroffen und immer großen Vorrath von Salz und Oel gehabt.
Von den erſten beidenmalen weiß ich nichts, aber das letzte-
mal, das iſt mir noch ganz im Gedächtniß. Nie in meinem

Leben habe ich gesehen, daß Vater und Mutter einander küßten, und doch haben sie einander im Herzen getragen, getreu und gut; und wie nun der Vater sagt: Marie, jetzt sind wir einmal wieder allein auf der Welt, außer der Welt — da habe ich zum ersten mal gesehen, wie die Mutter den Vater küßt, und die drei Tage lang war's, wie wenn man immer in der Ewigkeit wäre, im Paradies. Am Morgen, am Mittag und Abend haben Vater und Mutter mit einander aus dem Gesangbuch gesungen, und jedes Wort, was sie mit einander redeten, war so heilig und so still, ich kann's gar nicht sagen. Meine Mutter sagt einmal: Wenn wir nur einstmals so mit einander sterben könnten, so aus der Ruhe heraus in die ewige Ruhe, und ich möchte mit dir in derselben Minute sterben, daß Keines dem Andern nachjammern muß. Da war's auch, wie der Vater vom Ohm gesprochen hat, und er sagt: wenn ich jetzt sterben müßte, ich habe keinen Feind draußen in der Welt, ich bin Niemand was schuldig, nur mein Bruder Peter ist mir feind und das thut mir weh."

Plötzlich hielt Lenz wieder inne im Erzählen.

Es kratzt etwas an der Hausthür, es wimmert, es bellt. „Was ist das? Ich muß sehen, was das ist," sagte Lenz.

„Nein, laß, um Gottes willen, laß!" schrie Annele und legte ihre Hand auf seine Schulter, es durchzuckte ihn wie ein Blitz. „Laß, Lenz. Es ist ein Fuchs, der bellt, nein, es ist ein Wolf, so bellen die Wölfe. Ich hab' einmal einen gehört."

Von den Stimmen im Hause geweckt, schien das draußen lebendiger, es kratzte und bellte mächtiger.

„Nein, das ist kein Wolf, das ist ein Hund. Still, das ist der Büble. Heiliger Gott! der ist's. Wo der Büble ist, ist auch der Ohm. Der ist auch verschüttet."

„Laß ihn liegen, wenn er's ist, der Schelm verdient's nicht besser."

„Weib, bist du toll? Jetzt noch kannst du deinen Gift nicht lassen?"

„Ich habe mich voll getrunken, bis da herauf an Gift. Ich habe die langen Tage sonst nichts gehabt. Es war meine einzige Speise."

Lenz ging nach der Küche und kam mit dem Beile wieder.

„Was willst du?" sagte Annele und hielt das Kind vor sich.

„Geh weg! Geh weg!" schrie Lenz, und mit aller Macht

hieb er die Thür, die nach außen aufging, in Stücke. Es war
in der That Büble, der heulend herein ſprang, ſchnell aber eilte
er wieder zurück und begann im Schnee zu wühlen und immer
wieder zu bellen.

Lenz machte ſich dran, den Schnee wegzuſchaufeln. Es dauerte
nicht lange, es kam ein Pelzſtück zum Vorſchein, Lenz arbeitete
behutſam weiter, legte Hacke und Schaufel weg und grub mit
den Händen. Er mußte den Schnee in das Haus herein nehmen,
um Raum zu gewinnen. Er fand den Ohm. Er war leblos
und ſo ſchwer, daß er ihn faſt nicht erſchleppen konnte. Lenz
trug ihn in die Kammer, riß ihm die Kleider vom Leib und
brachte ihn ins Bett. Dort rieb er ihn mit aller Macht, bis
er aufathmete. „Wo bin ich?“ ſtöhnte er, „wo bin ich?“

„Bei mir, Ohm!“

„Wer hat mich hieher gebracht? Wer hat mir meine Kleider aus-
gezogen? Wo ſind die Kleider? Wo iſt mein Pelz? Wo iſt meine
Weſte? Da ſind meine Schlüſſel drin. Ha! Habt ihr mich endlich?“

„Ohm, haltet Euch ruhig, ich will Alles ſuchen. Da, da
iſt Euer Pelz; da, da iſt Eure Weſte.“

„Gieb ſie her; ſind die Schlüſſel drin? Da, da ſind ſie.
Ha! Büble, biſt du auch da?“

„Ja, Ohm, der hat Euch gerettet.“

„Ja, jetzt beſinn' ich mich. Wir ſind verſchüttet. Wie lang
iſt das ſchon? War's nicht geſtern?“

„Es iſt kaum eine Stunde,“ ſagte Lenz.

„Hörſt du nicht Hülfe kommen?“

„Ich höre gar nichts; haltet Euch jetzt ein bischen ruhig,
ich gehe in die andere Stube und will Euch was holen.“

„Laß mir das Licht da, bring mir etwas Warmes.“

Als er allein war, ſagte Petrowitſch vor ſich hin: „Geſchieht
mir recht, geſchieht mir ganz recht. Warum bin ich von meinem
Weg abgegangen?“

Lenz brachte indeß dem Ohm etwas Branntwein. Der ſchien
ihn zu erfriſchen, und den Hund hätſchelnd, der ſich an ihn
ſchmiegte, ſagte Petrowitſch: „Laß mich jetzt ſchlafen. Was iſt
das? Schreit nicht ein Rabe?“

„Ja, es iſt einer vom Schnee durch den Schornſtein in die
Küche gewirbelt.“

„So? Laß mich ſchlafen.“

Fünfunddreißigstes Kapitel.

Ins Herz getroffen.

Lenz saß draußen bei Annele in der Stube, Beide redeten kein Wort; nur das Kind lachte und wollte bald nach dem Licht, bald nach den Augen des Vaters greifen, die starr auf das Kind gerichtet waren. „Gottlob, es ist doch unser Sohn gerettet, wenn wir da sterben müssen," sagte Lenz. Annele schwieg; die Uhren gingen im Takte fort, und jetzt begann die Spieluhr einen Choral zu spielen. Zum erstenmal begegneten sich wieder die Blicke der Beiden. Annele faßte das Kind anders und faltete die Hände über dessen jauchzender Brust.

„Wenn du beten kannst," sagte Lenz, nachdem der Choral vorüber war, „so mein' ich, solltest du auch in dich gehen und bereuen können."

„Ich habe gegen dich nichts zu bereuen, und was ich zu bereuen habe, das sage ich nur Gott. Ich habe mit dir nichts gewollt, als was gut und rechtschaffen ist."

„Und ich?"

„Du auch, so weit du eben kannst; ich bin gerechter gegen dich, als du gegen mich; du willst mich nicht dazu kommen lassen, daß ich was erwerbe."

„Und deine entsetzlichen Worte?"

„Pah! Worte machen einem kein Loch in den Kopf."

Lenz bat und beschwor sie, doch jetzt wenigstens vor dem Ohm gut und friedlich zu sein. Wie aus dem Traum entgegnete Annele: „Der Ohm und der Rabe da draußen, die sagen mir, daß wir jetzt sterben müssen."

„Du bist doch sonst nicht abergläubisch; das wäre schrecklich, für dich am meisten. Du hast ja die Schrift und das Vermächtniß in den Sturm hinaus geschleudert und ihn gerufen, daß er kommen soll."

Annele gab keine Antwort, und Lenz erhob sich nach einer Weile und sagte, er wolle sich durch die Höhlung, darin der Ohm gelegen, weiter durchgraben; wenn er nur bis zum Berg käme, dann könne er hinauf und Hülfe bringen. Annele hatte schon die Hand ausgestreckt, um ihn zurück zu halten. Wenn der Schnee sich senkt und Lenz verschüttet wird, sie und Petrowitsch haben nicht Kraft, ihn wieder heraus zu scharren. Sie hatte schon die Hand ausgestreckt, um ihn zurück zu halten, aber sie fuhr sich mit der Hand über das Gesicht und ließ ihn gehen. Er kam nach kurzer Weile wieder und sagte, der Schnee sei so locker, daß jede Höhlung gleich wieder einsinke, und es sei zu fürchten, daß es draußen unaufhörlich fortschneie. Er schaufelte nun den Schnee, den er beim Ausscharren des Ohms ins Haus gebracht, wieder hinaus und schob einen Schrank vor den Haus= eingang, wo durch die zertrümmerte Thür immer mehr Schnee eindrang.

Er mußte sich umkleiden und sein Sonntagsgewand anziehen, es war sein Hochzeitskleid, das er anzog.

Heute vor fünf Jahren, sagte er wie für sich, sind viel Schlitten vor dem Löwen gestanden; wenn nur die Gäste von damals alle da wären, um uns auszugraben!

Petrowitsch war nach kurzem Schlafe in der Kammer erwacht, aber er hielt sich ruhig. Er besann sich mit Gelassenheit auf alles, was geschehen war. Eilen hilft hier nichts und Klagen auch nichts. Er hatte gestern sein ganzes vergangenes Leben noch ein= mal auferweckt, er hatte in kurzem Zeitraum Alles noch einmal gelebt, und jetzt ist's am Ende. Das sagte er sich mit Ruhe. Wie er sich aber zu denen da draußen in der Stube verhalten solle, darüber konnte er lange nicht einig werden. Endlich rief er Lenz und verlangte seine Kleider, er wolle aufstehen. Lenz sagte, es sei kalt in der Stube, und man könne nicht heizen, auch seien die Kleider naß. Petrowitsch aber verlangte dennoch aufzustehen und fragte: „Hast du nicht einen guten Schlafrock?"

„Wohl, ich habe einen, ich habe noch den von meinem seligen Vater. Wollt Ihr ihn anziehen?"

„Wenn du keinen andern hast, gieb her," sagte Petrowitsch zornig, innerlich aber war's ihm wehmüthig, ja, fast bang, den Rock seines Bruders anzuziehen.

„Ihr sehet meinem Vater jetzt ganz gleich!" rief Lenz, „ganz ähnlich, nur ein wenig kleiner."

„Ich habe eine harte Jugend gehabt, sonst wäre ich auch größer," sagte Petrowitsch und schaute, als er in die Stube kam, in den Spiegel. Der Rabe schrie in der Küche, Petrowitsch erschrak und befahl Lenz gebieterisch, den Raben todt zu schlagen. Lenz erklärte, daß er das nicht könne, und jetzt war Friede zu stiften zwischen Büble und der Hauskatze. Büble jammerte noch lange, er schien hart getroffen, die Katze wurde in die Küche gesperrt, das war doppelt gut, denn der Rabe war fortan still. Petrowitsch verlangte noch mehr von dem Kirschbranntwein, und Lenz erzählte, daß Gottlob noch drei Flaschen da seien, die seien mindestens zwölf Jahre alt, die seien noch von seiner Mutter. Petrowitsch bereitete mit heißem Wasser und Zucker einen guten Grog. Er wurde gesprächsam und rief: „Es wäre doch gar zu toll! Habe meinen Körper durch die ganze Welt geschleppt, und jetzt soll ich daheim im elterlichen Haus zerquetscht werden. Geschieht mir recht; warum habe ich das dumme Heimweh nicht bezwingen können! Ja, Heimweh!" Er lachte laut auf und fuhr fort: „Mein Leben ist versichert, was hilft mir's jetzt? Und wißt ihr, wer uns da begraben hat? Der Ehrenmann, der dicke Löwenwirth, hat den Wald da über uns verfressen."

„Leider Gottes, er begrabt damit sein Kind und Kindeskind," setzte Lenz hinzu.

„Und ihr seid beide nicht werth, meinen Vater zu nennen!" schrie Annele mit gellender Stimme. „Mein Vater hat Unglück gehabt, aber schlecht ist er nicht, und wenn ihr noch so ein Wort sagt, zünde ich das Haus an."

„Du bist verrückt!" rief Petrowitsch, „sollen wir ihm dafür danken, daß er uns den kleinen Schneeballen da auf den Kopf geworfen hat? Aber sei ruhig, Annele, komm her, setz' dich zu mir; so, gieb mir die Hand. Annele! Ich will dir was sagen, ich hab' dich auch für nicht brav gehalten, aber jetzt bist du brav; das ist recht, das gefällt mir von dir, daß du nichts auf deinen Vater kommen lässest. Es giebt Wenige, die bei einem aushalten, wenn man nichts mehr hat. O, wie hab' ich dich so lieb! heißt's, so lange man Geld im Beutel hat. Das ist brav von dir." Annele schaute nur einmal auf zu Lenz, und er schlug den Blick nieder. Petrowitsch fuhr fort: „Es ist vielleicht gut, daß wir so bei einander sitzen, noch die Stunde, wer weiß, wie bald wir sterben müssen! und jetzt muß Alles rein und klar heraus; Lenz, rück' auch ein bischen näher. Ich glaube, du hast gewollt, deine Frau soll dich im Unglück trösten, und gerade, weil du unzufrieden gewesen bist mit dir und dir selber hast kein Lob geben können, hast du von Anderen Lob erwartet, statt daß du ihr hättest Hülfe leisten sollen, dem stolzen Löwen-Annele. Ja, du bist stolz, schüttle den Kopf nicht. Stolz ist eine gute Sache,

wenn nur der Lenz ein bißchen mehr hätte; ja, wart' nur, es
kommt schon auch noch an dich."

„Ja!" rief Annele, „er hat mich belogen, er hat mir ein=
geredet, er habe die Bürgschaft für den Faller gekündigt, und
es ist doch nicht wahr."

„Ich habe dir nichts gesagt, ich bin deinem beständigen
Drängen nur ausgewichen."

„Wie gesagt, die Reihe kommt auch an dich. Jetzt sag' mir
nur Eins,. Annele," fuhr Petrowitsch fort, „aber auf Ehre und
Gewissen: hast du gewußt, wie du den Lenz geheirathet hast,
daß dein Vater nichts mehr hat?"

„Soll ich's ganz ehrlich sagen?"

„Ja."

„Nun denn, ich schwöre es vor Gott, daß es so gewesen
ist: ich hab' gewußt, daß mein Vater kein reicher Mann mehr
ist, aber für vermögend habe ich ihn immer noch gehalten. Ich
hab' den Lenz gern gehabt, wie wir noch reich gewesen sind; da=
mals hat meine Mutter nichts davon wissen wollen. Meine Mutter
hat mit uns immer hoch hinaus gewollt, und daneben hat sie
mich auch nicht zu einer Schwiegermutter ins Haus geben wollen."

„Du für dich wärst also zu meiner Mutter gegangen, wenn
sie noch gelebt hätte, und der Pilgrim hat ja gesagt, das hättest
du nie gethan?"

„Wenn er das gesagt hat, hat er die Wahrheit gesagt. Ich
habe als Mädchen manches unnütze Wort gesprochen, um groß
zu thun, und weil die Leute über Keckheiten lachen."

Lenz schaute Annele groß an. Aber Petrowitsch sagte: „Rede
jetzt nichts mehr drein, bis ich dich frage. Ihr beide habt ein=
ander betrogen und euch selbst betrogen. Ihr habt euch beide
eingeredet, es sei lauter Liebe und Zärtlichkeit, warum ihr euch
heirathet, und eigentlich hat Jedes vom Andern geglaubt, es sei
reich, und wie sich gezeigt hat, daß das nicht ist, da ist der
Grimmzorn und die Einbildung auf einmal mit einander im
Herzen aufgestiegen. Sag', Lenz: hast du nicht geglaubt, daß
Annele sei reich?"

„Ja, das habe ich geglaubt. Aber, Ohm, daß mich das
Elend verzehrt, daß mir das Herz blutet und das Hirn brennt,
das stammt nicht davon her. Ich habe nicht danach gefragt, aber
ich hab's geglaubt, daß der Löwenwirth reich sei."

„Und du, Annele?"

„Ich nicht. Und wenn ihr beide mich mitten von einander reißt, es ist nicht wahr."

„Gut, du bist doch nicht ganz heraus, aber das wirst du doch gestehen: ihr seid beide im selben Spital krank. Du, Lenz, bist auf deine Gutheit und du auf deine Gescheitheit eingebildet. Ist das auch nicht wahr, Annele?"

„Ich habe mir nichts auf meine Gescheitheit eingebildet, aber ich bin doch gescheiter und erfahrener als er und weiß mir eher zu helfen. Und wenn er mir nachgegeben und wir ein Wirthshaus angeschafft hätten, säßen wir jetzt nicht da im Elend, vielleicht im Tod."

„Und wie hast du ihn dazu bringen wollen, daß er dir nachgiebt?"

„Ich habe ihm gezeigt, daß er der Garnichts ist, der Stifilessucher. Ich läugne nichts. Ich habe ihn mitten von einander entzwei gebrochen und ihm gesagt, was mir in den Mund gekommen ist, und je weher es ihm gethan hat, um so lieber ist mir's gewesen."

„Annele, glaubst du an die Hölle?"

„Ich muß, ich hab' sie ja vor mir, ich bin in der Gewalt von euch beiden, ärger kann's drüben keine Hölle geben. Ihr beide könnt mich jetzt quälen, wie ihr wollt, ich kann mich nicht wehren, ich bin eine schwache Frau!"

„Schwache Frau?" schrie Petrowitsch. Seine Stimme war ungewöhnlich stark. „Schwache Frau? Das ist das Rechte. Widerspänstig bleiben, daß man die Wand hinauf möchte vor Verzweiflung, Einem Gift ins Herz spritzen, daß man toll wird, und nachher heißt's: ich bin eine schwache Frau!"

„Ich könnte lügen," fuhr Annele fort, „und euch jetzt Alles versprechen, aber ich will nicht; lieber lasse ich mich zerreißen, ehe ich einen Punkt von meinem Recht nachgebe. Alles, was ich gesagt habe, ist wahr; daß ich's giftig gesagt habe, ist auch wahr."

„So? Alles ist wahr?" schrie Lenz leichenblaß. „Denk' nur an Eines! Du hast gesagt, meine Gutthaten seien nur ein Deckmantel für meine Faulheit, und du hast gesagt, ich hätte meine Mutter schlecht behandelt. Meine Mutter! Wie wird dir's sein, wenn wir jetzt in einer Stunde vielleicht vor sie treten?"

Annele ſchwieg; Petrowitſch ſchärfte ſich lange die Lippen
mit den Zähnen, er konnte nicht reden, endlich ſagte er: „Annele,
wenn er dich erdroſſelt hätte auf das Wort, er wäre geköpft
worden, aber er würde vor Gott unſchuldig befunden. Ja, du
Wirthstöchterle mit deinem Wirthsſtubenmäulchen, du biſt gewitzigt, du haſt gewiß auch von ſchuftigen, hängenswerthen Fuhr-
knechten gehört, daß ſie den Pferden, wenn ſie nicht ſchnell genug
laufen, brennenden Zunder ins Ohr legen — du haſt dem Lenz
ſolche Worte wie brennenden Zunder ins Ohr gelegt und haſt
ihn raſend gemacht. Da meine Hand, Lenz, du biſt ein Blick-
bettler, du gehſt herum und bitteſt Jeden: ſieh mich gut an, gieb
mir ein gutes Wort; das iſt armſelig. Aber ſolche Strafe haſt
du nicht verdient, du haſt's nicht verdient, daß ein Teufel dich
verrückt macht. Das Kind her! Du biſt nicht werth, ein un-
ſchuldiges Kind auf dem Arm zu haben.“

Er entriß ihr das Kind, das Kind ſchrie laut, aber Lenz
trat dazwiſchen und ſagte: „Nicht ſo, Ohm. Nicht ſo. Annele,
hör' mich gut an, ich will gut mit dir reden. Annele, wir ſtehen
da vor dem offenen Grab —“

„Weh!“ rief Annele und bedeckte ſich das Geſicht, und Lenz
fuhr fort: „Auch du ſtehſt vor deinem offenen Grab —“

Annele gab keine Antwort mehr, ſie ſank leblos auf den
Boden.

Sechsunddreißigſtes Kapitel.

Verſunkene Stimmen werden kund.

Bei dem Sturze war die Lampe vom Tiſch gefallen und
erloſchen, die Vier waren im Dunkel. Lenz rieb Annele mit dem
Kirſchbranntwein, den er glücklich erhaſcht hatte, ſie athmete auf
und legte ihm die Hand auf das Geſicht. Er trug ſie in die
Kammer auf das Bett, dann eilte er, wieder Licht zu machen.

Lenz hatte einen großen Vorrath von gereinigtem Terpen-
tinöl, bei dem er in der Nacht arbeitete, im Hauſe. Der Rabe
in der Küche hatte das große Gefäß zerbrochen, und ein unerträg-
licher Harzgeruch drang in die Stube, wenn man die Thür öffnete.
Lenz zündete in der Lampe Kirſchbranntwein an, und ſchauerlich
ſahen die Verſchütteten einander an bei dem blauen, fahlen Licht.

Petrowitsch legte das Kind auf das Bett, seine Füße waren eiskalt. Er befahl Büble, daß er sich auf die Füße des Kindes lege. Büble gehorchte. Dann nahm Petrowitsch den Lenz am Arm und führte ihn wieder in die Stube, die Kammerthür blieb offen.

Der Rabe und die Katze waren draußen in der Küche wieder im Streit. Man ließ sie gewähren, bis sie von selbst ruhig waren.

„Hast du nichts Ordentliches zu essen?" fragte Petrowitsch, „es ist schon fünf Uhr, ich habe bittern Hunger."

Es war zu essen genug da, ein Schinken, der durch den Kamin herabgefallen war, Brod und vor Allem ein großer Sack Dürrobst. Petrowitsch aß mit gutem Appetit und drang auch in Lenz, daß er esse, aber Lenz konnte keinen Bissen hinunter bringen. Er horchte immer nach der Kammer. Das Kind plauderte im Schlafe, es war wie ein unverständliches Gemurmel aus jener Welt, und erschreckend war's, wie es lachte. Annele athmete still. Lenz ging hinein und griff nach dem Kinde und schrie vor Entsetzen laut auf, er hatte den Büble gefaßt, und dieser schnappte nach ihm. Annele war von dem Schrei erwacht, und sie rief ihn und Petrowitsch zu sich, sie saß aufrecht und sagte: „Ich danke Gott, daß ich wieder lebe, und wenn's auch nur eine Stunde ist! Ich bitte Alle um Verzeihung, dich vor Allem, Lenz."

„Red' jetzt nicht viel," unterbrach dieser. „Willst du nicht jetzt was genießen? Ich habe Kaffee gefunden, aber die Mühle nicht. Ich will ihn zerklopfen, wenn das Kind wach ist. Es ist auch guter Schinken da."

„Ich will nichts. Laß mich reden. Was ist geschehen? Warum hast du so geschrieen, Lenz?"

„Es war nichts. Ich habe nach dem Kind gegriffen, und da hat der Büble nach mir geschnappt, und in der Angst und in dem allem war mir's, wie wenn ein Ungeheuer, ich weiß nicht was, mich verschlingen wollte."

„Ja, die Verwirrung," sagte Annele, „die Verwirrung, die bringt Alles. O Lenz, es ist so geworden, wie mir's geträumt hat, du hast das Wort gesagt. In der vergangenen Nacht da war's, ich stehe an einem offenen Grab und sehe hinein, tief, tief, dunkel; es rollen kleine Schollen hinab, und ich will mich halten und kann doch nicht; ich stürze, es zieht mich hinab. Halte mich! So, so, es ist vorbei. So, es ist verschwunden. Leg' mir die Hand aufs Gesicht. So. O lieber Gott! daß ihr alle mit mir sterben müßt, daß das über uns alle gekommen ist, damit ich gebessert werde! Ich hab's verdient, aber ihr und mein Kind! Und o mein Wilhelm! Mein armer Wilhelm! Du hast mich noch so barmherzig angesehen wie du fort bist und hast gesagt: Mutter, ich bring' dir was Gutes mit ... In den Himmel hinein mußt du mir was Gutes bringen. Sei brav und gut und ..."

Sie konnte vor Weinen nicht weiter reden, sie faßte nach der Hand des Lenz und hielt sie an ihre Wange. Dann rief sie: „Vor einer Stunde wäre ich noch gern gestorben, jetzt möchte ich doch wieder leben! Ich möchte es noch in der Welt zeigen, was ich kann! Ich sehe jetzt, wo ich gewesen bin. Ich, ich will jetzt um jeden guten Blick betteln. Lieber Gott! Hilf uns heraus, nur eine Stunde, nur einen Tag! Lenz, und die Franzl hol' ich, an ihr habe ich angefangen."

„Jetzt glaub' ich, daß der Teufel ausgetrieben ist," sagte der Ohm; „daß du an die Franzl denkst, daß du Einem Gutes thun willst, dem du das Leben abgekränkt, das ist mir ein Zeichen. Da hast du meine Hand, jetzt ist's gut."

Lenz konnte kein Wort reden; er eilte nach der Stube und fand noch einen Rest des Grogs, den der Ohm bereitet, er versuchte ihn, hielt Annele das Glas an den Mund und sagte: „Trink, so viel Tropfen du trinkst, so viel tausend glückselige Worte möchte ich dir geben." Annele setzte ab, und er fuhr fort: „Trink nur noch, trink aus. So, jetzt ruh dich aus und red' nichts mehr."

„Ich kann nicht mehr trinken. Glaub' mir, ich kann nicht," sagte Annele; sie klagte jammervoll, daß sie alle sterben müßten, und als ihr Lenz tröstend einredete, sie hätten noch auf viele Tage Nahrung, man müsse Gott dafür danken, und ehe das aufgebraucht sei, komme gewiß Hülfe, da klagte sich Annele aufs Neue an, daß sie sich versündigt habe, sie sähe jetzt, wie sie doch immer vollauf zu leben gehabt hätten, und sie habe undankbar und verstockt dessen nicht geachtet, und immer aufs Neue klagte und jammerte sie: „Mir ist, als ob mir lauter Schlangen auf dem Kopfe wachsen. Greif' auf meinen Kopf, ob da nicht jedes Haar eine Schlange ist. O Gott! und ich hab' mich heut, oder war's gestern? zum erstenmal wieder hoch gezörft. Laß mich! Ich muß mein Haar auflösen."

Mit fieberisch zitternden Händen löste sie das Haar auf, und sie sah wild und jammervoll zugleich aus.

Lenz und Petrowitsch hatten schwere Mühe, sie zu beruhigen; der Ohm zwang endlich Lenz, mit ihm in die Stube zu gehen und Annele allein zu lassen. In der Stube sagte der Ohm: „Halte dich ruhig, sonst stirbt dir deine Frau, ehe uns Hülfe kommen kann. Solch eine Umwandlung eines Menschen habe ich noch nie erlebt und hätte ich nie geglaubt. Das hält einer schwer aus. Jetzt sag, was ist das für ein Brief, den ich da, wie ich den Büble auf die Füße des Kindes gelegt, im Kleide deines Kindes gefunden habe?"

Lenz erzählte den entsetzlichen Entschluß, zu dem er gekommen war, und bat, ihm den Brief zurückzugeben, es sei sein Abschied vom Leben gewesen; der Ohm hielt ihn fest und las leise für sich.

Lenz zitterte im Herzen, da er dabei sein mußte, wie die Worte, die er aus dem Tode heraus sprechen wollte, jetzt vernommen wurden. Er forschte in den Mienen des Ohms, so weit sich bei dem blauen Lichte sehen ließ, was er sagen würde; der Ohm aber schaute nicht auf und las bis zu Ende, dann traf nur ein flüchtiger, aber scharfer Blick den Lenz. Der Ohm steckte den Brief zu sich.

„Gebt mir den Brief, wir wollen ihn verbrennen," bat Lenz kaum hörbar. Ebenfalls im leisesten Tone erwiderte Petrowitsch: „Nein, ich behalte ihn, ich habe dich doch nur halb gekannt."

Es war unentschieden, ob Petrowitsch das im Guten oder Bösen meinte. Er stand auf, nahm die Feile des Bruders von der Wand, hielt sie fest und drückte den Daumen in die durch Jahre lange Arbeit ausgehöhlte Vertiefung.

Vielleicht that er dabei ein Gelübde, daß er Vaterstelle an Lenz vertreten wolle, wenn sie gerettet würden. Er sagte indeß nur: „Komm her, ich will dir was ins Ohr sagen. Das Niederträchtigste von allem, dessen der Mensch fähig ist, ist der Selbstmord. Ich kannte den Sohn eines Selbstmörders, der sagte: mein Vater hat sich's leicht gemacht und uns schwer. Und der Sohn hat das Andenken seines Vaters" — Petrowitsch machte plötzlich eine Pause, dann riß er Lenz scharf an sich und rief ihm laut ins Ohr hinein: „— verflucht!"

Lenz taumelte zurück und sank fast nieder, da er das hörte,

und Annele schrie aus der Kammer: „Lenz, um Gottes willen,
Lenz, steh auf!" Die beiden Männer eilten zu ihr, und sie
sagte: „O guter Lenz, du hast dich umbringen wollen; ich weiß
nicht, ob du's gekonnt hättest, aber daß du's gewollt hast, daß
du dir's ausgedacht hast, daran bin ich schuld. O, wie muß
dein Herz geblutet haben! Ich weiß nicht, was das Aergste ist,
das du mir zu verzeihen hast."

„Es ist Alles vorbei," beschwichtigte Petrowitsch. Es war
wunderbar, daß Annele in der Kammer am selben Gedanken sich
abarbeitete, und sie konnte doch nicht hören, was die Männer
draußen im leisesten Ton gesprochen hatten.

Beide Männer suchten Annele zu beruhigen. Es schlug drei
Uhr auf mehreren Uhren.

„Ist das Mittag oder Nacht?" fragte Annele.

„Es muß Nacht sein."

Sie wiederholten sich zusammen, was sie seit der Verschüttung erlebt hatten; es muß nach Mitternacht sein.

„O Tag! Wenn ich nur noch einmal, nur noch ein einzig
mal die Sonne sehen könnte! Sonne, komm! Komm herauf und
hilf!" so klagte Annele fortwährend. „Ich will noch leben, ich
muß noch leben, lange Jahre. O wenn man nur in Einem Tag
so viel Elend wieder gut machen könnte! Aber das braucht Jahre.
Ich will getreu und geduldig aushalten." Sie war nicht zu beruhigen, bis sie wieder einschlief.

Auch Petrowitsch schlief ein, nur Lenz allein wachte. Er
durfte nicht schlafen, er mußte die Todesgefahr im Auge behalten
und sie abwehren, so viel er vermochte. Er löschte das Licht.
Der Vorrath an Kirschbranntwein sollte nicht verbraucht werden,
wer weiß, wie lang er vorhalten muß! Und bald war's Lenz,
wie er so ins Finstere starrte, es müsse doch erst Mittag sein,
bald wieder, es sei Nacht, bald war ihm das Eine, bald das
Andere zum Trost: ist es Tag, ist Hülfe näher; ist es Nacht, so
arbeiten sie schon länger, um Schnee und Steingeröll und Holz-
stämme wegzuräumen. Oftmals ist's, als wenn man ein Geräusch
von außen hörte, es ist Täuschung, der Rabe in der Küche krutt
im Schlafe.

Siebenunddreißigstes Kapitel.

Eine Phalanx.

Um dieselbe Stunde, es war Mittag, ging Faller nach dem Hause des Lenz, er wollte ihm sagen, daß er nun seiner Bürgschaft entledigt sei. Es regnete und schneite durch einander, und ein heftiger Wind peitschte Regen und Schnee, daß man nicht durchschauen konnte. Faller schritt, den Blick zur Erde geheftet, immer vorwärts. Plötzlich schaute er auf und rieb sich die Augen: Wo bist du denn? Bist du verirrt? Wo ist das Haus des Lenz? Er drehte sich im Kreise umher und konnte sich nicht zurecht finden. Halt! Da sind die Tannen, die stehen beim Hause des Lenz; aber das Haus! das Haus! In der Angst war Faller ausgeglitten und in eine Schneewehe gesunken, und je mehr er sich heraus arbeiten wollte, um so tiefer sank er ein. Er betete, er schrie um Hülfe, Niemand hörte ihn. Er arbeitete sich glücklich nach einem Baume durch, aber er konnte nicht weiter, er hielt sich an den Aesten; da kam eine frische Lawine den Berg herabgerollt; sie nahm den Schnee unter ihm mit, er war frei. In der Höhlung, welche die Lawine gemacht hatte, eilte er zu Thal. Schon blinkten ihm Lichter entgegen, es war Nacht geworden, und mit einem Zetergeschrei, das die Schlafenden erweckt hätte, schrie Faller durch das Dorf: Hülfe! Hülfe!

Alles eilte ans Fenster, auf die Straße, und Faller erklärte, daß das Haus des Lenz auf der Morgenhalde verschüttet sei.

Faller eilte in die Kirche und läutete Sturm. Es kamen nur Wenige aus der Ferne, das Wetter war zu unbarmherzig, und der Wind trug das Sturmgeläute nicht weit.

Pilgrim und der Techniker waren die Ersten, die auf dem Platze bei der Kirche waren.

Alles klagte über das entsetzliche Unglück, jetzt in der Nacht, bei diesem Sturm. Pilgrim konnte kein Wort reden, er war wie erstarrt.

Der Techniker bewährte sich als umsichtiger und tapferer junger Mann. „Leitern und Stricke so viel als möglich herbei und Schaufeln und Hacken!" rief er.

Fackeln wurden angezündet, die der Sturm mächtig anblies.

Die Frauen kamen herbei, sie hatten vor dem Regen und Schnee ihre Oberkleider über den Kopf gestülpt, und es war ein

grauſiger Anblick, wie die geſpenſterhaft verhüllten Frauen beim
Fackelſchein an ihren Männern und Söhnen zerrten und ſie nicht
ziehen laſſen wollten, damit ſie nicht auch im Schnee verſinken.

Der Techniker band ſich das Ende eines langen Strickes um
den Leib und befahl — es ergab ſich von ſelbſt, daß er befahl —
daß je ſechs Männer in ziemlich weiten Zwiſchenräumen ſich zu=
ſammen binden ſollten, damit man nicht einander zu ſuchen habe
und damit man ſich gegenſeitig heraushelfen könne.

Pilgrim band ſich zum Techniker in die Kette, und nach
ihm wollte gleich Don Baſtian eintreten, aber der Techniker bat
ihn, daß er eine beſondere Kette führe.

Man nahm dürres Holz mit zum Feueranzünden, und mit
Hacken, Schaufeln und Leitern ging es bergan. Etwa fünfzig
Schritte vom Hauſe — man konnte nicht näher heran — wurde
an einer gedeckten Stelle ein Raum frei geſchaufelt und ein Feuer
angezündet. Man legte die Leitern auf den Schneeberg, ſie ſanken
ein, ſobald ein Mann ſich darauf ſtellte, dazu verlöſchte der
Wind die Fackeln, da und dort ſchrie Einer: Ich verſinke! Es
wurden allerlei Verſuche gemacht. In der Nacht iſt nicht zu
helfen! hieß es zuletzt. Man zog heimwärts. Bei dem Feuer
wurde eine Wache gelaſſen. Faller erbot ſich ſogleich, dabei zu
bleiben, auch Pilgrim wollte ausharren, aber der Techniker ſah,
wie ihm die Zähne klapperten, und er zog ihn mit heimwärts,
tröſtend, daß, wenn die Verſchütteten noch am Leben, ihnen am
Tage die Hülfe noch zeitig genug käme.

Im Dorfe wurde es kund, daß auch Petrowitſch verſchüttet
ſein müſſe, er ſei am Morgen nach dem Hauſe des Lenz gegan=
gen und nicht wieder gekehrt; ſein Spielkamerad, der Ibrahim,
war beim Sturmläuten mit dem Spiel Karten in der Hand auf
die Straße gekommen und ſagte immer: „Ich warte auf den
Petrowitſch.“ Pilgrim ſagte zu ſeinem neuen Freunde, dem
Techniker: „Entſetzlich, wenn Petrowitſch endlich Hülfe bringen
wollte und dabei zu Grunde ging!“

Pilgrim machte ſich ſchwere Vorwürfe, daß er den ganzen
Tag in kindiſchem Spiel verbracht; es hatte ihn immer wie eine
Ahnung nach der Morgenhalde gezogen, es muß dort ein Un=
glück geſchehen, er hatte ſich's wieder ausgeredet und war wohl=
gemuth mit ſeinem Pathen. Jetzt ſaß er, bis ihm die Augen
zuſanken, am Bett des Kindes, das ſchlief ruhig und ahnte nicht,

welch ein Schicksal diese Nacht ihm bringen konnte, ja, vielleicht schon gebracht hatte.

Faller blieb auf dem Posten wie ein Soldat im Feld, und er hatte einen Kriegskameraden, der mit ihm aushielt, es war ein Gestellmacher, der ehemals bei den Pionieren gestanden. Sie hielten Rath, wie die Schneefestung zu nehmen sei, sie fanden aber kein Mittel. Faller schürte indeß das Feuer am Berge voll Zorn, daß er derweil nichts helfen konnte.

Ein Fremder gesellte sich zu denen am Wachfeuer, es war ein Bote aus der Stadt, der Annele zu ihrer Mutter holen sollte, die im Sterben lag.

„Hol' sie heraus!" sagte Faller in bitterm Grimm, „dort steckt sie." Er erzählte, was geschehen sei, und der Bote ging durch die Nacht heimwärts.

Faller wagte sich auf einem Umwege den ausgerodeten Wald hinan. Wenn er nur zu den Tannen am Hause kommen konnte, dann war die Hülfe näher. In Gemeinschaft mit dem Gestellmacher rollte er viele abgezweigte Stämme, die am Berge lagen, hinab nach den Tannen, mehrere rollten darüber weg und blieben aufrecht im Schnee, während einer sich längs vom Berge aus auf die Tannen legte.

„O weh!" sagte der Kamerad, „die Stämme, die wir da hinunter gerollt haben, werden das Dach zusammendrücken und die Verschütteten zerquetschen."

„Ich bin der dummste Kerl von der Welt, der dummste, der einfältigste. Jetzt bin ich's, der dich umgebracht hat, du guter Lenz!" jammerte Faller.

Nach einer Weile rutschte er aber doch hinaus auf der Brücke, die der eine Stamm gebildet hatte, und es gelang ihm, mehrere Stämme, die sich hier zusammengeschoben hatten, mit den Fackeln anzuzünden.

„Die werden den Schnee schmelzen!" rief er frohlockend.

„Ja, und jetzt kann das Strohdach anbrennen," erwiderte der Kamerad.

Faller stand in stummer Verzweiflung. Er kugelte große Schneeballen und rollte sie in das Feuer, das Feuer erlosch eben, als der Tag anbrach.

Es war ein heller, fast frühlingswarmer Tag. Die Sonne schien warm auf die Morgenhalde, sie suchte das Haus, das sie schon so lange grüßte, sie fand es nicht; sie suchte den Meister, der still und emsig am Montag Morgen dort am Fenster arbeitete, wie einst sein Vater, wie einst sein Großvater, sie fand nicht Haus, nicht Meister, und gar seltsam blinzelten die Sonnenstrahlen und zitterten hin und her, wie wenn sie sich verirrt hätten; der tückische Schnee legte sich breit hin: thu' mir was, wenn du kannst! Die Sonne schickte feurigere Strahlen nach, gegen die ersten Feiglinge, die zurückwichen, es hilft nichts, solch eine Feste will Tage lang belagert sein.

Die Kameraden alle waren da, der Techniker ihnen voran und auch vom obern Dorf und aus andern Gemeinden waren hülfbereite Menschen genug.

Die von Faller hinabgerollten Stämme boten nun doch einen festen Anhalt, es wurde bergmännisch ein Gang von unten angelegt, und auch von oben wurde fleißig und nach festem Plan gearbeitet.

Ein einzelner Rabe flog immer unter den Schaufelnden auf und nieder und ließ sich nicht verscheuchen. Die Kameraden in der Luft riefen ihn an, er kümmerte sich nichts darum und schaute die Schaufelnden an, wie wenn er ihnen was zu sagen hätte.

Achtunddreißigstes Kapitel.

Es wächst ein Pflänzchen unter dem Schnee.

Lenz saß starr und stumm und wachte in Tod und Nacht hinein.

Petrowitsch war der Erste, der sich wieder erhob, und er erzählte Lenz, daß in seiner Jugend auch einmal solch ein Haus so verschüttet worden, und als man die Versunkenen ausgrub, fand man sie alle plattgedrückt, vier Bauern lagen zerquetscht um einen Tisch und hatten noch die Spielkarten in der Hand. Es schauerte den Alten, da er diese Erinnerung aussprach, und doch konnte er sie nicht bei sich behalten, er mußte sich erleichtern und sie erzählen, wenn auch dem Hörer das Mark darüber erstarrte. Schnell setzte er indeß hinzu, Gott werde sie um des unschuldigen Kindes willen retten, und er zankte fast mit Gott, wenn er das thun könne, daß er das Kind mit verschütte.

„Sie ist auch wieder gut wie ein Kind geworden," erwiderte

Lenz. Petrowitsch schüttelte den Kopf und ermahnte ihn, wenn er wieder heraus komme, nicht so schnell belehrt zu sein: er solle sich so halten, daß Annele täglich und stündlich um seine Liebe werben müsse. Lenz widerstritt und erklärte dem Ohm, daß er noch nie verheirathet gewesen sei; in Annele stecke ein Engel, der Einen in den Himmel heben könne, und das sei ja eben der Jammer gewesen, daß sie in der Verbitterung ihr eigenes gutes Herz eben so sehr unterdrückt und mißhandelt habe, wie das Anderer.

Petrowitsch schüttelte den Kopf, aber er erwiderte nichts mehr.

Das Kind schrie plötzlich laut auf, auch Annele erwachte und schrie: „Die Decke sinkt ein! Die Decke sinkt ein! Wo bist du, Lenz? Bleib bei mir! Wir wollen mit einander sterben. Gieb mir das Kind in den Arm."

Annele wurde beruhigt, sie war wieder gekräftigt und sie gingen allesammt mit einander in die Stube. Lenz zerklopfte hier die Kaffeebohnen, es war noch der Vorrath, den die Krämer-Ernestine gebracht. Man saß wieder bei dem dürftigen blauen Flämmchen. Der Kaffee erheiterte Alle. Es schlug auf den Uhren. Annele sagte, sie zähle nicht mehr, sie frage nicht mehr, ob es Tag, ob es Nacht sei, sie lebten jetzt schon mit einander in der Ewigkeit; wenn nur der schwere Schritt schon überstanden wäre. Sie hatte gehofft, daß man ihre Furcht, ihre Gewißheit des Todes widerlege, aber Niemand antwortete.

Man saß lange stumm beisammen, es giebt jetzt nichts mehr zu reden. Nach geraumer Weile sagte Lenz zum Ohm, es sei jetzt Alles so klar und glatt, nur möchte er noch wissen, warum der Ohm allzeit so herb und verschlossen gegen ihn gewesen.

„Weil ich den da, dessen Schlafrock ich anhabe, gehaßt habe, ja, gehaßt; er hat mich unterdrückt in meiner Jugend, und er ist schuld, daß man mich Geishirtle geheißen hat. Ins harte Holz, da an der Feile, giebt's durch langes Aufdrücken eine Höhlung, wie viel mehr ins Menschenherz, und das hat immer drauf gedrückt: dein einziger Bruder hat dich verstoßen! Und wie ich endlich heim bin, ich habe mich doch drauf gefreut, das Bündel Haß, das ich mit mir herum trage, endlich abzulegen. Ich kann in Wahrheit sagen, ich habe ihn in den Tod hinein gehaßt; warum ist er mir weggestorben und läßt mich allein, und wir haben das rechte Wort einander nicht gesagt? Auf dem ganzen

langen Weg habe ich mich gefreut, daß mir wieder Einer Bruder
sein soll, und jetzt ist Niemand mehr da, der das kann. Und
eigentlich, ehrlich gestanden, habe ich ihn doch nicht gehaßt. Wäre
ich denn sonst heim? Ich höre das Wort Bruder auf dieser Welt
nicht mehr, bald anderswo . . ."

„Ohm," sagte Annele, „in derselben Minute, wie der Büble
an der Thür getratzt hat, in derselben Minute hat mir mein
Lenz erzählt, wie sein Vater einmal, da er hier verschneit war,
aber nicht verschüttet, wie wir, wie er da gesagt hat: wenn ich
jetzt sterben müßte, ich habe Niemand auf der Welt, der mir
feind ist, als mein Bruder Peter, und ich möchte ihn doch auch
versöhnen."

„So? So?" sagte Petrowitsch, er drückte sich mit der einen
Hand die Augen zu, mit der andern faßte er krampfhaft den
Feilengriff, diesen Griff, den der Bruder Jahrzehnte lang in der
Hand gehalten.

Man hörte lange nichts, als das Ticken der Uhren, bis
Lenz wieder fragte, warum denn der Ohm gegen ihn so lieblos
gewesen sei; es habe ihm das Herz zerrissen, daß fast ein Jahr
lang da der einzige Bruder seines Vaters umhergehe und ihn
nicht kennen wolle; er wäre gern, so oft er ihm begegnet, auf
ihn zugeeilt und hätte seine Hand gefaßt.

„Hab's wohl gemerkt," erwiderte Petrowitsch, „aber ich war
bös auf dich und deine Mutter, weil ich höre, daß sie dich ver-
kindelt und dir alle Tage siebenmal sagt: O, was bist du für
ein guter Mensch, und der beste Sohn und der geschicktefte und
der gescheiteste! Das ist nicht gut. Die Menschen sind wie die
Vögel. Es giebt Mückenfresser, die müssen jede Minute was im
Kröpfle haben, und so ein Vogel bist du, jede Minute ein Patsch-
händle und ein Lößle."

„Er hat Recht, nicht wahr, Annele, er hat Recht?" sagte
Lenz bitter lächelnd.

„Kann wohl sein!" entgegnete Annele.

„Sei ruhig du!" rief Petrowitsch, „du bist auch ein Vogel,
bist wenigstens einer gewesen, und weißt du, was für einer?
Ein Raubvogel, die können tagelang hungern, dann fressen sie
aber, was sie kriegen, einen unschuldigen Singvogel, ein junges
Kitzchen, mit Knochen und Haut und Haar auf."

„Er hat leider Gottes auch Recht," erwiderte Annele; „mir

ist's am liebsten gewesen, wenn ich Eines habe recht zausen und mitten von einander reißen können. Ich hab' schon damals ge= spürt, wie es mir bei unserer ersten Ausfahrt so eine Herzens= lust gewesen ist, die Krämer=Ernestine zu ärgern, und du hast mich gefragt: macht dir das Freude? Die paar Worte sind mir ins Herz gesunken, und ich habe mir vorgenommen, auch so gut zu werden, wie du, es ist einem viel wohler dabei. Und wie du bei der Heimfahrt den alten Pröbler hast wollen mitfahren lassen, ich hätte dich gern zum Wagen hinausgeworfen über solch eine Einfältigkeit. Wie du dann aber wieder davon abstehst und dich vor Gott und deinem Gewissen entschuldigst, daß du einen Armen am Wege nicht mitnimmst und wie du so glückselig bist — ich hätte dir gern die Hände geküßt für deine Gutheit, aber der Stolz leidet's nicht, und ich hab' mir nur still vorgenommen, auch so zu sein wie du, und doch habe ich im alten Trumm fort= gelebt, und ich habe mir nur vorgenommen, dann und dann fangst du anders an, aber es darf's Niemand merken, mein Mann vor Allem nicht, und da ist der alte Teufel wieder gekommen, und ich habe mich zuerst geschämt, daß die Menschen merken sollen, daß ich jetzt anders sein will, und bald habe ich gar nicht mehr anders sein wollen. Ich bin das Löwen=Annele, an dem die ganze Welt Freude gehabt hat, wie es gewesen ist. Ich brauche nicht anders zu werden. Und ich bin bös auf dich ge= wesen, grimmig bös, weil du der erste Mensch bist, der mir tadelt, was Andere gelobt und belacht haben, und da habe ich dir beweisen wollen, daß deine Sache auch nichts ist. Und zu= letzt hat sich alles auf das Eine hinausgespitzt: Wirthin mußt du wieder werden, dann weißt du wieder, wer du bist, und die Welt weiß es auch. So habe ich fortgehaus't und übel gehaus't. Noch gestern — war's gestern? Wie der Pfarrer da gewesen ist — Horch, der Ohm schläft. Das ist mir lieb. Ich will noch eine Stunde mit dir allein sein, bevor wir in die Ewigkeit gehen. Es kann doch kein Drittes wissen und kann es Keines verstehen, wie wir zwei einander im Herzen haben, bei Allem und bei Allem, was gewesen ist. O Lenz, gestern, wie ich so ganz mit mir allein gewesen bin, da ist mir's zum Erstenmal in meinem Leben aufgegangen, daß ich nie gewußt habe, was es eigentlich ist, einen Menschen von ganzer Seele lieben. Ich bin deine Frau gewesen und hab's nicht gewußt, wie lieb ich dich habe

bis geſtern, und wenn du da gekommen wärſt, ich hätte dir die
Augen und die Hände geküßt, du weißt gar nicht, wie lieb ich
dich haben kann. Und da iſt der Faller gekommen und hat mich
zuerſt erſchreckt und dann berichtet, daß du mich mit der Bürg=
ſchaft betrogen haſt, und da bin ich auf Einmal wieder beſeſſen
geweſen vom alten Teufel, der redet und thut aus mir was er
will und nicht was ich möchte. Jetzt iſt er fort. Er hat jetzt
keine Macht mehr. Ich will dich auf Händen tragen. Wenn ich
dich nur noch einmal ſehen könnte, nur noch Einmal, ganz, im
hellen Tag! Bei dem blauen Flämmchen ſieht man nichts. Wenn
ich nur noch Einmal dein gutes Geſicht, deine getreuen Augen
hell ſehen könnte! So ungeſehen ſterben, den Blick nicht mehr
ſehen, wie weh thut das! Und wie oft habe ich den Blick weg=
gewandt, wenn ich geſehen habe, daß dein Auge mich ſucht!
O, nur ein Blitz, nur ein Blitz, daß ich dich noch ein einzigmal
ſehen könnte!"

Petrowitſch that indeß nur, als ob er ſchliefe. Er hatte es
wohl gemerkt, daß Annele jetzt ihr Herz aufthun will und daß
da kein Fremder dabei ſein kann. Das Kind ſpielte mit Büble,
und Annele fuhr fort: „O, wenn ich nur die Jahre wieder herauf
rufen könnte! Du haſt einmal am Mittag geſagt: giebt's was
Beſſeres, als die Sonne — und einmal am Abend: o die gute
friſche Luft, das iſt doch lauter Glückſeligkeit! Ich habe dich ver=
ſpottet über dieſe Einfält'gkeit, ich habe mich an Allem verſün=
digt, und du haſt doch Recht gehabt; du biſt glücklich. Dich
macht Alles glücklich, und ſo muß es ſein. Und wie ich damals
die Feile deines Vaters weggeworfen habe, daß die Spitze ge=
brochen iſt, die Spitze iſt mir ins Herz gefahren, ich habe aber
nichts davon merken laſſen, im Gegentheil; und die gute Schrift
und das Andenken deiner Mutter habe ich zum Fenſter hinaus
geworfen. Es giebt nichts, nichts, woran ich mich nicht ver=
ſündigt habe. Ich weiß, ich weiß gewiß, du verzeihſt mir; bitte
auch Gott für mich, daß er mir verzeiht, im Leben wie im
Sterben."

Eine Spieluhr begann zu ſpielen, der Ohm wandte ſich un=
willig im Seſſel hin und her, ſchlief aber, wie es ſchien, doch
weiter. Als das Stück zu Ende geſpielt war, rief Annele wieder:
„O Gott, ich meine, ich müßte Alles um Verzeihung bitten, die
Spieluhr auch. Jetzt zum erſtenmal in meinem Leben höre ich,

wie heilig das klingt, und wie oft habe ich dich damit beleidigt! Lieber Gott! Ich bitte dich nicht für mich, o, rette, rette uns! Laß mich beweisen, daß ich Alles gut machen kann."

„Es ist Alles gut, und wenn wir auch sterben," erwiderte Lenz. „Derweil das Stück da spielte, ist mir in Gedanken gekommen: wir haben das Edelweiß wieder, unterm Schnee ist es in deinem guten Herzen und in uns allen aufgewachsen! Warum zitterst du so?"

„Mir ist so kalt, meine Füße sind wie erfroren."

„Zieh die Schuhe aus, ich will dir die Füße wärmen. So, so will ich dir mein Leben lang die Hände unter die Füße legen. Wird's besser jetzt?"

„O, viel besser, aber im Kopf da ist's, wie wenn aus jedem Haar Blut flösse. Horch! ich höre den Hahn krähen, und auch der Rabe schreit. Gottlob, es ist Tag!"

Sie erhoben sich, wie wenn die Rettung schon da wäre, auch der Ohm erhob sich aus seinem Scheinschlafe; aber jetzt polterte es plötzlich. Wir sind verloren! schrie Petrowitsch. Es ward wieder still. In der Schlafkammer war die Decke eingebrochen, die Thür ließ sich nicht mehr öffnen. Nach dem ersten Schreck sprach Lenz seinen Dank gegen Gott aus, daß Frau und Kind im Schlafe den Einsturz geahnt hatten, und er sagte zur Beruhigung, daß die Schlafkammer ein neuer Anbau sei, der das eigentliche Haus nicht gefährde; der Durchzugsbalken im alten Hause stand fest und unberührt. Es schien ihm zwar — er sprach es indeß nicht aus — daß er sich auch nach der Kammer hin beuge, aber das war wohl nur Täuschung bei dem unsichern blauen Licht.

Wiederum war lange, lautlose Stille, nur wenn aus der Ferne der Hahn krähte, bellte Büble, und der Rabe krächzte drein.

„Das ist ja eine wahre Arche Noah!" sagte Petrowitsch, und Lenz erwiderte: „Ob wir jetzt zum Tode oder zum Leben gehen, wir sind jetzt auch aus der Sündfluth gerettet." Annele legte ihm die Hand auf das Gesicht.

„Wenn ich nur eine Pfeife Tabak hätte! Es ist dumm, daß du nicht rauchst, Lenz!" klagte Petrowitsch, und beim Gedanken an die Pfeifenreihe daheim mußte ihm sein feuerfester Geldschrank daneben in den Sinn gekommen sein, denn er fuhr fort: „Das sage ich euch: wenn wir auch gerettet werden, Geld bekommt ihr nicht von mir. Gar nichts."

„Wir brauchen keins mehr," sagte Lenz, und Annele fragte mit heller Stimme: „Wißt Ihr, wer Euch das nicht glaubt?"

„Du?"

„Nein, die Welt wird es nicht glauben; und wenn Ihr hundertmal schwört, es wird kein Mensch glauben, daß, wer mit uns im Tode war, nicht mit uns leben will. Die Welt wird uns auf Euch hin borgen und uns reich machen, wenn wir wollen."

„Du bist noch der alte Schelm," schalt Petrowitsch, „ich habe geglaubt, deine lustigen Possen wären dir vergangen."

„Gottlob, daß sie sie noch hat!" rief Lenz; „Annele! Bleib lustig, wenn uns Gott wieder heraushilft. Fleißig und fidel, sagt der Pilgrim."

Annele faßte Lenz um den Hals und herzte und küßte ihn. Alle Drei fühlten plötzlich, daß sie so heiter geworden waren, als sei alle Gefahr vorüber, und doch war sie jetzt am höchsten. Keines wollte es dem Andern kund geben, und doch zitterte es in Jedem nach, die Wände zitterten und der Durchzugsbalken schien sich senken zu wollen.

Annele und Lenz hielten sich umschlungen. „So wollen wir sterben und das Kind decken," rief Annele. „Fahr' hin, Welt! Herr Gott, rette nur unser Kind!"

„Horch, es tönt dumpf; das sind die Retter, sie kommen, sie kommen, sie retten uns . . . ."

Neunundbreißigstes Kapitel.
Gerettet.

„Jetzt, jetzt sind's zwei Schläge nach einander!" rief Lenz. „Ich will ein Zeichen geben, ich lasse die Uhren zusammen spielen."

Er brachte die beiden Musikwerke in Gang; aber nun merkte er, daß ihn das entsetzliche Tongewirre fast sinnlos machte; noch in der Todesangst war ihm der Mißklang unerträglich. Er stellte die Musikwerke, und als ob ihm eine Herzader risse, so war's, da er merkte, daß beim ungeschickten Einhalt im großen Werke etwas riß.

Wieder horchten sie mit angehaltenem Athem, man vernahm nichts mehr.

„Ihr habt zu früh gejubelt," brachte Petrowitsch kaum vor

Zähneklappern hervor, „noch sind wir dem Tode näher als dem Leben."

Es klopfte wieder von oben — bum! bum! ahmte das Kind nach, und Petrowitsch klagte, daß das Hämmern über dem Haupte ihn tödte, ihm gehe jeder Schlag durchs Hirn.

Lenz mußte die Musikwerke nicht gut gestellt haben, denn plötzlich begann das eine die Melodie des großen Halleluja, und Lenz sang laut: „Halleluja! Lobt Gott den Herrn!" Annele sang mit und hielt dabei die eine Hand auf der Schulter des Lenz und die andere auf dem Kopfe des Kindes. Und von oben rief jetzt eine Stimme: „Halleluja! Halleluja!"

„Mein Pilgrim! mein Herzbruder!" schrie Lenz. Das war jener markerschütternde Schrei, den er schon einmal gethan hatte.

Die Kammerthür wurde mit einem Beil zerschlagen.

„Seid Ihr noch alle am Leben?" rief Pilgrim.

„Gott Lob und Dank, alle!"

Pilgrim umarmte zuerst den Petrowitsch, den er für Lenz hielt, und Petrowitsch küßte ihn nach russischer Manier auf beide Backen.

Gleich nach Pilgrim kam der Techniker, ihm folgten Faller, Don Bastian und die Kameraden vom Liederkranz.

„Ist mein Wilhelm gesund?" fragte Lenz.

„Ja wohl, er ist bei mir im Hause," sagte Don Bastian.

Jetzt wurde draußen der Schnee von den Fenstern weggeschaufelt.

„Sonne! Sonne! du bist da!" rief Annele und sank in die Kniee.

Das Musikwerk spielte fort Halleluja, der Duzlehrer stimmte ein, und der ganze Liederkranz sang mit, volltönend und stark. Und es war, als ob die Schneemassen von dem mächtigen Gesang niederrollten, denn jetzt wälzte sich die ganze Lawine von der vorderen Seite des Hauses thalwärts.

Das Haus stand frei.

Die Stubenthür war offen geblieben, und als man nun die Fenster öffnete, schoß der Rabe über das Haupt des Kindes hinweg, hinaus ins Freie.

„Rab' fort!" rief das Kind. Draußen aber harrte des Raben ein anderer und flog mit ihm, bald sich höher, bald sich tiefer schwingend, hinüber über das Thal.

Die erste Frau, die bei Annele eingetreten, war die Krämerin Ernestine, sie hatte das Unglück vernommen, und noch dazu den

Tod der Löwenwirthin, und war Annele zu Hülfe geeilt. Sie
kniete neben ihr. Lenz lehnte an der Brust Pilgrims.

Petrowitsch wollte schon grimmig werden, daß sich Niemand
um ihn kümmerte, als noch zu rechter Zeit der Techniker auf ihn
zukam, ihm Glück wünschte zu seiner Errettung und sich eifrig
um ihn bemühte. Das ist gut. Das ist doch der Vornehmste
von der ganzen Bande. Auch Pilgrim that freundlich und sagte
laut: „Bitt' um Verzeihung für die Umarmung. Jetzt gebt mir
aber Eure Hand."

Petrowitsch reichte sie ihm dar.

„Ich hab' eine Schrift deiner Mutter im Schnee gefunden,"
sagte Faller mit heiserer Stimme, „Alles Andere ist verwischt,
aber da steht noch: „Dies Pflänzchen ist genennet Edelweiß.
Marie Lenzin.""

„Das Blatt gehört mir!" rief Annele, sich aufrichtend.
Alle sahen sie staunend an, und Ernestine schrie: „Annele! Um
Gottes willen! Was hast du auf dem Kopf? Du hast ja weiße
Haare!"

Annele ging vor den Spiegel, sie stieß einen Jammerruf
aus und schlug die Hände überm Kopf zusammen.

„Eine alte Frau! Eine alte Frau!" jammerte sie und sank
an die Brust des Lenz. Nach einer Weile erhob sie sich schluchzend, trocknete die Thränen und sagte Lenz leise ins Ohr: „Das
ist mein Edelweiß, das mir unterm Schnee gewachsen ist."

Vierzigstes Kapitel.
Geschlichtet.

Die Raben flogen über das Thal und flogen über die Berge,
sie flogen an einem ärmlichen Hause vorbei, wo eine Alte am
Fenster saß und grobes Werg spann, und Thränen rollten ihr
auf den Faden, den sie zog. Es war Franzl. Sie hatte die
Nachricht gehört, daß Lenz mit seinem ganzen Hause verschüttet
sei, auch aus Knuslingen waren Rettende hinüber geeilt. Franzl
wäre auch gern mit ihnen gegangen und hätte geholfen, aber
ihre Füße trugen sie nicht, und zum Ueberfluß hatte sie noch ihr
einzig Paar guter Schuhe einer armen Frau geliehen, die zum
Doktor mußte. Mitten in aller Trauer schlug sich auch Franzl

mehrmals an ihren dummen Kopf und sagte zu sich selber: ja, warum ist dir's denn vorgestern nicht eingefallen, wie er dagewesen ist? Was nützt das jetzt? Damals hat dir's auf der Zunge gelegen, daß du ihn hast daran erinnern wollen, er soll Vorkehrungen treffen gegen das Eingeschneitwerden; wir sind ja drei mal eingeschneit gewesen, anderthalb Tag lang, da muß man jeden Winter dran denken. Aber was nützt das jetzt? Die alte Meisterin hat Recht gehabt, sie hat hundertmal gesagt: Franzl, du bist auch gescheit, aber allemal eine Stunde zu spät.

Die Raben, die jetzt vorüber flogen, hätten Franzl sagen können, daß sie ihre Thränen trocknen dürfe, die Verschütteten waren gerettet; aber die Menschen verstehen die Raben nicht, und die Menschen brauchen lange, bis sie eine gute Botschaft über Berg und Thal tragen können.

Es war am Abend, da kam ein Schlitten mit hellem Rollengeklingel daher gefahren. Was will der Schlitten da oben? Es ist Niemand daheim, als die alte Franzl.

Der Schwanenschlitten hielt just vor dem Fenster. Wer steigt aus? Ist das nicht Pilgrim? Franzl will aufstehen, ihm entgegen, sie kann aber nicht.

„Franzl, ich komme und hole dich!" rief Pilgrim. Franzl rieb sich die Stirn. Ist das ein Traum? Was ist das? Und Pilgrim fuhr fort: „Der Lenz und Alles ist gerettet, und ich soll dich holen, holdselige Prinzessin Aschenputtel. Vertraust du dich dem Schwan an?"

„Ich habe ja keine Schuhe," brachte Franzl endlich hervor.

„Dafür bringe ich dir Pelzstiefel, sie werden deinen kleinen Füßchen passen," entgegnete Pilgrim, „und da ist die Haut, will sagen der Schafpelz von Petrowitsch, dem Unhold. Du mußt noch heute mit, vielliebe Franzl von Knuslingen sammt Filial Fuchsberg und Knebringen. Deinen zauberischen Spinnrocken magst du hier lassen, wenn es ihm nicht beliebt uns auf seinen hölzernen Beinen nachzulaufen.

> Nun schürz dich, Gretlein, schürz dich,
> Du mußt mit mir hinan,
> Das Korn ist abgeschnitten,
> Der Wein ist eingethan."

So sang Pilgrim zuletzt und bot Franzl den Arm an, wie zum Tanz.

Franzl war wie verwirrt. Glücklicher Weiſe kam aber jetzt
die Schwägerin heim, und es schien ihr nicht unlieb, daß Franzl
in einem Schwan davon fuhr. Sie wollte Franzl helfen, ihre
Sachen einpacken, aber Franzl wies ſie aus der Kammer, ſie
mußte vor Allem ihren geheimen Schuh gut in dem Packe verwahren.

„Ich habe mein eigen Bett, kannſt du's nicht auf den
Schlitten packen?" fragte Franzl.

„Laß Knuslingen drauf gut ſchlafen," erwiederte Pilgrim.
„Mach dein Kopfkiſſen zum Fußſchemel. Alles Andere laß. Du
triegſt ein Himmelbett auf Erden."

„Soll ich meine Hühner und meine Gänſe auch hier laſſen?
Ich habe eigene, ſie gehören mir eigen, und meine Goldammer
legt ſchon ſechs Wochen."

Die Belobte ſteckte wieder ihren Kopf zum Gitter heraus
und zeigte ihren ſchönen rothen Kamm.

Pilgrim ſagte, daß der wahren Prinzeſſin Aſchenputtel die
Hühner und Gänſe von ſelbſt nachlaufen; wenn die hier es auch
thun wollten, ſei es ihnen unverwehrt, aber mitgenommen werden
ſie nicht.

Nun empfahl Franzl der Schwägerin die größte Sorgfalt
für die Hinterbleibenden, ſie ſolle ſie gut pflegen und ihr ſchicken,
wenn ein Bote käme.

Als Franzl die Stube verließ, gackerten die Hühner vor
Unruhe in der Steige und auch die Gänſe im Stalle ſprachen
ein Wort, als man dort vorüberkam.

Es war eine ſchöne helle Winternacht, als Franzl mit
Pilgrim dahin fuhr, die Sterne glitzerten droben, und ein Himmel
voll glitzernder Sterne ging in Franzl auf. Sie griff oft nach
ihrem Packe und drückte daran, bis ſie den gefüllten Schuh ſpürte,
denn oftmals war ihr, als ſei Alles nur ein Traum.

„Schau, dort iſt mein Kartoffeläckerle, das ich mir gekauft
habe," ſagte Franzl, „es iſt nichts als ein Steinhaufen geweſen,
und ich hab's in den vier Jahren hergerichtet, daß es das Doppelte
werth iſt, das trägt Kartoffeln wie lauter Weißmehl."

„Die Kartoffeln ſollen den Knuslingern gut bekommen, du
kriegſt was Anderes," erwiderte Pilgrim und berichtete ausführ-
lich von der Rettung der Verſchütteten und daß ſie jetzt alle bei
Petrowitſch im Hauſe wohnten, und er und Petrowitſch ſeien
jetzt die beſten Freunde; der alte Knicker ſei ganz wie verwan-

belt, und Annele habe sich's als Erstes ausgebeten, daß die Franzl geholt werde. Franzl weinte laut, als ihr Pilgrim erzählte, daß Annele schneeweißes Haar habe. Sie sagte, sie habe schon davon gehört, die alte Bürgermeisterin habe auch davon erzählt, daß ihre Mutter berichtet habe, ein Mann im Elsaß drüben, ein Verwandter von ihr, habe von einem Schreck weiße Haare bekommen. Aber wunderbar sei es doch, und sie habe nur Mitleid mit dem Annele, das nun von Jedem darüber berufen werde. „Denn die Menschen sind dir gar grausam dumm," sagte Franzl, „da meint ein Jedes, es müsse was Gescheidtes sagen und auch beweisen, daß es sich darüber verwundert. Ich werde aber schon den Leuten das Wort vom Maul abschneiden. Wir brauchen euer Geschwätz nicht."

An jedem Hause, wo eben Licht angezündet wurde, wäre Franzl gern ausgestiegen und hätte berichtet. Da wohnt ja Der und Der und Die und Die, lauter gute, herzgetreue Menschen, die haben alle gejammert über das Schicksal des Lenz; es ist hart, daß sie noch trauern, und es ist nicht mehr nöthig, und sie werden sich auch himmelhoch freuen, wenn sie hören, daß man zu allererst die Franzl holen läßt, und wer weiß, ob man noch einmal im Leben einander Ade sagen kann!

Pilgrim fuhr indeß unbarmherzig an all den guten Menschen vorüber und hielt nirgends an. Wo ein Fenster sich öffnete und Jemand heraussah nach dem Schlitten, rief Franzl laut: „Lebet wohl und behüt' Euch Gott!" Wenn man auch bei dem Rollengetlingel nicht viel davon hörte; sie hatte doch den guten Seelen ein gutes Wort zugerufen, wer weiß, wann man's wieder kann.

An dem Hofe, wo des Vogtsbauern Kathrine wohnt, mußte Pilgrim stillhalten, aber — es ist keine Freude auf Erden ganz voll — Kathrine war leider nicht daheim. Da sie keine eigenen Kinder hatte, mußte sie sehr viel Gevatter stehen, und sie war eben jetzt bei einer Wöchnerin. Franzl ließ ihr nun durch die Näherin Alles sagen, sie wiederholte jedes Wort doppelt, damit man's nicht vergesse.

Beim Wiedereinsteigen genoß sie ihr Glück erst aufs Neue. „Jetzt ist mir's noch viel wohler," sagte sie. „Es ist, wie wenn man gut schläft und Nachts ein wenig aufwacht und man sagt: Ah! das ist prächtig, und schläft weiter. Ich schlafe aber nicht, ich bin schon wie im ewigen Leben."

Faſt hätte hierauf Pilgrim durch eine ungeſchickte Neckerei alle Glückſeligkeit verdorben.

„Franzl,“ ſagte er, „ja, drüben giebt es aber jetzt ſchmale Biſſen.“

„Wo drüben?“

„Ich meine in der andern Welt. Du kriegſt es jetzt wie im Paradies, und wer es auf dieſer Welt ſo gut kriegt, kann nicht verlangen, daß es ihm auch drüben ſo geht. Beides wäre zu viel.“

„Halt' an! Halt' an! Ich ſteig' aus, ich geh' heim,“ rief Franzl. „Ich will nichts von Euch, ich gebe mein ewiges Leben für nichts her. Halt' an, oder ich ſpringe heraus.“

Mit einer Kraft, die man ihr nicht zugetraut hätte, faßte Franzl nach den Zügeln und wollte ſie Pilgrim entreißen. Pilgrim hatte ſchwere Mühe, Franzl zu beruhigen, er ſagte, ſie verſtehe gar keinen Spaß mehr; Franzl wollte nichts davon wiſſen, daß man mit ſolchen Dingen ſpaße. Pilgrim ſuchte Franzl zu über= zeugen, daß ſie das ewige Leben nicht verliere, er nahm eine Stelle des heiligen Harpucius zu Hülfe, die er griechiſch an= führte, aber ſehr gefällig gleich ins Deutſche und ſogar ins Schwarzwäldiſche überſetzte, und die Stelle ſagte ausdrücklich: bei Dienſtboten wird eine Ausnahme gemacht, die haben es ohne= dies, bei allem Guten, was ihnen auf dieſer Welt zukommt, hart genug. Ueberhaupt hatte Pilgrim genaue Nachricht, wie es im Himmel zugeht, und es war nur gut, daß er dem Kitzel widerſtand, Franzl zu betheuern, er ſei Hofmaler beim heiligen Petrus.

Franzl wurde ruhiger, das mit den Dienſtboten iſt gewiß und wahr, und bald ſagte ſie: „Ich freue mich am meiſten auf die Kinder von meinem Lenz. Ich habe ſie noch gar nicht ge= ſehen. Nicht wahr, der Bub' heißt Wilhelm, wie du? Und wie heißt denn das Töchterle?“

„Marie.“

„Ja wohl, nach der Großmutter.“

„Gut, daß du mich daran erinnerſt, das hätte ich bald vergeſſen; die Kinder wiſſen nicht anders, als ich hole die Groß= mutter, und die kommt in einem Schwan angefahren. Die Kin= der bleiben wach, bis wir kommen, und du mußt dir's gefallen laſſen, Hochgeborne von Knuslingen, ſammt Filial Fuchsberg

und Knebringen, Euer Liebben müssen geruhen, daß die Kinder
Euch Großmutter benamsen."

Franzl, das „ledige Mädle," fand das sehr gottlos und
doppelt, denn es ist nicht recht, den Kindern so was einzureden;
ein Verwandten=Namen gehört nur Blutsangehörigen, das ist
etwas, mit dem man kein Fastnachtsspiel treiben darf. Sie be=
ruhigte sich indeß und sagte, sie wolle den Kindern schon Alles
aufklären, sie sei nicht umsonst von Knuslingen gebürtig. In
dem Bewußtsein, daß sie die Ehre von Knuslingen zu vertreten
habe, fand sie den rechten Anhalt.

Diese Zwischenfälle auf der Fahrt waren indeß gut, Franzl
wurde dadurch etwas ernüchtert; denn sie hatte sich Anfangs ein=
geredet, daß das ganze Dorf Spalier stehe, um sie bei der Wie=
derkehr zu empfangen. Sie wurde aber von einem unbändigen
Gelächter empfangen, und zwar von Petrowitsch, der über den
Aufzug der Franzl so lachte, daß er sich auf einen Stuhl setzen
mußte, und Büble that auch das Seinige, und weil er nicht
lachen konnte, bellte er die Franzl an, und es war gewiß nicht
gutmüthig von Petrowitsch, daß er ausrief: „Der Anton Strieg=
ler hat's gewußt, daß du einmal so aussehen wirst, darum hat
er dich sitzen lassen."

„Und Euch lassen die Würmer noch eine Weile herumlaufen,
bis Ihr gar seid, jetzt seid Ihr ihnen noch zu zäh," erwiderte
Franzl. Der ganze langjährige Haß und dazu der Zorn, daß
man sie mit ihrer gefehlten Liebe neckte, gab ihr die bissige Ant=
wort ein. Büble bellte nicht mehr, und Petrowitsch lachte nicht
mehr. Beide hatten fortan eine eigene Scheu vor Franzl.

Lenz schlief. Annele war bei den Kindern, die doch nicht
wach geblieben waren. Annele mußte an sich halten, Franzl nicht
um den Hals zu fallen, aber sie schämte sich vor den mit ihr
eingetretenen Männern, vor Pilgrim und Petrowitsch.

„Schau, das sind unsere Kinder," sagte sie, „gieb ihnen
nur einen Kuß, sie wachen nicht auf."

Franzl mußte in der Stube bleiben, Annele ging in die
Küche und bereitete ihr Essen. Franzl nickte: die ist anders ge=
worden. — Sie hielt es indeß in der Stube nicht lang aus und
gesellte sich zu Annele, und diese sagte: „O, wie schön ist es
doch, daß man Feuer anmachen kann!" Franzl schaute blöd drein,
sie begriff nicht, daß Annele für Alles dankbar war, für die

tausend Dinge, die man im Leben hinnimmt, als müßte es
so sein.

„Was sagst du zu meinen weißen Haaren?" fragte Annele.

„Ich wollt', ich könnt' dir meine geben, sie sind noch alle
schwarz. Das bleibt so. Meine Mutter hat mir's hundertmal
gesagt, ich bin mit einem Kopf voll Haare auf die Welt gekommen."

Annele lächelte und sagte, es hätte so kommen müssen, sie
solle ein ewiges Zeichen behalten, daß sie im Tode gewesen sei
und jetzt gut mit der Welt leben müsse. Du verzeihst mir doch
auch, Franzl? Ich habe im Tod an dich gedacht."

Franzl weinte.

Es war in der That wunderbar, welch eine Wandlung in
Annele vorgegangen war. Als sie zum erstenmal das Glockengeläute hörte, nahm sie das Kind auf den Arm und legte ihm
die Hände zusammen und rief: „O Kind, ich hätte nie mehr geglaubt, daß ich das höre!" und als Franzl den ersten Kübel
Wasser brachte, rief sie: „O Gott, wie gut, wie hell ist das
Wasser! Ich danke dir, lieber Gott, daß du uns das gegeben hast!"

Während die Männer die Schreckenszeit, da sie im Tode
lebten, bald fast ganz verwunden hatten, stand das Erlebte Annele
stets vor den Gedanken, und sie war mild und sanft, und jedes
heftige Wort war ihr wie ein Stich in die Seele, so daß Franzl
oft zu Pilgrim klagte: „Ich fürchte, das Annele lebt nicht mehr
lang, es ist so was Frommes, so was Heiliges in ihr, ich kann's
gar nicht sagen."

Ueber der Rettung der Verschütteten wurde ein anderer Un-
fall fast kaum beachtet, der sonst viel zu reden und zu denken
gegeben hätte.

Am zweiten Tag nach der Rettung hatte man in einer Wald-
schlucht nahe bei Knuslingen die Leiche eines Mannes gefunden,
der unterm Schnee verschüttet, erfroren war, es war der Pröbler.
Niemand trauerte ihm so tief nach, als Lenz; er glaubte nun
doch, daß er ihm damals gerufen habe, und er sah in dem Tode
des noch in alten Tagen wild gewordenen Entdeckers noch etwas
mehr als alle anderen Menschen, aber er verschloß den Gedanken
still in sich.

Annele gedieh in dem großen Hause beim Ohm und war
frisch und blühend wie je.

Man blieb bis in den hohen Sommer hinein, bis das Haus

wieder hergerichtet war, beim Ohm. Dieser war oft launisch.
Es ärgerte ihn, daß der kleine Wilhelm auf Stühle und Sopha's
stieg, wo doch der Büble ohne Scheu sich tummelte.

Petrowitsch hatte einen bösen Husten aus der Verschüttung
davon getragen. Der Arzt wollte ihn ins Bad schicken, aber er
ging nicht. Er sagte es nicht, aber er dachte wohl: wenn er
sterben sollte, wollte er daheim sterben, dann hat alles Heimweh
ein Ende. Er ging oft mit dem kleinen Wilhelm nach der Spannreute, wo man jetzt ziemlich erwachsene Lärchenbäume zum Schutze
für das Haus anpflanzte und Gräben zog, und als er einmal
scheltend sagte: „Wilhelm, du bist grad wie der Büble; ihr könnt
nicht den geraden Weg gehen, das ist euch nicht genug; quer-
feldein springen, da über einen Graben, da auf einen Felsen,
das ist eure Lust! Ja, Büble, du bist auch so, ihr zwei seid die
rechten Kameraden!" — Da sagte der kleine Wilhelm: „Ohm,
ein Hund ist kein Mensch, und ein Mensch ist kein Hund."

Das einfältige Wort des Kindes machte den Alten geschmei-
diger, so daß er Lenz bat, wenn er nun doch einmal wieder in
sein Haus ziehen wolle, so möge er ihm den Wilhelm lassen.

Es war Annele besonders, die immer wieder darauf drang,
daß man bald wieder ins Haus auf der Morgenhalde zurückkehre.
Einst war es ihr wie ein Paradies erschienen, im Hause des
Petrowitsch zu wohnen, den Alten zu pflegen und ihn zu beerben;
jetzt wollte sie nichts mehr, als still und glücklich und genügsam
auf einsamer Höhe ihre Tage verbringen.

Der Tod der Mutter, den man ihr geraume Zeit verhehlt
hatte, traf sie wie ein dumpfer Schlag. Es war Alles eine einzige
schwere Nacht, in der sich alles Unheil zusammengedrängt hatte.

Wilhelm blieb beim Ohm, und auch Pilgrim zog zu ihm
ins Haus. Wenn man an dem Hause vorbei ging, hörte man
wiehern wie ein junges Füllen, grunzen wie ein Schwein, pfeifen
wie eine Nachtigall und quietsen wie junge Eulen, und manchmal
erschien ein alter Kindskopf und ein junger Kindskopf am Fenster;
es war Pilgrim und sein junger Pathe, sie suchten einander zu
überbieten, wer die meisten Thierstimmen nachahmen könne, und
dann hörte man wirkliches Bellen, es war der Büble, der bellte,
und dann hörte man mächtiges Lachen, nur bisweilen von Husten
unterbrochen; es war Petrowitsch, der über all den tollen Streichen
der beiden Kindsköpfe nicht aus dem Lachen heraus kam, bis er

in seinen schweren Husten verfiel. Er verließ seit Jahren das
Dorf nicht mehr, er behauptete, das viele Lachen erseze ihm die
Brunnencur...

Das Haus auf der Morgenhalde wurde wieder neu aufge-
baut, und jetzt zeigte sich wie viel Freunde Lenz hatte; von allen
Seiten kamen sie herbei, ihm unentgeltlich Holz und Stein zu
führen, und der Techniker legte eine gute Schutzwehr am Berge an.

Es wurde aber Lenz unsäglich schwer, sich sein Leben wieder
aufzuerbauen, es sollte ein neues und größeres werden; er war
wie ein Genesender, dem es nicht genügen will, das Leben wieder
da fortzusetzen, wo es durch Krankheit unterbrochen wurde; er
fühlte sich so stark und gewachsen, daß er ganz Anderes in die
Hand nehmen mußte.

„Ich bin in der Fremde gewesen und in einer bösen Fremde
und möchte was Besseres, Größeres, da ich heimkehre," sagte
er oft.

Und jetzt bot sich zu leichtem Gelingen die Ausführung eines
alten Planes, Alles schien bereit, Alles schien darauf gewartet zu
haben, und Niemand förderte den Plan mehr, als Annele. Sie
redete getreulich zu, sie erhob und stärkte Lenz, da sie ihm zurief:
„Du hast es immer in dir gehabt, du hast das Glück von hundert und hundert Menschen in dir. Ich habe es nicht vergessen,
wie du damals bald nach unserer Verheirathung gesagt hast: ich
freue mich an dem hellen Sonntag, weil heute tausend und tausend Menschen sich freuen können. Geh' nur, wohin du kommst,
bringst du Sonne mit. Ich möchte mitgehen und allen Menschen
sagen, wie gut du bist."

Im Verein mit dem Techniker, mit dem Doktor, mit Pilgrim,
dem Duzlehrer und dem Gewichtlesmann ging Lenz wie getragen
von Dorf zu Dorf, von Haus zu Haus und alle Menschen
rühmten, wie beredt, wie klug und gut er war, wie er Noth
und Bedrängniß Aller ins Herz geschlossen hatte und Ihr abzu-
helfen wußte.

Was ihm in den Tagen der Ruhe und Sicherung nicht gelungen war, das fügte sich jetzt, wie auf stille Verabredung, er
brachte die Einung der zerstreuten Handwerksmeister zu Stande.

Und wie er seinen eigenen Hausstand neu errichtete und erhob und den Anderer feststellte, so gelang es ihm auch, einen
neuen Hausstand zu gründen.

Einst hatte Pilgrim für ihn bei des Doktors Tochter freien wollen, jetzt hielt er für Pilgrim um die Hand der Amanda an und Pilgrim wurde Vorsteher der Gestell-Werkstätte. Von ihm rühren die anmuthigen sogenannten Bahnhäusle-Uhren her, und noch liegen viele Stämme von dem ehemaligen Spannreuter-Walde bereit, zu architektonischen und Blätterverzierungen verarbeitet zu werden, zunächst aber kommen die gut durchgeräucherten alten Stämme daran, die man beim Neubau aus dem Hause auf der Morgenhalde entnommen.

Es war im zweiten Sommer, da kam eines Tages Lenz zum Ohm und sagte: „Ohm, ich habe Euch noch nie um etwas an- gesprochen."

„Aber ich will dich um was ansprechen. Sei so gut und sprich mich um nichts an."

„Ich will nichts für mich, ich bitte für den Faller. Er hat sich bei unserer Rettung ein Kehlkopfleiden zugezogen, er muß in ein Bad."

„Gut, da hast du das Geld dazu. Sag' ihm, er soll auch für mich ins Bad gehen und meinen Husten dort wegschwemmen. Es ist brav, daß du nichts für dich bittest. Du hilfst dir selber. Das ist das Beste."

Es kostete viele Mühe, Faller dazu zu bringen, daß er in ein Bad ging, aber Annele brachte es durch dessen Frau zuwege.

Annele hatte jetzt zwei Freundinnen und zwar von ganz un- gleicher Art. Die eine war des Doktors Amanda, nunmehrige Frau Pilgrim, und der Garten auf der Morgenhalde hatte viele Setzlinge aus des Doktors Garten. Annele hatte jetzt viele Freude an der Gärtnerei, sie hatte warten, hegen und pflegen gelernt. Die zweite Freundin war die Frau Fallers.

Faller ging ins Bad zur zweitältesten Schwester des Annele, und hier traf er einen alten Bekannten. Der Badmeister hier war der alte Löwenwirth, der sich nach dem Tode seiner Frau hieher zurückgezogen hatte. Er hatte immer noch seine Gönner- miene, mit der er gern beglückte; die abgethanen Sorgen schienen ihm das Leben erleichtert zu haben, er war auffallend heiter und auch gesprächsam. Von seiner eigenen Vergangenheit sprach er nicht, das war gegen die Würde; es könnte da zu unangenehmen Auseinandersetzungen kommen, der unbeholfene Faller selbst konnte sich vergessen, oder eigentlich seines Guthabens erinnern.

Dagegen war der Löwenwirth mit ſehr vieler wohlwollender
Würdigung von Lenz und band es Faller aufs Herz, Lenz zu
ſagen: „er möge ſich mit Hauen und Stechen ja nie zu etwas
verleiten laſſen, das ſich nicht aus ihm ſelbſt verſieht.“ Faller
mußte ihm Silbe für Silbe dieſe Worte nachſprechen, und als er
ſie endlich ganz genau herſagte, ſetzte der Löwenwirth ſeine Brille
auf, um zu ſehen, wie jetzt der Faller ausſieht, der einen ſolchen
Spruch im Kopf hat. Solch einen Spruch kann doch nur der
Löwenwirth geben — nickte er ſich zu — da ſtecken ſieben Weiſe
darin.

Beſonders gern erzählte er dann, daß man in Braſilien kein
Recht finde, und dann pries er die Badequelle und die guten
Molken, die thäten Wunder, und wenn nur einmal eine Prin=
zeſſin da herkäme, könnte das eines der erſten Bäder in der Welt
werden.

Der Löwenwirth trug Jedem ſeinen Prinzeſſinwunſch vor;
denn erſtlich ſieht man daraus, wie geſcheidt er iſt und weiter
hinaus denkt; und zweitens kann man doch nicht wiſſen, wie der
Wunſch doch einmal an eine Prinzeſſin kommt.

Der gute Faller mußte Alles ganz genau und wiederholt ſich
einprägen laſſen, als ob er es wäre, der in der nächſten Minute
über zwölf große und zwölf kleine Prinzeſſinnen zu verfügen hätte.

Faller kam wieder heim, aber im Vorfrühling, juſt um die
Zeit, als der Schnee wieder ſchmolz, ſtarb er.

Bald nach ihm begrub man auch den Petrowitſch; er hatte
oft den Tod überwunden, denn ſeit dem Herbſte hatte ſich ſein
böſer Huſten geſteigert, ſo daß er jedesmal daran zu erſticken
glaubte, und in der That erſtickte er auch einmal plötzlich an
demſelben.

Wie es der Schultheiß-Doktor voraus geſagt, ſo war's.
Petrowitſch hatte nichts als eine Jahresrente gehabt, die er ſich
von dem Reſte ſeines Vermögens ſicherte. Das Hauptvermögen
hatte der Spieltiſch in Baden-Baden verſchlungen.

Viele Unebenheiten und Widerſprüche im Gebahren Petro=
witſchs erklärten ſich daraus; vor Allem behauptete der Doktor,
daß Petrowitſch zornig gegen die Welt geweſen, weil er mit ſich
ſelbſt im Zorn lag.

Lenz nahm einen Sohn des Faller zu ſich ins Haus, das
Töchterlein blieb bei der Mutter, und das andere Zwillingspaar

nahm des Vogtsbauern Kathrine an Kindes Statt an; sie hatte zwar nur Eines gewollt, aber die Kinder wollten sich nicht trennen.

Franzl war glückselig, ihrer alten Freundin Kathrine erzählen zu können, wie es jetzt auf der Morgenhalde hergeht. „Ich weiß nicht, wen das Annele mehr verwöhnt, ihren Mann oder mich. Unsern Herrgott im Himmel muß es freuen, wenn er sieht, wie die mit einander leben. Du weißt, ich bin von Knuslingen, mir kann man nichts vormachen, und ich will mich nicht berühmen, aber ich sehe mehr als andere Menschen. Anfangs haben sie sich vor einander noch gefürchtet, wie wenn ein Haus zusammen gebrannt ist, so wie man grabt, schlägt wieder die Flamme aus. Sie haben sich gefürchtet, daß ein unbesonnenes Wort einen alten Schaden aufreißt, bis sie nach und nach gesehen haben, daß Jedes von jeher besser gewesen ist und das Andere von Herzen gern gehabt hat, und was man für Bosheit gehalten und was sich auch so ausgelassen hat, ist nur der Jammer gewesen, daß man nicht den rechten Schick gefunden, wie Eins dem Andern wohlthut. Die Wirthshausgedanken sind bei dem Annele wie ausgelöscht, und ich muß auch sagen, mein Lenz ist viel mannhafter geworden. Aus dem Liederkranz ist jetzt auch noch was anderes geworden, und sie sagen alle, da hat mein Lenz erst recht die erste Stimme, er ist gar geschickt; sie haben da was, ich kann dir's nicht recht erklären, was es ist, es soll was besonders Gutes sein für Alle, sie heißen meinen Lenz den Einungsmeister. Wenn du den Gewichtles-Mann von Knuslingen siehst, der kann dir Alles besser berichten, der ist auch dabei. Du weißt doch, daß sie meinem Lenz von England herüber eine Denkmünze geschickt haben, weil auf einer großen Ausstellung sein Musikwerk dort das beste gewesen ist? Und wie er die Denkmünze dem Annele zeigt und sagt: es freut mich noch mehr für dich, daß du siehst, was ich kann, da weint sie und sagt: das ist noch aus dem vergrabenen Leben, weck' es nicht auf! Ich brauche Niemand, der dir ein Zeugniß giebt, ich geb' dir das beste.

Wie sie das sagt, hat er zum Bild seiner Mutter gesagt: Mutter! Sing im Himmel! Wir sind glückselig! . . .

Des Vogtsbauern Kathrine hörte den Bericht mit gebührender Freude. Franzl war auch wie ein aufgezogenes Uhrwerk, sie fuhr fort: „Und weißt du, was wir vom Petrowitsch geerbt

haben? Nichts als seinen Hund, und der frißt dir keinen Bissen
Kartoffeln und keinen Bissen trocken Brod; er sollte es schon
noch bei mir lernen, aber mein Lenz ist zu gut gegen den Hund,
er sagt, er habe der kleinen Marie das Leben gerettet. Also
keinen rothen Heller haben wir von Petrowitsch; der Doktor hat's
schon lang gesagt, er ist in einer, ich glaube, Krankenversiche-
rung heißt man's, und hat nichts gehabt als ein gutes Jahr-
geld. Jetzt ist's auch klar, warum er so hart und zäh gewesen
ist, und man hat auch erst jetzt erfahren, daß er sein Hauptvermögen, das er sich in allen Welttheilen zusammengescharrt,
an der Spielbank verloren hat. Ja, Spieler, die sind oft die
gescheidtesten Menschen und die dummsten in Einem Stück. Der
Doktor hat's gesagt, und was der sagt, ist gewiß und wahr. —
Bleibst du nicht bis morgen hier? Da begrabt man die alte
Schultheißin, das ist die Letzte aus der alten Welt. Sie ist
nicht ganz Achtundsiebenzig geworden. Mein Lenz hat gesagt,
wie der Ohm gestorben ist: es ist mir lieber, ich komme nicht
durch ihn auf, ich helfe mir aus mir allein. Er will auch den
jungen Faller und den Wilhelm mit einander in die Lehre
nehmen, aber dann, sagt er, müssen sie mir in die Fremde."

„Und dich halten sie gut?" fragte Kathrine, um doch auch
etwas zu sagen.

„O lieber Gott, nur zu gut! Ich weiß nicht, was ich für
eine Kunst verstehe, daß die Menschen thun, als ob sie nicht
ohne mich glücklich leben könnten. Es ist nur hart, daß ich
schon so alt bin, aber meine Großmutter ist dreiundachtzig Jahre
alt geworden, und wer weiß, ob sie nicht dreiundneunzig gewesen ist! Solche alte Leute, die nicht schreiben und lesen
können, verrechnen sich. Ich kann auch so alt werden. Essen
und Trinken schmeckt mir und Schlaf auch. Es ist Alles gesegnet
bei uns. Und schau, der Wald wächst schon wieder gut, er ist
jetzt unser; und so gewiß, als der Wald da jetzt gerad' fort-
wächst, wie's Gott gesetzt hat, und wie sich's gehört, so sicher
ist jetzt Alles bei uns im besten Wachsen und Gedeihen. Nicht
wahr, das sind schöne junge Bäume da? Wir wollen sie noch
mit einander groß sehen."

Kathrine hatte nicht Zeit, das abzuwarten, und als sie,
von Lenz und Annele und der Fallerin geleitet, mit dem Zwillingspaar davon ging, rief ihr noch Franzl aus der Küche nach:

„Kathrine! Mach' dich drauf gefaßt, das nächstemal mußt du bei uns Gevatter stehen."

*   *   *

Das ist die Geschichte von Lenz und Annele auf der Morgenhalde, und jetzt wissen wir, warum die junge Mutter mit dem Greisenhaar von ihrem in die Fremde ziehenden Sohne ein Pflänzchen Edelweiß wünschte.

———

Als Lenz vom Geleite der Wanderburschen heim kam, fand er einen frischen Strauß über dem Bilde der Mutter. Er nickte nur still Annele zu, sie hatte das Andenken dieses Tages — heute waren es achtzehn Jahre, daß die Mutter begraben worden war — immer so gefeiert. Sie sagten es einander nicht, aber sie wußten es, daß das Gedenken der Seligen immer neu in ihnen aufblühte, wie alljährlich neu die Blumen auf den Feldern wachsen.

Zu Mittag aßen heute die Fallerin und ihre Tochter mit; Lenz tröstete sie, da sie immer klagte: „Wenn nur mein Mann das noch erlebt hätte, daß unsere beiden Söhne mit einander in die Fremde ziehen!" Er erzählte ihr, daß das Zwillingspaar, die des Vogtsbauern Kathrine angenommen hatte, sich gar gut in Ansehen erhalte. Der Eine, der Soldat war, hatte es schon zum Feldwebel gebracht, und der Andere sollte in der That der Erbe seines Pflegvaters werden. Die Tochter der Fallerin, ein schlant aufgeschossenes fünfzehnjähriges Mädchen, sagte, sie habe ihrem Bruder und dem Wilhelm versprochen, ihnen an jedem Ersten des Monats zu schreiben.

Nach Tische arbeitete Lenz wieder in gewohnter Weise. Heute vor achtzehn Jahren hatte er eine viel schwerere Gemüthserregung ebenfalls bei der Arbeit beruhigt. Es war und blieb seine Art, an der Werkbank über Alles Herr zu werden; Annele saß mit einer Handarbeit bei ihm, sie war nicht mehr voll Unruhe, und ihr Blick machte nicht mehr unruhig, vielmehr hatte er etwas Segnendes, die Arbeit gedieh besser, wenn sie zusah. Sie sprach wenig, und der ganze Gang ihrer jetzigen Gedanken ließ sich errathen, da sie sagte: „Unser Wilhelm hat sechs Hemden bei sich von dem Tuch, das deine Mutter selig noch gesponnen."

Die Plätze der beiden Lehrlinge waren wieder besetzt, denn von allen Seiten drängte man sich herzu, um beim Lenz in die Lehre zu treten: Franzl war besonders glücklich, daß Lenz einen Enkel des Gewichtles-Mannes von Knußlingen in die Lehre genommen hatte.

Gegen Abend kam der Duzlehrer mit einem großen Pad Schriften unterm Arm. Er legte sie ab. Mit großen Buchstaben war darauf zu lesen: Akten der Uhrmacher-Einung.

Der Duzlehrer forderte Lenz auf, noch eine Weile, bis die Mannen versammelt seien, mit ihm in den Wald zu gehen. Lenz ging mit. Unterdeß stellte Annele zwei Reihen Stühle zurecht in der Stube, denn Lenz war Einungsmeister.